國家社科基金
GUOJIA SHEKE JIJIN HOUQI ZIZHU XIANGMU
後期資助項目

《漢書》音義研究

Research on the Pronunciation and Meaning of *Hanshu*

萬獻初 著

中華書局
ZHONGHUA BOOK COMPANY

圖書在版編目（CIP）數據

《漢書》音義研究/萬獻初著. —北京：中華書局，2021.9
（國家社科基金後期資助項目）
ISBN 978-7-101-15329-3

Ⅰ.漢…　Ⅱ.萬…　Ⅲ.《漢書》-語音-研究　Ⅳ.①K234.104.2
②H113

中國版本圖書館 CIP 數據核字（2021）第 176767 號

書　　　名	《漢書》音義研究
著　　　者	萬獻初
叢　書　名	國家社科基金後期資助項目
責任編輯	秦淑華
出版發行	中華書局
	（北京市豐臺區太平橋西里 38 號　100073）
	http://www.zhbc.com.cn
	E-mail:zhbc@zhbc.com.cn
印　　　刷	北京瑞古冠中印刷廠
版　　　次	2021 年 9 月北京第 1 版
	2021 年 9 月北京第 1 次印刷
規　　　格	開本/710×1000 毫米　1/16
	印張 37¾　插頁 2　字數 578 千字
印　　　數	1-1500 冊
國際書號	ISBN 978-7-101-15329-3
定　　　價	146.00 元

國家社科基金後期資助項目出版説明

　　後期資助項目是國家社科基金設立的一類重要項目，旨在鼓勵廣大社科研究者潛心治學，支持基礎研究多出優秀成果。它是經過嚴格評審，從接近完成的科研成果中遴選立項的。爲擴大後期資助項目的影響，更好地推動學術發展，促進成果轉化，全國哲學社會科學工作辦公室按照"統一設計、統一標識、統一版式、形成系列"的總體要求，組織出版國家社科基金後期資助項目成果。

全國哲學社會科學工作辦公室

目　録

下編　《漢書》音義全編

前　言

　　"音義"是古代典籍的一種注釋體式,起於漢魏之際,盛於六朝,唐陸德明《經典釋文》集其大成。音義體以釋音爲主,少數只發其義,大多數音義兼釋,故多稱"音義"或"音"。考歷代書目及舊注,音義體當自注《漢書》始,且六朝音義書以《漢書》音義爲最多。

　　顔師古《漢書注》集《漢書》音注之大成,開音義書之先河。本書的研究,從文獻學與語言本體研究兩方面,提升《漢書》及其注釋的解讀與研究水平。本書研究成果,分爲文獻資料梳理和音義研究兩部分。

　　文獻整理成果形成《〈漢書〉音義全編》。《漢書注》音義注釋資料散在隨文施注之中,要仔細搜集與整理。經大量認真的梳理工作,得約 3540 個字頭下注音切 13620 條左右。這樣的音義條目彙編,既便利讀《漢書》者正音辨義,又可爲漢語音韻研究提供集中而可靠的音切材料。

　　音義研究成果形成《〈漢書〉音義叢考類析》。全書分六章,用文獻學與語言文字學相結合的方式,對以《漢書注》所注音切爲主的"《漢書》音義"展開不同角度的研究。

　　第一章全面考察《漢書注》所引二十三家音義,由東漢末服虔至北魏崔浩,跨時約 250 年。所注應爲當時通用讀書音,但各家師承不一,方音不同,所用注音方式及所注音讀也多有不同,有時音、古音、方俗音、譯音等差別,具有泛時性和層累性特點,使用時要區分同質與異質因素,剥離假性注音音切,分辨同義異音與別義音變,避免誤讀誤解。該時期多用直音的"音",少用古老的"讀",反切已經基本通用。這些多類型的音注爲漢語語音史研究保存了大量音切材料,很有價值。這些音注,爲音義書的形成開啟了先路。

　　第二章考辨隋初蕭該《漢書音義》的音切,蕭該書今存音注,其中一半以上是反切。《漢書注》雖未明引蕭該《漢書音義》,但兩者關係緊密是無可置疑的,蕭該《漢書音義》徵引前人音注,占其音注總量的 70%,其中與《漢書注》所引相同者甚多。蕭該所注音切主要在辨析同義異音和音變構詞方面,且多引自前人,音變内容相對較古,顯示其音切的傳承性、多維性和泛時性特點。由對蕭該音切的系統分析可推知,蕭該參審的《切韻》音系應具有綜合性讀書音性質。

第三章對《漢書注》音切資料分布、術語進行綜合分析,揭示其中文獻學、語言學的規律與問題。通過考析,明晰體例,確定術語作用,爲《漢書注》的閱讀應用提供正確路徑,更爲後文數據量大的音注術語所統音切内容的分類研究掃清障礙。此外,對"合韻"作細緻分析,進而論述顔師古具有"古音"觀念和"雅正"注音思想。

第四章對標明"讀"的音注作系統的形音義綜合考辨,發現這些"讀"音義交融、層次複雜、性質各別。如果把這些非同質音讀當作單純注音來籠統地系聯音系,會導致錯誤的結果。顔師古雖有"以古爲雅正"的思想傾向,但也看到語言文字由漢到唐發生了很大的變化,"今字、今音、俗讀"遍行,他注《漢書》是爲了讓"今人"讀懂,當然要花很大的力氣來溝通古今之讀,就大量用"古字"和"通用字"來溝通古今音讀,從而"依音正義"。

第五章明晰《漢書注》"音"的來源,可知顔師古所注音切並非都是唐代共時平面的語音材料,而是傳承性、泛時性和累積性注音材料的聚合,其來源、術語、形式、内容都具多樣性,其作用也是多方面的。

第六章用反切系聯法、類比法來系聯出顔注的音韻系統。

本書研究成果的主要結論:

1)"《漢書》音義"是音義書的鼻祖,所存音義早於唐陸德明的《經典釋文》和玄應等《一切經音義》,因而在構架、體式、條例、術語、音切等方面,成爲音義書的範式,後世衆多音義書都是其流變與發展。

2)《漢書注》存 23 家《漢書》音義的音切,保存了漢魏六朝衆多的注音,資料寶貴。尤其是東漢服虔、應劭的二十多條反切,是今存最早的反切,更爲珍貴。

3)《漢書》音義録存音切數量大,時間跨度大,地域範圍廣,其音切具有傳承性、層累性、泛時性,要作多層次的剝離,方可用於語音本體研究。

4)顔師古注音存古而求正,辨别前人音讀,批評方音俗讀,重視古讀與正音,高揚正音、正讀主張。顔注反切屬於通用語讀書音性質,與正統的《切韻》音系大體近似。

本書花大力氣系統清理《漢書注》音切術語和體例,建立音切數據庫,對巨量音切開展多角度多層面的定量定性研究。“因音辨義”與“以義正音”相結合，揭示各類音切所含的語音特點、發展規律，具有很好的應用價值。音注術語、體例的系統清理，音注的具體分析，可爲閱讀和使用《漢書》及其注釋提供很大的便利。本書得出的研究成果，在文獻、注疏、校勘、文字、詞彙、訓詁等方面都有其價值和作用，尤其是在漢語歷史語音學和以“因聲求義”爲主導的實用音韻學研究上具有一定的價值和作用。所用的研究方法，也會具有系統性的方法論上的價值。

上編 《漢書》音義叢考類析

緒 論

《漢書》，東漢班固(32—92)撰，又稱《前漢書》，爲中國第一部紀傳體斷代史，與《史記》《後漢書》《三國志》並稱"前四史"。《漢書》記述上起漢高祖元年(前206)，下至王莽地皇四年(23)，共230年史事。有紀十二篇、表八篇、志十篇、傳七十篇，共一百篇，後人分爲一百二十卷，共八十萬字。

《漢書》行文古樸典雅，深旨奧義難讀難懂，以致當時大儒馬融也要伏閣從班昭受讀。《後漢書·班昭傳》："時《漢書》始出，多未能通者。同郡馬融伏於閣下從昭受讀。"

唐顔師古(581—645)爲《漢書》作注，其《漢書注》多存前人舊注，並具列所引者二十三家名氏。顔注所引保存了大量音切，是研究漢語語音史極爲寶貴的資料。如所引服虔、應劭的近二十條反切，就是見於東漢末的漢語最早見反切，極爲珍貴。

顔師古承其祖父顔之推"精於小學，尤善音韻"的家學傳統，著述中留下了豐富的音義説解材料，尤以《漢書注》爲多，所引諸家多爲音義。他自己又多注反切，《敘例》云"字或難識，兼有借音，義指所由，不可暫闕。若更求諸別卷，終恐廢於披覽。今則各於其下，隨即翻音"。既引前人音義，又自注音讀。這些音注，或"辯音明義"，或"以義正音"，留下了以注音方式釋義辨義的豐富材料。系統而細緻地考辨這些音義材料，既能深入理解師古注釋內容的精義，又能進一步把握他的音韻學、訓詁學思想，尤其是"音義互明"的學術思想與實施方法。

一、《漢書注》及相關音義

音義即注音釋義，有廣狹二義：廣義的音義是注的一種，周大璞謂："辨音的書叫做音，釋義的書叫做義，合起來叫做音義。音義本以辨音釋義爲本。"①即帶有音注的注釋書爲音義書,是史注效仿經注的結果。周洪才説:"東漢後期又用注經的辦法來注《漢書》,改稱'音義',並且出現了'服虔、應劭而下,解釋音訓不異注經'(齊召南《官本跋尾》)的興盛局面。"②故初期的音義,尤其是《漢書》《史記》的音義,往往又稱"注"。

狹義的音義是一種注釋體例,周祖謨云:"音義書專指解釋字的讀音和意義的書。古人爲通讀某一部書而摘舉其中的單詞而注出其讀音和字義,這是中國古書特有的一種體例……這種書在傳統'小學'著作中獨成一類,與字書、韻書、訓詁書體例不同,所以一般稱爲'音義書',或稱'音書'。"③因此,狹義音義(書)的條目都是注音以辨義的,唐陸德明《經典釋文》最爲典型,注音近八萬條而不注音只釋義的條目才二千餘條。我們的討論,以廣義的《漢書》音義爲文本對象,但重點關注的是狹義的音義條目,以便進行語言本體研究。

音義是古代典籍的一種注釋體式,起於漢魏之際,盛於六朝,唐陸德明《經典釋文》集其大成。音義體以釋音爲主,少數只發其義,大多數音義兼釋,故多稱音義或音。考歷代書目及舊注,音義體當自注《漢書》始,且六朝音義書以《漢書》音義爲最多。

受初期《漢書》音義的影響,爲史書作音義者甚多。

唐顏師古《漢書注》,共爲《漢書》約 3540 個字頭注音切 13620 次左右,集《漢書》音注之大成,開音義書之先河。

此後歷代研究《漢書》者都必然涉及顏注,有肯定而繼承者,有補正其訛誤與缺失者。成就較大的,如宋代有劉敞、劉攽、劉奉世、王應麟、吳仁傑等,清代有顧炎武、閻若璩、王鳴盛、錢大昕、錢大昭、段玉裁、王念孫、梁玉繩、周壽昌、沈欽韓、陳澧、張文虎、俞樾、朱一新、李慈銘等。僅王念孫《讀書雜志》就有"《漢書》雜志"十六卷,辨正《漢書》及顏注 280 餘條。而王先謙《漢書補注》,則是集此前諸家研究成果之大成者。這些,對研究《漢書》及顏注都有重要的參考價值。

到了現代,研究《漢書》及顏注的成果豐厚,然而,對顏師古《漢書注》作專門的音義系統研究者,還未及見。

---

① 周大璞《訓詁學初稿》(27 頁),武漢大學出版社 1987 年。
② 周洪才《歷代〈漢書〉研究述略》,《齊魯學刊》1987 年 3 期。
③ 周祖謨"音義書",《中國大百科全書·語言文字》(452 頁),中國大百科全書出版社 1988 年。

二、本書研究的意義與方法

1.研究意義　此前《漢書注》研究雖多,但對顏氏隨文施注的音切"音義互聯"的基本性質認識不足,對顏注音義材料的基礎研究嚴重不足,多數研究者只簡單地按術語的外在標記來歸類,對大量相同術語掩蓋下的非同質內容不作仔細的辨析和分解,籠統地作單相的歸類系聯,出發點不同,歸類的材料各不相同,得出的結論更是五花八門,差別極大。如衆多研究所謂顏師古音系者,竟没有任何兩家得出的結果相同,有的距離遠得令人咋舌。更嚴重的是,研究顏注文字者不管音義,研究顏注訓詁者不管音讀,研究顏注音韻者又不管其訓釋,其結果當然人言人殊。少數結合比較好的,成果比較可信,但又多是局部的個案性的。

因此,要建立專門的電腦音切語料庫,對顏師古《漢書注》音義作一番窮盡性的音切資料系統研究,用音義互聯的方法辨析同質、異質材料,以扎實細緻的材料基礎研究爲前提,以分析得出的同質材料的數據類聚爲依據,才能研究、探討其深含的各類語言信息和語言規律,爲漢語發展史研究、爲《漢書》及其注釋的各項研究打好堅實的基礎。

音義本是傳統小學中文字、音韻、訓詁、音義四科中的一科,《隋書·經籍志》就曾分經學中的小學書爲此四類。歷代的音義書很多,史書音義以《漢書音義》爲代表,儒典音義以《經典釋文》爲代表,佛典音義以《一切經音義》爲代表,集部音義以《文選音義》爲代表。對音義書作專門研究的不多,前輩學者有王力、邵榮芬、黃淬伯、周法高等人的研究,論著甚少。上世紀末以來,音義研究的論著逐漸多起來,尤其是碩博士論文爲多,對五大佛典音義的研究尤多。《漢書》音義的研究,只有討論音系或語音個案的單篇論文,還只是粗放型的舉例式的零散研究,深入程度不夠,系統觀照更不夠。

21世紀的語言學研究,趨於精細化、科學化和系統化。音義書音切是有定的真實文本音讀材料,很適合於數據化處理,用定量來定性,進而總結規律並探索理論,是時代的必然發展趨勢。音韻研究走出簡單的音系系聯,重視傳統語料音、義的緊密聯繫,分析音義材料所含泛時段、泛地域的複雜內涵,剝離非語音成分,爲漢語語音史研究提供可靠的材料和方法,是語言學方法論的新趨勢,也是本書研究的意義和價值之所在。

2.研究的主要內容與方法　《漢書》音義是音義書的源頭,其音義材料包括：楊守敬《漢書二十三家注鈔》所輯録《漢書注》等書中東漢以來服虔、應劭、荀悦、伏儼、劉德、鄭氏、李奇、鄧展、文穎、張揖、蘇林、張晏、如淳、孟康、韋昭、晉灼、臣瓚、蔡謨、郭璞、蕭該等人所注《漢書》音義 1008 條音切。又顏師古《漢書注》共爲約 3540 個字頭注 13620 次左右的音切。本書對這些音切進行窮盡性的數據化的綜合性系統研究，具體研究内容與方法爲：

以中華書局點校本二十四史之《漢書》爲底本，甄定材料範圍。對該本中的音切作全面清理、校勘，對誤訛音注用字（直音、讀、反切）出注校正。對所引注音人資料作分析考辨，以證所標音主的可信度。隋蕭該《漢書》音注，用清臧庸輯佚《漢書音義》三卷，嘉慶二年（1797）刻本。運用文獻學研究與語言本體研究相結合的方法，考訂所用各類材料，以保證其真實性與準確性。

用人文計算的方法，建立《漢書注》音切及蕭該音切的分題數據庫，全方位、窮盡性、多角度展示各種數據的分布，計算並討論數據分布概率所包含的語言内容和規律。經窮盡分類，辨析音義關係，分家分題討論音切類目及其術語的定義、内涵、作用和性質，爲使用者多方面提供詳實可靠的音切數據信息。傳世史書音義的音注材料是層纍地聚合起來的，具有相當複雜的泛時性内容，需要很好的音韻學、訓詁學、文獻學的功力來做材料的細緻分析，因音辨義與以義正音的方法必須進一步結合使用，只有全面釐清不同層次音切材料的不同性質和作用，才能用於更深入的語言本體研究和漢語史研究。

就我們爲顏氏《漢書注》所注音義建立的音切數據庫來看，《漢書》顏注用於析字注音的方式衆多，須仔細分類辨析。從音切術語角度分，有反切、讀、直音、異文四大類。異文，包括：（字）與某同、字（本、當、或、亦）作某、古（今、俗、某書、亦）作某（某字）、以爲某字等，實際上是同音（音近）通用，有標注音讀的作用，故視同音注。"字頭"是指不計重複出現的被注字，因同一個字頭可能兼注"反切、讀、音、異文"，故各音切術語所注字頭總數統計比總音切字頭要多。我們分類統計，按術語窮盡分析各類音切數據，概率顯示語言的特性，數據比例體現規律，規律反映語言材料類別的性質。

音切數據分類考析上，用音義互聯的方法，分析所注音切的施注内容。從注讀音、示韻讀、析字義、通異文、明假借、辨音變構詞等方面，分類討論不同類型音注的不同作用，區分真值注音音切與假性注音音切，區分同質音切與異質音切，既有類型的通析，也有價值高的語音個案分析。

　　音切性質的考辨上，用標記辨識和比較互證的方法，區分音切的不同來源與層次。音義書是隨文施注的，來源多而雜，其音切層纍地疊置在文本音注平面上，有共時、歷時、泛時的不同，有古今、雅俗的不同，有書面與口語的不同，有師傳與作音人特點的不同等。須仔細辨別，不能把異質的音切簡單地放到同質的共時平面來系聯，那不但無用而且有害。通過系統的精心剥離，爲《漢書注》音切使用者和漢語語音史研究者提供使用的便利。

　　通過甄別分類，再用以義正音與音切系聯的方法，確定同質的共時音切。再用反切系聯法和比較法建構特定的語音系統，也就是顏師古反切音系，力圖反映唐初的漢語音韻面貌，以之與《切韻》音系作比較，看其承前啟後的異同因素，從而確定它們在漢語語音發展史中的地位和價值，爲語音史研究提供新視角新成果。研究認爲：顏師古的注音存古而求正，屬於通用語讀書音系性質，與《切韻》音系大體相似。

　　由於音義條目引用的特殊需要，有些標點符號的運用與通行書刊規範略有差異，在此説明。

第一章　二十三家《漢書》音義通考

顏師古《漢書注》徵引了二十三家《漢書》音義，今結合清人楊守敬和武漢大學古籍研究所師生的衆家音義輯佚本，全面建立語料庫，系統地疏理、考辨、展示二十三家的音注材料。在此基礎上，清理音注形式及其内容，排比資料及其分布，疏辨源流，比較異同，分析各家的音注特點，闡明其價值與貢獻，尤其重視闡發音義關係，因音辨義與以義正音相結合，揭示隱含的語音特點及其發展規律。

諸家所注音切有不同的時空來源和多樣的施注目的，其基本語音性質是以漢末讀書音爲主體，雜有古今、方俗和歷時音變等因素，具有泛時性和層纍性特點。因而在使用這些音切時，一定要區分同質與異質因素，剥離假性注音音切，分辨同義異音與别義音變，使這批珍稀的音切資料能夠在《漢書》文本的準確閱讀理解上，在漢語語音史和漢語音義學研究上，發揮應有的作用。

《漢書》音注（音義），約始於東漢桓帝時的延篤、靈帝時的服虔和應劭等人，此後魏、晉、南北朝作《漢書》音注者甚多，漢魏時期最爲繁盛，諸家所注各有側重，風格各異且多具開拓性。晉以後的注家多采集、利用前人成果，故集注成爲主要形式。王鳴盛《十七史商榷》推測："大約晉灼於服、應外，添入伏儼、劉德、鄭氏、李斐、李奇、鄧展、文穎、張揖、蘇林、張晏、如淳、孟康、項昭、韋昭十四家。臣瓚於晉所采外添入劉寶一家。"晉代晉灼、臣瓚等人的集解實際上是對漢魏諸家音注的匯總，其後蔡謨又將集注散於正文各句之下。

顏師古《漢書注》集此前音注之大成，故前人音義（注）相繼亡佚。近代人對師古所述唐前《漢書》舊注之輯佚整理日見著力，清末楊守敬（1839—1915）《漢書古注輯存序》云：服虔等《漢書》注盡歸淪亡，"今之所存，零篇斷簡，莫非至寶。因翻檢《史記注》《水經注》《文選注》，凡顏氏《敘例》所載二十三家，各還其人。其他應奉《漢事》，姚察《訓纂》，包愷《音》，蕭該《音義》，爲師古所不録者，亦並存其崖略焉"。今人彭仲鐸《漢書佚注敘例》（1934）曰："予輯是書六七年，始知宜都楊守敬已著有《漢書二十四家古注輯存》十二卷,故至今未刊,不知其稿尚在人間否?"①彭稿至今未見行世。又史學家岑仲勉於 1933 年"課門徒分輯《漢書》諸家注,亦曾箋出(臣)瓚注多條,備討論之用……此後旁務紛集,迄未有成"②。楊守敬《漢書二十三家注鈔》,殘存 12 册,闕第 5、6 兩册,存者有荀悦、服虔、應劭、伏儼、劉德、鄭氏、李斐、李奇、蘇林、張晏、如淳、孟康、韋昭、晉灼、劉寶、臣瓚等十六家,缺鄧展、文穎、張揖、項昭、郭璞、蔡謨、崔浩七家注文。

　　武漢大學古籍研究所李步嘉輯成《韋昭〈漢書音義〉輯佚》(1990)。此後古籍所研究生們相繼努力,或獨輯或校補楊輯,已完成數量較大的幾家:楊仙《臣瓚〈漢書音義〉輯佚》、孫亞華《楊守敬〈漢書二十三家注鈔·服虔〉校補》、閆平凡《楊守敬〈漢書二十三家注鈔·應劭〉校補》、徐珮《楊守敬〈漢書二十三家注鈔·孟康〉校補》、殷榕《蘇林〈漢書音義〉輯佚》、王曉慶《文穎〈漢書注〉輯佚》、李文濤《楊守敬〈漢書二十三家注鈔·張晏〉校補》、鄭賢梅《如淳〈漢書音義〉輯佚》。材料已較詳備,可供系統研究之用。

　　學界或認爲,最早爲《漢書》作注並撰有《漢書音義》的是延篤,沈北宗《漢書注商序言》:"自漢桓帝時,延篤便開始爲《漢書》作注,但並未得以流傳下來。在現存東漢人注解的《漢書》,卻以應劭、服虔兩家爲最古的了。"③周洪才也説:"最早注釋《漢書》的學者,是東漢桓帝時的延篤。"④此説更早見於陳直,其《漢書新證》認定延篤著有《漢書音義》,"世人但知《漢書》之注始於服虔、應劭,現在當提前開始於桓帝時之延篤"⑤。

　　但延篤是最早的《漢書》注者及撰《漢書音義》之説還有待論證。那麽,較早注《漢書》並著《漢書音義》的當推東漢末的服虔和應劭。

第一節　服虔、應劭的《漢書音義(訓)》

1.服虔的《漢書音訓》

服虔乃東漢大儒、經學大家,南北朝時有諺云"寧道孔聖誤,諱言鄭服

①(日)堀毅《秦漢法制史論考》(96 頁)引,法律出版社 1988 年。
②岑仲勉《臣瓚爲傅瓚説仍須保留》,《中央日報》1948 年 2 月 23 日《文史周刊》。
③吳恂《漢書注商》,上海古籍出版社 1983 年。
④周洪才《歷代〈漢書〉研究述略》,《齊魯學刊》1987 年 3 期。
⑤陳直《漢書新證》,天津人民出版社 1979 年。

非”，服虔與鄭玄齊名。《後漢書·儒林傳》：“服虔，字子慎，初名重，又名祇，後改爲虔，河南滎陽人也。少以清苦建志，入太學受業。有雅才，善著文論，作《春秋左氏傳解》，行之至今。又以《左傳》駁何休之所駁漢事六十條。舉孝廉，稍遷，中平末，拜九江太守。免，遭亂行客，病卒。所著賦、碑、誄、書記、《連珠》、《九憤》，凡十餘篇。”據《隋書·經籍志》載，服虔著述還有《春秋左氏傳音》《春秋左氏膏肓釋痾》《春秋成長説》《春秋塞難》《通俗文》和《漢書音訓》，後均亡佚，部分有清人及今人輯佚本。其《左傳》之學東漢時“大行於河北”，《北史》卷十八謂“江左《左傳》則杜元凱，河洛《左傳》則服子慎”。其《漢書音訓》成書早，在名物訓詁、注音釋義方面發明甚多，成書後多被諸如晉灼、臣瓚、蔡謨、蕭該、顏師古、李善、裴駰、司馬貞等所引用，影響深遠。李苑靜《〈漢書〉服虔注合成雙音詞研究》（《伊利師範學院學報》2003 年 4 期）和《〈漢書〉服虔注音義初探》（《西華師範大學學報》2003 年 6 期），對服虔注作了初步的研究。

《漢書敘例》：“《漢書》舊無注解，唯服虔、應劭各爲音義，自別施行。”北齊顏之推《顏氏家訓·勉學》：“學《漢書》者，悦應、蘇而略《蒼》《雅》，不信書音是其枝葉，小學乃其宗系，至見服虔、張揖音義則貴之，得《通俗》《廣雅》而不屑。”可證服虔確爲《漢書》作過音義。《隋書·經籍志》載服虔撰《漢書音訓》一卷，《舊唐書·經籍志》與《新唐書·藝文志》同，説明宋初此書尚存。而《宋史·藝文志》《郡齋讀書志》《直齋書録解題》《通志·藝文略》《文獻通考·經籍考》等，均無著録。今檢《太平御覽》引服氏《音訓》26 條，與顏師古《漢書注》多有不同。《資治通鑑》所引 120 餘條，則多轉抄前人史書之注。王應麟《玉海》所引 60 餘條，亦與前人史注所引基本相同。據此，孫亞華經比對後推定：“此書在北宋初或尚存有殘本，至王應麟生活的南宋中葉，殆已全佚矣。”[1]所言近是。

《漢書二十三家注鈔》收服虔 645 條。由於楊輯有誤抄、錯亂、重複、脱文、漏輯以及立目、注文、引文不當等問題，故孫亞華勘正、辨析、補充楊輯之缺失，並補輯 107 條，是目前所見服虔《漢書音訓》最完備的輯本。由楊輯孫補服虔 752 條注文來看，服虔音義可謂發明甚多，勝義疊見。

[1]《五行志》“厥咎眊”，師古注引服虔：“眊，音老耄。”

---

① 孫亞華《服虔〈漢書音訓〉亡佚時間考略》，《遼寧行政學院學報》2006 年 6 期。

[2]《史記·平準書》"而天下賦輸或不償其僦費",司馬貞索隱引服虔:"雇載云僦,言所輸物不足償其雇載之費也,僦,音子就反。"

[3]《高帝紀》"韓信、張耳東下井陘擊趙",師古注引服虔:"井陘,山名,在常山,今爲縣。"《史記·秦始皇本紀》"下井陘",裴駰集解引服虔:"山名,在常山,今爲縣,音刑。"

[4]《文選·遊天台山賦》"落五界而迅征",李善注引服虔注《漢書》:"鄞,音銀。"(《漢書·地理志》"鄞")

[5]《五行志》"霧,恒風若",師古注引服虔:"霧音人傋霧。"《文獻通考·物異考》此句下注引服虔:"霧音人傋反。"

[6]《高帝紀》"沛侯濞重厚",師古注引服虔:"濞音滂濞。"《史記·高祖本紀》"於是拜沛侯劉濞"句下,裴駰集解引服虔:"濞音帔。"《資治通鑑·漢高帝十二年》"立兄仲之子濞爲吳王",胡三省注引服虔:"濞,音帔,普懿翻。"

[2][3]服虔未作過《史記》音注,故《史記》三家注引服虔音當出自其《漢書音訓》。[4]唐李善注《文選》以徵引式爲主要方式[1],引用服虔音注甚多。[5]"傋霧"又作"傋儱、殼霧",愚昧無知貌,《集韻》莫候切,顏注引服意爲"霧音人傋霧之霧",區別於《廣韻》莫紅切表天色昏暗義的本讀,《文獻通考》誤爲"人傋反",音義皆失。[6]顏注《漢書》由於避重複等原因或删服虔音注,《史記》注或引全者,孫輯補出;又補出後人如胡三省等所輯音注,儘管此條"普懿翻"有可能是胡三省折合成的切語而非服虔原注,然可資參考。

服虔《漢書音訓》是首開音義注釋體例的典範性著作之一,所用音切類目和音注術語豐富、準確、實用,對音義書、音義學的發展影響很大。

[1]《高帝紀》"隆準而龍顏",師古注引服虔:"準,音拙。"

[2]《高帝紀》"酈食其爲里監門",師古注引服虔:"音曆異基。"

[3]《賈誼傳》"變化而嬗",師古注引服虔:"嬗,音如蟬,謂變蛻也。"《增修互注禮部韻略》二仙"嬗"下引服虔:"嬗,讀如蟬。"

[4]《史記·太史公自序》"名家苛察繳繞",裴駰集解引服虔:"繳,音近叫呼,謂煩也。"(見《漢書·司馬遷傳》)

[5]《昭帝紀》"鉤町侯",師古注引服虔:"鉤,音《左傳》射兩軥之軥。"

---

①王寧《李善的〈昭明文選注〉與徵引的訓詁體式》,《訓詁學原理》,中國國際廣播出版社1996年。

　　［6］《高帝紀》“嘗告歸之田”，師古注引服虔：“告，音如嗥呼之嗥。”

　　［7］《高帝紀》“田儋從弟榮、横起齊”，師古注引服虔：“儋，音負擔之擔。”《史記·秦始皇本紀》“田儋”，裴駰集解引服虔：“音負擔。”

　　［8］《文三王傳》“太后議格”，師古注引服虔：“格，音格鬭。”《史記·梁孝王世家》“太后義格”，司馬貞索隱引服虔：“格謂格閡不行。”

　　［1］是純直音，用得最多，占服虔音注總數的 65％强；［2］是［1］的變化形式，給兩個以上音節的多音詞整體注上直音。［3］是“讀若、讀如”式注音法，有破假借字爲本字本讀的作用，“嬗音如蟬”即“嬗讀如蟬”，意謂“嬗變”是“蟬蜕式變化”，服虔此類音注很少。［4］“音近”是描寫式注音，極少用。［5］—［8］是用短語形式來描述音義的，是一個語境限定式音注術語，形象直觀，方便實用①，［6］是説“告”在當句語境中讀“嗥”音而不讀本音，且有“嗥呼”之義；“音格鬭”是“格音格鬭之格”的簡省用法，“格”在當句語境中不讀《廣韻》古伯切表長枝條的本音本義，而讀古落切表限制、梗隔義。《周禮·春官》“二曰觭夢”鄭玄注引杜子春：“觭讀爲奇偉之奇。”説明此法在服虔之前已開始應用，但服虔是用得多且靈活的，此類占其總音注數的 25％强。

　　《顔氏家訓·音辭》謂鄭玄以前人全不解反語：“孫叔然創《爾雅音義》，是漢末人獨知反語，至於魏世，此事大行。”而景審爲唐釋慧琳《一切經音義》作序謂：“然則古來音反……而爲雙聲，始自服虔。”近人章太炎在爲其弟子吴承仕書作《經籍舊音題辭》説：“服子慎、應中遠訓説《漢書》，其反語已箸於篇，明其造端漢末，非叔然創意爲之。”②早期反切的存留，主要見於衆家《漢書》音注。

　　［1］《陳勝項籍傳》“人人惴恐”，師古注引服虔：“惴，音章瑞反。”

　　［2］《史記·張耳陳餘列傳》“吾王孱王也”，司馬貞索隱引服虔：“［孱］，音鉏閑反，弱小貌也。”

　　［3］《張陳王周傳》“鰌生説我距關毋内諸侯”，師古注引服虔：“鰌，音七垢反。鰌，小人也。”

　　［4］《初學記·皇王部·廢帝海昏侯》“大王不好書術而樂逸遊，憑試樽銜”，注引服虔：“字樽促也。或曰：掛也，摶，音子本反。”

---

①參萬獻初《經典釋文》“某某之某”研究》，《語言研究》2002 年 2 期。
②吴承仕《經籍舊音序録》(3 頁)，中華書局 1986 年。

[5]《宣元六王傳》"又姬胸臑故親幸,後疏遠",師古注引服虔:"胸,音劬。臑,音奴溝反,又音奴皋反。"

[6]《揚雄傳》"河靈矍踢",師古注引服虔:"踢,音石臭反。"

[7]《文選·揚雄〈長楊賦〉》"靡節西征,羌僰東馳",李善注引服虔:"僰,夷名也。節,所杖信節也。僰,蒲北切。"(《揚雄傳》)

上引服虔 7 條 8 個反切,加上前引"儌,音子就反""濞,音帔,普懿翻",共有 10 個反切,減去可疑的"僰,蒲北切""濞,普懿翻",實有 8 個反切,是今存最早的反切用例,彌足珍貴。

服虔注音的目的雖以辨義釋義爲主,實際所含内容也是多種多樣的:

[1]《宣帝紀》"受《詩》於東海澓中翁",師古注引服虔:"澓,音馥。"

[2]《宣帝紀》"單于閼氏",師古注引服虔:"閼氏,音焉支。"

[3]《高帝紀》"公巨能入乎",師古注引服虔:"巨,音渠,猶未應得入也。"《示兒編》卷十一"未渠央"下引《漢書》"公詎能入乎"句服虔曰:"詎音渠,猶未應得入也。"

[4]《五行志》"大經在辟而易臣",師古注引服虔:"辟,音刑辟之辟。"又《五行志》"執政毋乃有所辟",師古注引服虔:"音邪辟之辟。"

[5]《史記·秦始皇本紀》"並河以東",裴駰集解引服虔:"並,音傍。傍,依也。"

[6]《萬石衛直周張傳》"嘗欲請治上近臣所忠、九卿咸宣",師古注引服虔:"咸,音減損之減。"

[7]《禮樂志》"群生啿啿",師古注引服虔:"啿,音'湛湛露斯'。"

[8]《百官公卿表》"騪粟都尉",師古注引服虔:"騪,音搜狩之搜。"《兩漢刊誤補遺》卷三"騪粟"條下引服虔:"音搜狩之搜,搜索也。"

[9]《張陳王周傳》"良嘗閑從容步遊下邳圯上",師古注引服虔:"圯,音頤,楚人謂橋曰圯。"

[10]《史記·張耳陳餘列傳》"上使泄公持節問之箯輿前",司馬貞索隱引服虔:"音編,編竹木如今峻,可以糞除也。"《經典釋文·春秋公羊音義》"竹箯"條下注引服虔"音編"。

[1]"澓"是生僻的姓氏用字,故注音。[2]"閼氏"本有音義,漢時借用於對譯匈奴王后之稱,屬外來詞的譯音。[3]"巨"本爲大義,讀《廣韻》其吕切群母語韻,該句中讀《集韻》求於切群母魚韻表反詰疑問,屬去—平變調

構詞。[4]"辟"的刑法義是本讀《廣韻》必益切幫母昔韻,邪僻義讀《廣韻》芳辟切滂母昔韻,屬幫—滂變聲構詞,且在邪僻義上構成古今字"辟—僻"。[5]殷敬順《列子釋文·黃帝》"並音傍,《史記》《漢書》傍海、傍河皆作並",並《廣韻》蒲迥切並迥韻是並排、合併義的本讀,《集韻》蒲浪切並母宕韻是傍依義,屬上—去變調構詞。[6]在減少義上"咸—減"爲古今字,也有人把"咸"看成"減"的通假字(同源通用)。[7]引經文證音讀"喂—湛"同音同義。[8]"騪—搜"是異體字。[9]標明方言音讀。[10]"篊—編"同源,用注直音的方法探求得名之源。又如《漢書·陳勝項籍傳》"藉弟令毋斬",顏師古注引服虔:"藉,猶借也。"《漢書·賈誼傳》"内之閑中",顏師古注引服虔:"閑,賣奴婢闌。""藉—借、閑—闌"也是探求語源的注語,因無音注術語作標記,此類未記入服虔音切數據中。

除了上列例句外,服虔音注還有:《高帝紀》槽音衛、走音奏、傅音附,《文帝紀》喋音蹀屣履之蹀、酺音蒲、阽音反坫之坫,《武帝紀》燭音注、怵音裔,《宣帝紀》谷音鹿,《成帝紀》虒音斯,《平帝紀》輅音輴,《異姓諸侯王表》瘠音慘,《王子侯表》頡音憂撃之憂,《古今人表》淪音鰥,《禮樂志》吟音含,《郊祀志》傳音亭傳之傳,《五行志》騺音陟、胊音忸怩之忸、觭音奇偶之奇,《文選·遊天台山賦》鄞音銀,《地理志》獷音鞏、蟬音提,《史記·河渠書》顏音崖,《藝文志》枒音詡、癊音廩引之廩,《陳勝項籍傳》檥音蟻、間音中間之間,《史記·項羽本紀》擠音濟民之濟,《史記·吳王濞列傳》直音值,《楚元王傳》轑音勞,《高五王傳》沮音阻,《史記·絳侯周勃世家》提音弟又音啼、修音條,《史記·樊酈滕灌列傳》砦音沙,《樊酈滕灌傳靳周傳》蒯音菅蒯之蒯、蹳音撥,《酈陸朱劉叔孫傳》魋音椎,《賈誼傳》蟁音梟、卑音界予之界、挺音挺起,《爰盎鼂錯傳》假音假借之假,《竇田灌韓傳》逗音企,《景十三王傳》荃音蓀、鮈音拘,《李廣蘇建傳》媒音欺,《衛青霍去病傳》票姚音飄搖、葷音熏,《史記·衛將軍驃騎列傳》郅音窒,《杜周傳》抵音紙阤,《張騫李廣利傳》滇音顛、蔡音楚言蔡(錢大昕《十駕齋養新餘錄》卷中引此條爲"漢人異讀"),《嚴朱吾丘主父徐嚴終王賈傳》篁音皇、轎音橋梁、唅音含,《東方朔傳》曓音暴、鬸斛音縱舳、筦音管,《公孫劉田王楊蔡陳鄭傳》澎音彭,《楊胡朱梅雲傳》窾音款,《趙充國辛慶忌傳》婼音兒、句音鉤,《傅常鄭甘陳段傳》龜茲音丘慈、墊音墊陷之墊,《趙尹韓張兩王傳》噭音叫呼之叫、咷音滌濯之滌,《匡張孔馬傳》涔音岑,《翟方進傳》琴音禁,《文選·羽獵賦》獱音賓,《文選·長楊賦》轂音遞、躇音矯，《揚雄傳》嶕音窟、惆音敵、虓音哮、捖音睕、芭音葩，《儒林傳》邊音湯，《匈奴傳》蹛音帶、眩音州縣之縣、寋音獻捷之捷、句音拘，《史記·匈奴列傳》谷音鹿、蠡音離，《史記·南越列傳》橐音卭、嫪音榮，《史記·外戚世家》姪音近妍，《文選·女史箴》嬺音翳桑之翳，《外戚傳》儀音螚，《王莽傳》摽音刀末之摽、璜音衛、煒音暉、遷音仙，《文選·答賓戲》敦音頓、氿音軌，《敘傳》陻音因、劓音剪。

　　這些音注在當句語境中，絕大多數是爲生僻字、易誤讀字注音，其中最多的是專用名詞（國名、地名、人姓名、譯名、事物名等）或音變或音不變的注音。有一部分是別義異讀的音變構詞，數量較少，遠没有積聚於《經典釋文》中的六朝時期的音變構詞那麼普遍和受關注。再有少量用注音方式顯示的古今字、異體字、通假字和方言詞。這些類型都爲後來"鋒出"的音義書提供了範例。

2. 應劭的《漢書音義》

　　應劭，漢末汝南南頓人。靈帝時舉孝廉，歷任汝南主簿、蕭令、營陵令、太山太守、軍謀校尉等官職。勤於著述，《後漢書·應劭傳》謂其"少篤學，博覽多聞……删定律令爲《漢儀》……著《漢官禮儀故事》……著《中漢輯序》，撰《風俗通》……凡所著述百三十六篇，又集解《漢書》，皆傳於時"。《隋書·經籍志》著録，應劭集解《漢書》一百一十五卷，撰《漢書音義集解》二十四卷、《漢官》五卷、《漢官儀》十卷、《漢朝議駁》三十卷、《風俗通義》三十一卷。

　　應劭《漢書（集解）音義》詳情唐初已不明，後人多所疑難。閆平凡經仔細比對分析而推論："其書單行'至典午中朝'有晉灼録入《漢書集注》，後有臣瓚'總集諸家音義'録入《集解音義》。則至此'應劭原本當亡於永嘉之亂，其卷數亦莫得而詳'。如前所言及《晉中經簿》之或未著録其書，則其單本不行於世或更早在晉初。又蔡謨'總應劭以來注班固《漢書》者爲之集解'，或曰'全取臣瓚一部散入《漢書》'，後之所見應劭注文當是依從晉灼、臣瓚或蔡謨本。"所論近信。今人研究應劭《漢書音義》的，有閆崇東《應劭之〈漢書〉注》（《文獻》1999 年 1 期）、周勤《應劭對漢語音義關係的認識》（《黔西南民族師範高等專科學校學報》2004 年 3 期）、胡繼明《〈漢書〉應劭注的偏正式雙音詞》（《東南大學學報》2003 年 2 期）和《〈漢書〉應劭注的語言學價值》（《西南師範大學學報》2005 年 1 期）等。

　　應劭嫻熟於漢代的官儀制度，又重視小學，其《漢書音義》詳於字詞訓詁,長於職官、地理、制度、名物和故事的考釋引證,所得甚多,故多爲裴松之《三國志注》、《史記》三家注、李善《文選注》、劉昭《續漢志注》、酈道元《水經注》等徵引,楊守敬輯應劭注文 1244 條,閆平凡校訂其訛誤,增補其缺失,共得應劭《漢書》注語 1280 條,其中有術語標記的音注 103 條。

應劭音義的注音術語以"某音某"爲最多,近總數的 80%,其中有"音若" 5 條而没有服虔的"音如"。他的"某音某某之某"不到 10 條,約是服虔用量的三分之一。反切條目有:

[1]《諸侯王表》"騁狙詐之兵",師古注引應劭:"狙,伺也,因間伺隙出兵也。狙,音苦蛆反。"《史記·留侯世家》"良與客狙",裴駰集解引應劭:"狙,七預反,伺也。"

[2]《武帝紀》"文山郡",師古注引應劭:"文山,今蜀郡崏山,本冄駹是也。"《史記·西南夷列傳》"冄駹最大",司馬貞索隱引應劭:"汶江郡本冄駹,音亡江反。"

[3]《禮樂志》"寂漻上天知厥時",師古注引應劭:"言天雖寂漻高遠,而知我饗薦之時也。漻,音來朝反。"

[4]《五行志》"石砮",師古注引應劭:"砮,鏃也。音奴,又乃互反。"

[5]《五行志》"是我迋吾兄也",師古注引應劭:"迋,音君狂反。"

[6]《地理志》"梓潼",師古注引應劭:"潼水所出,南入墊江。墊,音徒浹反。"

[7]《地理志》"僰道",師古注引應劭:"故僰侯國也。音蒲北反。"

[8]《地理志》"罕幵",師古注引應劭:"[幵],音羌肩反。"

[9]《地理志》"遝氏",師古注引應劭:"[遝]氏,水也。音長答反。"

[10]《陳勝項籍傳》"夥,涉之爲",師古注引應劭:"夥,音禍。"

[11]《楚元王傳》"五大夫爭權,三君更立",師古注引應劭:"周景王崩,單穆公、劉文公、鞏簡公、甘平公、召莊公,此五大夫相與爭奪,更立王子猛、子朝及敬王,是爲三君也。更,音工衡反。"

章太炎《國故論衡·音理論》列舉"墊音徒浹反""遝音長答反"兩條,謂"是應劭時已有反語,則起於漢末也"。應劭這 11 個反切,與服虔 8 個反切一樣,是漢語語音發展史上極爲珍貴的資料。

應劭音注的内容與服虔略同,主要是爲生僻字注音,更多是名物字的音變或音不變的注音,保存了漢代的音讀資料。有少數辨析别義異讀(音變構詞)的音注,比服虔要少,明假借、辨字形的音注也比服虔少。應劭音注也有與服虔音注重複的,但很少,可能是顏師古等引用時注意不重複,也可能是服虔、應劭注音有側重有先後,後注者有意不重複先注者。

[1]《高帝紀》"將兵距嶢關",師古注引應劭:"嶢,音堯。嶢山之關。"

[2]《昭帝紀》"鉤町侯",師古注引應劭:"町,音若挺,西南夷也。"

[3]《地理志》"葭明",師古注引應劭:"音家盲。"

[4]《高帝紀》"明其爲賊",師古注引應劭:"爲,音無爲之爲。"

[5]《賈誼傳》"般紛紛其離此郵兮",師古注引孟康:"般,音班。"《文選·賈誼〈吊屈原文〉》"般紛紛其離此尤兮",李善注引應劭:"般,音班,或曰般桓,不去。"

[6]《賈誼傳》"斡棄周鼎,寶康瓠兮"。《史記·屈原賈生列傳》"斡棄周鼎兮寶康瓠",裴駰集解引應劭:"斡,音筦。筦,轉也。"

[7]《地理志》"錫",師古注引應劭:"音陽。"

例[1]是單純爲難僻字注音。[2]是異族語詞的譯音。[3]是存古的地名讀音,屬專名音變。[4]是"爲"的平—去變調構詞。[5]"般"的旋轉盤桓義本讀《廣韻》薄官切並母桓韻,此句中借爲返回義的"班"讀幫母,也可以看作"般"的濁—清變聲構詞。[6]"斡"本爲瓢把,引申有運轉義,讀《廣韻》烏括切影母末韻,又《集韻》古緩切見母緩韻爲車轂外包及主管義;"筦"同"管",本是竹管,《廣韻》古滿切見母緩韻,古或借爲"斡"而有旋轉義,《楚辭·天問》"斡維焉系"王逸注"斡,轉也,斡一作筦",本句中應劭注"斡音筦"包含了兩字形音義多方面的複雜關係。[7]"錫"爲漢中郡十二縣之一,師古注謂"即《春秋》所謂錫穴",因"錫"與"錫"的偏旁形近易混,應劭既注了音又辨了形。

除上已引用例外,應劭今存音注還有:《高帝紀》垓音該、闖音文飾之文、耐音若能、擾音柔,《史記·高祖本紀》紿音殆,《文帝紀》悤音篬,《武帝紀》虒音移、潏音若潏,《宣帝紀》狦音若訕,《元帝紀》慝音曠,《異姓諸侯王表》闖音簹、譜音補,《百官公卿表》跿音啼,《郊祀志》鄌音臐、腄音甄,《地理志》輿音豫、駣音桃、酁音嵯、浹音絞、裴音非、拘音矩、潷音彄、陉音刑、繹音亦、復音腹、鄭音莫、脩音條、朸音力、莒音奸、猇音筊、菑音淄、椑音裨、郯音談、蕡音肥、承音證、盱眙音籲怡、汗音幹、孱音踐、鐔音淫、汁音十、鄗音壽、虒音斯、伶音鈴、且音苴、並音伴、允吾音鉛牙、枹音鈇、敦音屯、祖音罝、昫音旬日之旬、卷音箘簬之箘、氏音支、昫音煦、龜茲音丘慈、令音鈴、慮音閭、番音盤、眣音移、麊音彌、龐音龍、陘音邢、夏音賈、蕃音皮、嶧音驛,《陳勝項籍傳》浙音折,《楚元王傳》橆音規摹之摹,《張陳王周傳》砮音沙,《史記·酈生陸賈列傳》齱音若促,《史記·屈原賈生列傳》鰲音傿,《史記·韓長孺列傳》逗音豆,《東方朔傳》狋音銀,《蕭望之傳》選音刷,《揚雄傳》衿音衿系之衿、瞵音鄰,《文選·西都賦》瓡音孤,《酷吏傳》眴音馬眴眼之眴,《史記·酷吏列傳》格音閣,《敘傳》犥音六畜之畜、酋音酋豪之酋、開音扞,《史記·黥布列傳》甄音保,《史記·司馬相如列傳》蜓音顏。

應劭爲《地理志》中的地名注音有 56 條,占總音注數的 54%强,加上其他篇的專名音注,可見應劭音注的主體是爲專用名稱注音。

3. 服虔、應劭所注音切的性質

服虔中平末拜九江太守,應劭中平六年拜太山太守,東漢靈帝中平共六年(184—189),兩人年齒相差不應太大。服虔爲河南榮陽(今河南鄭州市西部)人,應劭父親應奉爲汝南南頓(今河南項城西部)人,兩人語音差別也不會大。

兩人著《漢書音訓》《漢書(集解)音義》是隨文施注,或爲難僻字注音,或爲異讀字辨音明義,或明通假辨字形,雖用了少量反切,但以直音爲主。所注字音可能很多,但原書亡佚,今存的只是顏師古等人引用的少部分,只存 100 條左右,形不成語音系統。《漢書》文辭古奧典雅,故爲《漢書》注音不大可能是口語俗音而應是讀書音,從兩人所存音切來看,有存古音者,有録方音(如楚音)者,有兩漢時外族語對譯者,當然主要是當時的讀書音。

裴宰奭《服虔、應劭音切所反映的漢末語音》(《古漢語研究》1998 年 1 期)從顏師古《漢書注》中摘出服虔音注 75 條、應劭音注 86 條,認爲服、應音切顯示"東漢時代聲母輕重脣不分,舌頭和舌上不分,精系與章系、端系與章系讀音相近";韻部方面,模麻(部分)屬上古魚部、灰微屬古微部、尤蕭(部分)屬古幽部、宵蕭(部分)屬古宵部、鍾江屬古東部、山仙屬古寒部、侵覃屬古侵部、支脂之合流,以及陰入、陽入混韻現象承上古而來,等等,所推論近是。但其他推論,尤其是聲類方面,因材料辨析不清,錯訛甚多。

分析隨文施注的音義書中音注的音韻地位,一定要嚴格區分同義音注與别義音注;要區分本讀與變讀,包括古今音變、别義音變(音變構詞)、方言音變、譯語音變等;要區别真值注音音切與假性注音音切,假性注音音切包括辨版本、正字形、明通假等"音注"①。

當今音韻學研究不管文獻的正誤,無視音注材料的音義關係,强行去系聯音切並建構音系,幾乎成爲慣例,特别要提醒注意。

第二節 東漢末與三國諸家《漢書》音注

1. 荀悦的音注

《漢書敍例》:"荀悦字仲豫,潁川人,後漢秘書監。撰《漢紀》三十卷,其事皆出《漢書》。"王先謙《漢書補注》引宋祁:"景祐間余靖校本注末有'後人取悦所注書入於注本'十一字。"則荀悦當有《漢書》注本,後人取而散入己注中,而荀注亡佚。顏師古注共引荀悦 23 條,楊守敬共輯得荀悦注 31 條,其中言避諱字者 12 條,音注僅 1 條:

《西域傳》"以金銀爲錢,文爲騎馬,幕爲人面"。《史記·大宛列傳》"錢如其王面",司馬貞索隱:"《漢書》云:文獨王面,幕爲夫人面。荀悦云:幕,音漫,無文面也。張晏云:錢之正面作人乘馬,錢之幕面作人面形。"

2. 伏儼的音注

《漢書敍例》:"伏儼字景宏,琅邪人。"顏師古注引伏儼 10 條,楊守敬輯得 8 條,漏輯《漢書注》3 條,加輯《史記索隱》1 條。多爲名物詞注釋,其中有音注 2 條:

《武帝紀》"腰五日",師古注引伏儼:"腰,音劉。劉,殺也。"

《文帝紀》"故楚相蘇意爲將軍屯句注"。《史記·孝文本紀》"故楚相蘇意爲將軍,軍句注",司馬貞索隱:"句,伏儼音俱,包愷音鉤。"

3. 劉德的音注

《漢書敍例》:"劉德,北海人。"②顏師古注引劉德 44 條,楊守敬輯得 45 條,有 2 條 5 個音注,其中有 3 個反切。劉德注以疏通詞、句義者爲多,常用詞語的訓釋較多。

《韓彭英盧吳傳》"諸將皆嘸然",師古注:"孟康曰:嘸音撫,不精明

---

① 參萬獻初《真值注音音切與假性注音音切》,《民俗典籍文字研究》第三輯,商務印書館 2006 年。
② 有漢景帝第三子河間王劉德。又有漢昭帝初爲宗正丞、後封陽成侯的劉德,《漢書·敍傳》"劬勞王室,用侯陽成,子政博學,三世成名",師古曰:"謂劉德、劉向、劉歆,俱有名聞。"都不是注《漢書》的北海人劉德。

也。劉德曰:音憮。師古曰:劉音是也,音文府反。"

　　《馮奉世傳》"今發……彀者、羽林孤兒及呼速絫、嗕種",師古注引劉
德:"嗕,音辱,羌別種也。彀者,謂能張弩者也。彀,音工豆反。絫,音力
追反。嗕,音乃彀反。"

4.鄭氏的音注

　　鄭氏,《漢書敘例》:"晉灼《音義》序云'不知其名',而臣瓚《集解》輒云
'鄭德'。既無所據,今依晉灼但稱'鄭氏'耳。"楊守敬在所輯"鄭氏"條目天
頭上注(653頁):"洪亮吉曰:'《漢書音義》有鄭氏,薛瓚云是鄭德;晉灼云
北海人,不知其名。'按:《高帝紀》盱台注'鄭氏音昫怡'、《武帝紀》蛇丘注
'鄭氏蛇音移'、《郊祀志》推終始傳注'鄭氏音亭傳',而《史記集解》皆作'鄭
玄'。《漢書·揚雄傳》拄靈蠵注'鄭氏拄音怯',而《文選》注亦作'鄭玄'。
是《漢書音義》所稱'鄭氏'蓋康成居多,故晉灼亦曰'北海人'也。其間有出
於'鄭德'者,如《高帝紀》方輿注'音房預'之類。《集解》亦別標出之,裴駰
劉宋時人,必非無據。是康成又爲《漢書音義》,世所不及知矣。"顏師古注
引鄭氏118條,而楊守敬輯得102條。鄭氏注主要是爲難僻名物字作注,
部分語句解説條目頗具特色。有音注39條,其中僅有1條反切,"某音某
某之某"有19條之多。説明鄭氏注具有早期音注類型的特點,頗能支持楊
守敬"鄭氏"蓋康成的推測。

　　《高帝紀》"南陽守欲自剄",師古注引鄭氏:"剄,音姑鼎反。以刀割
頸爲剄。"

　　《高帝紀》"明其爲賊亂",師古注引鄭氏:"爲,音人相爲之爲。"

　　《食貨志》"野有餓莩而弗知發",師古注引鄭氏:"莩,音藳有梅之藳。
莩,零落也。"

　　《高帝紀》"縣隔千里",師古注引鄭氏:"縣,音懸。"

　　用反切標明"剄"讀上聲爲動詞;用語境限定式的某某之某來定"爲"讀
去聲,顯示平—去變調構詞;用"莩—藳"同源詞注音相訓以明詞義;"縣—
懸"在懸遠義上讀平聲爲古今字。

　　鄭氏音注還有:《高帝紀》方輿音房預、戚音憂戚之戚、亢音人相抗答、
盱台音昫怡、蕢音匱、荼音荼毒之荼、夏音假借之假、甬音踊,《武帝紀》滇音
顚、蛇音移,《昭帝紀》減音減少之減、撢音纏束之纏,《元帝紀》煬音供養之
養,《諸侯王表》波音陂澤之陂、抴斐音即非,《律曆志》庣音條桑之條,《食貨

志》藜音牛齝之齝、戚音憂戚,《魏豹田儋韓王信傳》嫣音隝陵之隝,《楚元王傳》彙音謂,《酈陸朱劉叔孫傳》魄音薄,《張馮汲鄭傳》澹音擔石之擔,《賈鄒枚路傳》凔音悽愴之愴,《景十三王傳》淖音卓王孫之卓,《衛青霍去病傳》鱳音鹿,《武五子傳》長音長者,《趙充國傳辛慶忌》零音憐,《傅常鄭甘陳段傳》婁音贏,《眭兩夏侯京翼李傳》厭音壓桑之壓,《揚雄傳》蹶音馬蹄蹶之蹶、怯音怯、愁音曹,《史記·東越列傳》句音勾,《西域傳》烏秅音鸎挐,《敘傳》麿音麼。

5. **李斐的音注**

李斐,《漢書敘例》:"不詳所出郡縣。"顏師古注引李斐 22 條,楊守敬輯得 24 條,只有音注 2 條,都是專名音注:

《武帝紀》"西臨祖厲河而還",師古注引李斐:"音嗟賴。"

《宣帝紀》"行幸蒖陽宮",師古注:"應劭曰:宮在鄠,秦文王所起。伏儼曰:在扶風。李斐曰:蒖,音倍。師古曰:應説、李音是也。"

6. **李奇的音注**

《漢書敘例》:"李奇,南陽人。"顏師古注引李奇 347 條,楊守敬輯得 346 條。李奇注文較爲細緻,通過詞語訓釋來會通句意是其突出的特點。

音注無多,今存 27 條,只有 2 條反切。除難僻名物詞的注音外,主要是常用詞的別義異讀的辨析。

[1]《高帝紀》"漢王欲挑戰",師古注引李奇:"挑,音徒了反。"

[2]《史記·陳涉世家》"葛嬰將兵徇蘄以東",司馬貞索隱引李奇:"徇,略也。音辭峻反。"

[3]《魏豹田儋韓王信傳》"國被邊",李奇曰:"被,音被馬之被。"

[4]《高帝紀》"從杜南入蝕中",李奇曰:"蝕,音力,在杜南。"《史記·高祖本紀》"入蝕中",司馬貞索隱:"李奇音力,孟康音食。王劭按:《説文》作'螆',器名也,地形似器,故名之,音力也。"

例[1][2]是平—去變調構詞。[3]是去—平變調構詞。[4]則可能是方音的地名變讀。

李奇音注還有:《宣帝紀》屬玉音鸒鷉、狦音山,《禮樂志》沫音靧面之靧,《郊祀志》鄜音孚,《天文志》邪音虵,《五行志》廣音獷,《地理志》朐音腠、麋音麻,《魏豹田儋韓王信傳》鄗音羹臛之臛,《賈誼傳》傄音塊,《爰盎鼂錯傳》繺音裁,《衛青霍去病傳》麠音麜,《司馬相如傳》炎音火之光炎,《史記·

大宛列傳》徙音斯,《張騫李廣利傳》軒音劇,《司馬遷傳》挑音誂,《趙尹韓張兩王傳》原音元、絮音挐,《揚雄傳》嵺音踢、嵕音竦、趼音貢、捫音車幰之幰,《外戚傳》莜音敷。

7. 鄧展的音注

《漢書敍例》:"鄧展,南陽人,魏建安中爲奮威將軍,封高樂鄉侯。"《三國志·魏書·文帝紀》注引曹丕《典論·自敍》:"嘗與平虜將軍劉勳、奮威將軍鄧展等共飲,宿聞展善有手臂,曉五兵,又稱其能空手入白刃。"楊守敬輯本缺鄧展,顏師古注引鄧展 81 條。鄧展注有詳釋詞義者,有申述制度者,有詳究名物名源者。鄧展音注 14 條,主要是爲難僻名物、行爲字注音,無反切。

[1]《陳勝項籍傳》"頩首系頸",師古注引鄧展:"頩,音俯。"

[2]《趙充國辛慶忌傳》"而明主般師罷兵",師古注引鄧展:"般,音班。班,還也。"

[3]《薛宣朱博傳》"假借用權",師古注引鄧展:"假,音休假,借音以物借人。"

例[1]用注音方式展示異體字。[2]以同源通用字爲訓。[3]用語境定音以明義。其餘音注還有:《高帝紀》築音竹,《武帝紀》闐音填塞之填,《昭帝紀》枹音桴、罕音漢,《賈誼傳》沕音昧,《張騫李廣利傳》毒音篤,《東方朔傳》呼音髐箭之髐、礜音瓜瓠之瓠、咄音貀裘之貀,《揚雄傳》泣音粒,《游俠傳》颯音立,《西域傳》剹音衫,《外戚傳》赫音兄弟鬩牆之鬩。

8. 文穎的音注

文穎,世無傳,生平事略見《搜神記》《漢書敍例》和李善《文選注》。文穎字叔良,南陽人,東漢末從劉表爲荊州從事,作《移零陵文》(王粲有《贈叔良詩》),建安中爲甘陵丞,主要活動在漢末魏初。文穎注《漢書》,《隋書·經籍志》未著錄,新舊《唐志》亦未錄,唯唐林寶《元和姓纂》錄"文穎《漢書注》"。楊守敬稿缺失文穎,王曉慶輯文穎《漢書注》294 條,其中音注 14 條。文穎注重視細節交待,多於人所不注處出注。

文穎音注有:《高帝紀》准音準的之準、邾音朱,《武帝記》灊音岑,《昭帝記》轑音料,《蕭何傳》酇音贊,《息夫躬傳》押音狎習之狎,《爰盎傳》棓音陪,《衛青傳》沮音俎,《英布傳》揣音初委反,《霍去病傳》麾音意曹反、雁音鷹、疕音庇蔭之庇,《文選·答客難》筳音庭,《陳湯傳》闐音填,《雋不疑傳》躧音纚。有 2 條反切,餘爲直音和某某之某,多是爲專名、難僻字注音,有部分是辨明通假。

9.張揖的音注

《漢書敍例》："張揖,字稚讓,清河人(一云河間人),魏太和中爲博士(止解《司馬相如傳》一卷)。"張揖博學多識,精通文字訓詁,著述豐富,如《古今字譜》《字詁》《廣雅》,張揖《上廣雅表》言:《爾雅》"真七經之檢度,學問之階路,儒林之楷素也",然"未能悉備",所以他"竊以所識,擇撢群藝,文同義異、音轉失讀、八方殊語、庶物易名,不在《爾雅》者,詳録品覈,以著於篇"。這些也正是他注《漢書》的注意之點,因而他的注釋更注重語言文字方面的内容。楊守敬輯本缺張揖,顏師古注引張揖 190 條,皆在《司馬相如傳》之中,主要爲其大賦訓釋詞義,只有 3 條音注,無反切:

"袀袀裶裶,揚袘戌削",師古注引張揖:"袀,音芬。袘,衣袖也。戌,鮮也。削,衣刻除貌也。"

又"旼旼穆穆",師古注引張揖:"旼,音旻。"

又"曼漶而不可知",師古注引張揖:"曼,音滿。漶,音緩。"

三條都是爲難僻字注直音。張揖詳於訓義而略於釋音,尤長於偏僻名物詞的訓釋,這與他撰《廣雅》的風格是相合的,語言學的色彩比其他注家濃厚得多。

10.蘇林的音注

蘇林,史無正傳,《三國志》劉劭、王肅、高堂隆三傳及裴注引《魏略》言其事,《晉書·庾峻傳》和顏師古《漢書敍例》亦有言及。蘇林字孝友,陳留外黃人,生於東漢桓帝至靈帝之間,卒於魏正始初年,享年八十餘。魏文帝曹丕黃初(220—226)中爲博士,因參與上表勸進曹丕稱帝,一生官路通暢,位高爵顯,歷任五官將文學、給事中領秘書監、散騎常侍、永安衛尉、太中大夫並封安成亭侯。蘇林的著述,《隋書·經籍志》著録有《孝經注》和《陳留耆舊傳》,《漢書敍例》列他爲《漢書》二十三注家之一,《方言》郭璞注、《後漢書》劉昭舊注、酈道元《水經注》徵引蘇林注《漢書》多條,《三國志·劉彭廖李劉魏楊傳》裴松之注"蘇林《漢書音義》曰:朱音銖,提音如北方人名匕曰提也",明言蘇林著有《漢書音義》。楊守敬輯蘇林注語只殘存《敍例》"蘇林"條和《五行志》中的 4 條,殷榕輯得 485 條。

蘇林是著名的古文經學家,《三國志·劉劭傳》裴松之注引《魏略》稱他"博學,多通古今字指,凡諸書傳文間危疑,林皆釋之"。由於對古字音義多

所留意,蘇林注的特點偏重注音釋字辨義,今見注文 485 條中就有音注 148
條,占 30％强,是諸家注語中音注比例最高的。音注類型有:某音某、某音
某某(之某)、某某音某某、某讀曰某和反切,很齊全。以厚實的經學和小學
功底來注史書,當然會在語言文字的注音釋義辨形上勝過他人。

　　[1]《高帝紀》"使盧綰、劉賈將卒二萬人",師古注引蘇林:"綰,音以
繩綰結物之綰。"

　　[2]《高帝紀》"且法以有功勞行田宅",師古注引蘇林:"行,音行酒之
行,猶付與也。"

　　[3]《楚元王傳》"多所平反罪人",師古注引蘇林:"反,音幡,幡罪人
辭使從輕也。"

　　[4]《成帝紀》"先帝劭農",師古注引蘇林:"劭,音翹,精異之意也。"

　　[5]《禮樂志》"鸞路龍鱗,罔不肸飾",師古注引蘇林:"肸,音墍塗之
墍。墍,飾也。"

　　[6]《禮樂志》"繭浮雲,晻上馳",師古注引蘇林:"繭,音躡,言天馬上
躡浮雲也。"

　　[7]《韓彭英盧吳傳》"至使人有功,當封爵,刻印刓,忍不能予",師古
注引蘇林:"刓,音刓角之刓,刓與摶同。手弄角訛,不忍授也。"

　　[8]《刑法志》"則廷平將招權而爲亂首矣",師古注引蘇林:"招,音
翹。翹,舉也,猶賣弄也。"

　　[9]《天文志》"間可椷劍",師古注引蘇林:"椷,音函。函,容也,其間
可容一劍也。"

　　[10]《天文志》"川塞溪埌",師古注引蘇林:"埌,音伏,伏流也。"

　　[11]《刑法志》"鰓鰓常恐天下之一合而共軋己也",師古注引蘇林:
"鰓,音慎而無禮則葸之葸。鰓,懼貌也。"

　　[12]《賈誼傳》"搶攘",師古注引蘇林:"搶,音濟濟蹌蹌,不安貌也。"

　　[13]《趙尹韓張兩王傳》"長安宿豪大猾東市賈萬、城西萬章、翦張
禁、酒趙放",師古注引蘇林:"萬,音矩。"

　　[14]《董仲舒傳》"民日削月朘",師古注引蘇林:"朘,音鑴石。俗語
謂縮肭爲朘縮。"

　　例[1][2]"綰、行"各有名詞、動詞兩用,本句讀爲動詞義。[3]"反"有
去、平兩讀,本句讀平聲表糾正義。[4]—[7]是破通假字讀爲本字。[8]—

[10]是用同源通用字來釋義。[11][12]是音變構成疊音詞和聯綿詞。[13]是用注音來區分"萬—萬"形近字。[14]爲俗語詞注音釋義。

蘇林音注還有:《高帝紀》芒音忙遽之忙、碭音唐、蘄音機、邯音酒酣之酣、歇音毒歇(《史記》司馬貞索隱"蘇林、音如字")、曲音齟、遇音顒、鰓音魚鰓之鰓、番音婆、躪音蹢躅之蹢(《史記》司馬貞索隱"蘇林、如淳音擲")、賣音鬻、櫟音藥、徇音巡、樅音樅木之樅、瓬讀曰鈴、缶音墊、洮音兆、下音下書之下,《高后紀》台音胞胎,《文帝紀》棫音域、假音休假、借音以物借人之借,《景帝紀》著音著幀之著,《武帝紀》蚡音鼢鼠之鼢、脽音誰、窪音窐曲之窐、滇音撐柱之撐,《昭帝紀》移音移、畸音踦隻之踦,《元帝紀》閼氏音焉支,《哀帝紀》郚音魚、痿音菱枯之菱,《律曆志》咢音愕,《禮樂志》眑音窈、宵音宵胅之宵、窓音窓下之窓,《刑法志》提音秖,《食貨志》瘠音漬、反音幡,《史記·平準書》選音選擇之選,《郊祀志》壻音胥、鬲音歷,《天文志》棓音棓打之棓、能音台、跆音台,《五行志》招音翹,《唐開元占經》鍰音鐶,《地理志》郫音盲、獇音爻、朱音銖、提音時、舣音麾,《藝文志》俅音仇,《陳勝項籍傳》招音翹,《張耳陳餘傳》泜音秖,《魏豹田儋韓王信傳》僨音奮,《荆燕吳傳》鏦音從容之從,《季布樂布田叔傳》鄃音輸、陘音刑,《蕭何曹參傳》戀音人足攣躃之攣、斄音胎,《張陳王周傳》趣音趣舍、梧音悟,《樊酈滕灌傅靳周傳》鄲音多,《史記·酈生陸賈列傳》蹶音厥,《酈陸朱劉叔孫傳》輅音凍洛之洛,《史記·劉敬叔孫通列傳》蕞音纂,《鄲伍江息夫傳》窺音跬、疐音欸嚏之嚏,《萬石衛直周張傳》牏音投,《文三王傳》格音閣,《史記·屈原賈生列傳》価音面,《賈誼傳》般音盤、隳音厥、傌音罵、請音絜清,《史記·屈原賈生列傳》嬗音蟬,《爰盎鼂錯傳》棓音栖、驖音馬騤之騤,《張馮汲鄭傳》邽音圭,《賈鄒枚路傳》袛音蒂、劚音摩,《竇田灌韓傳》逗音豆,《景十三王傳》邵音魚、淖音泥淖、荃音詮、梲音奪、析音斯、剢音倦剢之剢、詘音軥强之軥、渾音畢、宓音密、削音陬峻之陬、玢音分、坌音馬坌叱之坌、玄音炫、潛音麵、油音油麻之油,《史記·司馬相如列傳》坿音附、陼音渚,《文選·子虛賦》樗音郢都之郢,《文選·難蜀父老》澹音淡,《張湯傳》簿音主簿之簿,《武五子傳》廣音曠,《嚴朱吾丘主父徐嚴終王賈傳》淦音耿弇之弇、族音奏,《東方朔傳》寠音貧寠之寠、藪音數錢之數、胞音胞胎之胞,《魏相丙吉傳》霽音限齊之齊,《趙尹韓張兩王傳》蚝音項、憮音嫵、倗音朋,《蓋諸葛劉鄭孫毋將何傳》賁音肥,《何武王嘉師丹傳》炔音桂,《宋景文筆記·考古》鶻捣音珍絹,《揚雄傳》駁騤音匠我、弸音石墮井弸爾之弸、環音宏、岋音岋岋動搖之岋、獱音賓、著音債著之著、坏音陪、頡音提挈之挈、抵音紙，《文選·解嘲》番音潘，《酷吏傳》邑音人相悒納之悒，《匈奴傳》氾音凡、撐音掌距之掌，《西南夷兩粵朝鮮傳》揭音羯，《西域傳》浩音昊、番音盤，《史記·外戚世家》袚音廢，《敘傳》拾音負拾之拾，《經典釋文·周易音義》逐音迪。

蘇林反切 9 條 12 個：《律曆志》栝音布回反，《郊祀志》湫音將蓼反，《樊酈滕灌傅靳周傳》鄗音簿催反，《賈誼傳》僭音人肩偏僭爾，音欺全反，《景十三王傳》荼音食邪反，《司馬相如傳》摧音頹水反、婁音卒鄙反、崢音傺爭反、嶸音戶枰反，《趙充國辛慶忌傳》婼音兒遮反，《揚雄傳》踢音試郎反。

蘇林音注有一部分是爲專有名稱和難僻字注音的，但不是主體，如各家注音最勤的《地理志》他只注 4 條音，而辨析變音別義異讀和通假字的音注大大增多，爲音義書因音辨義和以義正音的音注提供了範例，其音注的語言文字學成分很高，具有小學家敏鋭的眼光和深厚的語言文字分析功力，因而具有深刻性和準確性。

11. 張晏的音注

張晏，其人無傳，其書未見任何著録，唯顏師古《漢書敘例》謂："張晏，字子博，三國魏中山人。"師古《漢書注》引用張晏條目甚多，從中可見其注偏重釋事解義，而略於訓詁與注音。楊守敬輯張晏注語 684 條，李文濤（2006）補目 57 條，共 741 條，其中只有音注 15 條，都是直音而無反切，如：

《東方朔傳》"於是吳王穆然"，師古注引張晏："穆，音默。"

破借音而明"默然"義。

張晏其餘音注爲：《高后紀》嫂音須，《陳勝項籍傳》搏音博，《文選·過秦論》矜音槿，《史記·傅靳蒯成列傳》説音悦，《嚴朱吾丘主父徐嚴終王賈傳》彊音郭、繻音須，《蒯伍江息夫傳》幾音冀，《爰盎鼂錯傳》衡音橫，《竇田灌韓傳》沾音瞻，《司馬遷傳》櫺音賴，《武五子傳》桐音同，《東方朔傳》齟音櫨梨之櫨，《揚雄傳》佚音鐵、蕩音讜，《儒林傳》曼音滿、澠音繩。

12. 如淳的音注

《漢書敘例》："如淳，馮翊人，魏陳郡丞。"楊守敬輯得 1010 條，鄭賢梅補目 79 條，共得 1089 條。如淳注《漢書》比較全面，施注視角較寬，注語細膩，因而多被顏師古所采用，數量僅次於應劭而位居第二。

如淳存音注 122 條，其中反切 14 條，"音"最多，"某音某某之某"較少，較特別的是用了"讀若、讀曰、音近"多條，而同時代音注者已不大用這類音注術語了。

　　[1]《高帝紀》"亦視項羽無東意"，師古注引如淳："視，音示。"（師古曰："言令羽知漢王更無東出之意也。《漢書》多以視爲示，古通用字。"）

　　[2]《高帝紀》"漢王跳"，師古注引如淳："跳，音逃，謂走也。《史記》作逃。"（晉灼："跳，獨出意也。"）

　　[3]《張釋之傳》"走邯鄲道"，師古注引如淳："走，音奏。奏，趣也。"

　　[4]《高帝紀》"萬民與苦甚"，師古注引如淳："與，音相干與之與。"

　　[5]《宣帝紀》"及應募佽飛射士"，師古注引如淳："《吕氏春秋》荆有茲非，得寶劍於干將。度江中流，兩蛟繞舟。茲非拔寶劍赴江刺兩蛟殺之。荆王聞之，任以執圭。後世以爲勇力之官。茲、佽音相近。"

　　[6]《禮樂志》"佻正嘉吉弘以昌"，師古注引如淳："佻，讀曰肇。肇，始也。"

　　[7]《萬石衛直周張傳》"劍，人之所施易"，師古注引如淳："施，讀曰移。言劍者人所好，故多數移易貿換之也。"

　　[8]《李廣蘇建傳》"持二升糒，一半冰"，師古注引如淳："半，讀曰片，或曰五升曰半。"（師古曰："半，讀曰判。判，大片也。"）

　　[9]《敘傳》"楚人謂乳穀，謂虎於檡"，師古注引如淳："穀，音構，牛羊乳汁曰構。"

　　[10]《高帝紀》"襄城無噍類"，師古注引如淳："噍，音祚笑反，無複有活而噍食者也。青州俗呼無子遺爲無噍類。"

　　例[1][2]用音注標出同源通用字。[3][4]是平—去變調構詞。[5]用音近字標出不同書中名物詞。[6]—[8]沿用傳統"讀曰"破同源通用的假借字。[9][10]引用方言讀音以釋方言詞。

　　如淳音注還有：《高帝紀》荼音舒、郴音綝、氾音祀、閩音緡、建音蹇、復音複、棺音貫、蹺音如今作樂蹺行之蹺，《文帝紀》姬音怡、靖音静，《景帝紀》輶音反，《武帝紀》怵音怵惕、番禺音潘寓、暍音謁、跅音拓、膢音樓、榷音較、其音基，《昭帝紀》蓮音輦、勺音灼、酋音酒酋熟，《成帝紀》横音光、俚音裡，《哀帝紀》痿音蹏蹀弩，《高惠高后文功臣表》汁音什、防音方、壽音暑、慎音震、俞音輸，《景武昭宣元成功臣表》唊音頰，《百官公卿表》斡音筦、鰲音庆，《律曆志》杓音森，《禮樂志》沫音悔、詄讀如迭、熿音殞、髟音撨，《刑法志》睪音悍，《郊祀志》苴讀如租、稭讀如戛、硯音蹄，《天文志》暈讀曰運、蜺讀曰藠,《五行志》沴音拂戾之戾,《地理志》櫟音樂、衘音牙、蓮勺音輦酌、葰音璝、酈音躑躅之躑、漂音票、般音如面般之般、被音罷軍之罷、其音基、虛音墟、櫃音巨、缾音瓶、贛音感、索音繩索之索、洮音韜、杘音徙或音抵、軒音弓軒、番音盤、黽音切怛、台音鮐、番音潘、禺音寓、跕音蹀足之蹀、躩音屣、呰音紫、庉音庚,《溝洫志》毳音茅蕝之蕝、茭音郊、䜓音補,《藝文志》稗音鍛家排、胲音該,《史記·項羽本紀》徇音撫徇之徇,《陳勝項籍傳》梧音悟、鍉音嫡、躡音疊,《韓彭英盧吳傳》革音蔽,《史記·韓信盧縮列傳》觖音訣別之別,《蕭何曹參傳》蹴音敄,《張陳王周傳》簿音主簿之簿,《樊酈滕灌傳靳周傳》傅音附,《酈陸朱劉叔孫傳》壖音畏懦之懦,《賈誼傳》揣音團,《爰盎鼂錯傳》債音奮,《史記·張釋之馮唐列傳》縠音構,《賈鄒枚路傳》娸音欺,《司馬相如傳》瑊音緘、玏音勒、鼯音顯、鰫音乾、魠音詫、葴音鍼、裖音振、呲音此、虒音豸、蛭音質,《司馬遷傳》梧讀曰迕,《嚴朱吾丘主父徐嚴終王賈傳》席音藉、鼎音釘,《東方朔傳》驨駒音精劬,《雋疏于薛平彭傳》反音幡,《揚雄傳》轠音雷、轤音盧、般音班、還音旋,《文選·羽獵賦》窮音穹,《文選·聖主得賢臣頌》簹音遂,《西域傳》幕音漫,《敘傳》恒音互竟之互。

如淳反切還有:《高帝紀》走音將毒反、酈音持益反,《武帝紀》憪音如掾反,《成帝紀》阮音近捲反,《景武昭宣元成功臣表》秅音腐蠱反,《天文志》搏音徒端反,《地理志》雄音羊氏反,《淮南衡山濟北王傳》詷音朽政反,《司馬相如傳》鮚音去魚反,《東方朔傳》黇音工苟反,《馮奉世傳》軹音而隴反,《王商史丹傅喜傳》聚音字喻反,《文選·甘泉賦》阮音苦庚切。

13.孟康的音注

孟康,史無專傳,南朝宋裴松之注《三國志·魏書·杜恕傳》引《魏略》言其事蹟,《漢書敘例》言其官。字公休,安平人。魏文帝黃初(220—226)中任散騎常侍,後歷任弘農太守、典農校尉、渤海太守、給事中、散騎侍郎、中書令、中書監,封廣陵亭侯。《隋書·經籍志》著錄"梁有《〈漢書〉孟康音》九卷……並亡",《舊唐書·經籍志》《新唐書·藝文志》同載爲九卷,《經典釋文·序錄》載孟康注《老子》二卷。吳承仕引證推論"康注《漢書》乃在應(劭)《義》大行之後……宜在太和(227)以後矣"[1]。宋《太平御覽》引《孟康漢書音義》書目並引孟康注 50 條,故謝啟昆《小學考》推論"蓋亡於宋"。

---

①吳承仕《經籍舊音序錄》(28 頁),中華書局 1986 年。

　　顏師古《漢書注》徵引孟康 830 餘條,楊守敬輯 815 條,徐珮校補楊輯缺誤外,補輯立目 30 條,共 845 條,其中有標誌的音注 120 條。孟康注《漢書》長於天文地理和術數,今輯得條目主要集中在《天文》《律曆》《五行》《郊祀》《地理》諸志,僅《天文志》《地理志》就有 122 條。僅《地理志》注音就有 47 條,占音注總數近 40%。所注與前代的服虔、應劭多不同目,少數同目者也是音讀不同。孟康注多有獨到之處,如:

　　[1]《楚元王傳》"與賓客過其丘嫂食",師古注引孟康:"西方謂亡女婿爲丘婿。丘,空也,兄亡,空有嫂也。"

　　[2]《天文志》"彗孛飛流,日月薄食",師古注引孟康:"飛,絕跡而去也。流,光跡相連也。日月無光曰薄。京房《易傳》曰:日月赤黃爲薄。或曰:不交而食曰薄。"

　　[3]《律曆志》"閏餘乖次",師古注引孟康:"以歲之餘日爲閏,故曰閏餘。次,十二次也。史推曆失閏,則斗建與月名錯也。"

　　[4]《高帝紀》"已而有娠",師古注引孟康:"娠音身,《漢書》身多作娠,古今字也。"師古曰:"孟說是也。《漢書》皆以娠爲任身字。邑姜方震,自爲震動之字,不作娠。"

　　例[1]既釋詞義又交待其方俗來源。[2]和[3]是天文曆法專業知識釋詞的專業訓釋法,如用普通詞語訓釋法就難達到這樣準確的效果,這是與訓釋者深湛的專業修養密切相關的。[4]"娠、身"音同,"身"的甲金文象人站立隆腹有身孕形,《詩・大雅・大明》"大任有身,生此文王",毛傳:"身,重也。"鄭箋:"重,謂懷孕也。"後詞義擴大泛指軀體,懷孕的本義新造娠字分擔,於是在懷孕義上"身—娠"形成古今字。這個過程在漢代已經完成,故《漢書》一律用今字"娠"來表懷孕而不再用古字"身"表此義,孟康注說明了兩者形音義的多重關係,且以歷史發展眼光看出是古今字關係,並統觀《漢書》的字用,論證有力,故顏師古贊譽"孟說是也"。

　　孟康存反切有:《高帝紀》媼音烏老反,《諸侯王表》亙音古贈反,《食貨志》泛音方勇反,《律曆志》朏音敷尾反,《地理志》休音許虯反、鮦音綢直九反、巒音良全反、揟音子如反,《酈陸朱劉叔孫傳》貉音胡格反,《景十三王傳》嫖音匹昭反,《嚴朱吾丘主父徐嚴終王賈傳》攝音奴協反。

　　孟康音注還有:《高帝紀》單音善、父音甫、告又音嚳、時音止、會缶音儈保,《史記・高祖本紀》蝕音食,《史記・項羽本紀》檥音蟻,《文帝紀》阽音屋簪之簪，《武帝紀》滇音貞、寯音隨、髆音博，《宣帝紀》復音服，《高惠高后文功臣表》耗音毛，《律曆志》糸音蠱，《禮樂志》苦音鹽、葽音"四月秀葽"、嫭音互、跂音岐、抵音底、迨音逝、薶音覲、沇音兗、緫音總、禑音近枲，《刑法志》籑音撰，《天文志》妝音羅菔，《五行志》蜮蠁音蚍蜉、剽音驃，《地理志》酈音敷、鄼音讚、邔音忌、編音鞭、軑音汰、秅音妒、鄲音多、大音闒、杭音行伍之行、鄖音貿、鐔音譚、佷音恒、鞞音髀、卑音班、昧音昩、甉音鬐、墊音重疊之疊、浩亹音合門、令音連、允音鉛、撲劖音蒲鐶、䴢音鹿、乾音幹、俾音卑、鵠音告、洼音汪、崞音郭、乾音干、犴音欋、沮音俎、雒督音句無、庠音題、支音秪、詽音男、昩音妹、贏音蓮、隁音受土篓、巄冷音螟蛉、捲音卷、鄙音鈴、鯤音題，《藝文志》篹音撰，《韓彭英盧吳傳》嘸音撫，《張陳王周傳》道讀曰導、幾音冀，《酈陸朱劉叔孫傳》輓音晚，《淮南衡山濟北王傳》詗音偵，《萬石衛直周張傳》歐音驅，《文三王傳》㟅音漫，《賈誼傳》般音班、崒音萃、慧音衞、接音挾，《董仲舒傳》胺音揎，《杜周傳》擠音躋，《司馬遷傳》薮音裸、沐音類、橫音光，《武五子傳》甿音萌，寘音羃，《嚴朱吾丘主父徐嚴終王賈傳》縣音滅、格音各，《公孫劉田王楊蔡陳鄭傳》秅音妒、被音罷，《霍光金日磾傳》胡音互，《趙尹韓張兩王傳》懊音詡，《宣元六王傳》繽音引，《文選·甘泉賦》時音止，《貨殖傳》踜音蹲，《匈奴傳》啂音辱，《西域傳》婼音兒、橫音光，《外戚傳》菱音綏，《元后傳》篹音撰，《敘傳》妐音題，《蒯伍江息夫傳》㬮音骨。

　　孟康音注絕大多數是專名注音，有與前人讀音不同者，更多的是新出音注，地理名稱最多。注例上多是純粹注音或專名音變，而如"蝕音食"則是明語源，"籑（篹）音撰"是同源通用，"告又音譽"是專名又讀，"禑音近枲"是偶一見的描述性音注，"道讀曰導"利用"讀曰"術語既顯示變調構詞又展示了"道—導"古今字，"蜮蠁音蚍蜉"標明異體字。

14.項昭的音注

　　《漢書敘例》"項昭，不詳何郡縣人"，列在三國魏孟康與吳韋昭之間。楊守敬輯本缺項昭，顏師古《漢書注》引項昭2條：

　　　　《東方朔傳》"鳥哺鷇也"，師古注引項昭："凡鳥哺子而活者爲鷇，生而自啄曰雛。"

　　　　《嚴朱吾丘主父徐嚴終王賈傳》"入越地，輿轎而隃領"，師古注："服虔曰：轎音橋梁，謂隘道輿車也。臣瓚曰：今竹輿車也，江表作竹輿以行是也。項昭曰：陵絕水曰轎，音旗廟反。領，山領也。不通舡車，運轉皆擔輿也。師古曰：服音、瓚説是也，項氏謬矣。此直言以轎過領耳，何云陵絶水乎！又旗廟之音無所依據。隃與踰同。"

一條注釋，一條音（反切）。"轎"《廣韻》有巨嬌切（群母宵韻）、渠廟切（群母笑韻）兩讀，項昭認爲當句中"轎"應破讀爲去聲旗廟反（即渠廟切）表動詞（陵絶水）義，而顏師古認爲當爲本讀平聲表名詞義，僅引項昭 1 條音竟然是爲了批他"音無所據"之謬的。

15.韋昭的音注

韋昭（204—276），三國時吳國雲陽人，本名昭，字弘嗣，史書避司馬昭諱改稱韋曜。《三國志·韋曜傳》謂"少好學，能屬文"，吳主孫皓昏庸，於吳天鳳二年（273）收年已七十的韋昭下獄，右國史華核等上表救之，謂"曜自少勤學，雖老不倦，探綜墳典，温故知新，及意所經識古今文字，外吏之中少過曜者……今曜在吳，亦漢之史遷也"。但孫皓越發恨怒而誅殺之，徙其家於零陵。韋昭歷任從丞相掾、西安令、尚書郎、太子中庶子，孫亮時爲太史令，孫休時爲中書郎、博士祭酒，孫皓時封高陵亭侯，遷中書僕射，常領左國史。一生多居史職，剛正不阿而具良史風範，故劉知己《史通·直書》贊云"韋昭仗正於吳朝，崔浩犯諱於魏國"。韋昭著述甚豐，《隋書·經籍志》、兩唐《書志》著録有：《洞紀》《吳書》《國語解》《漢書音義》《辨釋名》《官職訓》《毛詩答雜問》《孝經解贊》和《韋昭集》，還有散見文章多篇。

韋昭是著名的史家，也是成就卓著的經學和小學家，重視字詞的注音、訓釋和探源，語言文字學方面的造詣甚高，唐陸德明《經典釋文》引韋昭音切達 39 處之多。《隋書·經籍志》《舊唐書·經籍志》和《新唐書·藝文志》均著録韋昭《漢書音義》七卷，但宋及其後的目録學著作皆未見著録。李步嘉經考校認爲：韋昭《漢書音義》於北宋中葉已大半散佚。所説可資參考。楊守敬輯得韋昭注 614 條，李步嘉輯得 777 條，楊輯均包含在内。777 條中有音注 142 條，雖然多數是爲難僻的名物字注音，也有少數重複前人之注者。

[1]《揚雄傳》"輼輬"，王先謙補注引蕭該音義："輼輬，韋昭音墨落。"

[2]《揚雄傳》"乏無儋石之儲"，王先謙補注引官本："韋昭曰：儋，音若擔戴也。"

[3]《史記·南越列傳》"即被佗書"，裴駰集解引韋昭："被之以書，音光被之被。"

[4]《地理志》"厥土黑墳"，《經典釋文·尚書音義》"墳"下引韋昭："音勃憤反，起也。"

[5]《天文志》"句星信"，師古注引韋昭："信，音申。"

[6]《史記·魏其武安侯列傳》"武安者，貌侵"，裴駰集解引韋昭："侵，音寢，短小也。"

[7]《郊祀志》"岳壻山之屬"，師古注："蘇林曰：壻，音胥。韋昭曰：音蘇計反。韋説是也。"

[8]《魏豹田儋韓王信傳》"則齮齕首用事者墳墓矣"，慧琳《一切經音義》"齮齧"下引韋昭曰："齮，音墾。"

[9]《敘傳》"复冥默而不周"，王先謙補注引蕭該音義："韋昭曰：复，遠也，呼迴反。"

[10]《地理志》"著"，師古注："音竹庶反，又音直庶反。而韋昭誤以爲蓍龜之蓍字，乃音紀諮反，失之遠矣。"

韋昭音注多富語言學特色。例[1]用直音注明聯綿詞。[2]用讀若來説明"儋"的音義同"擔"。[3]用"某音某某之某"來分析此句中的"被"不是寢衣義而是覆蓋、施加義。除了少數引文獻來限定詞義的用例外，他很少用這種音注形式。[4]"墳"的名詞墳墓義《廣韻》符分切（奉母文韻），動詞隆起義《集韻》部本切（並母混韻），韋昭"勃憤反"與《集韻》同，顯示了平—上變調構詞。[5]是上古常用的一對通假字。[6]"侵—寢"是平上聲之別，屬同源通用的借字。[7]"胥"《廣韻》相居切（心母魚韻），"壻"《廣韻》蘇計切（心母霽韻）與韋昭同，韋昭注的可能是當時的通用讀音，故顔師古稱是。

韋昭一直生活在長江以南的吳國，是三國以前《漢書》注家中唯一的江南人，因此他的音注就有可能留下當時南方方音的痕跡。[8]"齮"義爲咬嚼，《廣韻》魚倚切（疑母紙韻），韋昭音"墾"（康很切，溪母很韻），北方音無此讀，可能是江南方音所致，"齮—齦、啃"南方音義同。[9]"复"《廣韻》有許縣切（霰韻）營求義和休正切（勁韻）遥遠義兩讀，韋昭讀呼迴反是迴韻上聲，勁韻爲合口三等而迴韻爲合口四等，也可能是南方方音所至，今湖北南部咸寧話"穴复"之"复"還讀上聲[①]。[10]著，《廣韻》式脂切（書母脂韻），

---

① 參見萬獻初《漢語構詞論》268—272頁。

記諸反是見母脂韻，可見韋昭不是將"著"形誤認作"蓍"，今湖北南部崇陽話還把做衣、著書等創造性勞動的"做、著"等詞讀同"制"音，則韋昭此讀也有可能是三國吳時長江南岸的讀音，等等。

韋昭 142 條音注中有反切 71 條，占一半，用量比前人多出很多，説明其時反切注音法在江南已經通用，韋昭用反切已經很純熟了。除上引之外，還有：《高帝紀》銷音呼玄反、且音子閭反，《史記·高祖本紀》夏音更雅反，《史記·項羽本紀》鄱音蒲河反，《史記·王子侯者年表》瓟爲諸繁反、餅音蒲經反，《史記·高祖功臣侯者年表》祕音符筬反，《史記·建元以來侯者年表》胳音姑洛反，《古今人表》敵音已震反，《經典釋文·春秋左氏傳音義》鄗音呼告反，《經典釋文·尚書音義》螟音薄迷反，《經典釋文·春秋左氏音義》沁音思金反、泱音於康反，《地理志》般音逋垣反、揭音其逝反，《史記·淮陰侯列傳》喋音徒協反，《史記·吳王濞列傳》啗音徒覽反，《史記·絳侯周勃傳》裁音側吏反，《史記·張丞相列傳》壖音而緣反，《史記·劉敬叔孫通列傳》蕝音茲會反，《史記·屈原賈生列傳》懣音士介反，《酈陸朱劉叔孫傳》揣音初委反，《史記·司馬相如列傳》呷音呼甲反、燒音汝蕭反、顏音吾板反、敻音笞略反，《文選·子虛賦》勺音丁削切、藥音旅酌切，《文選·上林賦》沆音胡郎切、澹音許及切，《經典釋文·春秋公羊音義》歊音去瞻反，《武五子傳》憬音裁宗反，《漢書補注·匡張孔馬傳》滲音持輅反，《漢書補注·王商史丹傅喜傳》摘音持曆反，《漢書補注·薛宣朱博傳》疢音胥地反、初音黍矯反，《漢書補注·揚雄傳》嗏音祖獵反、瀏音劉又反、駛音蘇及反、摯音知己反、趁音慈昭反、釃音疏佳反、滲音史禁反、薛音平狄反、秋音裁梟反、岋音擬及反、撠音據略反、怳音熙放反，《文選·羽獵賦》斳音側略切，《文選·解嘲並序》禁音欺稟切、顉音欺甚切，《經典釋文·莊子音義》玃音乃回反，《史記·儒林列傳》培音扶尤反音，《漢書補注·儒林傳》適音詩曆反，《史記·匈奴列傳》鋋音時年反、蹕音多藍反，《史記·西南夷列傳》僰音蒲北反，《史記·東越列傳》閩音武巾反，《漢書補注·王莽傳》琴音疏禁反，《漢書補注·敘傳》息音熹既反、圯音敷委反、枓音居驅反、腜音謀鬼反，葄音慈固反、煜音呼夾反、霅音于俠反、檽音女攉反、恨音吾恩反，《文選·西征賦》呰音病移切。

其他音注還有：《史記·高祖本紀》告音告語之告、盱眙音籲夷，《史記·呂太后本紀》軹音紙，《史記·惠景間侯者年表》郎音貞，《古今人表》敱音瑰、檮音桃,《禮樂志》銚音繇,《郊祀志》亳音薄,《史記·天官書》桔音剖、敦音頓,《天文志》欃音參差之參、捎音髾,《經典釋文·爾雅音義》作洛音折、檺,《經典釋文·尚書音義》埴音試、琨音貫、砥音旨,《經典釋文·春秋左氏音義》沾音拈、陬音諏、颷音凡,《經典釋文·春秋公羊音義》篋音如頻、岩音嚴,慧琳《一切經音義》卷五十八鬐音蠢,《後漢書·郡國志》羡音酉,《地理志》雩音虛,《史記·河渠書》斜音邪,《史記·韓信盧綰列傳》觖音冀,《史記·梁孝王世家》犴音岸,《史記·衛將軍驃騎列傳》氏音支,《史記·司馬相如列傳》豻一音岸、湛音沈,《文選·頭陁寺碑文》栭音裔,《文選·上林賦》持音懲,《經典釋文·周禮音義》拳音拱,《文選·始出尚書省》榮音啟,《漢書補注·翟方進傳》告音疵,《漢書補注·揚雄傳》汨音冪、偈音桀、濫音灆、喜音熙、嶠音矯、踔音卓、撕音芰,《文選·長楊賦》眠音萌、勢音如梨、頜音蛤、擾音憂,《文選·解嘲並序》坻音若是理之是,《漢書補注·儒林傳》捬音抔,《漢書補注·酷吏傳》忮音洎、茬音緇,《史記·匈奴列傳》驒音顛、曼音瞞、苦音若麋鹽之鹽,《史記·西南夷兩粤朝鮮列傳》楪音葉,《史記·大宛列傳》嶲音昨、幕音漫,《史記·南越列傳》隆慮音林閭二音、朦音遼,《漢書補注·王莽傳》句音劬、辨音班、剝音芰、閱音旻,《經典釋文·爾雅音義》躅音擢,《漢書補注·敘傳》萉音肥、劇音鑊,《文選·幽通賦》呦音味又音勿,《文選·答賓戲》颮音庖、濫音檻、垫音旄。

第三節　晉灼以後諸家《漢書》音注

1. 晉灼的音注

　　《漢書敘例》:"晉灼,河南人,晉尚書郎。"顏師古《漢書注》引晉灼 640 條,楊守敬輯得 658 條。《漢書敘例》:"《漢書》舊無注解,唯服虔、應劭等各爲音義,自別施行。至典午中朝,爰有晉灼,集爲一部,凡十四卷,又頗以意增益,時辯前人當否,號曰《漢書集注》。"明言晉灼是爲《漢書》作"集解"的第一人,故其書稱《漢書集注》。因是集前人之注,晉灼注自然以多引前人注語爲突出特點,所引頗爲廣泛。其中有音注 75 條,有 8 條 9 個反切,釋音辨音的類型很豐富。

　　[1]《高帝紀》"亡可蹻足待也",師古注引晉灼:"許慎云:蹻,舉足小高也。音矯。"

[2]《高帝紀》"居南方長治之",師古注引晉灼:"長,音長吏之長。"又《武帝紀》"内長文所以見愛也",師古注引晉灼:"長音長吏之長。"

[3]《天文志》"與水合爲雍沮",師古注引晉灼:"沮,音沮濕之沮。水性雍而潛土,故曰雍沮。一曰,雍,填也。"

[4]《高帝紀》"與楚戰滎陽南京、索間",師古注引晉灼:"音册。"《史記·項羽本紀》裴駰集解引晉灼:"索,音栅。"

[5]《張陳王周傳》"亦食糠覈耳",師古注引晉灼:"覈,音紇。京師人謂麤屑爲紇頭。"

[6]《竇田灌韓傳》"譚服謝罪",師古注引晉灼:"服,音呴。關西俗謂得杖呼及小兒啼呼爲呼呴。或言蚡號呼謝服罪也。"

[7]《賈誼傳》"國制搶攘",師古注引晉灼:"搶,音傖。吳人罵楚人曰傖。傖攘,亂貌也。"

[8]《司馬相如傳》"罷池陂陁,下屬江河",師古注:"文穎曰:南方無河也,冀州凡水大小皆謂之河,詩賦通方言耳。晉灼曰:文意假借協陁之韻也。"

[9]《司馬相如傳》"遍覽八紘而觀四海兮,揭度九江越五河",師古注引晉灼:"五河,五湖,取河之聲合其音耳。"

[10]《爰盎鼂錯傳》"臣亦且亡,辟吾親",師古注引晉灼:"辟,音避。"

[11]《揚雄傳》"爾乃虎路三嵏以爲司馬",師古注引晉灼:"路,音落。"又《文選·羽獵賦》李善注:"路,音落。落,累也。"

[1]"蹻"《廣韻》有3讀,腳舉高義讀去遥切(溪母宵韻),後作"蹺",驕傲勇健義讀居夭切(見母小韻),草鞋義通"屩"讀居勺切(見母藥韻),實爲平—上、平—入變調構詞。[2]"長"有澄母平聲長短義、知母上聲尊長生長義,是既別聲母清濁又辨平上變調的音變構詞,至今仍分兩詞。[3]"沮"《廣韻》有平、上、去三讀,分表水名、頹敗、濕潤三義,此處讀將預切(精母御韻)並取濕潤義,主要是變調構詞。[4]應是很少見的專名音變,可能是方音讀法。[5]—[7]明言是方言讀音。[8][9]記錄了協韻、合音現象,當是顏師古"合韻"説的前奏。[10]用音注顯示古今字"辟—避"。[11]顯示"路—落(累)"的假借關係。

除了爲難僻字注音之外,晉灼音注有較多辨析音變構詞的,有標注辯明方言音讀的,有討論協韻的,也有分析展示古今字、異體字、假借字的,比此前各家音注細緻了很多,也豐富了很多,新的音注類型爲此後的音注拓展了視野,後來的音義書如《經典釋文》《一切經音義》等,承用了這些音注類型。

晉灼音注還有:《高帝紀》厄音支,《景帝紀》錯音錯置之錯,《宣帝紀》揮音田,《諸侯王表》睃音鐫、附音符,《王子侯表》嚌音内言嚌菟、匜音斯、甂音悾甂、猇音内言鴞、趦音躁疾,《百官公卿表》挏音挺挏之挏,《禮樂志》嫭音拆縛之縛、滇音振旅闐闐、縱音人相從勇作惡,《食貨志》翔音常、壜音滯、氐音抵距之抵,《藝文志》柱音注解之注,《天文志》璣音珠璣之璣,《地理志》羑音夷、蕲音祈、灊音潛、逎音酉熟之酉、方與音房豫、亢音岡、鲲音毼,《陳勝項籍傳》鄲音勤絶之勤、拔音卒拔之拔,《張耳陳餘傳》介音憂,《蕭何曹參傳》祁音坁,《樊酈滕灌傳靳周傳》蹳音足跋物之跋,《蒯伍江息夫傳》寰音《詩》載寰其尾之寰,《爰盎鼂錯傳》錯音厝置之厝,《張馮汲鄭傳》喋音牒,《竇田灌韓傳》媞音坼媞之媞,《司馬相如傳》橑音老、捫音門,《嚴朱吾丘主父徐嚴終王賈傳》靶音霸,《趙尹韓張兩王傳》俻音倍,《薛宣朱博傳》憮音誣,《翟方進傳》棽音參、參音森,《谷永杜鄴傳》旰音籲,《揚雄傳》繹音夕、璌音幽、徽音揮、摛音離,《酷吏傳》取音趣,《佞幸傳》孋音麾,《匈奴傳》圈音罶、渫音渫水之渫、介音戛,《西南夷兩粵朝鮮傳》枸音矩,《外戚傳》沫音水沫面之沫、繆音繆繄之繆,《敘傳》恫音龐恫之恫、剗音剗削之剗。

晉灼反切有:《高惠高后文功臣表》綫音先戰反,《食貨志》樊音蒲賊反,《司馬相如傳》澃音華給反、鰝音奴榻反、猗音依倚反、抲音年纓反,《揚雄傳》漼音趣水反,《敘傳》復音目復,復而喪精,呵縣反。

2.劉寶的注

《漢書敘例》:劉寶,“高平人,晉中書郎,河内太守,御史中丞,太子中庶子,吏部郎,安北將軍。”《漢書注》引劉寶 1 條,楊守敬輯 1 條,未存音注:

> 《高祖本紀》“太公曰:‘帝,人主,奈何以我亂天下法!’於是上心善家令言”,師古注:“晉太子庶子劉寶云:善其發悟己心,因得尊崇父號,非善其令父敬己。”

3.臣瓚的《漢書音義》

《漢書敘例》:“有臣瓚者,莫知氏族,考其時代,亦在晉初,又總集諸家音義,稍以己之所見續廁其末,舉駁前説,喜引竹書,自謂甄明,非無差爽,凡二十四卷,分爲兩帙。今之《集解音義》則是其書,而後人見者不知臣瓚所作,乃謂之應劭等《集解》。王氏《七志》、阮氏《七録》並題云然,斯不審耳。學者又斟酌瓚姓,附著安施,或云傅族,既無明文,未足取信。”自劉宋裴駰直到今天的很多學者考證臣瓚的姓氏及其《漢書音義》的成書年代,至有臣瓚爲傅瓚、裴瓚、王瓚、楊瓚、薛瓚、幹(於)瓚等説法,傅瓚、裴瓚、王瓚爲西晉人,楊瓚主要生活在三國時,幹(於)瓚在東晉,薛瓚爲後秦人。楊仙全面清理了這些考證,參考臣瓚音義輯佚中的内證材料,雖仍難定臣瓚姓氏,但"輯佚材料似支持臣瓚生活年代的西晉説",則其《漢書音義》成書於西晉初年。顔師古引臣瓚(《漢書集解音義》)339 條,楊守敬輯臣瓚 380條,楊仙未見楊守敬輯本而輯成 402 條。

顔注所引 339 條以其"己之所見"爲多,所釋注者大多爲名物制度,尤以制度詳解爲多見,辨析細緻、詳盡而準確,直訓類釋詞不多見,而有些條目的説解又頗具語言學意識。因其多有所得,故顔師古及後人引用並肯定者甚多。但臣瓚音注較少,只有 7 條:

[1]《史記·項羽本紀》"審食其從太公、吕后閒行",裴駰集解引臣瓚:"其,音基。"

[2]《高帝紀》"相國酇侯下諸侯王",師古注引臣瓚:"酇,音贊。"

[3]《地理志》"橐,莽曰高平",師古注引臣瓚:"音拓。"

[4]《史記·太史公自序》"糲粱之食",裴駰集解引臣瓚:"五斗粟三斗米爲糲,音刺。"

[5]《地理志》"民俗懭悷",師古注引臣瓚:"懭,音冀,今北土名强直爲懭中。"

[6]《史記·黥布列傳》"人相我當刑而王,幾是乎",司馬貞索隱:"臣瓚音機,幾,近也。"

[7]《五行志》"是我迋吾兄也",師古注:"應劭曰:迋,音君狂。臣瓚曰:迋,音九放反。師古曰:二説皆非也。迋,欺也。音求往反。"

例[1]—[3]是專名音注。[4]"糲"的粗米義,《廣韻》有力制切、落蓋切、盧達切三讀,臣瓚音刺當近盧達切,恐是方音之讀。[5]也是北方方言音讀,《玉篇》心部:"懭.北方名强直爲懭,又懭悷也。"[6]"幾"《廣韻》有居狶切(見母尾韻),表疑問和數量義;又居依切(見母微韻),表細微跡象、機會、規律、危機等,又表副詞接近、幾乎、差不多義,《爾雅·釋詁》"幾,近也",屬於上—平變調構詞。[7]《説文》辵部"迋,往也",《廣韻》于放切(雲母漾韻);又《廣韻》俱往切(見母養韻),《集韻》"誑,《説文》欺也,或作迋。古況切",上—去變調兼見—云清濁變聲,臣瓚"九放反"正是見母養韻的欺詿義,師古"求往反"則是群母養韻,與《廣韻》不合。

4. 蔡謨的《漢書音義》

蔡謨(280—356),東晉初人,《晉書》有傳,謂其"總應劭以來注班固《漢書》者,爲之集解"。《漢書敘例》:"蔡謨字道明,陳留考城人,東晉侍中五兵尚書,太常領秘書監,都督徐、兗、青三州諸軍事,領徐州刺史,左光禄大夫開府儀同三司,領揚州牧,侍中司徒不拜,贈侍中司空,諡文穆公。"又曰:"蔡謨全取臣瓚一部散入《漢書》,自此以來始有注本。但意浮功淺,不加隱括,屬輯乖舛,錯亂實多,或乃離析本文,隔其辭句,穿鑿妄起。職此之由,與未注之前大不同矣。謨亦有兩三處錯意。"可見蔡謨只是把臣瓚的《集解音義》逐條散入《漢書》各被注項之下,開音義隨原文施注的注本體例,但散得不夠好,有見地處不多,故顏師古僅引蔡謨4條,其中僅有音注1條:

《地理志》"猇",師古注:"應劭曰:音筕。蘇林曰:音爻,今東朝陽有猇亭。蔡謨音由,音(鵄)〔鴞〕。師古曰:蔡音是,音于虯反。"

猇,《廣韻》有許交切(曉母肴韻)和胡茅切(匣母肴韻)兩讀,是聲母清濁之別,蘇林音爻是匣母肴韻的古讀,蔡謨音由是以母(喻四)、音鴞是云母(喻三),顏師古于虯反,師古謂"蔡音是",不但説明他所在的唐代喻三(云母)已經從古匣母中分化出來了,喻三、喻四已經合流,而且這種合流在東晉蔡謨時代已經發生,音由(喻四)同於音鴞(喻三)。這樣的材料對漢語語音史的研究是頗有價值的。

檢《史記》三家注,裴駰集解引蔡謨1條,司馬貞索隱引蔡謨1條,李善《文選》注言及蔡謨而未見引例,可見蔡謨之注雖然既全而離後世又近,但因成就不高,故不爲學者重視。

5. 郭璞的音注

郭璞(263—342),東晉聞喜人,晉元帝時官尚書郎,《晉書》有傳,言其"注釋《爾雅》,別爲《音義》《圖譜》,又注《三蒼》《方言》《穆天子傳》《山海經》及《楚辭》《子虛》《上林》賦數十萬言,皆傳於世"。《漢書敘例》列郭璞爲《漢書》音義注家,"郭璞字景純,河東人,晉贈弘農太守。止注《相如傳序》及遊獵詩賦"。

楊守敬未輯《漢書》郭璞音注,《漢書注》共引郭璞141條:4條引自郭璞《爾雅音義》等,137條引自《漢書》音注,其中1條出《武五子傳》,謂郭璞音"閔"爲汝授反"蓋失理遠耳",餘136條是郭璞爲《司馬相如傳》主要是其中的《子虚賦》《上林賦》作的注。郭璞撰《爾雅音義》《三蒼注》《方言注》等，是功力深厚的小學家，故其注在辨音、析義、明句旨上下工夫多，語言學意識很強。這136條中有音注43條，占31％強。音中有反切15條24個：

[1]"其山則盤紆弗鬱，隆崇律崒"，師古注引郭璞："詰屈竦起也。弗，音佛。"

[2]又"偪側泌瀄"，師古注引郭璞："泌瀄，音筆櫛。"

[3]又"於是乎崇山矗矗，巃嵸崔巍"，師古注引郭璞："皆高峻貌也。巃，音籠；嵸，音才總反；崔，音摧；巍，音五回反。"

[4]又"陂池貏豸"，郭璞："陂池，旁頹貌也。陂，音皮。貏，音衣被之被。"

[5]又"柴池茈虒，旋還乎後宮"，師古注引郭璞："柴，音差。還，還繞也，音宦。"

因施注對象是漢大賦，絕大多數都是爲難僻字注音，例[1]是注單字直音。[2]是注雙字直音。[3]是直音與反切兼用。[4]是直音與音某某之某兼用。[5]"柴池"即"差池"，是聯綿詞同音異字，"還"《廣韻》有户關切（匣母删韻）表返回義與似宣切（邪母仙韻）表旋轉義兩讀，是删—仙變韻構詞，而環繞義只是匣母删韻的一個義項，如《左傳·襄公十年》"諸侯之道還鄭而南"杜預注"還，繞也"，《漢書·食貨志》"還廬樹桑"顔師古注"還，繞也"，而郭璞該例謂"還，還繞也，音宦"，讀《廣韻》匣母諫韻，乃謂"還"的返回義與環繞義曾經有過平—去變調構詞的區分，值得注意。郭璞音注中涉及別義異讀的音變構詞用例很少，注意力都集中在難僻字注音上了。

郭璞音注還有：罷音疲、陂音婆、阤音驰、蝄音萬、蜒音延、豻音岸、孅音纖、詘音屈、沸音拂、滂音旁、淈音骨、漻音聊、鴇音保、鷫音肅、鶩音木、箴音針、阤音豸、錡音蟻、崛音掘、崎音倚、陽音搗、庬音瘀、虚音墟、堀音窟、礨音磊、芧音杼、菲音妃、貘音貊、犛音貍、驔音顛、騁音奚、駃音決、騠音提、偓音握、佺音銓、楱音湊、檿音讒、葪音蕭、蔘音森、蚔音贈遺之遺、蠟音誄、獅音讒、蜁音詭、䝙音毗、鶡音曷、要褭音窈嫋、瘞音翳、僕音赴、嬛音翾、靚音淨、藐音邈。

郭璞反切還有：礝音而兗反、薜音匹秘反、溉音胡慨反、浥音敕立反、潝音許立反、鰫音常容反、顐音魚晚反、摧音作罪反、谽音呼含反、呀音呼加反、閜音呼下反、峗音於鬼反、磈音魚鬼反、崔音惡罪反、轔音洛盡反、嶘音昨盍反、嶫音五盍反、犖音洛角反、猗音於氏反、柅音諸氏反、觳音呼穀反、轢音來各反。

6. 崔浩的音注

崔浩,北魏清河人,博通經史,北魏明元帝拓跋嗣初年拜博士祭酒,作《國書》三十卷,《魏書》有傳。《漢書敘例》:"崔浩字伯(深)[淵],清河人,後魏侍中特進撫軍大將軍,左光禄大夫,司徒,封東郡公。"楊守敬未輯崔浩注,《漢書注》引崔浩 4 條:

[1]《昭帝紀》"龍頟侯韓增",師古:"龍頟,《漢書》本或作雒字。崔浩曰:'雒,音洛。今河間龍雒村,與弓高相近。'"

[2]《地理志》"龍頟,侯國",師古:"今書本頟字或作額,而崔浩云有龍頟村,作額者非。"

[3]《張馮汲鄭傳》"帝輦過,問唐曰:父老何自爲郎?"師古注:"言年已老矣,何乃自爲郎也?崔浩以爲:自,從也。從何爲郎?此説非也。"

[4]《傅常鄭甘陳段傳》"宜縣頭槀街蠻夷邸間",師古注:"槀街,街名,蠻夷邸在此街也。邸,若今鴻臚客館也。崔浩以爲槀當爲橐,橐街即銅駝街也。此説失之。銅駝街在雒陽,西京無也。"

例[1][2]顔師古引崔浩注辨"龍雒村"與"龍頟村"爲不同村名,[3][4]則引崔浩而駁其非。所引注語出自崔浩的《漢紀音義》,故師古不像前述引《漢書音義》那樣作"某某曰",而作間接徵引。

小　結

本章所做的工作主要是:框定範圍,建立數據庫,作窮盡性的資料清理、考索、分析與分類展示。全面清理顔師古注所引二十三家《漢書》音義的資料,對照楊守敬《漢書二十三家注鈔》所輯,再參照武漢大學古籍研究所師生多年對《漢書》音義的輯佚與校補,最大限度地得到今存各家《漢書》音義全面而可靠的資料。考索各注家的時代、生平、著述,分析各家注文的施注側重點,觀察其傳承關係及創新之處。然後,重點清理、分析各家的音注特點並全部分類展示其音注資料,清理材料,疏辨源流,彰顯特色,揭示規律,闡明價值與貢獻,尤其注重音義關係的闡發,爲《漢書》及其注疏的閱讀和準確理解提供方便,更爲漢語語音史和漢語音義學研究提供材料基礎和方法論上的啟示。

本文所考資料可形成如下統計表：

注家	注項	音注	反切	注家	注項	音注	反切
服虔	752	124	10	張晏	741	15	
應劭	1280	103	11	如淳	1089	122	14
荀悦	31	1		孟康	845	120	12
伏儼	11	2		項昭	2	1	1
劉德	45	5	3	韋昭	777	142	71
鄭氏	118	39	1	晉灼	658	75	9
李斐	24	2		劉寶	1		
李奇	347	27	2	臣瓚	402	7	
鄧展	81	14		蔡謨	4	1	
文穎	294	14	2	郭璞	141	43	24
張揖	190	3		崔浩	4		
蘇林	485	148	12				

　　表中，二十三家共存《漢書》注項 8322 項，其中有標誌的音注 1008 項，占 12％強；1008 項音注中有反切 172 個，占音注總量的 17％。結合前文的逐家分析，可從中歸納出《漢書》音義的一些基本特點：

　　1）隨文釋義的多，注音辨義的少，只占 12％。開了音義書的先路，各類注音形式和内容都已具備。至唐陸德明《經典釋文》爲 7371 個字頭注 70803 次音切，只有 2003 條未注音切的義訓注項，遂形成音義書以隨文注音釋義爲主的範式。

　　2）就注音術語而言，80％以上用“音”，少部分用語境限定性或徵引性的“某音某某（之某）”和“某音如字”，個別注家注例用“讀（音）若（如/曰）、音近”，再是 17％的反切（主要用“音某某反”，極個別爲後來引用者改爲“切（翻）”）。可見服虔、應劭以下音注家走出了以許慎和鄭玄爲代表的譬況（讀若）性音注時期，進入以直音爲主反切爲輔的音注時期。《漢書》古奥難僻的名物詞多，注直音較直觀而便讀，且或顯示注音字與被注字在形音義上的多重關係。須要引證來源、辨析多音多義或形象化的，才注少數的“某音某某之某”和“某如字”。極少的“讀若”是個別人承用前人的結果，其在準確性上的不足似已被時代所認識,故基本上被淘汰。反切則是新生的充滿活力的注音法,漸被廣泛運用。這些音注術語和類屬已在該時期形成並成熟,後來的音義書承而用之並有所發展。

3)反切占音注總量的 17%,一則説明東漢末以來反切逐漸被廣泛使用,二則顯示該時期反切還没有在隨文施注的應用中成爲第一位的注音手段。部分注家未留下反切,留存反切多的主要是小學(語言)意識與功底較好,因而更注重語言文字内容的注家:東漢末服虔、應劭今存反切 21 條,雖不多,但十分珍貴,是今見反切最早的用例。之後有劉德 3 例、鄭氏 1 例、李奇 2 例、文穎 2 例,佐證服虔、應劭多用反切在其時不是孤立現象。曹魏的蘇林今存反切 12 例、如淳 14 例、孟康 12 例,都是其時知名小學家,注重音義關係的相互發明。至孫吴韋昭,142 條音注中竟存 71 個反切,占半數,作爲小學大家的韋昭多用反切。時代越後用反切越多,自不待言,是否還意味着南方學者用反切比北方多? 有待深究。時至東晉,小學大家郭璞 43 條音注中有 24 條反切,超過一半,當在情理之中。此資料展示了反切日漸廣用的發展軌跡。

二十三家《漢書》音義的音注内容、用途及其性質

1)綜觀《漢書》音注的内容,80%左右是難僻字的注音,以山川地名、姓氏人名、封國制度、萬物衆象等名物詞爲最多,還有部分譯音外來詞的注音。所以,衆家音注以純注難僻字讀音的直音爲多,部分反切和"某某之某"也只是純注讀音而已,其中或有各家師傳、地域方言讀音的不同,但都屬於同義異讀。更有一定數量的别義異讀的音注,即標示音變構詞的異音,有的形成了古今字的區别,大多數還只是處在變音(變聲、變韻、變調)别義的較早階段,它們的出現和被辨别,爲此後大量的漢語單字音變構詞的讀破及其研究提供了材料和經驗,頗有價值。

2)就《漢書》音注的作用而言,有用注音形式辨别版本異文的,有展示異體字、古今字、通假字、同源通用字和聯綿詞同音異字的,其中部分爲假性注音音切。有爲俗語詞注音釋義以及辨别地名方音變讀的,有以聲訓方式詳究名物詞源的,有比較各家不同的外來詞譯音的,保留了珍貴的音讀資料。晉代的晉灼用音注記録了合音(協韻)現象,當是顏師古"合韻"説的前奏。《漢書》音注中的音變構詞用例雖遠没有後來唐宋的《經典釋文》《群經音辨》多,但變聲、變韻、變調及綜合音變的類型都有了,而且清濁聲母變換構詞的比例較大,去聲變調構詞也逐漸增多,説明中古這兩大漢語單字音變構詞的主導形式已經初具規模。變音所別之義,有音變表示實詞的詞義派生的,有表示實詞詞性區別的,也有表示虛詞語法意義不同的,類型發育得較爲完備。

3)《漢書》音義的二十三注家,從東漢服虔到北魏崔浩,跨時約 250 年左右,加上各家學問師承不一,各人方音亦不同,故所注音讀往往兩家或數家各自不同,以致顏師古常常並引多家不同讀音而審慎地抉擇或論其是非。各家在注音方式上有不同,如早期的服虔承用前人而用語境限定式的"某音某某之某"而達其總音注數的 25% 強,中期的蘇林、如淳、孟康多用直音"某音某",後期的韋昭、郭璞多用反切。各家注音對象的側重點不同,師古所徵引,除了要對比辨析同一字衆家不同注音外,餘者多不重複而擇善而從,如服虔、應劭同時而今存音注多不相重,蘇林側重普通詞語的別義異讀和通假字的辨音析義而多家大量施注的《地理志》他只注了 4 條音,孟康多注地理名物詞讀音並注重辨析常用字形音義之間的多重關係,作爲唯一的南方注家的韋昭則側重探索語源以及方言俗字的注音辨義,張揖、郭璞都只爲司馬相如賦作音注,等等。各有側重,各有特色。

4)漢魏六朝人去漢不遠,他們爲《漢書》注音所用的語音系統當然應該是時音。但《漢書》文辭古奧典雅,博學的馬融尚且要伏閣從班昭受讀,自然承用了部分古音古讀,則《漢書》音注的"時音"非純口語俗音而應是讀書音,故今存音切有古音、方俗音、譯音,主體是當時的讀書音。又由於二十三注家時代不同,故不少被注字下存有不同時期讀書音歷時演變痕跡。所以,《漢書》音義所存的大量音切,以漢末讀書音爲主體,雜有傳承古音、地域方音和歷時音變等要素,具有一定的泛時性和層纍性特點,這就是它的語音性質。

5)基於上述特點,不能把集中於顏師古《漢書注》中的衆家音切當作一個共時的語音平面來系聯和建構單一的音系,也不能簡單地把其中某一家的存音勾稽出來建構其音系。一則顏師古徵引有取捨而非各家全部,幾條其或幾百條音構不成一個完整的音系。再則《漢書》音義都是隨文摘字注音的,所注音切有多種多樣不同性質和用途,其中有不少假性注音根本就不能用作研究音系的材料。三則音義書中的衆多異音是不同質的,至少可分爲"同義異讀"和"別義異讀"。"別義異讀"多是分音派生新詞新義的音變構詞,不能看成同音"互注";"同義異讀"中還有古今、方俗、師承等語音差異,也不能當成同質音讀來處理。但有人誤把這些當成同質音讀來系聯音系,得出"清聲母跟濁聲母常有相混""不同聲調混切"等錯誤結論。今存《漢書》音義的音切是漢語語音史研究很寶貴的珍稀資料,在利用時要特別注意:要嚴格區分同質音切材料與異質音切材料,區別同義異讀與別義異讀,區分本讀與變讀,包括古今音變、別義音變(音變構詞)、方言音變、譯語音變等;要區別真值注音與假性注音,把辨版本、正字形、明通假等假性注音剝離出音系系聯的材料範疇之外。隨文施注的音義書的注音多是爲了釋義辨義的,一定要注意音義結合,既要能"因音辨義",還要能"以義正音",經過嚴密剝離、清理、辨正後的同質音切材料才能用於語音本體研究,否則就必然會魚龍混雜、張冠李戴,得出的結論非但荒謬而且有害。

第二章　蕭該《漢書音義》考辨

《漢書敘例》列《漢書》音義二十三家,各家所注音義散引在《漢書》顏注和《史記》三家注中,原書均已亡佚。梁代劉顯和韋稜、陳代顧野王和姚察、隋代蕭該和包愷等人的《漢書音義》,未見顏師古引録,唯隋蕭該《漢書音義》今有傳本。

《隋書·經籍志》"《漢書音義》十二卷,國子博士蕭該撰",《舊唐書·經籍志》"《後漢書音》三卷,蕭該作……《文選音》十卷,蕭該撰",《新唐書·藝文志》"蕭該《漢書音》十二卷,蕭該《文選音》十卷"。

蕭該所撰音義對後世影響很大,清趙翼《廿二史劄記·新舊唐書》"儒林別舍"條謂:"自隋時蕭該精《漢書》,嘗撰《漢書音義》,爲當時所貴。(該傳)包愷亦精《漢書》……至梁昭明太子《文選》之學,亦自蕭該撰《音義》始。"蕭該是昭明太子蕭統的子侄輩,爲《文選》作音義是有家學淵源,開啟《文選》注釋和研究的先聲,影響深遠,惜其《文選音》未得傳至今。本章重點討論今傳蕭該《漢書音義》。

隋初的蕭該通音韻,是《切韻》"多所決定"者之一。蕭該所著《漢書音義》,今存 227 條 342 個音注,其中一半以上是反切。所注音切主要在辨析同義異音和音變構詞方面,引用前人音讀在 70% 以上,音變内容相對較古,顯示其音切的傳承性、多維性和泛時性特點。由對蕭該音切的系統分析可推知,《切韻》音系應該具有綜合性讀書音的性質。

第一節　蕭該及其《漢書音義》的流傳情況

蕭該音義今傳今見者,爲清臧庸(鏞堂)輯《漢書音義》三卷,清嘉慶二年(1797)刻本,後有補遺及後記。今存主要有拜經堂叢書本、木犀軒叢書本、叢書集成續編本,北京圖書館出版社 2004 年《兩漢書訂補文獻彙編》影印清光緒十四年(1888)木犀軒刻本(簡稱"北圖本"),此外尚有清同治八年(1869)金陵書局刻本《漢書》一百卷唐顏師古注清陳倬校並録隋蕭該音義及清錢大昕考異、《玉函山房輯佚書續編三種》輯隋蕭該撰《漢書音義》一卷、上海圖書館藏稿本隋蕭該撰清王仁俊輯《漢書音義》一卷、蜕石文鈔收隋蕭該撰清蔡壽昌輯《漢書音義》一卷(只存序而未見傳本)等。

嘉慶二年刻本臧鏞堂後記謂：常見蕭該《漢書音義》十二卷主要爲司馬貞《史記索隱》和章懷太子李賢《後漢書注》所引用，全書蓋亡於唐末北宋初年，"臧鏞堂讀官板《漢書》，用宋景文校本，載蕭該《音義》，稱舊注，如服虔、應劭……皆後世已亡之書，誠希覯之典也。惜其闕逸不全，存者又往往與宋氏及三劉之説相雜，故有稱宋祁而實爲音義者，有稱蕭該曰而實爲他説者，又混入顏師古注中。茲精加别白，都由研審得之，不濫不漏，差堪自信，益以小司馬、章懷太子所引，纂分三卷，以存蕭氏梗概。巫山知縣段若膺見此欣賞，助我校正訛誤，可謂善本矣。"臧鏞堂、段玉裁是大家，研審校定之本勝過諸家輯本，誠爲可信。故本文以北圖本爲底本，全面分析討論蕭該爲《漢書》所作的音義。

蕭該，《隋書·儒林傳》："蘭陵蕭該者，梁鄱陽王恢之孫也。少封攸侯。梁荆州陷，與何妥同至長安。性篤學，《詩》《書》《春秋》《禮記》並通大義，尤精《漢書》，甚爲貴遊所禮。開皇初，賜爵山陰縣公，拜國子博士。奉詔書與妥正定經史，然各執所見，遞相是非，久而不能就，上譴而罷之。該後撰《漢書》及《文選音義》，咸爲當時所貴。""東海包愷，字和樂……於時《漢書》學者，以蕭、包二人爲宗匠。聚徒教授，著録者數千人。"

蕭該祖籍南蘭陵(今江蘇常州西北)，在金陵長大，承聖三年(554)西魏破江陵後，至長安，或云開皇二年卒，約五十歲。

隋陸法言《切韻·序》記國初八位大學者：劉臻、顏之推、盧思道、李若、蕭該、辛德源、薛道衡、魏彦淵，同至陸家討論音韻，"因論南北是非，古今通塞，欲更捃選精切，除削疏緩"。其中，"蕭、顏多所決定"，顏之推是著有《顏氏家訓·音辭》的音韻大家，蕭該著《漢書音義》《文選音義》和《後漢書音義》，音韻方面的造詣自可與顏之推比肩。今存《切韻》(長孫納言箋注本殘卷)入聲十八藥引："芍，芍藥。蕭該云：芍藥，香草，可和食；芍，張略切；藥，良約切。"當是引用蕭該《漢書音義·司馬相如傳》"芍藥之和具"句的音注。顏之推《顏氏家訓·書證》："《禮·王制》云：臝股肱。鄭注云：謂摳衣出其臂脛。今書皆作擐甲之擐，國子博士蕭該云：擐當作撋，音宣。擐是穿著之名，非出臂之義。案《字林》蕭讀是，徐爰音患，非也。"《史記·司馬相如列傳》"岩岩深山之谾谾兮"司馬貞索隱："晉灼曰：音籠，古籠字。蕭該云：谾或作瀧，長大皃也。"《漢書·司馬相如傳》顏注："晉灼曰：谾音籠，古籠字也。師古曰：谾谾，深通貌。"當是司馬貞引蕭該《漢書音義》而顏師古未引。《後漢書·皇后紀下》"祁祁皇孋"李賢注："孋亦儷也。案《字書》無孋字，相傳音麗。蕭該音離。""麗、離"《廣韻》都讀呂支切（來母支韻），而《漢書·外戚傳下》"故成都平阿侯家婢王業任孋"顏師古注"孋音麗"，則顏師古可能暗引蕭該音而未列蕭該名。

由上引可知，蕭該《漢書音義》所注音切應當系統而全面，遠不止今北圖本所存之數，能夠代表當時的讀書音系統，且所注音讀與《切韻》音切密切相關，可作比較研究。

第二節　蕭該《漢書音義》的基本資料分析

臧輯蕭該《漢書音義》是原十二卷中幸得流傳的部分，三卷有注音兼訓義的條目 227 條，無注音而只訓義的 102 條，共 329 條。補遺只有"孋、鎚、涫、墊"4 條。無音者有：辨字，如《匡張孔馬傳》"以保我後生"蕭該音義："我一作爾。"釋義，《匡張孔馬傳》"材駑"蕭該音義作"材傺。傺，駑也"；引舊訓，《揚雄傳》"林麓"蕭該音義："《字林》：守山澤吏。"引前人辨字並釋義，《揚雄傳》"麗鉤"蕭該音義："麗，韋昭作儷。儷，偶也。"其中以引用和辨字者爲最多，類型比較簡單，不再作分析。

注音釋義的 227 條中，有一條釋 2 個以上字者，故總注音字頭 249 個。這 227 條分布於《漢書》17 篇内：《揚雄傳》108 條、《敘傳》49、《王莽傳》14、《酷吏傳》9、《儒林傳》7、《匡張孔馬傳》7、《谷永杜鄴傳》6、《翟方進傳》4、《王商史丹傅喜傳》2、《王子侯表》2、《薛宣朱博傳》10、《張陳王周傳》2、《張耳陳餘傳》2、《循吏傳》2、《高帝紀》1、《李廣蘇建傳》1、《食貨志》1。《揚雄傳》《敘傳》兩篇占總量近 70%，這是原書亡殘的結果。當然，《揚雄傳》因其賦文的用字用語奇瑰繁難，一直就是注音釋義的重點篇目，故就現存音切的分布來看，是頗具代表性的，透露了很多信息，有很好的語言本體研究價值。

一個被注字稱一個字頭，音義傳注中列在被注字頭下首位的音注叫首音，首音後面列出供比較或參考的音注都叫又音。蕭該 227 個條目 249 個被注字頭，首音 249 個中用反切 130 條，直音 119 條：音某 99 條、音某某之

某 17、讀如 2、音近 1。又音 93 個中用反切 57 條,直音 36 條:音某 33、音某
某之某 1、讀如字 1、音近 1。總計 342 個音注,反切 187 個,各種直音共
155 個,反切占總量的 55%。就是説,從音切類目和音注術語來看,蕭該
《漢書音義》所用反切的數量已超過了各類直音的數量,而顏師古《漢書注》
所引二十三家音義的反切用量都很少,説明反切在隋朝遠比漢魏時期使用
得更爲普遍,這也是《切韻》出現於隋朝的主要成因之一。

　　蕭該 227 條 342 個音注,引用前人者甚多。首音引 24 家(引注音人
17,引書音 7 種):鄭司農 1、服虔 9、應劭 2、鄭氏 4、劉氏 1、陳武 2、鄧展 4、
李奇 1、蘇林 10、張晏 2、如淳 4、諸詮(賦)23、晉灼 10、臣瓚 1、韋昭 48、郭璞
1、吕靜 2、《尚書》1、《三蒼》2、《史記》1、《説文》5、《玉篇》1、《字林》32、《字
書》10。又音引 23 家(注音人 14,書音 9):服虔 2、應劭 1、鄭氏 3、劉氏 1、陳
武 1、鄧展 1、李奇 2、嵇康 1、蘇林 1、如淳 2、諸詮(賦)4、晉灼 2、韋昭 7、劉昌
宗 1、《三蒼》1、《説文》3、《字林》14、《字書》8、《禮記》1、《爾雅》2、《方言》1、
《文選》1、淳化本 1。合併重複者,實引注音人 19,書音 12 種,共引 31 家音
238 處。此外還有"又、一作、別本、秦云、或、今人(今讀)"等,實際上也是
引録他人讀音的。有明確徵引標記的占音注總量的 70% 强,所引漢魏時
代的音注較少,引六朝後期人音注爲多,如韋昭 55 見、諸詮 27 見、《字林》
46 見等。還有"該案"4 處、"該(音)"4 處,標明是蕭該音讀,則 30% 未標音
主的音注可能是蕭該的音讀,也可能有些音是引用前人而未標或不必標音
主而已。蕭該所引諸家音注,顏師古《漢書注》多有引用,可見來源是相同
的。由這些引用資料可推知蕭該《漢書音義》音切的基本性質,它不大可能
反映當時口語時音的共時語音平面,可能反映的是讀書音系統,而且這個
讀書音系統是歷代音注的遞傳,是層纍地造成的歷時性讀書音系統。

第三節　蕭該《漢書音義》音切的内容分類

　　音義書隨文摘字注音辨音以釋義,所注音切有純注讀音的,有因音辨
析字形的,但更多是因音辨義的,注音辨音是析義定義的手段。給難僻字
注音只注一個反切(偶有直音)即可。專名用字往往有不同時期的音變,注
上語境中專名的當時通用讀書音則可。音注有時與所注字頭的字形辨析
相關,直音尤其如此,主要涉及古今字、異體字和通假字。一字頭有多音,

少數只注與當句語境適宜的一讀,更多是用首音與又音(一個或多個)對列的方式來作比較辨析或提供參考。一字多音即異音,有同義異音與別義異音兩種。同義異音,是不同時代不同地域或不同注音人的不同讀音的集合,含有很多語音自身變化的信息。別義異音,即音變構詞,詞義的派生分化推動語音的分化,含有很多詞彙、構詞法和歷史音變的信息。

蕭該是對《切韻》音系"多所決定"的人,他的音注與《切韻》關係必然密切,分析他的音注音讀可用《切韻》(《廣韻》)作參照,蕭該列首音與又音對照者自可對比分析,只列首音者可用《廣韻》音切來作對比分析,《廣韻》未收音則用《集韻》等。我們將多角度對比分析的結果做成數據庫,可全面展示其音切的基本內容,探討異同現象背後的規律。

1.單純注音的60條　該類主要是爲偏僻難認字注音,注反切爲多,也注部分直音。60條中只有11條未標注音人,其餘都標明音主,强調了這類音注的傳承性:

[1]《敍傳》:不覭。《字書》火又反。

[2]《敍傳》:隗囂。諸詮上五罪反,下許妖反。

[3]《酷吏傳》:瞷氏。應劭曰:瞷,音馬瞷眼之瞷。案《爾雅》馬一目白曰瞷,音閑。

[4]《揚雄傳》:惟弸彋其拂汩兮。弸,文萌反;彋,音宏;拂,芳勿反。

2.專名音變14條　專用名詞主要是地名、人名、國名、職官名和物名等。專名多是借通用字來兼任,爲區別其通用義,多改變音讀(聲韻調)。也有初時與通用義同音,後來通用義讀音改變,專名口耳相傳而穩定地保留了古音。蕭該據當時的讀書音引録或標注了這些專名的特殊讀音:

[1]《敍傳》:中盾。韋昭曰:太子宮中盾長也。該案:盾,音允。

[2]《酷吏傳》:至質。韋昭曰:所期約誓地。該:質,音贄。

[3]《儒林傳》:炔欽。炔,《字詁》曰:今炅姓也。韋昭音翁決反,非。

[4]《翟方進傳》:中郎將李棽。服虔棽音禁。如淳音琴。《説文》丑心反。晉灼音參,參音森。

例[1]"中盾"是職官名,"盾"本義本讀《廣韻》徒損切(定母混韻),專名"音允"《集韻》庾準切(以母準韻),含混準變韻和定以變聲。[2]"質"本義本讀《廣韻》之日切(章母質韻),地名"音贄"《廣韻》脂至切(章母至韻),是入去變調。[3]"炔"本義同"炅"《廣韻》古迥切(見母迥韻),姓氏《廣韻》古

惠切(見母霽韻),有上去變調,蕭該認爲韋昭讀"翁決反"(影母屑韻)爲
"非",可能韋昭讀的是江南方音。[4]"棽"本義枝條茂密貌《廣韻》醜林切
(徹母侵韻)即《説文》醜心反,作人名"音禁"《廣韻》居蔭切(見母沁韻),含
平去變調和徹見變聲,而晉灼音森(參)《廣韻》所今切(生母侵韻),則爲徹
生變聲,蕭該列爲參考。

　　3.涉及字形(字用)變化的 30 條　　比較而言,《史記》成書雖早但遣詞
用字通俗而較近於當時口語,《漢書》雖晚出但用字用詞卻較古奧典雅,因
而後人爲《漢書》作注時涉及字形變化的較多,蕭該時或用音注的形式來辨
析字形。其《漢書音義》計有因音辨字形者 30 條:異文 10 組,或辨形訛,或
辨異寫異構的異體字;古今字 9 組,語境中同一詞義所用字形先後不同;通
假字 11 對,主要是同音字(或音近字)在語境中的借用。

　　《揚雄傳》:先置。諸詮音置。

　　《敘傳》:公餗。《字林》曰:餗,鼎實也。韋昭音義餗字作鬻,曰菜羹
曰鬻,音速。該案:《字林》餗或作鬻,字異音訓則一。

　　"置"《廣韻》陟吏切(知母志韻),"置"《廣韻》子邪切(精母麻韻),兩音
相遠,語境當取"置"義,是"置—置"形近而訛,諸詮"音置"是説字形當作
"置",於音無涉,還有"毛—屯、颺—颷"等也當是形近而訛。"餗—鬻"是形
符聲符均不同的異構型異體字,異體字還有"昒—昧、籍—葅、剖—副(膈)、
剝—剢、沂—垠、茵—絪—鞇"6 組,如蕭該所言,在語境中是"字異音訓則
一"者。

　　《揚雄傳》:秋秋。宋祁曰:淳化本作啾啾。秋舊作愁,韋昭音裁梟
反,今書或作口旁秋。該案:《埤蒼》啾啾,衆聲也。《楚詞》:鳴玉鸞之啾
啾、猿啾啾兮又夜鳴。諸詮秋作口旁秋。

　　《敘傳》:不息。韋昭音義作火旁息,音熹既反。《字林》音息,是以今
《漢書》止作息字。

　　"秋、啾"《廣韻》七由切(清母尤韻)、即由切(精母尤韻),"秋"由秋天義
的清母派生鳴叫義的精母,在鳴叫義上形成"秋—啾"古今字,韋昭音裁梟
反(從母蕭韻)則是理解爲愁義形成"秋—愁"古今字。"息、熄"《廣韻》均相
即切(心母職韻),讀熹既反(曉母未韻)是由呼吸之氣派生以氣吹滅的詞
義,韋昭、蕭該認爲有入(職)去(未)變調構詞,並在去聲吹滅義上形成
"息—熄"古今字。古今字還有"舀—銚、頡—擷、齊—劑、刀—刁、適—谪、

威—滅、禦—藥"7組，是蕭該所言"今書或作某"者。

《敘傳》：踞顥蒼。案《字書》無足旁鷹字，猶應是踞字。《字書》：踞，蹲也，己恕反。顥，《字林》曰：顥，白貌也，音昊，《楚辭》天白顥顥。該案：《爾雅》曰：春曰蒼天，夏曰昊天。今作顥者，此古書假借用耳。

"顥"是由頭白拓展表白而發光貌，"昊"是由天之白光擴大指天及廣大無邊貌。兩字《廣韻》都讀胡老切（匣母皓韻），該句"顥，音昊"是借"顥"爲"昊"，是同音借用，即通假。以音明通假的還有"阿—倚、薦—栫、婧（婧）—侑、隔—擊、閻—豔、告—疵、趡—蹠、窮—穹、喜—娭"，均屬蕭該所謂"古書假借用耳"。

4.同義異音83條　同義異音，是指一個字在語境中所表的詞義相同，卻給它標注了兩個以上不同的讀音。形成這種不同讀音的原因，可能有師承的不同、古今音的不同、地域方言的不同、雅音俗音的不同、注音人認識的不同等等，有共時因素也有歷時因素。不管是何種原因形成的，同一字頭異音之間往往關係密切，聲韻調之間的差異都不會太大，其間的關聯可以說清楚：

［1］《揚雄傳》：梢夒魖而抶獝狂。韋昭曰：魖音昌慮反，一作熙慮反。該案：獝狂，無頭鬼也，見《字林》。

［2］《揚雄傳》：瓏玲。《字林》曰：瓏，禱旱玉爲瓏，又音龍。《呂氏春秋》曰：大旱用瓏玲。

［3］《薛宣朱博傳》：排擠。擠，《玉篇》云：子詣、子稽二切。

［4］《揚雄傳》：譔以。《字林》譔，專教也，音詮。惟《禮記》音撰。《字書》並音詮。

［5］《揚雄傳》：踔夭。踔，韋音卓。晉灼曰：踔音魚罩之罩。今依晉灼音。

［6］《敘傳》：突奧。郭璞曰：突音突。該謂依《儀禮》宜音徒骨反。

［7］《敘傳》：旄敦。《爾雅》曰：前高後下曰旄丘。《詩》有《旄丘》篇。《字林》曰：前高後下曰埊，音此，與《爾雅》同。埊音毛，又亡周反，今人呼爲務音，乖僻多矣。

［8］《敘傳》：搦朽。韋昭曰：搦，女擢反。《説文》曰：搦，按也。《史記》曰：搦髓腦涠浣腸胃。

例［1］只有昌曉聲母之別。［2］"瓏"《廣韻》盧紅切（來母東韻），"龍"

《廣韻》力鍾切（來母鍾韻），是東鍾韻異。[3]“擠”二讀只有去平聲調之別。[4]“詮”《廣韻》逡緣切（清母仙韻），“撰”《廣韻》雛鯇切（崇母潸韻），有清崇聲母清濁之別和仙潸鄰韻平上調之別，蕭該傾向於《字林》《字書》音詮之讀。[5]“卓”《廣韻》竹角切（知母覺韻），“罩”《集韻》陟教切（知母效韻），覺效入去異調，一爲古音一爲今音，蕭該認爲當依睧灼今音。[6]“突”本是室之東南角，《集韻》一叫切（影母嘯韻），“突”《集韻》他骨切（透母没韻）、《廣韻》陀骨切（定母没韻），蕭該謂當依《儀禮》音讀徒骨反爲定母，兩讀是透定清濁聲母之別。[7]“牳（堥）”《廣韻》莫浮切（明母尤韻），即亡周反，“毛”《廣韻》莫袍切（明母豪韻），是尤豪韻近之異；“務”《廣韻》亡遇切（微母遇韻），顯示聲母重脣明（莫）向輕脣微（亡）變化的趨向以及韻從尤豪向虞（遇平聲）轉變、聲調由平聲向去聲轉變，是聲韻調上大的歷史音變，故蕭該認爲“乖僻多矣”。[8]“搦”韋昭音女擢反（泥母鐸韻），《廣韻》有女角切（覺韻）、女白切（陌韻）兩讀，是收後鼻音尾的陽聲韻唐、庚、江韻對應的入聲鐸、陌、覺韻之間的轉讀。

　　蕭該音注中，或所注所引兩個以上不同音，或所注一音與《廣韻》（《切韻》）不同，這類鄰近聲、韻、調的同義異音還有很多。綜觀83條同義異音的音韻地位，聲母之異有：幫非、滂並、滂奉、並奉、並非、明曉、明匣，端定、端初昌、透定、透徹、透從、定澄、知澄、徹以、徹來、澄心，精從、精初、精生、清從、心以、初生、初澄，章昌、章昌書心、昌曉、書禪、書群，見溪、見曉、見影、見澄、溪群、曉疑、曉云，影以、以邪，來以、日以；韻的不同有：東鍾、支脂齊、虞侯、佳麻支、灰尾、蕭宵、蕭肴、唐庚、庚耕、尤幽、尤豪、侵鹽、講迥、紙旨止、紙果泰、準梗、產獮、寢琰、真祭、至隊、遇候、翰換、震線、霰勁、祭月、泰盍、卦麥、效覺、屋德、沃鐸、覺鐸陌、薛帖、藥陌、昔德、昔錫、緝合、緝帖狎；聲調的不同：平上、平去、平入、上去、入去。

　　5. 音變構詞68條　　音變構詞，是通過改變同一個漢字音節中一個或幾個語音要素（聲、韻、調）來標示與原詞音義相關的派生新詞，也就是“別義異音”。初時，漢語中的一個詞用一音來表一義，到造字時用一個字形來記錄。伴隨思維的日益發展，相關的詞義不斷派生分化，形成大量的一詞多義現象，有些派生的詞義在不斷使用中逐漸獨立成爲新詞。爲兼顧派生新詞與原詞的聯繫和區別，口語中用改變原詞某個（幾個）音素來表示，到書面語中就體現爲一字形多音多義，可稱爲“單字音變構詞”。單字音變構詞起源於周秦,成長於兩漢魏晉,極盛於南北朝,隋唐漸衰微而被雙音合成構詞法所取代。

蕭該所錄所辨的是漢代的音變構詞,已具一定的規模,但還遠没有唐陸德明集漢魏六朝之大成的《經典釋文》那麽普遍。蕭該音注 68 條音變構詞中,涉及一項音變的 38 條(純變聲的 8 條、變韻 3、變調 27),兩項音變的 26 條,三項變音的 4 條:

《揚雄傳》:校騎。校,張晏音効。

《王莽傳》:見昧。昧,《字林》云:日旁作未,言昧爽旦明也。日闇昧云昧升,勺後星也,音芒太反。予案:《易》曰日中見沫,非音昧也,當音芒太反。

《揚雄傳》:堅重。重,直龍反。

"校"的木枷、栅欄、考校義《廣韻》古孝切(見母効韻),學校、軍校義《廣韻》胡教切(匣母効韻),是見—匣清濁變聲構詞。純變聲的還有:幫—滂、幫—見、明—曉、見—匣、溪—匣、心—從、章—昌、書—日。"昧"的昏暗義《廣韻》莫佩切(明母隊韻),斗勺(杓)後星名音芒太反(明母泰韻),是隊—泰變韻構詞。純變韻的還有:旨—獮、紙—賄。"重"的重複義《廣韻》直容切(澄母鍾韻),重量義《廣韻》柱用切(澄母用韻),是鍾—用平去變調構詞。純變調的有:平—去 17 條、平—上 4 條、上—去 6 條:

《揚雄傳》:絣之。《説文》方並反;《字林》布莖反,縷布也。

《張陳王周傳》:太后以冒絮提文帝。提音底。

《揚雄傳》:慶夭。慶音羌,今《漢書》亦有作羌字者。

"絣"的名詞雜色布義《廣韻》北萌切(幫母耕韻),動詞錯雜義《説文》方並反(幫母迥韻,今《説文》北萌切)。聲、韻兩項音變構詞的還有 6 條:幫—敷與真—文、端—知與耕—登、定—以與侵—覃、章—群與至—真、禪—以與至—遇、見—群與虞—侯。"提"的拎持義《廣韻》杜奚切(定母齊韻),投擲義《集韻》典禮切(端母薺韻),是端—定清濁變聲加齊—薺平上變調構詞。聲、調兩項音變構詞的還有 12 條:幫—並與平—上(2)、奉—以與平—上、端—來與平—去、透—並與平—上、透—定與平—上、心—書與入—去、心—曉與入—去、船—邪與入—去、書—以與平—去、見—匣與平—上、曉—匣與平—去。"慶"的動詞祝賀義《廣韻》丘敬切(溪母映韻),語氣詞《集韻》墟羊切(溪母陽韻),是陽—映(庚)變韻加平—去變調構詞。韻、調兩項音變構詞的還有 5 條：勁—勍與平—上、庚—宕與平—去、删—銑與平—上、昔—禡與入—去、合—醠與入—去。

《王莽傳》：刃其軀。舊作刉其體，鄧展刉音近跣，晉灼音刜，《字林》曰：刜，切也。

《匡張孔馬傳》：六沴。韋昭云：沴，謂皇極五行之氣相沴戾不和，音持軫反。服虔曰：沴音戾。

"刃"的名詞刀口義《廣韻》而振切（日母震韻），動詞切斷義又作"刜"（晉灼音刜）《廣韻》倉本切（清母混韻），"跣"爲心母銑韻，清心是塞音擦音小異，銑混是先魂開口合口相鄰韻小異，故曰"音近"，"刃"的兩讀是音變構詞，含聲母日—清、韻真（震）—魂（混）、聲調去—上之別，且在切斷義上形成"刃—刜"古今字。"沴"的水流不暢義（服虔音戾）《廣韻》郎計切（來母霽韻），其濕氣相著不和、垢濁義《集韻》止忍切（章母軫韻）即韋昭持軫反（澄母），是含聲母來—章（澄）、韻齊（霽）—真（軫）、聲調去—上之別的音變構詞。

蕭該音義的音變構詞 68 條，只占總量的 30％弱，而唐陸德明《經典釋文》音變構詞占音注總量的 44％強，這是因爲《漢書》多用古義而較少用派生的新詞新義，故辨析音變構詞的量比周秦漢典籍的平均量小。就音變類型看，《經典釋文》音變構詞 31261 項中變調 22062 項，占 70.6％。而蕭該 68 條音變構詞共涉及 101 項音變（1 條涉及 1、2、3 項不等）：變聲 33 項、變韻 20 項、變調 48 項，變調只占總量的 47.5％。變聲 33 項中清濁變聲 15 項占近半數，變調中去聲與平上入三聲變換構詞 35 項占 73％，規律與《經典釋文》大致近似，只是比例小些。變韻構詞 20 項占總量的 20％，遠高於《經典釋文》的 7％，其中平聲韻鄰韻旁轉 7 項、去聲韻鄰韻旁轉 4 項，特點突出。我們全面研究《經典釋文》音變構詞後曾認爲：變韻構詞早於變聲，變聲早於變調，因此蕭該辨析的音變構詞具有早期的特徵，不是魏晉去聲大行以後的流行特徵。由此也可證蕭該音切具有傳承古讀書音的基本性質。

蕭該同義異音 83 條，比音變構詞多，占總量的 36％强，而《經典釋文》同義異音只占音注總量的 25％，這是因爲《漢書》行文用字古奧，爲它們注音釋義者多，同形同義而讀音不同，有師承、古今音、方音、雅俗音、注音人認識不同等等，摻雜共時因素和歷時因素，其異音往往不在同一平面而具有泛時性特點。83 條同義異音共涉及 114 項音變（1 條涉及 1、2、3 項不等）：變聲 45 項、變韻 42 項、變調 27 項。變調最少，只占 23％强，其中平上 10 項、入去 7 項是主體，暗中支持黄侃上古只有平、入二聲的觀點（平上一類、入去一類）。變聲 45 項中，清濁聲母變换 23 項、送氣與不送氣變换 5 項，證明清濁之别是形成上古異讀音的重要方式，後來轉化爲變聲構詞的主要方式，這對中古《切韻》音系十多個全濁聲母形成並嚴整排列是有前提性意義的。最值得注意的是變韻 42 項，其中平、入、上、去四聲各自的相鄰韻變换爲 11、11、5、6，入—去相鄰韻變换 4 項，以平聲韻、入聲韻内部的變换爲主。同義異音的韻變顯示了語音史上的多角度變化，如支—脂、紙—旨—止等是上古分而中古實合的韻，東—鍾、庚—耕、蕭—宵—肴—豪、屋—德、緝—合、帖—狎等都是上古合而中古分的韻，至—隊上古在入聲物韻，中古才分化爲兩個去聲韻。對照羅常培和周祖謨《漢魏晉南北朝韻部演變研究》（第一分册）、周祖謨《魏晉宋時期詩文韻部的演變》《齊梁陳隋時期詩文韻部研究》的結論，蕭該同義異音的這些韻變，有的就是不同時期的同一韻，有的是前分後合或前合後分，有的是合韻現象，有的是方言韻異。儘管成因不同，但同一字頭異音間關係都不會太遠，往往可以説明其聯繫。

　　從《漢書音義》所注音切的傳承性、多維性和泛時性來看，《切韻》音系選取前人繁富多維的讀書音素材而具有綜合音系的性質，是完全可能的。

第三章　顔師古《漢書注》
音切數據與術語考析

　　顔師古在《漢書注》中，共爲約 3540 個字頭注音切 13620 次左右。對這些音切資料的分布、術語的作用進行綜合分析，能揭示其中深含的一些文獻學、語言學的規律與問題。

　　顔師古注大量徵引前人音切，保存了大量前人有價值的音切材料，顯示所注音義信而有徵，通過比較鑒別，可定奪被注字詞在當句語境中的音義。分析顔師古注音切資料的分布，能見出其隨文施注、因需而注的特點，還能見出顔師古注重字詞音義而揚長避短的審慎態度。分析顔師古注"音、讀"、反切等術語及其資料分布的含義與功用，能看出音義書不同於韻書的基本性質，又能看出顔師古是一個語言學素養高且系統性意識很强的學者，他的音注具有很强的目的性、條理性和系統性。

　　爲了認清顔師古《漢書注》所注音切的性質，我們以中華書局點校本爲底本，將所有顔師古注音切資料録入電腦做成專用的音切數據庫，藉以作窮盡性的系統研究，通過定量來定性。

　　數據庫顯示，顔師古注：注反切 6440 次；注音讀（音、讀、合韻）5787 次；注異文 1366 次。其中異文包括"古某字、（字）與某同、字或（亦）作某、某書（本）作某、古作某、俗作某"等，説字形實際上兼説字音，故將"異文"計入音切資料中，其中"古作某"更是多借字形來辨義求古音，值得重視。

　　本章對《漢書注》音切數據與術語作綜合性的系統考析，數據量大的音注術語及其音切内容，後文設專門章節分論。只對 73 條"合韻"作窮盡性研究，用作個案以論證師古"雅正"的注音概念及與《切韻》大體相合的音讀系統性質。

第一節　顏注徵引前人且標明音主的音切

顏注中,標明所引前人音切的 930 次:服虔 95 次、應劭 95、伏儼 1、劉德 2、鄭氏 41、李斐 2、李奇 30、蘇林 144、張晏 15、如淳 141、孟康 133、韋昭 14(《史記》三家注、《文選注》及王先謙《漢書補注》轉引韋昭音較多,而今存顏師古《漢書注》引韋昭音較少)、晉灼 100、臣瓚 6、鄧展 12、文穎 16、張揖 2、項昭 1、郭璞 74、蔡謨 1、崔浩 1。以上是《漢書敍例》所稱引"二十三家"音義中的 21 家,還有荀悦、劉寶 2 家各見引注 1 條而未見引其音。此外,引李登音 1 次、吕忱音 2 次(1 次與李登合引)、齊恭(或謂即南朝齊恭王蕭昭文)音 1 次、舊讀 1 次。其餘多標"師古曰、師古音"或不標音主名者,一般認爲是顏師古自己的音讀。

師古徵引前人音切的方式、作用是多種多樣的,在此舉例説明:

[1]《天文志》"魁下六星兩兩而比者,曰三能",師古注:"蘇林曰:能音台。"

[2]《天文志》"捎雲精白者",師古注:"晉灼曰:捎音霄。韋昭曰:音髇。"

[3]《地理志》"猇",師古注:"應劭曰:音篦。蘇林曰:音爻,今東朝陽有猇亭。蔡謨音由,音(鴞)[鴞]。師古曰:蔡音是,音於虯反。"

[4]《外戚傳》"赫蹏書",師古注:"孟康曰:蹏猶地也,染紙素令赤而書之,若今黄紙也。鄧展曰:赫音兄弟鬩牆之鬩。應劭曰:赫蹏,薄小紙也。晉灼曰:今謂薄小物爲鬩蹏,鄧音、應説是也。"

[5]《五行志》"是我迋吾兄也",師古注:"應劭曰:迋音君狂。臣瓚曰:迋音九放反。師古曰:二説皆非也。迋,欺也,音求往反。"

[6]《李廣蘇建傳》"中貴人者將數十騎從",師古注:"張晏曰:放縱遊獵也。師古曰:張讀作縱,此説非也,直言將數十騎自隨,在大軍前行而忽遇敵也,從音才用反。"

[7]《地理志》"著",師古注:"音竹庶反,又音直庶反。而韋昭誤以爲蓍龜之蓍字,乃音紀諸反,失之遠矣。"

[8]《高帝紀》"又戰曲遇東",師古注:"文穎曰:地名也。蘇林曰:曲音齲,遇音顒。師古曰:齲音丘羽反。"

[9]《高帝紀》"又發兵距之陽夏",師古注:"鄭氏曰:音假借之假。師古曰:即今亳州陽夏縣。"

例[1]是徑引前人音爲注,因贊同而不須説明。[2]並引多家音,認爲皆可從,都列出而不作取捨。[3]引多家音,定一家爲是。[4]引多家音,又引前人(晉灼)的判定。[5]引前人音而斷其非,自己再作出正確的音注。[6]引前人誤讀,分析句中語義,再給出語境中的正確讀音。[7]先注出正確的音讀,再引前人訛失音讀而評其非。[8]引前人音讀,爲其注音字補作反切,以利準確讀音。[9]引前人音讀,補出該讀音的釋義,以明語境中的音義關係。

可以看出,顔注徵引前人音切,主要是爲了明確被注字詞在當句語境中的讀音和意義。引衆家音切,一是顯示所注音義信而有徵,二是用於比較鑒別而定奪是非。客觀上,爲漢語語音史研究保存了大量前人的音切材料,很有價值。

第二節　顔注音切在各卷中的資料分布

顔注分布於《漢書》一百卷中,每卷多少不等,如《惠帝紀》14、《武帝紀》193、《高惠高后文功臣表》100、《食貨志》254 等。

300 條以上的有:《地理志》991、《司馬相如傳》846、《揚雄傳》695、《五行志》534、《王莽傳》531、《匈奴傳》365、《高帝紀》355、《敘傳》334。此 8 卷有 4651 條,8%的卷次占音注總量的 34%。《地理志》《五行志》《匈奴傳》因地名、物候名、外族名等專有名稱用字多,字形偏僻而讀音難,故多注音切。《司馬相如傳》《揚雄傳》《敘傳》是由於所引辭賦或贊詞多爲韻文,且古雅奇瑰、艱澀難讀,須多注音切以辨韻識字解義。《高帝紀》《王莽傳》所記史事繁重錯雜,文章最長,所用難僻字詞偏多,故多注音切以明音義。反之,注音切最少的卷次往往文短事簡,語句通俗,如《惠帝紀》14、《高后紀》《哀帝紀》26、《異姓諸侯王表》《外戚恩澤侯表》24、《王子侯表》28,都短小而平易,表譜尤須文字簡明曉暢,故所注音切極少。《季布欒布田叔傳》28、《萬石衛直周張傳》30、《文三王傳》32、《高五王傳》33,也都是文短而事不繁的傳記,須注音辨義處不多。

《天文志》27 條音注,其中只有"鄉讀曰響、鬐音舜"2 條是師古所注。

“右四星曰天棓”蘇林“音棓打之棓”師古曰“棓音白講反”1條，是師古補充蘇林音。其餘全都是引前人音讀：蘇林6、晉灼5、如淳4、韋昭3、李奇2、孟康2、鄭氏2。不僅如此，該卷百餘條無音讀的注釋也多是引前人而師古不下己語。可見師古作注善於揚長避短，他自認對天文知識所知無多，於所不知蓋付闕如，慎引前説而不言己見。故清人沈欽韓《漢書疏證》卷一“顔師古注”條下謂：“今師古亦標專注。而天文地理，非孟康、臣瓚無以發明；典章風俗，非應劭、如淳不能宣究。”所言合乎顔師古注音切資料分布的實際情況。

　　由卷次音切的數據分布，既能見出顔注音切隨文施注、因需而注的特點，還能見出顔師古施注時重在字詞音義而揚長避短的審慎態度。

第三節　顔注音切術語的資料分布及其含義

　　顔注有反切6440次，占總數的47%强；音讀（音、讀、合韻等）5787次，占42%强；異文1366次，占10%。《漢書注》用“音、讀”、反切等術語所注音切的語音系統及其特點，此後分別作專題研究，在此主要討論其施注形式及其資料分布的含義與功用。

　　在唐代，反切已成爲通用的注音方法，用反切編成的韻書，如成書於隋仁壽元年（601）的《切韻》等，已廣泛使用。然而，顔師古給《漢書》注音卻只用了不足總數一半的反切，説明隨文施注的音義書與韻書的性質不同。音義書注音辨音是爲了釋義定義，注音釋義往往與字形有多種多樣的關係。反切是用兩個漢字來標示被注字的語音要素（聲韻調）而與字形無直接關係，因此顔氏《漢書注》中，半數以上用音讀、異文來注音辨音，是字詞文意解釋的需要，是由音義書的性質所決定的。

　　《漢書注》音注術語的使用總體上呈規律性分布。除標明引用前人音切多保留各家特點外，顔師古注的音切術語分布前後一貫，其整體性、統一性和系統性都相當明顯。

　　1. 全用反切的

　　有爲難僻字注音的，如“菶、鄞”同注“莫風反”，“濛、蠓”同注“莫孔反”，“蘘、穰、攘”同注“人羊反”，“卨、偰、紲、媟、褻”同注“先列反”，“悖”全13次注“布内反”，“詆”全17次注“丁禮反”，“窋”全4次注“竹（張）出（律）反”，

"肸"除引蘇林 1 次"音塈塗之塈"外其餘 4 次全注"許乙反"。

全注反切更多更集中的,是標示音變構詞的別義異讀。如"行"除 1 次引蘇林"音行酒之行"外,120 次全注反切:下(胡)郎反 17、下剛反 4、下(胡)更反 90、下孟反 2、下浪反 7。中古"行"有 4 讀表示 4 義:《廣韻》胡郎切(匣母唐韻)爲道路、行列義,即師古下(胡)郎(剛)反;《廣韻》户庚切(匣母庚韻)爲行走、運行義,即師古下(胡)更反;《廣韻》下更切(匣母映韻)爲事務、行跡義,即師古下孟反,很少用;《集韻》下浪切(匣母宕韻)爲剛强貌,即師古下浪反,也少見。

"屬"除 1 次引李奇"音鸞"和 1 次"讀如本字"外,123 次全注"之欲反","屬"《廣韻》市欲切(禪母燭韻)爲類别、歸屬義,即顏師古注本字讀;《廣韻》之欲切(章母燭韻)是破讀連接、囑咐義。

"下"除 1 次引蘇林"音下書之下"外,33 次全注"胡嫁(亞)反"。《廣韻》"下"有胡雅切(匣母馬韻)表方位名詞,變調胡駕切(匣母禡韻)表動詞,師古本義上聲均不出注,變調破讀去聲的都注胡嫁(亞)反以別義。

"喜"全注 34 次許吏(既)反,以去聲表動詞區別於上聲形容詞。"張"全注 12 次竹亮反,以去聲表漲大義區別於平聲張開義。"倚"全注 28 次於綺反,以上聲表通用的依仗義區別於去聲具體的憑靠義。"雨"全注 21 次於具反,以去聲表動詞義區別於上聲名詞義。

這樣的系統性可用於音切的校勘,如"遠"注 21 次"于萬反",去聲動詞義區別於上聲形容詞義。有一次注"於萬反"(《郊祀志》),"遠、于"爲云母、"於"爲影母,這一次應該是後人傳刻時誤"于"爲"於"。

2.全用音讀的

"音某"首先是給難僻字注直音以便直觀地認讀,如地名"鄅"全 11 次注"音吾、(又)音魚","歙"除 1 次"即翕字"、1 次"音攝"外 12 次全注"音翕","俞"2 次地名注"音輸"而其他 12 次都注"音踰",既作地名又作動詞的"浚"全 8 次注"音峻"。全注直音也有辨析音變構詞的,如"走"注 1 次"讀如本字"而其餘 26 次全注"音奏",《廣韻》子苟切(精母厚韻)爲本讀"疾趨曰走"的具體動作義,《廣韻》則候切(精母候韻)即"音奏"爲破讀奔赴、逃跑、背離、流失等泛動作義,屬上—去變調構詞的典型例證,可見當時音義有分,後來才逐漸界線不明的。

"讀"多説明字形間的音義關係,顏注在 334 個字頭下標注"讀"2303

次:"讀與某同"279、"讀曰"1930、"讀如"6、"讀爲"14、"讀作"3、"讀"2、"讀爲(曰)某某之某"9、"讀如字"3、"讀如本字"49、"依本字讀"5、"舊讀"1、"流俗讀之"1、"呼之"1。

"頌"注"古者頌與容同"1次說明"頌"是容貌義的本字,故字形從頁(人頭),再注"讀曰容"5次、"讀與容同"1次,未見直音與反切,此類"讀"偏重說明字形關係。

"卒"有注2次"千忽反"示"猝"音,33次注"讀曰猝",表示名詞士卒的本讀不出注,所注皆爲副詞猝然義,"卒—猝"在此義上形成古今字。此類偏重於說明派生詞的形音義在歷時發展中的聯繫。

"召"全33次注"讀曰邵",含1次"讀邵"(《王莽傳》)疑脫"曰"字。《廣韻》直照切(澄母笑韻)即動詞召喚、招致義,又寔照切(禪母笑韻)爲古邑名、封號而字同邵,此類偏重於說明專名用字的歷時淵源關係。

"亡"全7次注"讀曰無",只注作否定副詞的音,此類偏重說明派生音變構詞在字形借用上的關係。

其他如"虛"全11次注"讀曰墟"(虛—墟)、"竟"全19次注"讀曰境"(竟—境)、"風"全51次注"讀曰諷"(風—諷)等,都有派生音變構詞所形成的古今字關係。

3.全是異文的

"蚤"1次注"音早",1次說明"古以爲早晚字也",餘20次皆注"古早字",是明同音假借。"顓"1次注"上專切"是人名,4次注"讀與專同"示音,餘38次皆注"與專同",也是指出古人常借"顓"代專門之"專"。"敺"2次注"音驅(區)",1次說明"讀與驅同",26次全注"與驅同",是指明"敺—驅"是從攴從馬之義符不同的異體字。"仄"全12次注"古側字",《說文》"仄,側傾也",在側身傾斜義上"仄—側"爲古今字。這些看起來只注異文,實際上形音義一起辨析了。

顏師古注異文1366次,字形辨析中多含音義內容。

4.多種注音方式配合使用又各有分工

"女"注"讀曰汝"8次、"尼據反"3次,是"讀"與反切配合使用。《廣韻》尼呂切(娘母語韻)是名詞女人義,尼據切(娘母御韻)是動詞以女嫁人義,《集韻》忍與切(日母語韻)是第二人稱代詞義。師古本讀不出注,注反切專表動詞破讀義,"讀"專表代詞義且示字形"女—汝"之關係。

　　"令"共注 23 次：古縣名"令居"引孟康"音連"1 次、注"音零"10 次"音鈴"3 次、反切"力成反"5 次"力征反"1 次"郎定反"2 次、地名"丁令"注"與零同"1 次。《廣韻》"令"力政切（來母勁韻）爲發令、命令、時令義師古不出注，郎丁切（來母青韻）多表名詞教令、使令、脊令鳥等義師古注"力成、力征反"（青、清兩韻通用），"令支"注"郎定反"（來母徑韻，勁、徑兩韻通用）以專指地名。可見師古很用心地用不同的注音方式來區分複雜多樣的音變構詞和專名音變之內容。

　　"横"注"音光"3 次、"胡孟反"23 次，是直音與反切配用，《廣韻》户盲切（匣母庚韻）是本讀門欄、横向義，户孟切（匣母映韻）即師古"胡孟反"是派生的横暴、意外、枉曲義，古黄切（見母唐韻）是長安城門專名即師古"音光"。師古未給本讀注音，注"胡孟反"是區別平—去變調構詞，注直音是含清（見）—濁（匣）變聲兼庚—唐變韻的專名音變。"衡"1 次注"音横"、1 次異文"即横耳"，標明"横、衡"本通用。

　　"輯"注"音集"1 次、"與集同"33 次、"讀與檝同"1 次、"字本从木，其音同耳"1 次（即字當作檝）、"輯、檝與集三字並同"1 次；"檝"注"音集"4 次、"又音接"1 次、"當作輯"1 次。《廣韻》"輯、檝、集"均秦入切（從母緝韻），"檝又音接"爲即葉切（精母葉韻）。"輯"本是車輿而字形從車，"檝"本是木舟而字形從木，但《漢書》"輯、檝"多用爲"集"而有集中、和安義。由於三字音同，師古主要用標示異文的方式來明音義，只用少數直音以明同音關係，完全不用反切。有"檝又音接"1 次，可能曾嘗試過清（精）—濁（從）變聲和檝—葉變韻構詞，但後來未通行。

　　"閒"注"音閑"1 次、"即閑字也"1 次、"讀曰閑"21 次，"間"注"居（工）莧切"30 次、"作簡"1 次。《廣韻》"閒"古莧切（見母襉韻）爲空隙、間隔義而師古未作注，居閑切（見母山韻）有中間、近來義亦未作注，而《集韻》何間切（匣母山韻）爲闊大、空閒、清閒義師古全作注 21 次。"間"《類編》居閑切（見母山韻）中間、近來義與"閒"的第二讀同而師古未作注，《廣韻》居莧切（見母襉韻）空隙、間隔義注 30 次，又《類編》賈限切（見母產韻）爲地名或作"簡"。而"閑"字師古無注，《廣韻》本讀户間切（匣母山韻）爲牛馬欄、限制義，後表空閒、清閒義，此用上古少見而唐代多見，如王勃《滕王閣》詩"閑雲潭影日悠悠"即是。師古注"閒"爲"音閑、讀曰閑、即閑字"以字形明清（見）—濁（匣）變聲和平—去變調的音變構詞，而注"間"爲"居莧切"則是以反切來標示與"閑"的去聲一義相同,漢人"閒、間"混用。師古用異文來表示"用閒爲閑",而用反切來表示"用間爲閑"。

這類術語的配合使用而又各有分工,很好地兼顧了術語的表達力與區別力,有很強的系統性。

第四節　顏注"合韻"的音切及其特性與作用

顏注"合韻"73 條:信 6,震 3,患、茂、享、饗、意各 2 條,豜、躇、觸、創、對、廢、顧、國、翰、閡、濟、矯、境、靜、舊、居、舉、亢、來、覽、靡、敏、茂、謨、墓、甯、娸、慶、喪、殺、挺、嬗、傷、逝、狩、司、嗣、望、聞、西、喜、序、學、易、蟆、薈、虞、漁、圂、欲、葬、正、追、緇各 1 條。其中"合韻"71 條,"協韻"2 條。師古可能是避其曾祖父名協(字子和)之諱,改六朝以來流行的"協韻"爲"合韻"。"協韻"2 條爲"顧讀如古,協韻""覽,視也,協韻音濫",都出《韋賢傳》,當是後人刻寫之誤,師古不會獨於此篇用"協韻"而不避諱。

從分布上看,這 73 條"合韻"只在 11 篇中出現:《敘傳》30、《禮樂志》11、《揚雄傳》10、《賈誼傳》6、《司馬相如傳》4、《韋賢傳》4、《外戚傳》3、《趙充國辛慶忌傳》2、《五行志》《酷吏傳》《武五子傳》各 1。《敘傳》多韻文,且《敘傳下》是對高祖以下各紀、表、志、傳所作的四言韻語贊辭,自然求韻讀諧和而多言合韻。《禮樂志》的禮、樂多用詩句、韻文來表現,故合韻者必多,如"嘉薦芳矣,告靈饗矣;告靈既饗,德音孔臧"師古:"饗字合韻皆音鄉。""芳、饗、臧"都應押平聲韻,故"饗"(上聲)合韻音鄉(平聲)。揚雄、賈誼、司馬相如傳中引錄各自大賦的全文,賦重視押韻,合韻處也就多。其餘的只是偶有引用韻文之處,合韻處也就不多了。

顏師古以維護讀書音的"雅正"爲己任,如《地理志》"縣十四:長子,周史辛甲所封",師古:"長讀曰長短之長,今俗爲長幼之長,非也。"就是典型的匡俗音爲雅正之讀的例子。師古是有"古音"意識的,如《武帝紀》"初作便門橋",師古:"便門,長安城北面西頭門,即平門也,古者平、便皆同音。"明謂"平、便"古音同而今音有別。《尚書·堯典》"平章百姓",《史記·五帝紀》作"便章百姓",可證師古之説不誤。也有師古直言"古音"的例子:

《高帝紀》"然少戆",師古:"戆,愚也,古音下紺反,今則竹巷反。"

《張耳陳餘傳》"斬餘泜水上",師古:"蘇(林)音祇敬之祇,音執夷反,古音如是。"

師古認識到讀音有古今變化,在"韻文押韻必嚴"的前提下,用"合韻"術語來推定、溝通古今音讀的不同,張文軒稱之爲"以韻求音"。不過,師古的"合韻"主要針對《漢書》中漢代人所寫的韻文而言,與徐邈、沈重等人"取韻、協句、協韻"多言先秦《詩》等韻文不同。師古的"古音"主要是指漢代人的讀音,"今音"則是指唐代的讀書音,是時音中的雅正音讀而不是"今俗"之呼(讀)。師古認定《漢書》中的韻文押韻是嚴密而規範的,用他當時雅正的讀書音讀來不諧和者,便用"合韻"作解釋或説明:

[1]《禮樂志》"象載瑜,白集西;食甘露,飲榮泉",師古:"西,合韻音先。"

[2]《敍傳》"宣之四子,淮陽聰敏,舅氏蘧蒢,幾陷大理",師古:"敏,疾也,合韻音美。"

[3]《敍傳》"孝武六子,昭齊亡嗣。燕剌謀逆,廣陵祝詛",師古:"嗣,合韻音祚。"

[4]《五行志》"不當實而實,易相室",師古:"相室猶言相國,謂宰相也。合韻故言相室。相室者,相王室。"

[1]"西"《廣韻》先稽切(齊韻),要與後面仙韻的"泉"押韻,師古謂"西,合韻音先",唐代先、仙二韻同用。[2]"敏"《廣韻》眉殞切(軫韻),要與後面止韻的"理"押韻,師古謂"敏,合韻音美","美"爲旨韻,唐代旨、止二韻同用。[3]"嗣"《廣韻》祥吏切(志韻),要與後面御韻的"詛"押韻,師古謂"嗣,合韻音祚","祚"爲暮韻,唐代遇、暮二韻同用而與御韻爲鄰近韻通用。[4]相國之"國"《廣韻》古或切(德韻),要與前面質韻的"實"押韻,師古謂"相國,合韻故言相室"。

師古73條合韻,當分爲兩大類:一類是"同聲調合韻",是同一聲調內鄰近韻的變讀,上引4條正好是這種同聲調合韻的平、上、去、入各一例。二是"異聲調合韻",是同一韻部內不同聲調的變讀,餘下69條都是異聲調合韻,如:

[1]《敍傳》"叔孫奉常,與時抑揚,税介免冑,禮義是創",師古:"創,合韻音初良反。"

[2]《禮樂志》"璆磬金鼓,靈其有喜;百官濟濟,各敬厥事",師古:

"喜,合韻音許吏反。"

[3]《敍傳》"開國承家,有法有制,家不臧甲,國不專殺",師古:"殺,合韻音所例反。"

[4]《敍傳》"賈生矯矯,弱冠登朝",師古:"矯矯,高舉之貌也,合韻音驕。"

[5]《禮樂志》"專精厲意逝九閡,紛雲六幕浮大海",師古:"閡,合韻音改,又音亥。"

[1]"創"《廣韻》初亮切(漾韻),與前面陽韻的"揚"押韻,故合韻讀"初良反"(陽韻)。平—去合韻的還有 36 條:《敍傳》"嚳,音詠,合韻音榮"(庚—映),"謨,謀也,合韻音慕"(模—暮),"墓,合韻音謨"(模—暮),"慶,合韻音卿"(庚—映),"濟,合韻音子齊反"(齊—霽),"正,合韻音征"(清—勁),"信,合韻音新"5 條(真—震),"震,合韻音之人反"2 條(真—震),"娸,音欹,合韻音丘吏反"(之—志),"司,合韻音先寺反"(之—志);《禮樂志》"甯,合韻音寧"(青—徑),"望,合韻音亡"(陽—漾);《揚雄傳》"翰,合韻音韓"(寒—瀚),"患,合韻音胡關反"(删—諫),"漁,合韻音牛助反"(魚—御);《司馬相如傳》"來,合韻音郎代反"(咍—代),"豻,合韻音五安反"(寒—翰),"蜒,本音延,合韻音弋戰反"(仙—線),"嬋,合韻故音嬋"(仙—線),"追,合韻音竹遂反"(脂—至);《賈誼傳》"患,合韻音環"(删—諫),"喪,合韻音先郎反"(唐—宕);《外戚傳》"傷,合韻音式向反"(陽—漾),"蹠,合韻音丈預反"(魚—御),"信,合韻音新"(真—震);《趙充國辛慶忌傳》"亢,合韻音康"(唐—宕),"震,合韻音真"(真—震);《酷吏傳》"葬字,合韻音子郎反"(唐—宕);《韋賢傳》"聞,合韻音問"(文—問),"居,合韻音基庶反"(魚—御)。

[2]"喜"《廣韻》虛里切(止韻),與後面志韻的"事"押韻,故合韻讀"許吏反"(志韻)。上—去合韻的還有 13 條:《敍傳》"境,合韻音竟"(梗—映),"茂,合韻音莫口反"2 條(厚—候),"舊,合韻音臼"(有—宥),"狩,合韻音守"(有—宥)、"序,合韻音似豫反"(語—御),"圉,合韻音御"(語—御);《禮樂志》"靡,合韻音武義反"(紙—寘);《揚雄傳》"靜,合韻音才性反"(靜—勁),"舉,合韻音居御反"(語—御),"靡,合韻音武義反"(紙—寘);《韋賢傳》"覽,協韻音濫"(敢—闞),"顧,讀如古,協韻"(姥—暮)。

[3]"殺"《廣韻》所八切(黠韻),與前面祭韻的"制"押韻,故合韻讀"所例

反"(祭韻)。入—去合韻的還有 9 條:《敘傳》"對,合韻音丁忽反"(没—對),"學,合韻音下教反"(覺—效);《禮樂志》"廢,合韻音發"(月—廢);《揚雄傳》"觸,合韻音昌樹反"(燭—遇),"易,合韻音弋赤反"(昔—寘),"欲,合韻音弋樹反"(燭—遇);《賈誼傳》"意字,合韻宜音億"(職—志),"意,合韻音於力反"(職—志);《武五子傳》"逝,合韻音上列反"(薛—祭)。

[4]"矯"《廣韻》居夭切(小韻),與後面宵韻的"朝"押韻,故合韻讀"驕"(宵韻)。平—上合韻的還有 6 條:《禮樂志》"享,合韻音鄉"(陽—養),"享字,合韻宜音鄉"(陽—養),"饗字,合韻皆音鄉"(陽—養),"饗,合韻音鄉"(陽—養);《敘傳》"緇,合韻音側仕反"(之—止);《賈誼傳》"螴字,與蚓同音引,今合韻當音弋人反"(真—軫)。

[5]"閣"《集韻》紇則切(德韻),與後面海韻的"海"押韻,故合韻讀"改"(海韻,入—上,德—海)。

異聲調合韻占總量的 94.5％,其中平、上、入三聲合韻讀爲去聲的 61條,占異聲調合韻總量的 88.4％。《經典釋文》去聲變換占音變構詞總量的 65.4％、變調構詞總量的 92.7％,《群經音辨》去聲變換占變調構詞總量的 88％(參見萬獻初 2004a、2004b)。

師古"合韻"中,有一些字在唐以前已有兩讀。有的是已存於韻書的別義破讀或同義破讀,以破讀去聲爲多:如"喜"《廣韻》已有上聲表喜樂義、去聲表好義(後作憙)兩讀;"來"《廣韻》已有平聲表至及義、去聲表勸勉義(後作徠)兩讀等。

師古"合韻"兩讀,有見於《經典釋文》等音義書的又(一)音或破讀:如"廢"《詩·小雅·四月》"廢爲殘賊"釋文"廢,如字,狀也,一音發";"創"《禮記·曲禮》"頭有創則沐"釋文"創,初良反,又初亮反"等。僅有 2 條見於《經典釋文》所載前人的"協韻":《詩·邶風·日月》"甯不我顧"釋文"我顧,本又作顧,如字,徐音古,此亦協韻也";《詩·周南·何彼襛矣》"王姬之車"釋文"之車,協韻尺奢反,又音居。或云:古讀華爲敷,與居爲韻"。

73 條合韻中,反切 36 條,"音"37 條。用"音"標合韻有顯示字形間多種聯繫的作用,如其中有 16 條是諧聲關係:意—億、鄉—饗 2、發—廢、矯—驕、竟—境、臼—舊、墓—謨、謨—慕、甯—寧、醟—榮、守—狩、亡—望、問—聞、正—征、覽—濫。至少也是段玉裁古同諧聲必同韻部在唐代已有朦朧意識的體現。"正—征、守—狩、竟—境、發—廢"等,一望可知是詞義派生分化推動音變（音變構詞，主要是變調構詞）再形成古今字的，只是比上面的"喜—憙、來—倈、聞—問"更常見常用些而已。

　　從合韻字的語音地位分析、比較可以看出，師古分韻、分聲調與《切韻》（《廣韻》）大體相合，用韻與唐初許敬宗等所標《切韻》韻目的"同用、獨用"基本相合，説明《切韻》音系與初唐讀書音在應用層面上是基本相合的。

第四章　顏師古《漢書注》中"讀"的音義考辨

顏注用於析字注音的音切術語，有"反切、讀、直音、異文"四大類。其中，在 334 個字頭下標注"讀"2303 次，占所注音切總量的 17％，加上異文（近似於讀）1166 次，就占總量的 26％了。而《經典釋文》只有"讀"293 次，僅占全書音切總量 70803 次的 0.4％[①]。所注 2303 次"讀"中，標明音主引他人"讀"的 16 次，餘 2287 次都是師古所注。説明這些"讀"是師古自覺使用的注音術語，代表師古的音注思想。

顏注"讀"2303 次："讀與某同"279、"讀曰"1930、"讀如"6、"讀爲"14、"讀作"3、"讀"2、"讀爲（曰）某某之某"9、"讀如字"3、"讀如本字"49、"依本字讀"5、"舊讀"1、"流俗讀之"1、"呼之"1。

第一節　引用性"讀"的含義與作用

引用性的"讀"，少數承引前人，更多是引今人的鄉音、俗讀，目的是爲了批評其非正非雅，通過對比而顯示古讀、雅讀的正統地位。

[1]《高帝紀》"渡兵氾水"，師古："此水舊讀曰凡，今彼鄉人呼之音祀。"

[2]《外戚傳》"壁帶往往爲黃金釭"，師古："俗讀之音江，非也。"

[3]《司馬相如傳》"推蜚廉，弄解豸"，師古："今流俗讀作椎擊之椎，失其義矣。"

[4]《地理志》"長子"，師古："長，讀長短之長，今俗爲長幼之長，非也。"

[5]《蕭何曹參傳》"而發縱指示獸處者人也"，師古："縱，音子用反，而讀者乃爲蹤跡之蹤，非也。"

[6]《貨殖傳》"鮿鮑千鈞"，師古："而説者乃讀鮑爲鮑魚之鮑，音五回反，失義遠矣。"

[7]《貨殖傳》"糵麴鹽豉千合"，師古："説者不曉，乃讀爲升合之合，

---

① 萬獻初《〈經典釋文〉音切類目研究》290 頁。

又改作台,競爲解説,失之遠矣。

[8]《陳勝項籍傳》"揭竿爲旗",師古:"揭音竭,謂豎之也。今讀之者爲負揭之揭,非也。"

[1]水名"舊讀曰凡"字是"氾",而"今彼鄉人呼之音祀"之字當作"汜",師古之意是以舊讀"氾"爲正音正字。[2]釭,車轂口用以穿軸的金屬圈,《廣韻》古雙切(見母江韻),又古紅切(見母東韻),"江"古雙切,師古謂"俗讀之音江"爲非,是以東韻爲古讀正音,以俗讀江韻爲非正音。

[3]"推"是推來搡去的玩弄義,故師古批評俗讀爲"椎擊"是失其義。[4]"長子"爲古縣名本讀長短之長,師古批評今俗讀爲長幼之長非正音。[5]"縱"是動詞放縱義,師古批評今人讀爲名詞蹤是誤解。[6]"鮑"是動詞,鹽漬之義,師古批評説者誤讀爲名詞作鮑魚之鮑。[7]"合"在句中是動詞相合義,《廣韻》侯閤切(匣母合韻),"合"作名詞(量詞)"十合爲升"《廣韻》破讀爲古遝切(見母合韻),是匣—見濁清聲母變換的派生音變構詞,師古批評説者誤把動詞當作名詞讀,改爲"台"字則錯得更遠。[8]"揭"《廣韻》有居竭切、居列切、渠列切、丘竭切、其謁切五讀,師古認爲"揭竿"爲豎立義當讀渠列切(群母薛韻),字可作"竭","揭—竭"古今字,今人讀爲擔負義的負揭之揭即居竭切(見母月韻),非正讀。

"某讀(音)某某之某"本是一個注音兼釋義的語境限定式的音切術語,是用短語形式來描述音讀,給釋語一個限定性語境,準確、直觀而易於掌握,漢儒傳注中已常見,顏師古自己極少用,全書9見,上引他人6見而判爲非,餘3次爲:《爰盎鼂錯傳》"讀爲錯雜之錯",《王子侯表》"句音章句之句",是破音字在人名、地名中的辨音;《昭帝紀》"減讀爲減省之減",《説文》水部"減,損也,從水咸聲",後出俗字從欠作"减",《玉篇》欠部"减,俗減字",師古該處是爲了強調本字正讀。

第二節　"讀如、讀爲、讀作"與"讀"

師古注"讀如"6次,有3次直接引如淳,1次協韻,"讀爲"14、"讀作"3、"讀"2,數量都不多。説明他自己有意不用這幾個前人常用的音讀術語。

[1]《高惠高后文功臣表》"祕彭祖",師古:"今見有祕姓,讀如祕書。"

[2]《眭兩夏侯京翼李傳》"魯共王分魯西寧鄉",師古:"共,讀如恭。"

[3]《韋賢傳》"穆穆天子，臨爾下土；明明群司，執憲靡顧"，師古："顧，讀如古，協韻。"

[1]"祕"《説文》訓"神也"，《廣韻》"祕，密也，神也，俗作秘"，兵媚切（幫母至韻），師古是説祕姓讀如"祕（秘）書之祕（秘）"音。[2]是説王的諡號"共"（去聲）應讀平聲或作"恭"字。[3]"顧"去聲，與上句"土"押韻，因"土"爲上聲，故師古謂"顧"當臨時改讀上聲如"古"，以便與"土"協韻。中古《切韻》不同聲調就不是同一韻，上古（周秦漢）未必如此，段玉裁《六書音均表》謂上古無去聲，去聲備於魏晉，則班固《漢書》"土、顧"相押韻可能是常態，師古以唐初時音異聲調（上、去）不能押韻爲常例而臨時改讀協韻，透露出他在歷時音變認識上的局限性。

[4]《張馮汲鄭傳》"假令愚民取長陵一抔土"，師古："今學者讀抔爲杯勺之杯，非也。"

[5]《貨殖傳》"水居千石魚波"，師古："波，讀曰陂……説者不曉，及改其波字爲皮，又讀爲披，皆失之矣。"

[6]《貨殖傳》"鮐鮆千斤"，師古："鮐，音胎，又音笞。而説者妄讀鮐爲夷，非唯失於訓物，亦不知音矣。"

[7]《張陳王周傳》"以爲其貌魁梧奇偉"，師古："梧者，言其可驚悟，今人讀爲吾，非也。"

[8]《禮樂志》"桐生茂豫，靡有所詘"，師古："桐，讀爲通。"

[9]《食貨志》"庠則行禮而視化焉"，師古："視，讀爲示也。"

不計上文論及的"某讀爲某某之某"4 次，師古注"讀爲"14 次。例[4][5][6][7]都是批評"今學者、今人、説者"不知音而誤讀的。只有少數幾條是明假借字的，如[8]指出是借"桐"爲"通"，[9]是借"視"爲"示"。可見師古"讀爲"很少，且不作直接注音、辨字形、辨異讀的術語。

《王莽傳》"今共行天罰誅莽"，師古："共，讀作恭。"

師古自注"讀作"1 次，是指出借"共"爲"恭"的假借。

總之，"讀如、讀爲、讀作、讀"都不是師古常用的音注術語，爲數極少，且主要是引用前人或批評今俗音讀之非，他自己注的幾條都是指明假借字的，都不是真值注音音切。

第三節　"讀如字、讀如本字、依本字讀、依字讀"

如字,是音義書常用的音注術語,指一字有兩個以上的別義異讀,合乎當時習慣中最常用的那個讀音和意義就是"如字",即所謂本字的本音本義。"如字"與"破讀"相對而言,破讀就是非如字,主要是破如字而派生新音新義且構成新詞,也就是音變構詞。顏注的"依本字讀、依字讀、讀如本字、讀如字"都是"如字"的變通説法,含義和作用都是一樣的。

[1]《高帝紀》"高祖嘗告歸之田",服虔:"告,音如嗥呼之嗥。"孟康:"古者名吏休假曰告。告又音礜。"師古:"告者,請謁之言,謂請休耳。或謂之謝,謝亦告也。假爲嗥、礜二音。並無別義,固當依本字以讀之。"

[2]《文帝紀》"母曰薄姬",如淳:"姬,音怡,衆妾之總稱。"師古:"姬者,本周之姓,貴於衆國之女,所以婦人美號皆稱姬焉……不當音怡,宜依字讀耳。"

[3]《賈鄒枚路傳》"輪囷離奇",張晏:"輪囷離奇,委曲盤戾也。"師古:"離,音力爾反。奇音於綺反。一曰離奇各讀如本字。"

[4]《竇田灌韓傳》"爲資使賓客請,莫能解",如淳:"爲出資費,使人爲夫請罪也。"師古:"如説非也。爲資,爲其資地耳,非財物也。爲讀如本字。"

[5]《五行志》"毋得擅上",師古:"擅上,謂輒至御所也。上,音時掌反。一曰擅,專也;上謂天子也,讀如本字,勿令皇后專固天子。"

[6]《外戚傳》"遂晻莫而昧幽",師古:"晻,與暗同,又音烏感反。莫,讀曰暮。一曰莫,靜也,讀如本字。"

[7]《食貨志》"自是後有腹非之法比",師古:"比,則例也,讀如字,又音必寐反。"

[1]"告"《廣韻》古到切(見母號韻),上報、請求、(告)休假、告訴等常用義都讀此音,其破讀有二:把天子秋冬頒布來年曆書的告朔義破讀爲"礜"音苦沃切(溪母沃韻),或與嗥呼之嗥通用,師古認爲當句取告假義,就當讀本字本音古到切,不必破讀。[2]女子美稱"姬"《廣韻》居之切(見母之韻),作君王妻之專名破讀爲與之切,爲見—以清濁變聲構詞,師古認爲該句"婦人美號"義當讀本音。[3]"離"本讀離開義《廣韻》呂支切(來母支韻),"奇"

本讀奇特義巨支切(群母支韻),而當句"離奇"是聯綿詞盤戾義讀力爾反、於綺反,爲來母、影母紙韻上聲,也有人認爲(一曰)即使是聯綿詞也可讀本音吕支切、巨支切。[4]"爲"《廣韻》有作爲義薳支切(云母支韻)、助也(爲之)義於僞切(云母寘韻)兩讀,當句如淳破讀爲去聲,師古認爲當是作爲(處置)義本讀平聲。[5]"上"《廣韻》有方位詞時亮切(禪母漾韻)、動詞在上義時掌切(禪母漾韻)兩讀,師古認爲當句用動詞該讀爲上聲,而有人認爲指君上而該讀本字去聲。[6]"莫"本義爲黄昏義,轉爲安静、淡漠、廣大以及代詞、副詞義《廣韻》慕各切(明母鐸韻),日落時、昏暗義讀莫故切(明母暮韻)後來造加形分化的今字"暮",是入—去變調構詞,師古認爲當句是暗義該讀去聲,有人認爲是静義讀本音入聲。[7]"比"是兩人挨近,類比、比較、仿照、準則等義《廣韻》卑履切(幫母旨韻),親近、密合、並列等義讀毗至切(並母至韻),含清—濁變聲及上—去變調構詞,師古認爲當句是類則義當讀本音。

　　既有"如字"本讀,就有相對的非如字"破讀",故該類多涉及音變構詞。

第四節　"讀曰"

　　顔注音義中,"讀與某同"279次、"讀曰"1922次,是師古愛用的注音術語。師古音注術語總體上是各有含義的,有時分得很嚴格,如"父"音注33次,《地理志》"至周有造父"師古曰"父讀曰甫",《成帝紀》"削樊、亢父縣"師古曰"父音甫","父"《説文》訓"家長率教者"《廣韻》扶雨切(奉母麌韻),"甫"《説文》訓"男子美稱"《廣韻》方矩切(非母麌韻),本爲濁—清聲母變換構詞,後"父—甫"古今字分用,師古注"讀曰甫"16次都是指人的,注"音甫"17次都是指地名的,兩個術語所指内容劃分清楚。但古人的術語使用不大能夠如此統一而嚴密,隨文施注的音義尤其難以始終整齊劃一。師古"讀曰"與"讀與某同"時有交叉,與其他音切術語也時或交叉,但"讀曰"集中使用的時候很多,表示的内容以音義同源而派生的古今字爲主,兼及其他,豐富而又複雜,不可籠統看待。

　　師古"讀曰"辨析了大量的古今字,多是用今字釋古字,少數用古字釋今字:

　　[1]《文帝紀》"令各率其意以道民焉",師古:"道,讀曰導。"

　　[2]《雋疏于薛平彭傳》"耆酒多過失",師古:"耆,讀曰嗜。"

　　[3]《王貢兩龔鮑傳》"取女皆大過度",師古:"取,讀曰娶。"《樊酈滕灌傅靳周傳》"前至下相以東南僮、取慮、徐",師古:"取,音趨,又音秋。"《地理志》"東至取慮入泗",師古:"取慮,縣名也,音秋廬,取又音趨。"

　　[4]《食貨志》"繇役橫作",師古:"繇,讀曰徭。"《蓋諸葛劉鄭孫毋將何傳》"常爲衛官繇使市買",師古:"繇,讀與徭同。"《循吏傳》"繇是大化",師古:"繇,讀曰由。"《薛宣朱博傳》"繇是兄弟不和",師古:"繇,讀與由同。"《眭兩夏侯京翼李傳》"參人民繇俗",師古:"繇,讀與謠同,繇俗者,謂若童謠及輿人之誦。"

　　[1]《漢書注》"道"的音注53條全是"讀曰導",整齊而單純,"道"的名詞道路義《廣韻》徒晧切(定母晧韻),派生動詞疏通、引導義《集韻》大到切(定母號韻),是上—去變調構詞,後者正是"導"的音義,在"道"下加形符"寸"(即手)構成分化字"導",則在疏通、引導義上"道—導"爲古今字。[2]師古"耆"音注28次,除引蘇林"以耆字爲著字"1次外,餘27次均爲"讀曰嗜"。原文有衆多"耆"表老義而不作注者,而只有《貨殖傳》"忍嗜欲,節衣服"用了1次"嗜"字。"耆"《說文》訓"老也"《廣韻》渠脂切(群母脂韻);"嗜"《說文》訓"嗜欲"《廣韻》常利切(禪母至韻)。"群、禪"爲臨近濁聲母,兩讀主要是平—去變調,起初當爲變調構詞,後來才加形旁分化,清徐灝《說文解字注箋》"耆從旨意,即有嗜義,故古字以耆爲嗜,後乃加口旁耳",則在嗜好義上"耆—嗜"爲古今字。表示這種音義同源而派生的古今字之別,是師古"讀曰"的主要含義與作用,一般表示讀古某字爲今某字之意,上兩條即爲"讀古道字爲今導字、讀古耆字爲今嗜字"。

　　[3]取,《廣韻》七庾切(清母麌韻),取女、取妻本只用"取",後加形分化作"娶"。師古共注"取"18次,11次是地名取慮"音趨"3、"音趣"2、"音秋"1、"又音趨"1、"又音秋"4。餘7次都是"取讀曰娶","取—娶"是同源派生的古今字。

　　這類較爲集中而又純粹的"讀曰"很多,如"風"純注"讀曰諷"51次。"伯"音注63次,除3次"莫白反"是阡陌之陌的通假字外,"讀爲霸"1次、"讀與霸同"1次,"讀曰霸"58次。"艾"音注29次,"讀曰刈"5次與"音刈"1次是割删義,"讀曰乂"22次是治理、安定義。該類一般是《漢書》原文用古字,師古注出今字,也有少數相反的情況,如《董仲舒傳》"又奪園夫紅女利虖"師古曰"紅讀曰工","工—紅"古今字,師古以古字"工"注今字"紅"。

[4]顔注"繇"145 次,本義隨從不出注,人名"咎(皋)繇"僅注"弋昭反"（以母宵韻)1 次,《地理志》"中繇木條"師古曰"繇,悦茂也,繇音弋昭反"1 次是解形容詞之義,《韋賢傳》"犬馬繇繇"注"與悠同"1 次是疊音詞音變,《西南夷兩粵朝鮮傳》"獨無諸孫繇君醜不與謀"注"繇音摇"1 次是封邑專名音注,"讀與謡同"1 次取歌謡義。"繇"本讀《廣韻》餘昭切(以母宵韻),"傜"《説文》無而《廣韻》訓"使也,役也",《正字通》"傜,亦作徭";"徭"《説文》無而《玉篇》訓"徭役也"。"繇"顔注"讀曰傜"10 次、"讀與傜同"1 次;"讀曰徭"5 次、"讀與徭同"2 次,都是用作傜(徭)役義之"傜、徭"。"繇"《廣韻》又讀以周切(以母尤韻),顔注"讀曰由"4 次、"讀與由同"88 次、"與由同"22 次,都是用作由來、由於義之"由","音由"1 次同"讀曰由"。"繇"《廣韻》又讀直祐切(澄母宥韻),"本作籀"1 次、"丈救反"1 次即用於"籀"義。三讀不過宵—尤韻近通轉、聲母以—澄喻四歸定之平—去調變。朱駿聲《説文通訓定聲》把這些都看作"假借",其實除了專名音注、音變外,其餘都應該是音義同源的通用,三個讀音極爲相近,"傜(徭)役"的順從義、"籀"的順讀義、"由"的來由義等,都是以"繇"的隨從義爲核心義素的。這 145 次"繇"的音注涉及多種音注術語,是反切、直音、讀、異文四大類兼用的。其中"讀曰、讀與某同"及其變式用得最多,兩者表示同一内容的爲數不少,説明這兩個術語在展示"通用字"時大體相同,區別不甚明確。

師古"讀曰"主要用於注明、辨析同源派生的古今字,也還有其他的一些用途:

[5]《魏相丙吉傳》"民多背本趨末",師古:"趨,讀曰趣。"《高帝紀》"若不趨降漢",師古:"趨,讀曰促。"

[6]《高帝紀》"楚兵罷食盡",師古:"罷,讀曰疲。"《魏相丙吉傳》"賜孝弟力田及罷軍卒",師古:"罷軍卒,卒之疲於軍事者也。罷,音疲。一曰新從軍而休罷者也,音薄蟹反。"

[7]《武五子傳》"辟暑甘泉宫",師古:"辟,讀曰避。"《禮樂志》"隅辟越遠"、《董仲舒傳》"邪辟之説滅息",師古:"辟,讀曰僻。"《司馬相如傳》"是草木不得墾辟",師古:"辟,讀曰闢。"《地理志》"西部都尉治田辟",師古:"辟,讀曰壁。"《貨殖傳》"辟猶戎翟之與于越",師古:"辟,讀曰譬。"《竇田灌韓傳》"辟睨兩宫間",師古:"辟睨,傍視也。辟,音普計反,字本

作瞬。"

[8]《匡張孔馬傳》"幾得其助力"，師古："幾，讀曰冀。"《王莽傳》"幾上下同心"，師古："幾，音曰冀。"《何武王嘉師丹傳》"幾君省過求己"，師古："幾，音冀。"《食貨志》"漢之爲漢幾四十年矣"，師古："幾，近也，音巨衣反。"《五行志》"民生幾何"，師古："幾何，言無多時也，幾音居豈反。"

[9]《王莽傳》"而信主上之義"，師古："信，讀曰申。"《律曆志》"引而信之"，師古："信，讀曰伸。"《宣帝紀》"信威北夷"，師古："信，讀爲申，古通用字。"

[10]《東方朔傳》"於戲！可乎哉"，師古："於，讀曰烏。"《韋賢傳》"於戲後人"，師古："於戲，讀曰嗚乎。"《王莽傳》"於戲，勖哉"，師古："於戲，讀曰嗚呼。"《司馬遷傳》"於戲"，師古："於戲，歎聲也。於讀曰烏，戲讀曰呼，古字或作烏虖，今字或作烏呼。"

[5]趨，本爲碎步疾走義，《廣韻》七逾切（清母虞韻）；又《廣雅》訓"疾也"，《集韻》趨玉切（清母燭韻），同急促、迫促之"促"，有平—入調變。趣，由行進疾速義引申有意向、志趣、趣味義，《廣韻》七句切（清母遇韻），又《集韻》"趣，嚮也"逡須切（清母虞韻），是趨向義。"背本趨末"師古"讀曰趣"是取趨向義。"趨降漢"師古"讀曰促"是取急速義。這是簡單而集中的"讀曰"用法，是典型的同源詞通用，即展示同源通用字。顏注"趨"共25次都是"讀曰"，22次"讀曰趣"，3次"讀曰促"。

[6]罷，由放遣罪人引申有遣去、廢除、停止義，《廣韻》薄蟹切（並母蟹韻），又皮彼切（並母紙韻）。"罷"古多用作疲勞之"疲"，《廣韻》符羈切（並母支韻），《廣雅·釋詁》"罷，勞也"王念孫疏證："罷與疲同。"《漢書注》"罷"音注76次："讀曰疲"67次，"讀爲疲"1次、"讀曰皮"1次及"音疲"3次；反切皮彼反3、薄蟹反1次（並母蟹韻）是本讀罷去義。"疲"讀符羈切《説文》訓"勞也"即勞累疲乏，"罷"字構形本是能（熊的象形字）在網中掙扎，本有勞累疲乏義，後因轉表熊羆、罷去義，累疲義才專用"疲"。《漢書》用"罷"表累疲義是古雅用法，所以要不斷注"罷讀曰疲"，一般認爲是同源通用字，或曰假借，實質上仍然是"罷—疲"的古今字問題。

[7]辟，由執法、法度引申出效法、懲罰、治理、批駁、除去以及君王、彰明等義項，《廣韻》必益切（幫母昔韻）。"辟"的開闢、偏陋、幽僻、邪僻義，《廣韻》芳辟切（滂母昔韻），是幫—滂不送氣與送氣的變聲構詞，後又作"僻"，"辟—僻"古今字。師古《漢書注》"辟"有音注101次：上引服虔"音某

某之某"2次,"讀曰闢"13次"音闢"8次、"讀曰避"8次"音避"1次、"讀曰壁"3次"音壁"11次、"讀曰僻"35次、"讀曰譬"6次、"音譬"4次,反切9次,"字本作瞥"1次。其中多一半是"讀曰","音某"有的與"讀曰"作用相同,有的是爲地名、爵位名注音,反切"必亦反"(幫母昔韻)4次用指侯爵名,"頻亦反"(並母昔韻)3次表躲避、退避義,"避歷反"(並母錫韻)1次表開闢義,"普計反"1次(滂母霽韻)表斜視的睥睨義而"字本作瞥"。其中53次"讀曰"看似假借的同源通用,實際上顯示了"辟—闢、避、壁、僻、譬"的古今字關係,開闢、躲避、壁壘、偏(邪)僻、譬喻等義古字(《漢書》原文)都只作"辟"而以音(聲韻調)稍異來別義。

　　[8]"幾"在《漢書注》中有音注95次:"讀曰冀"27次、"音曰冀"2次、"音冀"3次,"巨(鉅)依(衣)反"50次、"居豈(起)反"13次。細微的跡象、苗頭是其本義,引申有要害、危機、機會等義,《廣韻》居依切(見母微韻);用作副詞表示接近、幾乎義《廣韻》渠希切(群母微韻),屬見一群清濁變聲構詞,師古"巨(鉅)依(衣)反"50次即後一音義;又《廣韻》居狶切(見母尾韻)作疑問代詞表幾多、幾何義,屬平一上變調構詞,師古"居豈(起,止韻)反"13次屬此。"幾"用於希望、希冀義,讀幾利切(見母至韻),是"冀"的通假字,師古"讀曰冀、音曰冀、音冀"32次即用於明通假(同音借用)。

　　[9]"信"《漢書注》有音注29次,除6次"合韻音新"外,"讀曰申"7次、"讀爲申"1次、"音申"1次、"讀曰伸"14次。《説文》"信,誠也",引申有確實、相信、信任、信仰、信息、書信等義,《廣韻》息晉切(心母震韻)。用作"申、伸"《集韻》升人切(書母真韻),"讀曰申"是申張、申明義,"讀曰伸"是伸展義,"申—伸"原是古今字,"信"與"申、伸"古多通用而師古謂"古通用字",是明通假。

　　[10]"於"《廣韻》央居切(影母魚韻),很早就用作介詞而同"于",其實本字是鳥形而同"烏",《廣韻》哀都切(影母模韻)。師古時代"於"主要作介詞,用於歎詞被視爲同音借用,所以《漢書注》"於"23次音注中,除"於邑、於檡(兔)"4條專有名詞"音烏"外,其餘"於戲、於呼、於惟、於穆"都是歎詞的"讀曰烏"。

　　虛詞的同音(音近)通用也不少,如"與,讀曰歟"34次,"戲,讀曰呼"4次,"虖,讀曰呼"7次,"亶,讀曰但"9次,"亡,讀曰無"7次,"害讀曰曷"2次,"黨讀曰儻"2次等。

第五節　"讀與某同"

　　顔注有"讀與某同"279 次。"讀與某同"偏重於展示通用字關係,多是同一音義的共時字形換用。"通假"(同音借用)與"同源通用"朱駿聲都稱"假借",師古或稱"假借"或稱"同音通用",同屬廣義的"通用字"。

　　[1]《武帝紀》"五帝三王所繇昌也",師古:"繇,讀與由同。"《爰盎鼂錯傳》"繇是遷中大夫",師古曰:"繇,讀與由同。"

　　[2]《律曆志》"函三爲一",師古:"函,讀與含同。"《地理志》"凡民函五常之性",師古:"函,讀與含同。"

　　[3]《藝文志》"筦子八十六篇",師古:"筦,讀與管同。"

　　[4]《敘傳》"虑羲畫卦",師古:"虑,讀與伏同。"《律曆志》"宓戲氏之所以順天地",師古:"宓,讀與伏同。"

　　[5]《王莽傳》"其人修飭",師古:"飭,讀與敕同。"《五行志》"又飭衆官",師古:"飭,讀與敕同。"《武五子傳》"飭武備",師古曰:"飭,讀與勑同。"《高帝紀》"高皇帝匡飭天下",師古:"飭,讀與勑同。"

　　[1]"繇"《漢書注》有 88 次"讀與由同",是說就由來、經由、自從義而言,用"由"用"繇"均可,《廣韻》都是以周切(以母尤韻)。"繇—由"屬同音通用的通用字。

　　[2]"函,讀與含同"6 次,在包含義上,用"函"用"含"均可,《廣韻》都是胡男切(匣母覃韻)。

　　[3]"筦、管"造字本義原本不同,《説文》"筦,筟也"即絡絲的竹棍子,《説文》"管,如篪"即古樂器。《廣韻》均古滿切(見母緩韻)並謂"筦,同管",後多通用。"筦子"又作"管子",即管仲之書。後來"筦—管"實際上成爲異體字,"筦"廢而"管"行。

　　[4]"虑讀與伏同""宓讀與伏同"各 4 次,《古今人表》"太昊帝宓戲氏"師古曰"宓音伏,字本作虑,其音同",顔之推《顔氏家訓·書證》"虑字從虍,宓字從宀,下俱爲必,末世傳寫,遂誤以虑爲宓……是知虑之與伏古來字通,誤以爲宓,較可知矣",三字上古同屬職部,且古無輕脣,故三字在人名伏羲氏上往往通用。

　　[5]"讀與敕同"12 次、"讀與勑同、讀與勑同"各 2 次。《説文》"飭,致

堅也,從人從力從食,讀若敕",即整治、治理義,《廣韻》恥力切(徹母職韻)。
《説文》"敕,誡也",《廣雅・釋詁》"敕,理也",即告誡、治理義,《廣韻》恥力
切。又《集韻》"敕,古從力"即"勑"字。又《廣雅・釋詁》"勑,順也"王念孫
疏證:"敕,理也。理亦順也,勑與敕通。"故在整治、治理、告誡義上,"飭—
敕勑勅"爲通用字。

小　結

　　(一)顏師古《漢書注》"讀"占音切總量的 17%(加異文占 26%),其中
"讀曰、讀與某同"兩項又占"讀"總量的 96%,可見是師古著意爲之。雖然
是隨文施注,術語使用的系統性、同一性仍然貫徹得很好。

　　(二)就師古"讀"兩大術語的含義與作用而言,雖然"讀曰"有少部分交
叉表示同音(音近)通用,分工還是比較明顯的:"讀曰"主要展示同源派生
(破讀)而形成的古今字,"讀與某同"則表示同源通用與同音借用的通用
字。"古今字"注重同一音義的歷時字形變用,"通用字"偏重於展示同一音
義的共時字形換用。以下列出《漢書注》用兩大術語作標記的古今字和通
用字,有一對一的,也有一對多的。

　　古今字:敖—傲、奥—墺、罷—疲、半—判、包—庖、倍—俗陪、被—披、
辟—壁避闢僻譬、伯—霸、倡—唱、從—縱、黨—儻、道—導、氐—抵、田—
佃、仿—髣、非—誹、蜚—飛、風—諷、馮—憑、拂—弼、父—甫、傅—敷附、
復—複、鬲—隔、共—恭供龔、工—紅、系—繫、賈—價、閒—閑、薦—荐、
彊—疆、將—獎、解—懈、堇—僅、竟—境、居—倨、瞿—懼、卷—拳、亢—抗、
累—纍、麗—驪、龍—籠、婁—屢、滿—懣、莫—暮、内—納、溺—尿、耆—嗜、
齊—齋、頃—傾、區—甌、取—娶聚、殺—弒、勺—酌、失—佚泆、食—飤、
衰—縗、説—悦、孫—遜、廷—庭、專—剸、吾—梧、喜—憙、鄉—嚮響、向—
嚮餉、兄—況、凶—殈、虚—墟、畜—蓄、玄—炫、炎—燄、嚴—儼、奄—淹、
卬—仰、疑—儗擬、意—億、義—儀、蓺—藝、陰—蔭、雍—壅、右—佑祐、
御—禦、粥—鬻、召—劭、直—值、執—瑟、中—仲、壯—莊、卒—猝、左—佐。

　　通用字:艾—乂刈、晻—暗、驁—傲、柏—迫、般—班、半—片、編—辮、
辨—班、波—陂、財—纔、飭—敕勑勅、紬—抽、儲—售、毳—脆、挫—剉、
措—厝、亶—但、盪—蕩、載—䊷、詄—迭、逗—住、敦—屯、遁—巡、頓—鈍、

掇—剟、惡—烏、闞—淦、反—幡翻、棐—匪、逢—夆、茀—芾、慮宓—伏、拊—撫、阬—岡、格—閣、個—箇、絓—掛、筦—管、害—曷、函—含、耗—眊、涸—冱、紅—功、曶—忽、虖—呼、還—旋、鍰—環、輯—楫、幾—冀、軒—軒、煎—翦、漸—瀸潛、撟—矯、結—髻係、裾—倨、巨—詎、闓—開凱、蚰—昆、轑—燎、犂—驪、釐—僖禧、來—嫠邰、屬—賴、涼—諒、遴—吝、瓴—鈴、慮—廬、攣—戀、謾—嫚慢、眊—耄、彌—弭、俛—俯、眇—妙、緡—滑、繆—穆、橅—模摹、能—耐、蜺—齧、女—汝、嘔—謳、飄—焱、平—便、契—卨偰、灂—潛、慶—羌、歐—驅、趨—趣促、渠—詎、惓—拳、蘄—芰、脤—蜃、巳—夷、施—移貤、識—幟、氏—支、視—示、適—嫡謫的、頌—容、廋—搜、閻—閆、帑—奴孥、襢—壇、填—鎮寘、佻—肇、桐—通、亡—無、毋—無、僞—訛、閿—聞、斡—管、戲—麾呼、羨—衍、鄉—向、薌—饗、鄉—饗饗、嚚—嚚、叶—叶、訴—欣愬、信—申伸、眩—幻、枸—荀、颺—揚、繇—徭謠徭由、燿—鑠、液—掖、依—扆、飴—貽、佚—逸、殷—隱、廱—雍、幼—要、於—烏嗚、隃—踰遥、踰—遥、圂—圈、萬—蠆、與—歟豫預予、瘉—愈、約—要、縡—載、湛—沈沉耽、招—韶翹、織—幟、瓠—狐、質—贄、顓—專、篹—撰、濯—擢、孳—孜、孳—滋、呰—疵、訾—貲資、齘—瘔、乍—柞。

（三）師古用統一的術語明晰地展示如此之多的古今字、通用字，使後代讀者能夠便利地理解《漢書》古奧文本的原意，清楚地看到《漢書》文字古奧的具體所在，熟知並掌握用以克服閱讀困難的行之有效的方法。

（四）師古通過"讀"來聯繫古今，用字形的對比來説音説義，且含有歷時、共時多層面的音義演變内容，音與義互明，形與音義互參，提供了豐富的語言本體研究信息。這些語言信息是形、音、義交互作用的，不是同一層面的同質音注材料，須要剥離枝蔓，分清層級，不能單一去取或渾淪使用。

第五章　顏師古《漢書注》"音"考析

顏注共注"音"3481次,近四分之一是引用前人的注音,具有很強的繼承性。本章對這些"音"的數據進行歸類分析,從而揭示其注"音"性質。

在反切作爲基本注音方法的唐代,顏師古爲《漢書》注音還用占音切總數約四分之一的"音"來標注音讀,自然有其特定原因。

就來源上看,這3481次"音",未標所引的"音"2728次,占總量的78%;標明所引主名的753次,占總量的22%。所引爲:服虔89、應劭79、伏儼1、劉德2、鄭氏36、李斐2、李奇26、蘇林130、張晏14、如淳108、孟康114、韋昭6、晉灼64、臣瓚3、鄧展12、文穎12、張揖2、郭璞49、蔡謨2、崔浩1,另外有呂忱1次。未標音主名的,也不一定都是顏師古自己所注,也有可能是引前人而沒有注明。

第一節　顏注"音"的術語類型與含義

這類術語已穩定而有系統,與其後陸德明所用大致相同,且已有基本固定的表述內涵。從注音術語看,"音某"是大宗,與之相關的擴展性術語也用得不少。"音某"3234次,占總數近93%。其中含"又音某"193次、"音與某同"10次、"音某某之某"188次。

還有:"音同"(音同、其音亦同、同音通用、音義同)5次、"合韻音"30次(含協韻音1次)、"本音"1次、"一音"1次、"或音"1次、"亦音"3次、"並音"1次、"並云音"1次、"假爲音"1次、"舊讀音"1次、"俗音"1次、"流俗讀之音"1次、"今鄉人呼之音"1次、"問其方人音"1次、"讀者妄爲某音"1次。

"合韻"73條(含"協韻"),"舊讀音"1次、"讀者妄爲某音"1次,已討論過,此不贅述。

1.音某、又音某、音某某之某

這是最常見的傳統直音類型:

　[1]《蕭何曹參傳》"大莫𨻻",師古注引如淳:"𨻻,音敖。"《高帝紀》

"徙懷王自盱台都彭城"，師古："盱台，音呴怡。"

　　[2]《食貨志》"獄少反省"，師古注引蘇林："反，音幡。"

　　[3]《司馬相如傳》"摐金鼓"，師古："摐，音窻。"

　　[4]《趙充國辛慶忌傳》"般師罷兵"，師古："般，音班。班，還也。"

　　例[1]引如淳爲難僻字"蹋"注直音"跢"，是注單字音。"盱台，音呴怡"是注地名用字的雙字音。[2]"反"字兩讀，《廣韻》有府遠切（非母阮韻）表示反轉、返回義；又有孚袁切（敷母元韻）表糾正錯案、傾倒義，是別義異讀的音變構詞。蘇林直音"幡"表示本句當爲後一義，顏注6次"反音幡"都如此。[3]是顏師古自己爲難僻字"摐"注直音"窻"。[4]是顏師古認爲"般"當讀班師之"班"的音義。

　　[5]《溝洫志》"趙、魏瀕山"，師古："瀕，音頻，又音賓。"

　　[6]《地理志》"洨水所出"，師古："洨，音效，又音爻。"

　　[7]《高帝紀》"高祖嘗告歸之田"，注："服虔曰：告，音如嗥呼之嗥。孟康曰：古者名吏休假曰告。告又音譽。師古曰：告者，請謁之言，謂請休耳。或謂之謝，謝亦告也。假爲嗥、譽二音，並無別義，固當依本字以讀之。"

　　例[5]只有聲母並幫濁—清之別，只是録存同義又音。[6]兩讀只是去聲與平聲的差別，是録存專名的又音。[7]"告"是告假，服虔謂音"嗥"，孟康謂音"譽"，師古録存他們的又音，説明"並無別義"，不必改讀，當讀本音。顏注"又音某"193次，唯有這一次標明引孟康又音，其他都是師古直接作"某，音某，又音某"，基本上都是同義又音。

　　[8]《趙尹韓張兩王傳》"嗷咷楚歌"，師古引服虔："嗷，音叫呼之叫。"

　　[9]《東方朔傳》"同胞之徒"，師古引蘇林："胞，音胞胎之胞也。"

　　[10]《藝文志》"蓋出於稗官"，師古："稗，音稊稗之稗。"

　　[11]《揚雄傳》"輝光眩耀"，師古："眩，音州縣之縣。"

　　"音某某之某"是用短語形式來描述音讀，給一個限定性語境，準確、直觀，易於掌握，適合一般人讀經時辨析音義之用。"某某之某"本是個注音兼釋義的訓詁術語，早在漢儒的傳注中就已常見，例[8][9]是顏師古注引前人，[10][11]是顏師古自作。由於這是漢代產生的語境限定性直音標注術語，故引前人的多，顏師古自作的少。188次中，標引前人的149次；未標音主名的39次，可能是顏師古自作，也有可能是引前人而未標主名。師古有時是爲了統一用注音字，如"眩"5次、"炫、衒、呴、衒"各一次，師古都注“音州縣之縣”，顯然不是引前人，是他統一注“縣”音。

2.音同、音與某同

這是辨析同音通用字的直音類型，也有少數是單純注音的：

[1]《地理志》“術水南至下邳入泗”，師古曰：“術水，即沭水也，音同。”

[2]《王莽傳》“液廷朕未充”，師古：“液，與掖同音通用。”

[3]《宣帝紀》“今繫者或以掠辜若飢寒瘐死獄中”，師古：“瘐，音庾，字或作瘉，其音亦同。”

[4]《楚元王傳》“初陵之橅”，師古：“《韋玄成傳》及《蕭望之傳》規橅音義皆同，其字從木。”《文帝紀》“今吾聞祠官祝釐”，師古：“（釐、禧），同音僖。”

例[1]水名“術”或作“沭”，兩字音同。[2]“掖廷”又作“液廷”，“液、掖”在此專名中同音通用，可互換。[3]“瘐”與“瘉”在此都指犯人飢寒交病，義通音同。[4]是説三篇所用的“橅”都是法式、規範義，“規橅”即“規模”，音義都相同。又在當句中“釐、禧、僖”同音通用。

[5]《諸侯王表》“穅王昆侈嗣”，師古：穅，音與康同。”

[6]《王莽傳》“孳孳不已者”，師古：“孳，音與孜同。”

都只是單純注音，被注字與注音字沒有意義上的聯繫，不是音義同源。餘下8次是“紬音與抽同、適音與的同、鬲音與隔同、剽音與劇同、郄音與葵同、澢音與潛同、佃音與田同、毋音與無同”，也大都如此。

3.本音與或音

這是辨析標準音本讀與條件變讀及備考音的直音類型，一般是同義異讀。

[1]《司馬相如傳》“下泝八埏”，師古：“埏，本音延，合韻音弋戰反。”

[2]《郊祀志》“殺一犛牛”，師古：“李奇曰：音貍。一音茅。”

[3]《高帝紀》“高祖隱於芒、碭山澤間”，師古：“碭，亦音宕。”

[4]《游俠傳》“一旦更礙”，師古：“更，音上絹反，或以更爲憲，或音衞。”

[5]《敘傳》“楚人謂乳‘穀’，謂虎‘於檡’”，師古：“檡，或作菟，並音塗。”

[6]《眭兩夏侯京翼李傳》“眭弘字孟”，師古：“眭，音息隨反，而韋昭、應劭並云音桂，非也。”

例[1]“埏”是邊際，《廣韻》夷然切即“音延”，與合韻的弋戰反對，故言“本音”。[2]“犛”爲犛牛，師古謂李奇“音貍”是本音，“音茅”是列又讀備參考，故稱“一音”。[3]碭，本讀《廣韻》徒郎切（平聲），音“宕”爲《廣韻》徒浪切（去聲），是不別義的兩讀，故稱"亦音"。[4]"更"本音上絹反，"音衛"是另外的讀法，故稱"或音"。[5]"檡、菟"都音"塗"，故稱"並音"。[6]師古謂姓氏"眭"當讀平聲息隨反，而韋昭、應劭都讀去聲"音桂"，是不對的。

可見，師古"本音"與"一音、亦音、或音"相對，是一字不別義的又讀，即同義異讀，"本音"是師古認定的標準音，其餘是録以備考的"又音"。"並音"是指兩字都讀同一音，"並云音"是兩人讀音相同。不同的術語，區別不同角度的音注。

4.假音與方俗音

這是辨析假借字音與方言俗語讀音的直音類型：

[1]《高帝紀》"高祖嘗告歸之田"，師古："告，假爲嗥、礐二音，並無別義，固當依本字以讀之。"

[2]《外戚傳》"黄金釭"，師古曰："釭，音工，流俗讀之音江。"

[3]《陳勝項籍傳》"洹水南"，師古："洹，音桓，俗音袁，非也。"

[4]《張耳陳餘傳》"斬餘泜水上"，注："蘇林曰：泜音祇也。晉灼曰：問其方人音柢。師古曰：蘇、晉二説皆是也。蘇音祇敬之祇，音執夷反，古音如是。晉音根柢之柢，音丁計反，今其土俗呼水則然。"

[5]《高帝紀》"渡兵汜水"，師古："此水舊讀音凡，今彼鄉人呼之音祀。"

例[1]"告"在此句中是告訴、告求義，本讀《廣韻》古到切（去聲），有人認爲當假借讀爲"嗥"《廣韻》胡刀切（平聲）或"礐"《廣韻》苦沃切（入聲）。師古認爲不必破讀，以讀本字本音爲宜。[2]釭，師古正讀爲《廣韻》古紅切"音工"，而《廣韻》古雙切"音江"是俗讀。[3]"洹"正讀爲《廣韻》胡官切"音桓"，讀雨元切"音袁"是俗讀。師古是重視正讀雅音的，引俗音批評其非。[4]"泜"執夷反"音祇"是古讀，丁計反"音柢"是方言俗音。[5]"汜"讀"音凡"《廣韻》符咸切是舊讀，鄉人"音祀"《廣韻》詳里切是俗音，師古不從俗音。

5.音曰某、音如某、音若某

這是承古人描述性的直音類型，音如（曰、若）某字音即有某字義。也有部分注專有名稱用字的讀音：

[1]《王莽傳》"非謗之木"，師古："非，音曰誹。"

[2]《王莽傳》"以視百蠻"，師古："視，音曰示。"

[3]《王莽傳》"幾加元服"，師古："幾，音曰冀。"

[4]《王莽傳》"予永惟匪解",師古:"解,音曰懈。"

《漢書注》共爲 11 字注 14 次"音曰某"。例[1]是説"非"當爲誹謗的"誹"。[2]"視"當爲展示的"示"。[3]幾微的"幾"當爲希冀的"冀",《左傳·哀公十六年》"國人望君如望歲焉,日日以幾",杜預注"冀君來",陸德明釋文"幾音冀,本或作幾"。[4]"解"當爲懈怠的後出字"懈"。值得注意的是:這 14 次全部在《王莽傳》,而且都是顏師古所注,没有一例是引用前人的。除了"少府曰共工"注"共音曰龔"是注職官專名的音變外,其他都是注某音而取其義的"通用",如:"趣音曰促、共音曰恭、竟音曰境、於戲音曰嗚呼、左右音曰佐佑也。"

[5]《賈誼傳》"變化而嬗",師古:"服虔曰:嬗,音如蟬,謂變蜕也。蘇林曰:相傳與也。師古曰:此即禪代字,合韻故音嬗耳。蘇説是也。"

[6]《地理志》"大末",師古引孟康:"大,音如闥。"

全書 2 次注"音如某",都是引前人舊注。例[5]"嬗"音如"蟬"即當作禪代之"禪",是"通用"。[6]"大末"是地名,"大"專名音變讀如"闥"。

[7]《武帝紀》"登灊天柱山",師古引應劭:"灊,音若潛。"

[8]《宣帝紀》"稽侯狦來朝",師古引應劭:"狦,音若訕。"

[9]《昭帝紀》"鉤町侯毋波",師古引應劭:"町,音若挺。"

全書 3 次注"音若某",都是引應劭的舊注。"灊天柱"是山名,"稽侯狦"是人名譯音,"鉤町侯"是侯爵的稱謂,都是特殊的專名用字的注音,都承用前人舊注。

第二節　顏注"音某"的内容與性質

從注音術語看,"音某"是大宗。3481 次"音"中,除上文討論的各術語條目,《漢書注》實有"音某"3018 次,占總數的 86.7%,是"音"的主體部分,體現了"音"注的基本内容、作用和性質。這 3018 次"音某"的分類如下:

專名用字的注音 1654 次,占 54.8%。難僻字的注音 958 次,占 31.7%。常用字和方言詞的注音 38 次,占 1.3%。一字多音的破讀 265 次,占 8.8%。音義通用字的注音 103 次,占 3.4%。

1.難僻字的注音

難字、生僻字用常見字來注直音,便於一般讀者認讀。

　　[1]《地理志》"瀕洙泗"、《揚雄傳》"播九河於東瀕",師古:"瀕,音頻。"

　　[2]《五行志》"乃匱去之",師古:"匱,音讀。"《張陳王周傳》"獄吏乃書牘背示之",師古:"牘,音讀。"《五行志》"怨讟動於民",師古:"讟,音讀。"

　　[3]《西域傳》"卻胡侯",師古:"卻音丘略反,其字從卩。卩,音節。"

　　[4]《竇田灌韓傳》"衹加懟自明",師古:"衹,音支,其字從衣。"

　　[5]《文帝紀》"酺五日",師古引文穎:"酺,音步。"

　　[6]《揚雄傳》"崇丘陵之駊騀兮",師古引蘇林:"駊騀,音叵我。"

　　[7]《地理志》"河水洋洋"、《武五子傳》"威武洋溢",師古:"洋,音羊。"

　　例[1]動詞"瀕臨"、名詞"水瀕"的"瀕"都注"音頻",共 19 次,都是師古注音,說明當時"瀕"作動詞、名詞是同音的,還沒有破讀分別。[2]"匱、櫝、牘、殰、黷、讟"共注 7 次"音讀",都是師古注音,統一用常用字"讀"注難認字生僻字的讀音,不用反切,便於讀者直接使用,並體現了不同難僻字用同一常用字注音的有意統一性。[3]"卩"是"卻"的構字偏旁,一般人不認識,故特意注"音節"。[4]爲難僻字"衹"注常用字"支"音,並加字形的辨析"其字從衣",與從示旁的"衹"相區別。[5]引前人爲難僻字所注的直音。[6]引前人用常用字爲難僻字注的音,且爲雙音詞"駊騀"注兩音"叵我"。[7]"洋"本水名,《廣韻》似羊切(邪母陽韻)。用作表示水多貌的形容詞,較爲晚出,《廣韻》與章切(以母陽韻),聲母由邪改以。《爾雅·釋詁》"洋,多也",慧琳《一切經音義》"洋洋,大水也",顏師古《匡謬正俗》"今山東俗謂衆爲洋"。看似"洋"非難僻字,但用作大義爲後出,且源於山東方俗讀音,音義理解有難度,故注直音。師古共爲"洋洋、洋溢、滂洋、方洋"注 10 次"音羊"。

　　2.少數常用字的注音

　　常用字一般不注音,爲常用字注直音,會有一些特殊的原因:

　　[1]《律曆志》"作網罟以田漁",師古:"罟,音古。"

　　[2]《東方朔傳》"齒若編貝"、《張陳王周傳》"出一編書",師古:"編,音鞭。"

　　[3]《酈陸朱劉叔孫傳》"家貧落魄",師古:"魄,音薄。"

　　[4]《敘傳》"楚人謂乳'穀',謂虎'於檡'",師古:"於,音烏。"

　　例[1]網罟之"罟"是常用字,師古注"音古",僅此一次。[2]"編"《說文》訓"次簡也",作名詞是穿聯竹簡的繩子,作動詞是順次編排、編結,當是常用字。但顔師古動詞、名詞都注"音鞭",是强調不必變讀,全書共注 5 次,其中引孟康 1 次。[3]魂魄之"魄"是常用字,本讀《廣韻》普伯切(滂母陌韻),但"落魄"爲窮困失意義,又作"落拓、落泊、落薄",《廣韻》他各切(透母鐸韻),因此師古注"音薄"而提示區別,僅此一次。[4]"於"是常用字,本是烏鴉的象形字,《廣韻》哀都切(影母模韻)。後用爲介詞,《廣韻》央居切(影母魚韻)。楚方言稱虎爲"於檡",是注方言讀音"音烏"。

音義書是很少爲常用字注音的,尤少注直音,故《漢書注》爲常用字注"音某"的總有一些特别的原因,純常用字注直音的數量是微乎其微的。

3. 專名用字的注音

專名用字,是指各類專用名稱的體詞性詞語的用字,都是專用名詞。《漢書》是正統史書,紀實性是主要特點,各類專名數量巨大,專名用字繁雜而古奥。專名用直音標注,是爲了直觀便讀,且專名的異讀、方音也多,注直音更便於辨析,故早期音義書專名注直音多而注反切少。

其中地名 638 次,水名 89 次,山名 22 次,國名族名 25 次,星名 3 次,計地域性專名 777 次,占專名"音"注 1654 次的 47%。人名 297 次,姓氏 36 次,器官及病名 3 次,官名 87 次,計人事類專名 423 次,占總數的 25.6%。動物名 143 次,植物名 54 次,玉名 18 次,器物名 134 次,書譜名 17 次,計物名 366 次,占總數的 22%。還有翻譯人名 46 次,翻譯國名 33 次,其他譯名 9 次,即譯音名詞 88 次,占總數的 5.3%。

[1]《地理志》"有郙關",師古:"郙,音云。"《地理志》"睢陽",師古:"睢,音雖。"

[2]《匡張孔馬傳》"至禹父徙家蓮勺",師古:"左馮翊縣名也,音輦酌。"《地理志》"泗水西南至方與入沛",師古:"方與,音房豫。"

[3]《地理志》"東至允吾入湟水",師古:"湟,音皇。"《高帝紀》"漢別將擊布軍洮水南北",師古引蘇林:"洮,音兆。"

[4]《諸侯王表》"波漢之陽,亘九嶷",師古曰:"嶷,音疑。"《高帝紀》"踰蕢山",師古引鄭氏:"蕢,音匱。"

[5]《地理志》"向,故國",師古:"向,音餉。"《地理志》"猇,侯國",師古引蔡謨:"猇,音由。"

[6]《楚元王傳》"長狄入三國",師古:"長狄,鄋瞞之種。鄋,音楼。"《匈奴傳》"故隴以西有綿諸、畎戎、狄獂之戎",師古:"獂,音桓。"

例[1]地名"鄖"注"音云"2次,"睢"注"音雖"10次。這類直接爲各種地名用字注直音是最多見的形式。[2]"勺"作器物名《廣韻》市若切(禪母藥韻),作地名用字《廣韻》之若切(章母藥韻,音酌),師古2次自注2次引如淳注"音酌(灼)"。"與"表參與及連詞義《廣韻》余吕切(以母語韻),作地名《廣韻》羊洳切(以母御韻,音豫),師古8次自注2次引鄭氏、晉灼注"音豫"。

[7]《匈奴傳》"王歙使匈奴",師古:"歙,音翕。"《宣元六王傳》"子繽嗣",師古:"繽,音引。"

[8]《古今人表》"泠淪氏",師古:"泠淪,零綸。"《趙尹韓張兩王傳》"會南山群盜傰宗等數百人",師古引蘇林:"傰,音朋。"

[9]《外戚傳》"至武帝制倢伃、娙娥、傛華、充依",師古:"傛,音容。"《蕭何曹參傳》"先封爲酇侯",師古引文穎:"酇,音贊。"

[10]《賈誼傳》"至於髖髀之所",師古:"髖,音寬。"《賈誼傳》"又類辟",師古:"辟,足病,音壁。"

例[7]注人名。[8]注姓氏"泠淪、傰"。[9]注職官名、侯爵名。[10]注人體器官、病名。

[11]《五行志》"鸜之鵒之",師古:"鵒,音欲。"《司馬相如傳》"鰅鰫鰬魠",師古引如淳:"魠,音託。"

[12]《司馬相如傳》"楩柟豫章",師古:"柟,音南。"《溝洫志》"搴長茭兮湛美玉",師古引如淳:"茭,音郊。"

[13]《地理志》"瑶、琨、筱簜",師古:"琨,音昆。"《王莽傳》"即解其瑑",師古引服虔:"瑑,音衛。"

[14]《司馬遷傳》"飯土簋",師古:"簋,音軌。"《揚雄傳》"繽紛往來,轠轤不絶",師古引如淳:"轤,音盧。"

[15]《藝文志》"《史籒》十五篇",師古:"籒,音胄。"《揚雄傳》"《攡》《瑩》《數》《文》《掜》《圖》《告》十一篇",師古引晉灼:"攡,音離。"

例[11]注動物類鳥名、魚名。[12]注植物類木名、草名。[13]注玉名。[14]注器皿類竹器名、車件名。[15]注書名、篇名。

[16]《趙充國辛慶忌傳》"匈奴使人至小月氏",師古:"氏,音支。"《西域傳》"西南至烏秅國千三百四十里",師古引鄭氏:"烏秅,音鷃拏。"

[17]《匈奴傳》"其子先賢撣不得代",師古:"撣,音纏。"《傅常鄭甘陳段傳》"而康居副王抱闐將數千騎",師古引文穎:"闐,音填。"

[18]《匈奴傳》"爲復株絫若鞮單于",師古:"復,音服。"《高帝紀》"遇番君別將梅鋗",師古引蘇林:"番,音婆。"

例[16]注西域國名譯音。[17]注西域人名譯音。[18]注譯音"復、番"。這類譯音不好用反切,一般都是注直音。

4.音義通用字的注音

這類直音,注其音而用其義,雖然只注"音",作用與"讀如、音如"相似:

[1]《西域傳》"然不能飢渴",師古:"能,音耐。"《天文志》"句星信",師古引韋昭:"信,音申。"

[2]《古今人表》"絫",師古:"絫,音累。"《陳勝項籍傳》"百粤之君頫首系頸",師古引鄧展:"頫,音俯。"

[3]《霍光金日磾傳》"女曹不務奉大將軍餘業",師古:"女,音汝。"《地理志》"它人是婾",師古:"婾,音愉。"

[4]《張陳王周傳》"後五日蚤會",師古:"蚤,音早。"《儒林傳》"繇内及外",師古曰:"繇,音由。"

例[1]"能"音義通"耐","信"通"申",是古文獻中常見的音義通用字。[2]"絫—累"是音義全同的異寫型異體字,"頫—俯"是音義全同的異構型異體字。[3]第二人稱代詞借男女之"女"或汝河之"汝",是本無其字的假借。形容詞"婾、愉"本都用爲愉快義,可通用,後來"婾"又作"偷",引申出輕巧、苟且、暗地、偷盗等義,"偷(婾)、愉"就不能通用了。[4]表時間的"蚤、早"通用在先秦典籍很常見,是各有造字本義的通假。從所介詞"由、繇"通用,也是多見的虛詞同音通用。《爾雅·釋水》"繇膝以下爲揭,繇膝以上爲涉",陸德明釋文:"繇,古由字。"

[5]《外戚傳》"共洒埽於帷幄兮",師古:"洒,音灑。"

[6]《高帝紀》"亦視項羽東意",師古:"視,音示。"

[7]《高帝紀》"縣隔千里",師古引鄭氏:"縣,音懸。"

[8]《司馬相如傳》"便嬛綽約",師古:"嫳,音綽。""柴池茈虒",師古引如淳:"茈,音此。虒,音豸。"

例[5]灑,意爲淋水在地面上再掃除,《廣韻》砂下切(生母馬韻),今讀sǎ。"洒"即"洗"的本字,《廣韻》所綺切(生母紙韻),今讀xǐ。"洒、灑"在兩類音義上經常通用,師古3次注"洒"爲"音灑"。[6]"視"本爲看、視察義,也可用作"示"表以事或物示人。[7]"縣"的構字本義就是用繩子(糸)把人頭(首)倒掛起來,即"倒懸",後來表示可以斷案、斬首懸掛人頭的行政機構了,懸掛義加心作"懸",在懸掛義上,"縣—懸"是古今字。[8]"綟"與"綽"是形符不同的異構字,從糸從素都取絲線柔美之意,"綟—綽"是古代一對繁簡字,後來用簡體字"綽"了。聯綿詞的用字是主音不重形的,所謂"逶迤八十三形,崔嵬十有五體",此處是"綽、綟"通用。"柴池、苊虒"也都是聯綿詞,"柴池"即"參差","苊虒"可作"此矛"也可作"參差"。

可見,此類注音同時多伴隨字形的辨析,注音字與被注字往往有字形對照的特殊作用,反切注音達不到這樣的效果。

5.別義異讀的破讀注音

這類直音,標注別義異讀,即一字形有兩(多)音兩(多)讀,"音"標注的是當句語境中適宜的一讀:

　　[1]《食貨志》"上不說"、《王貢兩龔鮑傳》"莫不說喜",師古:"說,音悦。"

　　[2]《郊祀志》"惡敢言方哉"、《外戚傳》"惡可以踰乎",師古:"惡,音烏。"

　　[3]《敘傳》"呂行詐以賈國",師古:"賈,音古。"《王莽傳》"又奏爲市無二賈",師古:"賈,音價。"

　　[4]《五行志》"不出期年",師古:"期,音基。"《武帝紀》"廢期有月",師古引如淳:"期,音基。"

例[1]"說"有三音三義:《廣韻》失爇切(書母薛韻),言說、解說義,是該字的本讀如字音。分化爲《廣韻》弋雪切(以母薛韻),表示喜悦、高興義,後作"悦",是書—以清濁聲母的變聲構詞。再派生爲《廣韻》舒芮切(書母祭韻),表示勸說、遊說義,是入—去變調構詞。"說"的音變構詞形成較早,《經典釋文》"說"有音切 405 次,其中"音"231 次:"音脱"1 次是假借,"音稅"3 次是入—去變調構詞,"音悦"227 次是書—以變聲構詞。"悦"字未見於《說文》,是中古出現的"今字",在快樂義上,"說—悦"爲古今字。師古注"說,音悦"7 次,未引前人。

例[2]"惡"主要有三音三義:如字本讀爲形容詞,《廣韻》烏各切(影母鐸韻),表罪惡、凶惡義。派生《廣韻》烏路切(影母暮韻),表動詞厭惡、憎恨義,是入—去變調構詞。又音變爲《廣韻》哀都切(音烏,影母模韻),作疑問代詞和副詞用,相當於"何、安、怎麼",主要是入—平變調構詞。《經典釋文》"惡"共 550 見,其中有"如字"58 次表示本讀,"音烏"66 次表疑問詞,反切“烏路（故）反”407 次表動詞破讀，是系統性很强的成熟音變構詞用例。師古 7 次注“惡，音烏”，表示當句爲破讀疑問詞。

例[3]賈，本讀《廣韻》公户切（見母姥韻），經商、買賣義。派生《廣韻》古訝切（見母禡韻），表示商品的價格、價值義，後作“價”，爲上—去變調構詞。在價格義上，“賈—價”爲古今字。此外有《廣韻》古疋切（見母馬韻），爲古國名及姓氏，屬姥—馬變韻的專名音變。《經典釋文》“音古”41 次，師古注“音古”6 次、“音價”2 次，是成熟的上—去變調構詞。

例[4]“期”有兩讀，本讀《廣韻》渠之切（群母之韻），表期間、會合、期望等義。音變爲《廣韻》居之切（見母之韻），爲群—見濁清變聲構詞，表示時間的周而復始，分别指一周年、一個月或一整天，字形又可作“朞、稘”。《經典釋文》注“音基”46 次。顔師古自注 5 次、引如淳注 1 次“音基”，“期”的濁—清變聲構詞已常見，只是今字“朞”還未常用。

《漢書注》破讀最多的音變類型是上—去變調構詞，其次是清濁變聲構詞，跟《經典釋文》的情况大致相似。

筆者通過對《經典釋文》的全面研究，認爲：“從《釋文》大量標明音主的破讀材料來看，三類單字音變構詞（變聲、變韻、變調）大約發生在上古，成熟於中古，或説它們在中古最爲能産，《釋文》正好集其大成。”①顔師古注《漢書》在《經典釋文》成書之前，系統録存、分析了大量别義音變的破讀，也就是音變構詞的材料，對《經典釋文》這方面的成就具有很好的佐證作用，也從另一角度爲漢語發展史的系統研究提供了扎實的材料。

《漢書注》中，這類典型的音變構詞還有很多，《經典釋文》基本上都有辨析，其中有些一直沿用到現代漢語之中。

[5]《竇田灌韓傳》“複還走漢壁”，師古：“走，趣向也，音奏。”《張馮汲鄭傳》“此走邯鄲道也”，師古引如淳：“走，音奏，奏，趣也。”

[6]《王莽傳》“無鹽索盧恢等舉兵反城”，師古：“反，音幡。”《楚元王傳》“多所平反罪人”，師古引蘇林：“反，音幡。”

[7]《五行志》“下奸上之象”、《溝洫志》“而不相奸”，師古：“奸，音干。”

[8]《司馬相如傳》“殷天動地”、《禮樂志》“殷殷鐘石羽籥鳴”，師古：“殷，音隱。”

---

① 萬獻初《〈經典釋文〉音切類目研究》248 頁。

例[5]走，一般讀《廣韻》子苟切（精母厚韻），表示疾趨、行走義。顏師古注"音奏"24 次，又引服虔、如淳各 1 次，共 26 次，讀《廣韻》則候切（精母候韻），"趣向"即"趨向"，爲奔向明確的目標義，是用上—去變調構詞的音變來區分普通的快走與快速奔向目標兩義。服虔、如淳有意區分兩讀兩義，顏師古進而作全面的分別。但陸德明未專門辨析"走"的這種破讀，只在《爾雅·釋宮》"中庭謂之走"下注"走，徂口反"1 次。後代也未見"走"有此去聲的別義破讀。

例[6]反，一般讀《廣韻》府遠切（非母阮韻），表示反轉、反面、反對、反復、反省等義。然師古 4 次注"音幡"，3 次引蘇林、如淳，共 7 次。此讀《廣韻》孚袁切（敷母元韻），屬上—平變調構詞，且聲母有不送氣—送氣之別，主要指翻案、平反義，師古承用蘇林、如淳的兩讀，細作區別。而《釋文》及後代音義書未作如此區別。

例[7]奸，表示私通、奸邪、罪惡、禍亂、姦淫、奸僞義的，字本作"姦"，《廣韻》古顏切（見母刪韻），字也作"奸"或"奸"，《廣雅·釋詁》"奸，犯也"，《廣韻》古寒切（見母寒韻），主要表干犯、擾亂義，故經籍"姦、奸"常常混用，段玉裁注："今人用奸爲姦，失之。"兩字讀音有刪—寒韻的不同，可看作變韻構詞的特殊用例。師古注"音干"15 次，強調語境中是干犯義而非奸邪義。再後來奸邪義多用"奸"，干犯義直接用"干"，就不用區分了。

例[8]殷，本讀《廣韻》於斤切（影母欣韻），表示盛樂、盛大、衆多、殷富等義，又讀《集韻》倚謹切（影母隱韻），表示雷聲、震動聲、震動等義，師古注"音隱"4 次，區分這組後人不常用的平—上變調構詞。

顏師古著意區分一批後代不常用的音變構詞，有的《經典釋文》未作詳細辨析。此種類型的還有"榜音彭、扁音篇、哺音步、放音昉、杠音江、畫音獲、介音戛、料音聊、廷音定、員音雲、招音翹"等。說明顏師古很重視音變構詞破讀的分析，另一方面也說明別義異讀的音變構詞在唐代以前的確是實際運用中的能産構詞方式，覆蓋面比後代要寬很多，不大可能是注釋者的"強生分別"。

從整體音注性質來看，顏師古繼承發揚了其祖父顏之推以正音、正字爲己任的擔當精神。強調"正音、雅音"，對前人所注正統直音多有采用，對方音、俗音時有批判。這樣的音注，就決定顏師古音注采用的必然是當時通用語的讀書音系，跟正統的《切韻》音系大體相同。

第六章 顏師古《漢書注》反切音系

顏師古《漢書注》之反切，除去表明所引音主外，師古的反切有 6030 條。顏師古注了大量重複的反切，即同一字在不同文句中注了相同的反切。還有很多同音字在不同文句中注了音值相同的反切。歸納音系要去掉重複注音，排除小韻相同的反切，這樣得出的音系可信度才高，與《廣韻》音系才有可比性。

系聯音系，要類比反切。中古音的研究，一般以《切韻》來類比音注，但類比《切韻》也存在以下的問題：《切韻》最初收字爲 12158 個；郭知玄“更以朱箋三百字”；S2055（《箋注本切韻》殘卷）載“加千一字”，“長孫訥言又加六百字”；孫愐《唐韻》增 3500 字，“總一萬一千五百字”；王仁昫《刊謬補缺切韻》增 6000 餘字，共有 17059 字；《廣韻》又增 8000 餘字，共 25335 字（蔡夢麒《廣韻校釋》）。也就是説，《切韻》類的韻書最多注了 25335 個字的音，相對《集韻》注 53525 個字音來説[①]，失收被注字以及又音現象很普遍。因此，對於主要爲生僻字、多音多義字等注音的音義書來説，類比《廣韻》可能會把大量的又音當作混切。況且《集韻》收字雖多，仍不免有漏收又音的情況。所以類比音義書的特殊音注，除《廣韻》《集韻》外，還要類比陸德明《經典釋文》、顏師古《漢書注》、李賢《後漢書注》、司馬光《類篇》等。

用剔除重複和小韻相同的反切和多方面類比音注等方法，以所得反切來歸納顏師古的反切音系，是一件複雜而細緻的工作。

第一節 聲類考辨

經過剔除重複和小韻相同的反切，有效反切共 1913 條，與《廣韻》3873 個小韻相比，顏師古反切系統中音節空位較多，音系研究價值比《廣韻》低。

---

① 唐作藩《音韻學教程》81 頁，北京大學出版社 2002 年。

1.脣音

顔師古的脣音共有 1034 條反切,除去重複和小韻相同的,有效反切 258 條。

①幫/非　共 228 條,除去重複和小韻相同的,有效反切 45 條。

1)聲類字表:

博類:布 9 補 2 必 2 彼 1 方 1 府 1。(一、二、四等,16)

方類:彼 9 方 7 必 6 甫 3 不 1 布 1 發 1 斧 1。(三等,29)

2)切上字三等與非三等的混用:"布"主要切一、二、四等,而切三等 1 次。"必、彼、方、府"主要切三等,而切一、二、四等 2、1、1、1 次。三等與非三等混用 5 次,混用率 11.1%,比《廣韻》的 7.8%略高。

②滂/敷　共有 172 條,除去重複和小韻相同的,有效反切 58 條。

1)聲類字表:

普類:普 27 匹 1。(一、二、四等,28)

芳類:匹 10 芳 6 普 5 敷 5 丕 2 妨 1 披 1。(三等,30)

2)切上字三等與非三等的混用:"普"主要切一、二、四等,而切三等 5 次,"匹"主要切三等,而切一、二、四等 1 次。混用 6 次,混用率 10.3%,較《廣韻》的 15.4%略低。

③並/奉　共有 495 條,除去重複和小韻相同的,有效反切 94 條。

1)聲類字表:

蒲類:步 28 蒲 9 薄 4 平 3 白 1 避 1 扶 1。(一、二、四等,52)

符類:扶 12 頻 10 皮 6 房 3 平 3 蒲 2 步 2 防 1 伏 1 符 1 疲 1。(三等,42)

2)切上字三等與非三等的混用:"步、蒲"主要切一、二、四等,而切三等分別是 2、2 次;"平、避、扶"主要切三等,而切一、二、四等分別爲 3、1、1 次。混切 9 次,混用率 9.6%,高於《廣韻》的 2.8%。

④明/微　共有 139 條,除去重複和小韻相同的,有效反切 61 條。

1)聲類字表:

莫類:莫 37 末 1。(一、二、四等,38)

武類:武 9 莫 9 文 2 亡 1 彌 1 舞 1。(三等,23)

2)切上字三等與非三等的混用:"莫"主要切一、二、四等,而切三等 9 次。混用 9 次,混用率 14.8%,高於《廣韻》的 11.8%。

從切上字的三等與非三等的混用來看,顔師古反切的混用率整體上高於《廣韻》,因而聲類界限不如《廣韻》分明。由於三等與非三等的混用率低於一般人認爲的《廣韻》輕重脣不分 19.4％和王力脂微分部的 22.9％①,因而脣音聲類有八:博類、方類;普類、芳類;蒲類、符類;莫類、武類。

　　一般説來,三等與非三等的界限分明後,輕脣聲母才獨立。顔師古二者混用率高於《廣韻》,界限相對不分明。學界認爲《廣韻》輕重脣不分,類比《廣韻》,顔師古的反切音系也是輕重脣不分,因而脣音聲母四,即幫、滂、並、明。相對而言,不論是顔師古《漢書注》,還是《切韻》等,明母的三等與非三等混用率高於幫、滂、並母,表明它的三等與非三等的界限相對不分明,這爲微母獨立相對滯後的觀點提供了數據支持。

　　2.舌音

　　共有反切 1166 條,除去重複和小韻相同的,有效反切 368 條。舌音的有效反切相對較多,音節空位較少,特點突出,因而研究價值較大。

　　①端/知　共有 358 條,除去重複和小韻相同的,有效反切 78 條。作音系的反切數較少,音節空位較多。

　　端母　共有 144 條,除去重複和小韻相同的,有效反切 32 條。

　　聲類字表:

　　都類:丁 30 都 2。(一、四等,32)

　　知母　共有 214 條,除去重複和小韻相同的,有效反切 46 條。

　　聲類字表:

　　陟類:竹 38 張 5 貞 1 知 1 陟 1。(二、三等,46)

　　②透/徹　共有 192 條,除去重複和小韻相同的,有效反切 102 條。

　　透母　共有 147 條,除去某聲和小韻相同的,有效反切 71 條。

　　聲類字表:

　　他類:吐 22 它 17 土 14 他 13 佗 4 託 1。(一、四等,71)

　　徹母　共有 45 條,除去某聲和小韻相同的,有效反切 31 條。

　　聲類字表:

　　丑類:丑 30 敕 1。(一、四等,31)

　　③定/澄　共有 507 條,除去重複和小韻相同的,有效反切 137 條。

---

①《廣韻》輕重脣的小韻 545 個,輕重脣混切 106 次(幫/非 141,混切 27;滂/敷 117,混切 15;並/奉 144 條,混切 30 次;明/微 143 條,混切 34 次),混切率 19.4％。邵榮芬《〈晉書音義〉反切的語音系統》(《語言研究》創刊號,1981)認爲《廣韻》輕重脣混切的比率是 17.32％。

定母　共有 295 條,除去重複和小韻相同的,有效反切 78 條。

聲類字表:

徒類:徒 45 大 31 待 1 唐 1。(一、四等,78 條)

澄母　共有 212 條,除去重複和小韻相同的,有效反切 59 條。

聲類字表:

直類:直 36 丈 20 長 1 持 1 治 1。(二、三等,59)

④**泥/孃**　共有 109 條,除去重複和小韻相同的,有效反切 51 條。

奴類　共有 53 條,除去重複和小韻相同的,有效反切 32 條。

聲類字表:

奴類:乃 25 奴 5 能 1 鳥 1。(一、四等,32)

女類　共有 56 條,除去重複,有效反切 19 條。

聲類字表:

女類:女 17 乃 1 尼 1。(二、三等,19 條)

奴類、女類的切上字“乃”可系聯,“乃”切一、四等 25 次,切二、三等 1 次。《廣韻》的兩類也可系聯,“奴”切一、四等 48 次,切二、三等 6 次;“乃”切一、四等 12 次,切二、三等 4 次。但切上字系聯不能作爲唯一標準,因爲《廣韻》端/知、透/徹、定/澄的切上字也能系聯。所以,孃母是否獨立,還應考慮切上字的混用率。

一、四等與二、三等的混用	端/知	透/徹	定/澄	泥/孃
顏師古反切的混用率(%)	0	0	0	1.96
《廣韻》的混用率(%)	14.5	4.1	4	8.9

顏師古的反切用字非常規範,端組與知組反切用字基本不混。泥/孃的混用率明顯低於《廣韻》,孃母應獨立。另外,《廣韻》泥/孃的混用率低於端/知,既然知母獨立,孃母也應獨立。

舌音聲母有八:端、透、定、泥,知、徹、澄、孃。舌頭與舌上音位互補。

3.齒音(上)齒頭音

齒音分齒頭音(舌尖前)和正齒音(舌面前)。齒頭音共有反切 689 條,除去重複和小韻相同的反切,實際有效反切 261 條。

精母　共有 196 條,除去重複和某聲,有效反切 58 條。

1)聲類字表:

作類:子 20 將 1 作 1。(一、四等,22 條)

子類:子 36。(三等,36 條)

2)切上字的混用及聲類的分合:"子"切一、四等爲 20 次,切三等 36 次;而《廣韻》切一、四等爲 22 次,切三等 39 次,切二等 1 次。混用較多。"子"是常用字,受文化、風俗、習慣、心理等因素制約,音變處於離散狀態,有疊置的層次。以《廣韻》爲例,23 次混切符合音變規律[1];而 39 次切三等中有 8 次例外,今聲母讀 ts,即騅,子垂切;茲,子之切;諏,子於切;縱,子塚切;縱,子用切;積,子智切;菹,子芮切;蹙,子六切[2]。就"子"的變讀而言,《廣韻》"子"小韻音即里切,按音變規則該讀 tɕ,而今仍讀 ts。湘方言邵陽話"子"讀 tɕi,符合規則。中古精母的子類、作類呈現出複雜、混合的狀態。

"子"的混用率很高,超過《廣韻》精母切上字混用的 20.3%,也超過王力脂微分部的 22.9%,所以,精母的作類、子類應合併。

清母　共有 188 條,除去重複、小韻相同和特殊反切,有效反切 59 條。

1)聲類字表:

倉類:千 28 七 1 倉 1。(一、四等,30)

七類:千 23 七 4 秋 1 趨 1。(三等,29)

2)切上字的混用及聲類的分合:"千、七"主要切三等,而切一、四等分別爲 28、1 次。切上字混用共 29 次,混用率遠高於《廣韻》清母的混用率 19.3%,及王力脂微分部的 22.9%,因而清母的倉類、七類界限不明顯。

從母　共有 155 條,除去重複和小韻相同的,有效反切 69 條。

1)聲類字表:

昨類:才 17 材 6 在 5 財 1 昨 1。(一、四等,30)

疾類:才 22 材 9 在 3 字 3 疾 1 自 1。(三等,39)

2)切上字的混用及聲類的分合:"才、材、在"主要切一、四等,而切三等分別爲 22、9、3 次。三等與非三等的混用 34 次,混用率 49%,遠高於《廣韻》的 13.9%,因而昨類、疾類界限不分明。

心母　共有 132 條,除去重複和小韻相同的,有效反切 65 條。

1)聲類字表:

---

[1]有 17 次切一、二等,今音仍爲 ts。6 次切四等,今音爲 tɕ。

[2]《廣韻》反切今音變讀條例,切上字爲古精組聲母今讀 ts、tsʻ、s,切下字韻母今讀齊齒呼、撮口呼的細音,被切字聲母改讀 tɕ、tɕʻ、ɕ。按此規則,《廣韻》中的"騅、縱、菹"三個小韻,該讀 tɕ、tɕʻ、ɕ。

蘇類:先 23 思 2 蘇 2 素 2。(一、四等,29)

息類:先 26 息 8 思 1 相 1。(三等,36)

2)切上字的混用及聲類的分合:"先"是四等字,主要切一、四等,而切三等 26 次;"思"是三等字,而切一、四等 2 次。三等與非三等的混用 28 次,混用率 43%,遠高於《廣韻》的 4.6%,因而蘇類、息類界限不分明。

邪母　共有 18 條,除去重複和小韻相同的,有效反切 10 條。

1)聲類字表:

徐類:似 6 辭 4。(三等,10)

2)聲類的混用:顔師古反切的從邪不分表現在"雋"的注音上,即:雋,辭兗反、辭阮反、字阮反。《廣韻》徂兗切。"徂"爲從母。雋,顔師古既注邪母,又注從母,《廣韻》僅注從母。顔師古從邪不分。

精、清、從三等與一、四等的切上字混用較多,遠高於見組,可推測其顎化的時代晚於見組。三等與非三等的混用率遠高於《廣韻》,表明顔師古的兩類界限不分明。因此,精組聲類有五:作(子)類、倉(七)類、昨(疾)類、蘇(息)類、徐類。

從、邪兩母無混切。《顔氏家訓·音辭》:"則南人以錢爲涎……以賤爲羨。"顔師古是顔之推的後人,他的注音有南音的特點,可能唐初南音北漸,北音有從邪不分的端倪。

4.齒音(中)正齒音(莊組)

共有反切 278 條,除去某聲和小韻相同的反切,實際有效反切 107 條。

莊母　共有 37 條,除去重複和小韻相同的,有效反切 23 條。

聲類字表:

側類:側 16 莊 3 壯 3 詐 1。(二、三等,23)

初母　共有 39 條,除去重複和小韻相同的,有效反切 23 條。

聲類字表:

初類:初 16 楚 7。(二、三等,23)

崇母　共有 43 條,除去重複和小韻相同的,有效反切 23 條

聲類字表:

士類:仕 13 士 10。(二、三等,23)

生母　共有 159 條,除去重複和小韻相同的,有效反切 38 條。

聲類字表:

所類：所 24 山 13 數 1。（二、三等，38）

俟母無反切。莊組四母：莊、初、崇、生。

5.齒音（下）正齒音（章組）

共有 448 條。除去重複和小韻相同的，有效反切 133 條。

章母　共有音注 242 條，除去重複和小韻相同的，有效反切 47 條。

聲類字表：

之類：之 37 章 5 止 3 執 1 只 1。（三等，47）

昌母　共有 51 條，除去重複和小韻相同的，有效反切 28 條。

1)聲類字表：

昌類：昌 16 尺 6 充 4 赤 1。（一、三等，27）　又：昌 1。（一等，1）

2)特殊反切：昌母主要切三等，而顏師古反切中的"莐，昌改反"切一等，莐，《廣韻》昌紿切，昌紿切與昌改反音同。

船母　共有 23 條，除去重複和小韻相同的，有效反切 8 條。

聲類字表：

食類：食 7 神 1。（三等，8）

禪母　共有 46 條，除去重複和小韻相同的，有效反切 22 條。

聲類字表：

時類：上 17 時 3 常 1 十 1。（三等，22）

書母　共有 86 條，除去重複和小韻相同的，有效反切 28 條。

聲類字表：

式類：式 26 失 1 試 1。（三等，28）

南人船禪不分。顏師古反切船禪不混，可能與他審音有關，也可能船禪混併的現象還未北漸。顏師古反切中，章組五母：章、昌、船、書、禪。

6.牙音

共有反切 1026 條，除去重複和小韻相同的，有效反切 370 條。

見母　共有 503 條，除去重複、特殊音注和小韻相同的反切，有效反切 149 條。

1)聲類字表：

古類：工 57 古 11 公 9 居 5 功 3 江 2 攻 1 故 1。（一、二、四等，89）

居類：居 39 工 5 九 4 俱 3 紀 3 古 1 基 1 吉 1 己 1 角 1 久 1。（三等，60）

2)切上字的混用及聲類的分合："工、古、角"主要切一、二、四等，而切三等分别爲5、1、1次;"居"主要切三等,而切一、二、四等5次。混切12次,反切149條,混切率8.1%,略低於《廣韻》三等和非三等混切的7.8%。所以見母的聲類有二:古類、居類。

溪母　共有180條,除去重複和小韻相同的,有效反切75條。

1)聲類字表:

苦類:口39苦12丘3空1。(一、二、四等,55)

去類:丘6口4邱3去3空2欺1起1。(三等,20)

2)切上字的混用及聲類的分合:"口、空"主要切一、二、四等,而切三等4、2次;"丘"主要切三等,而切一、二、四等3次。因而見母的聲類有二:古類、居類。

群母　共有207條,除去重複和小韻相同的,有效反切78條。

聲類字表:

渠類:其33鉅23巨13求4距2具1撲1葵1。(三等,78)

疑母　共有136條,除去重複和小韻相同的,有效反切68條。

1)聲類字表:

五類:五39牛1吾1。(一、二、四等,41)

魚類:牛15魚10五2。(三等,27)

2)切上字的混用及聲類的分合:"牛"主要切三等,而切一、二、四等1次;"五"主要切一、二、四等,而切三等2次。混切率較低,疑母分五類、魚類。

見組的三等與非三等混用率都低於11%,表明三等與非三等的聲類界限分明。顏師古反切的牙音聲母四:見、溪、群、疑。牙音聲類七:古類、居類;苦類、去類;渠類;五類、魚類。

7.喉音

現代語音學的喉音有 ʔ、ʔ'、h、ɦ 等,與本文所指不同。本文采用的是傳統的五音、七音的概念,除深喉音影、以外,喉音還包括舌根擦音曉、匣,因爲舌根擦音發音部位比舌根塞音要靠後一些,古人感覺舌根擦音已接近喉壁,所以把舌根擦音叫喉音。

共有1389條,除去重複和小韻相同的,有效反切416條。

影母　共有音注373條,除去重複和小韻相同的,有效反切140條。

1)聲類字表:

烏類：烏 34 一 31 於 10 焉 1。（一、二、四等，76）

於類：於 38 一 22 乙 2 伊 1 烏 1。（三等，64）

2）切上字的混用及聲類的分合："於、一"主要切三等，但切一、二、四等分別爲 10、31 次；"烏"主要切一、二、四等，而切三等 1 次。混切率遠高於《廣韻》的 12.8%。所以，烏類、於類應合併。

曉母　共有 329 條，除去重複和小韻相同的，有效反切 79 條。

1）聲類字表：

呼類：呼 18 火 14。（一、二、四等，32）

許類：許 34 況 4 虛 3 呼 3 火 2 香 1。（三等，47）

2）切上字的混用及聲類的分合："呼、火"主要切一、二、四等，而切三等分別爲 3、2 次。混切率 6.3%，低於《廣韻》的 13.8%。所以，呼類、許類界限較分明。

匣/于　《廣韻》匣切一、二、四等，于切三等，形成音位互補，一般認爲二者合併。顏師古共有反切 489 條，除去重複和小韻相同的反切，實際有效反切 133 條。

*匣　共有 388 條，除去重複和小韻相同的，有效反切 113 條。

1）聲類字表：

胡類：胡 68 下 36 户 4 乎 2 湖 2 衡 1。（一、二、四等，113）

2）匣與舌根塞音混

匣見混：涫（下館反）、根（下恩反）、格（下各反）、緄（下昆反）。

*于（喻三）共有 101 條，除去重複和小韻相同的，有效反切 20 條。

1）聲類字表：

于類：于 16 羽 2 迂 1 吁 1。（三等，20）

2）于匣混切 1 條：滑（于拔反），《廣韻》户八切。對中古匣、于分合的問題，學界主流認爲匣于合一，于歸匣，理由如下：上古喻三歸匣；匣、于的切上字能系聯。但我們認爲喻三歸匣的時代早於《切韻》；切上字能系聯，僅表明兩類有淵源，不能作爲聲母歸併的唯一理由。匣母分出喻三，可能《切韻》時代早已完成，極少量的混用是底層語音的殘留。

顏師古反切中，胡類、于類的切上字混用僅上舉 1 例，混用率 0.75%。所以于母應獨立。

以母　共有 198 條，除去重複和某聲等，有效反切 64 條。

1)聲類字表:

以類:弋 52 亦 4 羊 4 以 1 尹 1 余 1。(三等,63) 又:以 1(一等,1)

2)特殊音注:

溶,弋孔反,"孔"爲東合一上,以不切一等,有誤。

3)喻四、喻三合併的問題

炎,弋瞻反,《廣韻》于廉切,于以混。于以混 6 次,實 1 條。

曾運乾認爲喻四歸定,以母來源定母,與于母的上古來源不同。喻三、喻四混切,僅有 1 例,顏師古反切已露端倪,但從整體看,喻四、喻三還未合併。

喉音五母:影、曉、匣、以、于。聲類六:烏類(於類);呼類、許類;胡類、于類;以類。喻三、喻四未合併;于(喻三)應獨立,不與匣母合併。

8.半舌音來母

半舌音,指舌尖中邊音,即來母,共有反切 234 條,除去重複和小韻相同的反切,實際有效反切 88 條。

1)聲類字表:

盧類:來 25 郎 7 盧 7 力 3 洛 2 落 1。(一、二、四等,45)

力類:力 39 來 2 郎 1 良 1。(三等,43)

2)切上字的混用及聲類的分合:"來、郎"主要切一、二、四等,而切三等分別 2、1 次。"力"主要切三等,而切一、二、四等 3 次。混切率 6.8%,低於《廣韻》的 9.7%,所以來母的聲類有二:盧類、力類。

9.半齒音日母

半齒音,指日母。黃侃認爲"半是舌上、半舌齒間音,亦用鼻之力收之",即半是鼻音半是舌齒間音。從擬音看,高本漢認爲指舌面加摩擦的 nʑ;王力認爲指閃音 ɹ;也有人認爲指舌面鼻音 ɲ。因半是鼻音半是齒音,我們采用高本漢的擬音,擬爲鼻塞擦音 nʑ。

共有反切 98 條,除去重複和小韻相同的反切,實際有效反切 45 條。

聲類字表:

而類:人 26 而 11 如 5 汝 3。(三等,45)

10.聲類小結

(1)顏師古反切的聲類 46 聲母 37,列表如下:

七音	九音	全清	類①	次清	類	全濁	類	次濁	類	清	類	濁	類
牙音	牙音	見	古／居	溪	苦／去	群	／渠	疑	五／魚	／	／	／	／
舌音	舌頭	端	都／	透	他／	定	徒／	泥	奴／	／	／	／	／
	舌上	知	／陟	徹	／丑	澄	／直	孃	／女	／	／	／	／
脣音	重脣	幫	博／方	滂	普／芳	並	蒲／符	明	莫／武	／	／	／	／
齒音	齒頭	精	（作）／（子）	清	（倉）／（七）	從	（昨）／（疾）	／	／	心	（蘇）／（息）	邪	／徐
	正齒	莊	／側	初	／初	崇	／士	／	／	生	／所	／	／
		章	／之	昌	／昌	船	／食	／	／	書	／式	禪	時／
喉音	喉音	影	（烏）／（於）	／	／	／	／	以	／以	曉	呼／許	匣／于	胡／于
半舌	半舌	／	／	／	／	／	／	來	盧／力	／	／	／	／
半齒	半齒	／	／	／	／	／	／	日	／而	／	／	／	／

　　師古反切 46 聲類，與曾運乾、陸志韋、周祖謨等的《廣韻》51 聲類相比，精母不分作、子類，清母不分倉、七類，從母不分昨、疾類；心母不分蘇、息類，影母不分烏、於類。

　　聲母 37 個，與《廣韻》35 母相比，多了孃、于二母②，即孃母從泥母中分化出來，喻三、喻四未合併。

---

①指聲類，後仿此。
②其實《廣韻》的孃、于也應獨立。

（2）切上字三等與非三等或二、三等與一、四等的混用率，除精、清、從、心、影明顯高於《廣韻》外，其他整體上持平。影母明顯高於《廣韻》的原因，可能與顏師古的反切用字取向有關，如影母他喜歡用"一、於"等，而《廣韻》很少用"一"作切上字。

（3）顏師古從邪混切 1 條、船禪不混切，可能與家族傳統的審音習慣有關，也可能他的反切音系帶有北音的特點。

（4）能確認的濁音清化如下：阪，府板反，《廣韻》扶板切，幫並混；傳，張戀反，《廣韻》直戀反，知澄混；滯，丑制反，《廣韻》直例切，徹澄混；被，丕靡反，《廣韻》皮彼反，滂並混；粗，千户反，《廣韻》徂古切，清從混；提，土支反，《廣韻》杜奚切，透定混；別，彼列反，《廣韻》皮列切，幫並混；偈，居桀反，《廣韻》其憩切，見群混；和，呼臥反，《廣韻》胡臥切，曉匣混。也有顏師古注濁音，《廣韻》清化，而《集韻》收録濁音的，如：紵，張吕反，《廣韻》直吕反，《集韻》又音展吕切，與顏師古張吕反音同，這些是疑似濁音清化的情況。也有顏師古是濁音，而《廣韻》是清音的，如：愊，平力反，《廣韻》芳逼切，滂並混。也有同一被注字顏師古既注清音，也注濁音的，如：沮，子閭反、才吕反。綜合上述四種情況，我們認為顏師古反切音系中的濁音整體上未清化，但已出現清化的端倪。

（5）師古反切音系中有存古的語音現象。端知組混，如：杼，大吕反；匣讀舌根塞音，如：夏，工雅反；孃日混，如：恁，女林反、狃，人九反、朒，女六反。

（6）師古反切音系中有送氣與不送氣混的方音現象。幫滂混，如：撲，布木反；端透混，如：儋，吐甘反；知徹混，如：卓，敕角反；見溪混，如：藁，口老反。也帶有匣疑混等江南特有的方音特點[①]，如：閡，胡待反，《廣韻》五溉切。

第二節　　韻類考辨

顏師古的反切，除去重複和小韻相同的，可資韻類研究的實際有效反

---

① 見李華斌《唐代佛典音義中的方音研究》168 頁。讀疑入匣是唐初江南方音的特點，顏師古反切音系不帶江南方音的特點，此處相混可能與他承襲舊音有關，因為王三也有匣疑混切的現象。

切兩千條左右,音節數約占《廣韻》的 51％,音節空位較多,因此作韻類研究的價值相對較低。

1. 通攝、江攝

通攝、江攝:東、冬、鍾、江。四韻開合暫定如下:東,《韻鏡》標內轉第一開,《七音略》標重中重(開口),而(梁)僧寶《四聲韻譜》《磨光韻鏡》《新增韻鏡易解大全》等作合口,應是合口韻。冬、鍾,《韻鏡》列內轉第二開合,《磨光韻鏡》等作合口,《七音略》標輕中輕,楊軍(41 頁)認爲當爲合口。江,《韻鏡》列外轉第三開合,《七音略》標重中重,應爲開口。東、鍾的三等脣音字,後世都變輕脣,也是合口的證據之一。

通攝有反切 681 條,除去重複和小韻相同的反切,實際有效反切 106 條。江攝有反切 74 條,除去重複等,實際有效反切 30 條。

東韻　共有 313 條,除去重複和小韻相同的,有效反切 55 條。"/"前是合一,後是合三。

韻類字表(反切下字表):

東:東 2 公 2 工 1 蒙 1 同 1/中 1 風 1。(9)

董:孔 10/(無)。(10)

送:弄 2/鳳 2 仲 1。(5)

屋:木 4 獨 1 谷 1 縠 1/六 13 目 5 福 4 育 1 竹 1。(31)

冬韻　共有 9 條,除去重複和小韻相同的,有效反切 7 條。冬韻字很少,僅有合一,上、去聲缺。

韻類字表:

冬:冬 1。(1)

沃:督 3 篤 2 沃 1。(6)

鍾韻　共有 359 條,除去重複和小韻相同的,有效反切 44 條。

韻類字表:

鍾:庸 6 容 5 龍 3 松 1。(15)

腫:勇 13 隴 1。(14)

用:用 7 共 1。(8)

燭:欲 4 足 2 玉 1。(7)

江韻　共有 74 條,除去重複和小韻相同的,有效反切 30 條。江僅開二。

韻類字表:

江：江 8 雙 1。（9）

講：項 2 講 1。（3）

絳：巷 2。（2）

覺：角 13 卓 2 學 1。（16）

一等重韻東一、冬的陽聲不混切，入聲屋一、沃疑混切 1 次，即：襮（布谷反），《廣韻》博沃反。王三在"沃"下注："陽（休之）與濁同。"《廣韻》注："與濁同用。"三等重韻東三、鍾混切 1 條，即：臼（居玉），《廣韻》居六切。從整體看，東一、冬，東三、鍾不混。

2.止攝

止攝四韻：支、脂、之、微。支脂之，平水韻合爲四支。支脂微是開合口合韻；之僅有開口。共有反切 903 條，除去重複和小韻相同的反切，實際有效反切 236 條。

支韻　共有 411 條，除去重複和小韻相同的，有效反切 100 條。"/"前是開三，後是合三。

1）韻類字表：

支：支 6 宜 5 移 4 皮 3 奇 2 斯 1 知 1/隨 3 危 2 爲 2 規 2 垂 1。（32）

紙：爾 13 綺 4 蟻 3 彼 3 靡 2 氏 2 俾 1/蘂 3 藥 2 委 1 婢 1 詭 1 毀 1 絫 1 累 1 蕊 1 紫 1。（41）

寘：豉 5 義 4 賜 4 智 2 寄 2/瑞 5 僞 3 睡 1 恚 1。（27）

2）支脂混切 2 條：

絺（丑知反），《廣韻》丑飢切。　　　柂（女支反），《廣韻》女夷切。

3）開合混切 2 條：

戲（許爲反），《廣韻》許羈切。　　　跬（口婢反），《廣韻》丘弭切。

脂韻　共有 240 條，除去重複和小韻相同的，有效反切 69 條。"/"前是開三，後是合三。

1）韻類字表：

脂：夷 9 私 4 尸 3 遲 1 伊 1 咨 1/隹 2 追 2 龜 1 推 1 惟 1。（26）

旨：鄙 2 履 2 几 1 指 1/水 3 癸 1 軌 1 美 1。（12）

至：二 8 冀 3 寐 2 備 2 祕 1 器 1 示 1 懿 1/遂 4 季 3 位 2 類 2 醉 1。（31）

2）脂支混切 6 條：

痿（人佳反），《廣韻》人垂切。　觜（子私反），《廣韻》即移切。

庀(匹履反),《廣韻》匹婢切。　易(弋示反、弋二反),《廣韻》以豉反。

驪(力遲反),《廣韻》呂支切。　摯(竹指反),《廣韻》陟侈切。

3)脂之混切 3 條:

厎(之履反),《廣韻》諸市切。　劣(力私反),《廣韻》里之切。

蓍(式夷反),《廣韻》式之切。

4)脂齊混切 1 條:齊(才私反),《廣韻》徂奚切。

之韻　共有 134 條,除去重複,有效反切 40 條。之僅開三。

1)韻類字表:

之:之 3 其 3 疑 2 期 1 茲 1。(10)

止:起 2 仕 1 巳 1 祀 1 已 1 紀 1 里 1。(8)

志:吏 11 嗣 2 異 2 志 2 記 2 事 1 寺 1 餌 1。(22)

2)之支混切 2 條:

倚(於起反),《廣韻》於綺切。　戲(許其反),《廣韻》許羈切。

3)之脂混切 2 條:

治(丈吏反、直吏反),《廣韻》直利切。　茨(疾茲反),《廣韻》疾資切。

4)之微混切 2 條

衣(於記反),《廣韻》於既切。　幾(居起反),《廣韻》居狶切。

微韻　共有 118 條,除去重複和小韻相同的,有效反切 27 條。"/"前是開三,後是合三。

韻類字表:

微:依 6 衣 5/非 1 圍 1。(13)

尾:豈 2/尾 2 匪 2 偉 1。(7)

未:既 2 氣 1/未 2 貴 1 味 1。(7)

三等重韻支、脂、之、微分立;支微、脂微無混切,關係較遠,界限最分明。

3.遇攝

遇攝三韻:魚、虞、模。《韻鏡》:魚,內轉開;虞、模,內轉開合。但虞、模,《磨光韻鏡》《新增韻鏡易解大全》等作合,《七音略》作輕中輕,也是合口。另外,虞韻三等後世變輕脣,也可證明是合口。共有反切 457 條,除去重複,實際有效反切 146 條。

魚韻　共有 186 條,除去重複和小韻相同的,有效反切 63 次。魚僅開三。

韻類字表：

魚：余 5 於 5 閭 3 餘 4 居 2 諸 2 如 1。(22)

語：呂 9 汝 5 巨 1 與 1。(16)

御：庶 8 據 7 豫 4 慮 1 絮 1 御 1 預 1 助 1 箭 1。(25)

虞韻　共有 138 條，除去重複和小韻相同的，有效反切 56 條。虞僅合三。

1)韻類字表：

虞：于 10 俱 4 無 1 扶 1 踰 1 朱 1。(18)

麌：羽 7 禹 3 主 2 甫 1 府 1 矩 1 庾 1。(16)

遇：具 8 喻 5 樹 3 付 2 句 2 務 1 住 1。(22)

2)虞魚混切 1 條：慮(力具反)，《廣韻》良倨切。

模韻　共有 133 條，除去重複和小韻相同的，有效反切 27 條。模僅合一。

韻類字表：

模：胡 6 姑 1。(7)

姥：戶 7 古 1。(8)

暮：故 8 固 2 護 2。(12)

魚虞 1 條混切，混切率 0.8%，各韻應分立。

4.蟹攝

蟹攝九韻：齊、祭、泰、佳、皆、夬、灰、咍、廢。除灰、咍是開合分韻外，都是開合口合韻。其中，祭、泰、夬、廢是 4 個去聲韻。共有反切 536 條，除去重複和小韻相同的，有效反切 188 條。

齊韻　共有 197 條，除去重複和小韻相同的，有效反切 54 條。"/"前是開四，後是合四。

韻類字表：

齊：奚 14 溪 2 兮 2 迷 1 齊 1/攜 2 圭 1。(23)

薺：禮 3 弟 2/(無)。(5)

霽：計 17 系 4 詣 2 係 1 細 1 繼 1/(無)。(26)

祭韻　共有 51 條，除去重複等，有效反切 20 條。"/"前是開三，後是合三。

1)韻類字表：

祭：例 7 制 4 厲 1/銳 4 芮 2 歲 1 衛 1。(20)

2)祭月混切 1 條：朅(丘例反)，《廣韻》丘竭切。

泰韻　共有 38 條,除去重複和小韻相同的,有效反切 12 條。"/"前是開一,後是合一。

1)韻類字表:

泰:蓋 5 大 2 艾 1 帶/外 4。(12)

2)泰咍混切 1 條:貸(土帶反),《廣韻》他代切。

佳韻　共有 25 條,除去重複和小韻相同的,有效反切 16 條。"/"前是開二,後是合二。

韻類字表:

佳:佳 2/媧 2 蛙 1 娃 1。(6)

蟹:蟹 2/(無)。(2)

卦:懈 7/卦 1。(8)

皆韻　共有 26 條,除去重複,有效反切 18 條。"/"前是開二,後是合二。

1)韻類字表:

皆:皆 1/朏 1。(2)

駭:駭 2/(無)。(2)

怪:介 4 拜 2 界 2 戒 1 芥 1/怪 4。(14)

2)怪夬混切 2 條:

蕫(丑界反),《廣韻》丑犗切。　　喝(一介反),《廣韻》於犗切。

灰韻　共有 128 條,除去重複和小韻相同的,有效反切 40 條。灰僅合一。

1)韻類字表:

灰:回 10 迴 1。(11)

賄:賄 10。(10)

隊:内 13 對 4 悔 1 昧 1。(19)

2)灰咍混切 2 條:

槩(工内反),《廣韻》古代切。　　倍(步賄反),《廣韻》薄亥切。

3)灰皆混切 1 條:崴(一迴反),《廣韻》乙皆切。

4)灰豪混切 1 條:夒(乃回反),《廣韻》奴刀切。

咍韻　共有 64 條,除去重複和小韻相同的,有效反切 24 條。咍僅開一。

韻類字表:

咍:來 3 才 2 材 1。(6)

海:在 2 改 2 待 1。(5)

代:代 10 戴 3。(13)

廢韻　共有 7 條,除去重複,有效反切 4 條。"/"前是開三,後是合三。
韻類字表:

廢:乂 1/廢 1 喙 1 穢 1。(4)

除夬韻外,齊、祭、泰、佳、皆、灰、咍、廢 7 韻分立。夬韻字少,顏師古兩個夬韻字都注怪韻,怪、夬的反切 14 條,混切率 14.3%。由於例少,是否顏師古不分怪夬,存疑。咍灰混切 2 條,聲母一是脣音,脣音一般不分開合口;一是牙音,牙音是鈍音,易滋生合口介音,也可能有方音的因素。灰咍混的例相對較少,顏師古基本能分開合。

5.臻攝

臻攝八韻:真、諄、臻、文、欣、元、魂、痕。其中《切韻》《刊謬補缺切韻》真諄開合同韻。

真、臻、痕,《韻鏡》列開口,《七音略》爲重中重。但實際上真是開合同韻。諄、魂,《韻鏡》《七音略》是合口。韻圖欣是開口獨韻,文是合口獨韻,元是開合口合韻。

臻攝共有反切 483 條,除去重複等,實際有效反切 191 條。

真韻　共有 112 條,除去重複和小韻相同的,有效反切 52 條。"/"前是開三,後是合三。

1)韻類字表:

真:人 9 巾 7 真 1 旻 1/(無)。(18)

軫:忍 6 閔 2/(無)。(8)

震:刃 7 覲 1/(無)。(8)

質:乙 6 一 3 密 3 必 2 日 2 失 1/筆 1。(18)

2)真臻混切 2 條:

榛(側巾反),《廣韻》側詵切。　　仡(魚乙反),《廣韻》魚迄切。

諄韻　共有 39 條,除去重複和小韻相同的,有效反切 24 條。諄僅合三。

韻類字表:

諄:旬 3 倫 2 輪 1 春 1 均 1 純 1。(9)

準:允1。（1）

稕:峻2閏1俊1。（4）

術:出4律3聿2怵1。（10）

臻韻　共有1條。臻韻有平入，無上去。臻僅開三。

1)韻類字表:

臻:臻1。（1）

2)真臻混切1條:榛（士人反、側巾反，又士臻反），《集韻》鋤臻切。

文韻　共有113條，除去重複和小韻相同的，有效反切24條。文僅合三。

韻類字表:

文:云3分1。（4）

吻:粉5吻1。（6）

問:問4。（4）

物:勿9物1。（10）

欣韻　共有27條，除去重複和小韻相同的，有效反切12條。欣僅開三。

韻類字表:

欣:斤1。（1）

隱:謹2隱1。（3）

焮:靳4。（4）

迄:乞4。（4）

元韻　共有151條，除去重複和小韻相同的，有效反切35條。"/"前是開三，後是合三。

1)韻類字表:

元:言3/元8爰1袁1。（13）

阮:偃4/遠5阮5晚1。（15）

願:（無）/萬2。（2）

月:謁2/月2伐1。（5）

2)元仙混切6條:

甂（牛偃反），《廣韻》魚騫切。　㮗（人阮反），《廣韻》而兗切。

涓（一元反），《廣韻》於緣切。　選（先阮反），《廣韻》思兗切。

剸（章阮反），《廣韻》旨兗切。　雋（辭阮反、字阮反），《廣韻》徂兗切。

3)元桓混切1條:潘（甫元反），《廣韻》普官切。

　　魂韻　共有 37 條,除去重複和小韻相同的,有效反切 41 條。魂僅合一。

1)韻類字表:

魂:門 5 昆 2 溫 2 敦 1。(10)

混:本 10 門 2。(12)

慁:頓 8 困 2。(10)

没:忽 4 骨 3 兀 2。(9)

2)魂文混切 1 條:坋(蒲頓反),《廣韻》扶問切。

　　痕韻　共有 3 條,除去重複,有效反切 2 條。痕僅開一。

痕:恩 2。(2)

　　另外,王三痕韻字平聲 9 字 5 小韻,上聲 5 字 3 小韻,去聲 4 字 3 小韻,入聲無,總計 18 被注字 11 小韻。《廣韻》痕韻字也很少,僅 12 小韻。因而,顏師古反切中痕韻的字少,不足爲怪。

　　臻攝 8 韻,痕韻字太少,真、臻有混併的跡象,但總的來説,各韻應分立。王三在韻目"臻"下小注:"吕、陽、杜與真同,夏侯別,今依夏侯。"顏師古介於吕静(《韻集》)、陽休之(《韻略》)、杜臺卿(《韻略》)、夏侯該(《韻略》)之間,整體上看與夏侯該相同。

　　6.山攝

　　山攝六韻:寒、桓、删、山、先、仙。《切韻》《刊謬補缺切韻》寒桓開合同韻。韻圖山、删、仙、先,開合口合韻。山攝 6 韻,四等齊備,開合清楚。

　　山攝共有反切 737 條,除去重複和小韻相同的,實際有效反切 296 條。

　　寒韻　共有 112 條,除去重複和小韻相同的,有效反切 55 條。寒僅開一。

1)韻類字表:

寒:安 9 丹 3 干 1 韓 1。(14)

旱:旱 3 但 1 亶 1。(5)

翰:旦 6 幹 3 漢 1 翰 1。(11)

曷:曷 13 葛 10 割 2。(25)

2)寒桓混切 12 條:

眜(莫葛反、莫曷反),《廣韻》莫撥切。　　漫(莫干反),《廣韻》莫半切。

潘(普安反),《廣韻》普官切。　　鏝(莫干反),《廣韻》莫半切。

縵(莫漢反、莫幹反),《廣韻》莫半切。　　　發(步葛反),《廣韻》蒲撥切。

拔(步曷反、步葛反),《廣韻》蒲撥切。　　　胈(步曷反),《廣韻》蒲撥切。

瞞(莫干反、末安反),《廣韻》母官切。　　　茇(步葛反),《廣韻》蒲撥切。

曼(莫安反),《廣韻》母官切。　　　　　　　謾(莫干反),《廣韻》母官切。

桓韻　共有 101 條,除去重複和小韻相同的,有效反切 36 條。桓僅合一。

1)韻類字表:

桓:官 6 端 3 丸 1。(10)

緩:短 1 管 1。(2)

換:喚 3 焕 2 館 2 貫 1 半 1。(9)

末:活 9 括 2 闊 2 奪 1 末 1。(15)

2)桓删混切 1 條:綄(胡管反),《廣韻》戶板切。

删韻　共有 40 條,除去重複和小韻相同的,有效反切 25 條。“/”前是開二,後是合二。

1)韻類字表:

删:姦 2 顏 1/頑 2 還 1 關 1。(7)

潸:板 3/版 1 板 1。(5)

諫:諫 3/宦 2 串 1。(6)

黠:黠 4/滑 1 八 1 拔 1。(7)

2)切下字“板版”的開合問題:“板、版”是脣音字,顏師古的反切中它們可開可合。綰(烏板反、烏版反)中,是合口;憪(下板反)、赧(女版反)、昄(普板反)、阪(府板反)中,是開口。

3)删桓混切 1 條:貫(工宦反),《廣韻》古玩切。

山韻　共有 36 條,除去重複和小韻相同的,有效反切 8 條。“/”前是開二,後是合二。

1)韻類字表:

山:閑 1/(無)。(1)

產:限 2/(無)。(2)

襉:莧 3/(無)。(3)

鎋:轄 1/刮 1。(2)

2)山删混切 1 條:矕(莫限反),《廣韻》武板切。

先韻　共有 159 條,除去重複和小韻相同的,有效反切 57 條。"/"前是開四,後是合四。

1)韻類字表:

先:千 5 賢 3 先 2 堅 2 田 1 顛 1 肩 1/玄 3。(18)

銑:典 5/犬 2。(7)

霰:見 12 薦 1 電 1/眄 1 縣 1。(16)

屑:結 11 頰 1/穴 3 決 1。(16)

2)先仙混切 4 條:

辨(步見反),《廣韻》符蹇切。　　梗(步田反),《廣韻》房連切。

緶(步千反),《廣韻》房連切。　　綫(思薦反),《廣韻》私箭切。

仙韻　共有 289 條,除去重複,有效反切 115 條。"/"前是開三,後是合三。

1)韻類字表:

仙:連 9 延 6/全 6 專 5 緣 3 權 3 圓 3 椽 2。(37)

獮:善 7 展 3 踐 2 免 2 淺 2/兗 13 臠 1。(30)

線:戰 4 扇 3 繕 1 羨 1 箭 1 面 1/掾 3 戀 2 絹 1。(17)

薛:列 15 烈 1 舌 1/悅 7 說 3 劣 3 閱 1。(31)

2)仙元混切 2 條:

犍(其連反),《廣韻》渠焉切。　　郾(一戰反、一扇反),《廣韻》於建切。

3)仙先混切 2 條:

傻(先列反),《廣韻》先結切。　　臬(牛列反、魚列反),《廣韻》五結切。

4)仙刪混切 1 條:鍛(山列反),《廣韻》所八切。

山攝 6 韻分立,但寒桓、刪山、先仙有混併的跡象。寒、桓混切 12 例,都是脣音字,表明脣音字不分開合口,可間接證明寒桓是開合口的差異。先仙混切 6 例,混切率 3.5%,先仙應分立。仙元混切 8 例,混切率 5.3%,元仙應分立。

7.效攝

效攝四韻:蕭、宵、肴、豪,四等齊備。宵韻的部分重紐字,《韻鏡》列外轉第二十六合,但《磨光韻鏡》《新增韻鏡易解大全》等作開,《七音略》是重中重,也是開口。效攝都是開口。

效攝共有反切 495 條,除去重複和小韻相同的,實際有效反切 169 條。

蕭韻　　共有 93 條,除去重複和小韻相同的,有效反切 34 條。蕭僅開四。

韻類字表:

蕭:堯 6 彫 3 聊 2 遼 1 幺 1 雕 1 凋 1。(15)

篠:了 10 鳥 1。(11)

嘯:釣 7 弔 1。(8)

宵韻　　共有 165 條,除去重複和小韻相同的,有效反切 60 條。宵僅開三。

1)韻類字表:

宵:遙 9 昭 7 驕 6 消 2 姚 1 朝 1 搖 1 招 1。(28)

小:小 6 少 2 紹 1 表 1。(10)

笑:笑 8 召 7 妙 3 照 1 邵 1 孝 1 教 1。(22)

2)宵蕭混切 2 條:

漻(來朝反),《廣韻》落蕭切。　　剿(子小反),《廣韻》子了切。

3)宵幽混切 1 條:幼(一笑反),《廣韻》伊謬切。

4)宵尤混切 1 條:髟(許昭反),《廣韻》許尤切。

肴韻　　共有 72 條,除去重複和小韻相同的,有效反切 30 條。肴僅開二。

韻類字表:

肴:交 14。(14)

巧:巧 1 絞 1。(2)

效:孝 6 教 5 效 2 校 1。(14)

豪韻　　共有 165 條,除去重複和小韻相同的,有效反切 45 條。豪僅開一。

1)韻類字表:

豪:高 13 牢 1 勞 1 曹 1。(16)

晧:老 8 早 3 保 1 倒 1 考 1。(14)

号:到 14 報 1。(15)

2)豪宵混切 1 條:隝(丁老反),《廣韻》都了切。

宵、蕭混切 2 例,混切率 2.1%,宵、蕭應分立。豪、宵混切 1 例,孤證不立。其他無混切,界限分明。

8.果攝

果攝有歌、戈二韻。歌,《韻鏡》是合,邵雍《皇極經世聲音圖》是闢,《韻鏡古義標注》《磨光韻鏡》等爲開,《七音略》是重中重,所以歌是開口。戈,韻圖是合口,但部分三等字是開口。

果攝共有反切 134 條,除去重複和小韻相同的,有效反切 47 條。

歌韻　共有 79 條,除去重複和小韻相同的,有效反切 26 條。歌僅開一。

1)韻類字表:

歌:何 9 河 5 多 1。(15)

哿:可 6 我 1。(7)

箇:賀 4。(4)

2)歌戈混切 4 條:

頗(普我反),《廣韻》普火切。　　　　麼(莫可反),《廣韻》亡果切。

頗(普河反、普何反),《廣韻》滂禾切。　蟠(蒲何反),《廣韻》薄波切。

3)歌桓混切 1 條:酇(才多反),《廣韻》在丸切。

歌桓主元音相同,韻尾-n 弱化丢失,齒頭音的合口介音丢失,在古今方音中都分布較廣。

戈韻　共有 55 條,除去重複,有效反切 21 條。"/"前是合一,"//"前是開三,"//"後是合三。

韻類字表:

戈:戈 4 和 2 禾 1/(無)//(無)。(7)

果:果 6 坐 1/(無)//(無)。(7)

過:臥 7/(無)//(無)。(7)

歌戈混切 4 條,混切率 8.5％,歌戈分立。隋唐時期,歌戈主元音無別,二者開合同韻,如《切三》;也作開合分韻,如《廣韻》。顏師古戈韻只有合一,與《切韻》類似,可作開合同韻。《廣韻》開合分韻可能與戈有開三、合三有關。

9.假攝

假攝僅有麻韻,《韻鏡》列二九開、三十合,是開合口合韻。

麻韻　共有反切 109 條,除去重複,有效反切 47 條。"/"前是開二,"//"前是開三,"//"後是合二。

1)韻類字表:

麻:加 7 遐 1 牙 1 巴 1/奢 1 遮 1 嗟 1//瓜 2 花 1 華 1。(17)

馬:雅 3 馬 2 下 1/野 1 者 1//寡 1。(9)

禡:亞 5 駕 4 暇 2 嫁 1 稼 1/夜 2 据 1 舍 1 庶 1//化 3。(21)

2)麻魚混切 1 條:御(五駕反),《廣韻》牛倨切。

10. 宕攝

宕攝二韻:陽、唐。《韻鏡》陽、唐是開合口合韻。共有反切 486 條,除去重複和小韻相同的反切,實際有效反切 133 條。

陽韻 共有 234 條,除去重複和小韻相同的,有效反切 66 條。"/"前是開三,後是合三。

1)韻類字表:

陽:羊 4 良 4 常 1 張 1/方 1。(11)

養:兩 5 掌 2 丈 2 養 1/往 4。(14)

漾:亮 8 向 8 尚 2 上 1,直音 1/放 1。(21)

藥:略 9 若 3 灼 2 弱 1 削 1 藥 1/縛 2 略 1。(20)

2)開合混切 1 條:玃(俱略反),《廣韻》居縛切。"玃"是合口,而"略"本是開口,現代漢語普通話讀合口。

唐韻 共有 252 條,除去重複,有效反切 67 條。"/"前是開一,後是合一。

1)韻類字表:

唐:郎 12 剛 2/光 1 黃 1 王 1。(17)

蕩:朗 8 莽 2/廣 2。(12)

宕:浪 9/(無)。(9)

鐸:各 19/各 6 郭 3 钁 1。(29)

2)唐陽混切 2 條:

坱(於兩切),《廣韻》烏朗切。 軮(烏朗切),《廣韻》於兩切。

3)鐸陌混切 1 條:索(山各反),《廣韻》山戟切。

陽唐混切 2 例,洪細混,大概是方音的反映。總的説來,陽唐界限分明。另外,江陽不混切,表明顏師古的江韻未走向陽韻。

11. 梗攝

梗攝四韻:庚、耕、清、青。除一等外,二、三、四等齊備。《韻鏡》四韻是開合口合韻。共有反切 479 條,除去重複和小韻相同的反切,實際有效反切 147 條。

庚韻 共有 274 條,除去重複和小韻相同的,有效反切 44 條。"/"前是開二,"//"前是開三,"//"後是合二,"///"後是合三。

1)韻類字表：

庚:庚 8 衡 6 行 4/京 2//(無)///榮 1 煢 1。(22)

梗:杏 1/(無)//(無)///永 2。(3)

映:孟 3 更 2/命 1 敬 1//(無)///(無)。(7)

陌:客 7 白 1 百 1 伯 1 格 1/(無)//虢 1///(無)。(12)

2)庚二庚三混切 1 條:索(山客反),《廣韻》山戟切。

3)庚二耕混切 2 條:

滇(丈庚反),《廣韻》宅耕切。　　嚶(於行反),《廣韻》烏莖切

4)庚三清混切 1 條:扃(工榮反、工煢反),《廣韻》古螢切。

耕韻　共有 42 條,除去重複和小韻相同的,有效反切 24 條。"/"前是開二,後是合二。

1)韻類字表：

耕:耕 9 莖 2 萌 1/宏 2。(14)

耿:幸 1 耿 1/(無)。(2)

麥:革 3 厄 2 隔 1 麥 1/獲 1。(8)

2)耕庚二混切 2 條:

郠(莫耿反),《廣韻》莫幸切。　　磅(普萌反),《廣韻》撫庚切。

3)耕青混切 1 條:鏚(普革反),《廣韻》普擊切。

清韻　共有 89 條,除去重複和小韻相同的,有效反切 38 條。"/"前是開三,後是合三。

1)韻類字表：

清:成 4 盈 1 征 1/營 1 鐀 1。(8)

靜:井 2 領 1 整 1/(無)。(4)

勁:政 3 姓 2 性 2/(無)。(7)

昔:亦 7 益 4 石 3 赤 2 碧 2 尺 1/(無)。(19)

2)清庚三混切 2 條:

省(所領反),《廣韻》所景切。　　眚(所領反),《廣韻》所景切。

3)清青混切 2 條:

酈(郎益反),《廣韻》郎擊切。　　濴(胡鐀反),《集韻》玄扃切。

4)清唐混切 1 條:厝(麤亦反),《廣韻》倉各切。

青韻　共有 74 條,除去重複和小韻相同的,有效反切 41 條。"/"前是開四,後是合四。

1)韻類字表:

青:丁 4 經 2 零 1 瞑 1/(無)。(8)

迥:鼎 5/迥 1。(6)

徑:定 3/(無)。(3)

錫:歷 14 狄 6 擊 1 的 1/覓 1 鶪 1。(24)

2)青清混切 1 條:磧(千狄反);《廣韻》七迹切。

庚攝四韻,庚二和耕、庚三和清、清和青有混併的跡象,但總的來説各韻分立。庚二、耕混切 4 例,表明庚二、耕分立,但有合併的跡象。與《經典釋文》(邵榮芬 1995)同,與《玉篇》(周祖謨 1966)、《博雅音》(丁鋒)異。清、青混切 3 例,混切率低,界限分明,有混併的跡象。庚三、清混切 3 例,混切率低,界限分明,但有混併的跡象。與《經典釋文》(邵榮芬 1995)、《博雅音》(丁鋒)異。

12.曾攝

曾攝二韻:蒸、登。《韻鏡》蒸、登列於最後二圖。蒸的平上去聲是開口,入聲是開合口合韻;登是開合口合韻。共有反切 113 條,除去重複和小韻相同的反切,實際有效反切 33 條。曾攝無混切,曾、登應分立。

蒸韻　共有 71 條,除去重複和小韻相同的,有效反切 18 條。"/"前是開三,後是合三。

韻類字表:

蒸:冰 1 陵 1。(2)

證:證 3 孕 3。(6)

職:力 7 逼 1 職 1/域 1。(10)

登韻　共有 42 條,除去重複和小韻相同的,有效反切 15 條。"/"前是開一,後是合一。

韻類字表:

登:登 2/(無)。(2)

等:等 1 肯 1/(無)。(2)

嶝:鄧 2 贈 1/(無)。(3)

德:得 5 北 2 克 1/(無)。(8)

13. 流攝

流攝三韻:尤、侯、幽,《韻鏡》列內轉三十七開,都是開口。共有反切207 條,除去重複和小韻相同的反切,實際有效反切 95 條。

尤韻　　共有 94 條,除去重複和小韻相同的,有效反切 49 條。尤僅開三。

1)韻類字表:

尤:由 6 流 4 求 3 留 2 牛 1 修 1 周 1。(18)

有:九 6 誘 2 受 1。(9)

宥:救 11 授 4 就 3 究 2 富 1 又 1。(22)

2)尤侯混切 1 條:貿(武又反),《廣韻》莫候切。

侯韻　　共有 86 條,除去重複和小韻相同的,有效反切 35 條。侯僅開一。

1)韻類字表:

侯:侯 9。(9)

厚:口 5 后 3 垢 2 吼 1 苟 1 後 1。(13)

候:豆 5 搆 4 候 3 彀 1。(13)

2)侯虞混切 1 條:陋(來口反),《廣韻》力主切。

3)侯尤混切 2 條:

優(一侯反),《廣韻》於求切。　　鍪(莫侯反),《廣韻》莫浮切。

幽韻　　共有 27 條,除去重複和小韻相同的,有效反切 11 條。幽僅開三。

1)韻類字表:

幽:虯 6 幽 1。(7)

黝:糾 2。(2)

幼:幼 2。(2)

2)幽尤混切 3 條:

休(虛虯反),《廣韻》於求切。　　樛(力幽反),《廣韻》力求切。

摎(居虯反),《廣韻》力求切。

尤、侯、幽界限分明,但三等重韻尤、幽有混併的跡象;尤韻的一部分三等字(特別是脣音)變一等侯韻。尤、幽混切 3 例,界限基本分明,與《玉篇》(周祖謨 1966)同,與《博雅音》(丁鋒,尤、幽合)和《經典釋文》(邵榮芬

1995,尤、幽分)異。侯、尤混切 3 例,混切率 3.6％。其中 2 例是明母,明母的尤韻已在走向侯韻,由細變洪,《集韻》把尤三的明母字都併入侯韻是徹底完成的標識(邵榮芬 2011)。侯、虞混切 1 例,它是隋唐時期秦晉方音的反映(李華斌)。

14.深攝

深攝:侵,《韻鏡》列内轉第三十八合,但邵雍《皇極經世聲音圖》作闢,《韻鏡古義標注》作開,《七音略》是重中重,所以作開口。

侵韻 共有 80 條,除去重複和小韻相同的,有效反切 25 條。侵僅開三。

1)韻類字表:

侵:金 1 禽 1 心 1 尋 1 今 1。(5)

寑:錦 3 甚 3。(6)

沁:禁 7 浸 1 衽 1 鴆 1。(10)

緝:及 2 入 2。(4)

2)緝職混切 1 條:翊(弋入反),《廣韻》如職切。

15.咸攝

咸攝八韻:覃、談、鹽、添、咸、銜、嚴、凡。談、銜、嚴、鹽,《韻鏡》列外轉第四十合,《七音略》是外轉重中輕,楊軍校爲開口。本攝除凡韻外,都是開口。共有反切 329 條,除去重複和小韻相同的反切,實際有效反切 143 條。

覃韻 共有 70 條,除去重複和小韻相同的,有效反切 26 條。覃僅開一。

韻類字表:

覃:含 6。(6)

感:感 7。(7)

勘:紺 3 闇 1。(4)

合:合 9。(9)

談韻 共有 59 條,除去重複和小韻相同的,有效反切 34 條。談僅開一。

韻類字表:

談:甘 8。(8)

敢:敢 7 覽 1。(8)

闞:濫 6。(6)

盍:盍 9 臘 3。(12)

鹽韻 共有 133 條,除去重複和小韻相同的,有效反切 43 條。鹽僅開三。

1)韻類字表:

鹽:廉6占5炎2瞻1。(14)

琰:冉4琰1儉1。(6)

豔:贍5占2艷1漸1。(9)

葉:涉10葉2輒1獵1。(14)

2)鹽添混切1條:攝(女涉反),《廣韻》女協切。

3)鹽侵混切1條:執(之涉反),《廣韻》之入切。

4)鹽葉混切1條:猒(一涉反),《廣韻》一鹽切。平入混,陰入對轉。

5)鹽銜混切1條:彡(所廉反),《廣韻》一鹽切。

添韻　共有24條,除去重複和小韻相同的,有效反切17條。添僅開四。

1)韻類字表:

添:兼5。(5)

忝:簟3點2。(5)

㮇:念1。(1)

怗:頰3協1俠1牒1。(6)

2)添鹽混切4條:

檿(一簟反、烏簟反),《廣韻》於琰切。　厭(烏點反),《廣韻》於琰切。

黶(烏點反),《廣韻》於琰切。　燖(似兼反),《廣韻》徐鹽切。

咸韻　共有12條,除去重複等,有效反切8條。咸僅開二。

1)韻類字表:

咸:咸4。(4)

豏:減1。(1)

洽:夾2洽1。(3)

2)咸銜混切2條:

嚵(士咸反),《廣韻》鋤銜切。　攙(初咸反),《廣韻》楚銜切。

銜韻　共有18條,除去重複等,有效反切10條。銜僅開二。

韻類字表:

銜:銜4。(4)

狎:甲5狎1。(6)

嚴韻　共有13條,除去重複等,有效反切5條。嚴僅開三。

1) 韻類字表：

釅:劍 3。（3）

業:業 2。（2）

2) 嚴凡混切 1 條:氾（敷劍反），《廣韻》孚梵切。"氾"是脣音字,脣音不分開合口。

咸攝八韻,除凡韻無反切外,其他各韻分立,咸銜、鹽添有合併的跡象,鹽、添混切 5 例,混切率 8.3%,鹽、添應分立。咸、銜混切 2 例,混切率 11%,咸、銜應分立。

通過系聯韻類,歸納韻母系統,可得出如下結論:

(1)韻類。與 206 韻相比,缺宋、夬、櫛、很、恨、諍、拯、陷、檻、鑑、嚴、儼、凡、范、梵、乏 16 韻反切音注。顏師古反切音系共 190 韻。

(2)韻母。如果不計算重紐韻,與《廣韻》相比,少了 æi(夬開二)、uæi(夬合二)、iwɛn(真合三)、iet(櫛開三)、wæn(山合二)、iɑ(戈開三)、iuɑ(戈合三)、wɐŋ(庚合二)、iwɐk(陌合三)、iwɛk(昔合三)、uəŋ(登合一)、uək(德合一)、iwɐm(凡合三)、iwɐp(乏合三)15 個韻母。顏師古反切音系實際爲 127 個韻母。

(3)混切與合併。支脂、支之、之微、魚虞、怪夬、真臻、先仙、元仙、蕭宵、歌戈、庚二耕、清青、庚三清、尤幽、尤侯(脣音字)、咸銜、鹽添有混併現象,但大類基本分明。

顏師古反切的 190 韻 127 韻母表

攝	韻母數	平	上	去	入
通	4	東 uŋ iuŋ	董 uŋ	送 uŋ iuŋ	屋 uk iuk
	2	冬 uoŋ		(宋)	沃 uok
	2	鍾 iwoŋ	腫 iwoŋ	用 iwoŋ	燭 iwok
江	2	江 ɔŋ	講 ɔŋ	絳 ɔŋ	覺 ɔk
止	2	支 ie iwe	紙 ie iwe	寘 ie iwe	
	2	脂 i wi	旨 i wi	至 i wi	
	1	之 iə	止 iə	至 iə	
	2	微 iəi iwəi	尾 iəi iwəi	未 iəi iwəi	

續表

攝	韻母數	平	上	去	入
遇	1	魚 io	語 io	御 io	
	1	虞 iu	麌 iu	遇 iu	
	1	模 u	姥 u	暮 u	
蟹	2	齊 iei iwei	薺 iei	霽 iei iwei	
	2			祭 iɛi iwɛi	
	2			泰 ɑi uɑi	
	2	佳 ai wai	蟹 ai	卦 ai wai	
	2	皆 ɐi wɐi	駭 ɐi	怪 ɐi wɐi	
	0			(夬)	
	1	灰 uɒi	賄 uɒi	隊 uɒi	
	1	咍 ɒi	海 ɒi	代 ɒi	
	2			廢 iɐi iwɐi	
臻	3	真 iĕn	軫 iĕn	震 iĕn	質 iĕt iwĕt
	2	諄 iuĕn	準 iuĕn	稕 iuĕn	術 iuĕt
	1	臻 ien			(櫛)
	2	文 iuən	吻 iuən	問 iuən	物 iuət
	2	欣 iən	隱 iən	焮 iən	迄 iət
	4	元 iɐn iwɐn	阮 iɐn iwɐn	願 iwɐn	月 iɐt iwɐt
	2	魂 uən	混 uən	慁 uən	没 uət
	1	痕 ən	(很)	(恨)	(没)
山	2	寒 ɑn	旱 ɑn	翰 ɑn	曷 ɑt
	2	桓 uɑn	緩 uɑn	换 uɑn	末 uɑt
	4	删 an wan	潸 an wan	諫 an wan	黠 at wat
	3	山 æn	産 æn	裥 æn	鎋 æt wæt
	4	先 ien iwen	銑 ien iwen	霰 ien iwen	屑 iet iwet
	4	仙 iɛn iwɛn	獮 iɛn iwɛn	線 iɛn iwɛn	薛 iɛt iwɛt

續表

攝	韻母數	平	上	去	入
效	1	蕭 ieu	篠 ieu	嘯 ieu	
	1	宵 iɛu	小 iɛu	笑 iɛu	
	1	肴 au	巧 au	效 au	
	1	豪 ɑu	晧 ɑu	号 ɑu	
果	1	歌 ɑ	哿 ɑ	箇 ɑ	
	1	戈 uɑ	果 uɑ	過 uɑ	
假	3	麻 a ia wa	馬 a ia wa	禡 a ia wa	
宕	4	陽 iaŋ iwaŋ	養 iaŋ iwaŋ	漾 iaŋ iwaŋ	藥 iak iwak
	4	唐 ɑŋ uɑŋ	蕩 ɑŋ uɑŋ	宕 ɑŋ	鐸 ak uak
梗	5	庚 ɐŋ iɐŋ iwɐŋ	梗 ɐŋ iwɐŋ	映 ɐŋ iɐŋ	陌 ɐk wɐk
	4	耕 ɐŋ wɐŋ	耿 ɐŋ	(諍)	麥 æk wæk
	3	清 iɛŋ iwɛŋ	靜 iɛŋ	勁 iɛŋ	昔 iɛk
	4	青 ieŋ	迥 ieŋ iweŋ	徑 ieŋ	錫 iek iwek
曾	3	蒸 iəŋ	(拯)	證 iəŋ	職 iək iwək
	2	登 əŋ	等 əŋ	嶝 əŋ	德 ək
流	1	尤 iəu	有 iəu	宥 iəu	
	1	侯 əu	厚 əu	候 əu	
	1	幽 iəu	黝 iəu	幼 iəu	
深	2	侵 iəm	寑 iəm	沁 iəm	緝 iəp
咸	2	覃 ɒm	感 ɒm	勘 ɒm	合 ɒp
	2	談 ɑm	敢 ɑm	闞 ɑm	盇 ɑp
	2	鹽 iɛm	琰 iɛm	艷 iɛm	葉 iɛp
	2	添 iem	忝 iem	㮇 iem	怗 iep
	2	咸 ɐm	豏 ɐm	(陷)	洽 ɐp
	2	銜 am	(檻)	(鑑)	狎 ap
	2	(嚴)	(儼)	釅 iɐm	業 iɐp
	0	(凡)	(范)	(梵)	(乏)

（四）通語與方音。《顏氏家訓·音辭》:"北人以庶（御）爲戍（遇），以如（魚）爲儒（虞），以紫（紙）爲姊（旨），以洽爲狎。"《切韻·序》:"又支脂魚虞，共爲一韻。"表明當時北方通語已不分魚虞、支脂、咸銜。而顏師古的魚虞、支脂、咸銜混切率都不高，表明他能區分魚虞、支脂、咸銜，與北方通語有別，大概是有意審音的結果。顏師古反切音系中有少量的洪細不分、侯虞混切等現象，應是底層方音的殘留。

第三節　調類考辨

1.濁上變去　一般認爲全濁上聲變去聲，大約在唐代（9、10 世紀）就開始了，但直到《中原音韻》才把全濁上聲字跟相關的去聲字看成同音字而編排在一起。就濁上變去的時間上限而言，可能有些偏晚。

顏師古反切中，有《廣韻》是濁上，他是濁去和清去的。能確認的和疑似的濁上變去共 12 例，如下:

（1）奉（扶用反），《廣韻》扶隴切。顏師古濁去，《廣韻》濁上。

（2）重（直用反），《廣韻》直隴切。顏師古濁去，《廣韻》濁上。

（3）並（本字爲傍，步浪反），《廣韻》蒲迴切。顏師古濁去，《廣韻》濁上。

（4）沆（胡浪反），《廣韻》胡朗切。顏師古濁去，《廣韻》濁上。

（5）阱（才性反、材性反），《廣韻》疾郢切。顏師古濁去，《廣韻》濁上。

（6）辨（步見反），《廣韻》符蹇切。顏師古濁去，《廣韻》濁上。

（7）廌（丈介反），《廣韻》宅買切。顏師古濁去，《廣韻》濁上。

（8）拕（土賀反、吐賀反），《廣韻》徒可切。顏師古清去，《廣韻》濁上。

（9）靜（才性反），《廣韻》疾郢切。顏師古濁去，《廣韻》濁上。

（10）杖（直亮反），《廣韻》直兩切。顏師古濁去，《廣韻》濁上。

（11）序（似豫反），《廣韻》徐呂切。顏師古濁去，《廣韻》濁上。

（12）重（竹用反），《廣韻》直隴切。顏師古清去，《廣韻》濁上。

全濁聲母的上聲字共 236 個，上聲字數量與變去聲者分布如下:

全濁聲母	群	定	澄	並	從	船/禪	崇	匣/于	邪	
上聲總數（條）	28	33	11	65	31	22	0	41	5	236
變去的數量（條）	0	1	4	3	2	1	0	1	0	12
變去的比率（%）	0	3	36.4	4.6	6.5	4.5	0	2.4	0	5.1

濁上變去的比率爲 5.1%，已顯濁上變去的端倪。顏師古的全濁上聲作爲一類，應獨立存在。另外還有 7 例，顏師古反切是濁上，而《廣韻》是清去或濁去，也可反證濁上並未全部發生位移，如下：

(1)黃（才忍反），《廣韻》徐刃切。顏師古濁上，《廣韻》濁去。

(2)敦（徒本反），《廣韻》都困切。顏師古濁上，《廣韻》清去。

(3)拕（徒可反），《廣韻》吐邏切。顏師古濁上，《廣韻》清去。

(4)絧（徒孔反），《廣韻》徒弄切。顏師古濁上，《廣韻》濁去。

(5)祝（之受反），《廣韻》職救切。受，《廣韻》殖酉（禪有）切，變去後，之受反與職救切音同。

(6)柂（大可反），《廣韻》土邏切。顏師古濁上，《廣韻》清去。

(7)潢（胡廣反），《廣韻》乎曠切。顏師古濁上，《廣韻》濁去。

2.平分陰陽　平分陰陽大約在唐代就已開始[①]，但直到《中原音韻》才明確把平聲分爲陰陽兩個調類。由於時間上限在唐代，所以考察顏師古平分陰陽的情況有價值。

平分陰陽的條件：清聲母變陰平，濁聲母變陽平。清包括全清、次清，濁包括全濁、次濁。由於全清、次清、次濁聲母，中古到現代普通話的清濁、送氣等無變化，即使發音部位有變也不影響清濁變化，所以考察中古平分陰陽從全濁聲母方面切入。

顏師古反切中，平分陰陽疑似 4 例，如下：

(1)卷（去權反），《廣韻》巨員切，群母。

權，《廣韻》巨員切，群母。全濁平聲，今讀陽平。去，溪母。

(2)櫼（初咸反），《廣韻》士咸切，崇母。

咸，《廣韻》胡讒切，匣母，全濁平聲，今讀陽平。初，初母。

(3)蹲（千旬反），《廣韻》徂尊切，從母。

旬，《廣韻》詳遵切，邪母，全濁平聲，今讀陽平。千，溪母。

(4)嬪（匹人反），《廣韻》符真切，並母。

人，日母，次濁，今讀陽平。匹，滂母。

上述四例，切上字已變清聲母，切下字選用濁聲母的平聲字，可能平分陰陽了。

---

①周祖謨《關於唐代方言中四聲讀法之一些資料》（《語言學論叢》第二輯，1958）。

　　顔師古反切中的全濁平聲字共有 490 個,具體分布如下:

全濁聲母	群	定	澄	禪	並	從	船	崇	匣/于	邪	
平聲總數(條)	101	89	41	14	93	38	1	29	80	4	490
陽平的數量(條)	1	0	0	0	1	0	0	1	0	1	4
變陽平的比率(%)	1	0	0	0	1.1	0	0	3.4	0	25	0.8

　　平分陰陽的比率僅 0.8%,太低,從整體看,平分陰陽基本未形成規律。

　　3. 入聲韻尾的消變

　　中古 k 韻尾字與開音節字在《番漢合時掌中珠》(西夏骨勒茂才,1190年)中已變成同音字①。《禮部韻略》的 34 個入聲韻,《七音韻》併爲 29 個字母韻,《蒙古字韻》把 29 個字母韻併入 6 個陰聲韻部②。《中原音韻》入派陽平、上聲、去聲。至於入聲韻尾-p、-t、-k 消失的時間上限,説法不一。例如就鐸、覺、藥讀效攝來説,(唐)王梵志《富者辦棺木》即以"角、咎、杲、獄、覺、襖、調"爲韻,可能已發生入聲韻尾的消變。因而,考察顔師古反切中入聲韻尾的消變,可爲語音史提供佐證。

　　顔師古反切中入聲韻尾的消變疑似有 2 例,如下:

　　(1)翊(弋入反),《廣韻》與職切。入,侵入;職,蒸入。可能-p、-k 韻尾的字已變成喉塞尾 ʔ,因而音同。

　　(2)磕(口盍反),《廣韻》苦曷切。盍,談入;曷,寒入。可能-p、-t 韻尾的字已變成喉塞尾 ʔ,因而音同。

　　而入聲字共 1240 個,消變率爲 0.16%。從整體看,入聲字基本無消變。可能是讀書音的緣故,與口語相比,有滯後的情況。

　　總之,顔師古反切中的調類基本與《切韻》相同,濁上變去、平分陰陽、入聲韻尾的消變有跡象,但遠沒有形成規律。

---

①龔煌城《漢藏語研究論文集·十二世紀末漢語的西北方音(韻尾問題)》(北京大學出版社 2004)。
②寧忌浮《古今韻會舉要及相關韻書》。

參考文獻

（唐）李善《文選注》，《文選》，中華書局 1977

（唐）陸德明《經典釋文》，中華書局據通志堂本影印，1983

（唐）釋慧琳等《一切經音義三種校本合刊》（徐時儀校注），上海古籍出版社 2008

（清）王先謙《漢書補注》，中華書局 1983

（清）楊守敬《漢書二十三家注鈔》，《楊守敬集》第六册，湖北教育出版社、湖北人民出版社 1997

班吉慶《〈漢書〉顔注引證〈説文〉述評》，《揚州師院學報》1994 年 3 期

薄守生《〈漢書注〉聲訓法舉例》，《廣州大學學報》2002 年 7 期

程明安《論顔師古注〈漢書〉的異文》，《語言研究》2003 年 4 期

———《顔注〈漢書〉校對文字異同之計量分析》，《改革與戰略》2003 年 9 期

———《〈漢書〉顔注解釋文字現象的方法與價值》，《鄖陽師範高等專科學校學報》2005 年 1 期

程豔梅《〈讀書雜志〉所糾顔師古〈漢書注〉訛誤類型舉隅》，《山東省青年管理幹部學院學報》2006 年 5 期

———《顔師古〈漢書注〉訛誤舉隅》，《北方論叢》2006 年 5 期

丁　鋒《〈博雅音〉音系研究》，北京大學出版社 1995

董志翹《〈漢書〉舊訓考辨略例》，《江蘇師範學院學報》1981 年 4 期

范天成《〈漢書〉舊注釋正二則》，《文獻》1997 年 2 期

龔國祥《〈漢書〉顔注音韻補正》，《運城高專學報》1992 年 3 期

胡繼明、陳秀然《從“某，某也”看顔師古〈漢書注〉聲訓》，《東南大學學報》2008 年 7 期

黃富成《〈漢書〉顔注反切考》，《語言學新探》，高等教育出版社 1990

姬孟昭《顔師古〈漢書注〉文獻學成就初探》，安徽大學碩士學位論文，2004

李步嘉《韋昭〈漢書音義〉輯佚》,武漢大學出版社 1990

李華斌《唐代佛典音義中的方音研究》,中國社會科學出版社 2015

李文濤《楊守敬〈漢書二十三家注鈔·張晏〉校補》,武漢大學碩士學位論文,2006

力　之《〈史記〉、〈漢書〉、〈後漢書〉注札記》,《内蒙古師大學報》1999 年 1 期

林海權、黄淮《從"六國互喪"看古代副詞"互"字的意義和用法,並兼談顔師古對"互"、"更"詞義訓釋的貢獻》,《福州師專學報》1994 年 3 期

龍小軍《〈漢書〉顔師古注研究》,南昌大學碩士學位論文,2007

羅常培、周祖謨《漢魏晉南北朝韻部演變研究》,中華書局 2007

馬重奇《顔師古〈漢書注〉中的"合韻音"淺論》,《福建師範大學學報》1989 年 1 期

───《顔師古〈漢書注〉反切考》,《福建師範大學學報》1990 年 3 期

寧忌浮《古今韻會舉要及相關韻書》,中華書局 1997

歐陽宗書《〈漢書音注〉聲母系統》,《江西大學學報》1990 年 4 期

秦進才《〈漢書〉鄂邑蓋長公主顔注辨誤》,《文史》39 輯,中華書局 1994

曲文軍《顔師古王念孫誤釋"奔踶"辨證》,《武漢教育學院學報》2001 年 2 期

任福禄《顔師古〈漢書注〉中的齒音喉音反切聲類》,《青海師範大學學報》1993 年 1 期

───《顔師古〈漢書注〉舌音反切聲類研究──兼與馬重奇先生商榷》,《古漢語研究》1993 年 3 期

───《顔師古〈漢書注〉喉音反切聲類再研究》,《求實學刊》1994 年 5 期

邵榮芬《〈經典釋文〉音系》,臺北學海出版社 1995

───《集韻音系簡論》,商務印書館 2011

孫　兵《從〈漢書注〉看顔師古訓詁學》,《鄭州大學學報》1989 年 4 期

───《〈漢書〉顔注再探》,《鄭州大學學報》1991 年 5 期

孫良明《關於古籍注釋説明歧義問題──談〈漢書注〉釋義一方法》,《古籍整理研究學刊》1998 年 6 期

孫亞華《楊守敬〈漢書二十三家注鈔·服虔〉校補》,武漢大學碩士學位論文,2004

田中和夫《〈漢書〉顏師古注關於〈詩經〉的解釋》,《學術論叢》1997 年 4 期

萬獻初《〈經典釋文〉音切類目研究》,商務印書館 2004(a)

———《漢語構詞論》,湖北人民出版社 2004(b)

王　東《顏師古〈漢書注〉中的漢語語音現象》,《懷化學院學報》2002 年
　3 期

———《顏師古〈漢書注〉中"語有輕重"之分析》,《天中學刊》2006 年 1 期

王　輝《"都官"顏注申論》,《人文雜志》1993 年 6 期

王　力《漢語語音史》,商務印書館 2008

王曉慶《文穎〈漢書音義〉輯佚》,武漢大學碩士學位論文,2005

王鑫義《顏游秦〈漢書訣疑〉佚文與顏師古〈漢書注〉比義》,《史學月刊》2007
　年 3 期

王秀麗、別敏鴿《顏師古〈漢書注〉"X,古某字"作用類析》,《河北科技大學
　學報》2007 年 3 期

王　宇《〈漢書〉師古注的虛詞研究》,《古籍整理研究學刊》1992 年 2 期

王智群《二十年來顏師古〈漢書注〉研究述略》,《古籍整理研究學刊》2003
　年 4 期

———《顏師古注引方言俗語研究》,華東師範大學碩士學位論文,2004

———《顏師古〈漢書注〉所引方言詞語對〈方言大詞典〉的補充》,《岱宗學
　刊》2006 年 3 期

謝紀鋒《從〈漢書〉顏氏音切校勘看音韻學在古籍整理中的作用》,《語言研
　究》1987 年 2 期

———《〈漢書〉顏氏反切聲類系統研究》,《學術之聲》1990 年 3 輯

———《〈漢書〉顏氏直音釋例》,《北京師範大學學報》1991 年 6 期

———《〈漢書〉顏氏反切韻母系統的特點》,《語言研究》1992 年 2 期

———《〈漢書〉音切校議》,《內蒙古民族師院學報》1992 年 2 期

徐　佩《楊守敬〈漢書二十三家注鈔・孟康〉校補》,武漢大學碩士學位論
　文,2004

閆平凡《楊守敬〈漢書二十三家注鈔・應劭〉校補》,武漢大學碩士學位論
　文,2004

楊　軍《韻鏡校箋》,浙江大學出版社 2007

楊　仙《臣瓚〈漢書音義〉輯佚》,武漢大學碩士學位論文,2003

葉慧瓊《顏師古〈漢書注〉同源詞疏證》,《和田師範專科學校學報》2007 年
　1 期

———《顏師古〈漢書注〉同源詞研究》,湖南師範大學碩士學位論文,2007
殷　榕《蘇林〈漢書音義〉輯佚》,武漢大學碩士學位論文,2004
尤煒祥《〈漢書〉顏注異議舉例》,《浙江大學學報》1995 年 2 期

———《〈漢書〉顏注商榷舉例》,《中國人民警官大學學報》1995 年 2 期
余光煜《顏師古〈漢書注〉的學術貢獻》,《江西社會科學》2007 年 11 期
曾昭聰《顏師古〈漢書注〉中的詞源探討述評》,《古漢語研究》2007 年 2 期
張金霞《論顏師古對音義關係的認識》,《古籍整理研究學刊》2003 年 1 期

———《顏師古的古音學》,《古漢語研究》2003 年 2 期

———《顏師古語言學研究》,齊魯書社 2006

———《顏師古在語源研究上的貢獻》,《新疆師範大學學報》2006 年 2 期
張文軒《顏師古的"合韻"和他的古音學》,《蘭州大學學報》1987 年 4 期
張元如《〈漢書〉詞義札記》,《温州師專學報》1985 年 1 期
鄭　玲《〈漢書〉顏注古字考》,蘭州大學碩士學位論文,2007
鄭賢梅《如淳〈漢書音義〉輯佚》,武漢大學碩士學位論文,2011
鄭賢章《〈漢書〉舊注商榷若例》,《求索》2006 年 1 期
鍾兆華《顏師古反切考略》,《古漢語研究論文集》,北京出版社 1982
周曉瑜《〈漢書〉顏注評議》,《文獻》1987 年 4 期
周祖謨《萬象名義中的原本玉篇音系》,《問學集》,中華書局 1966

———《周祖謨語言文史論集》,學苑出版社 2004
祝鴻傑《顏師古和他的〈漢書注〉》,《語文研究》1982 年 2 期

———《〈漢書〉顏注釋例》,《研究生論文集·語言文學分冊》,江蘇古籍出
　版社 1985
鄒力軍《〈漢書〉顏注古音注研究》,武漢大學碩士學位論文,2006

下編　《漢書》音義全編

凡　例

一、以被注字爲字頭立目，按《漢書》一百卷行文順序排列。字目後，出被注字所在原文語境，後出音注。顏師古引前人音注者，次出音主名“引某某”及其所注音讀，後出“顏師古”及其音注。末出中華書局點校本（單行本或合訂本）頁碼，以便查檢。如被注字出於二十三家注語，則先引注語，後出音注。如被注字出顏師古自注，則在“顏師古”下先出注語，後出其音注。

二、所有音注，是針對原文或注文中的被注字所作的，故音注内容引號内統一列被注字頭，加逗號，再列反切、直音、異文。音注原文字頭連音切者，如“陂音皮彼反”，則作“陂，音皮彼反”。字頭在原文中而音注未出者，移補於音切前，如“意豁如也”顏師古注“豁然開大之貌，音呼活反”，本書則作“豁，音呼活反”。

三、被注字與音注之間，有未出注釋者，如“陂音皮彼反”，直接引用。有其間加或短或較長注釋者，多爲釋義，因篇幅限制而略去。極少數短而辨音者，酌情保留，如“仇，讎也，音求”。

四、異文多涉及讀音，有“讀曰、讀與某同、音與某同、與某同、古某字、本字當作某、字或作某、亦某字”等標記者，予以收録。

五、注語明顯訛誤，如“千/干、力/方、日/曰”等或徑改，或正字加〔〕補出，如“易，輕也，音弋豉（也）〔反〕”。

六、語境文字、標點視需要，與原文略有差異。

《高帝紀上》

媼，母媼嘗息大澤之陂，引孟康：“媼，音烏老反。”1

陂，母媼嘗息大澤之陂，顏師古：“陂，音彼皮反。”2

娠，已而有娠，引孟康：“娠，音身，《漢史》身多作娠，古今字也。”顏師古：“孟
　　說是也。《漢書》皆以娠爲任身字。”2

準，隆準而龍顏，引服虔：“準，音拙。”引文穎：“準，音準的之準。”顏師古：
　　“皆失之。”2

髯，美須髯，顏師古：“髯，音人占反。”2

豁，意豁如也，顏師古：“豁，音呼活反。”2

廷，廷中吏無所不狎侮，顏師古：“廷，音定。”3

貰，貰酒，顏師古：“貰，李登、呂忱並音式制反。而今之讀者謂與射同，乃引
　　地名射陽其字作貰以爲證驗，此說非也。”3

繇，高祖常繇咸陽，顏師古：“繇，讀曰傜，古通用字。”3

觀，縱觀秦皇帝，顏師古：“觀，音工喚反。”3

喟，喟然大息，顏師古：“喟，音丘位反。”3

單，單父人呂公，引孟康：“單，音善。”4

父，單父人呂公，引孟康：“父，音甫。”4

仇，辟仇，顏師古：“仇，讎也，音求。”4

進，蕭何爲主吏，主進，顏師古：“進，字本作賮，又作賮，音皆同耳。古字假
　　借，故轉而爲進。”4

賮，蕭何爲主吏，主進，顏師古：“賮，又音才忍反。”4

易，索易諸吏，顏師古：“易，輕也，音弋豉(也)[反]。”4

紿，乃紿爲謁曰“賀錢萬”，顏師古：“紿，音徒在反。”4

坐，引入坐上坐，顏師古：“上坐，音才臥反。”5

詘，無所詘，顏師古：“詘，曲憚也，音丘勿反。”5

告，高祖嘗告歸之田，引服虔：“告，音如嗥呼之嗥。”引孟康：“告，又音譽。”
　　顏師古：“告，假爲嗥、譽二音，並無別義，固當依本字以讀之。”6

餔，呂后因餔之，顏師古：“餔，餔食之餔。餔，音必胡反。”6

以，鄉者夫人兒子皆以君，引如淳：“以，或作似。”6

鄉，鄉者夫人兒子皆以君，顏師古：“鄉，讀曰嚮。”6

目，乃目竹皮爲冠，顏師古：“目，古以字。”6

籜，乃目竹皮爲冠，顏師古：“竹皮，笋皮，謂笋上所解之籜耳。籜，音托。”6

度，自度比至皆亡之，顏師古：“度，音徒各反。”7

比，自度比至皆亡之，顏師古：“比，音必寐反。”7

被，高祖被酒，顏師古：“被，音皮義反。”7

行，令一人行前，顏師古：行，案行也，音胡更反。”8

筈，欲苦之，顏師古：“今書苦字或作筈。筈，擊也，音丑之反。”8

見，嫗因忽不見，顏師古：“見，音胡電反。”8

覺，高祖覺，顏師古：“覺，音功效反。”8

猒，於是東游以猒當之，顏師古：“猒，涉也，音一涉反。”8

芒，高祖隱於芒、碭山澤間，引蘇林：“芒，音忙遽之忙。”8

碭，高祖隱於芒、碭山澤間，引蘇林：“碭，音唐。”顏師古：“碭，亦音宕。”8

蘄，陳涉起蘄，引蘇林：“蘄，音機。”9

噲，乃令樊噲召高祖，顏師古：“噲，音快。”9

守，乃閉城城守，顏師古：“守，音狩。”10

數，高祖數讓，顏師古：“數，音所角反。”11

呼，而釁鼓旗，引應劭：“殺牲以血塗鼓釁呼爲釁。”顏師古：“呼，音火亞反。”11

儋，田儋與從弟，引服虔：“儋，音負擔之擔。”顏師古：“儋，音丁甘反。”11

邯，秦將章邯距破之，引蘇林：“邯，音酒酣之酣。”顏師古：“邯，音下甘反。”11

方與，沛公攻胡陵、方與，引鄭氏：“方與，音房預。”12

戚，走至戚，引鄭氏：“戚，音憂戚之戚。”引如淳：“戚，音將毒反。”顏師古：
　　“戚，讀如本字。”12

亢，沛公還軍亢父，引鄭氏：“亢，音人相抗答。”12

父，沛公還軍亢父，引鄭氏：“父，音甫。”12

爲，即反爲魏守豐，顏師古：“爲，音于僞反。”13

歇，張耳等立趙後趙歇爲趙王，引鄭氏：“歇，音遏絕之遏。”引蘇林：“歇，音
　　毒歇。”顏師古：“歇，依本字以讀之，不當借音。”13

㠯，司馬㠯將兵北定楚地，顏師古：“㠯，古夷字。”14

北，追北，引韋昭：“北，古背字也，背去而走也。”15

環，環水，顏師古：“環，音宦。”15

繲，衘枚擊項梁定陶，顏師古：“枚，眉狀如箸，橫衘之，繲絫於項。繲，音獲。”16

絫，衘枚擊項梁定陶，顏師古：“枚，眉狀如箸，橫衘之，繲絫於項。絫，音頡。”16

盱台，自盱台都彭城，引鄭氏：“盱台，音晌怡。”顏師古：“晌，音許于反。”16

慓,項羽爲人慓悍禍賊,顏師古:"慓,音頻妙反,又匹妙反。"17

悍,項羽爲人慓悍禍賊,顏師古:"悍,音胡旦反。"17

噍,襄城無噍類,引如淳:"噍,音祚笑反。"17

扶,不如更遣長者扶義而西,顏師古:"扶,或作杖。"17

杠,與杠里,顏師古:"杠,音江。"17

酈食其,酈食其爲里監門,引服虔:"酈食其,音歷異基。"18

踞,沛公方踞牀,顏師古:"踞,反企也,音據。"19

洗,使兩女子洗,顏師古:"洗,洗足也,音先典反。"19

曲,又戰曲遇東,引蘇林:"曲,音齲。"19

齲,又戰曲遇東,引蘇林:"曲音齲。"顏師古:"齲,音丘羽反。"19

遇,又戰曲遇東,引蘇林:"遇,音顒。"19

卬,時趙別將司馬卬方欲渡河入關,顏師古:"卬,音五剛反。"20

轘,從轘轅至陽城,顏師古:"轘,音環。"20

齮,與南陽守齮戰犨東,顏師古:"齮,音蟻。"20

犨,與南陽守齮戰犨東,顏師古:"犨,音昌由反。"20

宛,保城守宛,顏師古:"宛,音於元反。"20

遲,遲明,圍宛城三帀,顏師古:"此言圍城事畢,然後天明,明遲於事,故曰遲
  明。變爲去聲,音丈二反……《史記》遲字作遟,亦徐緩之意也,音黎。"19

到,南陽守欲自到,引鄭氏:"到,音姑鼎反。"20

恢,其舍人陳恢,顏師古:"恢,音口回反。"21

累,足下通行無所累,顏師古:"累,音力瑞反。"21

鰓,高武侯鰓,引蘇林:"鰓,音魚鰓之鰓。"21

番,遇番君別將梅鋗,引蘇林:"番,音婆。"21

鋗,遇番君別將梅鋗,引韋昭:"鋗,音呼玄反。"21

酈,與偕攻析、酈,引蘇林:"酈,音蹢躅之蹢。"引如淳:"酈,音持益反。"20

毋,所過毋得鹵掠,顏師古:"毋,音與無同。"21

鹵,所過毋得鹵掠,引應劭:"鹵,與虜同。"21

掠,所過毋得鹵掠,顏師古:"掠,音力向反。"21

嶢,遣將將兵距嶢關,引應劭:"嶢,音堯。"22

啗,啗以利,顏師古:"啗者,本謂食啗耳,音徒敢反。令其啗食,音則改變爲
  徒濫反。"22

蕢，踰蕢山，引鄭氏："蕢，音匱。"引蘇林："蕢，音蒯。"顏師古："蕢，音丘怪反。"22

鞁，係頸以組，引應劭："組者，天子鞁也。"顏師古："鞁，音弗。"23

枳，降枳道旁，顏師古："枳，音軹。"23

屬，乃以屬吏，顏師古："屬，音之欲反。"24

苛，父老苦秦苛法久矣，顏師古："苛，細也，音何。"24

抵，傷人及盜抵罪，顏師古："抵，音丁禮反。"24

堵，吏民皆按堵如故，顏師古："堵，音覩。"24

巨，公巨能入乎，引服虔："巨，音渠。"顏師古："巨，讀曰詎。"25

勠，臣與將軍勠力攻秦，顏師古："勠力，并力也，音力竹反，又力周反。"26

譙，噲因譙讓羽，顏師古："譙，音才笑反。"27

走，從間道走軍，引服虔："走，音奏。"顏師古："凡此之類，音義皆同。"27

脫，脫身去，顏師古："脫，音他活反。"27

撞，撞其斗，顏師古："撞，音丈江反。"27

塞，司馬欣爲塞王，顏師古："塞，音先代反。"28

櫟，都櫟陽，引蘇林："櫟，音藥。"28

共，懷王柱國共敖爲臨江王，顏師古："共，音龔。"29

邾，番君吳芮爲衡山王，都邾，引文穎："邾，音朱。"29

荼，燕將臧荼爲燕王，引鄭氏："荼，音荼毒之荼。"引如淳："荼，音舒。"顏師
　　古："荼，鄭音是也，音大胡反。"29

戲，諸侯罷戲下，顏師古："戲，謂軍之旌麾也，音許宜反，亦讀曰麾。《漢書》
　　通以戲爲麾字。"29

蝕，從杜南入蝕中，引李奇："蝕，音力。"30

視，亦視項羽無東意，引如淳："視，音示。"顏師古："視，《漢書》多以視爲示，
　　古通用字。"30

謳，諸將及士卒皆歌謳思東歸，顏師古："謳，音一侯反。"30

齊，於是漢王齊戒設壇場，顏師古："齊，讀曰齋。"30

王，項羽背約而王君王於南鄭，顏師古："上王，音于放反。"30

說，漢王大說，顏師古："說，讀曰悅。"31

畤，戰好畤，引孟康："畤，音止。"31

徇，時張良徇韓地，引蘇林："徇，音巡。"顏師古："徇，音辭峻反。"32

歐，漢王遣將軍薛歐、王吸出武關，顏師古："歐，音烏垢反。"32

吸,漢王遣將軍薛歐、王吸出武關,顏師古:"吸,音翕。"32

夏,發兵距之陽夏,引鄭氏:"夏,音假借之假。"32

郴,殺義帝於郴,引如淳:"郴,音綝。"顏師古:"郴、綝二字並音丑林反。"33

陝,漢王如陝,顏師古:"陝,音式冉反。"33

囿,故秦苑囿園池,顏師古:"囿,音宥。"33

復,復勿租稅二歲,顏師古:"復者,除其賦役也,音方目反。"34

繇,復勿繇戍,顏師古:"繇,讀曰傜。"34

說,漢王與語,說之,顏師古:"說,讀曰悦。"34

爲,明其爲賊,引應劭:"爲,音無爲之爲。"引鄭氏:"爲,音人相爲之爲。"顏
　　師古:"應説是也。"35

殺,放殺其主,顏師古:"殺,讀曰弑。"35

爲,三軍之衆爲之素服,顏師古:"爲,並音于僞反。"35

袒,袒而大哭,顏師古:"袒,音徒旱反。"35

臨,哀臨三日,顏師古:"臨,衆哭曰臨,音力禁反。"35

縞,兵皆縞素,顏師古:"縞,白素也,音工老反。"35

睢,大戰彭城靈壁東睢水上,顏師古:"睢,音雖。"36

脱,遂得脱,顏師古:"脱,音他活反。"37

食其,審食其從太公,顏師古:"此審食其及武帝時趙食其讀皆與酈食其同,
　　音異基。"36

傅,蕭何發關中老弱未傅者悉詣軍,引服虔:"傅,音附。"37

索,與楚戰滎陽南京、索間,引晉灼:"索,音册。"顏師古:"索,音求索之索。"38

甬,築甬道,引鄭氏:"甬,音踊。"38

屬,築甬道,屬河,顏師古:"屬,聯也,音之欲反。"38

爲,反爲楚,顏師古:"爲,音于僞反。"38

它,步卒將誰也? 曰:項它,顏師古:"它,字與他同,並音徒何反。"39

陘,東下井陘擊趙,顏師古:"陘,音形。"39

且,楚使項聲、龍且攻布,引韋昭:"且,音子間反。"39

橈,與酈食其謀橈楚權,顏師古:"橈,音女教(而)[反]。"40

飯,漢王輟飯吐哺,顏師古:"飯,音扶晚反。"40

哺,漢王輟飯吐哺,顏師古:"哺,音步。"40

幾,幾敗乃公事,顏師古:"幾,音鉅依反。"40

趣,令趣銷印,顏師古:"趣,讀曰促,促,速也。"40

間,以間疏楚君臣,顏師古:"間,音居莧反。"40

纛,黄屋左纛,顏師古:"纛,音毒,又徒到反。"41

樅,樅公守榮陽,引蘇林:"樅,音樅木之樅。"顏師古:"樅,音千容反。"41

走,項王必引兵南走,顏師古:"走,音奏。"41

輯,使韓信等得輯河北趙地,顏師古:"輯,與集同,謂和合也。"41

葉,出軍宛葉間,顏師古:"葉,音式涉反。"41

睢,彭越渡睢,顏師古:"睢,音雖。"42

趣,若不趣降漢,顏師古:"趣,讀曰促。"42

亨,羽亨周苛,顏師古:"亨,謂烹煮而殺之,音普庚反。"42

跳,漢王跳,引如淳:"跳音逃,謂走也,《史記》作逃。"顏師古:"跳,音徒彫反。"42

孛,有星孛于大角,顏師古:"孛,音步内反。"42

鄉,臨河南鄉,顏師古:"鄉,讀曰嚮。"43

縮,盧縮、劉賈,引蘇林:"縮音以繩縮結物之縮。"顏師古:"縮,音烏板反。"43

積,佐彭越燒楚積聚,顏師古:"積,音子賜反。"43

聚,佐彭越燒楚積聚,顏師古:"聚,音才喻反。"43

挑,即漢王欲挑戰,引李奇:"挑,音徒了反。"43

擿嬈,即漢王欲挑戰,引臣瓚:"挑戰,擿嬈敵求戰也。"顏師古:"擿,音他歷
　　反;嬈,音乃了反。"43

氾,渡兵氾水,引如淳:"氾,音祀。"顏師古:"氾,此水舊讀音凡,今彼鄉人呼
　　之音祀。"43

眛,漢軍方圍鍾離眛於榮陽東,顏師古:"眛,音莫葛反,其字從本末之末。"44

走,盡走險阻,顏師古:"走,音奏。"45

罷,老弱罷轉餉,顏師古:"罷,讀曰疲。"45

餉,老弱罷轉餉,顏師古:"餉,饋也,音式向反。"45

數,漢王數羽曰,顏師古:"數,責其罪也,音所具反。"45

掘,掘始皇帝冢,顏師古:"掘,音其勿反。"45

捫,乃捫足曰,顏師古:"捫,音門。"45

中,虜中吾指,顏師古:"中,音竹仲反。"45

行,張良彊請漢王起行勞軍,顏師古:"行,音下更反。"45

瘉,漢王疾瘉,顏師古:"瘉,與愈同。"45

操,遣張良操印,顏師古:"操,持也,音千高反。"46

貉，北貉、燕人來致梟騎助漢，顏師古："貉，音莫客反。"46

下，漢王下令，顏師古："下，音胡嫁反。"46

棺，吏爲衣衾棺斂，顏師古："棺，音工唤反。"46

斂，吏爲衣衾棺斂，顏師古："斂，音力贍反。"46

罷，楚兵罷食盡，顏師古："罷，讀曰疲。"47

《高帝紀下》

夏，漢王追項羽至陽夏南，顏師古："夏，音工雅反。"49

分，未有分地，顏師古："分，音扶問反。"49

睢，今能取睢陽以北至穀城皆以王彭越，顏師古："睢，音雖。"50

傅，從陳以東傅海與齊王信，顏師古："傅，讀曰附。"50

捐，能出捐此地以許兩人，顏師古："捐，棄也，音弋全反。"50

父，並行屠城父，顏師古："城父，縣名；父，音甫。"50

垓，圍羽垓下，引應劭："垓，音該。"51

洨，圍羽垓下，引李奇："沛，洨縣聚邑名也。"顏師古："洨，音衡交反。"51

臨，哭臨而去，顏師古："臨，音力禁反。"51

下，卑下士卒，顏師古："下，音胡稼反。"51

與，萬民與苦甚，引如淳："與，音相干與之與。"顏師古："與，音弋庶反。"51

分，地分已定，顏師古："分，音扶問反。"53

辟，又以辟陋之地，顏師古："辟，讀曰僻。"53

汜，漢王即皇帝位于汜水之陽，顏師古："汜，音敷劍反。"53

番，謂之番君，顏師古："番，音蒲何反。"54

閩，帥閩中兵以佐滅秦，引如淳："閩，音緡。"引應劭："閩，音文飾之文。"顏師古："如音如也。"54

虫，帥閩中兵以佐滅秦，顏師古："其人本蛇種，故其字從虫。虫，音許尾反。"54

復，復之十二歲，顏師古："復，音方目反。"55

復，復故爵田宅，顏師古："復，還也，音扶目反。"55

復，復其身及戶，顏師古："復其身及一戶之内皆不徭賦也，復，音扶目反。"55

亟，及所當求於吏者，亟與，顏師古："亟，急也，音居力反。"55

行，且法以有功勞行田宅，引蘇林："行，音行酒之行，猶付與也。"56

廉，且廉問，顏師古："廉，察也。廉字本作覝，其音同耳。"56

嫚，陛下嫚而侮人，顏師古："嫚，易也，讀與慢同。"57

填,填國家,顏師古:"填,與鎮同。鎮,安也。"57

餽,給餉餽,顏師古:"餽,亦饋字。"57

説,群臣説服,顏師古:"説,讀曰悦。"57

傳,乘傳詣雒陽,顏師古:"傳,音張戀反。"58

夢,乃偽游雲夢,顏師古:"夢,讀如本字,又音莫風反。"59

縣,縣隔千里,引鄭氏:"縣,音懸。"顏師古:"縣,此本古之懸字耳。"60

建,居高屋之上建瓴水也,引如淳:"建,音謇。"顏師古:"建,音居偃反。"60

瓴,居高屋之上建瓴水也,引蘇林:"瓴,讀曰鈴。"60

剖,剖符封功臣,顏師古:"剖,破也,與其合符而分授之也。剖,音普口反。"61

鄣,故東陽郡、鄣郡,顏師古:"鄣,音章。"61

郯,郯郡,顏師古:"郯,音談。"61

復,從復道上見諸將往往耦語,引如淳:"復,音複。"62

趣,因趣丞相急定功行封,顏師古:"趣,讀曰促。"62

篲,太公擁篲,顏師古:"篲,所以埽也,音似歲反。"62

卻,迎門卻行,顏師古:"卻,退而行也,音丘略反。"62

被,朕親被堅執鋭,顏師古:"被,音皮義反。"62

鞮,上自將擊韓王信於銅鞮,顏師古:"鞮,音丁奚反。"63

曼,其將曼丘臣,顏師古:"曼,音萬。"63

耐,令郎中有罪耐以上,引應劭:"耐,音若能。"引如淳:"耐,猶任也,任其事也。"
　　顏師古:"依應氏之説,耏當音而。如氏之解則音乃代反,其義亦兩通。"64

彡,令郎中有罪耐以上,引應劭:"古耏字從彡,髪膚之意也。"顏師古:"彡,
　　毛髪貌也,音所廉反,又先廉反。"64

説,上説,顏師古:"説,讀曰悦。"64

垣,上東擊韓信餘寇於東垣,顏師古:"垣,音轅。"65

槥,令士卒從軍死者爲槥,引服虔:"槥,音衞。"65

棺,縣給衣衾棺葬具,引如淳:"棺,音貫。"65

復,皆復終身勿事,顏師古:"復,音方目反。"65

賈,賈人毋得衣錦繡綺縠絺紵罽,顏師古:"賈,音古。"66

絺,賈人毋得衣錦繡綺縠絺紵罽,顏師古:"絺,音丑知反。"66

紵,賈人毋得衣錦繡綺縠絺紵罽,顏師古:"紵,音佇。"66

罽,賈人毋得衣錦繡綺縠絺紵罽,顏師古:"罽,音居例反。"66

操，操兵，顏師古：“操，音千高反。”66

卮，奉玉卮爲太上皇壽，引應劭：“卮，古厄字作觚。”引晉灼：“卮，音支。”66

獪，始大人常以臣亡賴，引晉灼：“或曰江淮之間謂小兒多詐狡獪爲亡賴。”
　　顏師古：“晉説是也。獪，音工外反。”66

屈，屈氏，顏師古：“屈，音九勿反。”67

鉗，自髡鉗爲王家奴，顏師古：“鉗，以鐵束頭也，音其炎反。”67

説，上説，盡拜爲郡守，顏師古：“説，讀曰悦。”67

豨，代相國陳豨反，顏師古：“豨，音許豈反。”69

爲，豨嘗爲吾使，顏師古：“爲，音于僞反。”69

檄，吾以羽檄徵天下兵，顏師古：“檄，音胡歷反。”69

購，乃多以金購豨將，顏師古：“購，設賞募也，音搆。”69

頗，頗取山南太原之地益屬代，顏師古：“頗，音普我反。”70

伯，伯者莫高於齊桓，顏師古：“伯，讀曰霸。”71

酇，相國酇侯下諸侯王，引臣瓚：“酇，音贊。”顏師古：“而或云何封沛郡酇
　　縣，音才何反，非也。但酇字別有鄼音，是以沛之鄼縣，《史記》《漢書》皆
　　作酇字，明其音同也。”71

癃，年老癃病，顏師古：“癃，疲病也，音隆。”72

復，令豐人徙關中者皆復終身，顏師古：“復，音方目反。”72

它，它居南方長治之，顏師古：“它，古佗字也，書本亦或作他，並音徒何反。”73

長，它居南方長治之，引晉灼：“長，音長吏之長。”73

耗，中縣人以故不耗減，顏師古：“耗，損也，音火到反。”73

復，皆復終身，顏師古：“復，音方目反。”73

會，上破布軍于會缶，引孟康：“會缶，音儈保，邑名。”顏師古：“會，音工外
　　反；缶，音丈瑞反。蘇音是也。此字本作鄱，而轉寫者誤爲缶字耳。音
　　保，非也。”74

缶，上破布軍于會缶，引蘇林：“缶，音鄱。”74

酣，酒酣，上擊筑，顏師古：“酣，洽也，音胡甘反。”75

筑，酒酣，上擊筑，引鄧展：“筑，音竹。”75

和，令兒皆和習之，顏師古：“和，音胡臥反。”75

忼，忼慨傷懷，顏師古：“忼，音口朗反。”75

慨，忼慨傷懷，顏師古：“慨，音口代反。”75

復，復其民，顏師古："復，音方目反。"75

與，世世無有所與，顏師古："與，讀曰豫。"75

樂，沛父老諸母故人日樂飲極歡，顏師古："樂，並音來各反。"75

張，張飲三日，引張晏："張，帷帳也"，顏師古："張，音竹亮反。"75

洮，漢別將擊布軍洮水南北，引蘇林："洮，音兆。"75

番，追斬布番陽，顏師古："番，音蒲何反。"75

濞，沛侯濞重厚，引服虔："濞，音滂濞。"顏師古："濞，音普懿反。"76

釐，魏安釐王，顏師古："釐，讀曰僖。"77

復，復亡與它事，顏師古："復，音方目反。"77

與，復亡與它事，顏師古："與，讀曰豫。"77

辟，上使辟陽侯審食其迎絁，顏師古："辟，音必亦反。"77

食其，上使辟陽侯審食其迎絁，顏師古："食其，音異基。"77

輯，同安輯之，顏師古："輯，與集同。"78

復，皆世世復，顏師古："復，音方目反。"78

擅，其有不義背天子擅起兵者，顏師古："擅，專也，音上戰反。"78

扁，雖扁鵲何益，顏師古："扁，音步典反。"79

戇，然少戇，顏師古："戇，愚也，古音下紺反，今則竹巷反。"79

編，諸將故與帝爲編戶民，顏師古："編，音鞭。"80

鞅，心常鞅鞅，顏師古："鞅鞅，不滿足也，音於亮反。"80

鄉，必連兵還鄉，顏師古："鄉，讀曰嚮。"80

蹻，可蹻足待也，引如淳："蹻，音如今作樂蹻行之蹻。"引晉灼："蹻，音矯。"
　　顏師古："晉説是也。"80

下，已下，引蘇林："下，音下書之下。"顏師古："下，音胡亞反。"80

擾，學擾龍，顏師古："擾，音繞，又音饒。"82

鮮，墳墓在豐鮮焉，顏師古："鮮，少也，音先淺反。"83

　　《惠帝紀》

復，復十五税一，顏師古："復，音房目反。"87

頌，皆頌繫，顏師古："頌，古者頌與容同。"87

耳，内外公孫耳孫，顏師古："耳，音仍。"87

婕，内外公孫耳孫，引應劭："内外孫有骨血屬婕。"顏師古："婕，音連。"88

鬄，民年七十以上若不滿十歲有罪當刑者，引孟康："不加肉刑髡鬄也。"顏
　　師古："鬄，音他計反。"88

爲，所以爲民也，顏師古："爲，音于僞反。"88

與，他無有所與，顏師古："與，讀曰豫。"88

佗，南越王趙佗稱臣奉貢，顏師古："佗，音徒何反。"89

弟，舉民孝弟力田者復其身，顏師古："弟，音徒計反。"90

復，舉民孝弟力田者復其身，顏師古："復，音方目反。"90

懼，聞叔孫通之諫則懼然，顏師古："懼，讀曰瞿，瞿然，失守貌，音居具反。"92

説，納曹相國之對而心説，顏師古："説，讀曰悦。"92

《高后紀》

姁，高皇后呂氏，顏師古："呂后名雉，字娥姁。姁，音許于反。"95

台，兄子呂台，引蘇林："台，音胞胎。"95

軹，朝爲軹侯，顏師古："軹，音只。"96

飭，高皇帝匡飭天下，顏師古："飭，讀與勑同，其字從力。"97

分，諸有功者皆受分地爲列侯，顏師古："分，音扶問反。"97

休，莫不受休德，顏師古："休，美也，音虛虯反。"97

餐，列侯幸得賜餐錢奉邑，引應劭："餐，與飡同。"顏師古："餐、飡同一字耳，
　　音千安反。"97

奉，列侯幸得賜餐錢奉邑，顏師古："奉，音扶用反。"97

屬，不可屬天下，顏師古："屬，音之欲反。"98

慮，遣隆慮侯竈將兵擊之，顏師古："慮，音盧。"100

顓，顓兵秉政，顏師古："顓，讀與專同。"101

屬，以兵屬太尉，顏師古："屬，音之欲反。"101

玃，計猶豫，引《爾雅》："猶如玃，善登木。"顏師古："玃，音几。"101

嬃，過其姑呂嬃，引張晏："嬃，音須。"102

處，呂氏今無處矣，顏師古："處，字或作類。"102

窋，平陽侯窋行御史大夫事，顏師古："窋，音竹出反。"102

數，因數產曰，顏師古："數，責之也，音數具反。"103

從，具以灌嬰與齊楚合從狀告產，顏師古："從，音子容反。"103

揭，勃復令酈寄、典客劉揭説禄，顏師古："揭，音竭。"103

屬，禄遂解印屬典客，顏師古："屬，音之欲反。"103

袒，爲呂氏右袒，顏師古："袒，音徒旱反。"103

徘，徘徊往來，顏師古："徘，音裴。"103

分，分部悉捕諸呂男女，顏師古：“分，音扶問反。”103

闥，不出房闥，顏師古：“闥，音他曷反。”104

《文帝紀》

姬，母曰薄姬，引如淳：“姬，音怡。”顏師古：“姬，不當音怡，宜依字讀耳。”105

屬，其屬意非止此也，顏師古：“屬，音之欲反。”106

喋，新喋血京師，引服虔：“喋，音蹀屣履之蹀。”顏師古：“喋，音大頰反，本字
　　當作蹀。蹀，謂履涉之耳。”106

呼，一呼士皆袒左，顏師古：“呼，叫也，音火故反。”107

爲，百姓弗爲使，顏師古：“爲，音于僞反。”107

繇，大横庚庚，引李奇：“庚庚，其繇文也。”顏師古：“繇，音丈救反，本作籀。
　　籀，書也，謂讀卜詞。”107

傳，張武等六人乘六乘傳詣長安，顏師古：“傳，音張戀反。”107

邸，至邸而議之，顏師古：“邸，音丁禮反。”108

揭，典客臣揭，顏師古：“揭，音竭。”109

傾，頃王后，顏師古：“傾，《漢書》例作頃字，讀皆曰傾。”109

稱，不足以稱，顏師古：“稱，副也，音尺孕反。”109

鄉，南鄉讓者再，顏師古：“鄉，讀曰嚮。”109

行，行殿中，顏師古：“行，謂案行也，音下更反。”110

酺，酺五日，引服虔：“酺，音蒲。”引文穎：“酺，音步。”顏師古：“酺，字或作
　　脯，音義同。”110

帑，盡除收帑相坐律令，顏師古：“帑，讀與奴同，假借字也。”111

蚤，有司請蚤建太子，顏師古：“蚤，古以爲早晚字也。”111

愿，天下人民未有愿志，引應劭：“愿，音篋。愿，滿也。”111

嬗，今縱不能博求天下賢聖有德之人而嬗天下焉，引晉灼：“嬗，古禪字。”112

重，是重吾不德也，顏師古：“重，謂增益也，音直用反。”112

治，治安皆且千歲，顏師古：“治，音丈吏反。”112

軹，封軍薄昭爲軹侯，顏師古：“軹，音只。”112

阽，而吾百姓鰥寡孤獨窮困之人或阽於死亡，引服虔：“阽，音反坫之坫。”引
　　孟康：“阽，音屋檐之檐。”顏師古：“服、孟二音並通。”113

貸，其議所以振貸之，顏師古：“貸，音吐戴反。”113

煖，老者非帛不煖，顏師古：“煖，溫也，音乃短反。”113

鬻，今聞吏稟當受鬻者，顏師古："鬻，音之六反。"113

淖，今聞吏稟當受鬻者，顏師古"鬻，淖糜也。淖，溺也，音女教反。"114

行，二千石遣都吏循行，顏師古："行，音下孟反。"114

靖，齊王舅駟鈞爲靖郭侯，引如淳："靖，音靜。"115

鄔，齊王舅，顏師古："後改爲鄔乎？鄔，音一户反，又音於（度）〔庶〕反。"115

繇，而列侯亦無繇教訓其民，顏師古："繇，讀與由同。"115

治，則天示之災以戒不治，顏師古："治，直吏反。"116

適，適見于天，顏師古："適，讀曰謫，責也，音張革反。"116

見，適見于天，顏師古："見，音胡電反。"116

累，上以累三光之明，顏師古："累，音力瑞反。"116

句，句以啓告朕，顏師古："句，音蓋。"116

省，務省繇費以便民，顏師古："省，減也，音所領反。"116

繇，務省繇費以便民，顏師古："繇，讀曰徭。"116

憪，故憪然念外人之有非，顏師古："憪，音下板反。"116

飭，又飭兵厚衞，顏師古："飭，整也，讀與勑同。"117

傳，餘皆以給傳置，顏師古："傳，音張戀反。"117

粢，以給宗廟粢盛，顏師古："粢，音咨。"117

貸，貸種食未入，顏師古："貸，音吐戴反。"117

種，貸種食未入，顏師古："種，音之勇反。"117

辟彊，遂弟辟彊，顏師古："辟，音必亦反。彊，音其良反。一説辟讀曰闢，彊
　　讀曰疆，闢疆，言開土地也。"117

訞，今法有誹謗訞言之罪，顏師古："訞，與妖同。"118

謾，以相約而後相謾，顏師古："謾，音慢，又音莫連反。"118

使，竹使符，顏師古："使，音所吏反。"118

復，復晉陽、中都民三歲租，顏師古："復，音方目反。"120

詿，詿誤吏民，顏師古："詿，亦誤也，音卦。"120

復，復官爵，顏師古："復，音扶目反。"120

復，復諸劉有屬籍，顏師古："復，音方目反。"120

與，家無所與，顏師古："與，讀曰豫。"120

罘，未央宫東闕罘罳災，顏師古："罘，音浮。"122

傳，除關無用傳，顏師古："傳，音張戀反。"123

棨，除關無用傳，引李奇：“傳，棨也。”顏師古：“棨，音啟。”123

辟，而野不加辟，顏師古：“辟，讀曰闢。闢，開也。”124

道，令各率其意以道民焉，顏師古：“道，讀曰導。”125

厪，今厪身從事，引晉灼：“厪，古勤字。”125

媿，朕甚自媿，顏師古：“媿，古愧字。”126

釐，今吾聞祠官祝釐，顏師古：“釐，本字作禧，假借用耳，同音僖。”126

與，百姓不與焉，顏師古：“與，讀曰豫。”127

重，是重吾不德也，顏師古：“重，音直用反。”127

傅，傅納以言，顏師古：“傅，讀曰敷，敷陳其言而納用之。”127

錯，語在《鼂錯傳》，顏師古：“錯，音千故反。”127

與，意者朕之政有所失而行有過與，顏師古：“與，讀曰歟，音弋於反。”128

度，夫度田非益寡，顏師古：“度，謂量計之，音徒各反。”129

蕃，無乃百姓之從事於末以害農者蕃，顏師古：“蕃，亦多也，音扶元反。”129

醪，爲酒醪以靡穀者多，顏師古：“醪，音來高反。”129

靡，爲酒醪以靡穀者多，顏師古：“靡，音糜。”129

中，吾未能得其中，顏師古：“中，音竹仲反。”129

圻，封圻之內勤勞不處，顏師古：“圻，亦畿字。”129

重，以重吾不德，顏師古：“重，音直用反。”130

怛，爲之惻怛不安，顏師古：“怛，恨也，怛音丁曷反。”130

單，以諭朕志於單于，顏師古：“單，音蟬。”130

句，故楚相蘇意爲將軍屯句注，顏師古：“句，音章句之句。”131

蝗、蝩，大旱，蝗，顏師古：“今俗呼爲簸蝩。蝗，音胡光反。蝩，音鍾。”131

臨，又使重服久臨，顏師古：“臨，哭也，音力禁反。”133

罹，以罹寒暑之數，顏師古：“罹，音離，遭也。”132

重，以重吾不德，顏師古：“重，音直用反。”132

行，常畏過行，顏師古：“行，音下更反。”132

與，朕之不明與嘉之，顏師古：“與，讀曰歟，音弋於反。”132

踐，皆無踐，引晉灼：“踐，《漢語》作跣。”132

復，郎中令張武爲復土將軍，顏師古：“復，反還也，音扶目反。”134

弛，輒弛以利民，顏師古：“弛，廢弛，音式爾反。”135

綈，身衣弋綈，顏師古：“綈，厚繒，綈音大奚反。”135

假借，常假借納用焉，引蘇林：“假，音休假。借，音以物借人之借。”135

幾，幾致刑措，顔師古：“幾，近也，音巨衣反。”135

《景帝紀》

酎，高廟酎，顔師古：“酎，音直救反。”138

耆，減耆欲，顔師古：“耆，讀曰嗜。”138

帑，罪人不帑，顔師古：“帑，讀與孥同。”139

侔，德厚侔天地，顔師古：“侔，等也，音牟。”139

稱，而廟樂不稱，顔師古：“稱，副也，音尺孕反。”139

磽，磽陿，顔師古：“磽，音苦交反。”139

陿，磽陿，顔師古：“陿，音狹。”139

穀，無所農桑穀畜，顔師古：“穀，古繫字。”139

著，廷尉與丞相更議著令，引蘇林：“著，音著幘之著。”顔師古：“蘇音非也，
　　著，音著作之著，音竹（筋）［筯］反。”140

行，所治、所行，顔師古：“行，謂按察也，音下更反。”140

畀，畀其所受臧，顔師古：“畀，音必寐反。”141

傅，令天下男子年二十始傅，顔師古：“傅，讀曰附。”141

閼，閼爲臨江王，顔師古：“閼，音一曷反。”141

係，封故相國蕭何孫係爲列侯，顔師古：“係，音胡計反。”141

說，襄平侯嘉子恢說不孝，顔師古：“說，讀曰悅。”142

辟，濟南王辟光，顔師古：“辟，音壁，又音闢，其義兩通。”142

晁，斬御史大夫晁錯以謝七國，顔師古：“晁，古朝字。”142

錯，斬御史大夫晁錯以謝七國，引晉灼：“錯，音錯置之錯。”142

蓺，楚元王子蓺等與濞等爲逆，顔師古：“蓺，音藝。”143

誄，大鴻臚奏諡、誄、策，顔師古：“誄，述累德行之文，音力水反。”145

襚，遣光禄大夫弔襚祠賵，顔師古：“襚，音遂。”145

賵，遣光禄大夫弔襚祠賵，顔師古：“賵，音芳鳳反。”145

輓，國得發民輓喪，顔師古：“輓，音晚。”145

磔，改磔曰棄市，顔師古：“磔，音竹客反。”146

酤，禁酤酒，顔師古：“酤，謂賣酒也，音工護反。”147

腐，死罪欲腐者，顔師古：“腐，音輔。”147

比，朋黨比周，顔師古：“比，音頻寐反。”148

厭,若雖文致於法而於人心不厭者,顏師古:"厭,服也,音一贍反。"148

讞,輒讞之,顏師古:"讞,平議也,音魚列反。"148

雨,春三月,雨雪,顏師古:"雨,音于具反。"149

稱,車駕衣服宜稱,顏師古:"稱,音尺孕反。"149

轓,車朱兩轓,引如淳:"轓,音反。"顏師古:"轓,音甫元反。"149

軬,車朱兩轓,引應劭:"軬以簞爲之。"顏師古:"軬,音方遠反。"149

箠,定箠令,顏師古:"箠,音止藥反。"149

省,省徹侯之國,顏師古:"省,音所領反。"150

食,禁內郡食馬粟,顏師古:"食,讀曰飤。"151

綷,錦繡纂組,引應劭:"纂,今五采屬綷是也。"顏師古:"綷,音子內反。"151

絛,錦繡纂組,引應劭:"組者,今綬紛絛是也。"顏師古:"絛,音它牢反。"151

紅,害女紅者也,顏師古:"紅,讀曰功。"151

省,省繇賦,顏師古:"省,音所領反。"151

繇,省繇賦,顏師古:"繇,讀曰傜。"151

畜,素有畜積,顏師古:"畜,讀曰蓄。"151

攘,彊毋攘弱,顏師古:"攘,取也,音人羊反。"151

秏,不事官職秏亂者,顏師古:"秏,不明也,讀與眊同,音莫報反。"152

訾,今訾算十以上乃得宦,顏師古:"訾,讀與貲同。"152

復,復終身,顏師古:"復,音方目反。"153

《武帝紀》

蚡,田蚡,引蘇林:"蚡,音鼢鼠之鼢。"顏師古:"蚡,亦鼢鼠字也,音扶粉反。"155

從,蘇秦、張儀之言,引應劭:"蘇秦爲關東從長。"顏師古:"從,音子容反。"156

復,九十復甲卒,顏師古:"復,音方目反。"156

鬻,已有受鬻法,顏師古:"鬻,音之六反。"156

復,爲復子若孫,顏師古:"復,音方目反。"157

帑,赦吳楚七國帑輸在官者,顏師古:"帑,讀與孥同。"157

便,初作便門橋,顏師古:"便,古者平、便皆同字。便,讀如本字。"158

甌,閩越圍東甌,顏師古:"甌,音一侯反。"158

便,高園便殿火,顏師古:"便,讀如本字 159

復,復七國宗室前絕屬者,顏師古:"復,音扶目反。"160

劓,畫象而民不犯,顏師古:"犯劓者著其衣。劓,截其鼻也。劓,音牛冀反。

　字或作剿，其音同耳。”161

髕，畫象而民不犯，顏師古：“犯髕者。髕，去膝蓋骨也。髕，音頻忍反。”161

扉，畫象而民不犯，顏師古：“犯宮者扉。扉，草屨也。扉，音扶昧反。”161

錯，刑錯不用，顏師古：“錯，置也，音千故反。”161

氐，氐羌徠服，顏師古：“氐，音丁奚反。”162

徠，氐羌徠服，顏師古：“徠，古往來之字也。”162

虖，嗚虖，何施而臻此與，顏師古：“虖，讀曰呼。嗚呼，歎辭也。”162

與，猗與偉與，顏師古：“與，讀曰歟，音弋於反。”162

睹，此子大夫之所睹聞也，顏師古：“睹，古覩字。”162

氾，氾郡十六，顏師古：“氾，音敷劍反。”163

淬，起龍淵宮，引孟康：“其水可用淬刀劍。”顏師古：“淬，音千內反。”163

螟，八月，螟，顏師古：“螟，音莫經反。”164

漕，穿漕渠通渭，顏師古：“漕，音才到反。”165

人，因遭虜之方入，引晉灼：“人，或作人。”165

下，將軍已下廷尉，顏師古：“下，音胡稼反。”166

刷，欲刷恥改行，顏師古：“刷，除也，音所劣反。”166

繇，厥路亡繇，顏師古：“繇，讀與由同。”166

繇，五帝三王所繇昌也，顏師古：“繇，讀與由同。”167

復，復孝敬，顏師古：“復，音方目反。”167

雍，而積行之君子雍於上聞也，顏師古：“雍，讀曰壅。”168

與，與聞國政而無益於民者斥，顏師古：“與讀曰豫。”168

逋，諸逋貸及辭訟在孝景後三年以前，顏師古：“逋，音布胡反。”169

長，內長文所以見愛也，引晉灼：“長，音長吏之長。”171

見，內長文所以見愛也，顏師古：“見，音胡電反。”171

解，祇而不解，顏師古：“解，讀曰懈。”171

復，朕聞五帝不相復禮，顏師古：“復，因也，音扶目反。”173

繇，所繇殊路而建德一也，顏師古：“繇，讀與由同。”173

貤，無所流貤，引應劭：“貤，音移。”顏師古：“貤，音弋賜反。”173

雨，大雨雪，顏師古：“雨，音于具反。”174

憯，支體傷則心憯怛，顏師古：“憯，音千感反。”175

怛，支體傷則心憯怛，顏師古：“怛，音丁曷反。”175

怵，怵於邪説，引服虔："怵，音畜。"引如淳："怵，音怵惕。"顏師古："怵，或體
　誃字耳。誃者，誘也，音如戌亥之戌。"175

謏誃/誃，怵於邪説，顏師古："今俗猶云相謏誃。謏，音先誘反。誃，音述。"175

行，其遣謁者巡行天下，顏師古："行，音下更反。"175

贅，毋贅聚，顏師古："贅，音之鋭反。"175

麏，至皋蘭，引《霍去病傳》："合短兵麏皋蘭下。"顏師古："麏，音烏曹反。"176

馴，南越獻馴象，顏師古："馴，音巡，謂擾也。"176

昆，匈奴昆邪王殺休屠王，顏師古："昆，音下門反。"177

屠，匈奴昆邪王殺休屠王，顏師古："屠，音儲。"177

貸，舉吏民能假貸貧民者以名聞，顏師古："貸，音吐戴反。"177

滇，發謫吏穿昆明池，引臣瓚："滇池，方三百里。"顏師古："滇，音顛。"177

緡，初算緡錢，顏師古："緡，音武巾反。"178

闐，至闐顏山乃還，引鄧展："闐，音填塞之填。"178

食其，食其瞚死，顏師古："食其，音異基。"179

猾，徙天下姦猾吏民於邊，顏師古："猾，狡也，音乎八反。"179

雨，雨水亡冰，顏師古："雨，音于具反。"179

稽，稽諸往古，顏師古："稽，考也，音工奚反。"180

期，廢期有月，引如淳："期，音朞。"180

與，意奉憲者所以導之未明與，顏師古："與，讀曰歟。"181

行，今遣博士大等六人分循行天下，顏師古："行，音下更反。"180

貸，無以自振業者貸與之，顏師古："貸，音土戴反。"180

雨，三月，大雨雪，顏師古："雨，音于具反。"182

行，遣博士中等分循行，顏師古："行，音下更反。"183

重，無令重困，顏師古："重，音直用反。"183

雨，夏四月，雨雹，顏師古："雨，音于具反。"183

汾，東幸汾陰，顏師古："汾，音扶云反。"184

脽，立后土祠于汾陰脽上，引蘇林："脽，音誰。"184

郊，立后土祠于汾陰脽上，顏師古："地本名郊，音與葵同。"184

渥洼，馬生渥洼水中，引蘇林："洼，音窒曲之窒。"顏師古："渥，音握；洼，音
　於佳反。"185

阺，遂踰隴阺，引應劭："隴，隴阺坂也。"顏師古："阺，音丁禮反。"185

厲,西臨祖厲河而還,引李斐:"厲,音嗟賴。"185

見,天子親郊見,顏師古:"見,音胡電反。"185

飭,飭躬齋戒,顏師古:"飭,整也,讀與敕同。"186

鼀,鼀、蝦蟆鬬,顏師古:"鼀,音下媧反。"186

蝦,鼀、蝦蟆鬬,顏師古:"蝦,音遐。"186

蟆,鼀、蝦蟆鬬,顏師古:"蟆,音麻。"186

黽,鼀、蝦蟆鬬,顏師古:"鼀,黽也。黽,音莫幸反。"186

滇,下滇水,引鄭氏:"滇,音櫨。"引孟康:"滇,音貞。"引蘇林:"滇,音撐柱之撐。"顏師古:"蘇音是也。滇,音丈庚反。"187

瀨,甲爲下瀨將軍,顏師古:"瀨,音賴。"187

番,咸會番禺,引如淳:"番,音潘(禺)[愚]。"187

酎,列侯坐獻黃金酎祭宗廟不如法奪爵者,顏師古:"酎,音丈救反。"187

枹罕,圍枹罕,引鄧展:"枹,音鈇。罕,音漢。"顏師古:"枹罕,金城之縣也。罕,讀如本字。"188

緱,將幸緱氏,顏師古:"緱,音工侯反。"188

便,上便令征西南夷,顏師古:"便,音頻面反。"188

儋,儋耳郡,顏師古:"儋,音丁甘反,字本作瞻。"189

瞫,珠厓、儋耳郡,引臣瓚:"《茂陵書》珠崖郡治瞫都。"顏師古:"瞫,音審。"189

嶲,越嶲,引孟康:"嶲,音髓。"189

說,遣橫海將軍韓說、中尉王溫舒出會稽,顏師古:"說,讀曰悅。"189

沮,又遣浮沮將軍公孫賀出九原,顏師古:"沮,音子間反。"189

令,匈河將軍趙破奴出令居,顏師古:"令,音鈴。"189

敦,置張掖、敦煌郡,顏師古:"敦,音徒門反。"189

亟,亟來臣服,顏師古:"亟,急也,音居力反。"190

讋,匈奴讋焉,顏師古:"讋,失氣也,音之涉反。"190

乘,御史乘屬,顏師古:"乘,音食證反。"191

奉,以山下戶三百爲之奉邑,顏師古:"奉,音扶用反。"191

復,復亡所與,顏師古:"復,音方目反。"191

與,復亡所與,顏師古:"與讀曰預。"191

菲,兢兢焉惟德菲薄,顏師古:"菲,亦薄也,音敷尾反,又音靡。"192

父,至於梁父,顏師古:"父,讀曰甫。"192

蛇,博、奉高、蛇丘,引鄭氏:"蛇,音移。"192

貸,民田租逋賦貸,顏師古:"貸,音吐戴反。"192

碣,至碣石,顏師古:"碣,音其列反。"192

樂,以其地爲樂浪,顏師古:"樂,音洛。"194

浪,以其地爲樂浪,顏師古:"浪,音郎。"194

暆,臨屯,引臣瓚:"《茂陵書》臨屯郡治東暆。"顏師古:"暆,音弋支反。"194

番,真番郡,顏師古:"番,音普安反。"194

霅,真番郡,引臣瓚:"真番郡治霅縣。"顏師古:"霅,音丈甲反。"194

燭,一夜三燭,引服虔:"燭,音注。"顏師古:"燭,謂照也,讀如本字。"195

喝,民多喝死,顏師古:"喝,音謁。"195

嶷,望祀虞舜于九嶷,顏師古:"嶷,音疑。"196

灊,登灊天柱山,引應劭:"灊,音若潛。"引文穎:"灊,音岑。"顏師古:"灊,音
　與潛同。"196

舳,舳艫千里,顏師古:"舳,音軸。"197

艫,舳艫千里,顏師古:"艫,音盧。"197

樅,薄樅陽而出,顏師古:"樅,音千松反。"197

並,遂北至琅邪,並海,顏師古:"並,讀曰傍。傍,依也,音步浪反。"197

蹏,故馬或奔蹏而致千里,顏師古:"蹏,音徒計反。"197

累,士或有負俗之累而立功名,顏師古:"累,音力瑞反。"198

泛,泛駕之馬,顏師古:"泛,覆也,音方勇反。字本作覂,後通用耳。"198

跅,跅弛之士,引如淳:"跅,(拓也)〔音拓〕。"顏師古:"跅,音土各反。"198

弛,跅弛之士,顏師古:"弛,音式爾反。"198

杅,遣因杅將軍公孫敖,顏師古:"杅,音羽俱反。"200

宛,發天下謫民西征大宛,顏師古:"宛,音於元反。"200

膢,膢五日,引如淳:"膢,音樓。"引伏儼:"膢,音劉。劉,殺也。"顏師古:
　"膢,《續漢書》作貙劉。"200

臘,比臘,顏師古:"臘,音來盍反。"200

浚,遣浚稽將軍趙破奴,顏師古:"浚,音峻。"201

稽,遣浚稽將軍趙破奴,顏師古:"稽,音雞。"201

兒,御史大夫兒寬卒,顏師古:"兒,音五兮反。"201

椆,遣光禄勳徐自爲築五原塞外列城,引晉灼:"《地理志》從五原椆陽縣北

出石門鄣即得所築城。"顏師古:"梱,音固。"201

胊,西北至盧胊,顏師古:"胊,音劬。"201

説,游擊將軍韓説將兵屯之,顏師古:"説,讀曰悦。"201

障,行壞光禄諸亭障,顏師古:"障,音之向反。"202

祁,戰于天山,顏師古:"即祁連山也。匈奴謂天爲祁連。祁,音巨夷反。"203

分,遣直指使者暴勝之等衣繡衣杖斧分部逐捕,顏師古:"分,音扶問反。"204

榷,初榷酒酤,引如淳:"榷,音較。"204

酤,初榷酒酤,顏師古:"酤,音工護反。"204

酌,初榷酒酤,顏師古:"榷者,今之略酌是也。酌,音酌。"204

瘞,瘞玄玉,顏師古:"瘞,音於例反。"204

愞,太守坐畏愞棄市,引如淳:"愞,音如掾反。"顏師古:"愞,又音乃館反。"204

説,游擊將軍韓説,顏師古:"説,讀曰悦。"205

髆,立皇子髆爲昌邑王,引孟康:"髆,音博。"引晉灼:"許慎以爲肩髆字。"205

見,泰山見黄金,顏師古:"見,音胡電反。"206

褭,今更黄金爲麟趾褭蹄以協瑞焉,顏師古:"褭,音奴了反。"206

成,禮日成山,顏師古:"成山,《郊祀志》作盛山,其音同。"207

罘,登之罘,顏師古:"罘,音浮。"207

腄,登之罘,引晉灼:"《地理志》東萊腄縣有之罘山祠。"顏師古:"腄,音直瑞
　　反。"207

其,幸不其,引如淳:"其,音基。"207

鄉,若有鄉坐拜者,顏師古:"鄉,讀曰嚮。"207

坐,若有鄉坐拜者,顏師古:"坐,音才臥反。"207

索,閉長安城門索,顏師古:"索,音山客反。"208

陽,陽石公主,顏師古:"陽,字或作羊。"208

屈,與丞相劉屈氂大戰長安,顏師古:"屈,音丘勿反,又音其勿反。"209

氂,與丞相劉屈氂大戰長安,顏師古:"氂,音力之反。"209

浚稽,至浚稽山,顏師古:"浚稽,音峻雞。"210

倩,反者公孫勇、胡倩發覺,顏師古:"倩,音千見反。"210

見,朕郊見上帝,顏師古:"見,音胡電反。"211

莽,侍中僕射莽何羅與弟重合侯通謀反,顏師古:"莽,音莫户反。"211

磾,侍中駙馬都尉金日磾,顏師古:"磾,音丁奚反。"211

鰲,行幸鰲屋五柞宫,顏師古:"鰲,音張流反。"212

屋,行幸鰲屋五柞宫,顏師古:"屋,音竹乙反。"212

正,改正朔,顏師古:"正,音之成反。"212

　《昭帝紀》

倢伃,母曰趙倢伃,顏師古:"倢,音接。伃,音余。字或並從女。"217

行,燕王旦、廣陵王胥行驕嫚,顏師古:"行,音下更反。"217

鄂,帝姊鄂邑公主益湯沐邑,顏師古:"鄂,音五各反。"218

共,共養省中,顏師古:"共,讀曰供,音居用反。"218

養,共養省中,顏師古:"養,音弋亮反。"218

行,左將軍桀行北邊,顏師古:"行,音下更反。"218

鵠,黄鵠下建章宫太液池中,顏師古:"鵠,音胡篤反。"218

並,益州廉頭、姑繒、牂柯談指、同並二十四邑皆反,顏師古:"並,音伴。"219

犇,發犍爲、蜀郡犇命擊益州,顏師古:"犇,古奔字耳。"219

犍,發犍爲、蜀郡犇命擊益州,顏師古:"犍,音虔,又音鉅言反。"219

雋,欲殺青州刺史雋不疑,顏師古:"雋,音材兖反,又音辭兖反。"220

行,持節行郡國,顏師古:"行,音下更反。"220

貸,遣使者振貸貧民毋種、食者,顏師古:"貸,音吐戴反。"220

調,調故吏將屯田張掖郡,顏師古:"調,音徒釣反。"221

將,調故吏將屯田張掖郡,顏師古:"將,音子亮反。"221

种,廷尉李种坐故縱死罪棄市,顏師古:"种,音沖。"222

樂,封皇后父驃騎將軍上官安爲桑樂侯,顏師古:"樂,音來各反。"222

番,罷儋耳、真番郡,顏師古:"番,音普安反。"223

栘,栘中監蘇武前使匈奴,引蘇林:"栘,音移,廄名也。"224

占,令民得以律占租,顏師古:"占,音章贍反。"224

鉤,鉤町侯毋波,引服虔:"鉤,音《左傳》射兩軥之軥。"224

町,鉤町侯毋波,引應劭:"町,音若挺。"顏師古:"鉤町,音劬挺。"224

煖,後宫有遺腹子煖,顏師古:"煖,音許遠反。"225

氐,武都氐人反,顏師古:"氐,音丁奚反。"225

頜,龍頜侯韓增,顏師古:"頜,《漢書》本或作雒字。"引崔浩:"雒,音洛。"225

雒,龍頜侯韓增,顏師古:"《功臣侯表》云弓高壯侯韓頹當子雒封龍雒侯。雒,音女交反。"225

屬，先帝所屬，顏師古："屬，音之欲反。"226

傳，以補邊郡三輔傳馬，顏師古："傳，音張戀反。"228

僵，上林有柳樹枯僵自起生，顏師古："僵，音紀良反。"229

更，三年以前逋更賦未入者，顏師古："更，音工衡反。"230

校，發中二千石將五校作治，顏師古："校，音下教反。"231

轑，太常轑陽侯德免爲庶人，引文穎："轑，音料。"231

訴，丞相訴蔑，顏師古："訴，亦欣字。"231

減，今三輔、太常穀減賤，引鄭氏："減，音減少之減。"232

繇，減外繇，顏師古："繇，讀曰傜。"232

耗，海内虛耗，顏師古："耗，損也，音火到反。"233

減，户口減半，顏師古："減，讀爲減省之減。"233

繇，輕繇薄賦，顏師古："繇，讀曰傜。"233

　　《宣帝紀》

娣，太子納史良娣，顏師古："娣，音次第之第。"235

褓，曾孫雖在襁褓，顏師古："襁，音居丈反。"235

褓，曾孫雖在襁褓，顏師古："褓，音保。"235

繦，曾孫雖在襁褓，顏師古："襁即今之小兒繦也。繦，音補耕反。"235

復，使女徒復作淮陽趙徵卿、渭城胡組更乳養，引孟康："復，音服。"236

更，使女徒復作淮陽趙徵卿、渭城胡組更乳養，顏師古："更，音工衡反。"236

柞，五柞宫，顏師古："柞，字或作莋，其音同。"236

曬，爲取暴室嗇夫許廣漢女，顏師古："暴室，取暴曬爲名耳。今俗語亦云薄
　　曬。曬，音所懈反，又音所智反。"237

倚，曾孫因依倚廣漢兄弟及祖母家史氏，顏師古："倚，音於綺反。"237

澓，受《詩》於東海澓中翁，引服虔："澓，音馥。"顏師古："澓，音房福反。"237

中，受《詩》於東海澓中翁，顏師古："中，讀曰仲。"237

喜，然亦喜游俠，顏師古："喜，音許吏反。"237

蓮，常困於蓮勺鹵中，引如淳："蓮，音輦。"237

勺，常困於蓮勺鹵中，引如淳："勺，音灼。"237

鄠，尤樂杜、鄠之間，顏師古："鄠，音扈。"238

請，時會朝請，顏師古："請，音才姓反。"238

讐，所從買家輒大讐，顏師古："讐，讀曰售。"238

軨，太僕以軨獵車奉迎曾孫，顏師古："軨，音鈴。"239

畸，詹事畸，引蘇林："畸，音踦隻之踦。"顏師古："畸，音居宜反。"241

更，自左更至五大夫，顏師古："更，音工衡反。"242

刺，詔立燕刺王太子建爲廣陽王，顏師古："刺，音來曷反。"242

鄉，百蠻鄉風，顏師古："鄉，讀曰嚮也。"243

調，大發興調關東輕車鋭卒，顏師古："調，音徒釣反。"244

伉，選郡國吏三百石伉健習騎射者，顏師古："伉，强也，音口浪反。"244

祁，御史大夫田廣明爲祁連將軍，顏師古："祁，音上夷反。"244

傳，得毋用傳，顏師古："傳，音張戀反。"245

墮，上以宗廟墮，顏師古："墮者，毁也，音火規反。"245

復，其復屬，顏師古："復，音扶目反。"246

復，復其後世，顏師古："復，音方目反。"247

與，世世毋有所與，顏師古："與，讀曰豫。"247

傅，以傅奏其言，顏師古："傅，讀曰敷。"248

勞，今膠東相成勞來不怠，顏師古："勞，音盧到反。"248

來，今膠東相成勞來不怠，顏師古："來，音盧代反。"248

占，流民自占八萬餘口，顏師古："占，音之贍反。"248

貸，貸種、食，顏師古："貸，音吐戴反。"248

飭，今復飭兵重屯，顏師古："飭，讀與敕同。飭，整也。"249

貸，貸種、食，顏師古："貸，音吐戴反。"250

種，貸種、食，顏師古："種，五穀種也，音之勇反。"250

與，其爲仁之本與，顏師古："與，讀曰予。"250

衰，今百姓或遭衰経凶災，顏師古："衰，音千回反。"251

繇，而吏繇事，顏師古："繇，讀曰徭。"251

殺，顯前又使女侍醫淳于衍進藥殺共哀后，顏師古："殺，讀曰弒。"252

共，顯前又使女侍醫淳于衍進藥殺共哀后，顏師古："共，讀曰恭。"252

行，遣使者循行郡國問民所疾苦，顏師古："行，音下更反。"252

貸，已振貸，顏師古："貸，音吐戴反。"252

賈，而賈咸貴，顏師古："賈，讀曰價。"252

重，衆庶重困，顏師古："重，音直用反。"252

瘐，以掠辜若飢寒瘐死獄中，顏師古："瘐，音庾。字或作瘉，其音亦同。"253

殿，丞相御史課殿最以聞，顏師古：“殿，音丁見反。”253

解，内省匪解，顏師古：“解，讀曰懈。”254

復，復高皇帝功臣絳侯周勃等百三十六人家子孫，顏師古：“復，音方目反。”254

繇，上亦亡繇知，顏師古：“繇，讀與由同。”256

稱，稱過使客，顏師古：“稱，音尺孕反。”256

過，稱過使客，顏師古：“過者，過度之過也。”256

復，故人下至郡邸獄復作嘗有阿保之功，顏師古：“復，音扶目反。”257

鷃，神爵集雍，引晉灼：“《漢注》大如鷃爵。”顏師古：“鷃，音晏。”258

摘，毋得以春夏摘巢探卵，顏師古：“摘，音佗狄反。”258

射，彈射飛鳥，顏師古：“射，音食亦反。”258

行，遣大中大夫彊等十二人循行天下，顏師古：“行，音下更反。”258

適，又賜功臣適後黃金，顏師古：“適，讀曰嫡。”259

函，金芝九莖產于函德殿銅池中，顏師古：“函，讀與含同。”260

飭，飭躬齋精，顏師古：“飭，與敕同。”260

爲，祈爲百姓，顏師古：“爲，音于僞反。”260

弛，發三輔、中都官徒弛刑，顏師古：“弛，音式爾反。”260

佽，及應募佽飛射士，顏師古：“佽，音次。”261

酋，首惡大豪楊玉、酋非，引如淳：“酋，音酒醹熟。”顏師古：“酋，音才由反。”262

揰，先賢揰將人眾萬餘來降，引鄭氏：“揰，音纏束之纏。”引晉灼：“揰，音田。”顏師古：“鄭音是也。”262

樂，起樂游苑，顏師古：“樂，音來各反。”262

奉，而奉禄薄，顏師古：“奉，音扶用反。”263

爲，祈爲百姓蒙祉福，顏師古：“爲，音于僞反。”263

蜚，蜚覽翱翔，顏師古：“蜚，古飛字也。”263

嚮，上帝嘉嚮，顏師古：“嚮，讀曰饗。”264

乾，乾餱以愆，顏師古：“乾，音干。”265

餱，乾餱以愆，顏師古：“餱，音侯。”265

遬，匈奴呼遬累單于帥眾來降，顏師古：“遬，古速字。”266

累，匈奴呼遬累單于帥眾來降，顏師古：“累，音力追（切）[反]。”266

惲，平通侯（陽）[楊]惲坐前爲光禄勳有罪，顏師古：“惲，音於吻反。”266

更，更相攻擊，顏師古：“更，音工衡反。”267

耗，畜產大耗什八九，顏師古：“耗，音呼到反。”267

燔，相燔燒以求食，顏師古：“燔，焚也，音扶元反。”267

閼氏，單于閼氏子孫昆弟，顏師古：“閼氏，音焉支。”267

訾，右伊秩訾，顏師古：“訾，音子移反。”267

且，且渠，顏師古：“且，音子余反。”267

飭，朕飭躬齊戒，顏師古：“飭，與敕同。”267

嬰，嬰蒙嘉瑞，顏師古：“嬰，古屢字。”267

谷蠡，遣弟谷蠡王入侍，引服虔：“谷，音鹿。”引韋昭：“蠡，音如麗反。”顏師
　　古：“谷，服音是也。蠡，音落奚反。”268

行，循行天下，顏師古：“行，音下更反。”268

銖，匈奴呼韓邪單于遣子右賢王銖婁渠堂入侍，顏師古：“銖，音殊。”268

婁，匈奴呼韓邪單于遣子右賢王銖婁渠堂入侍，顏師古：“婁，音力于反。”268

囂，立皇子囂爲定陶王，顏師古：“囂，音敖。”269

槁，枯槁榮茂，顏師古：“槁，音口老反。”269

禎，咸受禎祥，顏師古：“禎，音貞。”269

蓓，行幸蓓陽宮屬玉觀，引李斐：“蓓，音倍。”270

屬玉，蓓陽宮屬玉觀，引李奇：“屬玉，音鸑鷟。”顏師古：“屬，音之欲反。”270

鄉，匈奴單于鄉風慕義，顏師古：“鄉，讀曰嚮。”271

狦，呼韓邪單于稽侯狦來朝，引應劭：“狦，音若訕。”引李奇：“狦，音山。”顏
　　師古：“狦，音删，又音先安反。”271

稽，稽侯狦，顏師古：“稽，音古奚反。”271

道，使有司道單于先行就邸長安，顏師古：“道，讀曰導。導，引也。”271

郅，郅支單于遠遁，顏師古：“郅，音質。”272

行，群鳥四面行列，顏師古：“行，音胡郎反。”272

鄉，皆鄉鳳皇立，顏師古：“鄉，讀曰嚮。”272

措，舉措曲直，顏師古：“措，置也，音千故反。”273

中，皆失其中，顏師古：“中，音竹仲反。”274

簿，上計簿，顏師古：“簿，音步户反。”274

謾，務爲欺謾，顏師古：“謾，誑言也，音慢，又音莫連反。”274

鮮，自元、成間鮮能及之，顏師古：“鮮，音先踐反。”275

信，信威北夷，顏師古：“信，讀爲申，古通用字。”275

　　《元帝紀》

奭，孝元皇帝，引荀悅：“諱奭之字曰盛。”顏師古：“奭，音式亦反。”277

共，母曰共哀許皇后，顏師古：“共，讀曰恭。”277

悁，大臣楊惲，顏師古：“惲，音於吻反。”278

從，嘗侍燕從容言，顏師古：“從，音千容反。”278

眩，使人眩於名實，顏師古：“眩，亂視也，音胡眄反。”278

繇，繇是疏太子而愛淮陽王，顏師古：“繇，讀與由同。”278

貸，貲不滿千錢者賦貸種，顏師古：“貸，音土戴反。”279

種，貲不滿千錢者賦貸種，顏師古：“種，音之勇反。”279

繇，不知所繇，顏師古：“繇，與由同。”280

行，循行天下，顏師古：“行，音下更反。”280

豲，壞敗豲道縣城郭官寺及民室屋，顏師古：“豲，音完。”282

壓，壓殺人衆，顏師古：“壓，音烏狎反。”282

道，道以經書，顏師古：“道，讀曰導。”283

煬，立長沙煬王弟宗爲王，引鄭氏：“煬，音供養之養也。”284

繇，本繇陰陽，顏師古：“繇，與由同。”284

媮，媮合苟從，顏師古：“媮，與偷同。”284

壙，衆僚久壙，引應劭：“壙，音曠。”286

匍匐，匍匐救之，顏師古：“匍，音步扶反。匐，音步得反。”286

秣，乘輿秣馬，顏師古：“秣，音末。”286

縰，齊三服官，引李斐：“春獻冠幘縰爲首服。”顏師古：“縰，與纚同，音山爾反。”286

雍，而吉士雍蔽，顏師古：“雍，讀曰[壅]。”288

重，重以周秦之弊，顏師古：“重，音直用反。”288

繇，繇此觀之，顏師古：“繇，讀與由同。”288

雨，是月雨雪，顏師古：“雨，音于具反。”288

軏，殷周法行而姦軏服，顏師古：“軏，與宄同。”289

晻，三光晻昧，顏師古：“晻，與暗同，又音烏感反。”289

婁，婁敕公卿，顏師古：“婁，古屢字。”289

中，未得其中，顏師古：“中，音竹仲反。”289

錯，靡所錯躬，顏師古：“錯，置也，音千故反。”289

湛，正氣湛掩，顏師古：“湛，讀與沈同。”289

中，中冬雨水，顏師古：“中，讀曰仲。”290

雨，中冬雨水，顏師古：“雨，音于具反。”290

復，復鹽鐵官、博士弟子員，顏師古：“復，音扶目反。”291

復，民多復除，顏師古：“復，音方目反。”291

婁，婁遭凶咎，顏師古：“婁，讀曰屢。”291

竟，加以邊竟不安，顏師古：“竟，讀曰境。”291

晻，今朕晻于王道，顏師古：“晻，讀與暗同。”292

眩，靡瞻不眩，顏師古：“眩，視亂也，音胡眄反。”292

耗，是以東垂被虛耗之害，顏師古：“耗，損也，音呼到反。”293

奉，又罷先后父母奉邑，顏師古：“奉，音扶用反。”293

射，上幸長楊射熊館，顏師古：“射，音食亦反。”293

蛾，有白蛾群飛蔽日，顏師古：“蛾，若今之鹽蛾類也，音五何反。”294

枳，從東都門至枳道，顏師古：“枳，音只。”294

雨，大雨雪，顏師古：“雨，音于具反。”294

道，魏郡太守京房坐窺道諸侯王以邪意，顏師古：“道，讀曰導。”294

撟，撟發戊己校尉屯田吏士及西域胡兵攻郅支單于，顏師古：“撟，與矯同。”295

郅，攻郅支單于，顏師古：“郅，音質。”295

縣，縣蠻夷邸門，顏師古：“縣，古懸字也。”295

行，臨遣諫大夫博士賞等二十一人循行天下，顏師古：“行，音下更反。”296

雍，安陵岸崩雍涇水，顏師古：“雍，讀曰壅。”296

解，匪敢解怠，顏師古：“解，讀曰懈。”296

晻，德薄明晻，顏師古：“晻，讀與暗同。”296

勞，故是月勞農勸民，顏師古：“勞，音來到反。”296

覆，覆案小罪，顏師古：“覆，音方目反。”296

竟，竟寧元年，顏師古：“據如應説，竟讀爲境。若依本字而讀，義更弘通也。”297

鄉，鄉慕禮義，顏師古：“鄉，讀曰嚮。”297

閼氏，賜單于待詔掖庭王檣爲閼氏，引蘇林：“閼氏，音焉支。”298

秭，賜單于待詔掖庭王檣爲閼氏，引文穎：“本南郡秭歸人也。”顏師古：“秭，音姊。”298

繁，御史大夫延壽卒，顏師古：“即繁延壽也。繁，音蒲何反。”298

度，自度曲，被歌聲，顏師古：“度，音大各反。”299

被，自度曲，被歌聲，顏師古：“被，音皮義反。”299

刌,分刌節度,顏師古:"刌,音千本反。"299

幼眇,窮極幼眇,顏師古:"幼眇,讀曰要妙。"299

迭,迭爲宰相,顏師古:"迭,音大結反。"299

《成帝紀》

驁,孝成皇帝,引荀悦:"諱驁,字太孫。"顏師古:"驁,音五到反。"301

説,上大説,顏師古:"説,讀曰悦。"302

樂,樂燕樂,顏師古:"上樂,讀如本字,又音五孝反;下樂,音來各反。"302

孜,群公孜孜,顏師古:"孜孜,不怠之意。孜,音兹。"304

坐,集未央宫殿中朝者坐,顏師古:"坐,音才卧反。"304

韋,拔甘泉時中大木十韋以上,顏師古:"韋,與圍同。"305

飭,朕親飭躬,顏師古:"飭,整也,讀與敕同。"305

共,三輔長無共張繇役之勞,顏師古:"共,音居用反。"305

張,三輔長無共張繇役之勞,顏師古:"張,音竹亮反。"305

亢,削樊、亢父縣,顏師古:"亢,音抗。"306

父,削樊、亢父縣,顏師古:"父,音甫。"306

請,以賜宗室朝請者,顏師古:"請,音才性反。"306

虒,虒上小女陳持弓,引服虔:"虒,音斯。"307

橫,走入橫城門,引如淳:"橫,音光。"307

行,遣諫大夫林等循行天下,顏師古:"行,音下更反。"307

蚰,草木昆蟲,顏師古:"許慎《説文》云:二虫爲蚰。蚰,讀與昆同。"307

虫,草木昆蟲,顏師古:"許慎《説文》云:二虫爲蚰。虫,音許尾反。"307

婁,災異婁發,顏師古:"婁,古屢字也。"308

治,以告不治,顏師古:"治,音丈吏反。"308

中,舉錯不中,顏師古:"中,當也,音竹仲反。"308

雨,夏四月,雨雪,顏師古:"雨,音于具反。"308

遠,退遠殘賊,顏師古:"遠,音于萬反。"309

犍,犍爲地震山崩,顏師古:"犍,音其言反,又其連反。"310

雍,雍江水,顏師古:"雍,音壅。"310

使,謁者陳農使,使求遺書於天下,顏師古:"上使,音所吏反;下使,讀如本字。"310

行,行舉瀕河之郡,顏師古:"行,音下更反。"311

瀕,行舉瀕河之郡,顔師古:"瀕,音頻,又音賓。"311

傍,瀕河之郡,顔師古:"瀕河,言傍河也。傍,音步浪反。"311

槥,令郡國給槥櫝葬埋,顔師古:"槥,音衛。"311

櫝,令郡國給槥櫝葬埋,顔師古:"櫝,音讀。"311

冗,在所冗食之,顔師古:"冗,音如勇反。"311

食,在所冗食之,顔師古:"食,讀曰飤。"311

蕃,黎民於蕃時雍,顔師古:"蕃,音扶元反。"312

阮,五阮關,引如淳:"阮,音近捲反。"顔師古:"阮,音其遠反。"313

苛,勿苛留,顔師古:"苛,音何。"313

行,遣諫大夫博士分行視,顔師古:"行,音下更反。"313

劭,先帝劭農,引蘇林:"劭,音翹。精異之意也。"顔師古:"劭,音時召反。"314

鄉,鄉本者少,顔師古:"鄉,讀曰嚮。"315

勞,致勞來之,顔師古:"勞,音郎到反。"315

來,致勞來之,顔師古:"來,音郎代反。"315

戲,以新豐戲鄉爲昌陵縣,顔師古:"戲水之鄉也,戲,音許宜反。"316

蜚,有雉蜚集于庭,顔師古:"蜚,古飛字也。"317

傅,傅納以言,顔師古:"傅,讀曰敷。"317

婁,黎民婁困於飢寒,顔師古:"婁,古屢字。"317

道,朕既無以率道,顔師古:"道,讀曰導。"317

與,意乃招賢選士之路鬱滯而不通與,顔師古:"與,讀曰歟。"317

賈,賈級千錢,顔師古:"賈,讀曰價。"318

冗,關東流冗者衆,顔師古:"冗,音人勇反。"319

行,已遣使者循行郡國,顔師古:"行,音下更反。"319

寖,廣漢鄭躬等黨與寖廣,顔師古:"寖,古浸字。"319

耗,天下虛耗,顔師古:"耗,損也,音呼到反。"320

罷,百姓罷勞,顔師古:"罷,讀曰疲。"320

俚,立城陽孝王子俚爲王,引如淳:"俚,音里。"320

食,吏民以義收食貧民,顔師古:"食,讀曰飤。"321

更,加賜爵右更,顔師古:"更,音工行反。"321

卒,興卒暴之作,顔師古:"卒,讀曰(倅)[猝],謂急也。"322

屬,死者連屬,顔師古:"屬,音之欲反。"322

罷，百姓罷極，顏師古："罷，讀曰疲。"322

下，朕以長言下閎章，顏師古："下，音胡稼反。"322

重，天災仍重，顏師古："重，音直用反。"323

行，臨遣大中大夫嘉等循行天下，顏師古："行，音下更反。"323

趣，持節督趣逐捕，顏師古："趣，讀曰促。"324

訢，汝南太守嚴訢捕斬令等，顏師古："訢，與欣同。"324

婁，火災婁降，顏師古："婁，古屢字。"324

行，故民興行，顏師古："行，音下更反。"325

被，被服綺縠，顏師古："被，音皮義反。"325

重，大異重仍，顏師古："重，音直用反。"326

蓲，宿蓲陽宮，顏師古："蓲，音倍。"327

岷，蜀郡岷山崩，顏師古："岷，音武巾反。"327

畸，不內顧，不疾言，不親指，顏師古："旁視不過畸較。畸，音於綺反。"330

湛，然湛于酒色，顏師古："湛，讀曰耽。"330

於邑，言之可爲於邑，顏師古："於邑，短氣貌，讀如本字。於，又音烏。邑，又音烏合反。"331

　　《哀帝紀》

韤，韤係解，顏師古："韤，音武伐反。"334

更，皆更稱定陶王，顏師古："更，音工衡反。"334

氾，大司空氾鄉侯何武，顏師古："氾，音汎。"336

重，重困不足，顏師古："重，音直用反。"336

詆，除任子令及誹謗詆欺法，顏師古："詆，音丁禮反。"337

奉，益吏三百石以下奉，顏師古："奉，音扶用反。"337

行，已遣光禄大夫循行舉籍，顏師古："行，音下更反。"337

塋，太皇太后詔外家王氏田非冢塋，顏師古："塋，音營。"338

媛，中山孝王太后媛，顏師古："媛，音爰。"338

復，復御史大夫，顏師古："復，音扶目反。"339

復，發陳留、濟陰近郡國五萬人穿復土，顏師古："復，音扶目反。"339

鄐，立魯頃王子鄐鄉侯閔爲王，引蘇林："鄐，音魚。"顏師古："鄐，又音吾。"341

呼，擊鼓號呼相驚恐，顏師古："呼，音火故反。"342

婁，婁敕公卿，顏師古："婁，古屢字。"343

中,未得其中,顏師古:“中,音竹仲反。”343

錯,靡所錯躬,顏師古:“錯,音千故反。”343

遠,黜遠殘賊,顏師古:“遠,音(手)[于]萬反。”343

鋪,孝元廟殿門銅龜蛇鋪首鳴,顏師古:“鋪,音普胡反。”344

説,單于不説,顏師古:“説,讀曰悦。”344

痿,即位痿痺,引蘇林:“痿,音萎枯之萎。”引如淳:“痿,音蹞蹉弩。”顏師古:“痿,音人(佳)[隹]反。”345

痺,即位痿痺,顏師古:“痺,音必寐反。”345

蹞蹉,即位痿痺,引如淳:“痿,音蹞蹉弩。”顏師古:“蹞蹉者,弩名。蹞,音煩;蹉,音蕤。”345

《平帝紀》

衎,孝平皇帝,引荀悦:“諱衎之字曰樂。”顏師古:“衎,音口旱反。”347

使,使持節迎中山王,顏師古:“使,音所吏反。”347

總,百官總己以聽於莽,顏師古:“聚束曰總,總,音揔。”348

洒,洒心自新之意也,顏師古:“洒,滌也,音先禮反。”348

更,其歷職更事有名之士,顏師古:“更,音工衡反。”348

鄉,令士厲精鄉進,顏師古:“鄉,讀曰嚮。”348

上,有司無得陳赦前事置奏上,顏師古:“上,音時掌反。”348

惲,太僕王惲等二十五人,顏師古:“惲,音於吻反。”350

岑,執金吾任岑,顏師古:“岑,音士林反。”350

恂,尚書令姚恂,顏師古:“恂,音荀。”350

詡,沛郡太守石詡,顏師古:“詡,音況羽反。”350

與,皆以前與建策,顏師古:“與,讀曰豫。”350

復,復其屬,顏師古:“復,音扶目反。”350

行,遣諫大夫行三輔,顏師古:“行,音下更反。”350

卒,以元壽二年倉卒時橫賦斂者,顏師古:“卒,讀曰猝。”350

橫,以元壽二年倉卒時橫賦斂者,顏師古:“橫,音胡孟反。”350

偫,天下吏(舍)[民]亡得置什器儲偫,顏師古:“偫,音丈紀反。”350

柙,義陵寢神衣在柙中,顏師古:“柙,匱也,音狎。”351

復,復貞婦,顏師古:“復,音方目反。”352

陘,以中山苦陘縣爲中山孝王后湯沐邑,顏師古:“陘,音形。”352

盱，江都易王孫盱台侯宮爲廣川王，顏師古：“盱，音許于反。”353

台，江都易王孫盱台侯宮爲廣川王，顏師古：“台，音怡。”353

共，絳侯周勃玄孫共，顏師古：“共，讀曰恭。”353

復，皆爲列侯，復爵，顏師古：“復，音扶福反。”353

池，罷安定呼池苑，顏師古：“池，音大河反。”354

種，假與犂、牛、種、食，顏師古：“種，音之勇反。”354

行，使謁者大司馬掾四十四人持節行邊兵，顏師古：“行，音下更反。”354

鉦，遣執金吾候陳茂假以鉦鼓，顏師古：“鉦，音征。”354

鐃，假以鉦鼓，引應劭：“鉦者，鐃也。”顏師古：“鐃，音女交反。”354

輢，親迎立輢併馬，引服虔：“輢，音輗。”355

併，親迎立輢併馬，顏師古：“併，音步鼎反。”355

聚，聚曰序，顏師古：“聚，音才喻反。”355

復，前詔有司復貞婦，顏師古：“復，音方目反。”356

辟，誠欲以防邪辟，顏師古：“辟，讀曰僻。”356

眊，及眊悼之人刑罰所不加，顏師古：“眊，音莫報反。”356

行，分行天下，顏師古：“行，音下更反。”357

祫，祫祭明堂，顏師古：“祫，音洽。”358

頃，兄弟吳頃，顏師古：“頃，讀曰傾。”359

郵，宗師得因郵亭書言宗伯，顏師古：“郵，音尤。”359

行，太僕王惲等八人使行風俗，顏師古：“行，音下更反。”359

傳，在所爲駕一封軺傳，顏師古：“傳，音張戀反。”359

斂，宜以禮斂，顏師古：“斂，音力贍反。”360

媵，其出媵妾，顏師古：“媵，音食證反，又音孕也。”360

　　《異姓諸侯王表》

襢，舜禹受襢，顏師古：“襢，古禪字，音上扇反。”363

繇，乃繇禹稷，顏師古：“繇，讀與由同。”363

殺，然後放殺，顏師古：“殺，讀曰弒。”363

艱，用力如此其（艱）［艱］難也，顏師古：“艱，古艱字也。”364

橫，以爲起於處士橫議，顏師古：“橫，音（朝）［胡］孟反。”364

墮，墮城銷刃，顏師古：“墮，音火規反。”364

箝，箝語燒書，顏師古：“箝，音（某）［其］占反。”364

爾,箝語燒書,引晉灼:"許慎云:箝,爾也。"顔師古:"爾,音躡。"364

粤,外攘胡粤,顔師古:"粤,古越字。"365

適,適戍彊於五伯,顔師古:"適,讀曰謫。謫,音陟厄反。"365

伯,適戍彊於五伯,顔師古:"伯,讀曰霸。"365

閻,閻閻偪於戎狄,引應劭:"閻,音簷。"365

偪,閻閻偪於戎狄,顔師古:"偪,音逼。"365

瘖,嚮應瘖於謗議,引服虔:"瘖,音慘。"365

嚮,嚮應瘖於謗議,顔師古:"嚮,音響。"365

鄉,鄉秦之禁,顔師古:"鄉,讀曰嚮。"365

繇,繇一劍之任,顔師古:"繇,讀與由同。"365

鐫,鐫金石者難爲功,顔師古:"鐫,琢石也,音子全反。"365

譜,譜十八王,引應劭:"譜,音補。"365

番,故番君,顔師古:"番,音蒲河反。"366

共,王共敖,顔師古:"共,讀曰恭。"366

荼,王臧荼,顔師古:"荼,音大胡反。"366

《諸侯王表》

伯,衰則五伯扶其弱,顔師古:"伯,讀曰霸。"392

阸,至虖阸陜河洛之間,顔師古:"阸,音於懈反。"392

陜,至虖阸陜河洛之間,顔師古:"陜,音區。"392

被,被竊鈇之言,顔師古:"被,音皮義反。"392

鈇,被竊鈇之言,顔師古:"鈇,音膚。"392

謻,有逃責之臺,引劉德:"洛陽南宮謻臺是也。"顔師古:"謻,音移,又音直移反。"392

赧,既於王赧,顔師古:"赧,音女版反。"393

狙,騁狙詐之兵,引應劭:"狙,音(若)[苦]蛆反。"顔師古:"狙,音千絮反。"393

姍,姍笑三代,顔師古:"姍,古訕字也。訕,謗也,音所諫反,又音删。"393

挺,奮其白挺,顔師古:"挺,音徒鼎反。"393

行,太行左轉,顔師古:"行,音胡剛反。"394

漸,漸于海,顔師古:"漸,音子廉反,亦讀如本字。"394

瀕,北界淮瀕,顔師古:"瀕,音頻,又音賓。"394

波,波漢之陽,引鄭氏:"波,音陂澤之陂。"顔師古:"波[陂],音彼皮反,又音彼義反。"394

亙,亙九巖,引孟康:"亙,竟也,音古贈反。"394

巖,亙九巖,顏師古:"巖,音疑。"394

比,諸侯(北)[比]境,顏師古:"比,音頻寐反。"395

夸,而藩國大者夸州兼郡,顏師古:"夸,音跨。"395

撟,可謂撟拄過其正矣,顏師古:"撟,與矯同。"395

睽,大者睽孤橫逆,顏師古:"睽,音工攜反。"395

與,不與政事,顏師古:"與,讀曰豫。"396

殫,是故王莽知漢中外殫微,顏師古:"殫,盡也,音單。"397

顓,顓作威福廟堂之上,顏師古:"顓,與專同。"397

齯,漢諸侯王厥角齯首,顏師古:"齯,音口禮反,與稽同。"397

紱,奉上璽紱,顏師古:"紱,音弗。"397

扐,王辟光以悼王子扐侯立,顏師古:"扐,音力。"401

共,趙共王恢,顏師古:"共,讀曰恭。"404

閼,臨江哀王閼,顏師古:"閼,音一曷反。"410

睃,文王睃嗣,引晉灼:"睃,音鐫。"顏師古:"睃,音子緣反。"410

鄐,王閔以頃王子鄐鄉侯紹封,顏師古:"鄐,音吾,又音魚。"411

附,頃王附朐嗣,引晉灼:"附,音符。"顏師古:"附,讀如本字。"413

朐,頃王附朐嗣,顏師古:"朐,音劬。本傳作鮒鮈,其音同耳。"413

穅,穅王昆侈嗣,顏師古:"穅,音與康同。"414

繕,王繕嗣,顏師古:"繕,音羊善反。"421

嚻,楚孝王嚻,顏師古:"嚻,音敖。"422

《王子侯表上》

亶,以諸侯王亶土過制,顏師古:"亶,亦壇字也。"427

替,或替差失軌,顏師古:"替,古借字也。"427

頡,羹頡侯信,引服虔:"頡,音憂擊之憂。"顏師古:"頡,音居點反。"427

綌,康侯綌嗣,顏師古:"綌,音絃。"428

復,詔復家,顏師古:"復,音方目反。"428

罷,管共侯罷軍,顏師古:"罷,音皮彼反,又讀曰疲。"430

共,管共侯罷軍,顏師古:"共,讀曰恭。"430

扐,扐侯辟光,顏師古:"扐,音其力反。"432

沈,沈猷夷侯歲,顏師古:"沈,音審。"434

埶,宛朐侯埶,顏師古:"埶,音藝。"434

句,句容哀侯黨,顏師古:"句,讀爲章句之句。"436

猲,坐縛家吏恐猲受賕,顏師古:"猲,音呼葛反。"440

賕,坐縛家吏恐猲受賕,顏師古:"賕,音求。"440

的,平的戴侯强,顏師古:"的,音丁歷反。"441

朐,臨朐夷侯奴,顏師古:"朐,音劬。"442

褘,安侯褘嗣,顏師古:"褘,音猗。"442

辟,辟土節侯壯,顏師古:"辟,音闢。"443

噲,襄噲侯建,引晉灼:"噲,音内言噲菟。"顏師古:"噲,音士咸反"444

占,坐貸子錢不占租,顏師古:"占,音之贍反。"447

淒,侯淒嗣,顏師古:"淒,音妻。"448

蔞,蔞節侯退,顏師古:"蔞,音力朱反。"448

謾,復謾,完爲城旦,顏師古:"謾,音漫。"449

蓋,蓋胥侯讓,顏師古:"蓋,音公臘反。"450

茬,茬平,顏師古:"茬,音仕疑反。"450

前,前侯信,顏師古:"前,字或作莋,音側流反。"451

曜,五據侯(臒)[曜]丘,顏師古:"(臒)[曜],音劬,又音懼。"452

復,會赦,復作,顏師古:"復,音扶目反。"452

謾,坐上書謾,顏師古:"謾,欺誑也,音漫。"453

濕,濕成侯忠,顏師古:"濕,音它合反。"455

艮,郁狼侯驕,顏師古:"狼,音狼。"456

鄏,鄏,顏師古:"鄏,音呼各反。"458

荼,荼陵節侯訢,顏師古:"荼,音塗。"458

訢,荼陵節侯訢,顏師古:"訢,與欣同。"458

柎,節侯山柎嗣,顏師古:"柎,音方于反。"459

款,侯款嗣,顏師古:"款,音其禁反,又音其錦反。"459

葉,葉平侯喜,顏師古:"葉,音式涉反。"460

釘,有利侯釘,顏師古:"釘,音丁,又音鼎。"460

虒,廣陵虒侯裘,引晉灼:"虒,音斯。"462

敦,臨樂敦侯光,顏師古:"敦,字或音弋灼反,又作敊,古穆字。"463

擔,重侯擔,顏師古:"擔,音丁甘反。"463

請,坐不使人爲秋請免,顏師古:"請,音材姓反。"464

被,被陽敬侯燕,顏師古:"被,音疲彼反。"464

渫,牟平共侯渫,顏師古:"渫,音先列反。"466

歊,歊安侯延年,顏師古:"歊,音許昭反。"466

傒,頃侯傒嗣,顏師古:"傒,音胡禮反。"469

蕢,蕢侯方,顏師古:"蕢,音口怪反,字或作費。(費),音扶未反,又音祕。"471

虖,虖葭康侯澤,顏師古:"虖,音乎。"471

葭,虖葭康侯澤,顏師古:"葭,音工遐反。"471

挍,挍靖侯雲,顏師古:"挍,音效。"472

鱣,鱣侯應,顏師古:"鱣,音竹連反。"473

賁,襄賁,顏師古:"賁,音奔,又音肥。"473

瓡,瓡節侯息,顏師古:"瓡,即瓠字也,又音孤。"473

淯,淯侯不疑,顏師古:"淯,音育。"474

坊,共侯坊嗣,顏師古:"坊,音房。"474

缾,缾敬侯成,顏師古:"缾,音步(于)[丁]反。"474

俞,俞閭煬侯毋害,顏師古:"俞,音喻。"475

瞵,侯瞵嗣,顏師古:"瞵,音鄰。"475

隄,襄隄侯聖,顏師古:"隄,音丁奚反。"475

煬,皋虞煬侯建,顏師古:"煬,音(戈)[弋]向反。"475

蟜,質侯蟜嗣,顏師古:"蟜,音矯。"476

堫,參堫侯則,引晉灼:"堫,音悾堫。"顏師古:"堫,音子弄反,又音子公反。"476

沂,沂陵侯喜,顏師古:"沂,音牛衣反。"477

巒,南巒侯佗,顏師古:"巒,音力專反。"477

鄗,鄗侯舟,顏師古:"鄗,音呼各反。"478

禇,坐祝禇上,顏師古:"禇,古詛字也,音側據反。"478

洨,洨夷侯周舍,顏師古:"洨,音交,又音爻。"479

狋,狋節侯起,引晉灼:"狋,音内言鴯。"顏師古:"狋,音于虬反。"479

抑裴,抑裴戴侯道,引鄭氏:"抑裴,音即非。"479

澎,澎侯屈氂,顏師古:"澎,音彭。"480

屈,澎侯屈氂,顏師古:"屈,音丘勿反,又音求勿反。"480

《王子侯表下》

綝,頃侯(纞)［綝］嗣,顏師古:"(纞)［綝］,音千涉反。"483

疵,頃侯得疵嗣,顏師古:"疵,音才斯反。"485

倗,煬侯倗嗣,顏師古:"倗,音普等反。"485

趚,東昌趚侯成,引晉灼:"趚,音躁疾。"顏師古:"趚,即古躁字也。"487

佟,侯佟嗣,顏師古:"佟,音徒冬反。"488

嫋,鄻侯嫋以未央弟紹封,顏師古:"嫋,音乃了反。"489

邯,邯菁節侯偃,顏師古:"邯,音寒。"489

菁,邯菁節侯偃,顏師古:"菁,音溝。"489

隄,平隄嚴侯招,顏師古:"隄,音丁奚反。"490

曤,高郭節侯曤,顏師古:"曤,音一蓋反。"490

菲,頃侯菲嗣,顏師古:"菲,音斐。"490

鄭,鄭,顏師古:"鄭,音莫。"491

復,復陽嚴侯延,顏師古:"復,音方目反。"492

辟,坐故行淫辟,顏師古:"辟,讀曰僻。"493

溱,侯溱嗣,顏師古:"溱,音臻。"497

慮,昌慮康侯弘,顏師古:"慮,音力於反。"497

承,承鄉節侯當,顏師古:"承,音證。"498

愿,箕愿侯文,顏師古:"愿,音願,又音原。"499

瞵,節侯瞵嗣,顏師古:"瞵,音鄰。"499

佼,即來節侯佼,顏師古:"佼,音狡。"499

歙,上鄉侯歙,顏師古:"歙,音翕。"502

貰,貰鄉侯平,顏師古:"貰,音式制反。"502

溧,溧陽侯欽,顏師古:"溧,音栗。"504

釐,釐鄉侯固,顏師古:"釐,音力之反。"504

恁,膠陽侯恁,顏師古:"恁,音女林反。"506

郚,郚鄉侯閔,顏師古:"郚,音魚,又音吾。"509

炔,徐鄉侯炔,顏師古:"炔,音桂,字或作快。"515

畛,臺鄉侯畛,顏師古:"畛,音軫。"516

縕,縕鄉侯固,顏師古:"縕,音於粉反。"517

慢,武安侯慢,顏師古:"慢,音受。"519

逮,廣城侯逮,顏師古:"逮,音竹二反。"523

承,承陽侯景,顔師古:"承,音烝,字或作丞。"523

《高惠高后文功臣表》

裁,户口可得而數裁什二三,顔師古:"裁,與纔同。"527

秏,秏矣,引孟康:"秏,音毛。"顔師古:"今俗語猶謂無爲秏,音毛"528

復,並受復除,顔師古:"復,音方目反。"529

綫,不絶如綫,引晉灼:"綫,今線縷字也,音先戰反。"529

共,多群后饗共己之治,顔師古:"共,讀曰恭。"530

飭,愛敬飭盡,顔師古:"飭,讀與敕同。"530

墮,歷載不墮,顔師古:"墮,毁也,音火規反。"530

繇,繇祖之竭力,顔師古:"繇,讀與由同。"530

遴,遴柬布章,顔師古:"遴,讀與吝同。"530

柬,遴柬布章,引晉灼:"柬,古簡字也。"530

視,非所以視化勸後也,顔師古:"視,讀與示同。"530

涓,以中涓從起沛,顔師古:"涓,音工玄反。"531

歙,信武肅侯靳歙,顔師古:"歙,音翕。"533

伉,孝侯伉嗣,顔師古:"伉,音口浪反,又音工郎反。"534

召,廣嚴侯召歐,顔師古:"召,讀曰邵。"536

歐,廣嚴侯召歐,顔師古:"歐,音烏后反。"536

申,以韓申都下韓,顔師古:"申都,《楚漢春秋》作信都,古信申同義。"540

射,射陽侯劉纏,顔師古:"射,字或作貰者,後人改也。"541

鄼,鄼文終侯,顔師古:"鄼,音贊。"541

筑,筑陽,顔師古:"筑,音逐。"542

繺,鳌侯喜以何玄孫之子南繺長紹封,顔師古:"繺,音力全反。"544

修,修,顔師古:"修,讀曰條。"545

伉,侯伉嗣,顔師古:"伉,音口浪反,又音岡。"546

志,以職志擊秦,顔師古:"志,音式吏反。"549

柎,侯山柎嗣,顔師古:"柎,音膚,其字從木。"550

渫,成敬侯董渫,顔師古:"渫,音先列反,字或作緤。"551

費,費侯陳賀,顔師古:"費,音扶味反。"552

鉟,長鉟都尉,顔師古:"鉟,《史記》作長鈹,鈹亦刀也,鉟,音丕;鈹,音披。"553

復,陽都敬侯丁復,顔師古:"復,音扶目反。"554

趡，趡侯甯嗣，顔師古："趡，古躁字也。"554

汁，汁防肅侯雍齒，引如淳："汁，音什。"555

防，汁防肅侯雍齒，引如淳："防，音方。"555

貰，貰齊合侯傅胡害，顔師古："貰，音式制反。"558

重，以重將破臧荼，顔師古："重將者，主將領輜重也。重，音直用反。一曰持重之將也，音直勇反。"559

票，爲連敖票客，顔師古："票，音頻妙反。"561

耏，芒侯耏跖，顔師古："耏，音而。"562

跖，芒侯耏跖，顔師古："跖，音之亦反。"562

銅，到曾孫銅陽公乘咸詔復家，顔師古："銅，音絅。"570

郮，郮成制侯周緤，顔師古："郮，音陪，又音普肯反。"574

緤，郮成制侯周緤，顔師古："緤，音息列反。"574

鄲，鄲，顔師古："鄲，音多。"575

它，平皋煬侯劉它，顔師古："它，音徒何反。"578

軑，功比軑侯，顔師古："軑，音大，又音第。"578

埤，埤山，顔師古："埤，音脾，又音婢。"580

説，以説衛入漢，顔師古："説，讀曰税。"580

蕃，杜衍嚴侯王蕃，引如淳："蕃，音署。"顔師古："蕃，音之庶反。"582

挏，挏頃侯温疥，顔師古："挏，音詢，又音旬。"586

疥，挏頃侯温疥，顔師古："疥，音介。"586

胠，武原靖侯衛胠，顔師古："胠，音脅，又音怯。"587

槀，槀祖侯陳錯，顔師古："槀，音公老反。"587

錯，槀祖侯陳錯，顔師古："錯，音口駭反。"587

瘛，宋子惠侯許瘛，顔師古："瘛，音充制反。"588

遬，猗氏敬侯陳遬，顔師古："遬，古速字。"589

共，共嚴侯旅罷師，顔師古："共，音恭。"591

罷，共嚴侯旅罷師，顔師古："罷，音皮彼反，又讀曰皮。"591

説，安丘懿侯張説，顔師古："説，讀曰悦。"592

惸，康侯惸嗣，顔師古："惸，音煢。"594

慎，慎陽侯樂説，引如淳："慎，音震。"顔師古："慎，字本作滇，音真。"598

説，慎陽侯樂説，顔師古："説，讀曰悦。"598

祕，戴敬侯祕彭祖，顏師古：“祕，讀如祕書。”606

盱，衍簡侯翟盱，顏師古：“盱，音況于反。”607

掉，平州共侯昭涉掉尾，顏師古：“掉，音徒弔反。”607

邛，邛嚴侯黃極忠，顏師古：“邛，音鉅巳反。”608

搏，坐掩搏奪公主馬，顏師古：“搏，字或作博。”609

泠，下相嚴侯泠耳，顏師古：“泠，音零。”610

賁，期思康侯賁赫，顏師古：“賁，音肥。”611

猜，嚴敬侯許猜，顏師古：“猜，音千才反。”613

粘，戴侯真粘嗣，顏師古：“粘，亦黏字。”616

嬩，侯嬩嗣，顏師古：“嬩，音許孕反。”616

軑，軑侯黎朱蒼，顏師古：“軑，音大，又音第。”618

郟，以軍匠從起郟，顏師古：“郟，音夾。”620

沅，沅陵頃侯吳陽，顏師古：“沅，音元。”621

俞，俞侯呂它，引如淳：“俞，音輸。”624

腄，腄、祝茲、建陵，顏師古：“腄，音直瑞反。”624

洨，洨、沛、信都、樂昌，顏師古：“洨，音交，又音下交反。”624

沶，沶陵康侯魏馹，引晉灼：“沶，古泜字。”顏師古：“沶，音直夷反。”626

郥，南郥侯起，顏師古：“郥，音貞。”626

召，黎頃侯召奴，顏師古：“召，讀曰邵。”627

鉼，鉼侯孫單，顏師古：“鉼，音步丁反。”627

譊，侯譊以都尉擊匈奴得王，顏師古：“譊，音女交反。”628

鄔，軹、鄔、周陽，顏師古：“鄔，音一户反，又音於庶反。”631

《景武昭宣元成功臣表》

倈，徐方既倈，顏師古：“倈，古來字。”635

潞，春秋列潞子之爵，顏師古：“潞，音路。”635

輯，輯而序之，顏師古：“輯，與集同。”636

俞，俞侯欒布，顏師古：“俞，音輸。”636

渾，平曲侯公孫渾邪，顏師古：“渾，音胡温反。字或作昆，又作混，其音同。”637

奅，南奅，顏師古：“奅，音普孝反。”637

延，延和二年，顏師古：“延，亦征字也。”637

遒，遒侯陸彊，顏師古：“遒，即古遒字，音子修反。”639

黚，（翕）［易］侯僕（黔）［黚］，引鄭氏：“（黔）［黚］，音怛。”640

氏，親陽侯月氏，顏師古："氏，音支。"642

懦，畏懦當斬，顏師古："懦，音乃喚反，又曰音而掾反。"645

軹，軹侯李朔，顏師古："軹，音只。"645

亹，攻辰吾先登石亹，顏師古："亹，音門。"646

謾，謾，免，顏師古："謾，詆也，音漫。"646

郝，衆利侯郝賢，顏師古："郝，音呼各反，又音式亦反。"647

票，從票侯趙破奴，顏師古："票，音頻妙反。"647

煇，煇渠忠侯僕朋，顏師古："煇，音許圍反。"648

諻，下摩侯諻毒尼，顏師古："諻，與呼同。"649

軒，煬侯伊即軒嗣，顏師古："軒，音居言反。"649

濕，濕陰定侯昆邪，顏師古："濕，音吐合反。"649

昆，濕陰定侯昆邪，顏師古："昆，音胡門反。"649

疕，煇渠慎侯應疕，顏師古："疕，音乏履反。"649

鞮，侯餘利鞮嗣，顏師古："鞮，音丁奚反。"650

軒，衆利侯伊即軒，顏師古："軒，音居言反。"652

剸，匈奴歸義樓剸王，顏師古："剸，音專，又音之兗反。"652

膫，膫侯次公，顏師古："膫，音遼。"653

摎，龍侯摎廣德，顏師古："摎，音居虯反。"653

郟，郟，顏師古："郟，音夾。"653

絫，昆侯渠復絫，顏師古："絫，音力追反。"654

騏，騏侯駒幾，顏師古："騏，音其。"654

絫，匈奴將軍絫緒縵等侯，顏師古："絫，音力追反。"655

縵，匈奴將軍絫緒縵等侯，顏師古："縵，音莫漢反。"655

箇，入竹二萬箇，顏師古："箇，音古賀反。"655

揭，安道侯揭陽定，顏師古："揭，音竭。"655

鄜，下鄜侯左將黃同，顏師古："鄜，音孚。"657

繚，繚嫈侯劉福，顏師古："繚，音聊。"657

嫈，繚嫈侯劉福，顏師古："嫈，音於耕反。"657

蔺，蔺兒嚴侯轅終古，顏師古："蔺，音御。"657

唊，平州侯王唊，引如淳："唊，音頰。"659

荻，荻苴侯韓陶，顏師古："荻，音狄。"659

苴，荻苴侯韓陶，顏師古："苴，音七余反。"659

澅，澅清侯參，顏師古："澅，音獲，又音胡卦反。"659

騠，騠茲侯稽谷姑，顏師古："騠，音大奚反。"660

苴，以小月氏右苴王將眾降，顏師古："苴，音子余反。"660

瓠，瓠讘侯杆者，顏師古："瓠，讀與狐同。"660

讘，瓠讘侯杆者，顏師古："讘，音之涉反。"660

陷，幾侯張陷，顏師古："陷，音格，又音各。"661

娩，開陵侯成娩，顏師古："娩，音晚，又音免。"662

秅，秅侯商丘成，引如淳："秅，音腐蠹反。"663

邘，邘侯李壽，顏師古："邘，音于。"664

轑，轑陽侯江喜，顏師古："轑，音聊。"664

郳，郳侯長嗣，顏師古："郳，音臬。"668

撣，歸德靖侯先賢撣，顏師古："撣，音纏。"672

驁，以匈奴烏桓屠驁單于子左大將軍率眾，顏師古："驁，音莫白反。"673

謼，以匈奴謼連累單于率眾降，顏師古："謼，與呼同。"673

累，以匈奴謼連累單于率眾降，顏師古："累，音力住反。"673

泠，馴望忠侯泠廣，顏師古："泠，音零。"674

濕，以濕沃公士告男子馬政謀反，顏師古："濕，音它合反。"674

頜，龍頜，顏師古："頜，字或作額。"675

《外戚恩澤侯表》

共，後嗣共已遵業，顏師古："共，讀曰恭。"678

瀕，公孫弘自海瀕而登宰相，顏師古："瀕，音頻，又音賓。"678

與，外戚與定天下，顏師古："與，讀曰豫。"678

脩，脩侯犯色，顏師古："脩，音條。"678

腄，腄，顏師古："腄，音之瑞反。"679

庀，東平侯庀，顏師古："庀，音匹履反。"679

汶，汶侯產，顏師古："汶，音問。"680

姁，以皇太后姊長姁子侯，顏師古："姁，音況于反，又音況羽反。"681

瑩，祝茲侯呂瑩，顏師古："瑩，音榮，又音烏瞑反。"683

鄔，鄔侯馴鈞，顏師古："鄔，音一戶反，又音於度反。"684

襜，坐衣襜褕入宮，顏師古："襜，音昌占反。"685

褕,坐衣襜褕入宫,顔師古:"褕,音踰。"685

嬗,哀侯嬗嗣,顔師古:"嬗,音上戰反。"688

復,詔書復獲,顔師古:"復,音方目反。"697

颯,侯颯嗣,顔師古:"颯,音立。"697

與,以悼皇考舅子侍中關内侯與發霍氏姦,顔師古:"與,讀曰豫。"698

惀,戴侯惀嗣,顔師古:"惀,音女林反。"699

適,以殷後孔子世吉適子侯,顔師古:"適,讀曰嫡。"709

氾,氾鄉侯何武,顔師古:"氾,音凡。"709

承,承陽侯甄邯,顔師古:"承,音烝。"715

惲,常鄉侯王惲,顔師古:"惲,音於粉反。"717

逯,蒙鄉侯逯普,顔師古:"逯,音録,字或作逮。"718

《百官公卿表上》

宓,宓羲、神農,顔師古:"宓,音伏,字本作虙。"722

胲,后土、蓐收,引應劭:"胲爲蓐收。"顔師古:"胲,音該。"723

卨,卨作司徒,顔師古:"卨,音先列反。"723

咎,咎繇作士,顔師古:"咎,音皋。"723

繇,咎繇作士,顔師古:"繇,音弋昭反。"723

共,垂作共工,顔師古:"共,讀曰龔。"723

益,益作朕虞,顔師古:"益,古益字也。"724

夔,夔典樂,顔師古:"夔,音鉅龜反。"724

分,各有徒屬職分,顔師古:"分,音扶問反。"724

分,故略表舉大分,顔師古:"分,音扶問反。"724

賁,平帝元始元年更名虎賁郎,顔師古:"賁,讀與奔同。"728

賁,衛士、旅賁,顔師古:"賁,與奔同。"729

軨,路軨、騎馬,顔師古:"軨,音零。"729

駒,橐泉、駒騄,顔師古:"駒,音徒高反。"729

騄,橐泉、駒騄,顔師古:"騄,音塗。"729

蹏,牧橐、昆蹏,引應劭:"蹏,音啼。"顔師古:"蹏,即古蹄字耳。"729

研,牧橐、昆蹏,引如淳:"昆蹏研,善升甗者也。"顔師古:"研,音五見反。"729

甗,牧橐、昆蹏,引如淳:"昆蹏研,善升甗者也。"顔師古:"甗,音言,又音牛
偃反。"729

挏，更名家馬爲挏馬，引晉灼：“挏，音挺挏之挏。”顏師古：“挏，音徒孔反。”730

斡，斡官、鐵市兩長丞，引如淳：“斡，音筦，或作幹。”731

廋，廋粟都尉，引服虔：“廋音搜狩之搜。”731

共，以給共養，顏師古：“共，音居用反。”732

養，以給共養，顏師古：“養，音弋亮反。”732

胞，又胞人、都水、均官三長丞，顏師古：“胞，與庖同。”732

徼，掌徼循京師，顏師古：“徼，音工釣反。”733

先，屬官有太子門大夫、庶子、先馬，顏師古：“先，或作洗也。”733

更，屬官有太子率更、家令丞，顏師古：“更，音工衡反。”734

昆，武帝元狩三年昆邪王降，顏師古：“昆，音下門反。”735

輯，屬官有上林、均輸、御羞、禁圃、輯濯，顏師古：“輯，讀與楫同，音集。”735

濯，屬官有上林、均輸、御羞、禁圃、輯濯，顏師古：“濯，音直孝反。”735

並，散騎騎並乘輿車，顏師古：“並，音步浪反。”739

裊，三簪裊，顏師古：“裊，音乃了反。”740

更，四不更，顏師古：“更，音工衡反。”740

更，十二左更，顏師古：“更，音工衡反。”740

鏊，金璽鏊綬，引如淳：“鏊，音戾。”741

《百官公卿表下》

志，職志周昌爲中尉，顏師古：“志，音式異反。”746

歐，廣平侯薛歐爲典客，顏師古：“歐，音一后反。”747

鰓，中尉戚鰓，顏師古：“鰓，音先才反。”749

靚，典客靚，顏師古：“靚，與靜同。”757

軑，軑侯吳利爲奉常，顏師古：“軑，音大，又音第。”764

抵，齊相牛抵爲御史大夫，顏師古：“抵，音丁禮反。”766

歐，宣平侯張歐爲太常，顏師古：“歐，音一后反。”770

番，右內史番係，顏師古：“番，音普安反。”770

沮，左內史李沮，顏師古：“沮，音俎。”772

賁，右內史賁，顏師古：“賁，音奔。”772

酁，酁侯周仲居爲太常，顏師古：“酁，音多。”778

咸，御史中丞咸宣爲左內史，顏師古：“咸，音減省之減。”781

中，弘農太守沛范方渠中翁爲執金吾，顏師古：“中，讀曰仲。”786

中,膠西太守齊徐仁中孫爲少府,顔師古:"中,讀曰仲。"793
中,太中大夫李彊中君守少府,顔師古:"中,讀曰仲。"806
繁,一姓(緐)[繁],顔師古:"(緐)[繁],音蒲元反。"821
中,衛尉王玄中都,顔師古:"中,讀曰仲。"826
中,太原太守淳于信中君爲右扶風,顔師古:"中,讀曰仲。"831
中,東都太守琅邪王賞中子爲少府,顔師古:"中,讀曰仲。"832
中,五官中郎將潁川公孫禄中子爲執金吾,顔師古:"中,讀曰仲。"845
中,京兆尹南陽翟萌幼中,顔師古:"中,讀曰仲。"848

《古今人表》

宓,太昊帝宓羲氏,顔師古:"宓,音伏。字本作虙,其音同。"863
媧,女媧氏,顔師古:"媧,音古娃反,又音瓜。"864
共,共工氏,顔師古:"共,讀曰龔。"864
廷,大廷氏,顔師古:"廷,讀曰庭。"864
沌,沌渾氏,顔師古:"沌,音大本反。"865
渾,沌渾氏,顔師古:"渾,音胡本反。"865
亡,亡懷氏,顔師古:"亡,讀曰無。"866
絫,絫祖,顔師古:"絫,音力追反。"867
帞,帞母,顔師古:"帞,音謩,字從巾,即嫫母也。"868
臾,鬼臾區,顔師古:"即鬼容區也。臾、容聲相近。"868
淪,泠淪氏,引服虔:"淪,音鯀。"869
泠淪,泠淪氏,顔師古:"泠淪,音零綸。"869
駘,臺駘,顔師古:"駘,音胎。"871
父,柏夷亮父,顔師古:"父,讀曰甫。"871
逷,簡逷,顔師古:"逷,音吐歷反。"872
廖,廖叔安,顔師古:"廖,《左氏傳》作(戮)[飂],同音力周反,又力授反。"874
句,句望,顔師古:"句,音鉤。"875
蟜,生蟜牛,顔師古:"蟜,音矯。"875
隤,隤敳,顔師古:"隤,音頽。"876
敳,隤敳,顔師古:"敳,音五來反。"876
婁,有婁氏女,顔師古:"婁,音所巾反。"876
檮敳,檮敳,顔師古:"檮敳,音疇演。"876

降,尨降,顏師古:"降,音下江反。"876

被,被衣,顏師古:"被,音披。"877

兒,王兒,顏師古:"兒,音五奚反。"878

敤,敤手,顏師古:"敤,音口果反,流俗書本作擊字者誤。"878

罃,女罃,顏師古:"罃,音於耕反。"879

姞,姞人,顏師古:"姞,音其乙反。"879

譽,柏譽,顏師古:"譽,音弋於反。"879

虛,秦不虛,顏師古:"虛,或作(字)[字],見《尸子》。"879

趬,女趬,顏師古:"趬,音丘遙反。"880

窋,不窋,顏師古:"窋,音竹出反。"881

扔,有扔君,顏師古:"扔,音仍。"881

中,中康,顏師古:"中,讀曰(中)[仲]。"881

浞,韓浞,顏師古:"浞,音七角反。"881

奡,奡,顏師古:"奡,音五到反。"881

庬,庬圉,顏師古:"庬,音尨。"882

芬,芬,顏師古:"芬,音紛。"882

垓,垓,顏師古:"垓,音該。"882

杼,虞后氏杼,顏師古:"杼,音大呂反。"882

殪,殪,顏師古:"殪,音許冀反。"882

絫,劉絫,顏師古:"絫,古累字。"883

肩,肩,顏師古:"肩,音工榮反。"883

廑,廑,顏師古:"廑,音勤,又音覲。"883

嫠,有嫠氏,顏師古:"嫠,與莘同。"884

費,費昌,顏師古:"費,音扶味反。"884

單,咎單,顏師古:"單,音善。"885

差,差弗,顏師古:"差,音楚宜反。"885

瑜,毀瑜,顏師古:"瑜,音踰。"886

辟,辟方,顏師古:"辟,音壁。"886

竢,夷竢,顏師古:"竢,與俟同。"887

說,傅說,顏師古:"說,讀曰悅。"888

飯,亞飯干,顏師古:"飯,音扶晚反。"890

繚,三飯繚,顏師古:"繚,音來雕反。"890

涓,師涓,顏師古:"涓,音工玄反。"890

妲,妲己,顏師古:"妲,音丁葛反。"890

費,費中,顏師古:"費,音扶味反。"890

鼗,播鼗武,顏師古:"鼗,音徒高反。"891

适,伯适,顏師古:"适,音江闊反。"891

昒,中昒,顏師古:"昒,與忽同。"891

鬻,鬻子,顏師古:"鬻,讀與粥同。"891

祭,祭公,顏師古:"祭,音側介反。"892

粥,粥熊,顏師古:"粥,音弋六反。"892

扁,史扁,顏師古:"扁,音編。"892

騧,季騧,顏師古:"騧,音瓜。"892

郜,郜子,顏師古:"郜,音告。"893

郇,郇侯,顏師古:"郇,音荀。"894

釗,康王釗,顏師古:"釗,音之遙反,又音工遼反。"895

祭,祭侯,顏師古:"祭,音側介反。"895

繇,辛繇靡,顏師古:"繇,讀與由同。"895

煬,魯煬公,顏師古:"煬,音式向反。"896

造,造父,顏師古:"造,音千到反。"896

奰,伯奰,顏師古:"奰,音居永反。"897

祭,祭公謀父,顏師古:"祭,音側介反。"897

嫠,宋嫠公,顏師古:"嫠,讀曰僖。"898

辟,孝王辟方,顏師古:"辟,音壁。"898

摺,夷王摺,顏師古:"摺,音變。"898

紃,楚熊紃,顏師古:"紃,音巡。"899

蹶,蹶父,顏師古:"蹶,音居衛反。"900

休,程伯休,顏師古:"休,音許虯反。"900

掫,內史掫子,顏師古:"掫,音側流反。"902

趣,趣馬蹶,顏師古:"趣,音千後反。"902

蹶,趣馬蹶,顏師古:"蹶,音居衛反。"902

萬,師氏萬,顏師古:"萬,讀與楀同,音九禹反。"902

枌,楚枌冒,顏師古:"枌,音扶粉反。"904

硪,石硪,顏師古:"硪,音千若反。"904

翬,公子翬,顏師古:"翬,音暉。"904

胹,胹班,顏師古:"胹,音而。"905

咺,宰咺,顏師古:"咺,音許遠反。"905

華,華督,顏師古:"華,音下化反。"905

率,熊率且比,顏師古:"率,音力出反。"906

且,熊率且比,顏師古:"且,音子余反。"906

枏,枏甥,顏師古:"枏,音乃甘反。"906

蒍,蒍章,顏師古:"蒍,音于詭反。"906

費,寺人費,顏師古:"費,音祕。"907

紛,石之紛如,顏師古:"紛,音扶云反。"907

傒,高傒,顏師古:"傒,音奚。"908

召,召忽,顏師古:"召,讀曰邵。"908

劇,魯曹劇,顏師古:"劇,音居衛反。"908

扁,輪邊,顏師古:"輪邊,輪扁也。扁,音翩。"908

顓,顓孫,顏師古:"顓,音上專反。"908

説,禦説,顏師古:"説,讀曰悦。"908

貟,衛弘貟,顏師古:"貟,音演。"910

屈,楚屈(桓)〔完〕,顏師古:"屈,音九勿反。"910

廖,辛廖,顏師古:"廖,音聊。"910

湫,齊仲孫湫,顏師古:"湫,音子小反。"910

齮,卜齮,顏師古:"齮,音蟻。"910

行,中行,顏師古:"行,音戶郎反。"911

卓,卓子,顏師古:"卓,音敕角反。"911

衰,生衰,顏師古:"衰,音楚危反。"911

鍼,鍼虎,顏師古:"鍼,音其廉反。"912

廖,王廖,顏師古:"廖,音聊。"912

猇,曹豎侯猇,顏師古:"猇,音乃侯反。"912

招,梁卜招父,顏師古:"招,音上遙反。"912

咺,衛元咺,顏師古:"咺,音許遠反。"912

惲，楚成王惲，顏師古：“惲，《左傳》作頵，音於倫反。”912

衰，趙衰，顏師古：“衰，音楚危反。”913

佗，賈佗，顏師古：“佗，音徒何反。”913

臭，石臭，顏師古：“臭，音丑略反。”913

詭，齊公子無詭，顏師古：“無詭，《左氏傳》作無虧。”913

瞫，狼瞫，顏師古：“瞫，音審。”914

骿，夾骿，顏師古：“骿，音步千反。”914

貜，邾子貜且，顏師古：“貜，音居碧反。”914

且，邾子貜且，顏師古：“且，音子余反。”914

射，狐射姑，顏師古：“射，音夜。”914

祁，祁彌明，顏師古：“祁，音上尸反。”915

歜，邴歜，顏師古：“歜，音觸。”915

顆，魏顆，顏師古：“顆，音口果反。”916

廖，王子伯廖，顏師古：“廖，音聊。”916

召，召伯，顏師古：“召，讀曰邵。”916

培，申公申培，顏師古：“培，音陪。”917

辟，辟司徒妻，顏師古：“辟，讀曰壁。”917

夢，吳壽夢，顏師古：“夢，音莫風反。”917

郗，曹郗時，顏師古：“郗，音許其反。”918

賈，屠顏賈，顏師古：“屠顏賈，即屠岸賈也。賈，音工下反。”918

錡，郄錡，顏師古：“錡，音蟻。”919

句，姚句耳，顏師古：“句，音鉤。”919

句，匡句須，顏師古：“句，音其于反。”919

緰，鄭成公緰，顏師古：“緰，音工頑反。《左傳》作睔，音工頓反。”919

紇，叔梁紇，顏師古：“紇，音下結反。”920

壯，衛柳壯，顏師古：“壯，讀曰莊。”921

焱，衛殤公焱，顏師古：“焱，《春秋》焱作剽。”921

販，鄭游販，顏師古：“販，音普板反。”922

佗，祝佗父，顏師古：“佗，音徒何反。”922

員，行人子員，顏師古：“員，音云。”922

觀，觀起，顏師古：“觀，音工喚反。”922

妘,妘姓,顔師古:"妘,音云。"922

向,向母,顔師古:"向,讀曰嚮。"923

䝭,䝭蔑,顔師古:"䝭,音子公反。"923

祭,吳餘祭,顔師古:"祭,音側介反。"923

裯,魯昭公裯,顔師古:"裯,音直流反。"923

卑,鄭卑湛,顔師古:"卑,音脾。"924

湛,鄭卑湛,顔師古:"湛,音諶。"924

眛,吳餘眛,顔師古:"眛,音秣。"924

罷,楚薳罷,顔師古:"罷,讀曰疲。"925

觀,觀從,顔師古:"觀,音工喚反。"925

澹,澹臺滅明,顔師古:"澹,音大甘反。"926

趎,南榮趎,顔師古:"即南榮趎也。趎,音直俱反。"926

蜎,蜎子,顔師古:"蜎,音一兗反。"926

瞿,商瞿,顔師古:"瞿,音劬。"927

穰,司馬穰苴,顔師古:"穰,音人羊反。"928

苴,司馬穰苴,顔師古:"苴,音子余反。"928

鱄,成鱄,顔師古:"鱄,音上兗反。"928

柤,寺人僚柤,顔師古:"柤,音側加反。"928

僚,吳僚,顔師古:"僚,音聊。"928

夫,吳夫槩,顔師古:"夫,音扶。"929

槩,吳夫槩,顔師古:"槩,音工代反。"929

傒,衛彪傒,顔師古:"傒,音奚。"929

員,員公辛,顔師古:"員,讀曰鄖。"929

且,鬭且,顔師古:"且,音子余反。"929

䪥,䪥職,顔師古:"䪥,音五怪反。"929

鑢,鑢金,顔師古:"鑢,音慮。"930

佗,祝佗,顔師古:"佗,音徒何反。"930

説,屠羊説,顔師古:"説,讀曰悦。"930

卷,劉文公卷,顔師古:"卷,音其專反。"930

駕,榮駕鵝,顔師古:"駕,音加。"930

射,夷射姑,顏師古:"射,音夜。"930

且,黎且子,顏師古:"且,音子余反。"930

觀,觀射父,顏師古:"觀,音工喚反。"931

射,范吉射,顏師古:"射,音食亦反。"931

句,越句踐,顏師古:"句,音鉤。"932

行,中行寅,顏師古:"行,音戶郎反。"932

聲,榮聲期,顏師古:"聲,或作啓。"933

芋,楚芋尹文,顏師古:"芋,音于具反。"933

沮,長沮,顏師古:"沮,音子余反。"934

亢,陳亢,顏師古:"亢,音岡,又音抗。"934

渾,渾良夫,顏師古:"渾,音下昆反。"934

賣,何賣,顏師古:"賣,音匱。"935

畝,尾生畝,顏師古:"畝,古畝字。"935

茀,茀肸,顏師古:"茀,音弼。"936

狃,公山不狃,顏師古:"狃,音人九反。"936

荓,青荓子,顏師古:"荓,音步丁反。"937

鄪,鄭鄪魁絫,顏師古:"鄪,音雟。"937

魁,鄭鄪魁絫,顏師古:"魁,口賄反。"937

絫,鄭鄪魁絫,顏師古:"絫,音累。"937

屈,禽屈釐,顏師古:"屈,音其勿反,又音丘勿反。"938

俅,田俅子,顏師古:"俅,音求。"939

躁,秦躁公,顏師古:"躁,音千到反。"939

座,任座,顏師古:"座,音才戈反。"940

悝,李悝,顏師古:"悝,音口回反。"940

費,費惠公,顏師古:"費,音祕。"941

繚,鄭繚公駘,顏師古:"繚,音聊。"941

駘,鄭繚公駘,顏師古:"駘,音臺。"941

臏,孫臏,顏師古:"臏,音頻忍反。"943

涓,龐涓,顏師古:"涓,音工玄反。"943

繵,安陵繵,顏師古:"繵,即纏字也。"944

扁,周顯聖王扁,顏師古:"扁,音篇。"944

蹻,嚴蹻,顏師古:"蹻,音居略反。"944

歜,顏歜,顏師古:"歜,音觸。"945

榒,榒里子,顏師古:"榒,音丑於反。"947

聚,聚子,顏師古:"聚,聚字也。"947

說,孟說,顏師古:"說,讀曰悅。"947

歜,王歜,顏師古:"歜,音觸。"948

瑳,景瑳,顏師古:"瑳,音子何反。"948

淖,淖齒,顏師古:"淖,音女教反,字或作卓。"948

座,范座,顏師古:"座,音才戈反。"949

煖,龐煖,顏師古:"煖,音許元反,又音許遠反。"950

鞠,鞠武,顏師古:"鞠,音居六反。"951

　　《律曆志上》

度,度長短者不失豪氂,顏師古:"度,音大各反。"957

撮,量多少者不失圭撮,顏師古:"撮,音倉括反。"957

絫,權輕重者不失黍絫,引孟康:"絫,音(墨)蠡。"顏師古:"絫,孟音來戈反,
　　此字讀亦音纍絏之纍。"957

塤,八音:土曰塤,顏師古:"塤,音許元反。字或作壎,其音同耳。"958

柷,木曰柷,顏師古:"柷,與俶同,音昌六反。"958

度,物成孰可章度也,顏師古:"度,音大各反。"958

族,二曰太族,顏師古:"族,音千豆反。"960

亡,六曰亡射,顏師古:"亡,讀曰無。"960

射,六曰亡射,顏師古:"射,音(亦石)〔石亦〕反。"960

中,六曰中吕,顏師古:"中,讀曰仲。"960

泠,黃帝使泠綸,顏師古:"泠,音零。"960

綸,黃帝使泠綸,顏師古:"綸,音倫也。"960

筩,制十二筩以聽鳳之鳴,顏師古:"筩,音大東反。"960

比,比黃鐘之宮,顏師古:"比,音頻寐反。"960

孳,孳萌萬物,顏師古:"孳,讀與滋同;滋,益也。"960

種,助蕤賓君主種物使長大楙盛也,顏師古:"種,音之勇反。"961

閡,該臧萬物而雜陽閡種也,顏師古:"閡,音胡待反。"961

棣,萬物棣通,顏師古:"棣,音替。"962

宓，宓戲氏之所以順天地，顏師古："宓，讀與伏同。"962

左，以左右民，顏師古："左，讀曰佐。"962

右，以左右民，顏師古："右，讀曰佑。"962

正，其於三正也，顏師古："正，音之成反。"962

繇，繇此之義，顏師古："繇，讀（爲）[與]由同。"963

期，當期之日，顏師古："期，音基。"964

餛，在中餛之象也，顏師古："餛，字與饋同。"964

函，函三爲一，顏師古："函，讀與含同。"965

茆，冒茆於卯，顏師古："茆，音莫保反。"965

咢，咢布於午，引蘇林："咢，音愕。"965

薆，昧薆於未，顏師古："薆，蔽也，音愛。"965

軋，奮軋於乙，顏師古："軋，音於黠反。"965

杓，玉衡杓建，引如淳："杓，音猋。"顏師古："杓，音必遥反。"965

躔，日月初（纏）[躔]，顏師古："躔，音直連反。"966

忖，故以成之數忖該之積，顏師古："忖，音千本反。"966

㫂，條㫂該成，顏師古："㫂，與暢同。"966

度，所以度長短也，顏師古："度，音大各反。"967

秬，以子穀秬黍中者，顏師古："秬，音鉅。"967

蒦，尺者，蒦也，顏師古："蒦，音約。"967

信，引者，信也，顏師古："信，讀曰伸。"967

龠，龠、合、升，顏師古："龠，音籥。"968

合，龠、合、升，顏師古："合，音閤。"968

量，所以量多少也，顏師古："量，音力張反。"968

㮡，以井水準其㮡，顏師古："㮡，音工代反，又音工内反。"968

庣，旁有庣焉，引鄭氏："庣，音條桑之條。"顏師古："庣，音吐彫反"968

覆，始於黄鐘而反覆焉，顏師古："覆，音芳目反。"968

底，其道如底，顏師古："底，音指。"969

錘，圜而環之，引孟康："謂爲（鐘）[錘]之形如環也。"顏師古："錘，音直垂反，又音直睡反。"970

繇，物繇忽微始，顏師古："繇，讀與由同。"970

繇，百工繇焉，顏師古："繇，讀與由同。"971

糅，秋，糅也，顏師古："糅，音子由反。"971

蕃，土稼嗇蕃息，顏師古："蕃，音扶元反。"972

兒，是時御史大夫兒寬明經術，顏師古："兒，音五奚反。"976

復，制不相復，顏師古："復，音扶目反。"976

弛，書缺樂弛，顏師古："弛，廢也，音式爾反。"976

中，中冬十一月甲子朔旦冬至，顏師古："中，讀曰仲。"977

與，方士唐都、巴郡落下閎與焉，顏師古："與，讀曰豫。"977

復，百七十一分而終復，顏師古："復，音扶目反。"977

且，即墨徐萬且，顏師古："且，音子余反。"979

單，長安單安國，顏師古："單，音善。"979

栝，安陵栝育，引蘇林："栝，音布回反。"979

下，比三年下，顏師古："下，音胡稼反。"979

更，更赦勿劾，顏師古："更，音工衡反。"979

眇，向子歆究其微眇，顏師古："眇，音莫小反，又讀曰妙。"979

蔀，以閏餘一之歲爲蔀首，顏師古："蔀，音剖，又音部。"981

厎，日官居卿以厎日，顏師古："厎，音之履反。"981

共，共養三德爲善，顏師古："共，讀曰供。"982

繇，禮樂之所繇出也，顏師古："繇，讀與由同。"982

奇，又歸奇象閏十九及所據一加之，顏師古："奇，音居宜反。"986

扐，因以再扐兩之，顏師古："扐，音勒。"986

誖，事則不誖，顏師古："誖，音布内反。"986

迭，而迭爲首，顏師古："迭，互也，音大結反。"987

還，周還五行之道也，顏師古："還，讀曰旋。"987

信，引而信之，顏師古："信，讀曰伸。"988

《律曆志下》

奇，日行一度九十二分度三十三有奇，顏師古："奇，音居宜反。"999

帑，以害鳥帑，顏師古："帑，與奴同。"1005

共，共工氏以水紀，顏師古："共，讀曰龔。"1011

炮，炮犧、神農，顏師古："炮，與庖同也。"1011

罟，作罔罟以田漁，顏師古："罟，音古。"1012

伯，共工氏伯九域，顏師古："伯，讀與霸同。"1012

繰，周人繰其行序，顏師古："繰，古遷字。"1012

汭,處虞之嬀汭,顏師古:"汭,音人鋭反。"1013

嬗,堯嬗以天下,顏師古:"嬗,古禪讓字也。"1013

晨,晨星始見,顏師古:"晨,古晨字也。"1016

臼,晨星始見,顏師古:"其字從臼。臼,音居玉反。"1016

霸,旁死霸,顏師古:"霸,古魄字同。"1016

䰜,乃以庶國祀䰜于周廟,顏師古:"䰜,音居獲反。"1016

朏,惟三月丙午朏,引孟康:"朏,音敷尾反。"1016

洮,王乃洮沬水,顏師古:"洮,音徒高反。"1017

沬,王乃洮沬水,顏師古:"沬,即頮字也,音呼内反。"1017

父,燮父、禽父並事康王,顏師古:"父,讀曰甫。"1017

酉,子考公就立,酉,顏師古:"酉,音在由反。"1017

煬,煬公二十四年正月丙申朔旦冬至,顏師古:"煬,音弋向反。"1017

沸,乃微公沸立,潰,顏師古:"沸,音弗。"1018

潰,乃微公沸立,潰,顏師古:"潰,古沸字。"1018

嚊,子慎公執立,嚊,顏師古:"嚊,音皮祕反,又音吁器反。"1018

戲,子懿公被立,戲,顏師古:"戲,音許宜反。"1018

釐,距釐公七十六歲,顏師古:"釐,讀曰僖。"1018

袀,袀服振振,顏師古:"袀,音均,又弋均反。"1019

振,袀服振振,顏師古:"振,音之人反。"1019

賁,鶉之賁賁,顏師古:"賁,音奔。"1020

焞,天策焞焞,顏師古:"焞,音徒門反,又土門反。"1020

倭,子宣公倭立,顏師古:"倭,音於危反。"1020

緡,距緡公七十六歲,顏師古:"緡,讀與愍同。"1022

伯,秦伯昭(公)[王],顏師古:"伯,讀曰霸。"1023

敦,故《漢志》曰歲名困敦,顏師古:"敦,音頓。"1023

《禮樂志》

函,人函天地陰陽之氣,顏師古:"函,包容也,讀與含同。"1027

苦,則夫婦之道苦,引孟康:"苦,音鹽。"1028

辟,而淫辟之罪多,顏師古:"辟,讀曰僻。"1028

蕃,而爭鬪之獄蕃,顏師古:"蕃,音扶元反。"1028

譱,莫譱於樂,顏師古:"譱,古善字。"1028

誖，禮樂政刑四達而不誖，顏師古：“誖，乖也，音布内反。”1028

説，和親之説難形，顏師古：“説，讀曰悦。”1029

筦，鐘石筦弦，顏師古：“筦，字與管同。”1029

浹，於是教化浹洽，顏師古：“浹，音子牒反。”1030

囹，囹圄空虚，顏師古：“囹，音來丁反。”1030

圄，囹圄空虚，顏師古：“圄，音牛吕反。”1030

説，高祖説而歎，顏師古：“説，讀曰悦。”1030

簿，而大臣特以簿書不報期會爲故，顏師古：“簿，音步户反。”1031

鄉，使天下回心而鄉道，顏師古：“鄉，讀曰嚮。”1031

説，天子説焉，顏師古：“説，讀曰悦。”1031

説，不説儒術，顏師古：“説，讀曰悦。”1032

抵，民人抵冒，顏師古：“抵，音丁禮反。”1032

俞，沸俞甚而無益，顏師古：“俞，進也，音踰，又音愈。”1032

辟，辟之琴瑟，顏師古：“辟，讀曰譬。”1033

寖，恩愛寖薄，顏師古：“寖，古浸字。”1033

濱，犍爲郡於水濱得古磬十六枚，顏師古：“濱，音賓。”1034

攘，盛揖攘之容，顏師古：“攘，古讓字。”1034

誖，自京師有誖逆不順之子孫，顏師古：“誖，音布内反。”1035

繇，繇不習五常之道也，顏師古：“繇，與由同。”1035

饕，貪饕險詖，顏師古：“饕，音吐高反。”1035

詖，貪饕險詖，顏師古：“詖，音彼義反。”1035

敺，而獨敺以刑罰，顏師古：“敺，與驅同。”1035

行，案行長安城南，顏師古：“行，音下更反。”1035

更，養三老五更於辟雍，顏師古：“更，音工衡反。”1036

辟，辟如爲山，顏師古：“辟，讀曰譬。”1036

臧，臧於理官，顏師古：“臧，古書懷藏之字本皆作臧，《漢書》例爲臧耳。”1036

輯，稍稍增輯，顏師古：“輯，與集同。”1036

易，其移風易俗易，顏師古：“易，音弋豉反。”1036

癄，是以纖微癄瘁之音作，顏師古：“癄，音子笑反。”1037

易，闡諧嫚易之音作，顏師古：“易，音弋豉反。”1037

麤，麤厲猛奮之音作，顏師古：“麤，（古）[作]麁字，[非是]。”1037

辟,流辟邪散之音作,顏師古:"辟,讀曰僻。"1037

懾,柔氣不懾,顏師古:"懾,恐也,音之涉切。"1038

説,説樂其俗,顏師古:"説,讀曰悦。"1039

樂,説樂其俗,顏師古:"樂,音來各反。"1039

嚳,帝嚳作《五英》,顏師古:"嚳,音酷。"1039

招,舜作《招》,顏師古:"招,讀曰韶。"1039

濩,湯作《濩》,顏師古:"濩,音護。"1039

勺,周公作《勺》,顏師古:"勺,讀曰酌。"1039

帗,習六舞,顏師古:"六舞謂帗舞……帗,音弗。"1040

翌,習六舞,顏師古:"六舞謂帗舞、羽舞、翌舞……翌,音皇。"1040

敖,簡而無敖,顏師古:"敖,讀曰傲。"1041

咏,歌咏言,顏師古:"咏,古詠字也。"1041

説,説而承流,顏師古:"説,讀曰悦。"1041

被,被服其風,顏師古:"被,音皮義反。"1041

鍠,鐘鼓鍠鍠,顏師古:"鍠,音皇。"1041

穰,降福穰穰,顏師古:"穰,音人羊反。"1041

説,以説婦人,顏師古:"説,讀曰悦。"1041

犇,樂官師瞽抱其器而犇散,顏師古:"犇,古奔字。"1041

間,列國以相間,顏師古:"間,音居莧反。"1043

餽,齊人餽魯而孔子行,顏師古:"餽,亦饋字。"1043

鏗,但能紀其鏗鎗鼓舞,顏師古:"鏗,音丘耕反。"1044

鎗,但能紀其鏗鎗鼓舞,顏師古:"鎗,音初庚反。"1044

薺,《采薺》《肆夏》,顏師古:"薺,音才私反,禮經或作齍,又作茨,音並同耳。"1044

氐,大氐皆因秦舊事焉,顏師古:"氐,歸也,音丁禮反,其後字或作抵,音義
　並同。"1045

肄,禮官肄業而已,顏師古:"肄,習也,音弋二反。"1045

縣,高張四縣,顏師古:"縣,古懸字。"1046

娭,神來宴娭,顏師古:"娭,音許其反。"1046

粥,粥粥音送,顏師古:"粥,音弋六反。"1047

熙,熙事備成,顏師古:"熙,與禧同。"1047

呦,清思呦呦,引蘇林:"呦,音窈。"1047

齊，敕身齊戒，顏師古："齊，讀曰齋。"1047

邠，四極爰臻，引《爾雅》："西至於邠國。"顏師古："邠，音彬。"1047

臻，四極爰臻，顏師古："臻，字與臻同。"1047

暢，清明暢矣，顏師古："暢，古暢字。"1047

勺，《簫》《勺》群慝，顏師古："勺，讀曰酌。"1048

崔，大山崔，顏師古："崔，音才回反。"1048

葽，豐草葽，引孟康："葽，音四月秀葽。"1048

被，被無極，顏師古："被，音皮義反。"1049

約，治本約，顏師古："約，讀曰要。"1049

宵，宵宛桂華，引蘇林："宵，音宵肮之宵。"顏師古："宵，音一校反。"1049

宛，宵宛桂華，引蘇林："宛，音宛下之宛。"顏師古："宛，音一瓜反"1049

磑，磑磑即即，顏師古："磑，音五回反。"1050

饗，告靈饗矣，顏師古："饗，合韻皆音鄉。"1051

稱，雲施稱民，顏師古："稱，音尺孕反。"1052

焫，焫脅蕭，顏師古："焫，音人說反。"1052

脅，焫脅蕭，顏師古："脅，音來彫反。"1052

祜，鴻祜休，顏師古："祜，音怙。"1053

沛，神哉沛，顏師古："沛，疾貌，音補蓋反。"1053

般，般裔裔，顏師古："般，讀與班同。"1053

放，相放怫，顏師古："放，音昉。"1053

怫，相放怫，顏師古："怫，音沸。"1053

澹，震澹心，顏師古："澹，音大濫反。"1053

飭，五音飭，顏師古："飭，讀與敕字同。"1053

吟，吟青黃，引服虔："吟，音含。"1053

瑶，眺瑶堂，顏師古："瑶，音遥。"1053

嫭，衆嫭並，引孟康："嫭，音互。"引晉灼："嫭，音坼罅之罅。"顏師古："孟說是也。"1053

荼，顏如荼，顏師古："荼，音塗。"1053

菅，顏如荼，引應劭："荼，野菅白華也。"顏師古："菅，音姦。"1053

靡，兆逐靡，顏師古："靡，合韻音武義反。"1053

俠，俠嘉夜，顏師古："俠，與挾同。"1054

菖，菖蘭芳，顏師古："菖，音昌改反。"1054

澹,澹容與,顏師古:"澹,音大濫反。"1054

壇,帝臨中壇,顏師古:"壇,字或作禪,讀亦曰壇。"1054

匽,興文匽武,顏師古:"匽,古偃字。"1054

荄,根荄以遂,顏師古:"荄,音該。"1055

跂,跂行畢逮,引孟康:"跂,音岐。"1055

壧,壧處頃聽,顏師古:"壧,與巖同。"1055

頃,壧處頃聽,顏師古:"頃,讀曰傾。"1055

槀,枯槀復產,顏師古:"槀,音口老反。"1055

施,施及夭胎,顏師古:"施,音弋豉反。"1055

夭,施及夭胎,顏師古:"夭,音烏老反。"1055

嘾,群生嘾嘾,顏師古:"嘾,音徒感反。"1055

祺,惟春之祺,顏師古:"祺,音其。"1055

粤,粤與萬物,顏師古:"粤,古數字也。"1055

與,粤與萬物,顏師古:"與,音弋於反。"1055

桐,桐生茂豫,顏師古:"桐,讀爲通。"1055

詘,靡有所詘,顏師古:"詘,音丘物反。"1055

迪,百鬼迪嘗,顏師古:"迪,音大歷反。"1055

沆,西顥沆碭,顏師古:"沆,音胡浪反。"1056

碭,西顥沆碭,顏師古:"碭,音蕩。"1056

廢,續舊不廢,顏師古:"廢,合韻音發。"1056

辟,隅辟越遠,顏師古:"辟,讀曰僻。"1056

貉,四貉咸服,顏師古:"貉,音莫客反。"1056

屮,屮木零落,顏師古:"屮,古草字。"1056

抵,抵冬降霜,引孟康:"抵,音底。"1056

蕃,媪神蕃釐,顏師古:"蕃,音扶元反。"1057

釐,媪神蕃釐,顏師古:"釐,讀曰禧。"1057

共,繼統共勤,顏師古:"共,讀曰恭。"1057

肸,罔不肸飾,引蘇林:"肸,音墍塗之墍。"顏師古:"肸,音許乙反。"1057

享,庶幾宴享,顏師古:"享,合韻宜(因)[音]鄉。"1057

緼,緼豫爲粉,顏師古:"緼,音於粉反。"1058

溢,千童羅舞成八溢,顏師古:"溢,與佾同。"1058

虞，合好效歡虞泰一，顔師古："虞，與娱同。"1058

喜，靈其有喜，顔師古："喜，合韻音許吏反。"1058

奄，神奄留，顔師古："奄，讀曰淹。"1058

麗，長麗前掞光燿明，顔師古："麗，音離。"1059

掞，長麗前掞光燿明，引孟康："掞或作扶。"引晉灼："掞，即光炎字也。"顔師古："掞，音豔。"1059

鋗，展詩應律鋗玉鳴，顔師古："鋗，音火玄反。"1059

函，函宫吐角激徵清，顔師古："函，與含同。"1059

翔，聲氣遠條鳳鳥鴹，顔師古："鴹，古翔字。"1059

享，神夕奄虞蓋孔享，顔師古："享，合韻音鄉。"1059

泊，泊如四海之池，顔師古："泊，水貌也，音步各反，又音魄。"1059

訾，訾黄其何不徠下，顔師古："訾，音咨。"1060

沬，沬流赭，引李奇："沬，音靧面之靧。"引晉灼："沬，靧字也。"顔師古："沬、沫兩通。沬，字從水傍午未之未，音呼内反。沫字從水傍本末之末，音亦如之。"1060

籋，籋浮雲，引蘇林："籋，音躡。"1061

晻，晻上馳，顔師古："晻，音烏感反。"1061

迣，迣萬里，引孟康："迣，音逝。"引晉灼："迣，古迾字。"顔師古："迣，讀與厲同。"1060

徠，天馬徠，顔師古："徠，古往來字也。"1061

摇，將摇舉，引如淳："摇，或作遥。"1061

詄，詄蕩蕩，引如淳："詄，讀如迭。"顔師古："詄，音大結反。"1062

梢，飾玉梢以舞歌，顔師古："梢，音所交反。"1062

招，體招摇若永望，顔師古："招，音韶。"1062

望，體招摇若永望，顔師古："望，合韻音亡。"1062

俞，星留俞，顔師古："俞，音踰。"1062

熉，珠熉黄，引如淳："熉，音殞。"顔師古："熉，音云。"1062

殣，殣冀親以肆章，引孟康："殣，音覲。"1063

漻，寂漻上天知厥時，引應劭："漻，音來朝反。"1063

滇，泛泛滇滇從高斿，引晉灼："滇，音振旅闐闐。"顔師古："滇，音徒千反。"1063

臚，殷勤此路臚所求，顔師古："臚，音力於反。"1063

佻，佻正嘉吉弘以昌，引如淳："佻，讀曰肇。"1063

砯，休嘉砯隱溢四方，顏師古：“砯，音普萌反。”1063

閡，專精厲意逝九閡，引如淳：“閡，亦陔也。”顏師古：“閡，合韻音改，又音
　　亥。”1063

脽，汾脽出鼎，顏師古：“脽，音誰。”1064

祜，皇祜元始，顏師古：“祜，音怙。”1064

饗，依韋饗昭，顏師古：“饗，讀曰響。”1064

殷，殷殷鐘石羽籥鳴，顏師古：“殷，音隱。”1064

末，百末旨酒布蘭生，引張晏：“百末，末作之末也。”1064

復，穰穰復正直往甯，顏師古：“復，音扶目反。”1065

甯，穰穰復正直往甯，顏師古：“甯，合韻音寧。”1065

蠵，馮蠵切和疏寫平，顏師古：“蠵，音弋隨反，又音攜。”1065

齊，齊房産草，顏師古：“齊，讀曰齋。”1065

沆，沆沆四塞，引孟康：“沆，音兗。”1066

偨，偨狄合處，顏師古：“偨，即遐字耳，其字從彳。彳，音丑益反。”1066

敦，敦昆侖，顏師古：“敦，讀曰屯。”1066

拔，拔蘭堂，顏師古：“拔，音步曷反。”1066

容，旌容容，顏師古：“容音勇。一曰：容，讀如本字。”1066

縱，般縱縱，引孟康：“縱，音總。”引晉灼：“縱，音人相從勇作惡。”顏師古：
　　“縱，音總。一曰：從，音才公反。”1066

翊，泛翊翊，顏師古：“翊，音弋入反，又音立。”1066

揄，神之揄，顏師古：“揄，音踰。”1067

羻，羻吉時，顏師古：“羻，古翔字也。”1067

共，共翊翊，顏師古：“共，讀曰恭。”1067

滂，福滂洋，顏師古：“滂，音普郎反。”1067

洋，福滂洋，顏師古：“洋，音羊，又音祥。”1067

沛，沛施祐，顏師古：“沛，音普大反。”1067

扢，扢嘉壇，顏師古：“扢，音公忽反。”1067

蹇，偓蹇驤，顏師古：“蹇，音居偃反。”1068

汨，卉汨臚，顏師古：“汨，音于筆反。”1068

淥，淫淥澤，顏師古：“淥，音綠。”1068

湟，湟然歸，顏師古：“湟，音烏黃反。”1068

坻，朝隴首，顏師古："隴坻之首也。坻，音丁禮反。"1068
尞，靁電尞，顏師古："尞，古燎字。"1068
殛，熏鬻殛，顏師古："殛，誅也，音居力反。"1068
饗，山河饗，顏師古："饗，合韻音鄉。"1069
鬗，鬗長馳，引如淳："鬗，音樠。"顏師古："鬗，音武元反。"1069
洒，洒路陂，顏師古："洒，音灑，又音山豉反。"1069
籋，籋歸雲，顏師古："籋，音躡。"1069
西，白集西，顏師古："西，合韻音先。"1069
員，六紛員，顏師古："員，音云。"1069
晻，晝晻濭，顏師古："晻，音烏感反。"1070
濭，晝晻濭，顏師古："濭，音藹。"1070
勺，勺椒漿，顏師古："勺，讀曰酌。"1070
芒，芒芒極，顏師古："芒，音莫郎反。"1070
殷，靈殷殷，顏師古："殷，音隱。"1070
濊，澤汪濊，顏師古："濊，音於廢反，又音烏外反。"1070
輯，輯萬國，顏師古："輯，與集同。"1070
禗，靈禗禗，引孟康："禗，音近枲。"1070
轙，象輿轙，顏師古："轙，音儀。"1070
票，票然逝，顏師古："票，音匹遥反。"1070
蛇，旗逶蛇，顏師古："蛇，音移。"1070
肆，常存肆之，顏師古："肆，音弋二反。"1071
皐，其弟子宋皐等上書言之，顏師古："皐，音于輒反。"1072
被，況於聖主廣被之資，顏師古："被，音皮義反。"1072
孫，夫奢泰則下不孫而國貧，顏師古："孫，讀曰遜。"1074
趨，文巧則趨末背本者衆，顏師古："趨，讀曰趣。"1074
辟，鄭衛之聲興則淫辟之化流，顏師古："辟，讀曰僻也。"1074
郝，兹郝鼓員三人，引晉灼："郝，音方。"1074
招，諸族樂人兼《雲招》給祠南郊用，顏師古："招，讀與翹同。"1074
柎，剛、别柎員二人，顏師古："柎，音膚。"1075
篪，給《盛德》主調篪員二人，顏師古："篪，音池。"1075
竽，竽工員三人，顏師古："竽，音于。"1075

縵，縵樂鼓員十三人，顏師古：“縵，音漫。”1075

鉊，鉊四會員十二人，引韋昭：“鉊，音鏏。”顏師古：“鉊，音姚。”1075

挏，其七十二人給大官挏馬酒，顏師古：“挏，音動。”1075

湛，豪富吏民湛沔自若，顏師古：“湛，讀曰沈，又讀曰耽。”1075

《刑法志》

貌，夫人宵天地之貌，顏師古：“貌，古貌字。”1080

粹，聰明精粹，顏師古：“粹，音先遂反。”1080

耆，爪牙不足以供耆欲，顏師古：“耆，讀曰嗜。”1080

説，衆心説而從之，顏師古：“説，讀曰悦。”1080

鑽，其次用鑽鑿，顏師古：“鑽，音子端反。”1081

髕，其次用鑽鑿，引韋昭：“髕刑也。”顏師古：“髕，音頻忍反。”1081

扑，薄刑用鞭扑，顏師古：“扑，音普木反。”1081

繇，其所繇來者上矣，顏師古：“繇，讀與由同。”1081

共，顓頊有共工之陳以定水害，顏師古：“共，讀曰龔。”1082

殛，殛鯀，顏師古：“殛，音居力反。”1082

乘，兵車一乘，顏師古：“乘，音食證反。”1083

提，提封萬井，引蘇林：“提，音秖。”顏師古：“提，讀如本字。”1083

拔，夏拔舍以苗，顏師古：“拔，音步末反。”1083

長，屬有長，顏師古：“長，音竹兩反。”1083

帥，連有帥，顏師古：“帥，音所類反。”1083

墮，法度墮，顏師古：“墮，即墮字。墮，毁也，音火規反。”1084

伯，公問行伯用師之道，顏師古：“伯，讀曰霸。”1084

攘，外攘夷狄，顏師古：“攘，音人羊反。”1084

被，作被廬之法，顏師古：“被，音皮義反。”1084

迭，迭爲盟主，顏師古：“迭，音大結反。”1084

伯，二伯之後，顏師古：“伯，讀曰霸。”1084

亟，於是師旅亟動，顏師古：“亟，音丘吏反。”1085

罷，百姓罷敝，顏師古：“罷，讀曰疲。”1085

比，比及三年，顏師古：“比，音必寐反。”1085

視，用相夸視，顏師古：“視，讀曰示。”1086

抵，而秦更名角抵，顏師古：“抵，音丁禮反。”1086

臏，齊有孫臏，顏師古："臏，音頻忍反。"1086

從，合從連衡，顏師古："從，音子容反。"1086

卬，爲下所卬，顏師古："卬，讀曰仰。"1087

扞，若手足之扞頭目，顏師古："扞，音下旦反。"1087

婾，則婾可用也，顏師古："婾，與偷同。"1087

屬，衣三屬之甲，顏師古："屬，音之欲反。"1087

髀，衣三屬之甲，引如淳："上身一，髀禈一，踁繳一。"顏師古："髀，音陛。"1087

踁，衣三屬之甲，引如淳："上身一，髀禈一，踁繳一。"顏師古："踁，即脛字。"1087

个，負矢五十个，顏師古："个，讀曰箇。"1087

贏，贏三日之糧，顏師古："贏，音盈。"1087

中，中試則復其戶，顏師古："中，音竹仲反。"1088

復，中試則復其戶，顏師古："復，音方目反。"1088

狃，狃之以賞慶，顏師古："狃，音女九反。"1088

道，道之以刑罰，顏師古："道，讀曰導。"1088

鬻，庸徒鬻賣之道耳，顏師古："鬻，音育。"1088

鰓，鰓鰓常恐天下之一合而共軋己也，引蘇林："鰓，音慎而無禮則葸之葸。"
　　顏師古："鰓，音先祀反。"1088

軋，鰓鰓常恐天下之一合而共軋己也，顏師古："軋，音於黠反。"1088

陳，善師者不陳，顏師古："陳，戰陳之義本因陳列爲名，而音變耳，字則作
　　陳，更無別體。而末代學者輒改其字旁從車，非經史之本文也。今宜依
　　古，不從流俗也。"1089

伯，功爲伯首，顏師古："伯，讀曰霸。"1089

犇，或犇走赴秦，顏師古："犇，古奔字。"1090

猋，猋起雲合，顏師古："猋，音必遥反。"1090

肄，皆歲時講肄，顏師古："肄，音弋二反。"1090

弛，鞭扑不可弛於家，顏師古："弛，音式爾反。"1091

詰，詰四方，顏師古："詰，責也，音口一反。字或作誥，音工到反。"1092

劓，劓罪五百，顏師古："劓，音牛冀反。"1092

刖，刖罪五百，顏師古："刖，音五刮反，又音月。"1092

踣，凡殺人者踣諸市，顏師古："踣，音妨付反。"1092

槁，女子入舂槁，顏師古："槁，音古老反。"1092

眊，穆王眊荒，顏師古：“眊，音莫報反。”1093

度，命甫侯度時作刑，顏師古：“度，音大各反。”1093

髕，髕罰之屬五百，顏師古：“髕，音頻忍反。”1093

嚮，晉叔嚮非之，顏師古：“嚮，音許兩反。”1094

懫，懫之以行，引晉灼：“懫，古竦字也。”顏師古：“懫，謂獎也，又音所項反。”1094

操，躬操文墨，顏師古：“操，音千高反。”1096

説，兆民大説，顏師古：“説，讀曰悦。”1096

攘，蕭何攘摭秦法，顏師古：“攘，音九問反。”1097

摭，蕭何攘摭秦法，顏師古：“摭，音之石反。”1097

蠚，百姓新免毒蠚，顏師古：“蠚，音呼各反。”1097

填，填以無爲，顏師古：“填，音竹刃反。”1097

訐，告訐之俗易，顏師古：“訐，音居謁反。”1097

畜，畜積歲增，顏師古：“畜，讀曰蓄。”1097

緹，其少女緹縈，顏師古：“緹，音他弟反。”1098

屬，刑者不可復屬，顏師古：“屬，音之欲反。”1098

繇，其道亡繇也，顏師古：“繇，讀與由同。”1098

與，而教不明與，顏師古：“與，讀曰歟。”1098

道，故夫訓道不純而愚民陷焉，顏師古：“道，讀曰導。”1098

繇，而道亡繇至，顏師古：“繇，讀與由同。”1099

箠，其定箠令，顏師古：“箠，音止藥反。”1101

臋，當笞者笞臋，顏師古：“臋，音徒門反。”1101

耗，百姓貧耗，顏師古：“耗，音呼到反。”1101

傅，所欲活則傅生議，顏師古：“傅，讀曰附。”1102

招，則廷平將招權而爲亂首矣，引蘇林：“招，音翹。”1103

奇，奇請它比，顏師古：“奇，音居宜反。”1104

菹，菹其骨肉於市，顏師古：“菹，音側於反。”1105

累，所以累其心，顏師古：“累，音力瑞反。”1105

愨，法正則民愨，顏師古：“愨，音丘角反。”1105

道，且夫牧民而道之以善者，顏師古：“道，讀曰導。”1105

訊，一曰訊群臣，二曰訊群吏，顏師古：“訊，問也，音信。”1107

眊，二曰老眊，顏師古：“眊，讀與耄同。”1107

悫,三曰悫愚,顏師古:"悫,音丑江反,又音貞巷反。"1107

梏,上罪梏拲而桎,顏師古:"梏,音古篤反。"1108

拲,上罪梏拲而桎,顏師古:"拲,即拱字也。"1108

桎,上罪梏拲而桎,顏師古:"桎,音之日反。"1108

弊,以待弊,顏師古:"弊,音蔽。"1108

傅,傅所當比律令以聞,顏師古:"傅,讀曰附。"1108

屬,鰥寡不屬逮者,顏師古:"屬,音之欲反。"1108

乳,及孕者未乳,顏師古:"乳,音人喻反。"1108

頌,頌繫之,顏師古:"頌,讀曰容。"1108

近,近古,顏師古:"近,音其靳反。"1108

被,被民以德教,顏師古:"被,音皮義反。"1109

鄉,有一人鄉隅而悲泣,顏師古:"鄉,讀曰嚮。"1109

蕃,原獄刑所以蕃若此者,顏師古:"蕃,多也,音扶元反。"1110

狃,則狃而寖廣,顏師古:"狃,音女救反。"1110

鬻,鬻棺者欲歲之疫,顏師古:"鬻,音育。"1110

疫,鬻棺者欲歲之疫,顏師古:"疫,音役。"1110

治,以爲治古,顏師古:"治,音丈吏反。"1111

菲,菲履赭衣而不純,顏師古:"菲,音扶味反。"1111

純,菲履赭衣而不純,顏師古:"純,音之允反。"1111

稱,一物失稱,顏師古:"稱,音尺孕反。"1111

羈,是猶以羈而御駻突,引晉灼:"羈,古羈字也。"1112

駻,是猶以羈而御駻突,引如淳:"駻,音捍。"1112

佚,男女淫佚,顏師古:"佚,讀與逸同。"1113

蕃,刑蕃而民愈嫚,顏師古:"蕃,音扶元反。"1113

嫚,刑蕃而民愈嫚,顏師古:"嫚,與慢同。"1113

籑,籑二百章,引孟康:"籑,音撰。"1113

詆,詆欺文致微細之法,顏師古:"詆,音丁禮反。"1113

《食貨志上》

衣,貨謂布帛可衣,顏師古:"衣,音於既反。"1118

耜,斲木爲耜,顏師古:"耜,音似。"1118

耒,揉木爲耒,顏師古:"耒,音人九反。"1118

耒,糅木爲耒,顏師古:"耒,音來内反。"1118

耨,耒耨之利以教天下,顏師古:"耨,音乃搆反。"1118

棐,賦入貢棐,顏師古:"棐,讀與匪同。"1118

隋,賦入貢棐,引應劭:"隋曰棐。"顏師古:"隋,音他果反。"1118

楙,楙遷有無,顏師古:"楙,與茂同。"1118

鬻,通財鬻貨曰商,顏師古:"鬻,音弋六反。"1119

著,理民之道,地著爲本,顏師古:"著,音直略反。"1119

晦,故必建步立晦,顏師古:"晦,古畝字也。"1119

更,三歲更耕之,顏師古:"更,音工衡反。"1120

比,亦以口受田如比,顏師古:"比,音必寐反。"1120

磽,各以肥磽多少爲差,顏師古:"磽,音口交反。"1120

共,賦共車馬甲兵士徒之役,顏師古:"共,讀曰供。"1120

强,上所强也,顏師古:"强,音其兩反。"1120

茹,菜茹有畦,顏師古:"茹,音人豫反。"1121

畦,菜茹有畦,顏師古:"畦,音胡圭反。"1121

蓏,瓜瓠果蓏,顏師古:"蓏,音來果反。"1121

彘,雞豚狗彘毋失其時,顏師古:"彘,即豕。"1121

視,庠則行禮而視化焉,顏師古:"視,讀爲示也。"1121

饁,饁彼南晦,顏師古:"饁,音于輒反。"1122

螀,十月蟋蟀,顏師古:"蟋蟀,螀也。螀,音拱。"1122

塾,里胥平旦坐於右塾,顏師古:"塾,音孰。"1122

燎,所以省費燎火,顏師古:"燎,音力召反。"1122

比,比其音律,顏師古:"比,音頻二反。"1123

畜,則餘一年之畜,顏師古:"畜,讀曰蓄。"1124

繇,繇此道也,顏師古:"繇,讀與由同。由,用也,從也。"1124

繇,繇役橫作,顏師古:"繇,讀曰徭。"1124

橫,繇役橫作,顏師古:"橫,音胡孟反。"1124

悝,李悝爲魏文侯作盡地力之教,顏師古:"悝,音恢。"1125

與,又未與此,顏師古:"與,讀曰豫。"1125

賈,賈平則止,顏師古:"賈,讀曰價。"1126

伯,開仟伯,顏師古:"伯,音莫白反。"1126

饟，男子力耕不足糧饟，顏師古：“饟，古餉字也。”1127

澹，猶未足以澹其欲也，顏師古：“澹，古贍字也。贍，給也。”1127

筦，筦子曰，顏師古：“筦，與管同。”1128

屈，則物力必屈，顏師古：“屈，音其勿反。”1128

孅，至孅至悉也，顏師古：“孅，與纖同。”1128

泛，大命將泛，引孟康：“泛，音方勇反。”顏師古：“泛，字本作覂，此通用也。”1128

靡，生之者甚少而靡之者甚多，顏師古：“靡，音糜。”1128

蹷，天下財産何得不蹷，顏師古：“蹷，音厥。”1128

幾，漢之爲漢幾四十年矣，顏師古：“幾，音鉅衣反。”1129

阽，安有爲天下阽危者若是而上不驚者，顏師古：“阽，音閻，又音丁念反。”1129

穰，世之有飢穰，顏師古：“穰，豐也，音人常反。”1129

卒，卒然邊境有急，顏師古：“卒，讀曰猝。”1129

餽，國胡以餽之，顏師古：“餽，亦饋字也。”1129

屈，天下大屈，顏師古：“屈，音其勿反。”1129

罷，罷夫羸老易子而齩其骨，顏師古：“罷，讀曰疲。”1130

齩，罷夫羸老易子而齩其骨，顏師古：“齩，音五巧反。”1130

疑，遠方之能疑者並舉而爭起矣，顏師古：“疑，讀曰擬。”1130

毆，今毆民而歸之農，顏師古：“毆，亦驅字。”1130

著，皆著於本，顏師古：“著，音直略反。”1130

食，非能耕而食之，顏師古：“食，讀曰飤。”1131

衣，織而衣之，顏師古：“衣，音於既反。”1131

瘠，而國亡捐瘠者，引蘇林：“瘠，音漬。”1131

煖，不待輕煖，顏師古：“煖，音乃短反。”1131

走，趨利如水走下，顏師古：“走，音奏。”1132

賈，當具有者半賈而賣，顏師古：“賈，讀曰價。”1133

賈，而商賈大者積貯倍息，顏師古：“賈，音古。”1133

奇，操其奇贏，顏師古：“奇，音居宜反。”1133

伯，有仟伯之得，顏師古：“伯，音莫白反。”1133

好，好惡乖迕，顏師古：“好，音呼到反。”1134

惡，好惡乖迕，顏師古：“惡，音烏故反。”1134

迕，好惡乖迕，顏師古：“迕，音五故反。”1134

渫，粟有所渫，顏師古：“渫，音先列反。”1134

復，復卒三人，顏師古：“復，音方目反。”1134

爲，故爲復卒，顏師古：“爲，音于僞反。”1134

復，乃復一人耳，顏師古：“復，音方目反。”1134

俞，民俞勤農，顏師古：“俞，音踰，又音愈。”1135

賈，而裁其賈以招民，顏師古：“賈，讀曰價。”1136

復，乃徒復作，顏師古：“復，音房目反。”1136

婁，然婁敕有司以農爲務，顏師古：“婁，古屢字。”1136

踶，乘牸牝者擯而不得會聚，引孟康：“有牝馬間其間則踶齧。”顏師古：“踶，
　　音大奚反。”1136

行，先行誼而黜媿辱焉，顏師古：“行，音下更反。”1136

斷，以武斷於鄉曲，顏師古：“斷，音丁唤反。”1136

共，其求易共，顏師古：“共，讀曰供。”1138

説，故民説從上，顏師古：“説，讀曰悦也。”1138

顓，又顓川澤之利，顏師古：“顓，與專同。”1138

更，又加月爲更卒，顏師古：“更，音工衡反。”1138

重，重以貪暴之吏，顏師古：“重，音直用反。”1138

卒，井田法雖難卒行，顏師古：“卒，讀曰猝。”1138

近，宜少近古，顏師古：“近，音其靳反。”1138

耗，天下虛耗，顏師古：“耗，音呼到反。”1138

甽，一晦三甽，顏師古：“甽，壟也，音工犬反。字或作畎。”1139

隤，因隤其土以附，顏師古：“隤，音穨。”1139

芸，或芸或芓，顏師古：“芸，音云。”1140

芓，或芸或芓，顏師古：“芓，音子。”1140

儗，黍稷儗儗，顏師古：“儗，音擬。”1140

比，比盛暑，顏師古：“比，音必寐反。”1140

能，能風與旱，顏師古：“能，讀曰耐也。”1140

縵，一歲之收常過縵田晦一斛以上，顏師古：“縵，音莫幹反。”1140

趨，亡以趨澤，顏師古：“趨，讀曰趣。”1140

輓，故平都令光敎過以人輓犁，顏師古：“輓，音晚。”1140

壖，試以離宮卒田其宮壖地，顏師古：“壖，音而緣反。”1140

令，令命家田三輔公田，顏師古：“令，音力成反。”1140

數，歲數豐穰，顏師古：“數，音所角反。”1141

穰，歲數豐穰，顏師古：“穰，音人常反。”1141

賈，穀貴時減賈而糶，顏師古：“賈，並讀曰價。”1142

使，以好農使勸郡國，顏師古：“使，音山（史）［吏］反。”1142

爲，故不爲民田及奴婢爲限，顏師古：“上爲，音于僞反。”1143

鉤，而西南夷鉤町稱王，顏師古：“鉤，音鉅于反。”1144

町，而西南夷鉤町稱王，顏師古：“町，音大鼎反。”1144

傳，使者馳傳督趣，顏師古：“傳，音張戀反。”1144

趣，使者馳傳督趣，顏師古：“趣，讀曰促。”1144

度，不度時宜，顏師古：“度，音大各反。”1144

更，常有更賦，顏師古：“更，音工衡反。”1144

罷，罷癃咸出，顏師古：“罷，讀曰疲。”1144

嗷，天下嗷嗷然，顏師古：“嗷，音敖。”1144

誖，它政誖亂，顏師古：“誖，音布内反。”1145

仰，邊兵二十餘萬人仰縣官衣食，顏師古：“仰，音牛向反。”1145

數，數橫賦斂，顏師古：“數，音所角反。”1145

橫，數橫賦斂，顏師古：“橫，（因）［音］胡孟反。”1145

翔，穀賈翔貴，引晉灼：“翔，音常。”1145

重，重爲煩擾，顏師古：“重，音直用反。”1145

稟，吏盜其稟，顏師古：“稟，音彼甚反。”1145

　　《食貨志下》

穰，歲有凶穰，顏師古：“穰，音人常反。”1150

畜，則畜賈游於市，顏師古：“畜，讀曰蓄。”1150

緡，臧緡千萬，顏師古：“緡，音居兩反。”1150

饟，種饟糧食，顏師古：“饟，字與餉同。”1151

畜，故大賈畜家不得豪奪吾民矣，顏師古：“畜，讀曰蓄。”1151

豪，故大賈畜家不得豪奪吾民矣，顏師古：“豪，字本作勢，蓋通用耳。”1151

伯，顯伯名，顏師古：“伯，讀曰霸。”1151

單，單穆公曰，顏師古：“單，音善。”1151

潢，猶塞川原爲潢洿也，顏師古：“潢，音黃。”1152

洿，猶塞川原爲潢洿也，顏師古："洿，音一胡反。"1152

莢，更令民鑄莢錢，顏師古："莢，音頰。"1153

畜，而不軌逐利之民畜積餘贏以稽市物，顏師古："畜，讀曰蓄。"1153

痛，痛騰躍，顏師古："痛，今書本痛字，或作踊者，誤耳。"1153

殽，非殽雜爲巧，顏師古："殽，音爻。"1154

操，今令細民人操造幣之勢，顏師古："操，音千高反。"1154

阱，使入陷阱，顏師古："阱，音才性反。"1154

下，死罪積下，顏師古："下，音胡亞反。"1154

稱，平稱不受，顏師古："稱，音尺孕反。"1155

呵，縱而弗呵虖，顏師古："呵，音火何反。"1155

鄉，何鄉而可哉，顏師古："鄉，讀曰嚮。"1155

蕃，今農事棄捐而采銅者日蕃，顏師古："蕃，音扶元反。"1155

鎔，冶鎔炊炭，顏師古："鎔，音容。"1155

爲，五穀不爲多，顏師古："爲，音於僞反。"1155

怵，善人怵而爲姦邪，顏師古："怵，音先律反，又音黜。"1155

數，姦數不勝而法禁數潰，顏師古："數，並音所角反。"1156

奇，以收奇羨，顏師古："奇，音居宜反。"1156

羨，以收奇羨，顏師古："羨，音弋戰反。"1156

畜，武帝因文、景之畜，顏師古："畜，讀曰蓄。"1157

罷，巴蜀之民罷焉，顏師古："罷，讀曰疲。"1157

齎，行者齎，顏師古："齎，音子奚反。"1158

抏，百姓抏敝以巧法，顏師古："抏，音五官反。"1158

餽，千里負擔餽饟，顏師古："餽，亦饋字。"1158

饟，千里負擔餽饟，顏師古："饟，古餉字。"1158

㪍，散幣於邛㪍以輯之，引晉灼："㪍，音蒲賊反。"1158

輯，散幣於邛㪍以輯之，顏師古："輯，與集同。"1158

更，悉巴蜀租賦不足以更之，顏師古："更，音庚。"1159

疑，人徒之費疑於南夷，顏師古："疑，讀曰儗。"1159

與，兵甲轉漕之費不與焉，顏師古："與，讀曰豫。"1159

秏，則官職秏廢，顏師古："秏，亂也，音莫報反。"1160

沮，而廢格沮誹窮治之獄用矣，顏師古："沮，音才汝反。"1160

渾，渾邪王率數萬衆來降，顏師古："渾，音胡昆反。"1161

番，其後番係欲省底柱之漕，顏師古："番，音普安反。"1161

係，其後番係欲省底柱之漕，顏師古："係，音工系反。"1161

回，鄭當時爲渭漕回遠，顏師古："回，音胡内反。"1161

食，馬之往來食長安者數萬匹，顏師古："食，讀曰飤。"1162

調，乃調旁近郡，顏師古："調，音徒釣反。"1162

仰，衣食仰給縣官，顏師古："仰，音牛向反。"1162

貸，又募豪富人相假貸，顏師古："貸，音土戴反。"1162

分，使者分部護，顏師古："分，音扶問反。"1162

㙷，而富商賈或㙷財役貧，引晉灼："㙷，音滯。"1162

氐，氐首仰給，引晉灼："氐，音抵距之抵。"顏師古："氐，音丁奚反。"1163

重，黎民重困，顏師古："重，音直用反。"1163

鋊，而姦或盜摩錢質而取鋊，顏師古："鋊，音浴。"1164

橢，三曰復小，橢之，顏師古："橢，音佗果反。"1164

僅，於是以東郭咸陽、孔僅爲大農丞，顏師古："僅，音鉅刃反。"1164

復，民多買復，顏師古："復，音方目反。"1165

鮮，徵發之士益鮮，顏師古："鮮，少也，音先淺反。"1165

適，故吏皆適令伐棘上林，顏師古："適，讀曰謫。"1165

與，轉漕車甲之費不與焉，顏師古："與，讀曰豫。"1165

鬻，因官器作鬻鹽，顏師古："鬻，古煮字也。"1166

斡，浮食奇民欲擅斡山海之貨，顏師古："斡，讀與管同。"1166

羨，以致富羨，顏師古："羨，音弋戰反。"1166

鈦，鈦左趾，顏師古："鈦，音徒計反。"1166

行，使僅、咸陽乘傳舉行天下鹽鐵，顏師古："行，音下更反。"1166

畜，貧者畜積無有，顏師古："畜，讀曰蓄。"1167

仰，皆仰縣官，顏師古："仰，音牛向反。"1167

軺，異時算軺車賈人之緡錢皆有差，顏師古："軺，音弋昭反。"1167

緡，異時算軺車賈人之緡錢皆有差，顏師古："緡，音武巾反。"1167

貰，諸賈人末作貰貸賣買，顏師古："貰，音式制反。"1167

貸，諸賈人末作貰貸賣買，顏師古："貸，音土戴反。"1167

占，各以其物自占，顏師古："占，音之贍反。"1167

比，非吏比者、三老、北邊騎士，顏師古："比，音必寐反。"1167

畀，以其半畀之，顏師古："畀，與也，音必寐反。"1167

風，以風百姓，顏師古："風，讀曰諷。"1168

氐，天下大氐無慮皆鑄金錢矣，顏師古："氐，讀曰抵。"1168

行，於是遣博士褚大、徐偃等分行郡國，顏師古："行，音下更反。"1168

減，減宣、杜周等爲中丞，顏師古："減，音減省之減。"1169

説，天子不説，顏師古："説，讀曰悦。"1169

比，自是後有腹非之法比，顏師古："比，讀如字，又音必寐反。"1169

反，獄少反者，引蘇林："反，音幡。"1170

織，旗織加其上，顏師古："織，讀曰（幟）［幟］，音昌志反。"1171

度，而下河漕度四百萬石，顏師古："度，音大各反。"1171

屬，使者冠蓋相屬於道護之，顏師古："屬，音之欲反。"1172

共，設共具，顏師古："共，音居用反。"1173

令，又數萬人度河築令居，顏師古："令，音零。"1173

仰，皆仰給大農，顏師古："仰，音牛向反。"1173

苦，器苦惡，引如淳："苦，或作盬。"1174

賈，賈貴，顏師古："賈，讀曰價。"1174

説，上不説，顏師古："説，音悦。"1174

比，各以地比給初郡吏卒奉食幣物，顏師古："比，音頻寐反。"1174

傳，傳車馬被具，顏師古："傳，音張戀反。"1174

被，傳車馬被具，顏師古："被，音皮義反。"1174

僦，而天下賦輸或不償其僦費，顏師古："僦，音子就反。"1175

旁，旁北邊以歸，顏師古："旁，音步浪反。"1175

復，以復終身，顏師古："復，音方目反。"1175

衣，縣官當食租衣税而已，顏師古："衣，音於既反。"1176

亨，亨弘羊，顏師古："亨，鬻也，音普庚反。"1176

視，視以儉節，顏師古："視，讀曰示。"1176

幺，幺錢一十，顏師古："幺，音一堯反。"1177

朱，朱提銀重八兩爲一流，顏師古："朱，音殊。"1178

提，朱提銀重八兩爲一流，顏師古："提，音上支反。"1178

放，文質周郭放漢五銖錢云，顏師古："放，依也，音甫往反。"1179

讐,收不讐,顏師古:"讐,讀曰售。"1180

貸,夫周禮有賒貸,顏師古:"貸,音土戴反。"1180

占,皆自占司市錢府,顏師古:"占,音之漸反。"1180

宂,宂作,顏師古:"宂,音人勇反。"1181

衣,縣官衣食之,顏師古:"衣,音於既反。"1181

食,縣官衣食之,顏師古:"食,讀曰飤。"1181

絍,桑蠶織絍紡績補縫,顏師古:"絍,音人禁反。"1181

中,以四時中月實定所掌,顏師古:"中,讀曰仲。"1181

賈,爲物上中下之賈,顏師古:"賈,讀曰價。"1181

讐,周於民用而不讐者,顏師古:"讐,讀曰售。"1181

折,毋令折錢,顏師古:"折,音上列反。"1182

卬,萬物卬貴,顏師古:"卬,音五剛反,亦讀曰仰。"1182

氐,其賈氐賤減平者,顏師古:"氐,音丁奚反。"1182

戴,其三及醯戴灰炭,顏師古:"戴,酢漿也,音才代反。"1183

傳,乘傳求利,顏師古:"傳,音張戀反。"1183

簿,多張空簿,顏師古:"簿,音步戶反。"1183

卬,卬以給澹,顏師古:"卬,音牛向反。"1184

奇,首長八分有奇,顏師古:"奇,音居宜反。"1184

比,吏及比伍,顏師古:"比,音頻寐反。"1184

豨,名曰豬突豨勇,顏師古:"豨,音許豈反。"1185

繇,繇役煩劇,顏師古:"繇,讀曰傜也。"1185

旁,旁緣莽禁,顏師古:"旁,音步浪反。"1185

寡,寡多益寡,顏師古:"寡,音薄侯反。"1186

苬,野有餓苬,引鄭氏:"苬,音藁有梅之藁。"顏師古:"苬,音頻小反,諸書或作殍字,音義亦同。"1186

《郊祀志上》

豺,豺獺有祭,顏師古:"豺,音仕皆反。"1189

獺,豺獺有祭,顏師古:"獺,音吐曷反。"1189

齊,齊肅聰明者,顏師古:"齊,讀曰齋。"1189

覡,在男曰覡,顏師古:"覡,音下狄反。"1190

黷,敬而不黷,顏師古:"黷,音讀。"1190

放，不可放物，顏師古：“放，音甫往反。”1190

齊，黷齊明而神弗蠲，顏師古：“齊，讀曰齋。”1190

屬，命火正黎司地以屬民，顏師古：“屬，音之欲反。”1190

句，其子曰句龍，顏師古：“句，讀曰鉤。”1191

揖，揖五瑞，顏師古：“揖，與輯同。”1192

罨，欲罨夏社，顏師古：“罨，古遷字。”1193

説，帝武丁得傅説爲相，顏師古：“説，讀曰悦。”1193

雊，有雉登鼎耳而雊，顏師古：“雊，音工豆反。”1193

泮，諸侯曰泮宮，顏師古：“泮，音普半反。”1194

駵，其牲用駵駒黃牛羝羊，顏師古：“駵，音留。”1194

羝，其牲用駵駒黃牛羝羊，顏師古：“羝，音丁奚反。”1194

汧，秦文公東獵汧渭之間，顏師古：“汧，音牽。”1194

屬，文王（薨）［夢］黃虵自天下屬地，顏師古：“屬，音之欲反。”1195

鄜，其口止於鄜衍，引李奇：“鄜，音孚。”1195

隩，神明之隩，顏師古：“隩，音於六反。”1195

縉，縉紳者弗道，顏師古：“縉，字本作搢。”1195

殷，其聲殷殷云，顏師古：“殷，音隱。”1196

覺，病臥五日不寤，顏師古：“寤，覺也。覺，音公孝反。”1196

禪，而欲封禪，顏師古：“禪，音上戰反。”1197

父，封泰山禪梁父者，顏師古：“父，音甫。”1197

宓，宓羲封泰山，顏師古：“宓，讀曰伏。”1197

令，過孤竹，引應劭：“在遼西令支。”顏師古：“令，音郎定反。”1198

支，過孤竹，引應劭：“在遼西令支。”顏師古：“支，音神衹之衹。”1198

召，南伐至召陵，顏師古：“召，讀曰劭。”1198

鄗，鄗上黍，引應劭：“鄗，音臛。”1198

藉，所以爲藉也，顏師古：“藉，音才夜反。”1198

鰈，東海致比目之魚，顏師古：“其名謂之鰈。鰈，音土盍反。”1198

儋，周太史儋見秦獻公，顏師古：“儋，音丁甘反，又吐甘反。”1199

伯，合七十年而伯王出焉，顏師古：“伯，讀曰霸。”1200

畦，作畦時櫟陽，顏師古：“畦，音下圭反。”1200

螾，黃龍地螾見，顏師古：“螾，音蚓。”1201

螻，黃龍地螾見，引如淳：“大螻大螾。”顏師古：“螻，音樓。”1201

畅，草木畅茂，顏師古：“畅，與暢同。”1201

嶧，祠驪嶧山，顏師古：“嶧，音亦。”1201

苴，席用苴稭，引如淳：“苴，讀如租。”顏師古：“苴，字本作葅，假借用。”1202

稭，席用苴稭，引如淳：“稭，讀如戛。”1202

與，不得與封禪，顏師古：“與，讀曰豫也。”1202

僊，僊人羨門之屬，顏師古：“僊，古亦以僊爲仙字。”1203

罘，祠之罘山，顏師古：“罘，音浮。”1203

腄，祠之罘山，引韋昭：“之罘山在東萊腄縣。”顏師古：“腄，音直瑞反。”1203

並，並勃海，顏師古：“並，音步浪反。”1203

盛，盛山斗入海，顏師古：“盛，音成。”1203

迂，然則怪迂阿諛苟合之徒自此興，顏師古：“迂，音于。”1204

並，並海上，顏師古：“並，音步浪反。”1205

上，並海上，顏師古：“上，音時掌反。”1205

幾，幾遇海中三神山之奇藥，顏師古：“幾，讀曰冀。”1205

並，東巡碣石，並海，顏師古：“並，音步浪反。”1205

迭，迭興迭衰，顏師古：“迭，音大結反。”1206

泲，水曰泲，顏師古：“泲，音子禮反。”1207

泮，因泮凍，顏師古：“泮，音普半反。”1207

涸，秋涸凍，顏師古：“涸，讀與沍同。沍，凝也，音下故反。”1207

塞，冬塞禱祠，顏師古：“塞，音先代反。”1207

沔，沔，祠漢中，顏師古：“沔，音彌善反。”1208

湫，湫淵，引蘇林：“湫，音將蓼反。”顏師古：“湫，音子由反。”1208

澇，豐、澇、涇、渭，顏師古：“澇，音勞。”1208

壻，嶽壻山之屬，引蘇林：“壻，音胥。”引韋昭：“壻，音蘇計反。”顏師古：“韋説是也。”1208

逐，諸逐之屬，顏師古：“逐，字或作述，音求。”1208

屏，雨師、四海，顏師古：“雨師，屏翳也。屏，音步丁反。”1208

亳，亳有五杜主之祠，引韋昭：“亳，音薄，湯所都也。”1208

菅，菅廟祠亦有杜主，顏師古：“菅，音姦。”1208

中，及四中之月月祠，顏師古：“中，讀曰仲。”1209

駵，春夏用駵，顏師古：“駵，音先營反。”1209

枌，及高祖禱豐枌榆社，顏師古：“枌，音符云反。”1210

纍,族纍之屬,顏師古:"纍,音力追反。"1211

被,駕被具,顏師古:"被,音皮義反。"1212

傳,推終始傳,引鄭氏:"傳,音亭傳。"顏師古:"傳,音張戀反。"1213

幾,朕幾郊祀上帝諸神,顏師古:"幾,讀曰冀。"1213

蒲,其北穿蒲池溝水,顏師古:"蒲,字或作滿。"1214

屬,若光輝然屬天焉,顏師古:"屬,音之欲反。"1214

刺,使博士諸生刺《六經》中作《王制》,顏師古:"刺,音千賜反。"1214

正,文帝怠於改正服鬼神之事,顏師古:"正,音之成反。"1215

數,匈奴數入邊,顏師古:"數,音所角反。"1215

艾,天下艾安,顏師古:"艾,讀曰乂。"1215

鄉,而上鄉儒術,顏師古:"鄉,讀曰嚮。"1215

礥,舍之上林中礥氏館,引如淳:"礥,音蹄。"引鄭氏:"礥,音斯。"顏師古:
　　"鄭音是也。"1216

先,見神於先後宛若,顏師古:"先,音蘇見反。"1216

後,見神於先後宛若,顏師古:"後,音胡遘反。"1216

姁娌,見神於先後宛若,顏師古:"吳楚俗呼之爲姁娌。姁娌,音軸里。"1216

更,更餽遺之,顏師古:"更,音工衡反。"1217

中,善爲巧發奇中,顏師古:"中,音竹仲反。"1217

識,識其處,顏師古:"識,記也,音式志反。"1217

食,安期生食臣棗,顏師古:"食,讀曰飤。"1218

齊,而事化丹沙諸藥齊爲黃金矣,顏師古:"齊,音才計反。"1218

錘,使黃錘史寬舒受其方,顏師古:"錘,音直垂反。"1218

更,海上燕齊怪迂之方士多更來言神事矣,顏師古:"更,音工衡反。"1218

亳,亳人謬忌奏祠泰一方,顏師古:"亳,亦薄也。"1218

麃,若麃然,顏師古:"麃,音蒲交反。"1219

罋,常山王有罪,罋,顏師古:"罋,與遷同也。"1219

飯,乃爲帛書以飯牛,顏師古:"飯,音扶晚反。"1220

袚,天子袚,顏師古:"袚,音發勿反。"1221

共,設共具,顏師古:"共,讀曰供,音居用反。"1221

憙,而天子心獨憙,顏師古:"憙,讀曰喜。喜,好也,音許吏反。"1221

滂,汾陰男子公孫滂洋等,顏師古:"滂,音普郎反。"1222

洋,汾陰男子公孫滂洋等,顏師古:"洋,音羊也。"1222

脽，上遂立后土祠於汾陰脽上，顏師古："脽，音誰。"1222

中，與王不相中，顏師古："中，音竹仲反。"1223

說，大說，顏師古："說，讀曰悅。"1223

惡，惡敢言方哉，顏師古："惡，音烏，謂於何也。"1223

與，朕意庶幾與焉，顏師古："與，讀曰豫。"1224

共，使者存問共給，顏師古："共，讀曰供。"1225

屬，相屬於道，顏師古："屬，音之欲反。"1225

視，以視不臣也，顏師古："視，讀曰示。"1225

爲，且爲天子道天神也，顏師古："爲，音于僞反。"1225

道，且爲天子道天神也，顏師古："道，讀曰導。"1225

搤，莫不搤掔，顏師古："搤，音戹。"1225

掊，掊視得鼎，顏師古："掊，音蒲溝反。"1226

杷，掊視得鼎，顏師古："掊，謂手杷土也。杷，音蒲巴反。"1226

識，文鏤無款識，顏師古："識，音式志反。"1226

上，從上行，顏師古："上，音時掌反。"1226

中，至中山，顏師古："中，讀曰仲。"1226

亨，皆嘗鬺亨上帝鬼神，顏師古："鬺、亨，一也。亨，音普庚反。"1226

鬲，其空足曰鬲，引蘇林："鬲，音歷。"1226

祜，饗承天祜，顏師古："祜，音怙。"1227

鼐，鼐鼎及鼒，顏師古："鼐，音乃代反。"1227

鼒，鼐鼎及鼒，顏師古："鼒，音茲。"1227

敖，不吳不敖，顏師古："敖，讀曰傲。"1227

視，鼎宜視宗禰，顏師古："視，讀曰示。"1227

上，上雍，且郊，顏師古："上，音時掌反。"1227

臾，問於鬼臾區，顏師古："臾，今流俗書本臾字作申，非也。"1229

說，上大說，顏師古："說，讀曰悅。"1229

顇，有龍垂胡顇下迎黃帝，顏師古："顇，音人占反。"1229

卬，百姓卬望，顏師古："卬，讀曰仰。"1229

屣，吾視去妻子如脫屣耳，顏師古："屣，音山爾反。"1230

晐，三晐，顏師古："晐，音該。"1230

犛，殺一犛牛，引李奇："犛，音貍。"顏師古："犛，一音茅。"1230

脧，爲脧，顏師古："脧，字與餟同，音竹芮反。"1230

食，食群神從者及北斗云，顏師古："食，讀曰飤。"1230

昒，昒爽，顏師古："昒，音忽。"1231

朝，朝朝日，顏師古："下朝，音丈昭反。"1231

屬，黃氣上屬天，顏師古："屬，音之欲反。"1231

放，欲放黃帝，顏師古："放，音甫往反。"1234

視，上爲封祠器視群儒，顏師古："視，讀曰示。"1234

屬，周霸屬圖封事，顏師古："屬，音之欲反。"1234

崇，以山下戶凡三百封崇高，顏師古："崇，古崇字耳。"1234

奉，爲之奉邑，顏師古："奉，音扶用反。"1234

復，復，無有所與，顏師古："復，音方目反。"1234

與，復，無有所與，顏師古："與，讀曰預。"1234

宿，宿留海上，顏師古："宿，音先欲反。"1235

留，宿留海上，顏師古："留，音力就反。"1235

傳，與方士傳車，顏師古："傳，音張戀反。"1235

阯，泰山下阯東北肅然山，顏師古："阯，音止。"1236

更，群臣更上壽，顏師古："更，音工衡反。"1236

更，而方士更言蓬萊諸神，顏師古："更，音工衡反。"1236

並，並海上，顏師古："並，音步浪反。"1236

上，並海上，顏師古："上，音時掌反。"1236

能，有星孛於三能，顏師古："能，讀曰台。"1236

湛，湛祠而去，顏師古："湛，讀曰沈。"1237

　　《郊祀志下》

耗，故衰耗，顏師古："耗，音火到反。"1241

遽，上往常遽，顏師古："遽，音其庶反。"1242

灊，登禮灊之天柱山，顏師古："灊，音潛。"1243

樅，自潯陽出樅陽，顏師古："樅，音千庸反。"1243

並，並海上，顏師古："並，音步浪反。"1243

上，並海上，顏師古："上，音時掌反。"1243

玉，公玉帶，顏師古："說者讀公玉爲宿，非也。單姓玉者，後漢司徒玉況，自音宿耳。"1243

復，爲復道，顏師古："復，讀曰複也。"1244

汶，於是上令奉高作明堂汶上，顏師古：“汶，音問。”1244

坐，則祠泰一、五帝於明堂上坐，顏師古：“坐，音才臥反。”1244

寮，寮堂下，顏師古：“寮，古燎字。”1244

幾，幾遇之，顏師古：“幾，讀曰冀。”1244

幾，幾至殊庭焉，顏師古：“幾，讀曰冀。”1244

度，度爲千門萬户前殿度高未央，顏師古：“度，並音大各反。”1245

漸，漸臺高二十餘丈，顏師古：“漸，一音子廉反。《三輔黃圖》或爲灗字，灗
　　亦浸耳。”1245

幹，立神明臺、井幹樓，顏師古：“幹，或作韓，其義並同。”1245

鄉，若有鄉坐拜者云，顏師古：“鄉，讀與嚮同。”1247

畾，雍縣無雲如畾者三，顏師古：“畾，古雷字也。”1247

棫，若飛鳥集棫陽宫南，顏師古：“棫，音域。”1247

幾，幾遇其真，顏師古：“幾，讀曰冀。”1248

共，上共己正南面，顏師古：“共，讀曰恭。”1249

灊，南嶽灊山於灊，顏師古：“灊，與潛同也。”1249

朐，蓬山石社石鼓於臨朐，顏師古：“朐，音劬。”1250

腄，之罘山於腄，引應劭：“腄，音甀。”顏師古：“腄，音丈瑞反。”1250

休，祭休屠王也，顏師古：“休，音許虬反。”1250

屠，祭休屠王也，顏師古：“屠，音除。”1250

遠，斥遠方士之虚語，顏師古：“遠，音於萬反。”1251

斄，后稷封於斄，顏師古：“斄，讀與邰同。”1251

邠，大王建國於邠梁，顏師古：“邠，古岐字。”1252

栒，官此栒邑，顏師古：“栒，音荀。”1252

琱，賜爾旂鸞黼黻琱戈，顏師古：“琱，與彫同。”1252

爲，祈爲百姓蒙豐年，顏師古：“爲，音於僞反。”1252

嗛，今穀嗛未報，顏師古：“嗛，音苦簟反。”1252

與，意舊臧與，顏師古：“與，讀曰歟。”1252

識，又有款識，顏師古：“識，音式志反。”1252

祋，鳳皇集祋祤，顏師古：“祋，音丁活反，又丁外反。”1253

祤，鳳皇集祋祤，顏師古：“祤，音況矩反。”1253

楫，有風波舟楫之危，顏師古：“楫，音集。”1255

共,治道共張,顏師古:"共,讀曰供,音居用反。"1255

張,治道共張,顏師古:"張,音竹亮反。"1255

怱,怱明上通,顏師古:"怱,與聰同。"1255

論,論當往古,顏師古:"論,音來頓反。"1256

稭,其席稾稭,顏師古:"稭,音戛。"1257

復,或復重,顏師古:"復,音扶目反。"1258

重,或復重,顏師古:"重,音丈庸反。"1258

硑,音聲硑隱,顏師古:"硑,音普萌反。"1259

傳,遣候者乘一乘傳馳詣行在所,顏師古:"傳,音張戀反。"1259

蕃,子孫蕃滋,顏師古:"蕃,音扶元反。"1259

遙,遙興輕舉,顏師古:"遙,古遙字也。"1261

淖,堅冰淖溺,顏師古:"淖,音女教反。"1261

洋,洋洋滿耳,顏師古:"洋,音羊,又音祥。"1261

盪,盪盪如係風捕景,顏師古:"盪,音蕩。"1262

卻,卻秦師,顏師古:"卻,音丘略反。"1262

絫,爵位重絫,顏師古:"絫,古累字。"1262

轑,轑陽侯,顏師古:"轑,音遼。"1262

瀹,不如西鄰之瀹祭,顏師古:"瀹,音籥。"1263

尞,尞裡有常用,顏師古:"尞,古燎字。"1263

説,助者歡説,顏師古:"説,讀曰悦。"1263

敺,先敺失道,顏師古:"敺,與驅字同。"1263

説,天下説憙,顏師古:"説,讀曰悦。"1264

解,靡有解怠,顏師古:"解,讀曰懈。"1264

共,未共天地之祀,顏師古:"共,讀曰恭。"1265

更,與雍更祠,顏師古:"更,音工衡反。"1265

墬,《周官》天墬之祀,顏師古:"墬,古地字也。"1266

鄉,天墬位皆南鄉,顏師古:"鄉,讀曰嚮。"1267

晦,天子籍田千晦,顏師古:"晦,古畝字。"1267

繇,繇是言之,顏師古:"繇,讀與由同。"1267

輯,萬福降輯,顏師古:"輯,與集同。"1267

迭,迭用柔剛,顏師古:"迭,音大結反。"1267

道，通道幽弱，顏師古：“道，讀曰導。”1267

靁，靁風不相詩，顏師古：“靁，古雷字也。”1269

詩，靁風不相詩，顏師古：“詩，音布内反。”1269

共，共粢盛，顏師古：“共，讀與供同。”1269

紼，爲越紼而行事，顏師古：“紼，音弗。”1269

鬻，先鬻鶴髊，顏師古：“鬻，古煮字也。”1270

髊，先鬻鶴髊，顏師古：“髊，古髓字也。”1270

毒，毒冒、犀玉，顏師古：“毒，音代。”1270

冒，毒冒、犀玉，顏師古：“冒，音莫内反。”1270

崇，莽遂崇鬼神淫祀，顏師古：“崇，古崇字。”1270

傳，以五德之傳，引服虔：“傳，音亭傳之傳。”顏師古：“傳，音張戀反。”1271

包，故包羲氏始受木德，顏師古：“包，讀曰庖。”1271

共，昔共工氏以水德間於木火，顏師古：“共，讀曰龔。”1271

間，昔共工氏以水德間於木火，顏師古：“間，音工莧反。”1271

　　《天文志》

穴，暈適背穴，引孟康：“穴，多作鐍，其形如玉鐍也。”1274

暈，暈適背穴，引如淳：“暈，讀曰運。”1274

蚩，抱珥蚩蜺，引如淳：“蚩，或作虹。”1274

蜺，抱珥蚩蜺，引如淳：“蜺，讀曰臡。”1274

鄉，鄉之應聲，顏師古：“鄉，讀曰嚮。”1274

棓，右四星曰天棓，引蘇林：“棓，音棓打之棓。”顏師古：“棓，音白講反。”1274

能，曰三能，引蘇林：“能，音台。”1275

輂，衿北一星曰輂，引晉灼：“輂，古轄字。”1276

欃，見欃雲，如牛，引韋昭：“欃，音參差之參。”1281

械，間可械劍，引蘇林：“械，音函。”1284

沮，與水合爲雍沮，引晉灼：“沮，音沮淫之沮。”1286

信，句星信，則地動，引韋昭：“信，音申。”1288

柱，蓋五車之三柱也，引晉灼：“柱，音注解之注。”1288

邪，名曰歸邪，引李奇：“邪，音虵。”1292

扶，奢爲扶，引鄭氏：“扶，當爲蟠，齊魯之間聲如酺，酺、扶聲近。”1294

搏，卒氣搏，引如淳：“搏，音徒端反。”1297

捎，捎雲精白者，引晉灼："捎，音霄。"引韋昭："捎，音髾。"1298

坎，川塞谿坎，引孟康："坎，音羅菔。"引蘇林："坎，音伏。"1299

禨，其察禨祥候星氣尤急，引晉灼："禨，音珠璣之璣。"1301

跆，兵相跆籍，引蘇林："跆，音臺，登躡也，或作蹈。"1301

鬖，狀如（焱）〔森〕風亂鬖，顏師古："鬖，音舜。"1307

《五行志上》

慮，劉歆以爲慮羲氏繼天而王，顏師古："慮，讀與伏同。"1315

騭，惟天陰騭下民，引服虔："騭，音陟也。"顏師古："騭，音質。"1316

汨，汨陳其五行，顏師古："汨，音骨。"1316

斁，彝倫逌斁，顏師古："斁，音丁故反。"1316

殛，鯀則殛死，顏師古："殛，音居力反。"1316

乂，次四曰乂用五紀，顏師古："乂，讀曰叶。"1317

艾，次六曰艾用三德，顏師古："艾，讀曰乂。"1317

演，文王演《周易》，顏師古："演，音弋善反。"1317

旤，數其旤福，顏師古："旤，古文禍字。"1317

傅，傅以《洪範》，顏師古："傅，字或作傅，讀曰附。"1317

擥，是以擥仲舒，顏師古："擥，字與擎同，謂引取之。擥，音來敢反。"1318

眭，眭孟、夏侯勝，顏師古："眭，音息規反。"1318

傅，以傅《春秋》，顏師古："傅，讀曰附。"1318

璜，行步有佩玉之度，顏師古："玉佩上有雙衡，下有雙璜。璜，音黃。"1319

琚，佩玉之度，顏師古："玉佩上有雙衡，下有雙璜，琚瑀以雜之。琚，音居。"1319

瑀，佩玉之度，顏師古："玉佩上有雙衡，下有雙璜，琚瑀以雜之。瑀，音禹。"1319

蚍，佩玉之度，顏師古："（衡）〔衝〕牙（玭）〔蚍〕珠以納其間。蚍，音步千反。"1319

湎，飲食沈湎不顧法度，顏師古："湎，音彌善反。"1319

雰，而木爲之冰，雰氣寒，顏師古："雰，音紛。"1320

鄉，南面鄉明而治，顏師古："鄉，讀曰嚮。"1321

壄，遠四侫而放諸壄，顏師古："壄，古野字。"1321

適，殊別適庶，顏師古："適，讀曰嫡。"1321

炎，及濫炎妄起，顏師古："炎，讀曰燄。"1321

適，適庶數更，顏師古："適，讀曰嫡。"1322

數，適庶數更，顏師古："數，音所角反。"1322

鼇，鼇公二十年，顏師古：“鼇，讀曰僖。”1323

召，王札子殺召伯，顏師古：“召，讀曰邵。”1324

畚，陳畚藿，引應劭：“畚，讀與本同。”1325

藿，陳畚藿，顏師古：“藿，音居玉反。”1325

綆，具綆缶，顏師古：“綆，音工杏反。”1326

畜，畜水潦，顏師古：“畜，讀曰蓄。”1326

偫，儲正徒，顏師古：“儲，偫也。偫，音丈紀反。”1326

飭，又飭衆官，顏師古：“飭，讀與（赤）[敕]同。”1326

味，或食於味，顏師古：“味，音竹救反。”1326

契，商祖契之曾孫，顏師古：“契，讀曰偰，音先列反。字或作卨。”1326

痤，宋公聽讒而殺太子痤，顏師古：“痤，音在戈反。”1327

奇，陽奇爲牡，顏師古：“奇，音居宜反。”1328

單，單子事王子猛，顏師古：“單，音善。”1329

鼂，毛伯事王子鼂，顏師古：“鼂，古朝字。”1329

比，視《春秋》所舉與同比者，顏師古：“比，音必寐反。”1333

燔，若曰燔貴而去不義云爾，顏師古：“燔，音煩。”1333

見，前是天不見災者，顏師古：“見，音胡電反。”1333

睢，恣睢者衆，顏師古：“睢，音呼季反。”1333

仄，視近臣在國中處旁仄及貴而不正者，顏師古：“仄，古側字。”1333

顓，以《春秋》誼顓斷於外，顏師古：“顓，與專同。”1334

陽，陽石公主，顏師古：“陽，字亦作羊。”1334

褯，復坐祝褯要斬，顏師古：“褯，古詛字也，音側據反。”1335

烽，坐走馬上林下烽馳逐，引孟康：“烽，或作獎。”1336

寖，其後寖盛，顏師古：“寖，古浸字。”1336

墮，墮高祖宗廟，顏師古：“墮，音火規反。”1338

説，説以犯難，顏師古：“説，讀曰悦。”1340

睢，若乃貪欲恣睢，顏師古：“睢，音呼季反。”1340

涸，金鐵冰滯涸堅，顏師古：“涸，讀與沍同，音下故反。”1340

讟，怨讟動於民，顏師古：“讟，音讀。”1340

信，莫信其性，顏師古：“信，讀曰申。”1340

虒，於是晉侯方築虒祁之宮，顏師古：“虒，音斯。”1341

向，叔向曰，顏師古："向，音許兩反，字亦作嚮，其音同。"1341

遏，辟遏有德茲謂狂，顏師古："遏，音一曷反。"1342

函，不則皆函陰氣，顏師古："函，讀與含同。"1343

鄑，比年爲乘丘、鄑之戰，顏師古："鄑，音子移反。"1344

矍，邾子矍且亦齊出也，顏師古："矍，音俱碧反，又音钁。"1345

且，邾子矍且亦齊出也，顏師古："且，音子余反。"1345

創，創邾之㡭，顏師古："創，音初亮反。"1345

鄆，明年復城鄆以彊私家，顏師古："鄆，音運。"1345

顓，仲孫蔑、叔孫僑如顓會宋、晉，顏師古："顓，與專同。"1345

沔，南陽沔水流萬餘家，顏師古："沔，音彌善反。"1346

迭，是歲又定迭毀，顏師古："迭，音大結反。"1347

《五行志中之上》

睿，思曰睿，引應劭："睿，通也，古文作睿。"1351

艾，從作艾，顏師古："艾，讀曰乂。"1351

奥，時奥若，顏師古："奥，讀曰燠。燠，溫也，音於六反。"1352

霿，霿，恒風若，引服虔："霿，音人僂霿。"顏師古："霿，音莫豆反。"1352

僂霿，霿，恒風若，引服虔："霿，音人僂霿。"引應劭："人君骰霿鄙吝。"顏師
　　古："僂霿，並音構，又音寇。"1352

孼，時則有龜孼，顏師古："孼，音魚列反。"1352

䄏，時則有雞䄏，顏師古："䄏，與禍同。"1352

痾，時則有下體生上之痾，顏師古："痾，音阿。"1352

沴，唯金沴（水）木，引如淳："沴，音拂戾之戾。"1353

夭，妖猶夭胎，顏師古："夭，音烏老反。"1353

剽，則爲剽輕奇怪之服，顏師古："剽，音匹妙反。"1354

單，單襄公見晉厲公視遠步高，顏師古："單，音善。"1355

嚚，莫嚚必敗，顏師古："嚚，字或作敖，其音同。"1356

錡，晉侯使郤錡乞師于魯，顏師古："錡，音牛爾反。"1357

脤，成肅公受（脹）[脤]于社，顏師古："脤，讀與䘲同。音上忍反。"1357

膰，祀有執膰，顏師古："膰，音扶元反。"1358

敖，苦成叔敖，顏師古："敖，讀曰傲。"1358

食，古之爲享食也，顏師古："食，讀曰飤。"1358

献,兕觥其献,顏師古:"献,音虯。"1358

傲,匪傲匪傲,顏師古:"傲,音工堯反。"1358

悛,亦亡悛容,顏師古:"悛,音千全反。"1359

般,爲世子般所殺,顏師古:"般,讀與班同。"1360

裯,季武子將立公子裯,顏師古:"裯,音直留反。"1360

鮮,鮮不爲患,顏師古:"鮮,音先淺反。"1360

比,比及葬,顏師古:"比,音必寐反。"1360

衰,三易衰,顏師古:"衰,音千回反。"1360

衽,衰衽如故衰,顏師古:"衽,音人禁反。"1360

向,晉叔向曰,顏師古:"向,音許兩反。"1361

著,朝有著定,顏師古:"著,音直庶反,又音除。"1361

襘,衣有襘,顏師古:"襘,音工外反。"1361

道,所以道容貌也,顏師古:"道,讀曰導。"1361

解,不解於位,顏師古:"解,讀曰懈。"1362

墍,民之攸墍,顏師古:"墍,音許既反。"1362

傒,衛彪傒曰,顏師古:"傒,音奚。"1362

奸,大事奸誼,顏師古:"奸,音干。"1362

屬,魏獻子屬役於韓簡子,顏師古:"屬,音之欲反。"1362

贛,子贛觀焉,顏師古:"贛,音貢。"1363

雨,庚辰,大雨雪,顏師古:"雨,音于具反。"1364

雨,大雨,雨水也,顏師古:"下雨,音于具反。"1364

毓,入地則孕毓根荄,顏師古:"毓,字與育同。"1364

荄,入地則孕毓根荄,顏師古:"荄,亦荄字也。草根曰荄,音該。"1364

翬,公子翬見隱居位已久,顏師古:"翬,音揮。"1364

遠,遠其躬也,顏師古:"遠,音于萬反。"1365

復,金玦不復,顏師古:"復,音扶目反。"1366

鷸,鄭子臧好聚鷸冠,顏師古:"鷸,音聿,又音術。"1366

幾,幾亡國,顏師古:"幾,音鉅依反。"1366

仄,多治仄注冠,顏師古:"仄,古側字也。"1367

卷,多治仄注冠,引蔡邕:"鐵爲卷。"顏師古:"卷,音去權反。"1367

悖,時王賀狂悖,顏師古:"悖,音布內反。"1367

戲，與驪奴宰人游居娛戲，顏師古："戲，音僖。"1367

墜，當自至尊墜至賤也，顏師古："墜，音直類反。"1367

冠，言在仄者盡冠狗也，顏師古："冠，音工喚反。"1367

辟，辟無適，顏師古："辟，音壁。"1367

適，辟無適，顏師古："適，讀曰嫡。"1367

茵，御者在茵上，顏師古："茵，音因。"1368

票，崇聚票輕無誼之人，顏師古："票，音匹妙反，又音頻妙反。"1368

溷，溷肴亡別，顏師古："溷，音胡困反。"1369

適，將因兵衆殺適子之黨，顏師古："適，讀曰嫡。"1369

輅，未央殿輅軨中雌雞化爲雄，顏師古："輅，與路同。"1371

軨，未央殿輅軨中雌雞化爲雄，顏師古："軨，音零。"1371

伏，丞相府史家雌雞伏子，顏師古："伏，音房富反。"1371

索，惟家之索，顏師古："索，音思各反。"1371

繇，繇是論之，顏師古："繇，讀與由同。"1371

與，無所與，顏師古："與，讀曰豫。"1371

視，明視作威，顏師古："視，讀曰示。"1371

顓，顓君害上，顏師古："顓，與專同。"1371

鼷，鼷鼠食郊牛角，顏師古："鼷，音奚。"1372

重，天重語之也，顏師古："重，音直用反。"1372

更，遂君臣更執于晉，顏師古："更，音工衡反。"1372

溴，晉爲溴梁之會，顏師古："溴，音工覓反。"1372

幾，幾絕周公之祀，顏師古："幾，音鉅衣反。"1373

夾，親用孔子爲夾谷之會，顏師古："夾，音頰。"1373

讙，齊人俠歸鄆、讙、龜陰之田，顏師古："讙，音驩。"1373

鳶，有鳶焚巢，顏師古："鳶，音弋全反。"1374

躋，躋鰲公，顏師古："躋，音子奚反，又音子詣反。"1375

墮，將墮周公之祀也，顏師古："墮，音火規反。"1375

誖，上下咸誖，顏師古："誖，音布內反。"1376

艾，是謂不艾，顏師古："艾，讀曰乂。"1376

蜩，如蜩如螗，顏師古："蜩，音調。"1377

螗，如蜩如螗，顏師古："螗，音唐。"1377

蝘，如蜩如螗，顏師古："螗，蝘也，即蚎蟟也。蝘，音偃。"1377

蚎，如蜩如螗，顏師古："螗，蝘也，即蚎蟟也。蚎，音貂。"1377

蟟，如蜩如螗，顏師古："螗，蝘也，即蚎蟟也。蟟，音聊。"1377

涫，如蜩如螗，顏師古："湯之沸涫。涫，音下館反。"1377

炕，君炕陽而暴虐，顏師古："炕，音口浪反。"1377

柑，臣畏刑而柑口，顏師古："柑，音其廉反。"1377

箝，臣畏刑而柑口，顏師古："柑，箝也。箝，音女涉反。"1377

與，雖齊國子亦將與焉，顏師古："與，讀曰豫。"1378

招，而好盡言以招人過，引蘇林："招，音翹。"1377

晦，其弟以千晦之戰生，顏師古："晦，古畝字也。"1378

廖，鄭公子曼滿與王子伯廖語，顏師古："廖，音聊。"1379

諄，而諄諄焉如八九十者，顏師古："諄，音之閏反。"1380

幾，民生幾何，顏師古："幾，音居豈反。"1380

儕，吾儕偷食，顏師古："儕，音仕皆反。"1381

艾，國未艾也，顏師古："艾，讀曰刈。"1382

幾，其幾何，顏師古："幾，音居豈反。"1382

稔，鮮不五稔，顏師古："稔，音人甚反。"1382

蔭，趙孟視蔭，顏師古："蔭，讀與陰同。"1382

愒，主民玩歲而愒日，顏師古："愒，音口蓋反。"1382

招，陳公子招曰，顏師古："招，音韶。"1383

燕，既除喪而燕，顏師古："燕，與宴同。"1384

填，諸侯皆有以填撫王室，顏師古："填，音竹刃反。"1384

分，其反亡分乎，顏師古："分，音扶問反。"1384

愁，不愁遺一老，顏師古："愁，音魚覲反。"1385

孫，公孫于邾，顏師古："孫，讀曰遜。"1385

廣，師出過時茲謂廣，引李奇："廣，音曠。"1386

犇，先是宋魚石犇楚，顏師古："犇，古奔字也。"1387

比，又大蒐于比蒲，顏師古："比，音毘。"1388

婼，晉人執我行人叔孫婼，顏師古："婼，音丑略反。"1388

沛，沛然自大，顏師古："沛，音普大反。"1390

顓，大夫始顓事，顏師古："顓，讀與專同。"1390

禭,秦人歸禭,顏師古:"禭,音遂。"1390

適,發適民,顏師古:"適,讀曰謫。"1392

袀,袀服振振,顏師古:"袀,音(勻)[均],又音弋春反。"1393

振,袀服振振,顏師古:"振,音只人反。"1393

賁,鶉之賁賁,顏師古:"(犇)[賁],音奔。"1394

焞,天策焞焞,顏師古:"焞,音吐敦反,又音敦。"1394

犇,虢公其犇,顏師古:"犇,古奔字。"1394

説,國人不説,顏師古:"説,讀曰悦。"1394

伯,遂伯諸侯,顏師古:"伯,讀曰霸。"1394

鸜,鸜之鵒之,顏師古:"鸜,音劬。"1394

鵒,鸜之鵒之,顏師古:"鵒,音欲。"1394

饋,往饋之馬,顏師古:"饋,亦餽字。"1394

跦,鸜鵒跦跦,顏師古:"跦,音誅。"1395

乾,公在乾侯,顏師古:"乾,音干。"1395

父,裯父喪勞,宋父以驕,顏師古:"父,讀曰甫。"1395

涎,燕燕尾涎涎,顏師古:"涎,音徒見反。"1395

鍰,謂宮門銅鍰,顏師古:"鍰,讀與環同。"1396

幾,幾亡社稷,顏師古:"幾,音鉅依反。"1396

泥,《震》遂泥,顏師古:"泥,音乃計反。"1396

狾,宋國人逐狾狗,顏師古:"狾,音征例反。"1397

祓,祓霸上,顏師古:"祓,音廢。"1397

撠,橶高后掖,顏師古:"撠,音戟。"1397

拘,橶高后掖,顏師古:"橶謂拘持之也。拘,音居足反。"1397

摧,摧其(服)[眼]以爲人彘,顏師古:"摧,音口角反。"1397

鄉,在前而上鄉者也,顏師古:"鄉,讀曰嚮。"1398

蚤,天之戒人蚤矣,顏師古:"蚤,古早字。"1398

與,齊王猶與城守,顏師古:"與,讀曰豫。"1398

悖,悖亂之氣,顏師古:"悖,音布内反。"1399

湛,以成周之寶圭湛于河,顏師古:"湛,讀曰沈。"1399

幾,幾以獲神助,顏師古:"幾,讀曰冀。"1399

鄉,萬民不鄉,顏師古:"鄉,讀曰嚮。"1399

崩，崩來無咎，顏師古："崩，今《易》崩字作朋也。"1400

蝥，天雨白蝥，顏師古："蝥，音力之反。"1401

《五行志中之下》

奥，厥罰恒奥，顏師古："奥，讀曰燠。燠，暵也，音於六反。"1405

蠃，時則有蠃蟲之孽，顏師古："蠃，音郎果反。"1405

仄，以亡背亡仄，顏師古："仄，古側字。"1406

繇，繇臣下則殺不以時，顏師古："繇，讀與由同。"1406

秉，失秉之明者也，顏師古："秉，音彼命反。"1406

螟，謂螟螣之類，顏師古："螟，音冥。"1406

螣，謂螟螣之類，顏師古："螣，音徒得反。"1406

郱，有侵陵用武之意，顏師古："謂入鄆取郱也。郱，音詩。"1408

弛，公懼而弛緩，顏師古："弛，音式爾反。"1408

召，王札子殺召伯，顏師古："召，讀曰邵。"1408

貿，晉敗天子之師于貿戎，顏師古："貿，音莫候反。"1409

祁，攻祁連，顏師古："祁，音上夷反。"1409

行，持節巡行天下，顏師古："行，音下更反。"1409

穀，亳有祥，桑穀共生，顏師古："穀，音穀。"1410

拱，七日而大拱，顏師古："拱，音久勇反。"1410

涼，盡涼陰之哀，顏師古："涼，讀曰諒。一說涼，音力羊反。"1410

秉，殺生之秉失而在下，顏師古："秉，音彼命反。"1410

虛，象朝將爲虛之應也，顏師古："虛，讀曰墟。"1411

蜚，有蜚雉登鼎耳而雊，顏師古："蜚，古飛字。"1411

雊，有蜚雉登鼎耳而雊，顏師古："雊，音工豆反。"1411

説，內舉傅説，顏師古："説，讀曰悦。"1411

攘，故能攘木鳥之妖，顏師古："攘，音人羊反。"1411

共，若是共御，顏師古："共，讀曰恭。"1411

御，若是共御，顏師古："御，讀曰禦。"1411

稊，枯楊生稊，顏師古："稊，音徒奚反。"1412

卒，墓門梓柱卒生枝葉，顏師古："卒，讀曰猝。"1413

橐，山陽橐茅鄉社有大槐樹，顏師古："橐，音拓。"1413

樗，樗樹生支如人頭，顏師古："樗，音丑余反。"1413

枬，樗樹生支如人頭，顏師古：“樗樹似枬。枬，音丑倫反。”1413

仆，柱仆地，顏師古：“仆，音赴。”1413

僵，有樹僵地，顏師古：“僵，音疆。”1414

卒，樹卒自立故處，顏師古：“卒，讀曰猝。”1414

屬，厥妖木斷自屬，顏師古：“屬，音之欲反。”1414

顓，妃后有顓，顏師古：“顓，謂專寵。”1414

辟，天辟惡之，顏師古：“辟，音壁。”1414

摎，而葉相摎結，顏師古：“摎，音居虯反。”1414

蜚，有蜚有蜮，顏師古：“蜚，音翡。蜚，亦作蜰，其音同耳。”1415

蜮，有蜚有蜮，顏師古：“蜮，音域。”1415

鵜，有鵜鶘或曰禿鶖，顏師古：“鵜，音大奚反。”1416

鶘，有鵜鶘或曰禿鶖，顏師古：“鶘，音胡。”1416

鶖，有鵜鶘或曰禿鶖，顏師古：“鶖，音秋。”1416

鳶，有鳶焚其巢，顏師古：“鳶，音緣。”1417

燃，見巢燃，顏師古：“燃，古然字。”1417

鷇，有三鷇鷇燒死，顏師古：“鷇，音口豆反，又音工豆反。”1417

咷，先笑後號咷，顏師古：“咷，音逃。”1417

睢，萬衆睢睢，顏師古：“睢，音呼惟反。”1418

宿，其宿留告曉人，顏師古：“宿，音先就反。”1418

留，其宿留告曉人，顏師古：“留，音力救反。”1418

謟，不知誰主爲佞謟之計，顏師古：“謟，古諂（也）［字］。”1418

足，不待臣音復謟而足，顏師古：“足，音子喻反。”1418

屬，高祖天下當以誰屬乎，顏師古：“屬，音之欲反。”1419

哺，哺食至大，顏師古：“哺，音蒲固反。”1419

食，哺食至大，顏師古：“食，讀曰飼。”1419

共，宋平公母共姬之御者見而收之，顏師古：“共，讀曰恭。”1420

痤，後宋臣伊戾讒太子痤而殺之，顏師古：“痤，音才戈反。”1420

僇，功臣僇，顏師古：“僇，古戮字。”1421

嫪，淫於呂不韋及嫪毐，顏師古：“嫪，或音居虯反。嫪，姓也，音郎到反。”1422

毐，淫於呂不韋及嫪毐，顏師古：“毐，名也，音烏改反。”1422

蜚，殺蜚禽，顏師古：“蜚，讀曰飛。”1423

媚，而桓有妬(媚)〔媚〕之心，顏師古："媚，音莫報反。"1423

取，劉向以爲昭取於吳而爲同姓，顏師古："取，讀曰娶。"1423

侮，慢侮之心生，顏師古："侮，古侮字。"1423

行，使者行郡國，顏師古："行，音下更反。"1424

占，民不占緡錢有告者，顏師古："占，音之贍反。"1424

視，勸視淮陽王以不義，顏師古："視，讀曰示。"1425

共，共事天地宗廟，顏師古："共，讀曰恭。"1425

鄉，以章不鄉，顏師古："鄉，讀曰嚮。"1425

齊，宜齊戒辟寢，顏師古："齊，讀曰齋。"1425

辟，宜齊戒辟寢，顏師古："辟，讀曰避。"1425

鬲，鬲閉門户，顏師古："鬲，與隔同。"1425

上，毋得擅上，顏師古："上，音時掌反。上謂天子也，讀如本字。"1425

更，且令衆妾人人更進，顏師古："更，音工衡反。"1425

説，皇天説喜，顏師古："説，讀曰悦。"1425

視，故天見災以視公也，顏師古："視，讀曰示。"1426

秉，失秉事之象也，顏師古："秉，音彼命反。"1426

霰，則散而爲霰，顏師古："霰，音先見反。"1428

湛，而湛於寒泉，顏師古："湛，讀曰沈。"1428

蜚，蜚鳥皆死，顏師古："蜚，讀曰飛。"1428

觭，匹馬觭輪無反者，引服虔："觭，音奇偶之奇。"顏師古："觭，音居宜反。"1429

操，操之急矣，顏師古："操，音千高反。"1429

期，不出期年，顏師古："期，音基。"1430

亟，恐有凶惡亟疾之怒，顏師古："亟，音居力反。"1430

屯，死屯留，顏師古："屯，音純。"1430

洮，遷其民於臨洮，顏師古："洮，音土高反。"1430

蛙，蛙與蝦蟇群鬬，顏師古："蛙，音胡媧反。"1430

蝦，蛙與蝦蟇群鬬，顏師古："蝦，音遐。"1430

蟇，蛙與蝦蟇群鬬，顏師古："蟇，音麻。"1430

數，海數見巨魚，顏師古："數，音所角反。"1431

螽，秋，螽，顏師古："螽，音終。"1431

蝩，秋，螽，顏師古："螽即阜螽，即今之蝩蟲也。蝩，音之庸反。"1431

蜚,有蜚,顏師古:"蜚,音伏味反。"1432

蠜,劉歆以爲負蠜也,顏師古:"蠜,音煩。"1433

取,董仲舒以爲宋三世内取,顏師古:"取,讀曰娶。"1433

中,殺生不中,顏師古:"中,音竹仲反。"1433

胸,時公伐邾取須胸,顏師古:"胸,音鉅俱反。"1433

郚,城郚,顏師古:"郚,(聲)[音]吾。"1433

向,先是時宣伐莒向,顏師古:"向,音餉。"1433

父,公孫歸父會齊伐莒,顏師古:"父,讀曰甫。"1433

費,城費,顏師古:"費,音祕。"1434

蝮,蠭生,引《爾雅》:"蠭,蝮蜪。"顏師古:"蝮,音蒲北反,又音服。"1434

蜪,蠭生,引《爾雅》:"蠭,蝮蜪。"顏師古:"蜪,音徒高反。"1434

蜙蠡,蜙蠡之有翼者,引孟康:"蜙蠡,音蚣蜉。"1434

解,解於公田,顏師古:"解,讀曰懈。"1434

蜚,蝗從東方蜚至敦煌,顏師古:"蜚,讀曰飛。"1435

圂,燕王宫永巷中豕出圂,顏師古:"圂,音胡頓反。"1437

䰝,衡其䰝六七枚置殿前,引晉灼:"䰝,古文釜字。"1437

墮,不墮山,顏師古:"墮,音火規反。"1437

辟,今吾執政毋乃有所辟,引服虔:"辟,音邪辟之辟。"1437

滑,而滑夫二川之神,顏師古:"滑,音骨。"1438

埤,塞埤擁下,顏師古:"埤,音婢。"1438

坋,棄灰於道者黥,引孟康:"以棄灰於道必坋人。"顏師古:"坋,音蒲頓反。"1439

數,而渭水數赤,顏師古:"數,音山角反。"1439

湎,君湎于酒,顏師古:"湎,流也,音莫踐反。"1439

《五行志下之上》

霿,厥咎霿,顏師古:"霿,音莫豆反。"1441

區,則區霿無識,顏師古:"區,音口豆反。"1442

霿,則區霿無識,顏師古:"霿,音莫豆反。"1442

奥,雨旱寒奥,顏師古:"奥,音於六反。"1442

中,中木曰折,顏師古:"中,古草字。"1442

螣,温而風則生螟螣,顏師古:"螣,音徒得反。"1442

裸,有裸蟲之孽,顏師古:"裸,亦臝字也,從衣果聲。"1442

鶂,六鶂退蜚,顏師古:"鶂,音五狄反。"1443

焱,厥風大焱發屋,顏師古:"焱,音必遥反。"1443

道,辟不思道利,顏師古:"道,讀曰導。"1444

僇,刑僇諫者,顏師古:"僇,古戮字。"1444

邴,時鄭伯以邴將易許田,顏師古:"邴,音彼命反。"1446

胊,斨胊衍,顏師古:"胊,音許于反。"1447

奸,下奸上之象也,顏師古:"奸,音干。"1448

躲,周景王將鑄無躲鍾,顏師古:"躲,音弋石反。"1448

泠,泠州鳩曰,顏師古:"泠,音零。"1448

宛,小者不宛,顏師古:"宛,音它堯反。"1448

摦,大者不摦,顏師古:"摦,音胡化反。"1448

戡,王心弗戡,引孟康:"戡,古堪字。"1449

適,適庶不明,顏師古:"適,讀曰嫡。"1449

攘,否則爲下相攘善,顏師古:"攘,音人羊反。"1450

僇,至於身僇家絶,顏師古:"僇,古戮字。"1450

填,是陽失其所而填陰也,顏師古:"填,音竹刃反。"1451

演,土演而民用也,顏師古:"演,音衍。"1451

伯,二伯賢君新没,顏師古:"伯,讀曰霸。"1452

辟,大經在辟而易臣,引服虔:"辟,音刑辟之辟。"顏師古:"辟,讀曰僻。"1452

鄪,曹會,顏師古:"曹會……二十年自鄪出奔宋……鄪,音莫風反。"1453

荼,齊陳乞弒君,顏師古:"六年,乞殺其君荼。荼,音大胡反。"1454

厭,厭四百餘家,顏師古:"厭,音一甲反。"1455

屬,林屬於山曰麓,顏師古:"屬,音之欲反。"1455

伯,齊桓行伯道,顏師古:"伯,讀曰霸。"1455

雝,雝河三日不流,顏師古:"雝,讀曰壅。"1456

弛,弛崩也,顏師古:"弛,音式爾反。"1457

復,美惡周必復,顏師古:"復,音扶目反。"1457

雝,皆雝江水,顏師古:"雝,讀曰壅。"1458

眊,厥咎眊,引服虔:"眊,音老耄。"1458

悖,失在眊悖,顏師古:"悖,音布内反。"1459

屬,縛勝以屬吏,顏師古:"屬,音之欲反。"1461

媟,夫妻不嚴茲謂媟,顏師古:"媟,音先列反。"1462

頃,婦人擅國茲謂頃,顏師古:"頃,讀曰傾。"1462

適,適不答茲謂不次,顏師古:"適,讀曰嫡。"1462

取,取不達茲謂不知,顏師古:"取,讀曰聚。"1462

辟,茲謂罔辟,顏師古:"辟,音壁。"1462

宨,茲謂主窳臣夭,顏師古:"宨,音庚。"1462

厝,茲謂下厝用,顏師古:"厝,音千各反。"1462

鶻,有隼集于陳廷而死,顏師古:"隼,鷙鳥,即今之鶻也。鶻,音胡骨反。"1464

楛,楛矢貫之,顏師古:"楛,音怙。"1464

砮,石砮,引應劭:"砮,音奴,又乃互反。"1464

眊,象陳眊亂,顏師古:"眊,音莫報反。"1464

去,夏帝卜殺之,去之,顏師古:"去,音丘呂反。"1465

漦,卜請其漦而藏之,乃吉,引鄭氏:"漦,音牛齝之齝。"顏師古:"漦,音丑之反。"1465

匵,乃匵去之,顏師古:"匵,音讀。"1465

去,乃匵去之,顏師古:"去,音丘呂反。"1465

譟,使婦人臝而譟之,顏師古:"譟,音先到反。"1465

檿,檿弧萁服,顏師古:"檿,音一簟反。"1466

萁,檿弧萁服,顏師古:"萁,音基。"1466

荻,檿弧萁服,顏師古:"萁,草,似荻而細。荻,音敵。"1466

鬻,後有夫婦鬻是器者,顏師古:"鬻,音弋六反。"1466

娭,褻妪娭之,顏師古:"娭,音呼悦反。"1466

誖,皆誖亂逆天,顏師古:"誖,音布内反。"1466

重,重以彊吳,顏師古:"重,音直用反。"1466

祭,劫相祭仲,顏師古:"祭,音側介反。"1467

繻,問申繻曰,顏師古:"繻,音須。"1467

炎,其氣炎以取之,顏師古:"炎,音弋贍反。"1467

共,共御厥罰,顏師古:"共,讀曰恭。"1468

御,共御厥罰,顏師古:"御,讀曰禦,又讀如本字。"1468

重,以重其過,顏師古:"重,音直用反。"1468

向,公孾向魋欲之,顏師古:"向,音式尚反。"1469

魋，公孫向魋欲之，顏師古：“魋，音大回反。”1469

鬣，朱其尾鬣以予之，顏師古：“鬣，音力涉反。”1469

抶，使其徒抶魋而奪之，顏師古：“抶，音丑失反。”1469

竟，不過出竟，顏師古：“竟，讀曰境。”1469

迋，是我迋吾兄也，引應劭：“迋，音君狂［反］。”引臣瓚：“迋，音九放反。”顏師古：“迋，音求往反。”1469

鄉，上鄉，顏師古：“鄉，讀曰嚮。”1470

鄋，長狄兄弟三人，顏師古：“防風之後，漆姓也，國號鄋瞞。鄋，音所求反。”1471

瞞，長狄兄弟三人，顏師古：“防風之後，漆姓也，國號鄋瞞。瞞，音莫干反。”1471

晦，身橫九晦，顏師古：“晦，古畝字。”1471

洮，見于臨洮，顏師古：“洮，音吐高反。”1472

方與，山陽方與，顏師古：“方與，音房豫。”1473

斂，斂棺積六日，顏師古：“斂，音力贍反。”1473

棺，斂棺積六日，顏師古：“棺，音工唤反。”1473

重，亦重見先人之非，顏師古：“重，音直用反。”1473

鄉，四臂共匈俱前鄉，顏師古：“鄉，讀曰嚮。”1474

暌，暌孤，顏師古：“暌，音苦攜反。”1474

鄉，上鄉者也，顏師古：“鄉，讀曰嚮。”1474

厖，渭水厖上，顏師古：“厖，音斯。”1475

稾，持稾或楸一枚，顏師古：“稾，音工老反。”1477

楸，持稾或楸一枚，顏師古：“楸，音鄒，又音側九反。”1477

樞，視門樞下，顏師古：“樞，音昌于反。”1477

與，與政事，顏師古：“與，讀曰豫。”1477

闑，明離闑內，顏師古：“闑，音魚列反。”1477

與，與疆外，顏師古：“與，讀曰預。”1477

　　《五行志下之下》

躔，凡日所躔而有變，顏師古：“躔，音纏。”1481

共，共御厥罰，顏師古：“共，讀曰恭。”1481

御，共御厥罰，顏師古：“御，讀曰禦，又讀如本字。”1481

鄉，內臣外鄉茲謂背，顏師古：“鄉，讀曰嚮。”1481

伯，伯正越職，顏師古：“伯，讀曰霸。”1481

試，受命之臣專征云試，顏師古："一説試，與弑同。"1481

殺，小人順受命者征其君云殺，顏師古："殺，亦讀曰弑。"1481

適，適讓庶茲謂生欲，顏師古："適，讀曰嫡。"1481

晻，光晻晻，顏師古："晻，音烏感反。"1481

見，月形見，顏師古："見，音胡電反。"1481

失，魯夫人淫失於齊，顏師古："失，讀曰佚。"1483

伯，專會諸侯而行伯道，顏師古："伯，讀曰霸。"1483

綫，中國不絕若綫之象也，顏師古："綫，音先箭反。"1484

伯，齊桓行伯，顏師古："伯，讀曰霸。"1485

伯，晉文公將行伯道，顏師古："伯，讀曰霸。"1486

伯，桓、文能行伯道，顏師古："伯，讀曰霸。"1486

邲，北敗晉師于邲，顏師古："邲，音蒲必反。"1488

朓，三月晦朓魯、衞分，顏師古："朓，音佗了反。"1489

鄸，鄭伯弑死，顏師古："襄七年會于鄸。鄸，音蔦。"1490

剽，立孫剽，引孟康："剽，音驃。"顏師古："剽，又音匹妙反。"1490

牂，後闍牂吳子，顏師古："牂，音牆。"1493

重，禍亂將重起，顏師古："重，音直用反。"1493

招，後陳公子招殺世子，顏師古："招，音韶。"1494

頷，或盡頷事國，引如淳："頷，古悴字也。"1495

適，則自取適于日月之災，顏師古："適，讀曰讁。"1495

番，《十月之交》，顏師古："番維司徒。番，音扶元反。"1495

棸，《十月之交》，顏師古："棸維趣馬。棸，音居衞反。"1495

趣，《十月之交》，顏師古："棸維趣馬。趣，音千后反。"1495

㝢，《十月之交》，顏師古："㝢維師氏。㝢，音居禹反。"1495

説，君臣不説之象也，顏師古："説，讀曰悦。"1496

中，宋中幾亡尊天子之心，顏師古："中，讀曰仲。"1498

衰，而不衰城，顏師古："衰，音初爲反。一曰衰讀曰蓑。蓑城，謂以草覆城
　　也。蓑，音先和反。"1498

檇，越敗吳，顏師古："十四年五月於越敗吳于檇李是也。檇，音醉。"1499

累，果累累從楚，顏師古："累，讀曰纍。"1499

荼，齊陳乞弑其君，顏師古："哀六年齊陳乞弑其君荼。荼，音塗。"1500

幾,幾盡,顏師古:"幾,音鉅依反。"1500

亶,亶日食,顏師古:"亶,讀曰但。"1504

郵,有失節之郵,顏師古:"郵,與尤同。"1504

遠,隔遠衆妾,顏師古:"遠,音于萬反。"1504

適,此必適妾將有爭寵相害而爲患者,顏師古:"適,讀曰嫡。"1504

湛,湛湎于酒,顏師古:"湛,讀曰沈,又讀曰耽也。"1505

屈,而百姓屈竭,顏師古:"屈,音其勿反。"1505

幾,月幾望,顏師古:"幾,音鉅依反。"1506

朓,晦而月見西方謂之朓,顏師古:"朓,音吐了反。"1506

朒,縮朒不任事,引服虔:"朒,音忸怩之忸。"顏師古:"朒,音女六反。"1506

弛,臣下弛縱,顏師古:"弛,音式爾反。"1507

晻,日光晻,顏師古:"晻,與闇同也。"1507

鄉,鄉亡桓公,顏師古:"鄉,讀曰嚮。"1509

視,天垂象以視下,顏師古:"視,讀曰示。"1509

伯,象齊桓行伯,顏師古:"伯,讀曰霸。"1510

繇,政繇下作,顏師古:"繇,讀與由同。"1510

湛,湛湎於酒,顏師古:"湛,讀曰沈,又讀曰耽。"1511

威,褻如威之,顏師古:"威,音許悅反。"1511

視,天之視人顯矣,顏師古:"視,讀曰示。"1512

炎,皆孛星炎之所及,顏師古:"炎,音弋瞻反。"1513

適,象天子適庶將分爭也,顏師古:"適,讀曰嫡。"1515

父,吳敗之于雞父,顏師古:"父,讀曰甫。"1515

虛,宋,大辰之虛;陳,太昊之虛;鄭,祝融之虛,顏師古:"虛,讀皆曰墟。"1515

虙,虙羲木德,顏師古:"虙,讀與伏同。"1515

伯,伯諸侯,顏師古:"伯,讀曰霸。"1516

奸,所歷奸犯,顏師古:"奸,音干。"1518

伯,宋襄公欲行伯道,顏師古:"伯,讀曰霸。"1519

泓,與楚戰于泓,顏師古:"泓,音於宏反。"1520

繇,吉凶繇人,顏師古:"繇,讀與由同。"1520

適,適庶亂,顏師古:"適,讀曰嫡。"1520

伯,宋襄公伐齊行伯,顏師古:"伯,讀曰霸。"1520

降，其衝降婁，顏師古：“降，音胡江反。”1520

伯，六鶂象後六年伯業始退，顏師古：“伯，讀曰霸。”1520

適，適當黜，顏師古：“適，讀曰嫡。”1520

槀，隕石槀，顏師古：“槀，音工老反。”1521

累，肥累，顏師古：“累，音力追反。”1521

《地理志上》

壄，畫壄分州，顏師古：“壄，古野字。”1523

畫，畫壄分州，顏師古：“畫，音獲。”1523

褱，褱山襄陵，顏師古：“褱，字與（古）懷（字）同。”1523

栞，隨山栞木，顏師古：“栞，古刊字也。”1524

底，覃懷底績，顏師古：“底，音之履反。”1524

㳟，㳟、河惟兖州，顏師古：“㳟，音姊。”1525

道，九河既道，顏師古：“道，讀曰導。”1525

沮，雍、沮會同，顏師古：“沮，音千余反。”1525

墳，厥土黑墳，顏師古：“墳，音扶粉反。”1525

屮，屮繇木條，顏師古：“屮，古草字也。”1525

繇，屮繇木條，顏師古：“繇，音弋昭反。”1525

棐，厥棐織文，顏師古：“棐，與篚同。”1526

漯，浮于沛、漯，顏師古：“漯，音它合反。”1526

惟，惟、甾其道，顏師古：“惟，字今作濰。”1526

甾，惟、甾其道，顏師古：“甾，字或作淄，古今通用也。”1526

道，惟、甾其道，顏師古：“一曰道，讀曰導。”1526

瀕，海瀕廣潟，顏師古：“瀕，音頻，又音賓。”1526

潟，海瀕廣潟，顏師古：“潟，音昔。”1526

畎，岱畎絲，顏師古：“畎，音工犬反。”1526

枲，厥棐枲絲，顏師古：“枲，音烏簟反。”1527

汶，浮于汶，顏師古：“汶，音問。”1527

沂，淮、沂其乂，顏師古：“沂，音牛依反。”1527

嶧，嶧陽孤桐，顏師古：“嶧，音驛。”1527

蠙，淮夷蠙珠臮魚，顏師古：“蠙，音步千反，字或作玭。”1528

蠡，彭蠡既豬，顏師古：“蠡，音禮。”1528

篠,篠簜既敷,顏師古:"篠,音先了反。"1528

簜,篠簜既敷,顏師古:"簜,音蕩。"1528

夭,中夭木喬,顏師古:"夭,音於驕反。"1528

喬,中夭木喬,顏師古:"喬,音橋,又音驕。"1528

瑤,瑤、瑻、篠簜,顏師古:"瑻,音昆。"1528

柚,厥包橘、柚,顏師古:"柚,音弋救反。"1529

沱,沱、灊既道,顏師古:"沱,音徒何反。"1529

灊,沱、灊既道,顏師古:"灊,音潛。"1529

道,沱、灊既道,顏師古:"一曰道,讀曰導。"1529

杶,杶、幹,顏師古:"杶,音丑倫反。"1530

栝,栝、柏,顏師古:"栝,音古活反。"1530

砥,砥、砮、丹,顏師古:"砥,音指,又音(祇)[抵]。"1530

砮,砥、砮、丹,顏師古:"砮,音奴。"1530

箘,惟箘簵,顏師古:"箘,音困。"1530

簵,惟箘簵,顏師古:"簵,音路。"1530

楛,惟箘簵、楛,顏師古:"楛,音(枯)[怙]。"1530

瓋,包瓋菁茅,顏師古:"瓋,音軌。"1530

菁,包瓋菁茅,顏師古:"菁,音精。"1530

纁,厥篚玄纁璣組,顏師古:"纁,音勳。"1530

璣,厥篚玄纁璣組,顏師古:"璣,音機,又音祈。"1530

道,道荷澤,顏師古:"道,讀曰導。"1530

荷,道荷澤,顏師古:"荷,音歌。"1530

被,被盟豬,顏師古:"被,音被馬之被。"1530

盟,被盟豬,顏師古:"盟,音孟。"1530

壚,下土墳壚,顏師古:"壚,音盧。"1531

紵,紵、枲纖纊,顏師古:"紵,音佇。"1531

纊,紵、枲纖纊,顏師古:"纊,音曠。"1531

岷,岷、嶓既藝,顏師古:"岷,音旻。"1531

嶓,岷、嶓既藝,顏師古:"嶓,音波。"1531

道,沱、灊既道,顏師古:"道,讀曰導。"1531

璆,貢璆、鐵,顏師古:"璆,音虯。"1531

頃,西頃因桓是俫,顏師古:"頃,讀曰傾。"1532

沔,逾于沔,顏師古:"沔,音莫踐反。"1532

屬,涇屬渭汭,顏師古:"屬,音之欲反。"1532

汭,涇屬渭汭,顏師古:"汭,音芮,又音而悦反。"1532

沮,漆、沮既從,顏師古:"沮,音七余反。"1532

逌,酆水逌同,顏師古:"逌,古攸字也。"1532

球,貢球、琳,顏師古:"球,音求,又音虬。"1533

琳,貢球、琳,顏師古:"琳,音林。"1533

琅,琅玕,顏師古:"琅,音郎。"1533

玕,琅玕,顏師古:"玕,音干。"1533

叟,渠叟,顏師古:"叟,讀曰搜。"1533

道,道沇及岐,顏師古:"道,讀曰導。"1533

汧,道汧及岐,顏師古:"汧,音苦堅反。"1533

行,太行、恒山,顏師古:"行,音胡郎反。"1533

倍,至于倍尾,顏師古:"倍,讀曰陪。"1534

嶓,道嶓冢,顏師古:"嶓,音波。"1534

盟,又東至于盟津,顏師古:"盟,讀曰孟。"1535

伾,至于大伾,顏師古:"伾,音平鄙反。"1535

漾,嶓冢道漾,顏師古:"漾,音恙。"1535

浪,又東爲滄浪之水,顏師古:"浪,音琅。"1535

澨,過三澨,顏師古:"澨,音筮。"1535

匯,東匯澤爲彭蠡,顏師古:"匯,音胡賄反。"1535

沱,東別爲沱,顏師古:"沱,音徒何反。"1535

迆,東迆北會于匯,顏師古:"迆,音弋爾反。"1536

沇,道沇水,顏師古:"沇,音弋嶲反。"1536

軼,軼爲滎,顏師古:"軼,與溢同……一曰過也,音逸。"1536

奧,四奧既宅,顏師古:"奧,讀曰墺。墺,音於六反。"1536

台,祗台德先,顏師古:"台,音怡。"1537

内,百里賦内總,顏師古:"内,讀曰納。"1537

銍,二百里(納)[内]銍,顏師古:"銍,音窒。"1537

戞,三百里(納)[内]戞服,顏師古:"戞,音工黠反。"1537

要，五百里要服，顏師古：“要，音一遥反。”1538

寖，寖曰五湖，顏師古：“寖，古浸字也。”1539

湛，寖曰潁、湛，顏師古：“湛，音直林反，又音直減反。”1539

溠，寖曰波、溠，顏師古：“溠，音莊亞反。”1540

擾，畜宜六擾，顏師古：“擾，音人沼反。”1540

沭，寖曰沂、沭，顏師古：“沭，音術。”1540

鄔，藪曰昭餘祁，顏師古：“在太原鄔縣。鄔，音一户反，又音於庶反。”1542

虖，川曰虖池，顏師古：“虖，音呼。”1542

池，川曰虖池，顏師古：“池，音徒河反。”1542

嘔，嘔夷，顏師古：“嘔，音於侯反。”1542

分，所封封域皆有分星，顏師古：“分，音扶問反。”1542

秏，列國秏盡，顏師古：“秏，音呼到反。”1542

伯，五伯迭興，顏師古：“伯，讀曰霸。”1542

迭，五伯迭興，顏師古：“迭，音徒結反。”1542

數，地名又數改易，顏師古：“數，音所角反。”1543

會，周宣王弟鄭桓公邑，引臣瓚：“二年而滅會。”顏師古：“會，音工外反。”1544

邽，下邽，顏師古：“邽，音圭。”1544

沂，沂水出藍田谷，顏師古：“沂，音先歷反。”1544

眡，眡子孫，顏師古：“眡，讀曰示。”1544

櫟，櫟陽，引如淳：“櫟，音藥。”1545

巀嶭，巀嶭山在北，顏師古：“巀嶭，音截齧。巀，音才葛反，又音五葛反。”1545

衙，衙，莽曰達昌，引如淳：“衙，音牙。”1545

嵏，九嵏山在西，顏師古：“嵏，音子公反，又音子孔反。”1545

嗛，莽曰谷嗛，顏師古：“嗛，音許穢反。”1545

蓮勺，蓮勺，引如淳：“蓮勺，音輦酌。”1546

酈，酈，莽曰脩令，引孟康：“酈，音敷。”1546

郃，郃陽，顏師古：“郃，音合。”1546

沒，沒羽，顏師古：“沒，音丁活反，又音丁外反。”1546

羽，沒羽，顏師古：“羽，音詡。”1546

褱，褱德，顏師古：“褱，亦懷字。”1546

徵，徵，莽曰氾愛，顏師古：“徵，音懲。”1546

休,有休屠,引孟康:"休,音許虯反。"1546

屠,有休屠,引孟康:"屠,音除。"1546

鮎,越巫鮎鄹祠三所,引孟康:"鮎,音辜磔之辜。"1546

鄹,越巫鮎鄹祠三所,引孟康:"鄹,音穰。"1546

潏,又有潏水,顔師古:"潏,音決。"1548

萯,有萯陽宫,顔師古:"萯,音倍。"1548

斄,斄,周后稷所封,顔師古:"斄,讀與邰同,音(眙)[胎]。"1548

郿,郿,成國渠首受渭,顔師古:"郿,音媚。"1548

棫,棫陽宫,顔師古:"棫,音域。"1548

栒,栒邑,顔師古:"栒,讀與荀同。"1548

隃,隃麋,顔師古:"隃,音踰。"1548

阬,芮(阬)[阬],雍州川也,顔師古:"(阬)[阬],讀與鞠同。"1548

垝,垝山在東,顔師古:"垝,音丘毁反。"1548

斜,斜水出衙領山北,顔師古:"斜,音弋奢反。"1548

衙,斜水出衙領山北,顔師古:"衙,音牙。"1548

洱,又有洱水,顔師古:"洱,音耳。"1549

黽,黽池,顔師古:"黽,音莫踐反,又音莫忍反。"1549

鈞,東至析入鈞,顔師古:"鈞,音均。"1549

析,鞠水出析谷,顔師古:"析,音先歷反。"1549

酈,俱東至酈入湍水,顔師古:"酈,音持益反。"1549

湍,俱東至酈入湍水,顔師古:"湍,音專。"1549

渾,陸渾,顔師古:"渾,音胡昆反。"1549

鍚,東南至鍚入沔,顔師古:"鍚,音陽。"1549

解,猗氏,解,顔師古:"解,音蟹。"1550

濩,濩澤,顔師古:"濩,音烏虢反。"1551

琅,又東至琅槐入海,顔師古:"琅,音郎。"1551

槐,又東至琅槐入海,顔師古:"槐,音回。"1551

屈,北屈,顔師古:"屈,音居勿反。"1551

讘,狐讘,顔師古:"讘,音之涉反。"1551

騏,狐讘,騏,顔師古:"騏,音其。"1551

挏,有家馬官,引臣瓚:"家馬後改曰挏馬也。"顔師古:"挏,音動。"1552

俊，俊人，引如淳："俊，音璅。"顏師古："俊，又音山寡反。"1552

休，俊人，界休，顏師古："休，音許虬反。"1552

涂，涂水鄉，顏師古："涂，音塗。"1552

梗，梗陽鄉，顏師古："梗，音鯁。"1552

鄔，鄔，九澤在北，顏師古："鄔，音一戶反，又音於據反。"1552

虖，入虖池水，顏師古："虖，音呼。"1552

池，入虖池水，顏師古："池，音徒何反。"1552

慮虒，慮虒，顏師古："慮虒，音廬夷。"1552

研，石研關，顏師古："研，音形。"1553

長，長子，周史辛甲所封，顏師古："長，讀曰長短之長，今俗爲長幼之長，非也。"1553

屯，屯留，顏師古："屯，音純。"1553

虒，有上虒亭，顏師古："虒，音斯。"1553

沾，沾，大黽谷，顏師古："沾，音他兼反。"1553

涅，涅氏，顏師古："涅，音乃結反。"1553

泫，泫氏，顏師古："泫，音工玄反。"1553

莞，莞谷，顏師古："莞，音丸。"1553

陭，陭氏，顏師古："陭，音於義反。"1554

行，東太行山在西北，顏師古："行，音胡郎反。"1554

共，共，故國，顏師古："共，音恭。"1554

行，太行山在西北，顏師古："行，音胡郎反。"1555

軹，軹，顏師古："軹，音只。"1555

沁，沁水，顏師古："沁，音千浸反。"1555

慮，隆慮，顏師古："慮，音廬。"1555

蕩，蕩陰，顏師古："蕩，音湯。"1555

羨，羨水所出，顏師古："羨，音羊九反。"1555

狼，有狼湯渠，顏師古："狼，音浪。"1556

湯，有狼湯渠，顏師古："湯，音宕。"1556

沛，首受沛，顏師古："沛，音子禮反，本濟水字。"1556

筦，有筦叔邑，顏師古："筦，與管同。"1556

狼，有博狼沙，顏師古："狼，音浪。"1556

郟,故郟鄏地,顏師古:"郟,音夾。"1556

鄏,故郟鄏地,顏師古:"鄏,音辱。"1556

緱,緱氏,顏師古:"緱,音工侯反。"1556

卷,卷,原武,顏師古:"卷,音去權反。"1556

嶜,《禹貢》瀍水出嶜亭北,顏師古:"嶜,音潛。"1556

騩,有大騩山,顏師古:"騩,音隗。"1557

潩,潩水所出,顏師古:"潩,音翼,又音昌力反。"1557

狠,狠狐聚,顏師古:"狠,音乃旦反。"1557

虛,潁頊虛,顏師古:"虛,讀曰墟。"1558

觀,觀,顏師古:"觀,音工喚反。"1558

茬,茬平,顏師古:"茬,音仕疑反。"1558

漯,禹治漯水,顏師古:"漯,音它合反。"1558

沛,有(涑)[沛]廟,顏師古:"(涑)[沛],亦濟水字也。"1558

句,故須句國,顏師古:"句,音劬。"1558

姑,姑姓,顏師古:"姑,音其乙反。"1558

渦,入渦渠,顏師古:"渦,音戈。"1559

鄢,鄢,引應劭:"鄭伯克段于鄢是也。"顏師古:"鄢,音偃。"1559

取慮,東至取慮入泗,顏師古:"取慮,音秋廬。取,又音趨。"1559

羹,有東不羹,顏師古:"羹,音郎。"1560

長,長社,新汲,顏師古:"長,讀如本字。"1560

郾,郾,郟,顏師古:"郾,音一戰反。"1561

郟,郾,郟,顏師古:"郟,音夾。"1561

崈,潁陰,崈高,顏師古:"崈,古崇字。"1561

傿,傿陵,顏師古:"傿,音偃。"1561

休,周承休,顏師古:"休,音許虬反。"1561

洧,洧水所出,顏師古:"洧,音于軌反。"1561

乾,陽乾山,顏師古:"乾,音干。"1561

輿,平輿,引應劭:"輿,音豫。"1562

灈,灈强,顏師古:"灈,音於謹反,又音殷。"1562

女,女陽,顏師古:"女,讀曰汝。"1562

銅,銅陽,引孟康:"銅,音紂。"1562

郪,細陽,顏師古:"細水本出新郪。郪,音千私反。"1562

澺,澺陽,顏師古:"澺,音劬。"1563

溵,澺陽,顏師古:"東入溵也。溵,音楚人反,又音楚刃反。"1563

慎,慎陽,顏師古:"慎,字本作滇,音真,後誤爲慎耳。"1563

召,召陵,顏師古:"召,讀曰邵。"1563

窴,窴,顏師古:"窴,音子袨反。"1563

犫,犫,顏師古:"犫,音昌牛反。"1564

酁,酁,引孟康:"酁,音讚。"1564

涅,涅陽,引應劭:"在涅水之陽。"顏師古:"涅,音乃結反。"1564

堵,堵陽,引韋昭:"堵,音者。"1565

雉,雉,衡山,引舊讀:"雉,舊讀音弋爾反。"1565

酈,東至酈入汝,顏師古:"酈,音屋。"1565

筑,筑陽,顏師古:"筑,音逐。"1565

穰,穰,莽曰農穰,顏師古:"穰,音人羊反。"1565

酈,酈,育水出西北,引如淳:"酈,音躑躅之躑。"1565

駣,宛臨駣聚,引應劭:"駣,音桃。"1565

厲,厲鄉,顏師古:"厲,讀曰賴。"1565

葉,葉,楚葉公邑,顏師古:"葉,音式涉反。"1565

潕,潕水所出,顏師古:"潕,音嶠,又音雉。"1566

廖,故廖國也,顏師古:"廖,音力救反,《左氏傳》作飂字,其音同耳。"1566

俞,莽曰紅俞,顏師古:"俞,音踰。"1566

復,復陽,顏師古:"復,音房目反。"1566

沮,臨沮,顏師古:"沮,音千余反。"1567

邔,邔,引孟康:"邔,音忌。"顏師古:"邔,音其已反。"1567

沱,江沱出西,顏師古:"沱,音徒何反。"1567

編,編,有雲夢官,引孟康:"編,音鞭。"1567

秭,秭歸,引孟康:"秭,音姊。"1567

若,若,顏師古:"若,《春秋傳》作鄀,其音同。"1567

沶,沶山,顏師古:"沶,音危。"1567

繇,東入繇,顏師古:"繇,讀曰由。"1567

鄖,鄖鄉,顏師古:"鄖,音云。"1568

邾,邾,顏師古:"邾,音朱,又音誅。"1568

軑,軑,引孟康:"軑,音汰。"顏師古:"軑,又音徒系反。"1568

鄂,鄂,顏師古:"鄂,音五各反。"1568

羨,沙羨,引晉灼:"羨,音夷。"1568

蘄,蘄春,引晉灼:"蘄,音祈。"1568

鄳,鄳,引蘇林:"鄳,音盲。"顏師古:"鄳,音萌,又音莫耿反。"1568

邔,雲杜,引應劭:"《左傳》若敖取于邔。"顏師古:"邔,音云。"1568

雉,下雉,引如淳:"雉,音羊氏反。"1568

雩,雩婁,顏師古:"雩,音許于反。"1569

婁,雩婁,顏師古:"婁,力于反。"1569

樅,樅陽,顏師古:"樅,七容反。"1569

灊,灊,天柱山在南,引晉灼:"灊,音潛。"1569

沘,沘山,顏師古:"沘,音比,又音布几反。"1569

芍,北至壽春入芍陂,顏師古:"芍,音酌,又音鵲。"1569

皖,皖,顏師古:"皖,音胡管反。"1569

浚,浚遒,顏師古:"浚,音峻。"1569

遒,浚遒,引晉灼:"遒,音酋熟之酋。"顏師古:"遒,音才由反。"1569

橐皋,橐皋,引孟康:"橐皋,音拓姑。"1570

緡,東緡,顏師古:"緡,音旻。"1570

方輿,方輿,引晉灼:"方輿,音房豫。"1571

橐,橐,引臣瓚:"橐,音拓。"1571

單父,單父,顏師古:"單父,音善甫。"1571

甾,甾鄉,顏師古:"甾,音側其反。"1571

荷,《禹貢》荷澤在定陶東,顏師古:"荷,音柯。"1571

句,冤句,顏師古:"句,音劬。"1571

葭,葭密,顏師古:"葭,音家。"1571

鄄,鄄城,顏師古:"鄄,音工掾反。"1571

句,句陽,引應劭:"句,《左氏傳》句瀆之丘也。"顏師古:"句,音鉤。"1571

秅,秅,引孟康:"秅,音妒。"1572

睢,泗水東南至睢陵入淮,顏師古:"睢,音雖。"1572

亢,龍亢,引晉灼:"亢,音岡。"1572

向,向,故國,顔師古:“向,音餉。”1573

銍,銍,廣戚,顔師古:“銍,音竹乙反。”1573

鄲,鄲,引孟康:“鄲,音多。”1573

䅯,䅯鄉,顔師古:“䅯,音直恚反。”1573

虹,虹,顔師古:“虹,亦音貢。”1573

洨,洨,侯國,顔師古:“洨,音肴。”1573

芒,芒,顔師古:“芒,音莫郎反。”1573

睢,芒,引應劭:“世祖更名臨睢。睢水出焉。”顔師古:“睢,音雖。”1573

酇,酇,引應劭:“酇,音嵯。”顔師古:“酇,此縣本爲鄌,應音是也。中古以來借酇字爲之耳,讀皆爲鄌,而莽呼爲贊治,則此縣亦有贊音。”1573

漂,漂陽,引如淳:“漂,音票。”1573

裴,即裴,引應劭:“裴,音非。”1574

拘,又有拘澗水,引應劭:“拘,音矩。”1574

邯,邯會,顔師古:“邯,音下安反。”1574

𣻎,又有𣻎水,顔師古:“𣻎,音子衽反。”1575

虖,東北至東昌入虖池河,顔師古:“虖,音呼。”1575

池,東北至東昌入虖池河,顔師古:“池,音徒何反。”1575

緣,南緣,引孟康:“緣,音良全反。”1575

廮,廮陶,顔師古:“廮,音一井反。”1575

貰,貰,顔師古:“貰,音式制反。”1575

鄡,鄡,顔師古:“鄡,音苦么反。”1575

洨,洨水所出,顔師古:“洨,音效,又音爻。”1576

泜,東南至廮陶入泜,顔師古:“泜,音脂,又音丁計反。”1576

滱,東入滱,引應劭:“滱,音彄。”1576

陘,井陘,引應劭:“陘,音刑。”1576

濟,濟水所出,顔師古:“濟,音子詣反。”1576

鄗,鄗,顔師古:“鄗,音呼各反。”1576

繹,繹幕,引應劭:“繹,音亦。”顔師古:“繹,本音弋尺反”1577

蓨,東北至蓨入屯氏河,顔師古:“蓨,音條。”1577

厝,厝,顔師古:“厝,音趨亦反。”1577

鄃,鄃,顔師古:“鄃,音輪。”1577

愻，愻題，顏師古："愻，古莎字。"1577

繚，繚，顏師古："繚，音良笑反。"1577

復，復陽，引應劭："復，音腹。"1577

淶，桃水受首淶水，顏師古："淶，音來。"1578

迺，迺，顏師古："迺，古逎字，音字由反。"1578

濡，東至范陽入濡也，顏師古："濡，音乃官反。"1578

蠡，蠡吾，顏師古："蠡，音禮。"1578

鄚，鄚，引應劭："鄚，音莫。"1578

脩，脩市，引應劭："脩，音條。"1579

鬲，鬲，平當以爲鬲津，顏師古："鬲，讀與（耿）[隔]同。"1580

漯，桑欽言漯水所出，顏師古："漯，音它合反。"1580

般，般，莽曰分明，引如淳："般，音如面般之般。"引韋昭："般，音逋垣反。"顏師
　　古引《爾雅》"鉤般"郭璞注："流般桓也。然今其土俗用如、韋之音。"1580

樂，樂陵，顏師古："樂，音來各反。"1580

漯，漯陰，顏師古："漯，音它合反。"1580

朸，朸，引應劭："朸，音力。"1580

悳，安悳，顏師古："悳，古德字。"1580

額，龍額，顏師古："額，今書本領字，或作額。"1580

槐，琅槐，顏師古："槐，音回。"1581

被，被陽，引如淳："被，一作疲，音罷軍之罷。"顏師古："被，音皮彼反。"1581

般，般陽，顏師古："般，音盤。"1581

菅，菅，引應劭："菅，音姦。"1581

猇，猇，引應劭："猇，音箟。"引蘇林："猇，音爻。"引蔡謨："猇，音由，音（鴞）
　　[鴞]。"顏師古："蔡音是，音于虬反。"1581

著，著，宜成，顏師古："著，音竹庶反，又音直庶反。而韋昭誤以爲蓍龜之蓍
　　字，乃音紀咨反，失之遠矣。"1581

汶，汶水出萊毋，顏師古："汶，音問。"1582

毋，汶水出萊毋，顏師古："毋，與無同。"1582

茌，茌，盧，引應劭："茌，音淄。"顏師古："茌，又音仕疑反。"1582

虵，虵丘，顏師古："虵，音移。"1582

隧，隧鄉，顏師古："隧，音遂。"1582

鄟，剛，故鄟，引應劭："《春秋》秋取鄟及闡。"顏師古："鄟，音驙。"1582

蓋,蓋,顏師古:"蓋,讀如本字,又音古盍反。"1582

洙,洙水所出,顏師古:"洙,音殊。"1582

父,梁父,顏師古:"父,音甫。"1582

沛,東至(傳)[博]昌入沛,顏師古:"沛,音子禮反。"1582

嬴,嬴,有鐵官,顏師古:"嬴,音盈。"1583

朐,臨朐,顏師古:"朐,音劬。"1583

洋,洋水所出,顏師古:"洋,音祥。"1583

瓡,瓡,侯國,顏師古:"瓡,即執字。"1584

斟,平壽,引應劭:"古斟尋,禹後,今斟城是也。"顏師古:"斟,音斟。"1584

的,平的,顏師古:"的,音丁歷反。"1584

溉,溉水所出,顏師古:"溉,音功代反。"1584

腄,腄,有之罘山祠,顏師古:"腄,音直瑞反。"1585

洋,聲(丹)[洋]水所出,顏師古:"洋,音祥。"1585

挻,挻,有百支萊王祠,顏師古:"挻,音堅。"1585

填,莽曰填夷,顏師古:"填,音竹人反。"1586

其,不其,引如淳:"其,音基。"1586

贛,贛榆,顏師古:"贛,音紺。"1586

榆,贛榆,顏師古:"榆,音踰。"1586

柙,有高柙山,顏師古:"柙,即柘字也。"1587

浯,浯水所出,顏師古:"浯,音吾。"1587

虛,虛水,引如淳:"虛,音墟。"1587

祓,祓,侯國,顏師古:"祓,音廢。"1587

柜,柜,根艾水東入海,引如淳:"柜,音巨。"1587

缾,缾,侯國,引如淳:"缾,音瓶。"1587

邞,邞,顏師古:"邞,音夫,又音扶。"1587

雩,雩叚,顏師古:"雩,音許于反。"1587

叚,雩叚,顏師古:"叚,音工下反。"1587

陬,黔陬,顏師古:"陬,音子侯反。"1587

計斤,計斤,顏師古:"計斤,即《春秋左氏傳》所謂介根也,語音有輕重。"1587

台,久台水所出,顏師古:"台,音怡。"1587

莞,東莞,顏師古:"莞,音官。"1587

術，術水南至下邳入泗，顏師古："術水，即沭水也，音同。"1587

椑，椑，夜頭水南至海，引應劭："椑，音裨。"1587

泠，莽曰泠鄉，顏師古："泠，音零。"1587

郯，郯，引應劭："郯，音談。"1588

賁，襄賁，引應劭："賁，音肥。"1588

戚，戚，引鄭氏："戚，音憂戚。"1589

鄅，故鄅國，顏師古："鄅，音禹。"1589

厭，莽曰厭虜，顏師古："厭，音一涉反。"1589

費，費，顏師古："費，音祕。"1589

承，承，引應劭："承，音證。"1589

鄁，鄁鄉，顏師古："鄁，音吾，又音魚。"1589

慮，昌慮，顏師古："慮，音盧。"1589

取，取慮，顏師古："取，音趨，又音秋。"1590

慮，取慮，顏師古："慮，音盧。"1590

盱眙，盱眙，引應劭："盱眙，音吁怡。"1590

厹，厹猶，顏師古："厹，音仇。"1590

贅，贅其，顏師古："贅，音之銳反。"1590

睢，睢陵，顏師古："睢，音雖。"1590

槊，莽曰槊虜，顏師古："槊，音朔。"1590

暨，餘暨，顏師古："暨，音既。"1591

潘，潘水所出，顏師古："潘，音甫元反。"1591

剡，剡，顏師古："剡，音上冉反。"1591

拳，由拳，顏師古："拳，音權。"1591

辟，柴辟，顏師古："辟，讀曰壁。"1591

檇，由拳，柴辟，引應劭："古之檇李也。"顏師古："檇，音子遂反。"1591

大，大末，引孟康："大，音如闥。"1591

歐，有歐陽亭，顏師古："歐，音烏侯反。"1591

杭，餘杭，引孟康："杭，音行伍之行。"1592

鄞，鄞，顏師古："鄞，音牛斤反。"1592

鮚，有鮚埼亭，顏師古："鮚，音結。"1592

埼，有鮚埼亭，顏師古："埼，音鉅依反。"1592

鄳,鄳,引孟康:"鄳,音貿。"1592

晉,於晉,顏師古:"晉,音潛。"1592

鄣,故鄣,顏師古:"鄣,音章。"1592

黝,黝,顏師古:"黝,音伊。黝字本作黟,其音同。"1592

溧,溧陽,顏師古:"溧,音栗。"1592

歙,歙,顏師古:"歙,音攝。"1593

鄱,鄱陽,引孟康:"鄱,音婆。"1593

傅,傅易山,顏師古:"傅,讀曰敷。"1593

易,傅易山,顏師古:"易,古陽字。"1593

汗,餘汗,引應劭:"汗,音干。"1593

鄡,至鄡陽入湖漢,顏師古:"鄡,音口堯反。"1593

贛,贛,引如淳:"贛,音感。"1593

淦,新淦,顏師古:"淦,音紺,又音古含反。"1593

旴,旴水西北至南昌入湖漢,顏師古:"旴,音香于反。"1593

雩,雩都,顏師古:"雩,音于。"1594

郴,郴,顏師古:"郴,音丑林反。"1594

耒,耒山,顏師古:"耒,音郎內反。"1594

滇,秦水東南至滇陽入匯,顏師古:"滇,音丈庚反,又音貞。"1594

匯,秦水東南至滇陽入匯,顏師古:"匯,音胡賄反。"1594

酃,北至酃入湖,顏師古:"酃,音靈。"1594

洭,含洭,顏師古:"洭,音匡。"1594

沅,含洭,引應劭:"洭水所出,東北入沅。"顏師古:"沅,音元。"1594

索,索,引如淳:"索,音繩索之索。"1595

沅,漸水東入沅,顏師古:"沅,音元。"1595

孱,孱陵,引應劭:"孱,音踐。"顏師古:"孱,音仕連反"1595

鐔,鐔成,引應劭:"鐔,音淫。"引孟康:"鐔,音潭。"顏師古:"孟音是。"1595

且,無水首受故且蘭,顏師古:"且,音子余反。"1595

酈,酈梁山,顏師古:"酈,音敷。"1595

佷,佷山,引孟康:"佷,音恒。"1595

澧,澧水所出,顏師古:"澧,音禮。"1595

雋,東至下雋入沅,顏師古:"雋,音辭兗反。"1595

泠,泠道,顏師古:"泠,音零。"1596

洮，洮陽，引如淳：“洮，音韜。”1596

筑，又有筑水，顏師古：“筑，音逐。”1596

灢，灢谷水出西南，顏師古：“灢，音潛，其字亦或從水。”1597

沔，沔陽，顏師古：“沔，音莫踐反。”1597

錫，錫，引應劭：“錫，音陽。”1597

鄖，有鄖關，顏師古：“鄖，音云。”1597

墊，梓潼，引應劭：“潼水所出，南入墊江。墊，音徒浹反。”1597

潼，梓潼，顏師古：“潼，音童。”1597

涪，南入涪，顏師古：“涪，音浮。”1597

汁，汁方，引應劭：“汁，音十。”1597

湔，南至新都谷入湔，顏師古：“湔，音子先反。”1597

葭明，葭明，引應劭：“葭明，音家盲。”顏師古：“明，音萌。”1597

郪，郪，顏師古：“郪，音妻，又音千私反。”1597

甸，甸氏道，引李奇：“甸，音滕。”顏師古：“甸，音食證反。”1598

郫，郫，顏師古：“郫，音疲。”1598

沱，《禹貢》江沱在西，顏師古：“沱，音徒何反。”1598

湔，至南安入湔，顏師古：“湔，音哉。”1598

鄯，鄯水首受江，引應劭：“鄯，音壽。”1598

虒，縣虒，引應劭：“虒，音斯。”1599

湔，湔水所出，顏師古：“湔，音子千反。”1599

筰，南至大筰入繩，顏師古：“筰，音才各反。”1599

徙，徙，顏師古：“徙，音斯。”1599

氏，湔氏道，顏師古：“氏，音丁奚反。”1599

沱，江沱在西南，顏師古：“沱，音徒何反。”1599

僰，僰道，引應劭：“僰，音蒲北反。”1599

鱉，溫水南至鱉入黚水，顏師古：“鱉，音蔽，又音鼈。”1599

黚，溫水南至鱉入黚水，顏師古：“黚，音紀炎反。”1599

鞞，牛鞞，引孟康：“鞞，音髀。”顏師古：“鞞，音必爾反。”1599

闒，山闒谷，顏師古：“闒，音它盍反。”1599

鄢，郁鄢，顏師古：“鄢，音莫亞反。”1599

羼，莽曰羼鄢，顏師古：“羼，音仕連反。”1599

朱，朱提，引蘇林：“朱，音銖。”1600

提,朱提,引蘇林:"提,音時。"1600

嶲,越嶲郡,顏師古:"嶲,音先蕊反。"1600

莋,定莋,顏師古:"莋,音才各反。"1600

復,姑復,顏師古:"復,音扶目反。"1600

示,蘇示,顏師古:"示,讀曰祇。"1600

邑,邑江在西北,顏師古:"邑,古夷字。"1600

闌,闌,卑水,顏師古:"闌,音蘭。"1600

卑,闌,卑水,引孟康:"卑,音班。"1600

灟,灟街,顏師古:"灟,音濁,又音才心反。"1600

蛉,青蛉,顏師古:"蛉,音零。"1600

禺,禺同山,顏師古:"禺,音愚。"1600

滇,益州郡,引應劭:"故滇王國也。"顏師古:"滇,音顛。"1601

靡,收靡,引李奇:"靡,音麻。"1601

涂,涂水所出,顏師古:"涂,音途。"1601

味,邪龍,味,引孟康:"味,音昧。"1601

葉,昆澤,葉榆,顏師古:"葉,音弋涉反。"1601

嶲,東南嶲町山,顏師古:"嶲,音呼雞反。"1601

町,東南嶲町山,顏師古:"町,音挺。"1601

比,比蘇,顏師古:"比,音頻二反。"1601

賁,賁古,顏師古:"賁,音奔。"1602

毋,毋棳,顏師古:"毋,讀與無同。"1602

棳,毋棳,顏師古:"棳,音之悦反。"1602

伶,健伶,引應劭:"伶,音鈴。"1602

陁,從陁山出銅,顏師古:"陁,音胡工反。"1602

泠,東至麋泠入南海,顏師古:"泠,音零。"1602

柯,牂柯郡,顏師古:"牂柯,係船杙也……柯,音弋。"1602

且,故且蘭,引應劭:"且,音苴。"顏師古:"且,音子閭反。"1602

鐔,鐔封,顏師古:"鐔,音尋,又音淫。"1602

鼈,鼈,不狼山,鼈水所出,引孟康:"鼈音鷩。"顏師古:"鼈,音不列反。"1602

並,同並,引應劭:"並,音伴。"1603

宛,宛温,顏師古:"宛,音於元反。"1603

潭,剛水東至潭中入潭,顏師古:"潭,音大含反。"1603

毌,毌單,顏師古:"毌,讀與無同。"1603

單,毌單,顏師古:"單,音丹。"1603

稾,談稾,顏師古:"稾,音工老反。"1603

句町,句町,顏師古:"句町,音劬挺。"1603

枳,枳,闟中,引如淳:"枳,音徙,或音抵。"顏師古:"枳,音之爾反"1603

闟,枳,闟中,顏師古:"闟,音浪。"1603

墊,墊江,引孟康:"墊,音重疊之疊。"1604

朐,朐忍,顏師古:"朐,音劬。"1604

宕,宕渠,顏師古:"宕,音徒浪反。"1604

復,魚復,引應劭:"復,音腹。"1604

涪,涪陵,顏師古:"涪,音浮。"1604

《地理志下》

沮,沮水,顏師古:"沮,音千余反。"1609

羨,南至沙羨南入江,顏師古:"羨,音夷。"1609

辨,下辨道,顏師古:"辨,音步見反。"1609

坻,隴西郡,引應劭:"有隴坻,在其西也。"顏師古:"坻,音丁計反,又音底。"1610

邽,上邽,顏師古:"邽,音圭。"1610

氐,氐道,顏師古:"氐,音丁溪反。"1610

養,《禹貢》養水所出,顏師古:"養,音弋向反,字本作漾,或作瀁。"1610

洮,臨洮,顏師古:"洮,音吐高反。"1610

枹,北至枹罕,顏師古:"枹,讀曰膚。"1610

頃,西頃山在縣西,顏師古:"頃,讀曰傾。"1610

允吾,允吾,引應劭:"允吾,音鈆牙。"1611

浩亹,浩亹,引孟康:"浩亹,音合門。"顏師古:"浩,音誥。今俗呼此水爲閣
　　門河,蓋疾言之,浩爲閣耳。"1611

湟,東至允吾入湟水,顏師古:"湟,音皇。"1611

令,令居,引孟康:"令,音連。"顏師古:"令,音零。"1611

枹,枹罕,引應劭:"枹,音鈇。"顏師古:"枹,讀曰膚,本枹鼓字也。"1611

允,允街,引孟康:"允,音鈆。"1611

抵,西有須抵池,顏師古:"抵,音丁禮反。"1611

填,莽曰填戎,顏師古:"填,音竹真反。"1612

开,罕开,引應劭:"开,音羌肩反。"1612

圂,朱圂山在縣南梧中聚,顏師古:"圂,讀與圍同。"1612

豲,豲道,引應劭:"豲,音完。"1612

休,故匈奴休屠王地,顏師古:"休,音許虯反。"1612

屠,故匈奴休屠王地,顏師古:"屠,音直間反。"1612

揟,揟次,引孟康:"揟,音子如反。"1613

次,揟次,引孟康:"次,音咨,諸本作恣。"1613

撲劓,撲劓,引孟康:"撲劓,音蒲環。"1613

枱,蒼枱,顏師古:"枱,古松字也。"1613

陝,枱陝水所出,顏師古:"陝,音下夾反。"1613

昆,故匈奴昆邪王地,顏師古:"昆,音胡門反。"1613

觻,觻得,引孟康:"觻,音鹿。"1613

涫,千金渠西至樂涫入澤中,顏師古:"涫,音官。"1613

澤,都尉治澤索谷,顏師古:"澤,音鐸。"1613

索,都尉治澤索谷,顏師古:"索,音先各反。"1613

驪靬,驪靬,引李奇:"驪靬,音遲虔。"引如淳:"靬,音弓靬。"顏師古:"驪音
　　力遲反,靬音虔是也。今其土俗人呼驪靬,疾言之曰力虔。"1613

揭,莽曰揭虜,顏師古:"揭,音其謁反。"1613

番,番和,引如淳:"番,音盤。"1613

陜,天陜,顏師古:"陜,音衣。"1614

乾,乾齊,引孟康:"乾,音干。"1614

敦,敦煌郡,引應劭:"敦,音屯。"1614

復,復累,顏師古:"復,音服。"1615

累,復累,顏師古:"累,音力追反。"1615

俾,安俾,引孟康:"俾,音卑。"1615

湫,又有湫淵祠,顏師古:"湫,音子由反。"1615

开,开頭山在西,顏師古:"开,音苦見反,又音牽。"1615

濯,濯水出西,顏師古:"濯,音其于反。"1615

氏,烏氏,顏師古:"氏,音支。"1616

絲,參絲,顏師古:"絲,音力全反。"1616

爼，爼厲，引應劭："爼，音（置）[罝]。"1616

厲，爼厲，顏師古："厲，音賴。"1616

昫，昫卷，引應劭："昫，音旬日之旬。"1616

卷，昫卷，引應劭："卷，音箘簬之箘。"1616

氐，月（支）[氐]道，引應劭："氐，音支。"1616

渾，渾懷都尉治塞外渾懷障，顏師古："渾，音胡昆反。"1616

昫，昫衍，引應劭："昫，音煦。"顏師古："昫，音香于反。"1617

郁，郁郅，顏師古："郁，音於六反。"1617

郅，郁郅，顏師古："郅，音之日反。"1617

夒，大夒，顏師古："夒，即古要字也，音一遥反。"1617

圁，圁水出西，顏師古："圁，音銀。"1617

邪，推邪，顏師古："邪，音似嗟反。"1617

楨，楨林，顏師古："楨，音貞。"1618

龜茲，龜茲，引應劭："龜茲，音丘慈。"1618

爇，可爇，顏師古："爇，古然火字。"1618

埤，南部都尉治塞外翁龍、埤是，顏師古："埤，音婢。"1618

鵠，鵠澤，引孟康："鵠，音告。"顏師古："鵠，音古督反。"1618

圁，圁陰，顏師古："圁，字本作圖。"1618

眩，有道西出眩雷塞，顏師古："眩，音州縣之縣。"1619

觬，觬是，莽曰伏觬，引蘇林："觬，音麑。"顏師古："麑，音倪。"1619

窳，西部都尉治窳渾，顏師古："窳，音庾。"1619

渾，西部都尉治窳渾，顏師古："渾，音魂。"1619

遒，呼遒，顏師古："遒，音在由反。"1619

稒，東部都尉治稒陽，顏師古："稒，音固。"1620

曼，曼柏，顏師古："曼，音萬。"1620

辟，西部都尉治田辟，顏師古："辟，讀曰壁。"1620

艾，莽曰艾虜，顏師古："艾，讀曰刈。"1620

曼，又西北得頭曼城，顏師古："曼，音莫安反。"1620

虖，又西北得虖河城，顏師古："虖，音呼。"1620

鴡，莫鴡，引如淳："鴡，音怛怛。"顏師古："鴡，音丁葛反。"1620

過，桐過，顏師古："過，音工禾反。"1621

厭,莽曰厭胡,顔師古:"厭,音一葉反。"1621

復,復陸,顔師古:"復,音服。"1621

時,繁時,顔師古:"時,音止。"1621

累,累頭山,顔師古:"累,音力追反。"1621

治,治水所出,顔師古:"治,音弋之反,《燕剌王傳》作台字。"1621

浘,浘陶,引孟康:"浘,音汪。"1621

崞,崞,引孟康:"崞,音郭。"1621

乾,桑乾,引孟康:"乾,音干。"1622

㹫,㹫氏,引孟康:"㹫,音權。"1622

氏,㹫氏,引孟康:"氏,音精。"1622

且,且如,顔師古:"且,音子如反。"1622

沽,東至寧入沽,顔師古:"沽,音姑,又音故。"1622

滱,滱河東至文安入大河,顔師古:"滱,音寇,又音苦侯反。"1623

淶,淶水東南至容城入河,顔師古:"淶,音來。"1623

虖,虖池河,顔師古:"虖,音呼。"1623

池,虖池河,顔師古:"池,音徒河反。"1623

沮,沮陽,引孟康:"沮,音俎。"1623

潘,潘,顔師古:"潘,音普半反。"1623

雊瞀,雊瞀,引孟康:"雊瞀,音句無。"顔師古:"雊,音工豆反。瞀,音莫豆
　　反。"1623

犀,犀奚,引孟康:"犀,音題。字或作蹄。"1624

獷,獷平,引服虔:"獷,音鞏。"顔師古:"獷,音九永反,又音穬。"1624

要,要陽,顔師古:"要,音一妙反。"1624

泃,泃水出北蠻夷,顔師古:"泃,音呼鵙反。"1624

浭,浭水西至雍奴入海,顔師古:"浭,音庚。"1624

灅,灅水南至無終東入庚,顔師古:"灅,音力水反,又音郎賄反。"1624

薋,薋,顔師古:"薋,音才私反。"1624

垠,土垠,顔師古:"垠,音銀。"1624

揭,大揭石山,顔師古:"揭,音桀。"1625

且,且慮,顔師古:"且,音子余反。"1625

慮,且慮,顔師古:"慮,音盧。"1625

令,令支,引應劭:“令,音鈴。”顏師古:“令,又音郎定反。”1625
支,令支,引孟康:“支,音秖。”1625
濡,玄水東入濡水,顏師古:“濡,音乃官反。”1625
渝,渝水首受塞外,顏師古:“渝,音喻。”1625
馮,莽曰馮德,顏師古:“馮,讀曰憑。”1625
絫,絫,下官水南入海,顏師古:“絫,音力追反。”1625
慮,無慮,引應劭:“慮,音閭。”1626
説,莽曰長説,顏師古:“説,讀曰(侻)[悦]。”1626
隊,遼隊,顏師古:“隊,音遂。”1626
浿,險瀆,引臣瓚:“王險城在樂浪郡浿水之東。”顏師古:“浿,音普大反。”1626
番,番汗,引應劭:“番,音盤。”1626
汗,番汗,顏師古:“汗,音寒。”1626
沛,沛水出塞外,顏師古:“沛,音普蓋反。”1626
沓,沓氏,引應劭:“沓,音長答反。”1626
台,上殷台,引如淳:“台,音鮐。”顏師古:“台,音胎。”1627
樂,樂浪郡,顏師古:“樂,音洛。”1627
浪,樂浪郡,顏師古:“浪,音狼。”1627
誧,誧邯,引孟康:“誧,音男。”顏師古:“誧,音乃甘反。”1627
邯,誧邯,顏師古:“邯,音酣。”1627
浿,浿水,顏師古:“浿,音普大反。”1627
蟬,黏蟬,引服虔:“蟬,音提。”1627
渾,渾彌,顏師古:“渾,音下昆反。”1627
𪘏,東𪘏,引應劭:“𪘏,音移。”1627
台,蠶台,顏師古:“台,音胎。”1628
昧,邪頭昧,引孟康:“昧,音妹。”1628
番,番禺,引如淳:“番,音潘。”1628
禺,番禺,引如淳:“禺,音愚。”1628
洭,有洭浦官,顏師古:“洭,音匡。”1628
揭,揭陽,引韋昭:“揭,音其逝反。”顏師古:“揭,音竭。”1628
留,中留,顏師古:“留,音力救反。”1629
潭,潭中,顏師古:“潭,音大含反。”1629

橋，又有橋水，顏師古："橋，音橋。"1629

荔，荔蒲，顏師古："荔，音（肄）[隸]。"1629

羸，羸陬，引孟康："羸，音蓮。"1629

陬，羸陬，引孟康："陬，音受土簍。"顏師古："陬、簍二字並音來口反。"1629

屚，苟屚，顏師古："屚，與漏同。"1629

麊，麊泠，引應劭："麊，音彌。"1629

麊泠，麊泠，引孟康："麊泠，音蜺蛉。"顏師古："麊泠，音麋零。"1629

易，曲易，顏師古："易，古陽字。"1629

稽，稽徐，顏師古："稽，音古奚反。"1629

編，龍編，顏師古："編，音鞭。"1630

龐，都龐，引應劭："龐，音龍。"顏師古："龐，音聾。"1630

捲，西捲，引孟康："捲，音卷。"顏師古："捲，音權。"1630

邯，邯鄲，顏師古："邯，音寒。"1631

渦，皆東至朝平入渦，顏師古："渦，音藕，又音牛吼反。"1631

葭，列葭水東入泜，顏師古："葭，音家。"1631

泜，列葭水東入泜，顏師古："泜，音斯。"1631

槀，槀城，莽曰槀實，顏師古："槀，音工老反。"1632

絫，肥絫，顏師古："絫，音力追反。"1632

曼，絫曼，顏師古："曼，音萬。"1632

郪，東至郪入河，顏師古："郪，音口堯反。"1632

陘，苦陘，引應劭："陘，音邢。"1632

濡，東入濡，顏師古："濡，音乃官反。"1633

辟，辟陽，顏師古："辟，音珪璧。"1633

觀，觀津，顏師古："觀，音工喚反。"1633

隄，高隄，顏師古："隄，音丁奚反。"1633

脩，脩，莽曰脩治，顏師古："脩，音條。"1634

隧，武隧，莽曰恒隧，顏師古："隧，音遂。"1634

鄑，東安平，引孟康："紀季以鄑入于齊，今鄑亭是也。"顏師古："鄑，音攜。"1634

挺，挺，觀陽，顏師古："挺，音徒鼎反。"1635

觀，挺，觀陽，顏師古："觀，音工喚反。"1635

夏，陽夏，引應劭："夏，音賈。"1636

渦,渦水首受狼湯渠,顏師古:"渦,音戈,又音瓜。"1636

狼,渦水首受狼湯渠,顏師古:"狼,音浪。"1636

湯,渦水首受狼湯渠,顏師古:"湯,音徒浪反。"1636

碭,碭,山出文石,顏師古:"碭,音唐,又音徒浪反。"1636

杼,杼秋,顏師古:"杼,音食汝反。"1636

睢,睢陽,顏師古:"睢,音雖。"1636

郈,有郈鄉,顏師古:"郈,音后。"1637

亢父,亢父,顏師古:"亢父,音抗甫。"1637

方與,泗水西南至方與入沛,顏師古:"方與,音房豫。"1637

汶,汶陽,顏師古:"汶,音問。"1637

沛,南梁水西至胡陵入沛渠,引應劭:"沛,音皮。"1637

嶧,嶧山在北,引應劭:"嶧,音驛。"1638

偪,故偪陽國,顏師古:"偪,音福。"1638

沘,如谿水首受沘,顏師古:"沘,音匕,又音鄙。"1639

芍,東北至壽春入芍陂,顏師古:"芍,音鵲。"1639

隽,下隽,顏師古:"隽,音字兖反,又音辭兖反。"1639

酃,酃,承陽,引孟康:"酃,音鈴。"1639

承,酃,承陽,顏師古:"承,音丞。"1639

荼,荼陵,顏師古:"荼,音弋奢反,又音丈加反。"1639

函,凡民函五常之性,顏師古:"函,苞也,讀與含同。"1640

好,好惡取舍,顏師古:"好,音呼到反。"1640

惡,好惡取舍,顏師古:"惡,音一故反。"1640

輯,故輯而論之,顏師古:"輯,與集同。"1641

益,秦之先曰柏益,顏師古:"伯益,一號伯翳,蓋翳、益聲相近故也。"1641

造,至周有造父,顏師古:"造,音(於)[千]到反。"1642

父,至周有造父,顏師古:"父,讀曰甫。"1642

氏,氏爲莊公,顏師古:"氏,與是同,古通用字。"1642

郤,賜受郤、酈之地,顏師古:"郤,亦岐字。"1642

伯,穆公稱伯,顏師古:"伯,讀曰霸。"1642

竟,以河爲竟,顏師古:"竟,讀曰境。"1642

轅,制轅田,引孟康:"轅、爰同。"1642

伯，開仟伯，顏師古：“伯，音莫白反。”1642

䚢，昔后稷封䚢，顏師古：“䚢，讀曰邰。”1643

訾，高訾富人及豪桀，顏師古：“訾，讀與貲同。”1643

厝，是故五方雜厝，引晉灼：“厝，古錯（反）〔字〕。”1643

瀕，瀕南山，顏師古：“瀕，音頻，又音賓。”1643

放，衆庶放效，顏師古：“放，音甫往反。”1643

轔，《車轔》，顏師古：“轔，音隣。”1644

載，《四載》，顏師古：“載，音鼚。”1644

輶，《四載》，引《詩》：“輶車鸞鑣。”顏師古：“輶，音猶，又音誘。”1644

獫，《四載》，引《詩》：“載獫猲獢。”顏師古：“獫，音力瞻反。”1644

獢，《四載》，引《詩》：“載獫猲獢。”顏師古：“獢，音許昭反。”1644

俴，《小戎》之篇，引《詩》：“小戎俴收。”顏師古：“俴，音踐。”1644

楘，《小戎》之篇，引《詩》：“五楘良輈。”顏師古：“楘，音木。”1644

騵，《小戎》之篇，引《詩》：“駕我騏騵。”顏師古：“騵，音霆。”1644

鋈，《小戎》之篇，引《詩》：“鋈以觼軜。”顏師古：“鋈，音沃。”1644

觼，《小戎》之篇，引《詩》：“鋈以觼軜。”顏師古：“觼，音玦。”1644

軜，《小戎》之篇，引《詩》：“鋈以觼軜。”顏師古：“軜，音納。”1644

昆，匈奴昆邪王，顏師古：“昆，音下門反。”1645

休，休屠王，顏師古：“休，音許虯反。”1645

屠，休屠王，顏師古：“屠，音除。”1645

攘，武帝時攘之，顏師古：“攘，音人羊反。”1645

鬲，鬲絕南羌、匈奴，顏師古：“鬲，與隔同。”1645

誖，或以誖逆亡道，顏師古：“誖，音布内反。”1645

屮，水屮宜畜牧，顏師古：“屮，古草字。”1645

滇，南賈滇、僰僮，顏師古：“滇，音顚。”1646

僰，南賈滇、僰僮，顏師古：“僰，音蒲北反。”1646

筰，西近邛、筰馬旄牛，顏師古：“筰，音材各反。”1646

繇，繇文翁倡其教，顏師古：“繇，讀與由同。”1646

倡，繇文翁倡其教，顏師古：“倡，音充向反。”1646

觿，觜觿、參之分野也，顏師古：“觿，音弋隨反。”1647

召，汝南之召陵，顏師古：“召，讀曰邵。”1647

灈,灈彊,顔師古:"灈,音於靳反,又音殷。"1647

郾,潁川之舞陽、郾,顔師古:"郾,音一扇反。"1647

傿,傿陵,顔師古:"傿,音偃。"1647

卷,河南之開封、中牟、陽武、酸棗、卷,顔師古:"卷,音去權反。"1647

邶,《詩·風》邶、庸,顔師古:"邶,音步内反,字或作鄁。"1648

庸,《詩·風》邶、庸,顔師古:"庸,字或作鄘。"1648

浚,在浚之下,顔師古:"浚,音峻。"1648

奥,瞻彼淇奥,顔師古:"奥,音於六反。"1648

洋,河水洋洋,顔師古:"洋,音羊,又音翔。"1648

虚,而河内殷虚,顔師古:"虚,讀曰墟。"1648

屬,屬之參,顔師古:"屬,音之欲反。"1649

參,屬之參,顔師古:"參,音所林反。"1649

蟋,《蟋蟀》,顔師古:"蟋,音悉。"1649

蟀,《蟋蟀》,顔師古:"蟀,音率。"1649

婾,它人是婾,顔師古:"婾,音愉,又音偷。"1649

樞,它人是婾,顔師古:"《山有樞》之詩也。樞,音甌。"1649

中,皆思奢儉之中,顔師古:"中,音竹仲反。"1649

沮,彼汾一曲,顔師古:"《汾沮洳》之詩。沮,音子豫反。"1650

洳,彼汾一曲,顔師古:"《汾沮洳》之詩。洳,音人豫反。"1650

寘,寘諸河之側,顔師古:"寘,音之豉反。"1650

伯,伯諸侯,顔師古:"伯,讀曰霸。"1650

渢,美哉渢渢乎,顔師古:"渢,音馮。"1650

伯,其後五伯更帥諸侯以尊周室,顔師古:"伯,讀曰霸。"1651

更,其後五伯更帥諸侯以尊周室,顔師古:"更,音工衡反。"1651

墬,故其分墬小,顔師古:"墬,古地字。"1651

憙,憙爲商賈,顔師古:"憙,音許吏反。"1651

郏,長社、陽翟、郏,顔師古:"郏,音工洽反。"1651

虚,本高辛氏火正祝融之虚也,顔師古:"虚,讀曰墟。"1652

濟,其濟、洛、河、潁之間乎,顔師古:"濟,音子禮反。"1652

會,虢、會爲大,顔師古:"會,讀曰鄶,字或作檜。"1652

帑,君若寄帑與賄,顔師古:"帑,讀與孥同。"1653

儀，伯益能儀百物以佐舜，顏師古：“儀，與宜同。”1653

溱，食溱、洧焉，顏師古：“溱，音臻。”1653

洧，食溱、洧焉，顏師古：“洧，音鮪。”1653

亟，男女亟聚會，顏師古：“亟，音丘吏反。”1653

灌，溱與洧方灌灌兮，顏師古：“灌，音胡貫反。”1653

菅，士與女方秉菅兮，顏師古：“菅，音姦。”1653

枌，東門之枌，顏師古：“枌，音扶云反。”1654

栩，宛丘之栩，顏師古：“栩，音許羽反。”1654

杼，宛丘之栩，顏師古：“栩，杼也。杼，音神汝反。”1654

召，召信臣爲南陽太守，顏師古：“召，讀曰邵。”1654

遴，民以貪遴爭訟生分爲失，顏師古：“遴，與吝同。”1654

鄚，又得涿郡之高陽、鄚、州鄉，顏師古：“鄚，音莫。”1655

椎，起則椎剽掘冢，顏師古：“椎，音直追反。”1655

剽，起則椎剽掘冢，顏師古：“剽，音頻妙反。”1655

跕，女子彈弦跕躧，引如淳：“跕，音蹀足之蹀。”顏師古：“跕，音它頰反。”1655

躧，女子彈弦跕躧，引如淳：“躧，音屣。”顏師古：“躧，字與屣同。”1655

取，嫁取送死奢靡，顏師古：“取，讀曰娶。”1656

訐，至告訐刺史二千石，顏師古：“訐，音居列反，又音居謁反。”1656

懻，民俗懻忮，引臣瓚：“懻，音冀。”1656

忮，民俗懻忮，顏師古：“忮，恨也，音章豉反。”1656

剽，已患其剽悍，顏師古：“剽，音頻妙反，又音疋妙反。”1656

悍，已患其剽悍，顏師古：“悍，音胡旦反。”1656

夫，烏丸、夫餘，顏師古：“夫，讀曰扶。”1657

濊，濊貉，顏師古：“濊，音穢，字或作薉，其音同。”1658

讎，嫁取無所讎，顏師古：“讎，匹也。一曰讎讀曰售。”1658

辟，婦人貞信不淫辟，顏師古：“辟，讀曰僻。”1658

櫽，其田民飲食以籩豆，顏師古：“若今之櫽也。櫽，音其敬反。”1658

放，都邑頗放效吏及内郡賈人，顏師古：“放，音甫往反。”1658

桴，設浮於海，顏師古：“言欲乘桴筏而適東夷。桴，音孚。”1659

筏，設浮於海，顏師古：“言欲乘桴筏而適東夷。筏，音伐。”1659

倭，海中有倭人，引如淳：“倭，蓋音委字耳，此音非也。倭，音一戈反。”1659

崱，虞、夏時有季崱，顏師古：“崱，音仕力反。”1660

營,子之營兮,顏師古:"營,《毛詩》作還,《齊詩》作營。"1660

巉,遭我虖巉之間兮,顏師古:"巉,字或作嶇,亦作巑,音皆乃高反。"1660

著,俟我於著乎而,顏師古:"著,音直庶反。"1660

泱,泱泱乎,顏師古:"泱,音烏郎反。"1660

伯,合諸侯成伯功,顏師古:"伯,讀曰霸。"1660

紈,織作冰紈綺繡純麗之物,顏師古:"紈,音丸。"1660

純,織作冰紈綺繡純麗之物,顏師古:"純,音淳。"1661

道,道民之道,顏師古:"上道,讀曰導。"1661

睢,睢陵,顏師古:"睢,音雖。"1662

取,取慮,顏師古:"取,音趣,又音秋。"1662

慮,取慮,顏師古:"慮,音閭。"1662

瀕,瀕洙泗之水,顏師古:"瀕,音頻,又音賓。"1662

齗,洙泗之間齗齗如也,顏師古:"齗,音牛斤反。"1663

訾,好訾毀,顏師古:"訾,音子爾反。"1663

靁,舜漁靁澤,顏師古:"靁,古雷字。"1664

畜,以致畜藏,顏師古:"畜,讀曰蓄。"1664

顓,急疾顓己,顏師古:"顓,與專同。"1664

郪,衛郪于帝丘,顏師古:"郪,古遷字。"1665

亙,男女亦亙聚會,顏師古:"亙,音丘吏反。"1665

蠃,果蓏蠃蛤,顏師古:"蠃,音來戈反。"1666

蛤,果蓏蠃蛤,顏師古:"蛤,音閤。"1666

齜,故齜窳媮生,引如淳:"齜,或作齜,音紫。"1666

窳,故齜窳媮生,引如淳:"窳,音庾。"1666

失,而漢中淫失枝柱,顏師古:"失,讀曰泆。"1666

柱,而漢中淫失枝柱,顏師古:"柱,音竹甫反。"1666

句,號曰句吳,顏師古:"句,音鉤。"1667

中,又封周章弟中於河北,顏師古:"中,讀曰仲。"1667

伯,興伯名於諸侯,顏師古:"伯,讀曰霸。"1667

譆,用宰譆,顏師古:"譆,音披美反。"1667

比,本吳粵與楚接比,顏師古:"比,音頻寐反。"1668

菫,然菫菫物之所有,顏師古:"菫,讀曰僅。"1669

更，取之不足以更費，顏師古：“更，音庚。”1669

鯷，會稽海外有東鯷人，引孟康：“鯷，音題。”引晉灼：“鯷，音鞮。”顏師古：
　　“孟音是也。”1669

雟，敗之雟李，顏師古：“雟，音醉，字本作巂。”1670

毒，毒冒，顏師古：“毒，音代。”1670

冒，毒冒，顏師古：“冒，音莫内反。”1670

璣，珠璣，顏師古：“璣，音祈，又音機。”1670

塵，山多塵麎，顏師古：“塵，音主。”1670

麎，山多塵麎，顏師古：“麎，音京。”1670

鏃，或骨爲鏃，顏師古：“鏃，音子木反。”1671

諶，有諶離國，顏師古：“諶，音士林反。”1671

夫，有夫甘都盧國，顏師古：“夫，音扶。”1671

劋，劋殺人，顏師古：“劋，音頻妙反。”1671

　　　《溝洫志》

洫，溝洫志第九，顏師古：“洫，音許域反。”1675

堙，禹堙洪水十三年，顏師古：“堙，音因。”1675

毳，泥行乘毳，引如淳：“毳，音茅蕝之蕝。”顏師古：“毳，讀如本字。”1675

樏，山行則樏，顏師古：“樏，音居足反。”1676

度，度九山，顏師古：“度，音大各反。”1676

羨，然河災之羨溢，顏師古：“羨，讀與衍同，音弋展反。”1676

道，故道河自積石，顏師古：“道，讀曰導。”1676

底，東下底柱，顏師古：“（底）［厎］，音之履反。”1676

内，及盟津、雒内，顏師古：“内，讀曰汭。”1676

伾，至于大伾，顏師古：“伾，音皮彼反。”1676

湍，水湍悍，顏師古：“湍，音它端反。”1676

釃，乃釃二渠以引其河，顏師古：“釃，音山支反。”1676

漯，乃釃二渠以引其河，顏師古：“其一則漯川也。漯，音它合反。”1676

堋，則蜀守李冰鑿離堋，引晉灼：“堋，古堆字也。”顏師古：“堋，音丁回反。”1677

沫，避沫水之害，顏師古：“沫，音本末之末。”1677

溉，有餘則用溉，顏師古：“溉，音工代反。”1677

罷，欲罷之，顏師古：“罷，讀曰疲。”1678

間，乃使水工鄭國間説秦，顏師古：“間，音居莧反。”1678

中，自中山西邸瓠口爲渠，顔師古："中，讀曰仲。"1678

並，並北山，顔師古："並，音步浪反。"1678

闕，填闕之水，顔師古："闕，讀與淤同，音於據反。"1678

隄，東潰金隄，顔師古："隄，音丁奚反。"1679

奉，其奉邑食鄃，顔師古："奉，音扶用反。"1679

鄃，其奉邑食鄃，顔師古："鄃，音輸。"1679

度，度六月罷，顔師古："度，音大各反。"1679

旁，旁南山下，顔師古："旁，音步浪反。"1679

易，徑，易漕，顔師古："易，音弋豉反。"1679

番，後河東守番係，顔師古："番，音普安反。"1680

更，更底柱之艱，顔師古："更，音庚。"1680

壖，故盡河壖棄地，顔師古："壖，音而緣反。"1680

茭，民茭牧其中耳，顔師古："茭，音交。"1680

種，田者不能償種，顔師古："種，音之勇反。"1680

斜，欲通褒斜道及漕，顔師古："斜，音弋奢反。"1681

回，道多阪，回遠，顔師古："回，音胡内反。"1681

徵，自徵引洛水至商顔下，顔師古："徵，音懲。"1681

乾，乾封少雨，顔師古："乾，音干。"1682

湛，湛白馬玉璧，顔師古："湛，讀曰沈。"1682

寅，皆負薪寅決河，顔師古："寅，音大千反。"1682

揵，而下淇園之竹以爲揵，顔師古："揵，音其偃反。"1682

浩，浩浩洋洋，顔師古："浩，音胡老反。"1682

洋，浩浩洋洋，顔師古："洋，音羊。"1682

柏，魚弗鬱兮柏冬日，顔師古："柏，讀與迫同。"1683

弗，魚弗鬱兮柏冬日，顔師古："弗，音佛。"1683

沛，歸舊川兮神哉沛，顔師古："沛，音普大反。"1683

湯，河湯湯兮激潺湲，顔師古："湯，音傷。"1683

潺，河湯湯兮激潺湲，顔師古："潺，音仕連反。"1683

湲，河湯湯兮激潺湲，顔師古："湲，音于權反。"1683

迅，北渡回兮迅流難，顔師古："迅，音訊。"1683

搴，搴長茭兮湛美玉，顔師古："搴，音騫。"1684

茭,搴長茭兮,引如淳:"茭,音(茭)[郊]。"顏師古:"茭,音交,又音爻。"1684

湛,搴長茭兮湛美玉,顏師古:"湛,讀曰沈。"1684

緄,搴長茭兮湛美玉,引臣瓚:"竹葦緄謂之茭也。"顏師古:"緄,音工登反。"1684

屬,河公許兮薪不屬,顏師古:"屬,音之欲反。"1684

噫,燒蕭條兮噫乎何以御水,顏師古:"噫,音於期反。"1684

菑,隤林竹兮揵石菑,顏師古:"菑,音亦甾耳,音側其反,義與插同。"1684

道,而道河北行二渠,顏師古:"道,讀曰導。"1684

潷,潷渠,引如淳:"潷,音韋。"1684

汶,泰山下引汶水,顏師古:"汶,音問。"1685

陂,它小渠及陂山通道者,顏師古:"陂,音彼義反。一曰陂,音彼皮反。"1685

道,它小渠及陂山通道者,顏師古:"道,讀曰導。"1685

卬,以益溉鄭國傍高卬之田,顏師古:"卬,讀曰仰。"1685

寖,泉流灌寖,顏師古:"寖,古浸字。"1685

畜,畜陂澤,顏師古:"畜,讀曰蓄。"1685

挈,今內史稻田租挈重,顏師古:"挈,音苦計反。"1685

繇,平繇行水,顏師古:"繇,讀曰徭。"1685

袤,袤二百里,顏師古:"袤,長也,音茂。"1686

道,然河乃大禹之所道也,顏師古:"道,讀曰導。"1686

屯,分爲屯氏河,顏師古:"屯,音大門反。"1687

逡,清河都尉馮逡,顏師古:"逡,音七旬反。"1688

霽,旬日不霽,顏師古:"霽,音子計反,又音才詣反。"1688

浚,其處易浚,顏師古:"浚,音峻。"1688

度,能度功用,顏師古:"度,音大各反。"1688

行,遣行視,顏師古:"行,音下更反。"1688

調,調均錢穀河決所灌之郡,顏師古:"調,音徒釣反。"1689

艘,發河南以東漕船五百艘,顏師古:"艘,音先勞反。"1689

著,卒治河者爲著外繇六月,顏師古:"著,音竹助反。"1689

羨,必羨溢,顏師古:"羨,音弋繕反。"1690

淤,有填淤反壤之害,顏師古:"淤,音於庶反。"1690

種,數郡種不得下,顏師古:"種,音之勇反。"1690

乘,乘馬延年,顏師古:"乘,音食證反。"1690

壞,延世與焉必相破壞,顏師古:"壞,音怪。"1690

極,以相難極,顏師古:"極,音居力反。"1690

賈,治河卒非受平賈者,顏師古:"賈,音價。"1690

鐫,可鐫廣之,顏師古:"鐫,音子全反。"1690

溢,水溢溢,顏師古:"溢,音普頓反。"1691

行,共行視,顏師古:"行,音下更反。"1691

鬲,今見在成平、東光、鬲界中,顏師古:"鬲,與隔同。"1691

雍,而無隄防雍塞之文,顏師古:"雍,讀曰壅。"1692

分,必遺川澤之分,顏師古:"分,音扶問反。"1693

度,度水勢所不及,顏師古:"度,音大各反。"1693

汙,以爲汙澤,顏師古:"汙,音一胡反。"1693

遽,豈不遽止,顏師古:"遽,音其庶反。"1693

道,決之使道,顏師古:"道,讀曰導。"1693

雍,雍防百川,顏師古:"雍,讀曰壅。"1693

竟,以河爲竟,顏師古:"竟,讀曰境。"1693

瀕,趙、魏瀕山,顏師古:"瀕,音頻,又音賓。"1693

湛,湛溺自其宜也,顏師古:"湛,讀曰沈。"1693

屬,與東山相屬,顏師古:"屬,音之欲反。"1693

激,激使東抵東郡平剛,顏師古:"激,音工歷反。"1694

觀,使西北抵黎陽、觀下,顏師古:"觀,音工喚反。"1694

辟,辟伊闕,顏師古:"辟,讀曰闢。"1694

墮,墮斷天地之性,顏師古:"墮,音火規反。"1694

奸,而不相奸,顏師古:"奸,音干。"1694

行,行視水勢,顏師古:"行,音下更反。"1696

卬,冀州渠首盡當卬此水門,顏師古:"卬,音牛向反。"1696

罷,民常罷於救水,顏師古:"罷,讀曰疲。"1696

秔,更爲秔稻,顏師古:"秔,音庚。"1696

罷,雖勞不罷,顏師古:"罷,讀曰疲。"1696

索,少稍自索,顏師古:"索,音先各反。"1697

中,大司空掾王橫,顏師古:"橫字平中。中,讀曰仲。"1698

漸,九河之地已爲海所漸矣,顏師古:"漸,讀如本字,又音子廉反。"1698

譜,《周譜》云定王五年河徙,引如淳:"譜,音補。"1698

志,多聞而志之,顏師古:"志,記也,字亦作識,音式冀反。"1698

《藝文志》

從,戰國從衡,顏師古:"從,音子容反。"1702

燔,乃燔滅文章,顏師古:"燔,音扶元反。"1702

黔,以愚黔首,顏師古:"黔,音其炎反,又音琴。"1702

脱,書缺簡脱,顏師古:"脱,音吐活反。"1702

喟,聖上喟然而稱曰,顏師古:"喟,音丘位反。"1702

撮,撮其指意,顏師古:"撮,音千括反。"1702

輯,故有《輯略》,顏師古:"輯,與集同。"1702

宓,宓戲氏仰觀象於天,顏師古:"宓,讀與伏同。"1704

更,人更三聖,顏師古:"更,音工衡反。"1704

費,而民間有費、高二家之説,顏師古:"費,音扶味反。"1705

籑,至孔子籑焉,引孟康:"籑,音撰。"1707

召,《召誥》脱簡二,顏師古:"召,讀曰邵。"1707

故,《魯故》,顏師古:"故,今流俗《毛詩》改故訓傳爲詁字,失真耳。"1708

錯,禮義有所錯,顏師古:"錯,音千故反。"1710

瘉,猶瘉倉等推《士禮》而致於天子之説,顏師古:"瘉,與愈同。"1711

眇,樂尤微眇,顏師古:"眇,亦讀曰妙。"1712

鏗,頗能紀其鏗鏘鼓舞,顏師古:"鏗,音初衡反。"1712

數,數言其義,顏師古:"數,音所角反。"1712

夾,《夾氏傳》十一卷,顏師古:"夾,音頰。"1715

輯,門人相與輯而論籑,顏師古:"輯,與集同。"1717

籑,門人相與輯而論籑,顏師古:"籑,與撰同。"1717

畸,少府宋畸,顏師古:"畸,音居宜反。"1718

籀,《史籀》十五篇,顏師古:"籀,音胄。"1720

趨,苟趨省易,顏師古:"趨,讀曰趣。"1722

易,苟趨省易,顏師古:"易,音弋豉反。"1722

復,無復字,顏師古:"復,音扶目反。"1722

幾,則乾坤或幾乎息矣,顏師古:"幾,音鉅依反。"1723

更,猶五行之更用事焉,顏師古:"更,音工衡反。"1723

畜,是故用日少而畜德多,顔師古:"畜,讀曰蓄。"1723
宓,《宓子》十六篇,顔師古:"宓,讀與伏同。"1728
芈,《芈子》十八篇,顔師古:"芈,音弭。"1728
弢,《周史六弢》六篇,顔師古:"弢,字與韜同也。"1728
讕,《讕言》,引如淳:"讕,音粲爛。"1728
俟,《(侯)[俟]子》一篇,引李奇:"俟,或作《侔子》。"1728
譽,如有所譽,顔師古:"譽,音弋於反。"1728
辟,而辟者又隨時抑揚,顔師古:"辟,讀曰僻。"1729
譁,苟以譁衆取寵,顔師古:"譁,音呼華反。"1729
辟,此辟儒之患,顔師古:"辟,讀曰僻。"1729
父,吕望爲周師尚父,顔師古:"父,讀曰甫也。"1731
鬻,《鬻子》二十二篇,顔師古:"鬻,音弋六反。"1731
筦,《筦子》八十六篇,顔師古:"筦,讀與管同。"1732
蜎,《蜎子》十三篇,顔師古:"蜎,音一元反。"1732
駢,名駢,齊人,顔師古:"駢,音步田反。"1732
黔,《黔婁子》四篇,顔師古:"黔,音其炎反。"1732
下,威王下之,顔師古:"下,音胡稼反。"1732
攘,合於堯之克攘,顔師古:"攘,古讓字。"1732
嗛,《易》之嗛嗛,顔師古:"嗛,與謙同。"1732
檮,《公檮生終始》十四篇,顔師古:"檮,音疇。"1734
奭,《鄒奭子》十二篇,顔師古:"奭,音試亦反。"1734
泥,泥於小數,顔師古:"泥,滯也,音乃計反。"1735
棣,《游棣子》一篇,顔師古:"棣,音徒計反。"1736
飭,先王以明罰飭法,顔師古:"飭,讀與敕同。"1736
鈃,《尹文子》一篇,顔師古:"與宋鈃俱游稷下。鈃,音形。"1737
疵,名疵,爲秦博士,顔師古:"疵,音才斯反。"1737
警,及警者爲之,顔師古:"警,音工釣反。"1737
鎃,則苟鉤鎃析亂而已,顔師古:"鎃,破也,音普革反,又音普狄反。"1737
俅,《田俅子》三篇,引蘇林:"俅,音仇。"1738
采,茅屋采椽,顔師古:"采,柞木也,字作棌。采,音千在反。"1738
視,以孝視天下,顔師古:"視,讀曰示。"1738

煖,《龐煖》二篇,顏師古:"煖,音許遠反。"1740

諼,則上詐諼而棄其信,顏師古:"諼,音許遠反。"1740

侖,《大侖》三十七篇,顏師古:"侖,古禹字。"1742

繚,《尉繚(子)》二十九篇,顏師古:"繚,音了,又音聊。"1742

佼,名佼,顏師古:"佼,音絞。"1742

説,《臣説》三篇,顏師古:"説,讀曰悦。"1742

伯,王伯,不知作者,顏師古:"伯,讀曰霸。"1742

羨,則漫羨而無所歸心,顏師古:"羨,音弋戰反。"1742

氾,《氾勝之》十八篇,顏師古:"氾,音凡,又音敷劍反。"1743

誖,誖上下之序,顏師古:"誖,音布内反。"1744

稗,蓋出於稗官,引如淳:"稗,音鍛家排。"顏師古:"稗,音稊稗之稗。"1745

泥,致遠恐泥,顏師古:"泥,音乃細反。"1745

好,好惡殊方,顏師古:"好,音呼到反。"1746

惡,好惡殊方,顏師古:"惡,音一故反。"1746

鏺,鏺出並作,顏師古:"鏺,與鋒同。"1746

辟,辟猶水火,顏師古:"辟,讀曰譬。"1746

瘉,不猶瘉於野乎,顏師古:"瘉,與愈同。"1746

隁,陽丘侯劉隁賦十九篇,顏師古:"隁,音偃。"1748

説,臣説賦九篇,顏師古:"説,名,音悦。"1750

暆,東暆令延年賦七篇,顏師古:"暆,音移。"1752

錡,雒陽錡華賦九篇,顏師古:"錡,音魚綺反。"1752

眭,眭弘賦一篇,顏師古:"眭,音先隨反。"1752

栩,別栩陽賦,引服虔:"栩,音詡。"1752

泡,《雜山陵水泡雲氣雨旱賦》,顏師古:"泡,水上浮漚也。泡,音普交反。"1753

漚,《雜山陵水泡雲氣雨旱賦》,顏師古:"泡,水上浮漚也。漚,音一侯反。"1753

耑,言感物造耑,顏師古:"耑,古端字也。"1756

風,皆作賦以風,顏師古:"風,讀曰諷。"1756

婼,《婼》一篇,顏師古:"婼,音女瑞反。"1758

煖,《龐煖》三篇,顏師古:"煖,音許遠反,又音許元反。"1758

兒,《兒良》一篇,顏師古:"兒,音五溪反。"1758

背,離合背鄉,顏師古:"背,音步内反。"1759

鄉，離合背鄉，顏師古：“鄉，讀曰嚮。”1759

鵊，《鵊冶子》一篇，引晉灼：“鵊，音夾。”1760

苴，《蒲苴子弋法》四篇，顏師古：“苴，音子余反。”1762

蹙，《蹙鞻》，顏師古：“蹙，音子六反。”1762

鞻，《蹙鞻》，顏師古：“鞻，音巨六反。”1762

剡，剡木爲矢，顏師古：“剡，音弋冉反。”1763

燿，後世燿金爲刃，顏師古：“燿，讀與鑠同。”1763

掮，軍政楊僕掮撡遺逸，顏師古：“掮，音九問反。”1763

撡，軍政楊僕掮撡遺逸，顏師古：“撡，音之石反。”1763

殈，然星事殈悖，顏師古：“殈，讀與凶同。”1765

湛，非湛密者弗能由也，顏師古：“湛，讀曰沈。”1765

與，其孰與焉，顏師古：“與，讀曰豫。”1767

胲，《五音奇胲用兵》，引如淳：“胲，音該。”1769

嚮，其受命也如嚮，顏師古：“嚮，與響同。”1771

與，其孰能與於此，顏師古：“與，讀曰豫。”1771

解，解於齊戒，顏師古：“解，讀曰懈。”1771

齊，解於齊戒，顏師古：“齊，讀曰齋。”1771

屢，而屢煩卜筮，顏師古：“屢，讀曰屢。”1771

嚏，《嚏耳鳴雜占》，顏師古：“嚏，音丁計反。”1773

訞，《請官除訞祥》，顏師古：“訞，字與妖同。”1773

禳，《禳祀天文》，顏師古：“禳，音人羊反。”1773

炎，其氣炎以取之，顏師古：“炎，讀與燄同。”1774

厭，義厭不惠，顏師古：“厭，音伊葉反。”1774

觕，庶得麤觕，顏師古：“觕，音才户反。”1775

箴，而用度箴石湯火所施，顏師古：“箴，音之林反。”1776

砭，而用度箴石湯火所施，顏師古：“石謂砭石。砭，音彼廉反。”1776

齊，調百藥齊和之所宜，顏師古：“齊，音才詣反。”1776

和，調百藥齊和之所宜，顏師古：“和，音乎臥反。”1776

瘉，以瘉爲劇，顏師古：“瘉，讀與愈同。”1776

痺，《五藏六府痺十二病方》，顏師古：“痺，音必二反。”1777

疝，《五藏六府疝十六病方》，顏師古：“疝，音山諫反，〔又音删〕。”1777

癉，《五藏六府癉十二病方》，顏師古：“癉，音丁韓反。”1778

拊，《泰始黄帝扁鵲俞拊方》，顏師古：“拊，音膚。”1778

瘛，《金創瘛瘲方》，引服虔：“瘛，音瘛引之瘛。”顏師古：“瘛，音充制反。”1778

瘲，《金創瘛瘲方》，顏師古：“瘲，音子用反。”1778

菌，《黄帝雜子芝菌》，顏師古：“菌，音求閔反。”1780

診，原診以知政，顏師古：“診，音軫，又音丈刃反。”1780

晻，今其技術晻昧，顏師古：“晻，與暗同。”1780

《陳勝項籍傳》

夏，陽夏人也，顏師古：“夏，音工雅反。”1785

鵠，燕雀安知鴻鵠之志哉，顏師古：“鵠，音胡督反。”1785

度，度已失期，顏師古：“度，音大各反。”1786

數，扶蘇以數諫故不得立，顏師古：“數，音所角反。”1786

燕，項燕爲楚將，顏師古：“燕，音一千反。”1786

倡，今誠以吾衆爲天下倡，顏師古：“倡，讀曰唱。”1787

罾，置人所罾魚腹中，顏師古：“罾，音曾。”1787

亨，卒買魚亨食，顏師古：“亨，音普庚反。”1787

呼，狐鳴呼曰，顏師古：“呼，音火故反。”1787

弟，藉弟令毋斬，顏師古：“弟，今俗人語稱但者，急言之則音如弟矣。”1788

徇，乃令符離人葛嬰將兵徇蘄以東，顏師古：“徇，音似峻反。”1788

銍，攻銍、酇，顏師古：“銍，音竹乙反。”1788

酇，攻銍、酇，顏師古：“酇，音才多反。”1788

比，比至陳，顏師古：“比，音必寐反。”1788

聚，楚兵數千人爲聚者不可勝數，顏師古：“聚，音材喻反。”1789

戲，至戲，顏師古：“戲，音許宜反。”1790

黽，復走黽池，顏師古：“黽，音湎。”1790

召，張耳、召騷爲左右丞相，顏師古：“召，讀曰邵。”1791

趣，趣趙兵亟入關，顏師古：“趣，讀曰促。”1791

亟，趣趙兵亟入關，顏師古：“亟，音居力反。”1791

說，陽城人鄧說將兵居郯，顏師古：“說，讀曰悦。”1792

郯，陽城人鄧說將兵居郯，顏師古：“郯，音談。”1792

緤，銍人董緤，顏師古：“緤，音先列反。”1793

取,取慮人鄭布,顔師古:"取,音趨,又音秋。"1793

慮,取慮人鄭布,顔師古:"慮,音盧。"1793

父,還至下城父,顔師古:"父,音甫。"1793

涓,勝故涓人將軍吕臣爲蒼頭軍,顔師古:"涓,音蠲。"1793

爲,南陽復爲秦,顔師古:"爲,音于僞反。"1794

徇,車裂留以徇,顔師古:"徇,音辭峻反。"1794

方,引兵之方與,顔師古:"方,音房。"1794

與,引兵之方與,顔師古:"與,音豫。"1794

徼,徼兵復聚,顔師古:"徼,音工堯反。"1794

番,與番盜英布相遇,顔師古:"番,音蒲何反,其後番字改作鄱。"1794

數,自辯數,顔師古:"數,音山羽反。"1795

呼,遮道而呼涉,顔師古:"呼,音火故反。"1795

夥,夥,涉之爲王沈沈者,引應劭:"夥,音禍。"1795

沈,夥,涉之爲王沈沈者,顔師古:"沈,音長含反。"1795

浙,渡浙江,引應劭:"浙,音折。"1796

扛,力扛鼎,顔師古:"扛,舉也,音江。"1796

眴,梁眴籍曰,顔師古:"眴,音舜。今書本有作眄字者,流俗所改耳。"1797

讋,府中皆讋伏,顔師古:"讋,音章涉反。"1797

裨,籍爲裨將,顔師古:"裨,音頻移反。"1797

召,廣陵人召平爲陳勝徇廣陵,顔師古:"召,讀曰邵。"1798

適,無適用,顔師古:"適,音與的同。"1798

倚,我倚名族,顔師古:"倚,音於綺反。"1798

鄛,居鄛人范增,引晉灼:"鄛,音鄛絶之鄛。"顔師古:"鄛,音巢,字亦作巢。"1799

蠭,楚蠭起之將皆爭附君者,顔師古:"蠭,古蜂字也。一説蠭與鋒同。"1800

盱,與懷王都盱台,顔師古:"盱,音許于反。"1800

台,與懷王都盱台,顔師古:"台,音怡。"1800

亢,引兵攻亢父,顔師古:"亢,音抗。"1800

父,引兵攻亢父,顔師古:"父,音甫。"1800

趣,數使使趣齊兵俱西,顔師古:"趣,讀曰促。"1800

比,比至定陶,顔師古:"比,音必寐反。"1801

説,王召宋義與計事而説之,顔師古:"説,讀曰悦。"1803

搏，夫搏牛之蝱不可以破蟣，引張晏：“搏，音博。”1803

罷，戰勝則兵罷，顏師古：“罷，讀曰疲。”1803

屬，掃境內而屬將軍，顏師古：“屬，音之欲反。”1803

讋，諸將讋服，顏師古：“讋，音之涉反。”1804

梧，莫敢枝梧，引如淳：“梧，音悟。”1804

湛，皆湛舡，顏師古：“湛，讀曰沈。”1804

眂，眂士必死，顏師古：“眂，讀曰示。”1804

呼，呼聲動天地，顏師古：“呼，音火故反。”1804

惴，諸侯軍人人惴恐，引服虔：“惴，音章瑞反。”1804

繇，羽繇是始爲諸侯上將軍，顏師古：“繇，讀與由同。”1805

卻，秦軍數卻，顏師古：“卻，音丘略反。”1806

顓，相國趙高顓國主斷，顏師古：“顓，與專同也。”1806

鄔，南并鄔郢，顏師古：“鄔，音偃。”1806

郢，南并鄔郢，顏師古：“郢，音弋井反。”1806

從，將軍何不還兵與諸侯爲從，顏師古：“從，音子容反。”1806

鑕，孰與身伏斧質，顏師古：“質謂鑕也。鑕，音竹林反。”1806

汙，羽悉引兵擊秦軍汙水上，顏師古：“汙，音于。”1807

洹，羽乃與盟洹水南殷虛上，顏師古：“洹，音桓，俗音袁，非也。”1807

虛，羽乃與盟洹水南殷虛上，顏師古：“虛，讀曰墟。”1807

伯，可都以伯，顏師古：“伯，讀曰霸。”1808

顓，何以得顓主約，顏師古：“顓，與專同。”1809

游，必居上游，引文穎：“游，或作流。”1809

郴，都郴，顏師古：“郴，音丑林反。”1809

番，番君吳芮，顏師古：“番，音蒲河反。”1810

共，義帝柱國共敖，顏師古：“共，讀曰龔。”1810

荼，燕將臧荼，顏師古：“荼，音塗。”1810

環，故因環封之三縣，顏師古：“環，音宦。”1810

銷，番君將梅銷，顏師古：“銷，音火玄反。”1811

伯，羽自立爲西楚伯王，顏師古：“伯，讀曰霸。”1811

說，夏說說齊王榮，顏師古：“夏說，讀曰悅。”1812

說，夏說說齊王榮，顏師古：“下說齊王，說，音式芮反。”1812

走，漢軍皆南走山，顏師古：“走，音奏。”1813

睢，楚又追擊至靈辟東睢水上，顏師古：“睢，音雖。”1813

擠，爲楚所擠，顏師古：“擠，音子詣反，又音子奚反。”1813

索，戰京、索間，顏師古：“索，音山各反。”1814

間，乃與陳平金四萬斤以間楚君臣，顏師古：“間，音居莧反。”1814

疽，疽發背死，顏師古：“疽，音千餘反。”1814

苛，周苛，顏師古：“苛，音何。”1814

樅，樅公，顏師古：“樅，音千容反。”1814

葉，還出宛、葉間，顏師古：“葉，音式涉反。”1814

跳，漢王跳，顏師古：“跳，音徒彫反。”1814

强，彭越强劫外黄，顏師古：“强，音其兩反。”1815

氾，渡兵氾水，顏師古：“氾，音凡。”1816

眛，漢軍方圍鍾離眛，顏師古：“眛，音莫葛反。”1816

走，盡走險阻，顏師古：“走，音奏。”1816

罷，毋徒罷天下父子爲也，顏師古：“罷，讀曰疲。”1816

瞋，羽瞋目叱之，顏師古：“瞋，音充人反。”1816

數，漢王數羽十罪，顏師古：“數，責也，音所具反。”1817

它，羽使從兄子項它爲大將，顏師古：“它，音徒何反。”1817

且，龍且爲裨將，顏師古：“且，音子余反。”1817

戲，戲下騎從者八百餘人，顏師古：“戲，音許宜反，又音許爲反。”1818

屬，騎能屬者百餘人，顏師古：“屬，音之欲反。”1818

脱，羽自度不得脱，顏師古：“脱，音土活反。”1819

伯，遂伯有天下，顏師古：“伯，讀曰霸。”1819

艾，斬將，艾旗，顏師古：“艾，音刈。”1819

隤，於是引其騎因四隤山，顏師古：“隤，音徒回反。”1819

呼，於是羽大呼馳下，顏師古：“呼，音火故反。”1819

披，漢軍皆披靡，顏師古：“披，音普彼反。”1819

辟，辟易數里，顏師古：“辟，音頻亦反。”1819

檥，烏江亭長檥船待，引服虔：“檥，音蟻。”1820

購，吾聞漢購我頭千金，顏師古：“購，音工豆反。”1820

得，吾爲公得，引晉灼：“得，字或作德。”1820

輮,亂相輮蹈,顔師古:"輮,音人九反。"1820

從,合從締交,顔師古:"從,音子容反。"1822

締,合從締交,顔師古:"締,音大系反。"1822

從,約從離橫,顔師古:"從,音子容反。"1822

召,召滑,顔師古:"召,讀曰邵。"1822

臏,孫臏,顔師古:"臏,音頻忍反。"1822

他,帶他,顔師古:"他,音徒何反。"1822

兒,兒良,顔師古:"兒,音五奚反。"1822

廖,王廖,顔師古:"廖,音聊。"1822

仰,仰關而攻秦,顔師古:"仰,今流俗書本仰字作卬,非也。"1822

遁,九國之師遁巡而不敢進,顔師古:"遁,音千旬反。"1822

巡,九國之師遁巡而不敢進,顔師古:"巡,流俗書本巡字誤作逃。"1822

鏃,秦無亡矢遺鏃之費,顔師古:"鏃,音子木反。"1822

漂,流血漂鹵,顔師古:"漂,音匹遥反。"1822

施,施及孝文、莊襄王,顔師古:"施,音弋豉反。"1823

敲,執敲扑以鞭笞天下,顔師古:"敲,音苦交反。"1823

扑,執敲扑以鞭笞天下,顔師古:"扑,音普木反。"1823

頫,百粵之君頫首係頸,引鄧展:"頫,音俯。"顔師古:"頫,古俯字。"1823

卻,卻匈奴七百餘里,顔師古:"卻,音丘略反。"1823

墮,墮名城,顔師古:"墮,音火規反。"1824

鍉,銷鋒鍉,引如淳:"鍉,音嫡。"顔師古:"鍉,與鏑同。"1824

甿,甿隸之人,引如淳:"甿,古文萌字。"1824

躡,躡足行伍之間,引如淳:"躡,音疊。"顔師古:"躡,音女涉反。"1824

俛,而俛起阡陌之中,顔師古:"俛,字或作俛,讀與俯同。"1824

罷,帥罷散之卒,顔師古:"罷,讀曰疲。"1825

揭,揭竿爲旗,顔師古:"揭,音竭。今讀之者爲負揭之揭,非也。"1825

嚮,天下雲合嚮應,顔師古:"嚮,讀曰響。"1825

矜,鉏櫌棘矜,顔師古:"矜,與蘣同。矜,音其巾反。"1825

櫌,鉏櫌棘矜,顔師古:"櫌,音憂。"1825

鍛,不敵於鉤戟長鍛,顔師古:"鍛,音(其)[山]列反。"1825

適，適戍之衆，顔師古："適，讀曰讁。"1826

亢，不亢於九國之師，顔師古："亢，讀與抗同。"1826

曩，非及曩時之士也，顔師古："曩，音乃朗反。"1826

度，試使山東之國與陳涉度長絜大，顔師古："度，音徒各反。"1826

絜，試使山東之國與陳涉度長絜大，顔師古："絜，音下結反。"1826

招，招八州而朝同列，引蘇林："招，音翹。"1826

后，然后以六合爲家，顔師古："后，與後同，古通用字。"1826

墮，一夫作難而七廟墮，顔師古："墮，音火規反。"1826

拔，拔起隴畝之中，引晉灼："拔，音卒拔之拔。"顔師古："拔，音步末反。"1826

繇，政繇羽出，顔師古："繇，與由同。"1827

伯，號爲"伯王"，顔師古："伯，讀曰霸。"1827

《張耳陳餘傳》

邸，亡邸父客，顔師古："邸，歸也，音丁禮反。"1829

陘，遊趙苦陘，顔師古："陘，音刑。"1830

刎，相與爲刎頸交，顔師古："刎，音舞粉反。"1830

數，數之曰，顔師古："數，音所具反。"1830

視，視天下私，顔師古："視，讀曰示。"1831

罷，百姓罷敝，顔師古："罷，讀曰疲。"1832

重，重以苛法，顔師古："重，音直用反。"1832

倡，今陳王奮臂爲天下倡始，顔師古："倡，讀曰唱。"1832

嚮，莫不嚮應，顔師古："嚮，讀曰響。"1832

爲，家自爲怒，顔師古："爲，音于僞反。"1832

介，獨介居河北，引晉灼："介，音憂。"顔師古："介，隔也，讀如本字。"1833

填，不王無以填之，顔師古："填，音竹刃反。"1833

脱，恐不得脱於禍，顔師古："脱，音土活反。"1833

趣，趣兵西入關，顔師古："趣，讀曰促。"1833

黶，張黶略上黨，顔師古："黶，音烏黠反。"1833

廝，有廝養卒謝其舍曰，顔師古："廝，音斯。"1834

走，乃走燕壁，顔師古："走，音奏。"1834

箠，杖馬箠下趙數十城，顔師古："箠，音止蘂反。"1834

易，夫以一趙尚易燕，顔師古："易，音弋豉反。"1835

屬,築甬道屬河,顏師古:"屬,音之欲反。"1836

饟,饟王離,顏師古:"饟,古餉字。"1836

餒,如以肉餒虎,顏師古:"餒,音於僞反。"1836

治,治信都,顏師古:"治,音丈吏反。"1837

説,餘乃使夏説説田榮,顏師古:"夏説,讀曰悦。"1838

説,餘乃使夏説説田榮,顏師古:"説田榮,音式鋭反。"1838

分,東井者,秦分也,顏師古:"分,音扶問反。"1838

泜,斬餘泜水上,引蘇林:"泜,音袛也。"引晉灼:"問其方人音柢。"顏師古:"蘇音袛敬之袛,音執夷反,古音如是。晉音根柢之柢,音丁計反,今其土俗呼水則然。"1839

孱,吾王孱王也,顏師古:"孱,音士連反。"1840

復,賴皇帝得復國,顏師古:"復,音房目反。"1840

榜,吏榜笞數千,刺爇,顏師古:"榜,音彭。"1841

爇,吏榜笞數千,刺爇,顏師古:"爇,音而説反。"1841

泄,中大夫泄公曰,顏師古:"泄,音薛。"1841

箯,上使泄公持節問之箯輿前,顏師古:"箯,音鞭。"1841

卬,卬視泄公,顏師古:"卬,讀曰仰。"1841

亢,乃仰絶亢而死,顏師古:"亢,音下郎反,又音工郎反。"1842

睢,復封偃孫廣國爲睢陵侯,顏師古:"睢,音雖。"1843

鄉,何鄉者慕用之誠,顏師古:"鄉,讀曰嚮。"1843

戾,後相背之戾也,顏師古:"戾,古戾字。"1843

《魏豹田儋韓王信傳》

徇,徇魏地,顏師古:"徇,音辭峻反。"1845

爲,儋陽爲縛其奴,顏師古:"爲,今流俗書本爲字作僞,非也。"1847

廷,從少年之廷,顏師古:"廷,音定。"1847

趣,項梁使使趣齊兵共擊章邯,顏師古:"趣,讀曰促。"1848

蝮,蝮蠚手則斬手,顏師古:"蝮,音芳六反。"1848

蠚,蝮蠚手則斬手,顏師古:"蠚,音火各反。"1848

螫,蝮蠚手則斬手,引應劭:"蠚,螫也。"顏師古:"螫,音式亦反。"1848

虺,蝮蠚手則斬手,引應劭:"蝮一名虺。"顏師古:"虺,音許偉反。"1848

擘,蝮蠚手則斬手,顏師古:"首大如擘。擘,音步歷反。"1848

齮，則齮齕首用事者墳墓矣，顏師古：“齮，音蟣。”1848

齕，則齮齕首用事者墳墓矣，顏師古：“齕，音紇。”1848

齩，則齮齕首用事者墳墓矣，引如淳：“齕，齩也。”顏師古：“齩，音五絞反。”1848

治，治即墨，顏師古：“治，音丈吏反。”1849

華，齊使華毋傷、田解，顏師古：“華，音户化反。”1850

且，楚使龍且救齊，顏師古：“且，音子閭反。”1850

嬴，嬰敗橫軍於嬴下，顏師古：“嬴，音弋成反。”1850

中，中立，顏師古：“中，音竹仲反。”1850

吸，灌嬰破殺齊將田吸於千乘，顏師古：“吸，音許及反。”1851

鵰，居鵰中，顏師古：“鵰，音丁老反。”1851

傳，橫乃與其客二人乘傳詣雒陽，顏師古：“傳，音張戀反。”1851

併，與其弟併肩而事主，顏師古：“併，音步鼎反。”1852

更，兄弟三人更王，顏師古：“更，音工衡反。”1852

犇，犇懷王，顏師古：“犇，古奔字。”1852

鏠，及其鏠東鄉，顏師古：“鏠，與鋒同。”1853

鄉，及其鏠東鄉，顏師古：“鄉，讀曰嚮。”1853

宛，南迫宛、葉，顏師古：“宛，音於元反。”1854

葉，南迫宛、葉，顏師古：“葉，音式涉反。”1854

被，國被邊，引李奇：“被，音被馬之被。”1854

鞮，上自往擊破信軍銅鞮，顏師古：“鞮，音丁奚反。”1855

閼，上乃使人厚遺閼氏，顏師古：“閼，音於連反。”1855

氏，上乃使人厚遺閼氏，顏師古：“氏，音支。”1855

傅，請令彊弩傅兩矢外鄉，顏師古：“傅，讀曰附。”1855

鄉，請令彊弩傅兩矢外鄉，顏師古：“鄉，讀曰嚮。”1855

復，輒復故位號，顏師古：“復，音扶目反。”1856

蠡，夫種、蠡無一罪，顏師古：“蠡，音禮。”1856

僨，僨於吳世，引蘇林：“僨，音奮。”顏師古：“僨，音方問反。”1856

貣，旦暮乞貣蠻夷，顏師古：“貣，音吐得反。”1856

痿，如痿人不忘起，顏師古：“痿，音人佳反。”1856

嫣，積當孽孫嫣，引鄭氏：“嫣，音隔陵之隔。”顏師古：“嫣，音偃。”1857

說，嫣弟說，顏師古：“說，讀曰悅。”1857

領,封龍領侯,顏師古:"領,字或作維。"1857

掘,掘蠱太子宮,顏師古:"掘,音其勿反。"1858

秏,諸侯秏盡,顏師古:"秏,音呼到反。"1858

與,蓋周烈近與,顏師古:"與,讀曰歟。"1858

《韓彭英盧吳傳》

行,乃行營高燥地,顏師古:"行,音下更反。"1861

燥,乃行營高燥地,顏師古:"燥,音先老反。"1861

漂,有一漂母哀之,顏師古:"漂,音匹妙反。"1862

飯,有一漂母哀之,飯信,顏師古:"飯,音扶晚反。"1862

俛,俛出跨下,顏師古:"俛,亦俯字。"1862

戲,居戲下,顏師古:"戲,讀曰麾,又音許宜反。"1862

度,信度何等已數言上,顏師古:"度,音大各反。"1863

嫚,王素嫚無禮,顏師古:"嫚,與慢同。"1864

鄉,今東鄉爭權天下,顏師古:"鄉,讀曰嚮。"1865

唯,唯信亦以爲大王弗如也,顏師古:"唯,應辭,音弋癸反。"1865

猝,項王意烏猝嗟,顏師古:"猝,音千忽反。"1865

屬,然不能任屬賢將,顏師古:"屬,音之欲反。"1865

姁,言語姁姁,顏師古:"姁,音許于反。"1865

刓,刻印刓,引蘇林:"刓,音刓角之刓,刓與摶同。"顏師古:"刓,音五丸反。"1865

摶,刻印刓,引蘇林:"刓與摶同。"顏師古:"摶,音大官反,又音專。"1865

彊,彊服耳,顏師古:"彊,音其兩反。"1865

脫,唯獨邯、欣、翳脫,顏師古:"脫,音土活反。"1866

索,破楚京、索間,顏師古:"索,音山客反。"1866

卻,漢之敗卻彭城,顏師古:"卻,音丘略反。"1867

罌,而伏兵從夏陽以木罌缶度軍,顏師古:"罌,音一政反。"1867

說,禽夏說閼與,顏師古:"說,讀曰悅。"1867

閼,禽夏說閼與,顏師古:"閼,音一曷反。"1867

與,禽夏說閼與,顏師古:"與,音豫。"1867

喋,新喋血閼與,顏師古:"喋,音牒。"1867

餽,千里餽糧,顏師古:"餽,字與饋同。"1868

樵,樵蘇後爨,顏師古:"樵,音在消反。"1868

重,絕其輜重,顏師古:"重,音直用反。"1868

戲，兩將之頭可致戲下，顏師古："戲，讀曰麾，又音許宜反。"1868

罷，亦以罷矣，顏師古："罷，讀曰疲。"1868

幟，人持一赤幟，顏師古："幟，音式志反。"1869

革，從間道革山而望趙軍，引如淳："革，音蔽。"1869

飱，令其裨將傳飱，顏師古："飱，古飡字，音千安反。"1869

憮，諸將皆憮然，引孟康："憮，音撫。"引劉德："憮，音憮。"顏師古："憮，音文
　　府反。"1869

行，未肯擊前行，顏師古："行，音胡郎反。"1869

走，走水上軍，顏師古："走，音奏。"1869

泜，斬成安君泜水上，顏師古："泜，音祇，又音丁計反。"1869

鄉，東鄉坐，西鄉對，顏師古："鄉，皆讀曰嚮。"1870

敺，敺市人而戰之，顏師古："敺，與驅同也。"1870

伯，之秦而秦伯，顏師古："伯，讀曰霸。"1871

鄗，軍敗鄗下，引李奇："鄗，音羹臛之臛。"1871

婾，靡衣婾食，顏師古："婾，與偷字同。"1871

罷，然而衆勞卒罷，顏師古："罷，讀曰疲。"1871

見，情見力屈，顏師古："見，音胡電反。"1872

屈，情見力屈，顏師古："屈，音其勿反。"1872

首，北首燕路，顏師古："首，音式究反。"1872

宛，南之宛、葉，顏師古："宛，音於元反。"1872

葉，南之宛、葉，顏師古："葉，音式涉反。"1872

且，楚使龍且將，顏師古："且，音子余反。"1873

濰，與信夾濰水陳，顏師古："濰，音維。"1873

填，不爲假王以填之，顏師古："填，音竹刃反。"1874

數，身居項王掌握中數矣，顏師古："數，音山角反。"1875

衣，解衣衣我，顏師古："下衣，音於記反。"1875

食，推食食我，顏師古："下食，讀曰飤也。"1875

眛，項王亡將鍾離眛家在伊廬，顏師古："眛，音莫曷反。"1876

行，行縣邑，顏師古："行，音下更反。"1876

度，自度無罪，顏師古："度，音大各反。"1876

鞅，居常鞅鞅，顏師古："鞅，音於兩反。"1877

從，上嘗從容與信言諸將，顏師古："從，音千容反。"1877

黨，恐其黨不就，顏師古："黨，音他朗反。"1878

校，令校長斬之，顏師古："校，音下教反。"1879

走，越將其兵北走穀城。項王南走陽夏，顏師古："走，並音奏。"1880

夏，項王南走陽夏，顏師古："夏，音攻雅反。"1880

蚤，而君王不蚤定，顏師古："蚤，古早字。"1880

幾，幾是乎，顏師古："幾，音鉅依反。"1881

番，布乃見番君，顏師古："番，音蒲何反。"1882

譙，數使使者譙讓召布，顏師古："譙，音在笑反。"1883

鑕，使何等二十人伏斧質淮南市，顏師古："質，鑕也。鑕，音竹林反。"1884

鄉，寡人北鄉而臣事之，顏師古："鄉，讀曰嚮。"1884

鄉，大王提空名以鄉楚，顏師古："鄉，讀曰嚮。"1884

間，間以梁地，顏師古："間，音居莧反。"1885

罷，故楚兵不足罷也，顏師古："罷，讀曰疲。"1885

走，而疾走漢并力，顏師古："走，音奏。"1885

洗，漢王方踞牀洗，顏師古："洗，音先典反。"1886

張，張御食飲從官如漢王居，顏師古："張，音竹亮反。"1886

賁，醫家與中大夫賁赫對門，顏師古："賁，音肥。"1887

從，從容語次，顏師古："從，音千容反。"1887

傳，乘傳詣長安，顏師古："傳，音張戀反。"1888

怨，恐仇怨妄誣之，顏師古："怨，音於元反。"1888

重，歸重於越，顏師古："重，音直用反。"1889

揣，果如薛公揣之，引文穎："揣，音初委反。"1889

會，會甀，顏師古："會，音工外反。"1890

甀，會甀，顏師古："甀，音丈瑞反。"1890

隃，隃謂布"何苦而反"，顏師古："隃，讀曰遙。"1890

鄡，番陽人殺布茲鄉，顏師古："鄡陽縣之鄉也。鄡，音口堯反。"1890

共，與劉賈擊臨江王共尉，顏師古："共，讀曰龔。"1891

觖，爲群臣觖望，顏師古："觖，音決。"1891

宛，宛句人也，顏師古："宛，音於元反。"1892

句，宛句人也，顏師古："句，音劬。"1892

間，使得爲匈奴間，顏師古：“間，音居莧反。”1893

閟，閟匿，顏師古：“閟，音祕。”1893

屬，屬任呂后，顏師古：“屬，音之欲反。”1893

瘉，幸上病瘉，顏師古：“瘉，與愈同。”1893

番，秦時番陽令也，顏師古：“番，音蒲何反。”1894

妻，芮妻之，顏師古：“妻，音千計反。”1894

鋗，乃遇芮之將梅鋗，顏師古：“鋗，音呼玄反。”1894

酈，與偕攻析、酈，顏師古：“酈，音郎益反。”1894

邾，都邾，顏師古：“邾，音朱，又音姝。”1894

共，子共王右嗣，顏師古：“共，讀曰恭。”1895

徼，皆徼一時之權變，顏師古：“徼，音工堯反。”1895

《荆燕吳傳》

塞，定塞地，顏師古：“塞，音先代反。”1899

共，與太尉盧綰西南擊臨江王共尉，顏師古：“共，讀曰龔。”1900

填，欲王同姓以填天下，顏師古：“填，音竹刃反。”1900

畫，以畫奸澤，顏師古：“畫，音獲。”1901

說，澤大說之，顏師古：“說，讀曰悅。”1901

風，何不風大臣以聞太后，顏師古：“風，讀曰諷。”1902

觖，獨此尚觖望，顏師古：“觖，音決。”1902

填，無壯王填之，顏師古：“填，音竹刃反。”1904

拊，因拊其背，顏師古：“拊，音芳羽反。”1904

提，皇太子引博局提吳太子，顏師古：“提，音徒計反。”1905

愠，吳王愠曰，顏師古：“愠，音於問反。”1905

請，及後使人爲秋請，顏師古：“請，音材姓反。”1905

賈，輒予平賈，顏師古：“賈，讀曰價。”1905

頌，頌共禁不與，顏師古：“頌，讀曰容。”1906

從，數從容言吳過可削，顏師古：“從，音子容反。”1906

橫，以此吳王日益橫，顏師古：“橫，音胡孟反。”1906

亟，其反亟，顏師古：“亟，音居力反。”1906

䬼，猇糒及米，顏師古：“猇，古䬼字。䬼，音食爾反。”1908

請，不能朝請二十餘年，顏師古：“請，音材姓反。”1908

縲,脅肩縲足,顏師古:"縲,古累字也。"1908

瞿,膠西王瞿然駭,顏師古:"瞿,音居具反。"1908

方,方洋天下,顏師古:"方,音房,又音旁。"1908

洋,方洋天下,顏師古:"洋,音羊。"1908

狹,敝國雖狹,顏師古:"狹,音胡夾反。"1911

走,西走蜀,顏師古:"走,音奏。"1911

走,走長安,顏師古:"走,音奏。"1911

爲,凡皆爲此,顏師古:"爲,音于僞反。"1911

適,賊臣朝錯擅適諸侯,顏師古:"適,讀曰謫。"1912

復,復故地而罷,顏師古:"復,音扶目反。"1912

傳,條侯將乘六乘傳,顏師古:"傳,音張戀反。"1913

饟,塞吳饟道,顏師古:"饟,古餉字。"1913

比,比至城陽,顏師古:"比,音必寐反。"1914

度,自度無與共成功,顏師古:"度,音大各反。"1915

從,膠東王雄渠約從謀反,顏師古:"從,音子容反。"1915

重,而印等又重逆無道,顏師古:"重,音直用反。"1915

走,即走條侯軍,顏師古:"走,音奏。"1916

戲,吳王乃與其戲下壯士千人夜亡去,顏師古:"戲,讀曰麾,又音許宜反。"1916

啗,漢使人以利啗東越,顏師古:"啗,音徒濫反。"1916

縱,使人縱殺吳王,引蘇林:"縱,音從容之從。"顏師古:"縱,音楚江反。"1916

傳,馳傳以聞,顏師古:"傳,音張戀反。"1917

罷,臣觀之以罷,顏師古:"罷,讀曰疲。"1917

處,王何處,顏師古:"處,音昌汝反。"1917

累,事發相重,顏師古:"重猶累也。 累,音力瑞反。"1918

《楚元王傳》

蚤,伯蚤卒,顏師古:"蚤,古早字也。"1921

食,高祖使仲與審食其留侍太上皇,顏師古:"食,音異。"1922

其,高祖使仲與審食其留侍太上皇,顏師古:"其,音基。"1922

轑,轑釜,引服虔:"轑,音勞。 轑,轢也。"顏師古:"轢,音洛,又音歷。"1922

繇,繇是怨嫂,顏師古:"繇,與由同。"1922

頡,封其子信爲羹頡侯,顏師古:"頡,音夏。"1922

辟，太子辟非先卒，顏師古："辟，音壁。"1923

沈，歲爲沈猶侯，引晉灼："沈，音審。"1923

埶，埶爲宛朐侯，顏師古："埶，古藝字。"1923

耆，穆生不耆酒，顏師古："耆，讀曰嗜。"1924

鉗，楚人將鉗我於市，顏師古："鉗，音其炎反。"1924

與，獨不念先王之德與，顏師古："與，讀曰歟。"1924

見，吉凶之先見者也，顏師古："見，音胡電反。"1924

倚，陰欲附倚輔助之，顏師古："倚，音於綺反。"1925

辟，富子辟彊等四人供養，顏師古："辟，音必亦反，又讀曰闢。"1925

彊，富子辟彊等四人供養，顏師古："彊，音居良反，又讀曰疆。"1925

塋，賜塋，顏師古："塋，音營。"1926

屬，能屬文，顏師古："屬，音之欲反。"1926

數，數責以公主起居無狀，顏師古："數，音所具反。"1927

與，與立宣帝，顏師古："與，讀曰豫。"1927

反，多所平反罪人，引蘇林："反，音幡。"1928

向，向字子政，顏師古："向，而近代學者讀向音餉。"1929

飭，以行修飭擢爲諫大夫，顏師古："飭，讀與敕同。"1929

僑，張子僑，顏師古："僑，字或作蟜，或作喬，音鉅驕反。"1929

卷，客星見昴、卷舌間，顏師古："卷，音俱免反。"1930

忤，忤於貴戚尚書，顏師古："忤，音五故反。"1931

説，按道侯韓説諫曰，顏師古："説，讀曰悦。"1931

比，多此比類，顏師古："比，音必寐反。"1931

雨，天陰雨雪，顏師古："雨，音于具反。"1931

幾，幾已得復進，顏師古："幾，讀曰冀。"1932

咄，念忠臣雖在咄欹，顏師古："咄，音工犬反，字或作畎，其音同耳。"1933

惓，惓惓之義也，顏師古："惓，讀與拳同，音其專反。"1933

重，況重以骨肉之親，顏師古："重，音直用反。"1933

杼，一杼愚意，顏師古："杼，音食汝反。"1933

遝，雜遝衆賢，顏師古："遝，音大合反。"1934

於，於穆清廟，顏師古："於，讀曰烏。"1934

辟，相維辟公，顏師古："辟，音壁。"1934

穰，降福穰穰，顏師古："穰，音人羊反。"1934

飴，飴我釐麰，顏師古："飴，讀與貽同也。"1934

釐，飴我釐麰，顏師古："釐，音力之反，又讀與來同。"1934

麰，飴我釐麰，顏師古："麰，音牟。"1934

歙，歙歙訿訿，顏師古："歙，音翕。"1935

訿，歙歙訿訿，顏師古："訿，音紫。"1935

橈，不橈眾枉，顏師古："橈，音女教反。"1935

謷，讒口謷謷，顏師古："謷，音敖。"1935

憯，胡憯莫懲，顏師古："憯，音千感反。"1936

祭，周大夫祭伯乖離不和，顏師古："祭，音側介反。"1937

阤，山陵崩阤二，顏師古："阤，音丈爾反。"1937

鄋，長狄入三國，顏師古："長狄，鄋瞞之種。鄋，音搜。"1938

瞞，長狄入三國，顏師古："長狄，鄋瞞之種。瞞，音末安反。"1938

鶂，六鶂退飛，顏師古："鶂，音五歷反。"1939

蜮，有蜮、蜚，顏師古："蜮，音域。"1939

蜚，有蜮、蜚，顏師古："蜚，音扶味反。"1939

鸜，鸜鵒來巢者，顏師古："鸜，音劬。"1939

鵒，鸜鵒來巢者，顏師古："鵒，音欲。"1939

雨，雨木冰，顏師古："雨，音于具反。"1939

雨，大雨雹，顏師古："雨，音于具反。"1939

靁，雨雪靁霆失序相乘，顏師古："靁，古雷字也。"1939

霆，雨雪靁霆失序相乘，顏師古："霆，音大丁反。"1939

螽，蠭、螽、螟蜂午並起，顏師古："螽，音終。"1939

螟，蠭、螽、螟蜂午並起，顏師古："螟，音冥。"1939

貿，晉敗其師於貿戎，顏師古："貿，音莫侯反。"1941

更，三君更立，引應劭："更，音工衡反。"1941

渾，今賢不肖渾殽，顏師古："渾，音胡本反。"1942

糅，邪正雜糅，顏師古："糅，和也，音汝救反。"1942

午，朝臣舛午，顏師古："午，音五故反。"1942

剌，膠戾乖剌，顏師古："剌，音來曷反。"1942

更，更相讒愬，顏師古："更，音工衡反。"1942

卻，猶卻行而求及前人也，顏師古："卻，音邱略反。"1943

稠，災異未有稠如今者也，顏師古："稠，音直流反。"1943

否，故《易》有《否》《泰》，顏師古："否，音皮鄙反。"1944

麃，雨雪麃麃，顏師古："麃，音彼驕反。"1944

晛，見晛聿消，顏師古："晛，音乃見反。"1944

鯀，鯀、共工、驩兜，顏師古："鯀，音工本反。"1944

驩，鯀、共工、驩兜，顏師古："驩，音火官反。"1944

檮，鯀、共工、驩兜，顏師古："鯀，崇伯之名，即檮杌也。檮，音徒高反。"1944

杌，鯀、共工、驩兜，顏師古："鯀，崇伯之名，即檮杌也。杌，音兀。"1944

渾，鯀、共工、驩兜，顏師古："驩兜，帝鴻氏之後，即渾敦也。渾，音胡本反。"1944

敦，鯀、共工、驩兜，顏師古："驩兜，帝鴻氏之後，即渾敦也。敦，音徒本反。"1944

迭，迭進相毀，顏師古："迭，音大結反。"1944

讇，今二府奏佞讇不當在位，顏師古："讇，古諂字。"1945

詆，巧言醜詆，顏師古："詆，音丁禮反。"1945

譁，譁於民間，顏師古："譁，音火瓜反。"1945

悄，憂心悄悄，顏師古："悄，音千小反。"1945

更，孔子與顏淵、子貢更相稱譽，顏師古："更，音工衡反。"1945

比，不爲比周，顏師古："比，音頻寐反。"1946

彙，拔茅茹以其彙，引鄭氏："彙，音謂。"1946

茹，拔茅茹以其彙，顏師古："茹，音汝據反。"1946

重，災異之所以重至者也，顏師古："重，音直用反。"1946

詖，壞散險詖之聚，顏師古："詖，音彼義反。"1947

比，愈與許、史比而怨更生等，顏師古："比，音頻寐反。"1948

齗，朝臣齗齗不可光禄勳，顏師古："齗，音牛斤反。"1948

悃，發憤悃愊，顏師古："悃，音口本反。"1949

愊，發憤悃愊，顏師古："愊，音平力反。"1949

厭，抑厭遂退，顏師古："厭，音一甲反。"1949

晻，而反晻昧説天，顏師古："晻，讀與暗同，又音烏感反。"1949

詆，非議詆欺，顏師古："詆，音丁禮反。"1949

信，恐不得自信，顏師古：“信，讀曰伸。”1949

幹，顯幹尚書[事]，顏師古：“幹，與管同。”1949

痞，會堪疾痞，顏師古：“痞，音於今反。”1949

擿，乃著《疾讒》《擿要》，顏師古：“擿，音吐歷反。”1949

興，依興古事，顏師古：“興，音許證反。”1949

倚，倚太后，顏師古：“倚，音於綺反。”1950

休，五行陰陽休咎之應，顏師古：“休，音許求反。”1950

喟，喟然歎曰，顏師古：“喟，音丘位反。”1951

萌，民萌何以勸勉，顏師古：“萌，與甿同。”1951

紵，用紵絮斮陳漆其間，顏師古：“紵，音張吕反。”1952

斮，用紵絮斮陳漆其間，顏師古：“斮，音側略反。”1952

錮，雖錮南山猶有隙，顏師古：“錮，音固。”1952

衣，厚衣之以薪，顏師古：“衣，音於既反。”1952

防，孔子葬母於防，顏師古：“防，音扶方反。”1953

識，不可不識也，顏師古：“識，音式志反。”1954

隱，其高可隱，顏師古：“隱，音於靳反。”1954

弟，周公弟弟，顏師古：“上弟，音徒計反。”1954

瘞，多其瘞藏，顏師古：“瘞，音于例反。”1955

鑿，羊入其鑿，顏師古：“鑿，音在到反。”1955

埤，增埤爲高，顏師古：“埤，音婢。”1957

猝，期日迫猝，顏師古：“猝，讀曰猝。”1957

惛，臣甚惛焉，顏師古：“惛，音昬。一曰惛，古閔字。”1957

説，謀之賢知則不説，顏師古：“説，讀曰悦。”1957

橆，初陵之橆，引應劭：“橆，音規摹之摹。”顏師古：“橆，《韋玄成傳》及《蕭望之傳》規橆音（議）[義]皆同。”1957

嬖，及孽嬖亂亡者，顏師古：“嬖，音必計反。”1958

絫，絫世蒙漢厚恩，顏師古：“絫，古累字。”1958

操，夫大臣操權柄，顏師古：“操，音千高反。”1959

衎，孫林父、甯殖出其君衎，顏師古：“衎，音口旦反。”1959

剽，弑其君剽，顏師古：“剽，音匹照反。”1959

筦，周大夫尹氏筦朝事，顏師古：“筦，與管同。”1959

更,子朝、子猛更立,顏師古:"更,音工衡反。"1959

葉,涇陽、葉陽君,顏師古:"葉,音式涉反。"1960

互,宗族磐互,顏師古:"互,字或作牙。"1961

援,援近宗室,顏師古:"援,音爰。"1962

遠,黜遠外戚,顏師古:"遠,音于萬反。"1962

蚤,不可不蚤慮,顏師古:"蚤,古早字。"1962

雍,蜀郡岷山崩雍江,顏師古:"雍,讀作壅。"1963

敖,毋若丹朱敖,顏師古:"敖,讀曰傲。"1963

奇,率三歲五月有奇而壹食,顏師古:"奇,音居宜反。"1964

陬,孟陬無紀,顏師古:"陬,音子侯反,又音鄹。"1964

嚮,應若景嚮,顏師古:"嚮,讀曰響。"1965

很,故很很數奸死亡之誅,顏師古:"很,音懇。"1966

奸,故很很數奸死亡之誅,顏師古:"奸,音干。"1966

炎,攝提炎及紫宮,顏師古:"炎,音弋瞻反。"1966

閒,願賜清燕之閒,顏師古:"閒,讀曰閑。"1966

庇,枝葉落則本根無所庇廕,顏師古:"庇,音必寐反。"1966

廕,枝葉落則本根無所庇廕,顏師古:"廕,音於禁反。"1966

伋,長子伋,顏師古:"伋,音汲。"1967

湛,歆亦湛靖有謀,顏師古:"湛,讀曰沈。"1968

間,向不能非間也,顏師古:"間,音居莧反。"1968

迭,而三代迭興,顏師古:"迭,音大結反。"1969

籩,棄籩豆之禮,顏師古:"籩,音邊。"1969

間,傳或間編,顏師古:"間,音古莧反。"1970

罷,學者罷老且不能究其一藝,顏師古:"罷,讀曰疲。"1970

比,與二三君子比意同力,顏師古:"比,音頻寐反。"1971

訕,爲眾儒所訕,顏師古:"訕,音所諫反。"1972

與,材難不其然與,顏師古:"與,讀曰歟。"1973

近,豈近是乎,顏師古:"近,音其靳反。"1973

虖,嗚虖,顏師古:"虖,讀曰呼。"1973

與,古之益友與,顏師古:"與,讀曰歟。"1973

《季布欒布田叔傳》

任，爲任俠有名，顏師古："任，音人禁反。"1975

俠，爲任俠有名，顏師古："俠，音下頰反。"1975

窘，數窘漢王，顏師古："窘，音求閔反。"1976

舁，置廣柳車中，顏師古："所謂車舁者耳。舁，音扶晚反。"1976

從，君何不從容爲上言之，顏師古："從，音千容反。"1976

嫚，單于嘗爲書嫚吕太后，顏師古："嫚，讀與慢同。"1977

謾，面謾，顏師古："謾，音嫚，又音莫連反。"1977

痍，今瘡痍未瘳，顏師古："痍，音夷。"1977

瘳，今瘡痍未瘳，顏師古："瘳，音丑留反。"1977

説，季將軍不説足下，顏師古："説，讀曰悦。"1978

説，布乃大説，顏師古："説，讀曰悦。"1979

徇，以丁公徇軍中，顏師古："徇，音辭俊反。"1979

趣，趣亨之，顏師古："趣，讀曰促。"1981

趨，方提趨湯，顏師古："趨，讀曰趣。"1981

從，與漢合從苦楚也，顏師古："從，音子容反。"1981

鄃，以功封爲鄃侯，引蘇林："鄃，音輸。"1981

賁，子賁嗣侯，顏師古："賁，音奔。"1981

陘，趙陘城人也，引蘇林："陘，音刑。"1982

喜，喜任俠，顏師古："喜，音許吏反。"1982

説，上説，顏師古："説，讀曰悦。"1982

罷，士卒罷敝，顏師古："罷，讀爲疲。"1983

敺，孟舒豈敺之哉，顏師古："敺，與驅同。"1983

攴，孟舒豈敺之哉，顏師古："敺字從攴。攴，音普木反。"1983

搴，身履軍搴旗者數矣，顏師古："搴，音蹇。"1985

履，身履軍搴旗者數矣，顏師古："履，今流俗書本改履謂屨。"1985

僇，及至困辱奴僇，顏師古："僇，古戮字也。"1985

慨，感慨而自殺，顏師古："慨，音工代反。"1985

《高五王傳》

共，趙共王恢，顏師古："共，讀曰恭。"1987

坐，置齊王上坐，顏師古："坐，音材臥反。"1988

反,自起反戾,顔師古:"反,音幡。"1988

脱,自以爲不得脱長安,顔師古:"脱,音吐活反。"1988

惡,誣我以惡,顔師古:"惡,音一故反。"1989

辟,辟光爲濟南王,顔師古:"辟,音壁,又讀曰闢。"1991

郫,其兄子郫侯吕台,顔師古:"郫,音敷。"1991

奉,割齊之濟南郡爲吕王奉邑,顔師古:"奉,音扶用反。"1991

槩,深耕槩種,顔師古:"槩,音冀。"1992

爲,劉氏爲彊,顔師古:"爲,音于僞反。"1992

召,齊相召平聞之,顔師古:"召,讀曰邵。"1993

適,高皇帝適長孫也,顔師古:"適,讀曰嫡。"1994

撟,撟制以令天下,顔師古:"撟,音矯。"1994

幾,幾亂天下,顔師古:"幾,音鉅依反。"1995

俚,成帝復立雲兄俚爲城陽王,顔師古:"俚,音里。"1996

罷,悼惠王諸子罷軍等七人,顔師古:"罷,音皮彼反,又讀曰疲。"1997

適,文帝憐悼惠王適嗣之絶,顔師古:"適,讀曰嫡。"1998

扐,濟南王辟光以扐侯立,引服虔:"扐,音勒。"1998

趣,齊趣下三國,顔師古:"趣,讀曰促。"1998

重,紀太后欲其家重寵,顔師古:"重,音直用反。"1999

風,風以此事,顔師古:"風,讀曰諷。"2000

寖,事寖淫聞於上,顔師古:"寖,古浸字也。"2000

從,乃從容言吕太后時齊欲反,顔師古:"從,音千容反。"2000

幾,及吴楚時孝王幾爲亂,顔師古:"幾,音鉅依反。"2001

比,菑川地比齊,顔師古:"比,音頻二反。"2001

與,終古或參與被席,顔師古:"與,讀曰豫。"2002

嬴,或白晝使(蠃)[嬴]伏,顔師古:"嬴,音郎果反。"2002

去,使去其子,顔師古:"去,音丘吕反。"2002

悖,悖逆人倫,顔師古:"悖,音步内反。"2002

激,激秦孤立亡藩輔,顔師古:"激,音工歷反。"2002

填,以填天下,顔師古:"填,音竹刃反。"2002

《蕭何曹參傳》

繇,高祖以吏繇咸陽,顔師古:"繇,讀曰傜。"2005

奉，吏皆送奉錢三，顏師古：“奉，音扶用反。”2005

走，諸將皆爭走金帛財物之府分之，顏師古：“走，音奏。”2006

信，而信於萬乘之上者，顏師古：“信讀曰伸，古通用字。”2007

填，填撫諭告，顏師古：“填，音竹刃反。”2007

剸，上以此剸屬任何關中事，顏師古：“剸，讀與專同，又音章阮反。”2007

屬，上以此剸屬任何關中事，顏師古：“屬，音之欲反。”2007

索，與項羽相距京、索間，顏師古：“索，音山客反。”2008

勞，上數使使勞苦丞相，顏師古：“勞，音來到反。”2008

説，漢王大説，顏師古：“説，讀曰悦。”2008

酇，先封爲酇侯，引文穎：“酇，音贊。”2008

縱，發縱指示獸處者，顏師古：“縱，音子用反，而讀者乃爲蹤蹟之蹤，非也。”2008

橈，上已橈功臣多封何，顏師古：“橈，音女教反。”2009

數，今雖無曹參等百數，顏師古：“數，音所具反。”2009

召，召平獨弔，顏師古：“召，讀曰邵。”2010

説，上説，顏師古：“説，讀曰悦。”2010

孳，尚復孳孳得民和，顏師古：“孳，字與孜同。”2011

貪，賤貰貪以自汙，顏師古：“貪，音土得反。”2011

説，上乃大説，顏師古：“説，讀曰悦。”2011

藳，毋收藳爲獸食，顏師古：“藳，音工老反。”2012

稈，毋收藳爲獸食，顏師古：“藳，禾稈也。稈，音工旱反。”2012

辟，何買田宅必居窮辟處，顏師古：“辟，讀曰僻。”2012

筑，小子延爲筑陽侯，顏師古：“筑，音逐。”2013

戀，復封何玄孫之子南戀長喜爲酇侯，引蘇林：“戀，音人足攣躃之攣。”2013

方與，擊胡陵、方與，顏師古：“方與，音房豫。”2014

父，取狐父、祁善置，顏師古：“父，音甫。”2014

祁，祁善置，引晉灼：“祁，音坻。”顏師古：“祁，音鉅夷反，又音十夷反。”2014

亢父，攻轅戚及亢父，顏師古：“亢父，音抗甫。”2014

賁，擊趙賁軍，顏師古：“賁，音奔。”2014

曲，西擊秦將楊熊軍於曲遇，顏師古：“曲，音丘羽反。”2015

遇，西擊秦將楊熊軍於曲遇，顏師古：“遇，音顒。”2015

嶢，從西攻武關、嶢關，顏師古：“嶢，音堯。”2015

榢，攻下辨、故道、雍、榢，引蘇林：“榢，音胎。”2016

櫟，擊三秦軍壤東及高櫟，顏師古：“櫟，音歷。”2016

且，東擊龍且、項佗定陶，顏師古：“且，音子餘反。”2016

佗，東擊龍且、項佗定陶，顏師古：“佗，音徒何反。”2016

燕，程處反於燕，顏師古：“燕，音一千反。”2016

葉，追至葉，顏師古：“葉，音式涉反。”2016

遫，東攻魏將孫遫東張，顏師古：“遫，古速字。”2017

説，擊趙相國夏説軍於鄔東，顏師古：“説，讀曰悦。”2017

鄔，擊趙相國夏説軍於鄔東，顏師古：“鄔，音一户反，又音乙據反。”2017

著，收著、漯陰、平原、鬲，顏師古：“著，音竹庶反，又音直庶反。”2017

漯，收著、漯陰、平原、鬲，顏師古：“漯，音它合反。”2017

鬲，收著、漯陰、平原、鬲，顏師古：“鬲，與隔同。”2017

踟，大莫踟、郡守，引如淳：“踟，音敖。”2018

數，而齊故諸儒以百數，顏師古：“數，音所具反。”2018

蓋，聞膠西有蓋公，顏師古：“蓋，音古盍反。”2018

趣，告舍人趣治行，顏師古：“趣，讀曰促。”2018

屬，屬其後相曰，顏師古：“屬，音之欲反。”2018

度，度之欲有言，顏師古：“度，音大各反。”2019

飲，復飲酒，顏師古：“飲，音於禁反。”2019

呼，吏舍日飲歌呼，顏師古：“呼，音火故反。”2020

從，從吏患之，顏師古：“從，音材用反。”2020

坐，乃反取酒張坐飲，顏師古：“坐，音才臥反。”2020

窋，參子窋爲中大夫，顏師古：“窋，音張律反。”2020

與，豈少朕與，顏師古：“與，讀曰歟。”2020

趣，趣入侍，顏師古：“趣，讀曰促。”2021

治，與窋胡治乎，顏師古：“治，音丈吏反。”2021

講，講若畫一，引文穎：“講，或作較。”2021

《張陳王周傳》

釐，相釐王，顏師古：“釐，讀曰僖。”2023

狼，至博狼沙中，顏師古：“狼，音浪。”2024

狙，狙擊秦皇帝，顏師古：“狙，音千豫反，字本作覷。”2024

索，大索天下，顔師古："索，音山客反。"2024

圯，從容步游下邳圯上，引服虔："圯，音頤。"2024

歐，良愕然，欲歐之，顔師古："歐，音一口反。"2025

蚤，後五日蚤會，顔師古："蚤，音早。"2025

編，出一編書，顔師古："編，音鞭。"2025

嶢，欲以二萬人擊秦嶢關下軍，顔師古："嶢，音堯。"2026

幟，益張旗幟諸山上，顔師古："幟，音式志反。"2026

啗，令酈食其持重寶啗秦將，顔師古："啗，音徒濫反。"2026

解，不如因其解擊之，顔師古："解，讀曰懈。"2026

縞，宜縞素爲資，顔師古："縞，音工老反。"2027

鯫，鯫生説我距關，引服虔："鯫，音七垢反。"顔師古："鯫，音才垢反。"2027

卻，沛公自度能卻項王乎，顔師古："卻，音丘略反。"2027

屬，而漢王之將獨韓信可屬大事，顔師古："屬，音之欲反。"2028

橈，與酈食其謀橈楚權，顔師古："橈，音女教反。"2029

伯，南面稱伯，顔師古："伯，讀曰霸。"2029

趣，趣刻印，顔師古："趣，讀曰促。"2029

箸，臣請借前箸以籌之，顔師古："箸，音直庶反。"2030

度，度能制其死命也，顔師古："度，音大各反。"2030

哺，漢王輟食吐哺，顔師古："哺，音捕。"2031

幾，幾敗乃公事，顔師古："幾，音鉅依反。"2031

趣，令趣銷印，顔師古："趣，讀曰促。"2031

夏，漢王追楚至陽夏南，顔師古："夏，音工雅反。"2031

復，從復道望見諸將，顔師古："復，讀曰複。"2032

屬，天下屬安定，顔師古："屬，音之欲反。"2032

什，封雍齒爲什方侯，顔師古："什，音十。"2032

趣，而急趣丞相御史定功行封，顔師古："趣，音促。"2032

黽，西有殽黽，顔師古："黽，音湎。"2033

鄉，背河鄉雒，顔師古："鄉，讀曰嚮。"2033

輓，河、渭漕輓天下，顔師古："輓，音晚。"2033

道，即道引不食穀，引孟康："道，讀曰導。"2033

嫚，皆以上嫚娒士，顔師古："嫚，與慢同。"2034

姆，皆以上嫚姆士，顏師古：“姆，古侮字。”2034

剽，楚人剽疾，顏師古：“剽，音匹妙反。”2035

視，召戚夫人指視曰，顏師古：“視，讀曰示。”2036

鵠，鴻鵠高飛，顏師古：“鵠，音胡篤反。”2036

矰，雖有矰繳，顏師古：“矰，音增。”2037

繳，雖有矰繳，顏師古：“繳，音之若反。”2037

闋，歌數闋，顏師古：“闋，音口穴反。”2037

歔，戚夫人歔欷流涕，顏師古：“歔，音虛。”2037

欷，戚夫人歔欷流涕，顏師古：“欷，音稀，又音許氣反。”2037

從，所與從容言天下事甚衆，顏師古：“從，音千容反。”2037

著，故不著，顏師古：“著，音竹助反。”2037

食，乃彊食之，顏師古：“食，讀曰飤。”2037

粊，亦食糠粊耳，引晉灼：“粊，音紇。”2038

貸，乃假貸幣以聘，顏師古：“貸，音土戴反。”2039

悍，項王使項悍拜平爲都尉，顏師古：“悍，音下旦反。”2040

說，漢王與語而說之，顏師古：“說，讀曰悅。”2040

中，歸楚不中，顏師古：“中，音竹仲反。”2041

頓，士之頑頓耆利無恥者，顏師古：“頓，讀曰鈍。”2042

耆，士之頑頓耆利無恥者，顏師古：“耆，讀曰嗜。”2042

侮，然大王資侮人，顏師古：“侮，古侮字。”2042

眛，鍾離眛、龍且，顏師古：“眛，音秣。”2042

且，鍾離眛、龍且，顏師古：“且，音子閭反。”2042

間，行反間，間其君臣，顏師古：“間，音居莧反。”2042

疽，疽發背而死，顏師古：“疽，音千余反。”2043

亟，亟發兵阬豎子耳，顏師古：“亟，音居力反。”2044

趣，是趣之戰也，顏師古：“趣，讀曰促。”2044

夢，南方有雲夢，顏師古：“夢，音莫風反，又讀如本字。”2044

閼氏，使單于閼氏解，顏師古：“閼氏，音焉支。”2045

幾，乃幾我死也，顏師古：“幾，音冀。”2046

傳，乘馳傳載勃代噲將，顏師古：“傳，音張戀反。”2046

鄉，則東鄉坐陵母，顏師古：“鄉，讀曰嚮。”2047

説，太后不説，顏師古：“説，讀曰悅。”2047

唼，始與高帝唼血而盟，顏師古：“唼，音所甲反。”2047

杜，杜門竟不朝請，顏師古：“杜，字本作斁，音同。”2047

請，杜門竟不朝請，顏師古：“請，音才性反。”2047

食其，辟陽侯審食其，顏師古：“食其，音異基。”2048

幾，天下一歲決獄幾何，顏師古：“幾，音居豈反。”2049

駑，陛下不知其駑下，顏師古：“駑，音奴。”2049

顓，而平顓爲丞相，顏師古：“顓，與專同。”2050

卷，其先卷人也，顏師古：“卷，音丘權反。”2050

强，材官引强，顏師古：“强，音其兩反。”2050

方與，下方與，顏師古：“方與，音房豫。”2051

殿，擊章邯車騎殿，顏師古：“殿，音丁見反。”2051

緡，攻轅戚、東緡，顏師古：“緡，音昏。”2051

單父，得單父令，顏師古：“單父，音善甫。”2051

賁，沛公拜勃爲襄賁令，顏師古：“賁，音肥。”2051

賁，擊趙賁軍尸北，顏師古：“賁，音奔。”2051

汧，西定汧，顏師古：“汧，音口肩反。”2052

郿，還下郿、頻陽，顏師古：“郿，音媚。”2052

邽，攻上邽，顏師古：“邽，音圭。”2052

曲，攻曲遇，顏師古：“曲，音丘禹反。”2052

遇，攻曲遇，顏師古：“遇，音顒。”2052

硋，後擊韓信軍於硋石，引應劭：“硋，音沙。”引齊恭：“硋，音赤坐反。”顏師
　　古：“齊音是也。”2053

乘，所將卒斬豨將軍乘馬降，顏師古：“乘，音食孕反。”2053

圂，得豨將宋最、鴈門守圂，顏師古：“圂，音下頓反。”2053

遬，因轉攻得雲中守遬、丞相箕肆，顏師古：“遬，古速字。”2053

肆，因轉攻得雲中守遬、丞相箕肆，顏師古：“肆，音弋二反。”2053

薊，擊下薊，顏師古：“薊，音計。”2053

陘，得綰大將抵、丞相偃、守陘，顏師古：“陘，音刑。”2054

渾，御史大夫施屠渾都，顏師古：“渾，音胡昆反。”2054

沮，後擊綰軍沮陽，引服虔：“沮，音阻。”2054

强，勃爲人木强敦厚，顏師古：“强，音其兩反。”2054

屬,高帝以爲可屬大事,顏師古:“屬,音之欲反。”2054

鄉,東鄉坐責之,顏師古:“鄉,讀曰嚮。”2054

趣,趣爲我語,引蘇林:“趣,音趣舍。”顏師古:“趣,讀曰促。”2054

椎,其椎少文如此,顏師古:“椎,音直推反。”2054

仆,皆仆兵罷,顏師古:“仆,音赴。”2055

厭,而君受厚賞處尊位以厭之,顏師古:“厭,音一涉反,又音烏狎反。”2056

牘,獄吏乃書牘背示之,顏師古:“牘,音讀。”2056

提,太后以冒絮提文帝,顏師古:“提,音徒計反。”2056

綰,絳侯綰皇帝璽,顏師古:“綰,音烏版反。”2056

中,尚公主不相中,顏師古:“中,音竹仲反。”2057

秉,持國秉,顏師古:“秉,音彼命反。”2057

視,指視我,顏師古:“視,讀曰示。”2057

從,從理入口,顏師古:“從,音子容反。”2057

條,乃封爲條侯,顏師古:“條,《地理志》作蓨字,其音同耳。”2057

彀,彀弓弩,顏師古:“彀,張也,音遘。”2058

鄉,鄉者霸上、棘門如兒戲耳,顏師古:“鄉,讀曰嚮。”2058

剽,楚兵剽輕,顏師古:“剽,音匹妙反。”2059

輯,懷輯死士久矣,顏師古:“輯,與集同。”2059

走,走藍田,顏師古:“走,音奏。”2059

走,引兵東北走昌邑,顏師古:“走,音奏。”2060

陬,吳奔壁東南陬,顏師古:“陬,音子侯反,又音鄒。”2060

趣,帝趣侯信也,顏師古:“趣,讀曰促。”2061

沮,上默然而沮,顏師古:“沮,音才與反。”2061

戴,獨置大戴,顏師古:“戴,音側吏反。”2061

被,亞夫子爲父買工官尚方甲楯五百被可以葬者,顏師古:“被,音皮義反。”2062

簿,吏簿責亞夫,引如淳:“簿,音主簿之簿。”2062

梧,其貌魁梧奇偉,引蘇林:“梧,音悟。”顏師古:“梧,今人讀爲吾,非也。”2063

戅,王陵少戅,顏師古:“戅,愚也,舊音下紺反,今讀竹巷反。”2063

《樊酈滕灌傅靳周傳》

方,噲以舍人從攻胡陵、方與,顏師古:“方,音房。”2068

與,噲以舍人從攻胡陵、方與,顏師古:“與,音豫。”2068

巳，與司馬巳戰碭東，顏師古：“巳，讀與夷同。”2068

杠，河間守軍於杠里，顏師古：“杠，音江。”2068

賁，擊破趙賁軍開封北，顏師古：“賁，音奔。”2068

曲，從攻破揚熊於曲遇，顏師古：“曲，音丘羽反。”2069

遇，從攻破揚熊於曲遇，顏師古：“遇，音顒。”2069

酈，西至酈，顏師古：“酈，音直益反。”2069

中，中酒，顏師古：“中，音竹仲反。”2069

撞，噲直撞入，顏師古：“撞，音丈江反。”2070

譙，譙讓項羽，顏師古：“譙，音才笑反。”2070

幾，沛公幾殆，顏師古：“幾，音鉅依反。”2070

斄，從攻雍、斄城，顏師古：“斄，讀與邰同，音胎。”2071

夏，下陽夏，顏師古：“夏，音工雅反。”2071

綦，破得綦母（印）〔卬〕，顏師古：“綦，音其。”2072

抵，破其丞相抵薊南，顏師古：“抵，音丁禮反。”2072

伉，生子伉，顏師古：“伉，音抗，又音剛。”2073

闥，噲乃排闥直入，顏師古：“闥，音土曷反。”2073

憊，又何憊也，顏師古：“憊，音蒲拜反。”2073

顓，高后時用事顓權，顏師古：“顓，與專同。”2074

酈，酈商，高陽人也，顏師古：“酈，音歷。”2074

氏，破章邯別將於烏氏、枸邑，顏師古：“氏，音支。”2074

枸，破章邯別將於烏氏、枸邑，顏師古：“枸，音荀。”2074

趣，以兵車趣攻戰疾，顏師古：“趣，讀曰促。”2077

罷，馬罷，虜在後，顏師古：“罷，讀曰疲。”2078

蹶，常蹶兩兒棄之，引服虔：“蹶，音撥。”引晉灼：“蹶，音足跋物之跋。”顏師
　　古：“服音是。”2078

雍，面雍樹馳，顏師古：“雍，讀曰擁。”2078

沂，賜嬰食邑沂陽，顏師古：“沂，音魚依反。”2078

鄉，弩皆持滿外鄉，顏師古：“鄉，讀曰嚮。”2079

頗，傳至曾孫頗，顏師古：“頗，音普河反。”2079

傅，臣願得大王左右善騎者傅之，引如淳：“傅，音附。”2081

饟，絕其饟道，顏師古：“饟，古餉字。”2081

燕，擊破柘公王武軍燕西，顏師古：“燕，音一千反。”2081

華，華毋傷，顏師古：“華，音下化反。”2082

取，取慮，顏師古：“取，音趨，又音秋。”2083

慮，取慮，顏師古：“慮，音廬。”2083

佗，虜柱國項佗，顏師古：“佗，音徒何反。”2083

酇，降留、薛、沛、酇、蕭、相，顏師古：“酇，音才何反。”2083

硰，擊破胡騎於硰石，顏師古：“硰，音千坐反。”2084

風，風齊王以誅呂氏事，顏師古：“風，讀曰諷。”2084

共，賜寬封號共德君，顏師古：“共，讀曰恭。”2085

歙，靳歙，顏師古：“歙，音翕。”2086

宛，起宛朐，顏師古：“宛，音於元反。”2086

朐，起宛朐，顏師古：“朐，音其于反。”2086

說，別西擊邢說軍菑南，顏師古：“說，讀曰悅。”2087

緤，周緤，沛人也，顏師古：“緤，音息列反。”2088

蒯，更封緤爲蒯城侯，引服虔：“蒯，音菅蒯之蒯。”引蘇林：“蒯，音簿催反。”
　　顏師古：“蒯，音蒯，非也。呂忱音陪，而《楚漢春秋》作憑城侯，陪、憑聲相
　　近。又音普肯反。”2089

鄲，景帝復封緤子應爲鄲侯，引蘇林：“鄲，音多。”2089

《張周趙任申屠傳》

苛，其從兄苛，顏師古：“苛，音何。”2094

志，沛公以昌爲職志，顏師古：“志，與幟同，音式異反。”2094

趣，若趣降漢王，顏師古：“趣，讀曰促。”2095

下，自蕭、曹等皆卑下之，顏師古：“下，音胡駕反。”2095

吃，昌爲人吃，顏師古：“吃，言之難也，音訖。”2095

幾，太子幾廢，顏師古：“幾，音鉅依反。”2096

方與，趙人方與公，顏師古：“方與，音房豫。”2096

彊，公彊爲我相趙，顏師古：“彊，音其兩反。”2096

屬，高帝屬臣趙王，顏師古：“屬，音之欲反。”2097

窋，平陽侯曹窋，顏師古：“窋，音竹律反。”2098

比，及以比定律令，引如淳：“比，音比次之比。或曰比謂比方之比，音必履
　　反。”顏師古：“依如氏之說，比，音頻二反。”2098

邃，而尤邃律曆，顏師古："邃，音先遂反。"2099
傳，陳終始五德傳，顏師古："傳，音直戀反。"2099
蹶，以材官蹶張，顏師古："蹶，音厥。"2100
擘，以材官蹶張，顏師古："今之弩，以手張者曰擘張，以足蹋者曰蹶張。擘，音布麥反。"2100
率，遷爲隊率，顏師古："隊，音所類反。"2100
度，上度丞相已困通，顏師古："度，音徒各反。"2101
幾，丞相幾殺臣，顏師古："幾，音巨依反。"2101
適，議以適罰侵削諸侯，顏師古："適，讀曰謫。"2102
堧，太上皇廟堧垣也，引如淳："堧，音畏懦之懦。"顏師古："堧，音如椽反。"2102
冗，故冗官居其中，顏師古："冗，音如勇反。"2102
齱，齱齱廉謹，顏師古："齱，音初角反。"2102
强，周昌、木强人也，顏師古："强，音其兩反。"2103

《酈陸朱劉叔孫傳》

食，酈食其，顏師古："食，音異。"2105
其，酈食其，顏師古："其，音基。"2105
魄，家貧落魄，引鄭氏："魄，音薄。"顏師古："鄭音是。"2105
徇，諸將徇地過高陽者，顏師古："徇，音辭峻反。"2106
荷，其將皆握齱好荷禮，顏師古："荷，與苛同。"2106
齱，其將皆握齱好荷禮，顏師古："齱，音初角反。"2106
喜，沛公不喜儒，顏師古："喜，音許吏反。"2106
溺，溺其中，顏師古："溺，讀曰尿，音乃釣反。"2106
從，騎士從容言，顏師古："從，音千容反。"2106
傳，沛公至高陽傳舍，顏師古："傳，轉相傳也。一音張戀反。"2107
洗，沛公方踞牀令兩女子洗，顏師古："洗，音先典反。"2107
從，食其因言六國從衡時，顏師古："從，音子容反。"2107
適，令適卒分守成皋，顏師古："適，讀曰讁。"2108
卻，方今楚易取而漢反卻，顏師古："卻，音丘略反。"2108
耒，農夫釋耒，顏師古："耒，音盧對反。"2108
紅，紅女下機，顏師古："紅，讀曰工。"2108
行，杜太行之道，顏師古："行，音胡剛反。"2108

玩,玩而不能授,顏師古:"玩,《韓信傳》作刓,此作玩,其義各通。"2110

援,援上黨之兵,顏師古:"援,音爰。"2110

馮,食其馮軾下齊七十餘城,顏師古:"馮,讀曰憑。"2110

疥,食其子疥數將兵,顏師古:"疥,音介。"2110

佗,尉佗平南越,顏師古:"佗,音徒河反。"2111

魋,尉佗魋結箕踞見賈,引服虔:"魋,音椎。"2111

結,尉佗魋結箕踞見賈,顏師古:"結,讀曰髻。"2111

屈,屈强於此,顏師古:"屈,音其勿反。"2112

蹶,於是佗乃蹶然起坐,顏師古:"蹶,音厥。"2112

崎,崎嶇山海間,顏師古:"崎,音丘宜反。"2113

嶇,崎嶇山海間,顏師古:"嶇,音區。"2113

遽,何遽不若漢,顏師古:"遽,音其庶反。"2113

説,乃大説賈,顏師古:"説,讀曰悦。"2113

説,高帝大説,顏師古:"説,讀曰悦。"2113

夫,吳王夫差,顏師古:"夫,音扶。"2114

差,吳王夫差,顏師古:"差,音楚宜反。"2114

鄉,鄉使秦以并天下,顏師古:"鄉,讀曰嚮。"2114

度,賈自度不能爭之,顏師古:"度,音徒各反。"2114

過,率不過再過,顏師古:"上過,音工禾反。"2115

數,數擊鮮,顏師古:"數,音所角反。"2115

涸,毋久涸女爲也,顏師古:"涸,音下困反。"2115

揣,生揣我何念,顏師古:"揣,音初委反。"2116

貣,方假貣服具,顏師古:"貣,音土得反。"2117

祱,奉百金祱,顏師古:"祱,音式芮反。"2117

下,今辟陽侯幸太后而下吏,顏師古:"下,音胡嫁反。"2118

輅,脱輓輅,引蘇林:"輅,音凍洛之洛。"引孟康:"輅,音胡格反。"顏師古:
　　"二音同聲也。"2119

邰,堯封之邰,顏師古:"邰,音吐材反。"2120

纍,積德纍善十餘世,顏師古:"纍,古累字。"2120

箠,杖馬箠去居岐,顏師古:"箠,音止蘂反。"2120

濱,自海濱來歸之,顏師古:"濱,音賓,又音頻。"2120

中,以爲此天下中,顏師古:"中,音竹仲反。"2120

夷,傷夷者未起,顏師古:"夷,創業,音痍。"2120

卒,卒然有急,顏師古:"卒,讀曰猝。"2120

搤,不搤其亢,顏師古:"搤,與扼同。"2121

亢,不搤其亢,顏師古:"亢,音岡,又音下郎反。"2121

齰,徒見羸齰老弱,顏師古:"齰,音漬。一說齰讀曰瘠。"2122

沮,乃今妄言沮吾軍,顏師古:"沮,音材汝反。"2122

控,控弦四十萬騎,顏師古:"控,音口弄反。"2122

罷,士卒罷於兵革,顏師古:"罷,讀曰疲。"2123

適,以適長公主妻單于,顏師古:"適,讀曰嫡。"2123

鮮,以歲時漢所餘彼所鮮數問遺,顏師古:"鮮,音息善反。"2123

遺,以歲時漢所餘彼所鮮數問遺,顏師古:"遺,音弋季反。"2123

風,使辯士風諭以禮節,顏師古:"風,讀曰諷。"2123

近,彼亦知不肯貴近,顏師古:"近,音其靳反。"2123

視,視天下弗復用,顏師古:"視,讀曰示。"2125

輳,四方輻輳,顏師古:"輳,字或作湊,並音千豆反。"2125

幾,我幾不免虎口,顏師古:"幾,音鉅依反。"2125

剸,剸言諸故群盜壯士進之,顏師古:"剸,與專同,又音之兗反。"2126

搴,故先言斬將搴旗之士,顏師古:"搴,音騫。"2126

呼,醉或妄呼,顏師古:"呼,音火故反。"2126

復,謂不相復也,顏師古:"復,音扶目反。"2126

度,度吾所能行爲之,顏師古:"度,音徒各反。"2126

蕝,與其弟子百餘人爲緜蕝野外,顏師古:"蕝,與蕞同,並音子悅反。"2127

肄,乃令群臣習肄,顏師古:"肄,音弋二反。"2127

志,張旗志,顏師古:"志,與幟同,音式餌反。"2128

俠,殿下郎中俠陛,顏師古:"俠,與挾同。"2128

鄉,東鄉,西鄉,顏師古:"鄉,皆讀曰嚮。"2128

臚,臚句傳,顏師古:"臚,音廬。"2128

啖,呂后與陛下(共)〔攻〕苦食啖,顏師古:"啖,當作淡。淡,音大敢反。"2129

適,陛下必欲廢適而立少,顏師古:"適,讀曰嫡。"2129

復,作復道,顏師古:"復,音方目反。"2130

櫻,方今櫻桃孰,顏師古:"櫻,音於耕反。"2131

枹,舍枹鼓而立一王之儀,顏師古:"枹,音桴。"2131

鑊,猶不免鼎鑊,顏師古:"鑊,音胡郭反。"2131

從,從容平、勃之間,顏師古:"從,音七容反。"2131

《淮南衡山濟北王傳》

橫,入朝,甚橫,顏師古:"橫,音胡孟反。"2136

扛,力扛鼎,顏師古:"扛,音江。"2136

褒,即自褒金椎椎之,顏師古:"褒,古袖字也。"2136

數,數上書不遜順,顏師古:"數,音所角反。"2137

數,上令昭予屬王書諫數之,顏師古:"數,音所具反。"2137

與,皇帝不使吏與其間,顏師古:"與,讀曰豫。"2137

骫,皇帝骫天下正法而許大王,顏師古:"骫,古委字。"2138

屬,大王欲屬國爲布衣,顏師古:"屬,音之欲反。"2138

沐,沐風雨,顏師古:"沐,亦湏字也。沐,洗面也,音胡内反。"2138

痍,身被創痍,顏師古:"痍,音夷。"2138

行,觸情妄行,顏師古:"行,音下更反。"2139

賁,奮諸、賁之勇,顏師古:"賁,音奔。"2139

便,以便事,顏師古:"便,音頻面反。"2139

與,無與其禍,顏師古:"與,讀曰豫。"2140

墮,夫墮父大業,顏師古:"墮,音火規反。"2140

說,王得書不說,顏師古:"說,讀曰悦。"2141

奉,奉以二千石所當得,顏師古:"奉,音扶用反。"2142

蕑,與故中尉蕑忌謀,顏師古:"蕑,音奸,《嚴助傳》作間字,音同耳。今流俗
　　書本此蕑字或有作簡者,非也,蓋後人所改。"2142

謾,謾吏曰,顏師古:"謾,音慢,又音莫連反。"2142

爲,爲亡命棄市詐捕命者以除罪,顏師古:"爲,音于僞反。"2142

邮,請處蜀嚴道邛邮,顏師古:"邮,音尤。"2143

食,食長,給肉日五斤,顏師古:"食,音飤。"2143

輺,載以輺車,顏師古:"輺,音甾。"2143

復,令復之,顏師古:"復,音扶目反。"2143

餽,不發封餽侍者,顏師古:"餽,亦饋字耳。"2144

屬,王乃屬之,顏師古:"屬,音之欲反。"2145

勞,乃勞苦之,顏師古:"勞,音來到反。"2145

喜,不喜弋獵狗馬馳騁,顏師古:"喜,音許吏反。"2145

訶,爲中訶長安,引孟康:"訶,音偵。"引如淳:"訶,音朽政反。"顏師古:"偵,
　　音丑政反。"2147

荼,后荼愛幸,顏師古:"荼,音塗。"2147

被,聞郎中雷被巧,顏師古:"被,音皮義反。"2148

中,誤中太子,顏師古:"中,音竹仲反。"2148

與,猶與十餘日,顏師古:"與,讀曰豫。"2148

從,從迹連王,顏師古:"從,讀曰蹤。"2148

度,自度無何,顏師古:"度,音徒各反。"2149

雍,淮南王安雍閼求奮擊匈奴者雷被等",顏師古:"雍,讀曰壅。"2149

格,格明詔,顏師古:"格,音閣。"2149

治,言漢廷治,顏師古:"治,音丈吏反。"2149

呼,呼言曰,顏師古:"呼,音火故反。"2151

與,計猶與未決,顏師古:"與,讀曰豫。"2152

索,索得反具以聞,顏師古:"索,音山客反。"2152

辟,行邪辟,顏師古:"辟,讀曰僻。"2153

榜,强榜服之,顏師古:"榜,音彭。"2154

臾,日夜縱臾王謀反事,引如淳:"臾,讀曰勇。"2154

縱,日夜縱臾王謀反事,顏師古:"縱,音子勇反。"2154

數,太子數以數讓之,顏師古:"上數,音所角反。下數,音所具反。"2155

將,皆將養勸之,顏師古:"將,讀曰獎。"2155

數,孝以爲陳喜雅數與王計反,顏師古:"數,音所角反。"2156

誖,誖人倫,顏師古:"誖,音布内反。"2157

剸,而剸懷邪辟之計,顏師古:"剸,與專同,音之兗反。"2157

剽,夫荆楚剽輕,顏師古:"剽,音匹妙反。"2158

《蒯伍江息夫傳》

事,不敢事刃於公之腹者,顏師古:"事,音側吏反。字本作剚,《周官·考工
　　記》又作菑,音皆同耳。"2160

復,以復其怨,顏師古:"復,音扶目反。"2160

掉,伏軾掉三寸舌,顏師古:"掉,搖也,音徒釣反。"2161

呼，俊雄豪桀建號壹呼，顏師古："呼，音火故反。"2162

飄，飄至風起，顏師古："飄，讀曰猋，謂疾風，音必遥反。"2162

索，然兵困於京、索之間，顏師古："索，音山客反。"2163

罷，百姓罷極，顏師古："罷，讀曰疲。"2163

墮，墮肝膽，顏師古："墮，音火規反。"2163

鄉，西鄉爲百姓請命，顏師古："鄉，讀曰嚮。"2163

黶，張黶，顏師古："黶，音一點反。"2164

鄗，戰於鄗北，顏師古："鄗，音呼各反。"2164

泜，泜水之南，顏師古："泜，音祇，又音丁計反。"2164

伯，伯句踐，顏師古："伯，讀曰霸。"2164

殫，野禽殫，顏師古："殫，音單。"2164

説，禽夏説，顏師古："説，讀曰悦。"2164

且，遂斬龍且，顏師古："且，音子餘反。"2164

鄉，西鄉以報，顏師古："鄉，讀曰嚮。"2164

儋，守儋石之禄者，顏師古："儋，音都濫反。"2165

與，故猛虎之猶與，顏師古："與，讀曰預。"2165

蠆，不如蠭蠆之致螫，顏師古："蠆，音丑界反。"2165

螫，不如蠭蠆之致螫，顏師古："螫，音呼各反。"2165

賁，孟賁之狐疑，顏師古："賁，音奔。"2165

緼，即束緼請火，顏師古："緼，亂麻，音於粉反。"2167

燅，請火治之，顏師古："治，謂燅治死犬。燅，音似廉反。"2167

雟，號曰雟永，顏師古："雟，音字兖反。"2167

被，伍被，楚人也，顏師古："被，音皮義反。"2168

説，王不説，顏師古："説，讀曰悦。"2169

錯，上之舉錯遵古之道，顏師古："錯，音千故反。"2169

僰，羌、僰貢獻，顏師古："僰，音蒲北反。"2169

父，敗狐父，顏師古："父，音甫。"2170

鄉，我舉兵西鄉，顏師古："鄉，讀曰嚮。"2172

雉，守下雉之城，顏師古："雉，音羊氏反。"2172

屈，屈强江淮間，顏師古："屈，音具勿反。"2173

呼，奮臂大呼，顏師古："呼，音火故反。"2173

嚮,天下嚮應,顏師古:"嚮,讀曰響。"2173

瀕,轉海濱之粟,顏師古:"瀕,音頻,又音賓。"2173

餽,男子疾耕不足於糧餽,顏師古:"餽,亦饋字也。"2173

屈,於是百姓力屈,顏師古:"屈,音其勿反。"2173

呼,陳、吳大呼,顏師古:"呼,音火故反。"2173

和,劉、項並和,顏師古:"和,音胡(計)〔臥〕反。"2173

嚮,天下嚮應,顏師古:"嚮,讀曰響。"2173

氾,氾愛蒸庶,顏師古:"氾,音敷劍反。"2173

嚮,猶景嚮也,顏師古:"嚮,讀曰響。"2173

黨,黨可以徼幸,顏師古:"黨,讀曰儻。"2175

倩,江充字次倩,顏師古:"倩,音千見反。"2175

剽,攻剽爲姦,顏師古:"剽,劫也,音頻妙反。"2175

譌,苟爲姦譌,顏師古:"譌,古訛字也。"2176

復,欲取必於萬乘以復私怨,顏師古:"復,音扶目反。"2176

被,自請願以所常被服冠見上,顏師古:"被,音皮義反。"2176

襌,衣紗縠襌衣,顏師古:"襌,音單。"2176

纚,冠襌纚步搖冠,顏師古:"纚,音山爾反。"2177

搖,冠襌纚步搖冠,顏師古:"搖,音(戈)〔弋〕招反。"2177

使,逢太子家使,顏師古:"使,音山吏反。"2178

屬,充以屬吏,顏師古:"屬,音之欲反。"2178

祟,奏言上疾祟在巫蠱,顏師古:"祟,音息遂反。"2178

鉗,燒鐵鉗灼,顏師古:"鉗,音其炎反。"2179

繇,太子繇是遂敗,顏師古:"繇,讀與由同。"2179

繇,躬繇是以爲援,顏師古:"繇,讀與由同。"2180

杓,霍顯之謀將行於杯杓,顏師古:"杓,字與勺同,音上灼反。"2181

撓,恐必撓亂國家,顏師古:"撓,音呼高反。"2181

仄,見之仄目,顏師古:"仄,古側字也。"2181

詆,躬上疏歷詆公卿大臣,顏師古:"詆,音丁禮反。"2181

騃,內實騃不曉政事,顏師古:"騃,愚也,音五駭反。"2182

僕,諸曹以下僕邀不足數,顏師古:"僕,音步木反。"2182

邀,諸曹以下僕邀不足數,顏師古:"邀,古速字。"2182

卒,卒有彊弩圍城,顏師古:"卒,讀曰猝。"2182

噭,如使狂夫噭謼於東崖,顏師古:"噭,古叫字。"2182

謼,如使狂夫噭謼於東崖,顏師古:"謼,音火故反。"2182

竟,邊竟雷動,顏師古:"竟,讀曰境。"2182

窺,窺左足而先應者,引蘇林:"窺,音跬。"顏師古:"跬,音口婢反。"2182

押,羽檄重迹而押至,引文穎:"押,音狎習之狎。"2182

憒,小夫憒臣之徒憒眊不知所爲,顏師古:"憒,音工内反。"2182

眊,小夫憒臣之徒憒眊不知所爲,顏師古:"眊,音莫報反。"2182

度,可度地勢水泉,顏師古:"度,音徒各反。"2182

寔,卑爰寔强盛,引蘇林:"寔,音欬嚏之嚏。"引晉灼:"寔,音《詩》載寔其尾
之寔。"顏師古:"以字言之,晉音是,音竹二反。而《匈奴傳》服虔乃音獻
捷之捷,既已失之。末俗學者又改寔字爲廅,以應服氏之音,尤離真
矣。"2183

竟,爲邊竟憂,顏師古:"竟,讀曰境。"2184

掎,躬掎禄曰,顏師古:"掎,音居綺反。"2184

幾,臣爲國家計幾先,引張晏:"幾,音冀。"2184

茀,又角星茀於河鼓,顏師古:"茀,讀與字同。"2185

行,可遣大將軍行邊兵,顏師古:"行,音下更反。"2185

厭,因以厭應變異,顏師古:"厭,音一涉反。"2185

説,民心説而天意得,顏師古:"説,讀曰悦。"2185

傅,妄以意傅著星曆,顏師古:"傅,讀曰附。"2185

著,妄以意傅著星曆,顏師古:"著,音治略反。"2185

諂,苦其諂諛傾險辯慧深刻也,顏師古:"諂,古諂字。"2185

繆,秦繆公,顏師古:"繆,讀曰穆。"2185

鹽,器用鹽惡,顏師古:"鹽,音公户反。"2186

䌛,上䌛是惡躬等,顏師古:"䌛,讀與由同。"2186

諼,虛造詐諼之策,顏師古:"諼,詐辭也,音虛遠反。"2186

被,夜自被髮,顏師古:"被,音皮義反。"2187

謼,仰天大謼,顏師古:"謼,古呼字,音火故反。"2187

咽,云咽已絶,顏師古:"咽,音一千反。"2187

泱,玄雲泱鬱,顏師古:"泱,音焉朗反。"2188

猋，贈若浮猋，顏師古："猋，音必遥反。"2188
㦽，藂棘㦽㦽，顏師古："㦽㦽，衆盛貌，音仕巾反。"2188
萑，涕泣流兮萑蘭，顏師古："萑，音完。"2188
愲，心結愲兮傷肝，引孟康："愲，音骨。"2188
孽，孽查冥兮未開，顏師古："孽，音牛列反。"2188
謼，痛人天兮嗚謼，顏師古："謼，音火故反。"2188
語，冤際絶兮誰語，顏師古："語，音牛助反。"2188
唫，秋風爲我唫，顏師古："唫，古吟字。"2189
擥，撫神龍兮擥其須，顏師古："擥，與擥同。"2189
讎，忠不終而詐讎，顏師古："讎，讀曰(集)[售]。"2189
痤，宋痤死，顏師古："痤，音在戈反。"2191
覆，皆自小覆大，顏師古："覆，音芳福反。"2191
繇，繇疎陷親，顏師古："繇，與由同。"2191

《萬石衞直周張傳》

涓，以奮爲中涓，顏師古："涓，音蠲。"2193
馴，皆以馴行孝謹，顏師古："馴，音巡。"2194
訢，僮僕訢訢如也，引晉灼："訢，許慎云古欣字也。"顏師古："晉説非也。此訢讀與誾誾同，謹敬之貌也，音牛巾反。"2195
牏，取親中帬廁牏，引蘇林："牏，音投。"2195
洒，身自澣洒，顏師古："洒，音先禮反。"2195
下，奏事下，顏師古："下，音胡亞反。"2196
更，九卿更進用事，顏師古："更，音工衡反。"2197
醇，醇謹而已，顏師古："醇，音純。"2197
咸，九卿咸宣，引服虔："咸，音減損之減。"2197
適，徙流民於邊以適之，顏師古："適，讀曰謫。"2198
與，不能與其議，顏師古："與，讀曰豫。"2198
漫，河水滔陸，引晉灼："滔，漫也。"顏師古："漫，音莫干反。"2198
陻，弗能陻塞，顏師古："陻，音因。"2198
濱，歷山濱海，顏師古："濱，音賓，又音頻。"2199
比，是以切比閭里，顏師古："比，音頻寐反。"2199
施，人之所施易，引如淳："施，讀曰移。"顏師古："施讀曰貤。貤，延也，音弋

　　跋反。"2201

盛,劍常盛,顏師古:"盛,音成。"2201

削,劍常盛,顏師古:"盛謂在削室之中也。削,音先召反。"2201

塞,封不疑爲塞侯,顏師古:"塞,音先代反。"2203

溺,衣弊補衣溺袴,顏師古:"溺,讀曰尿。"2204

歐,張歐字叔,引孟康:"歐,音驅。"2204

説,安丘侯説少子也,顏師古:"説,讀曰悦。"2204

剸,剸以誠長者處官,顏師古:"剸,與專同,又音之兗反。"2205

與,其萬石君、建陵侯、塞侯、張叔之謂與,顏師古:"與,讀曰歟。"2205

　　《文三王傳》

從,從容言曰,顏師古:"從,音千容反。"2207

復,爲復道,顏師古:"復,音方目反。"2209

儗,儗於天子,顏師古:"儗,比也,音擬。"2209

著,著引籍出入天子殿門,顏師古:"著,音竹略反。"2209

格,太后議格,引服虔:"格,音格鬭。"引蘇林:"格,音閣。"顏師古:"蘇音
　　是。"2209

説,太后乃説,顏師古:"説,讀曰悦。"2211

飧,爲帝壹飧,顏師古:"飧,古飡字。"2211

共,子共王登嗣,顏師古:"共,讀曰恭。"2211

共,太子買爲梁共王,顏師古:"共,讀曰恭。"2213

剽,數十人行剽,顏師古:"剽,音頻妙反。"2213

好,殺人取財物以爲好,顏師古:"好,音呼到反。"2213

靁,孝王有靁尊,顏師古:"靁,古雷字。"2214

措,措指,引晉灼:"措,字借以爲笮耳。"顏師古:"措,音壯客反。"2214

謼,太后啼謼,顏師古:"謼,音火故反。"2214

風,以此使人風止李太后,顏師古:"風,讀曰諷。"2214

犴,睢陽人犴反,顏師古:"犴,音岸。"2215

敺,後數復敺傷郎,顏師古:"敺,音一口反。"2216

冓,聽聞中冓之言,顏師古:"冓,音工豆反。"2217

傅,傅致難明之事,顏師古:"傅,讀曰附。"2217

嫚,汙嫚宗室,引孟康:"嫚,音漫。"顏師古:"嫚,音秩。"2217

刷,爲宗室刷汙亂之恥,顏師古:"刷,音所劣反。"2217

誖，誖暴妄行，顏師古：“誖，音布内反。”2218

抵，王陽病抵讕，顏師古：“抵，音丁禮反。”2218

讕，王陽病抵讕，顏師古：“讕，音來亶反。”2218

首，不首主令，顏師古：“首，音失救反。”2218

更，更相眄伺，顏師古：“更，音工衡反。”2219

視，以視海内，顏師古：“視，讀曰示。”2219

僵，詐僵仆陽病，顏師古：“僵，音薑。”2219

仆，詐僵仆陽病，顏師古：“仆，音赴。”2219

　　《賈誼傳》

屬，以能誦詩書屬文稱於郡中，顏師古：“屬，音之欲反。”2221

説，文帝説之，顏師古：“説，讀曰悦。”2221

適，誼既以適去，顏師古：“適，讀曰謫。”2222

竢，竢罪長沙，顏師古：“竢，古俟字。”2223

仄，仄聞屈原兮，顏師古：“仄，古側字。”2223

湛，自湛汨羅，顏師古：“湛，讀曰沉。”2223

汨，自湛汨羅，顏師古：“汨，音莫歴反。”2223

造，造託湘流兮，顏師古：“造，音千到反。”2223

嘑，烏嘑哀哉兮，顏師古：“嘑，讀曰呼。”2223

鴟，鴟鴞翱翔，顏師古：“鴟，音尺夷反。”2223

鴞，鴟鴞翱翔，顏師古：“鴞，音于驕反。”2223

鵂，鴟鴞翱翔，顏師古：“鴟，鴟鵂，怪鳥也……鵂，音休。”2223

闒，闒茸尊顯兮，顏師古：“闒，音吐盍反。”2223

茸，闒茸尊顯兮，顏師古：“茸，音人勇反。”2223

植，方正倒植，顏師古：“植，音值。”2223

溷，謂隨、夷溷兮，顏師古：“溷，音胡困反。”2223

跖，謂跖、蹻廉，顏師古：“跖，音之石反。”2224

蹻，謂跖、蹻廉，顏師古：“蹻，音居略反。”2224

銛，鉛刀爲銛，顏師古：“銛，音弋占反。”2224

斡，斡棄周鼎，顏師古：“斡，轉也，音管。”2224

瓵，寶康瓠兮，引《爾雅》：“康瓠謂之瓵。”顏師古：“瓵，音五列反。”2224

罷，騰駕罷牛，顏師古：“罷，讀曰疲。”2224

父,章父薦屦,顏師古:"父,讀曰甫。"2224

誶,誶曰,顏師古:"誶,音碎。"2225

縹,鳳縹縹其高逝兮,顏師古:"縹縹,輕舉貌,音匹遥反。"2225

沕,沕淵潛以自珍,引鄧展:"沕,音昧。"2225

俪,俪螻獺,顏師古:"俪,音面。"2225

螻,俪螻獺,引服虔:"螻,音梟。"2225

蝦,蝦與蛭螾,顏師古:"蝦,音遐。"2225

蛭,蝦與蛭螾,顏師古:"蛭,音質。"2225

螾,蝦與蛭螾,顏師古:"螾,字與蚓同,音引,今合韻,當音弋人反。"2225

蟫,蝦與蛭螾,引服虔:"螾,今之蟫螾也。"顏師古:"蟫,音丘謹反。"2225

般,般紛紛,引蘇林:"般,音槃。"引孟康:"般,音班。"顏師古:"孟音是也。"2225

汙,彼尋常之汙瀆兮,顏師古:"汙,音一胡反,又音一故反。"2225

鱣,橫江湖之鱣鯨兮,顏師古:"鱣,音竹連反。"2226

鱏,橫江湖之鱣鯨兮,顏師古:"鱣,音竹連反,字或作鱏。鱏,亦大魚也,音
　　淫,又音尋。"2226

蟻,固將制於螻蟻,顏師古:"蟻,音樓。"2226

坐,止於坐隅,顏師古:"坐,音才臥反。"2226

閼,單閼之歲,顏師古:"閼,音一葛反。"2226

閒,貌甚閒暇,顏師古:"閒,讀曰閑。"2226

崪,異物來崪,引孟康:"崪,音萃。"2226

讖,讖言其度,顏師古:"讖,音初禁反。"2226

意,請對以意,顏師古:"意,字合韻宜音億。"2227

斡,斡流而遷,顏師古:"斡,音管。"2227

還,或推而還,顏師古:"還,讀曰旋。"2227

嬗,變化而嬗,引服虔:"嬗,音如蟬。"顏師古:"嬗,此即禪代字,合韻故音嬋
　　耳。"2227

沕,沕穆亡間,顏師古:"沕,音勿。"2227

倚,禍兮福所倚,顏師古:"倚,音於綺反。"2227

句,句踐伯世,顏師古:"句,音鉤。"2227

伯,句踐伯世,顏師古:"伯,讀曰霸。"2227

纆,何異糾纆,顏師古:"纆,音墨。"2228

垬,垬圠無垠,顏師古:“垬,音烏朗反。”2228

圠,垬圠無垠,顏師古:“圠,音於黠反。”2228

揣,何足控揣,引如淳:“揣,音團。”2228

患,又何足患,顏師古:“患,合韻音環。”2229

恘,恘迫之徒,引孟康:“恘,爲利所誘詅也。”顏師古:“誘詅之詅則音戌。或曰:恘,恘惕也,音丑出反,其義兩通。而説者欲改字爲銖,蓋穿鑿耳。”2229

傗,傗若囚拘,引李奇:“傗,音塊。”引蘇林:“傗,音人肩傴傗爾,音欺全反。”顏師古:“蘇音是。”2229

意,好惡積意,顏師古:“意,合韻音於力反。”2229

喪,超然自喪,顏師古:“喪,合韻音先郎反。”2229

荒,寥廓忽荒,顏師古:“荒,音呼廣反。”2229

澹,澹虖若深淵之靚,顏師古:“澹,安也,音徒濫反。”2229

靚,澹虖若深淵之靚,顏師古:“靚,與靜同。”2229

氾,氾虖若不繫之舟,顏師古:“氾,音敷劍反。”2229

蔕,細故蔕芥,顏師古:“蔕,音丑芥反。”2229

釐,上方受釐,引應劭:“釐,音禧。”顏師古:“禧,福也,借釐字爲之耳,言受神之福也。”2230

傝,諸侯王傝傝,顏師古:“傝,音擬。”2230

治,天下已安已治矣,顏師古:“治,音直吏反。”2231

厝,抱火厝之積薪之下,顏師古:“厝,音千故反。”2231

搶,國制搶攘,引蘇林:“搶,音濟濟蹌蹌。”引晉灼:“搶,音傖。”顏師古:“晉音是。傖,音仕庚反。”2231

攘,國制搶攘,顏師古:“攘,音女庚反。”2231

鄉,四荒鄉風,顏師古:“鄉,讀曰嚮。”2232

鄉,親兄之子西鄉而擊,顏師古:“鄉,讀曰嚮。”2233

行,行義未過,顏師古:“行,音下更反。”2233

抵,諸侯之王大抵皆冠,顏師古:“抵,音丁禮反。”2233

曓,日中必曓,引孟康:“曓,音衞。”2234

曬,日中必曓,顏師古:“曓,謂暴曬之也。曬,音所智反,又音所懈反。”2234

墮,已乃墮骨肉之屬而抗剄之,顏師古:“墮,音火規反。”2235

剄,已乃墮骨肉之屬而抗剄之,顏師古:“剄,音工鼎反。”2235

併,高皇帝與諸公併起,顏師古:“併,音步鼎反。”2235

廛,其次廛得舍人,顏師古:"廛,與僅同。"2235

悳,悳至渥也,顏師古:"悳,古德字。"2235

渥,悳至渥也,顏師古:"渥,厚也,音握。"2235

諉,然尚有可諉者,顏師古:"諉,音女瑞反。"2235

共,共王王梁,顏師古:"共,讀曰恭。"2235

旤,殃旤之變,顏師古:"旤,古禍字。"2236

頓,而芒刃不頓者,顏師古:"頓,讀曰鈍。"2236

解,皆衆理解也,顏師古:"解,音胡懈反。"2236

髖,至於髖髀之所,顏師古:"髖,音寬。"2236

髀,至於髖髀之所,顏師古:"髀,音陛,又音必爾反。"2236

倚,韓信倚胡,顏師古:"倚,音於綺反。"2238

分,以次各受祖之分地,顏師古:"分,音扶問反。"2238

倍,下無倍畔之心,顏師古:"倍,讀曰偝。"2239

鄉,細民鄉善,顏師古:"鄉,讀曰嚮。"2239

憚,陛下誰憚而久不爲此,顏師古:"憚,音徒旦反。"2239

尰,天下之勢方病大尰,顏師古:"尰,音上勇反。"2239

幾,一脛之大幾如要,一指之大幾如股,顏師古:"幾,並音巨依反。"2239

信,平居不可屈信,顏師古:"信,讀曰伸。"2239

搐,一二指搐,顏師古:"搐,音丑六反。"2239

跖,又苦跖盭,顏師古:"跖,古蹠字也,音之石反。"2240

盭,又苦跖盭,顏師古:"盭,古戾字。"2240

偪,或制大權以偪天子,顏師古:"偪,古逼字。"2240

悔,今匈奴嫚悔侵掠,顏師古:"悔,古侮字。"2240

操,是主上之操也,顏師古:"操,音千高反。"2241

共,天子共貢,顏師古:"共,讀曰恭。"2241

亶,非亶倒縣而已,顏師古:"亶,讀曰但。"2241

辟,又類辟,顏師古:"辟,音壁。"2241

痱,且病痱,顏師古:"痱,音肥。"2241

復,雖有長爵不輕得復,顏師古:"復,音方目反。"2241

被,將吏被介冑而睡,顏師古:"被,音皮義反。"2241

料,臣竊料匈奴之衆不過漢一大縣,顏師古:"料,音聊。"2242

行，伏中行説而笞其背，顏師古：“行，音胡剛反。”2242

説，伏中行説而笞其背，顏師古：“説，讀曰悦。”2242

信，而直數百里外威令不信，顏師古：“信，讀曰伸。”2242

綝，綝以偏諸，顏師古：“綝，音妾。”2243

緶，綝以偏諸，顏師古：“綝，音妾，謂以偏諸緶著之也。緶，音步千反。”2243

被，今富人大賈嘉會召客者以被牆，顏師古：“被，音皮義反。”2243

屈，然而天下不屈者，顏師古：“屈，音其勿反。”2243

綈，且帝之身自衣皁綈，顏師古：“綈，音徒奚反。”2243

衣，夫百人作之不能衣一人，顏師古：“衣，音於既反。”2243

屈，國已屈矣，顏師古：“屈，音其勿反。”2244

贅，家貧子壯則出贅，顏師古：“贅，音之鋭反。”2245

分，故秦人家富子壯則出分，顏師古：“分，音扶問反。”2245

耰，借父耰鉏，顏師古：“耰，音憂。”2245

誶，立而誶語，顏師古：“誶，音碎。”2245

哺，抱哺其子，顏師古：“哺，音步。”2245

併，與公併倨，顏師古：“併，音步鼎反。”2245

説，婦姑不相説，顏師古：“説，音悦。”2245

稽，則反脣而相稽，顏師古：“稽，音工奚反。”2245

幾，不同禽獸者亡幾耳，顏師古：“幾，音居豈反。”2245

厤，猶曰厤六國，引蘇林：“厤，音厥。”2245

信，信并兼之法，顏師古：“信，讀曰伸。”2245

剟，盜者剟寢户之簾，顏師古：“剟，音輟。”2246

搴，搴兩廟之器，顏師古：“搴，拔也，音騫，又音蹇。”2246

剽，白晝大都之中剽吏而奪之金，顏師古：“剽，音頻妙反。”2246

幾，矯僞者出幾十萬石粟，顏師古：“幾，音鉅依反。”2246

行，乘傳而行郡國，顏師古：“行，音下更反。”2246

恬，因恬而不知怪，顏師古：“恬，音徒兼反。”2246

鄉，使天下回心而鄉道，顏師古：“鄉，讀曰嚮。”2246

僵，不植則僵，顏師古：“僵，偃也，音疆。”2247

筦，《筦子》曰，顏師古：“筦，與管同。”2247

虛，而社稷爲虛，顏師古：“虛，讀曰墟。”2247

幾,故姦人幾幸,顏師古:"幾,讀曰冀。"2247

楫,是猶度江河亡維楫,顏師古:"楫,音集,又音接。"2247

覆,舩必覆矣,顏師古:"覆,音芳目反。"2247

遠,人性不甚相遠也,顏師古:"遠,音于萬反。"2249

齊,有司齊肅端冕,顏師古:"齊,讀曰齋。"2249

見,見于天也,顏師古:"見,音胡電反。"2249

道,師,道之教訓,顏師古:"道,讀曰導。"2249

悌,孝悌博聞有道術者,顏師古:"悌,音徒繼反。"2250

耆,故擇其所耆,顏師古:"耆,讀曰嗜。"2250

貫,習貫如自然,顏師古:"貫,音工宦反。"2250

隃,則貴賤有等而下不隃矣,顏師古:"隃,與踰同。"2250

輯,則百姓黎民化輯於下矣,顏師古:"輯,與集同。"2250

朝,春朝朝日,顏師古:"下朝,音直遥反。"2250

餽,執醬而親餽之,顏師古:"餽,字與饋同。"2251

齊,步中《采齊》,顏師古:"齊,字或作薺,又作茨,並音(律)[才]私反。"2251

趣,趣中《肆夏》,顏師古:"趣,讀曰趨。"2251

中,趣中《肆夏》,顏師古:"中,音竹仲反。"2251

遠,故遠庖廚,顏師古:"遠,音于萬反。"2251

長,所以長恩,顏師古:"長,音竹兩反。"2251

訏,所上者告訏也,顏師古:"訏,音居謁反。"2251

艾,其視殺人若艾草菅然,顏師古:"艾,讀曰刈。"2251

菅,其視殺人若艾草菅然,顏師古:"菅,音姦。"2251

道,彼其所以道之者非其理故也,顏師古:"道,讀曰導。"2251

亟,秦世之所以亟絕者,顏師古:"亟,音居力反。"2252

貫,若其服習積貫,顏師古:"貫,音工宦反。"2252

耆,耆欲不異,顏師古:"耆,讀曰嗜。"2252

道,或道之以德教,顏師古:"道,讀曰導。"2254

毆,或毆之以法令,顏師古:"毆,與驅同。"2254

幾,既幾及身,顏師古:"幾,音鉅依反。"2254

近,況於貴臣之近主乎,顏師古:"近,音其靳反。"2255

蹴,蹴其芻者有罰,顏師古:"蹴,音千六反。"2255

僰，而令與眾庶同黥劓髠刖笞僰棄市之法，引蘇林："僰，音罵。"2255

苴，冠雖敝不以苴履，顏師古："苴，音子余反。"2256

緤，係緤之，顏師古："緤，音先列反。"2256

榜，詈罵而榜笞之，顏師古："榜，音彭。"2256

行，事中行之君，顏師古："行，音胡剛反。"2258

頓，頑頓亡恥，顏師古："頓，讀曰鈍。"2258

奊，奊詬亡節，顏師古："奊，音胡結反。"2258

詬，奊詬亡節，顏師古："詬，音后。"2258

好，且不自好，顏師古："好，音呼倒反。"2258

挺，則因而挺之矣，引服虔："挺，音挺起。"顏師古："挺，音式延反。"2258

便，人主將何便於此，顏師古："便，音頻面反。"2258

簠，簠簋不飾，顏師古："簠，音甫，又音扶。"2258

簋，簠簋不飾，顏師古："簋，音軌。"2258

罷，不謂罷軟，顏師古："罷，讀曰疲。"2258

軟，不謂罷軟，顏師古："軟，音人兗反。"2258

謼，猶未斥然正以謼之也，顏師古："謼，古呼字。"2258

請，造請室而請辠耳，引蘇林："請，音絜清。"2259

弛，聞命而自弛，顏師古："弛，音式爾反。"2259

戾，上不使人頸盭而加也，顏師古："盭，古戾字，音盧結反。"2259

捽，上不使捽抑而刑之也，顏師古："捽，音才兀反。"2259

憙，故群臣自憙，顏師古："憙，讀曰喜，音許吏反。"2259

夫，夫將爲我危，顏師古："夫，音扶。"2259

著，厓如黑子之著面，顏師古："著，音直略反。"2261

蝟，反者如蝟毛而起，顏師古："蝟，音謂。"2261

蘄，故蘄去不義諸侯而虛其國，顏師古："蘄，讀與芪同。"2261

稱，錢用諸費稱此，顏師古："稱，音尺孕反。"2262

郪，起於新郪以北著之河，顏師古："郪，音千移反。"2262

著，起於新郪以北著之河，顏師古："著，音直略反。"2262

揵，淮陽包陳以南揵之江，顏師古："揵，音鉅偃反。"2262

畜，畜亂宿羝，顏師古："畜，讀曰蓄。"2262

財，唯陛下財幸，顏師古："財，與裁同。"2263

接，竊恐陛下接王淮南諸子，引孟康："接，音挾。"2263

悖，淮南王之悖逆亡道，顏師古："悖，音布內反。"2263

剟，剟手以衝仇人之匈，顏師古："剟，音弋（再）［冄］反。"2264

靡，固爲俱靡而已，顏師古："靡，音武皮反。"2264

從，合從舉兵，顏師古："從，音子容反。"2264

鄉，西鄉京師，顏師古："鄉，讀曰嚮。"2264

掇，掇其切於世事者著于傳云，顏師古："掇，音丁活反。"2265

《爰盎鼂錯傳》

鼂，爰盎鼂錯傳，顏師古："鼂，古朝字，其下作朝，蓋通用耳。"2267

盎，爰盎字絲，顏師古："盎，音一浪反。"2267

適，可適削地，顏師古："適，讀曰謫。"2269

橫，淮南王益橫，顏師古："橫，音胡孟反。"2269

睫，陛下不交睫解衣，顏師古："睫，音接。"2269

顓，大臣顓制，顏師古："顓，與專同。"2270

鄉，西鄉讓天子者三，顏師古："鄉，讀曰嚮。"2270

繇，盎繇此名重朝廷，顏師古："繇，讀與由同。"2270

攟，盎攟彎，顏師古："攟，與擎同。"2270

坐，盎引卻慎夫人坐，顏師古："坐，音材臥反。"2271

説，於是上乃説，顏師古："説，讀曰悦。"2271

調，調爲隴西都尉，顏師古："調，音徒釣反。"2272

帥，遷爲隊帥，顏師古："帥，音所類反。"2273

箝，閉箝天下之口，顏師古："箝，音其炎反。"2273

與，錯猶與未決，顏師古："與，讀曰豫。"2273

醪，二石醇醪，顏師古："醪，音牢。"2274

飲，飲醉西南陬卒，顏師古："飲，音於禁反。"2274

陬，飲醉西南陬卒，顏師古："陬，音子侯反，又音鄒。"2274

絫，吾不足絫公，顏師古："絫，古累字也，音力瑞反。"2274

辟，辟吾親，引晉灼："辟，音避。"2275

湛，與閭里浮湛，顏師古："湛，讀曰沉。"2275

棓，乃之棓生所問占，引蘇林："棓，音栖。"引文穎："棓，音陪。"顏師古："蘇
　　音是。"2276

錯，鼂錯，潁川人也，引晉灼："錯，音厝置之厝。"顏師古："潘岳《西征賦》乃

讀爲錯雜之錯,不可依也。"2277

陗,錯爲人陗直刻深,顔師古:"陗,字與峭同,音千笑反。"2278

敺,敺略畜産,顔師古:"敺,與驅同。"2279

輯,和輯士卒,顔師古:"輯,與集同。"2279

底,底厲其節,顔師古:"底,與砥同。"2279

繇,繇此觀之,顔師古:"繇,讀與由同。"2279

漸,漸車之水,顔師古:"漸,讀曰灒,謂浸也,音子廉反。"2280

屮,屮木所在,顔師古:"屮,古草字。"2280

衍,曼衍相屬,顔師古:"衍,音弋戰反。"2280

屬,曼衍相屬,顔師古:"屬,音之欲反。"2280

萑,(蓷)[萑]葦竹蕭,顔師古:"萑,音完。"2280

蘢,屮木蒙蘢,顔師古:"蘢,音來東反。"2280

鋋,此矛鋋之地也,顔師古:"鋋,音上延反。"2280

裼,與袒裼同,顔師古:"裼,音錫。"2281

鏃,與亡鏃同,顔師古:"鏃,音子木反。"2281

易,險易異備,顔師古:"易,音弋豉反。"2281

仄,險道傾仄,顔師古:"仄,古側字。"2282

罷,風雨罷勞,顔師古:"罷,讀曰疲。"2282

撓,則匈奴之衆易撓亂也,顔師古:"撓,攪也,音火高反。一曰橈,曲也,弱也,音女教反。"2282

驫,材官驫發,引蘇林:"驫,音馬驟之驟。"顔師古:"驫,《春秋左氏傳》作蔟字,其音同耳。"2282

臬,材官驫發,顔師古:"故中則同的,的,謂所射之準臬也。臬,音牛列反。"2282

笴,革笴木薦,顔師古:"笴,音息嗣反。"2282

俛,在俛卬之間耳,顔師古:"俛,亦俯字。"2283

卬,在俛卬之間耳,顔師古:"卬,讀曰仰。"2283

跌,跌而不振,顔師古:"跌,音徒結反。"2283

輯,令明將能知其習俗和輯其心者,顔師古:"輯,與集同也。"2283

衡,衡加之以衆,引張晏:"衡,音横。"顔師古:"横即横耳,無勞借音。"2283

財,唯陛下財擇,顔師古:"財,與裁同也。"2283

貉,臣聞秦時北攻胡貉,顔師古:"貉,音莫客反。"2284

能，其性能寒，顏師古："能，讀曰耐。"2284

債，輸者債於道，引如淳："債，音奮。"2284

復，死事之後不得一算之復，顏師古："復，音方目反。"2285

倡，爲天下先倡，顏師古："倡，讀曰唱。"2285

著，胡人衣食之業不著於地，顏師古："著，音直略反。"2285

竟，其勢易以擾亂邊竟，顏師古："竟，讀曰境。"2285

壄，如飛鳥走獸於廣壄，顏師古："壄，古野字。"2285

畞，而中國之所以離南畞也，顏師古："畞，古畝字也。"2286

纔，遠縣纔至，引李奇："纔，音裁。"2286

更，一歲而更，顏師古："更，音庚，又讀如本字。"2286

雷，具藺石，引如淳："藺石，城上雷石也。"顏師古："雷，音來內反。"2286

調，調立城邑，顏師古："調，音徒釣反。"2287

復，乃募辠人及免徒復作令居之，顏師古："復，音扶目反。"2287

復，復其家，顏師古："復，音方目反。"2287

輯，和輯其心而勿侵刻，顏師古："輯，與集同。"2288

長，種樹畜長，顏師古："長，音竹兩反。"2288

假，連有假五百，引服虔："假，音假借之假。"顏師古："假，音工雅反。"2289

還，則前死不還踵矣，顏師古："還，讀曰旋。"2289

創，則終身創矣，顏師古："創，音初亮反。"2289

施，施及方外，顏師古："施，延也，音弋豉反。"2290

比，比善戮力，顏師古："比，音頻寐反。"2291

從，去亂從，顏師古："從，音子容反。"2291

師，以爲官師，顏師古："師，字或作帥，音所類反。"2291

重，重之閉之，顏師古："重，音直龍反。"2291

虖，烏虖，戒之，顏師古："虖，讀曰呼。"2291

昆，隴西太守臣昆邪，顏師古："昆讀曰混，音下昆反。"2292

筦，齊桓得筦子而爲五伯長，顏師古："筦，字與管同。"2292

伯，齊桓得筦子而爲五伯長，顏師古："伯，讀曰霸。"2292

著，根著之徒亡不載也，顏師古："著，音直略反。"2293

被，皆被其澤，顏師古："被，音皮義反。"2293

施，施及後世，顏師古："施，音弋豉反。"2294

伯,五伯之臣,顏師古:"伯,讀曰霸。"2295

屬,故屬之以國,顏師古:"屬,音之欲反。"2295

從,非以忿怒妄誅而從暴心也,顏師古:"從,讀曰縱。"2295

復,逆而復之,顏師古:"復,音扶目反。"2295

辟,使主内亡邪辟之行,顏師古:"辟,讀曰僻。"2295

與,五伯與焉,顏師古:"與,讀曰豫。"2296

輯,謀不輯,顏師古:"輯,與集同。"2297

耆,耆慾亡極,顏師古:"耆,讀曰嗜。"2297

罷,民力罷盡,顏師古:"罷,讀曰疲。"2297

恐,群臣恐諛,顏師古:"恐,音丘勇反。"2297

憯,法令煩憯,顏師古:"憯,音千感反。"2297

倡,陳勝先倡,顏師古:"倡,讀曰唱。"2297

嬈,除苛解嬈,顏師古:"嬈,音如紹反。"2297

亡,皋人亡帑,顏師古:"亡,讀曰無。"2297

帑,皋人亡帑,顏師古:"帑,讀曰孥。"2297

非,非謗不治,顏師古:"非,讀曰誹。"2297

視,視民不奢,顏師古:"視,讀曰示。"2298

竟,邊竟未安,顏師古:"竟,讀曰境。"2299

繇,繇是遷中大夫,顏師古:"繇,讀與由同。"2299

堧,内史府居太上廟堧中,顏師古:"堧,音人緣反。"2300

繇,繇此與錯有隙,顏師古:"繇,讀與由同。"2300

調,上方與錯調兵食,顏師古:"調,音徒釣反。"2301

分,各有分地,顏師古:"分,音扶問反。"2301

適,賊臣鼂錯擅適諸侯,顏師古:"適,讀曰謫。"2301

歐,廷尉歐,顏師古:"歐,音區。"2302

屬,獨屬群臣,顏師古:"屬,音之欲反。"2302

行,給載行市,顏師古:"行,音下更反。"2302

拑,拑口不敢復言矣,顏師古:"拑,音其炎反。"2303

《張馮汲鄭傳》

堵,南陽堵陽人也,顏師古:"堵,音者。"2307

調,十年不得調,顏師古:"調,音徒釣反。"2307

圈,上登虎圈,顔師古:"圈,音求遠反。"2308

簿,問上林尉禽獸簿,顔師古:"簿,音步户反。"2308

嚮,能口對嚮應亡窮者,顔師古:"嚮,讀曰(嚮)[響]。"2308

喋,豈效此嗇夫喋喋利口捷給哉,引晉灼:"喋,音牒。"2308

亟,爭以亟疾苛察相高,顔師古:"亟,音居力反。"2308

嚮,疾於景嚮,顔師古:"嚮,讀曰響。"2309

錯,舉錯不可不察也,顔師古:"錯,音千故反。"2309

繇,文帝繇是奇釋之,顔師古:"繇,讀與由同。"2309

走,此走邯鄲道也,引如淳:"走,音奏。"2310

視,上指視慎夫人新豐道,顔師古:"視,讀曰示。"2310

倚,上自倚瑟而歌,顔師古:"倚,音於綺反。"2310

紵,用紵絮斮陳漆其間,顔師古:"紵,音竹吕反。"2310

斮,用紵絮斮陳漆其間,顔師古:"斮,音側略反。"2310

屬,屬廷尉,顔師古:"屬,音之欲反。"2310

錯,民安所錯其手足,顔師古:"錯,音千故反。"2311

共,共承宗廟,顔師古:"共,讀曰恭。"2311

抔,一抔土,顔師古:"抔,音步侯反。今學者讀抔爲杯勺之杯,非也。"2311

繇,張廷尉繇此天下稱之,顔師古:"繇,讀與由同。"2312

韈,吾韈解,顔師古:"韈,音武伐反。"2312

結,釋之跪而結之,顔師古:"結,讀曰係。"2312

著,唐以孝著,顔師古:"著,音竹助反。"2313

帥,爲官帥將,顔師古:"帥,音所類反。"2313

將,爲官帥將,顔師古:"將,音子亮反。"2313

説,良説,乃拊髀曰,顔師古:"説,讀曰悦。"2313

髀,良説,乃拊髀曰,顔師古:"髀,音陛。"2313

闑,闑以内寡人制之,闑以外將軍制之,顔師古:"闑,音牛列反。"2314

覆,不從中覆也,顔師古:"覆,音芳目反。"2314

彀,彀騎萬三千匹,顔師古:"彀,張弩也,音遘。"2314

澹,滅澹林,引鄭氏:"澹,音擔石之擔。"顔師古:"澹,音都甘反,又音談。"2315

幾,趙幾伯,顔師古:"幾,音鉅依反。"2315

伯,趙幾伯,顔師古:"伯,讀曰霸。"2315

繇,繇此言之,顏師古:"繇,讀與由同。"2315

説,文帝説,顏師古:"説,讀曰悦。"2315

比,屋比延燒,顏師古:"比,音頻寐反。"2316

倨,爲人性倨,顏師古:"倨,音居庶反。"2317

數,群臣或數黯,顏師古:"數,音所具反。"2317

數,上常賜告者數,顏師古:"數,音所角反。"2318

瘉,終不瘉,顏師古:"瘉,與愈同。"2318

瘉,亡以瘉人,顏師古:"瘉,讀與愈同。"2318

賁,賁育弗能奪也,顏師古:"賁,音奔。"2318

仄,仄目而視矣,顏師古:"仄,古側字也。"2318

鄉,上方鄉儒術,顏師古:"鄉,讀曰嚮。"2319

詆,專深文巧詆,顏師古:"詆,音丁禮反。"2319

説,上亦不説也,顏師古:"説,讀曰悦。"2319

下,自天子欲令群臣下大將軍,顏師古:"下,音胡稼反。"2319

説,至説公孫弘等,顏師古:"説,音式鋭反。"2320

渾,匈奴渾邪王帥衆來降,顏師古:"渾,音胡昆反。"2321

罷,罷中國,顏師古:"罷,讀曰疲。"2321

贏,縱不能得匈奴之贏以謝天下,顏師古:"贏,餘也,音弋成反。"2321

填,臣自以爲填溝壑,顏師古:"填,音大賢反。"2322

與,不得與朝廷議矣,顏師古:"與,讀曰豫。"2322

喜,當時以任俠自喜,顏師古:"喜,音許吏反。"2323

脱,脱張羽於阨,顏師古:"脱,音佗活反。"2323

行,然其知友皆大父行,顏師古:"行,音胡浪反。"2324

卬,卬奉賜給諸公,顏師古:"卬,音牛向反。"2324

奉,卬奉賜給諸公,顏師古:"奉,音扶用反。"2324

趨,常趨和承意,顏師古:"趨,讀曰趣。"2325

和,常趨和承意,顏師古:"和,音胡臥反。"2325

屈,財用益屈,顏師古:"屈,音其勿反。"2325

儌,任人賓客儌,顏師古:"儌,音子就反。"2325

邽,下邽翟公,引蘇林:"邽,音圭。"2325

填,賓客亦填門,顏師古:"填,音田。"2325

見，交情乃見，顏師古："見，音胡電反。"2326

信，親詘帝尊以信亞夫之軍，顏師古："信，讀曰伸。"2326

《賈鄒枚路傳》

罷，百姓任罷，顏師古："罷，讀曰疲。"2328

謼，一夫大謼，天下嚮應者，顏師古："謼，字與呼同，叫也，音火故反。"2328

嚮，一夫大謼，天下嚮應者，顏師古："嚮，讀曰響。"2328

房，又爲阿房之殿，顏師古："房，字或作旁。"2329

橈，旌旗不橈，顏師古："橈，音女孝反。"2329

瀕，瀕海之觀畢至，顏師古："瀕，音頻，又音賓，字或作濱，音義同。"2329

隱，隱以金椎，顏師古："隱，音於靳反。"2329

錮，冶銅錮其內，顏師古："錮，音固。"2329

被，被以珠玉，顏師古："被，音皮義反。"2329

顆，蓬顆蔽冢，顏師古："顆，音口果反。"2329

中，詳擇其中，顏師古："中，音竹仲反。"2329

磽，地之磽者，顏師古："磽，音口交反。"2330

霆，雷霆之所擊，顏師古："霆，疾雷也，音廷。"2331

賁，孟賁之勇，顏師古："賁，音奔。"2331

箴，工誦箴諫，顏師古："箴，戒也，音之林反。"2331

餽，親執醬而餽，顏師古："餽，字與饋同。"2331

酳，執爵而酳，顏師古："酳，音胤。"2331

餰，祝餰在前，顏師古："餰，古饐字。"2331

視，視孝也，顏師古："視，讀曰示。"2331

罷，力罷不能勝其役，顏師古："罷，讀曰疲。"2333

虡，縣石鑄鍾虡，顏師古："虡，音鉅。"2333

篩，篩土築阿房之宮，顏師古："篩，音師。"2333

筵，篩土築阿房之宮，顏師古："篩以竹筵爲之。筵，音山爾反。"2333

絫，絫世廣德，顏師古："絫，古累字。"2333

復，世世不相復也，顏師古："復，音扶目反。"2333

度，度其後嗣，顏師古："度，音大各反。"2333

纔，然身死纔數月耳，顏師古："纔，音財。"2333

道，是以道諛媮合苟容，顏師古："道，讀曰導。"2334

婾，是以道諛婾合苟容，顏師古：“婾，與偷同。”2334

棺，已棺塗而後爲之服錫衰麻絰，顏師古：“棺，音工喚反。”2334

術，術追厥功，顏師古：“術，亦作述。”2335

訢，天下皆訢訢焉，顏師古：“訢，讀與欣同。”2335

敺，與之馳敺射獵，顏師古：“敺，與驅同。”2335

解，朝廷之解弛，顏師古：“解，讀曰懈。”2335

弛，朝廷之解弛，顏師古：“弛，音式爾反。”2335

傳，省廄馬以賦縣傳，顏師古：“傳，音張戀反。”2336

衣，憐其衣赭書其背，顏師古：“衣，音於既反。”2336

説，天下莫不説喜，顏師古：“説，讀曰悦。”2336

鄉，四方鄉風，顏師古：“鄉，讀曰嚮。”2337

夏，以夏歲二月，顏師古：“夏，音胡雅反。”2337

媟，大臣不媟，顏師古：“媟，音息列反。”2337

見，君子不常見其齊嚴之色，顏師古：“見，音胡電反。”2337

與，大臣不得與宴游，顏師古：“與，讀曰豫。”2337

操，人主之操柄也，顏師古：“操，音千高反。”2338

倚，秦倚曲臺之宮，顏師古：“倚，音於綺反。”2338

從，張耳、陳勝連從兵之據，顏師古：“從，音子容反。”2339

覆，上覆飛鳥，顏師古：“覆，音芳目反。”2339

屬，輦車相屬，顏師古：“屬，音之欲反。”2339

底，聖王底節修德，顏師古：“底，屬也，音指。”2340

奸，則無國不可奸，顏師古：“奸，音干。”2340

説，尤説大王之義，顏師古：“説，讀曰悦。”2340

絫，臣聞鷙鳥絫百，顏師古：“絫，古累字。”2341

鶚，不如一鶚，顏師古：“鶚，音愕。”2341

袨，袨服叢臺之下者，顏師古：“袨，音州縣之縣。”2341

湛，而不能止幽王之湛患，顏師古：“湛，讀曰沈。”2341

畫，故願大王審畫而已，顏師古：“畫，計也，音獲。”2341

義，義父之後，顏師古：“義，讀曰儀。”2342

父，義父之後，顏師古：“父，讀曰甫。”2342

仆，卒仆濟北，顏師古：“仆，音赴。”2342

忼，忼慨不苟合，顏師古：“忼，音口朗反。”2343

絫，恐死而負絫，顏師古：“絫，音力瑞反。”2343

訊，卒從吏訊，顏師古：“訊，音信。”2344

輿，接輿避世，顏師古：“輿，音弋於反。”2344

食，食以駃騠，顏師古：“食，讀曰飤。”2346

駃，食以駃騠，顏師古：“駃，音決。”2346

騠，食以駃騠，顏師古：“騠，音題。”2346

拉，拉脅折齒於魏，顏師古：“拉，音盧合反。”2347

畫，皆信必然之畫，顏師古：“畫，音獲。”2347

雍，蹋雍之河，顏師古：“雍，音於龍反。”2347

比，義不苟取比周於朝以移主上之心，顏師古：“比，音頻寐反。”2347

矸，甯戚飯牛，引應劭：“南山矸，白石爛。”顏師古：“矸，字與岸同。”2347

骭，甯戚飯牛，引應劭：“短布單衣適至骭。”顏師古：“骭，音下諫反。”2347

曼，甯戚飯牛，引應劭：“長夜曼曼何時旦。”顏師古：“曼，音莫幹反。”2347

伯，伯中國，顏師古：“伯，讀曰霸。”2348

伯，則五伯不足侔，顏師古：“伯，讀曰霸。”2348

説，而不説田常之賢，顏師古：“説，讀曰悦。”2348

伯，彊伯諸侯，顏師古：“伯，讀爲霸。”2348

墮，墮肝膽，顏師古：“墮，毁也，音火規反。”2349

湛，〔荆〕軻湛七族，顏師古：“湛，讀曰沈。”2350

柢，蟠木根柢，引蘇林：“柢，音蒂。”2350

囷，輪囷離奇，顏師古：“囷，音去輪反。”2350

離，輪囷離奇，顏師古：“離，音力爾反。”2350

奇，輪囷離奇，顏師古：“奇，音於綺反。一曰離奇各讀如本字。”2350

祇，祇怨結而不見德，顏師古：“祇，音支。”2350

攣，以其能越攣拘之語，顏師古：“攣，音力全反。”2351

皁，使不羈之士與牛驥同皁，顏師古：“皁，音在早反。”2352

寥，寥廓之士，顏師古：“寥，音聊。”2352

汙，回面汙行，顏師古：“汙，不潔也，音一故反。或曰汙，曲也，音一胡反。”2352

堀，堀穴巖藪之中，顏師古：“堀，與窟同。”2353

説，始皇非能説其言也，顏師古：“説，讀曰悦。”2354

廑，茅焦亦廑脫死，顏師古：“廑，音巨刃反。”2354

令，臣非爲長君無使令於前，顏師古：“令，音力成反。”2355

怫，則太后怫鬱泣血，顏師古：“怫，音佛。”2355

懼，長君懼然曰，顏師古：“懼，讀曰瞿，音居具反。”2355

卑，封之於有卑，引服虔：“卑，音界予之界也。”顏師古：“卑，地名也，音鼻。”2356

父，公子慶父使僕人殺子般，顏師古：“父，讀曰甫。”2356

般，公子慶父使僕人殺子般，顏師古：“般，字與班同。”2356

貜，齊人公孫貜，顏師古：“貜，音俱略反。”2357

扞，勁不足以扞寇，顏師古：“扞，音胡旦反。”2357

祭，鄭祭仲許宋人立公子突以活其君，顏師古：“祭，音側界反。”2357

鄉，鄉使濟北見情實，顏師古：“鄉，讀曰嚮。”2358

從，則山東之從結而無隙矣，顏師古：“從，音子容反。”2358

歐，歐白徒之衆，顏師古：“歐，與驅同。”2358

踤，踤步獨進，顏師古：“踤，音空衆反。”2358

橈，守職不橈，顏師古：“橈，音女教反。”2358

說，孝王大說，顏師古：“說，讀曰悅。”2358

聚，禹無十户之聚，顏師古：“聚，音才喻反。”2359

脫，百舉必脫，顏師古：“脫，音土活反。”2360

走，走上天之難，顏師古：“走，音奏。”2360

背，卻背而走，顏師古：“背，音步内反。”2360

滄，欲湯之滄，引鄭氏：“滄，音悽愴之愴。”2360

統，單極之統斷幹，引晉灼：“統，古綆字也。”顏師古：“統、綆皆音鯁。”2361

鍥，單極之統斷幹，引孟康：“言鹿盧爲綆索久鍥。”顏師古：“鍥、契皆刻也，音口計反。”2361

度，寸寸而度之，顏師古：“度，音徒各反。”2361

搔，足可搔而絕，顏師古：“搔，音索高反。”2361

抓，足可搔而絕，顏師古：“搔，謂抓也。抓，音莊交反。”2361

礨，磨礨底厲，顏師古：“礨，音壘。”2361

鄉，舉兵西鄉，顏師古：“鄉，讀曰嚮。”2362

筰，南距羌筰之塞，顏師古：“筰，音才各反。”2362

從，東當六國之從，顏師古：“從，音子容反。”2362

訾,夫舉吳兵以訾於漢,顏師古:"訾,音子私反。"2363

蚋,蠅蚋之附群牛,顏師古:"蚋,音芮,又音人悦反。"2363

鄉,轉粟西鄉,顏師古:"鄉,讀曰嚮。"2363

饟,絶吳之饟道,顏師古:"饟,古餉字。"2364

飭,梁王飭車騎,顏師古:"飭,與勑同。"2364

冗,與冗從爭,顏師古:"冗,音人勇反。"2366

詼,詼笑類俳倡,顏師古:"詼,音恢。"2366

俳,詼笑類俳倡,顏師古:"俳,音排。"2366

嘲,詼笑類俳倡,引李奇:"詼,嘲也。"顏師古:"嘲,音竹交反。"2366

嫚,好嫚戲,顏師古:"嫚,音慢。"2366

黷,以故得媟黷貴幸,顏師古:"黷,音瀆。"2366

蹵,蹵鞠刻鏤,顏師古:"蹵,音千六反。"2367

鞠,蹵鞠刻鏤,顏師古:"鞠,音臣六反。"2367

娸,故其賦有詆娸東方朔,引如淳:"娸,音欺。"2367

詆,故其賦有詆娸東方朔,顏師古:"詆,音丁禮反。"2367

觬,其文觬皴,顏師古:"觬,古委字也。"2367

皴,其文觬皴,顏師古:"皴,音被。"2367

伯,而文公用伯,顏師古:"伯,讀曰霸。"2369

繇,繇是觀之,顏師古:"繇,讀與由同。"2369

爰,爰而立之,顏師古:"爰,音爰。"2369

遏,遏過者謂之妖言,顏師古:"遏,音一曷反。"2370

熏,虛美熏心,顏師古:"熏,音勳。"2370

蠿,蠿者不可復屬,顏師古:"蠿,古絶字。"2370

屬,蠿者不可復屬,顏師古:"屬,音之欲反。"2370

敺,上下相敺,顏師古:"敺,與驅同。"2370

視,飾辭以視之,顏師古:"視,讀曰示。"2370

卻,上奏畏卻,顏師古:"卻,音丘略反。"2370

鳶,烏鳶之卵不毀,顏師古:"鳶,音弋全反。"2371

詬,國君含詬,顏師古:"詬,音垢。"2371

劘,自下劘上,引蘇林:"劘,音摩。"2372

剴,自下劘上,引孟康:"劘謂剴切之也。"顏師古:"剴,音工來反。"2372

《竇田灌韓傳》

觀,父世觀津人也,顏師古:"觀,音工喚反。"2375

喜,喜賓客,顏師古:"喜,音許吏反。"2375

從,上從容曰,顏師古:"從,音千庸反。"2375

請,不得朝請,顏師古:"請,音才性反。"2376

廡,陳廊廡下,顏師古:"廡,門屋也,音侮。"2376

財,輒令財取爲用,顏師古:"財,與裁同。"2376

祇,(衹)[祇]加豒自明,顏師古:"祇,音支。"2377

豒,(衹)[祇]加豒自明,顏師古:"豒,音直類反。"2377

奭,有如兩宮奭將軍,顏師古:"奭,怒貌也,音赫。"2377

沾,沾沾自喜耳,引張晏:"沾,音瞻。"顏師古:"沾沾,輕薄也,或音他兼反。"2377

喜,沾沾自喜耳,顏師古:"喜,音許吏反。"2377

易,多易,顏師古:"易,音弋豉反。"2377

下,卑下賓客,顏師古:"下,音胡稼反。"2378

填,上所填撫,顏師古:"填,音竹刃反。"2378

風,蚡乃微言太后風上,顏師古:"風,讀曰諷。"2379

喜,喜善疾惡,顏師古:"喜,音許吏反。"2379

説,是以竇太后滋不説,顏師古:"説,讀曰悦。"2379

橫,蚡日益橫,顏師古:"橫,音胡孟反。"2380

鄉,坐其兄蓋侯北鄉,自坐東鄉,顏師古:"鄉,讀皆曰嚮。"2381

橈,不可以兄故私橈,顏師古:"橈,音女教反。"2381

屬,市買郡縣器物相屬於道,顏師古:"屬,音之欲反。"2381

驁,諸公稍自引而怠(驁)[驁],顏師古:"(驁)[驁],與傲同。"2381

戲,至戲下,顏師古:"戲,讀與麾同,又音許宜反。"2382

走,復還走漢壁,顏師古:"走,音奏。"2383

金,適有萬金良藥,顏師古:"金,字或作全。"2383

瘳,創少瘳,顏師古:"瘳,音丑流反。"2383

喜,喜任俠,顏師古:"喜,音許吏反。"2384

波,波池田園,顏師古:"波,讀曰陂。"2384

橫,橫潁川,顏師古:"橫,音胡孟反。"2384

根,引繩排根,顏師古:"根,音下恩反。"2384

格，引繩排根，引孟康：“根者，根格。”顏師古：“格，音下各反。”2384

爲，兩人相爲引重，顏師古：“爲，音于僞反。”2384

從，蚡從容曰，顏師古：“從，音千容反。”2385

蚤，將軍旦日蚤臨，顏師古：“蚤，古早字。”2385

洒，夜洒埽張具至旦，顏師古：“洒，音灑，又音所寄反。”2386

屬，夫起舞屬蚡，顏師古：“屬，音之欲反。”2386

謾，乃謾好謝蚡，顏師古：“謾，讀與慢同，又音莫連反。”2386

與，且灌夫何與也，顏師古：“與，讀曰預。”2386

嘻，因嘻笑曰，顏師古：“嘻，音許其反。”2388

呫，呫囁耳語，顏師古：“呫，音昌涉反。”2388

囁，呫囁耳語，顏師古：“囁，音人涉反。”2388

戲，戲夫，引晉灼：“戲，古麾字也。”顏師古：“戲，《漢書》多以戲爲麾字。”2388

戲，蚡乃戲騎縛夫，顏師古：“戲，讀亦曰麾。”2388

爲，爲資使賓客請，顏師古：“爲，讀如本字。”2389

迕，與太后家迕，顏師古：“迕，音悟。”2389

度，嬰度無可奈何，顏師古：“度，音徒各反。”2390

卬，卬視天，顏師古：“卬，讀曰仰。”2390

辟，辟睨兩宮間，顏師古：“辟，音普計反，字本作瞥。”2390

睨，辟睨兩宮間，顏師古：“睨，音吾計反。”2390

荷，身荷戟馳不測之吳軍，顏師古：“荷，音何。”2390

輘，輘轢宗室，顏師古：“輘，音淩。”2391

轢，輘轢宗室，顏師古：“轢，音郎擊反。”2391

披，不折必披，顏師古：“披，音丕靡反。”2391

喜，君何不自喜，顏師古：“喜，音許吏反。”2392

齰，杜門齰舌自殺，顏師古：“齰，音仕客反。”2392

簿，上使御史簿責嬰，顏師古：“簿，音步戶反。”2392

痱，即陽病痱，顏師古：“痱，音肥。”2393

謼，謼服謝罪，顏師古：“謼，古呼字也。若謂啼爲謼服，則謼，音火交反。”2393

服，謼服謝罪，引晉灼：“服，音煦。”顏師古：“若謂啼爲謼服，則服，音平卓反。”2393

從，合從而西嚮，顏師古：“從，音子容反。”2395

嫣,即以嫣鄙小縣,引晉灼:"嫣,音坼嫣之嫣。"2395

更,太后、長公主更賜安國直千餘金,顏師古:"更,音工衡反。"2395

溺,然即溺之,顏師古:"溺,讀曰尿。"2396

幾,居無幾,顏師古:"幾,音居豈反。"2396

治,公等足與治乎,顏師古:"治,音丈吏反。一曰,不足繩治也,治,讀如本
　　字。"2396

説,説之,顏師古:"説,讀曰悦。"2396

索,相以下舉國大索,顏師古:"索,音山客反。"2397

適,適長太子,顏師古:"適,讀曰嫡。"2397

訹,訹邪臣浮説,顏師古:"訹,音戌。"2397

橈,橈明法,顏師古:"橈,音女教反。"2397

共,共王即位,顏師古:"共,讀曰恭。"2398

下,上下其議,顏師古:"下,音胡亞反。"2398

罷,則人馬罷,顏師古:"罷,讀曰疲。"2398

竟,邊竟數驚,顏師古:"竟,讀曰境。"2399

輓,轉粟輓輸,顏師古:"輓,音晚。"2399

復,三王不相復樂,顏師古:"復,音扶目反。"2400

幾,行幾十年,顏師古:"幾,音鉅依反。"2400

槽,槽車相望,顏師古:"槽,音衛。"2400

與,夷狄不與正朔服色,顏師古:"與,讀曰豫。"2401

亟,輕疾悍亟之兵也,顏師古:"亟,音居力反。"2401

猋,至如猋風,顏師古:"猋,音必遙反。"2401

繆,秦繆公都雍,顏師古:"繆,讀與穆同。"2402

辟,辟地千里,顏師古:"辟,讀曰闢。"2402

竟,以河爲竟,顏師古:"竟,讀曰境。"2402

燧,置奏燧然後敢牧馬,顏師古:"燧,古燧字。"2402

氏,北發月氏,顏師古:"氏,讀曰支。"2402

覆,故接兵覆衆,顏師古:"覆,音芳目反。"2403

墮,伐國墮城,顏師古:"墮,音火規反。"2403

敺,深入長敺,顏師古:"敺,與驅同。"2403

從,從行則迫脅,顏師古:"從,音子容反。"2403

衡,衡行則中絶,顏師古:"衡,猶橫也。"2403

遺,遺人獲也,顏師古:“遺,音弋季反。”2403

間,除使蠱壹爲間,顏師古:“間,音居莧反。”2404

視,視單于使者爲信,顏師古:“視,讀曰示。”2404

重,輜重,顏師古:“重,音直用反。”2404

度,度弗及,顏師古:“度,音徒各反。”2404

衹,衹取辱,顏師古:“衹,音支。”2405

逗,廷尉當恢逗橈,引服虔:“逗,音企。”引蘇林:“逗,音豆。”顏師古:“服説非也。逗,又音住。”2405

尉,以尉士大夫心,顏師古:“尉,(故)[古]尉安之字正如此,其後流俗乃加心耳。”2405

耆,貪耆財利,顏師古:“耆,讀曰嗜。”2405

佃,上言方佃作時,顏師古:“佃,治田也,音與田同。”2406

倚,上方倚欲以爲相,顏師古:“倚,音於綺反。”2406

惡,惡能救斯敗哉,顏師古:“惡,音烏。”2407

《景十三王傳》

閼,臨江哀王閼,顏師古:“閼,音烏葛反。”2409

共,程姬生魯共王餘,顏師古:“共,讀曰恭。”2409

易,江都易王非,顏師古:“易,音改易之易。”2409

繇,繇是四方道術之人不遠千里,顏師古:“繇,與由同。”2410

被,被服儒術,顏師古:“被,音皮義反。”2410

造,造次必於儒者,顏師古:“造,音千到反。”2410

中,得事之中,顏師古:“中,音竹仲反。”2411

頃,子頃王授嗣,顏師古:“頃,音傾。”2411

壖,坐侵廟壖地爲宫,顏師古:“壖,音人緣反。”2412

簿,詣中尉府對簿。中尉郅都簿責訊王,顏師古:“簿,皆音薄户反。”2413

訊,中尉郅都簿責訊王,顏師古:“訊,音信。”2413

喜,不喜辭,顏師古:“喜,音許吏反。”2413

吃,爲人口吃難言,顏師古:“吃,音訖。”2413

遴,晚節遴,顏師古:“遴,與吝同。”2413

鄅,鄅鄉侯閔,引蘇林:“鄅,音魚。”顏師古:“鄅,又音吾。”2414

淖,美人淖姬,引鄭氏:“淖,音卓王孫之卓。”引蘇林:“淖,音泥淖。”顏師古:

“蘇説是，淖，音女教反。”2415

荼，行錢使男子荼恬上書，引蘇林：“荼，音食邪反。”2415

覆，建以足蹹覆其舩，顏師古：“覆，音芳目反。”2416

波，後游雷波，顏師古：“波，讀爲陂。”2416

贏，輒令贏立擊鼓，顏師古：“贏，音來果反。”2416

鈂，髡鉗以鈂杵舂，顏師古：“鈂，音弋全反。”2416

羝，與羝羊及狗交，顏師古：“羝，音丁奚反。”2416

覆，漢廷使者即復來覆我，顏師古：“覆，音芳目反。”2416

荃，荃、葛、珠璣，引蘇林：“荃，音詮。”引服虔：“荃，音蓀。”顏師古：“荃，字本
作綷，音千全反，又音千劣反。”2417

璣，荃、葛、珠璣，顏師古：“璣，音機，又音畿。”2417

旰，旰眙侯，顏師古：“旰，音許于反。”2418

眙，旰眙侯，顏師古：“眙，音怡。”2418

鷔，爲人賊鷔，顏師古：“鷔，古戾字也。”2418

痿，又陰痿，顏師古：“痿，音萎。”2418

數，數犯法，顏師古：“數，音所角反。”2418

共，卑諂足共，顏師古：“共，讀曰恭。”2420

中，持詭辯以中人，顏師古：“中，音竹仲反。”2420

榷，即縣爲賈人榷會，顏師古：“榷，音角。”2420

會，即縣爲賈人榷會，顏師古：“會，音工外反。”2420

禨，禨祥，顏師古：“禨，鬼俗也，字或作㸑。禨，音居衣反。”2420

徼，夜從走卒行徼邯鄲中，顏師古：“徼，音工釣反。”2420

陂，以彭祖險陂，顏師古：“陂，音彼義反。”2420

椎，使人椎埋攻剽，顏師古：“椎，音直佳反。”2421

剽，使人椎埋攻剽，顏師古：“剽，音頻妙反。”2421

盧，平陽隆盧公主，顏師古：“盧，音廬。”2421

疵，吹毛求疵，顏師古：“疵，音才斯反。”2422

纍，悲者不可爲纍欷，顏師古：“纍，古累字。”2423

欷，悲者不可爲纍欷，顏師古：“欷，音許既反。”2423

於，孟嘗君爲之於邑，顏師古：“於，音烏。”2423

邑，孟嘗君爲之於邑，顏師古：“邑，音一合反，或讀如本字。”2423

幼，每聞幼眇之聲，顏師古："幼，音一笑反。"2423

眇，每聞幼眇之聲，顏師古："眇，音妙。"2423

煦，夫衆煦漂山，顏師古："煦，音許句反，又音許于反。"2423

漂，夫衆煦漂山，顏師古："漂，音匹遥反。"2423

蟁，聚蟁成靁，顏師古："蟁，古蚊字。"2423

靁，聚蟁成靁，顏師古："靁，古雷字。"2423

撓，十走夫撓椎，顏師古："撓，音女教反。"2424

潸，潸然出涕，顏師古："潸，音所姦反。"2424

曬，白日曬光，顏師古："曬，暴也，舒也，音山豉反，又音力支反。"2424

蝱，蝱蝱宵見，顏師古："蝱，音盲。"2424

拍，塵埃拍覆，顏師古："拍，音鋪。"2424

雍，雍閼不得聞，顏師古："雍，讀曰壅。"2424

閼，雍閼不得聞，顏師古："閼，音烏曷反。"2424

蠡，讒言之徒蠡生，顏師古："蠡，一曰與鋒同。"2424

窾，社窾不灌，顏師古："窾，音奚。"2425

荂，葭荂之親，顏師古："荂，音孚。"2425

擯，使夫宗室擯卻，顏師古："擯，音必刃反。"2425

卻，使夫宗室擯卻，顏師古："卻，音丘略反。"2425

樂，爲人樂酒好内，顏師古："樂，音五教反。"2426

鮒，子頃王鮒鮈，顏師古："鮒，音附。鮈，音劬。鮒鮈，字或作跗胊，其音同耳。"2427

鮈，子頃王鮒鮈，引服虔："鮈，音拘。"顏師古："鮈，音劬。"2427

剌，子剌王建德，顏師古："剌，音來曷反。"2427

煬，子煬王旦，顏師古："煬，音弋向反。"2427

褏，得褏中刀，顏師古："褏，古衣袖字。"2428

鍼，以鐵鍼鍼之，顏師古："鍼，音之林反。"2429

見，虜乃復見畏我，顏師古："見，音胡電反。"2429

匀，盡取善繒匀諸宫人，顏師古："匀，音工艾反。"2429

袒，望卿袒裼傅粉其傍，顏師古："袒，音但。"2430

裼，望卿袒裼傅粉其傍，顏師古："裼，音錫。"2430

嫖，嫖以忽，引孟康："嫖，音匹昭反。"2430

屈,謀屈奇,顏師古:“屈,音其勿反。”2430

更,更擊之,顏師古:“更,音工衡反。”2430

棳,棳杙其陰中,顏師古:“棳,音竹角反。”2430

杙,棳杙其陰中,顏師古:“杙,音弋。”2430

靡,今欲靡爛望卿,顏師古:“靡,音縻。”2430

茀,内茀鬱,顏師古:“茀,音拂。”2431

嵟,日嵟隤,顏師古:“嵟,音千回反。”2431

隤,日嵟隤,顏師古:“隤,音穨。”2431

數,師數諫正去,顏師古:“數,音所角反。”2432

重,大惡仍重,顏師古:“重,音直用反。”2432

隄,襄隄侯子瘉,顏師古:“隄,音丁奚反。”2433

瘉,襄隄侯子瘉,顏師古:“瘉,音愈。”2433

鏃,私作兵車鏃矢,顏師古:“鏃,音子木反。”2433

梲,長男梲,引蘇林:“梲,音奪。”顏師古:“梲,音他活反。”2435

媚,王后以妒媚不常在,顏師古:“媚,音冒。”2435

數,憲王雅不以梲爲子數,顏師古:“數,音所具反。”2435

環,環城過市,顏師古:“環,音宦。”2435

適,適孽誣爭,顏師古:“適,音嫡。”2435

煖,有遺腹子煖,顏師古:“煖,音許遠反。”2436

《李廣蘇建傳》

昆,公孫昆邪,顏師古:“昆,音下温反。”2440

确,數與虜确,顏師古:“确,音角。”2440

從,中貴人者將數十騎從,引張晏:“放(從)[縱]遊獵也。”顏師古:“從,張讀
　　作縱,此説非也。從,音才用反。”2441

走,中貴人走廣,顏師古:“走,音奏。”2441

鵰,是必射鵰者也,顏師古:“鵰,音彫。”2441

便,人人自便,顏師古:“便,音頻面反。”2442

鐎,不擊刁斗自衛,引孟康:“刁斗,以銅作鐎,受一斗。”顏師古:“鐎,音譙郡
　　之譙。”2442

鋗,不擊刁斗自衛,引蘇林:“形如鋗無緣。”顏師古:“鋗,音火玄反。”2442

銚,不擊刁斗自衛,顏師古:“鋗即銚也。今俗或呼銅銚,音姚。”2442

省,莫府省文書,顏師古:"省,音所領反。"2442

簿,吏治軍簿,顏師古:"簿,音步户反。"2442

卒,然虜卒犯之,顏師古:"卒,讀曰猝。"2442

佚,而其士亦佚樂,顏師古:"佚,與逸同。"2442

睨,睨其傍有一兒騎善馬,顏師古:"睨,音五係反。"2443

式,登車不式,顏師古:"式者,車前横木也,字或作軾。"2444

稜,威稜憺乎鄰國,顏師古:"稜,音來登反。"2444

憺,威稜憺乎鄰國,顏師古:"憺,音徒濫反。"2444

彌,彌節白檀,顏師古:"彌,音亡俾反。"2444

中,諸將多中首虜率爲侯者,顏師古:"中,音竹仲反。"2445

鄉,爲圜陳外鄉,顏師古:"鄉,讀曰嚮。"2445

罷,漢軍罷,顏師古:"罷,讀曰疲。"2446

幾,是時廣軍幾没,顏師古:"幾,音鉅衣反。"2446

戲,輒分其戲下,顏師古:"戲,讀曰麾,又音許宜反。"2447

吶,廣吶口少言,顏師古:"吶,亦訥字。"2447

度,度不中不發,顏師古:"度,音待各反。"2447

中,度不中不發,顏師古:"中,音竹仲反。"2447

走,乃自以精兵走之,顏師古:"走,音奏。"2448

回,東道少回遠,顏師古:"回,遶也,曲也,音胡悔反。"2448

數,以爲李廣數奇,顏師古:"數,音所角反。"2448

奇,以爲李廣數奇,顏師古:"奇,音居宜反。"2448

食,右將軍食其,顏師古:"食,音異。"2449

其,右將軍食其,顏師古:"其,音基。"2449

糒,持糒醪遺廣,顏師古:"糒,音備。"2449

醪,持糒醪遺廣,顏師古:"醪,音牢。"2449

簿,急責廣之莫府上簿,顏師古:"簿,音步户反。"2449

嫣,上與韓嫣戲,顏師古:"嫣,音偃。"2450

蚤,當户蚤死,顏師古:"蚤,古早字。"2450

壖,盜取神道外壖地一畝,顏師古:"壖,音人椽反。"2450

上,敢從上雍,顏師古:"上,音時掌反。"2450

落,禹從落中以劍斫絶纍,顏師古:"落,與絡同。"2450

纍，禹從落中以劍斫絕纍，顏師古："纍，音力追反。"2450

下，謙讓下士，顏師古："下，音胡亞反。"2451

重，欲使爲貳師將輜重，顏師古："重，音直用反。"2452

扼，力扼虎，顏師古："扼，音厄。"2452

隊，願得自當一隊，顏師古："隊，音徒内反。"2452

鄉，毋令專鄉貳師軍，顏師古："鄉，讀曰向。"2452

浚，擊東西浚稽，顏師古："浚，音峻。"2452

稽，擊東西浚稽，顏師古："稽，音雞。"2452

走，引兵走西河，顏師古："走，音奏。"2452

浞，浞野侯，顏師古："浞，音仕角反。"2452

説，上甚説，顏師古："説，讀曰悦。"2452

行，前行持戟盾，後行持弓弩，顏師古："行，並音胡剛反。"2453

鐲，聞金聲而止，顏師古："金謂鉦也，一名鐲，鐲，音濁。"2453

葭，抵大澤葭葦中，顏師古："葭，即蘆也，音家。"2454

絭，因發連弩射單于，引張晏："三十絭共一臂也。"顏師古："絭，音去權反，
    又音眷。"2454

幟，以黃與白爲幟，顏師古："幟，音式志反。"2455

呼，疾呼曰，顏師古："呼，音火故反。"2455

趣，李陵、韓延年趣降，顏師古："趣，讀曰促。"2455

鞮，未至鞮汗山，顏師古："鞮，音丁奚反。"2455

礨，乘隅下礨石，顏師古："礨，音盧對反。"2455

脱，猶有得脱歸報天子者，顏師古："脱，音吐活反。"2455

半，一半冰，引如淳："半，讀曰片。"顏師古："半，讀曰判。"2455

畜，其素所畜積也，顏師古："畜，讀曰蓄。"2456

媒，媒糵其短，引服虔："媒，音欺，謂詆欺也。"顏師古："齊人名麴餅曰媒。"2456

輮，深輮戎馬之地，顏師古："輮，音人九反。"2456

拳，士張空拳，顏師古："拳，字與絭同，音去權反，又音眷。"2456

冒，冒白刃，顏師古："冒，音莫北反。"2456

首，北首爭死敵，顏師古："首，音式救反。"2456

財，財令陵爲助兵，顏師古："財，與纔同。"2456

沮，欲沮貳師，顏師古："沮，音才呂反。"2456

杅，因杅將軍，顏師古："杅，音于。"2457

勞，持牛酒勞漢使，顏師古："勞，音來到反。"2458

結，胡服椎結，顏師古："結，讀曰髻。"2458

栘，稍遷至栘中廄監，顏師古："栘，音移。"2460

且，且鞮侯單于初立，顏師古："且，音子閭反。"2460

鞮，且鞮侯單于初立，顏師古："鞮，音丁奚反。"2460

行，漢天子我丈人行也，顏師古："行，音胡浪反。"2460

緱，緱王，顏師古："緱，音工候反。"2460

昆，昆邪王，顏師古："昆，音胡門反。"2461

重，重負國，顏師古："重，音直用反。"2461

熅，置熅火，顏師古："熅，音於云反。"2461

焱，置熅火，顏師古："熅謂聚火無焱者也。焱，音弋贍反。"2461

覆，覆武其上，顏師古："覆，音芳目反。"2461

窖，乃幽武置大窖中，顏師古："窖，音工孝反。"2463

飲，絕不飲食，顏師古："飲，音於禁反。"2463

食，絕不飲食，顏師古："食，讀曰飤。"2463

咽，武臥齧雪與旃毛并咽之，顏師古："咽，音宴。"2463

羝，羝乳乃得歸，顏師古："羝，音丁奚反。"2463

乳，羝乳乃得歸，顏師古："乳，音人喻反。"2463

艸，掘野鼠去艸實而食之，顏師古："艸，古草字。"2463

去，掘野鼠去艸實而食之，顏師古："去，音丘呂反。"2463

軒，單于弟於靬王弋射海上，顏師古："靬，音居言反。"2463

繳，武能網紡繳，顏師古："繳，音斫。"2463

檠，檠弓弩，顏師古："檠，音警，又音巨京反。"2463

令，丁令盜武牛羊，顏師古："令，音零。"2464

刎，伏劍自刎，顏師古："刎，音武粉反。"2465

分，自分已死久矣，顏師古："分，音扶問反。"2465

區，區脫捕得雲中生口，顏師古："區，讀(曰)[與]甌同，音一侯反。"2465

脫，區脫捕得雲中生口，顏師古："脫，音土活反。"2465

鄉，南鄉號哭，顏師古："鄉，讀曰嚮。"2466

臨，旦夕臨，顏師古："臨，音力禁反。"2466

隤，士衆滅兮名已隤，顏師古："隤，音大回反。"2466

復，復終身，顏師古："復，音芳目反。"2467

顓，光顓權自恣，顏師古："顓，與專同。"2468

與，武以故二千石與計謀立宣帝，顏師古："與，讀曰預。"2468

召，召虎，顏師古："召，讀曰邵。"2469

恂，李將軍恂恂如鄙人，顏師古："恂恂，誠謹貌也，音荀。"2470

蹊，下自成蹊，顏師古："蹊，音奚。"2470

《衛青霍去病傳》

籠，青至籠城，顏師古："籠，讀與龍同。"2473

獫，薄伐獫允，顏師古："獫，音險。"2474

訊，執訊獲醜，顏師古："訊，音信。"2474

沮，左內史李沮爲彊弩將軍，引文穎："沮，音俎。"2475

裨，得右賢裨王十餘人，顏師古："裨，音頻移反。"2475

伉，封青子伉爲宜春侯，顏師古："伉，音抗，又音工郎反。"2476

傅，常護軍傅校獲王，顏師古："傅，讀曰附。"2476

説，都尉韓説從大軍出實渾，顏師古："説，讀曰悦。"2476

實，都尉韓説從大軍出實渾，顏師古："實，音田。"2476

渾，都尉韓説從大軍出實渾，顏師古："渾，音魂。"2476

戲，爲戲下，顏師古："戲，讀曰麾，又音許宜反。"2476

頟，龍頟侯，顏師古："頟，字或作額。"2476

窜，南窜侯，引臣瓚："《茂陵中書》云南奊侯，此本字也。"顏師古："窜，音普
    教反，奊亦同字。"2476

犇，遂將其餘騎可八百犇降單于，顏師古："犇，古奔字也。"2477

風，以風爲人臣不敢專權，顏師古："風，讀曰諷。"2477

票姚，票姚校尉，引服虔："票姚，音飄搖。"顏師古："票，音頻妙反；姚，音羊
    召反。荀悦《漢紀》作票鷂字。今讀者音飄遥，則不當其義也。"2478

行，斬單于大父行藉若侯產，顏師古："行，音胡浪反。"2478

道，道軍，知善水草處，顏師古："道，讀曰導。"2479

隃，票騎將軍率戎士隃烏盭，顏師古："隃，與踰同。"2479

盭，票騎將軍率戎士隃烏盭，顏師古："盭，古戾字也。"2479

遬，討遬濮，顏師古："遬，古速字也。"2479

嘼,輜重人衆攝嘼者弗取,顏師古:"嘼,音之涉反。"2479

幾,幾獲單于子,顏師古:"幾,音距衣反。"2480

鏖,鏖皋蘭下,引李奇:"鏖,音麃。"引文穎:"鏖,音意曹反。"顏師古:"鏖字本從金麀聲,轉寫訛耳。"2480

麀,鏖皋蘭下,顏師古:"鏖字本從金麀聲。麀,牡鹿也,音於求反。"2480

折,折蘭王,顏師古:"折,音上列反。"2480

渾,渾邪王子,顏師古:"渾,音下昆反。"2480

休,收休屠祭天金人,顏師古:"休,音許虯反。"2480

屠,收休屠祭天金人,顏師古:"屠,音儲。"2480

祁,祁連山,顏師古:"祁,音上夷反。"2481

氏,小月氏,顏師古:"氏,音支。"2481

鱳,揚武乎鱳得,引鄭氏:"鱳,音鹿。"2481

酋,酋涂王,顏師古:"酋,音才由反。"2481

涂,酋涂王,顏師古:"涂,音塗。"2481

且,捕稽且王,顏師古:"且,音子閭反。"2482

煇,煇渠侯,顏師古:"煇,音暉也。"2482

傳,馳傳以聞,顏師古:"傳,音張戀反。"2483

漯,漯陰侯,顏師古:"漯,音吐合反。"2483

雁,雁疵爲煇渠侯,引文穎:"雁,音鷹。"2483

疵,雁疵爲煇渠侯,引文穎:"疵,音庀蔭之庀。"顏師古:"疵,音匹履反。"2483

疒,雁疵爲煇渠侯,顏師古:"疵,其字從疒。疒,音女革反。"2483

調雖,大當户調雖爲常樂侯,顏師古:"調雖,《功臣侯表》作稠睢,今此轉作調雖,表傳不同,當有誤者。"2483

萌,衆萌咸犇於率,顏師古:"萌,字與甿同。"2483

犇,衆萌咸犇於率,顏師古:"犇,古奔字也。"2483

獟,誅獟悍,顏師古:"獟,字或作趫,音丘昭反,又音丘召反。"2483

食,趙食其,顏師古:"食,音異。"2485

其,趙食其,顏師古:"其,音基。"2485

罷,人馬罷,顏師古:"罷,讀曰疲。"2485

直,而適直青軍出塞千餘里,顏師古:"直,讀曰值。"2485

礫,沙礫擊面,顏師古:"礫,音歷。"2485

贏，單于遂乘六贏，顏師古：“贏，音來戈反。”2485

冒，直冒漢圍西北馳去，顏師古：“冒，音莫克反。”2485

挐，漢匈奴相紛挐，顏師古：“挐，音女居反。”2485

食，得匈奴積粟食軍，顏師古：“食，讀曰飤。”2485

簿，令長史簿責廣，顏師古：“簿，音步户反。”2486

谷，右谷蠡王，顏師古：“谷，音鹿。”2486

蠡，右谷蠡王，顏師古：“蠡，音盧奚反。”2486

去，乃去單于之號，顏師古：“去，音丘吕反。”2486

重，騎兵車重與大將軍軍等，顏師古：“重，音直用反。”2486

葷，葷允之士，引服虔：“葷，音熏。”顏師古：“葷，字與薰同。”2487

鬻，葷允之士，引服虔：“葷允，熏鬻也。”顏師古：“鬻，音弋六反。”2487

齎，約輕齎，顏師古：“一曰齎，字與資同。”2487

檮，從至檮余山，顏師古：“檮，音籌。”2488

復，因淳王復陸支，顏師古：“復，音芳福反。”2488

剸，樓剸王伊即軒，顏師古：“剸，音之兗反。”2488

軒，樓剸王伊即軒，顏師古：“軒，音居言反。”2488

齎，上爲遣太官齎數十乘，顏師古：“齎，與資同。”2489

重，重車餘棄粱肉，顏師古：“重，音直用反。”2489

蹹，蹹鞠，顏師古：“蹹，音徒臘反。”2489

鞠，蹹鞠，顏師古：“鞠，音鉅六反。”2489

喜，喜士退讓，顏師古：“喜，音許吏反。”2489

嬗，子嬗，顏師古：“嬗，音上戰反。”2489

風，長公主風白皇后，顏師古：“風，讀曰諷。”2490

説，韓説、蘇建，顏師古：“説，讀曰悦。”2491

郅，郁郅人也，顏師古：“郅，音之日反。”2491

沮，李沮，顏師古：“沮，音俎。”2491

袯，袯襪人，顏師古：“袯，音丁活反，又音丁外反。”2492

襪，袯襪人，顏師古：“襪，音許羽反。”2492

與，何與招士，顏師古：“與，讀曰豫。”2493

《董仲舒傳》

數，舉賢良文學之士前後百數，顏師古：“數，音所具反。”2495

襃,今子大夫襃然爲舉首,顏師古:"襃,音弋授反。"2496

勺,於周莫盛於《勺》,顏師古:"勺,讀與酌同。"2497

筦,鐘鼓筦絃,顏師古:"筦,與管字同。"2497

仆,日以仆滅,顏師古:"仆,音赴。"2497

操,豈其所持操或誖繆而失其統與,顏師古:"操,音千高反。"2497

與,豈其所持操或誖繆而失其統與,顏師古:"與,讀曰歟。"2497

虖,烏虖,顏師古:"虖,讀曰呼。"2497

屮,澤臻屮木,顏師古:"屮,古草字也。"2497

祜,受天之祜,顏師古:"祜,音怙。"2498

洋,德澤洋溢,顏師古:"洋,音羊。"2498

施,施虖方外,顏師古:"施,音弋豉反。"2498

彊,事在彊勉而已矣,顏師古:"彊,音其兩反。"2499

還,此皆可使還至而(立)有效者也,顏師古:"還,讀曰旋。"2499

解,夙夜匪解,顏師古:"解,讀曰懈。"2499

繇,所繇適於治之路也,顏師古:"繇,讀與由同。"2500

易,其變民也易,顏師古:"易,音弋豉反。"2500

著,其化人也著,顏師古:"著,音竹筯反。"2500

繇,而所繇者非其道,顏師古:"繇,讀與由同。"2500

復,有火復于王屋,顏師古:"復,音扶目反。"2500

絫,積善絫德,顏師古:"絫,古累字。"2501

佚,淫佚衰微,顏師古:"佚,與逸同。"2501

中,刑罰不中,顏師古:"中,音竹仲反。"2501

畜,怨惡畜於上,顏師古:"畜,讀曰蓄。"2501

盭,陰陽繆盭而妖孽生矣,顏師古:"盭,古戾字。"2501

甄,唯甄者之所爲,顏師古:"甄,音吉延反。"2501

鎔,猶金之在鎔,顏師古:"鎔,音容。"2501

正,得之於正,顏師古:"正,謂正月也,音之成反。"2502

與,毋乃任刑之意與,顏師古:"與,讀曰歟。"2502

視,視大始而欲正本也,顏師古:"視,讀曰示。"2503

奸,而亡有邪氣奸其間者,顏師古:"奸,犯也,音干。"2503

操,操可致之勢,顏師古:"操,音千高反。"2504

走,如水之走下,顏師古:"走,音奏。"2504

去,埽除其迹而悉去之,顏師古:"去,音丘吕反。"2505

顓,而顓爲自恣苟簡之治,顏師古:"顓,與專同。"2505

冒,抵冒殊扞,顏師古:"冒,讀如字,又音莫克反。"2505

圬,糞土之牆不可圬也,顏師古:"圬,音一胡反。"2505

鏝,糞土之牆不可圬也,顏師古:"圬,鏝也。鏝,音莫干反。"2505

下,令下而詐起,顏師古:"下,音胡亞反。"2506

昃,至於日昃不暇食,顏師古:"昃,亦昊字。"2506

與,豈不同條共貫與,顏師古:"與,讀曰歟。"2506

瑑,或曰良玉不瑑,顏師古:"瑑,音篆。"2506

耗,耗矣哀哉,顏師古:"耗,虛也,音呼到反。或曰:耗,不明也,言刑罰闇
　　亂,音莫報反。"2507

虖,烏虖,顏師古:"虖,讀曰呼。"2507

覺,朕夙寤晨興,顏師古:"寤,寐之覺也。覺,音工孝反。"2507

貿,廉恥貿亂,顏師古:"貿,音武又反。"2508

渾,賢不肖渾(淆)[殽],顏師古:"渾,音胡本反。"2508

與,毋乃牽於文繫而不得騁(歟)[與],顏師古:"與,讀曰歟。"2508

繇,將所繇異術,顏師古:"繇,讀與由同。"2508

磋,切磋究之,顏師古:"磋,音千何反。"2508

從,從容中道,顏師古:"從,音千容反。"2509

中,從容中道,顏師古:"中,音竹仲反。"2509

辟,舜知不可辟,顏師古:"辟,讀曰避。"2509

耗,天下耗亂,顏師古:"耗,音莫報反。"2509

濱,起海濱而即三公,顏師古:"濱,音賓,又音頻。"2509

繇,繇此觀之,顏師古:"繇,讀與由同。"2510

憯,憯酷之吏,顏師古:"憯,痛也,音千感反。"2511

說,説德歸誼,顏師古:"説,讀曰悦。"2511

眥,又以富眥,顏師古:"眥,與資同。"2513

寖,寖微寖滅寖明寖昌之道,顏師古:"寖,古浸字。"2514

眩,聽若眩與,顏師古:"眩,惑也,音郡縣之縣。"2514

與,意朕之不明與? 聽若眩與,顏師古:"與,讀皆曰歟。"2514

復，孰之復之，顏師古："復，音扶目反。"2514

函，徧覆包函而無所殊，顏師古："函，與含同。"2516

溥，溥愛而亡私，顏師古："溥，音普。"2516

繇，繇此言之，顏師古："繇，讀與由同。"2516

食，生五穀以食之，顏師古："食，讀曰飤。"2516

衣，桑麻以衣之，顏師古："衣，音於既反。"2516

晻，聖人莫不以晻致明，顏師古："晻，與暗同。"2517

鄉，如景鄉之應形聲也，顏師古："鄉，讀曰響。"2518

嫚，故桀紂暴嫚，顏師古："嫚，與慢同。"2518

復，樂而不亂復而不厭者謂之道，顏師古："復，音扶目反。"2519

眊，故政有眊而不行，顏師古："眊，音莫報反。"2519

捄，將以捄溢扶衰，顏師古："捄，古救字。"2519

厪，厪能勿失耳，顏師古："厪，與僅同。"2520

秏，察天下之息秏，顏師古："秏，音呼到反。"2520

與，有所失於古之道與？有所詭於天之理與，顏師古："與，讀皆曰歟。"2520

黨，黨可得見乎，顏師古："黨，音他朗反。"2520

傅，傅其翼者兩其足，顏師古："傅，讀曰附。"2522

嚻，此民之所以嚻嚻苦不足也，顏師古："嚻，讀與嚻同，音敖。"2522

畜，畜其積委，顏師古："畜，讀曰蓄。"2522

蹙，以迫蹙民，顏師古："蹙，音子育反。"2522

朘，民日削月朘，引孟康："朘，音揎，謂轉褰踧也。"引蘇林："朘，音鑴石。"顏
　　師古："孟說是也。"2522

揎，民日削月朘，引孟康："朘，音揎，謂轉褰踧也。"顏師古："揎，音宣。"2522

踧，民日削月朘，引孟康："朘音揎，謂轉褰踧也。"顏師古："踧，音子六反。"2522

羨，富者奢侈羨溢，顏師古："羨，饒也，讀與衍同，音弋戰反。"2522

蕃，此刑罰之所以蕃而姦邪不可勝者也，顏師古："蕃，音扶元反。"2522

茹，食於舍而茹葵，顏師古："茹，音（洳）〔汝〕。"2522

紅，又奪園夫紅女利虖，顏師古："紅，讀曰工。"2522

節，節彼南山，顏師古："節，音才結反。"2522

鄉，則民鄉仁而俗善，顏師古："鄉，讀曰嚮。"2522

放，近者視而放之，顏師古："放，音甫往反。"2522

辟,邪辟之説滅息,顏師古:"辟,讀曰僻。"2524

種,粵王句踐與大夫泄庸、種、蠡,顏師古:"種,音之勇反。"2524

蠡,粵王句踐與大夫泄庸、種、蠡,顏師古:"蠡,音禮。"2524

伯,五尺之童羞稱五伯,顏師古:"伯,讀曰霸。"2524

視,上召視諸儒,顏師古:"視,讀曰示。"2525

校,立學校之官,顏師古:"校,音下教反。"2525

杯,《玉杯》《蕃露》,顏師古:"杯,音布回反。"2526

蕃,《玉杯》《蕃露》,顏師古:"蕃,音扶元反。"2526

掇,掇其切當世施朝廷者著于篇,顏師古:"掇,音丁活反。"2526

伯,伯者之佐,顏師古:"伯,讀曰霸。"2526

噫,噫! 天喪余,顏師古:"噫,音於其反。"2526

與,自宰我、子贛、子游、子夏不與焉,顏師古:"與,讀曰豫。"2526

《司馬相如傳上》

訾,以訾爲郎,顏師古:"訾,讀與貲同。"2529

説,相如見而説之,顏師古:"説,讀曰悦。"2530

挑,以琴心挑之,顏師古:"挑,音徒了反。"2531

閒,雍容閒雅,顏師古:"閒,讀曰閑。"2531

説,心説而好之,顏師古:"説,讀曰悦。"2532

貣,從昆弟假貣,顏師古:"貣,音吐得反。"2532

裋,著犢鼻褌,顏師古:"即今之裋也,形似犢鼻。裋,音之容反。"2532

洒,滌器於市中,顏師古:"滌,洒也。洒,音先禮反。"2532

更,昆弟諸公更謂王孫曰,顏師古:"更,音工衡反。"2532

札,上令尚書給筆札,顏師古:"札,音壯黠反。"2533

亡,"亡是公"者,亡是人也,顏師古:"亡,讀曰無。"2533

風,因以風諫,顏師古:"風,讀曰諷。"2534

説,天子大説,顏師古:"説,讀曰悦。"2534

姹,過姹烏有先生,顏師古:"姹,誇詫之也,音丑亞反,字本作詫也。"2534

夢,雲夢之事,顏師古:"夢,讀如本字,又音莫風反。字或作瞢,其音同耳。"2534

濱,田於海濱,顏師古:"濱,音賓,又音頻。"2534

罘,罘罔彌山,顏師古:"罘,音浮。罦,亦罘字耳。"2534

轔,掩菟轔鹿,顏師古:"轔,音丟。"2535

格，射麋格麟，顔師古：“格，字或作脚，言持引其脚也。”2535

鶩，鶩於鹽浦，顔師古：“鶩，音務。”2535

擩，割鮮染輪，引李奇：“染，擩也。”顔師古：“擩，音如閲反。”2535

搵，割鮮染輪，引李奇：“染，擩也。”顔師古：“擩，搵也……搵，音一頓反。”2535

唯，僕對曰唯唯，顔師古：“唯唯，恭應之辭也，音弋癸反。”2536

弗，盤紆弗鬱，引郭璞：“弗，音佛。”2536

岑，岑崟參差，顔師古：“岑，音仕林反。”2536

崟，岑崟參差，顔師古：“崟，音吟。”2536

罷，罷池陂陁，引郭璞：“罷，音疲。”2536

陂，罷池陂陁，引郭璞：“陂，音婆。”顔師古：“陂，音普河反。”2536

陁，罷池陂陁，引郭璞：“陁，音馳。”2536

屬，下屬江河，顔師古：“屬，音之欲反。”2536

堊，丹青赭堊，顔師古：“堊，音惡。”2536

膜，丹青赭堊，引張揖：“青，青膜也。”顔師古：“膜，音一郭反。”2536

坿，雌黄白坿，顔師古：“坿，音附。”2536

炫，衆色炫燿，顔師古：“炫，音州縣之縣。”2536

玫，赤玉玫瑰，顔師古：“玫，音枚。”2536

瑰，赤玉玫瑰，顔師古：“瑰，音回，又音瓌。”2536

琳，琳珉昆吾，顔師古：“琳，音林。”2536

珉，琳珉昆吾，顔師古：“珉，音旻。”2536

瑊，瑊玏玄厲，引如淳：“瑊，音緘。”2536

玏，瑊玏玄厲，引如淳：“玏，音勒。”2536

礝，礝石武夫，引郭璞：“礝，音而兖反。”2536

且，諸柘巴且，引文穎：“巴且草一名芭蕉。”顔師古：“且，音子余反。”2537

蒩，諸柘巴且，引張揖：“蒩苴，蘘荷也。”顔師古：“蒩，音普各反。”2537

陁，登降陁靡，顔師古：“陁，音弋爾反。”2537

衍，案衍壇曼，顔師古：“衍，音弋戰反。”2537

壇，案衍壇曼，顔師古：“壇，音徒但反。”2537

曼，案衍壇曼，顔師古：“曼，音莫幹反。”2537

析，葴析苞荔，引蘇林：“析，音斯。”2537

葴，葴析苞荔，顔師古：“葴，音之林反。”2537

葩，葴析苞荔，顔師古："苞，音包。"2537
荔，葴析苞荔，顔師古："荔，音隸。"2537
藨，葴析苞荔，引張揖："苞，藨也。"顔師古："藨，音皮表反。"2537
蘋，薛莎青蘋，顔師古："蘋，音煩。"2537
埤，其埤溼，顔師古："埤，音婢。"2537
莨，藏莨蒹葭，顔師古："莨，音郎。"2537
蒹葭，藏莨蒹葭，顔師古："蒹葭，音兼猳。"2537
荻，藏莨蒹葭，引郭璞："蒹，荻也。"顔師古："荻，音敵。"2537
奄，奄閭軒于，顔師古："奄，音淹。"2538
蕕，奄閭軒于，顔師古："軒于，蕕草也。蕕，音猶。"2538
鼉，其中則有神龜蛟鼉，顔師古："鼉，音徒何反，又音大河反。"2538
毒，毒冒鼈黿，顔師古："毒，音代。"2538
冒，毒冒鼈黿，顔師古："冒，音妹。"2538
楩，楩枏豫章，顔師古："楩，音便，又音步田反。"2538
枏，楩枏豫章，顔師古："枏，音南。"2538
櫨，櫨梨梬栗，顔師古："櫨，音側加反。"2538
梬，櫨梨梬栗，顔師古："梬，音弋整反。"2538
柚，橘柚芬芳，顔師古："柚，音弋救反。"2538
橙，橘柚芬芳，顔師古："柚即橙也。橙，音丈莖反。"2538
宛，宛雛孔鸞，顔師古："宛，音於元反。"2538
射，騰遠射干，顔師古："射，音弋舍反。"2538
蟃，蟃蜒貙豻，引郭璞："蟃，音萬。"2538
蜒，蟃蜒貙豻，引郭璞："蜒，音延。"顔師古："蜒，又音弋戰反。"2538
貙，蟃蜒貙豻，顔師古："貙，音丑于反。"2538
豻，蟃蜒貙豻，引郭璞："豻，音岸。"顔師古："豻，合韻音五安反。"2538
剸，使剸諸之倫，顔師古："剸，與專同。"2539
駠，駕馴駮之駟，顔師古："駠，音旬。"2539
橈，靡魚須之橈旃，顔師古："橈，音女教反。"2539
孅，孅阿爲御，引郭璞："孅，音纖。"2540
蹵，蹵蛩蛩，顔師古："蹵，音子六反。"2540
軼，軼野馬，顔師古："軼，音逸。"2540

轊,轊駒騡,顏師古:"轊,音衛。"2540

駒,轊駒騡,顏師古:"駒,音逃。"2540

騡,轊駒騡,顏師古:"騡,音塗。"2540

觿,射遊騏,引張揖:"《爾雅》曰觿如馬一角。"顏師古:"觿,音攜。"2540

騏,射遊騏,顏師古:"騏,音其。"2540

儵,儵胂倩浰,顏師古:"儵,音式六反。"2540

胂,儵胂倩浰,顏師古:"胂,音式刃反。"2540

倩,儵胂倩浰,顏師古:"倩,音千見反。"2540

浰,儵胂倩浰,顏師古:"浰,音練。"2540

焱,雷動焱至,顏師古:"焱,音必遙反。"2540

眥,中必決眥,顏師古:"眥,即眥字。"2540

髃,洞胷達掖,引張揖:"貫胸通右髃。"顏師古:"髃,音五口反。"2540

繫,絕乎心繫,顏師古:"繫,讀曰系也。"2540

雨,獲若雨獸,顏師古:"雨,音于具反。"2540

屮,撟屮蔽地,顏師古:"屮,古草字也。"2540

刡,微刡受詘,引蘇林:"刡,音倦刡之刡。"顏師古:"刡,音與劇同。"2540

詘,微刡受詘,引蘇林:"詘,音鞠強之鞠。"引郭璞:"詘,音屈。"顏師古:"詘,
音其勿反。"2540

徼,微刡受詘,顏師古:"徼,音工堯反。"2540

殫,殫覩眾物之變態,顏師古:"殫,音單。"2541

揄,揄紆縐,顏師古:"揄,音踰,又音投也。"2541

襞,襞積褰縐,顏師古:"襞,音壁。"2541

縐,襞積褰縐,顏師古:"縐,音側救反。"2541

紛,紛紛裶裶,引張揖:"紛,音芬。"2541

裶,紛紛裶裶,顏師古:"裶,音霏。"2541

袣,揚袣戌削,顏師古:"袣,音弋示反。"2541

戌,揚袣戌削,顏師古:"戌,讀如本字。"2541

蜚,蜚襳垂髾,顏師古:"蜚,古飛字也。"2541

襳,蜚襳垂髾,顏師古:"襳,音纖。"2541

髾,蜚襳垂髾,顏師古:"髾,音所交反。"2541

猗,扶輿猗靡,顏師古:"猗,音於綺反。"2542

呷，翕呷萃蔡，顏師古："呷，音火甲反。"2542

萃，翕呷萃蔡，顏師古："萃，音翠，又音千賄反。"2542

繆，繆繞玉綏，顏師古："繆，音蓼。"2542

綏，繆繞玉綏，顏師古："綏，即今之所謂采縰垂鑷者也。縰，音隈。"2542

獠，獠於蕙圃，顏師古："獠，音力笑反。"2542

嫯，嫯姍勃窣，顏師古："嫯，音盤。"2542

姍，嫯姍勃窣，顏師古："姍，音先安反。"2542

窣，嫯姍勃窣，顏師古："窣，音先忽反。"2542

隄，上金隄，顏師古："隄，音丁兮反。"2542

鵔，射鵔鸃，顏師古："鵔，音峻。"2543

鸃，射鵔鸃，顏師古："鸃，音儀。"2543

矰，微矰出，顏師古："矰，音增。"2543

繳，爐繳施，顏師古："繳，音灼。"2543

鵠，弋白鵠，顏師古："鵠，音胡沃反。"2543

駕，連駕鵝，顏師古："駕，音加。"2543

鶬，雙鶬下，顏師古："鶬，音倉。"2543

捋，雙鶬下，顏師古："鶬，又謂鶬捋。捋，音來奪反。"2543

鷊，浮文鷊，顏師古："鷊，音五歷反。"2543

枻，揚旌枻，顏師古："枻，音曳。"2543

栧，揚旌栧，顏師古："枻，栧也。栧，音大可反。"2543

摐，摐金鼓，顏師古："摐，音窓。"2543

榜，榜人歌，顏師古："榜，音謗，又方孟反。"2543

喝，聲流喝，顏師古："喝，音一介反。"2543

嘶，聲流喝，引郭璞："言悲嘶也。"顏師古："嘶，音蘇奚反。"2543

沸，波鴻沸，顏師古："沸，音普蓋反。"2543

潝，涌泉起，奔揚會，引郭璞："暴潝激相鼓薄也。"顏師古："潝，音普頓反。"2544

礧，礧石相擊，顏師古："礧，音盧對反。"2544

磕，琅琅礚礚，顏師古："礚，音口蓋反。"2544

行，車案行，騎就隊，顏師古："行，音胡郎反。"2544

隊，車案行，騎就隊，顏師古："隊，音大内反。"2544

纚，纚乎淫淫，顏師古："纚，音屣。"2544

般,般乎裔裔,顏師古:“般,音盤。”2544

泊,泊乎無爲,顏師古:“泊,音步各反。”2544

澹,澹乎自持,顏師古:“澹,音徒濫反。”2544

鷄,勺藥之和具而後御之,引晉灼:“歸雁鳴鷄。”顏師古:“鷄,音竹滑反。”2544

捋,捋割輪焠,顏師古:“捋,字與欑同。”2544

焠,捋割輪焠,顏師古:“焠,音千内反。”2544

累,輕於齊而累於楚,顏師古:“累,音力瑞反。”2546

陼,且齊東陼鉅海,顏師古:“陼,字與渚同也。”2546

觀,觀乎成山,顏師古:“觀,音工喚反。”2546

腄,射乎之罘,顏師古:“之罘山在東萊腄縣。腄,音直瑞反,又音誰。”2546

澥,浮勃澥,顏師古:“澥,音蟹。”2546

邪,邪與肅慎爲鄰,顏師古:“邪,讀爲左,謂東北接也。”2546

仿,仿偟乎海外,顏師古:“仿,音旁。”2546

蔕,其於匈中曾不蔕芥,顏師古:“蔕,音丑介反。”2546

俶,俶儻瑰瑋,顏師古:“俶,音吐歷反。”2546

崒,萬端鱗崒,顏師古:“崒,與萃同。”2546

听,听然而笑曰,顏師古:“听,音斷,又音牛隱反。”2547

彊,封彊畫界者,顏師古:“彊,讀曰疆。”2547

卑,而適足以卑君自損也,顏師古:“卑,古貶字。”2547

更,丹水更其南,顏師古:“更,音工衡反。”2549

开,出入涇渭,顏師古:“涇水出安定涇陽开頭山。开,音牽,又音口見反。”2549

潏,酆鎬潦潏,引晉灼:“潏,音決。”2549

潦,酆鎬潦潏,顏師古:“潦,音牢。”2549

來,馳騖往來,顏師古:“來,音盧代反。”2549

淤,行乎州淤之浦,顏師古:“淤,音於庶反。”2549

泱,過乎泱莽之壄,顏師古:“泱,音烏朗反。”2550

汩,汩乎混流,顏師古:“汩,音于筆反。”2550

混,汩乎混流,顏師古:“混,音下本反。”2550

隘,赴隘陜之口,顏師古:“隘,音於懈反。”2550

陜,赴隘陜之口,顏師古:“陜,音狹。”2550

堆,激堆埼,顏師古:“堆,音丁回反。”2550

埼,激堆埼,顔師古:"埼,音巨依反。"2550

沸,沸乎暴怒,引郭璞:"沸,音拂。"2550

洶,洶涌彭湃,顔師古:"洶,音許勇反。"2550

湃,洶涌彭湃,顔師古:"湃,音普拜反。"2550

滭,滭弗宓汩,引蘇林:"滭,音畢。"2550

宓,滭弗宓汩,引蘇林:"宓,音密。"2550

汩,滭弗宓汩,顔師古:"汩,音于筆反。"2550

泌滭,偪側泌滭,引郭璞:"泌滭,音筆櫛。"2550

偪,偪側泌滭,顔師古:"偪,字與逼同。"2550

楔,偪側泌滭,顔師古:"泌滭相楔也。楔,音先結反。"2550

潎,轉騰潎洌,顔師古:"潎,音匹列反。"2550

撇,轉騰潎洌,引孟康:"潎洌,相撇也。"顔師古:"撇,又音普結反。"2550

洌,轉騰潎洌,顔師古:"洌,音列。"2550

滂,滂濞沆溉,引郭璞:"滂,音旁。"2550

濞,滂濞沆溉,引郭璞:"濞,音匹祕反。"2550

溉,滂濞沆溉,引郭璞:"溉,音胡慨反。"2550

沆,滂濞沆溉,顔師古:"沆,音胡朗反。"2550

撓,穹隆雲撓,顔師古:"撓,音女教反。"2550

宛,宛潬膠盭,顔師古:"宛,音婉。"2550

潬,宛潬膠盭,顔師古:"潬,音善。"2550

盭,宛潬膠盭,顔師古:"盭,古戾字。"2550

湁,踰波趨湁,顔師古:"湁,音於俠反。"2550

淲,淲淲下瀨,顔師古:"淲,音利。"2550

批,批巖衝擁,顔師古:"批,音步結反。"2550

滯,奔揚滯沛,顔師古:"滯,音丑制反。"2550

沛,奔揚滯沛,顔師古:"沛,音普蓋反。"2550

坻,臨坻注壑,顔師古:"坻,音遲。"2550

瀺,瀺潗霣隊,顔師古:"瀺,音士咸反。"2550

潗,瀺潗霣隊,顔師古:"潗,音才弱反,又音仕角反。"2550

霣,瀺潗霣隊,顔師古:"霣,即隕字。"2550

隊,瀺潗霣隊,顔師古:"隊,音直類反。"2550

砰,砰磅訇礚,顔師古:"砰,音普冰反。"2551

磅，硑磅訇礚，顏師古：“磅，音普萌反。”2551

訇，硑磅訇礚，顏師古：“訇，音呼宏反。”2551

礚，硑磅訇礚，顏師古：“礚，音口蓋反。”2551

淈，潏潏淈淈，引郭璞：“淈，音骨。”2551

淊，淊漂鼎沸，引郭璞：“淊，音勑立反。”2551

潏，潏潏淈淈，顏師古：“潏，音決。”2551

漂，淊漂鼎沸，顏師古：“漂，音子入反。”2551

潝，汨潝漂疾，引晉灼：“潝，音華給反。”引郭璞：“潝，許立反。”顏師古：“二音皆通。”2551

汨，汨潝漂疾，顏師古：“汨，音于筆反。”2551

漂，汨潝漂疾，顏師古：“漂，音匹姚反。”2551

漻，寂漻無聲，引郭璞：“漻，音聊。”2551

灝，然後灝溔潢漾，顏師古：“灝，音浩。”2551

溔，然後灝溔潢漾，顏師古：“溔，音弋少反。”2551

潢，然後灝溔潢漾，顏師古：“潢，音胡廣反。”2551

漾，然後灝溔潢漾，顏師古：“漾，音弋丈反。”2551

礐，礐乎滈滈，顏師古：“礐，音胡角反。”2551

滈，礐乎滈滈，顏師古：“滈，音鎬。”2551

虫，蛟龍赤螭，顏師古：“螭形若龍，字乃從虫。虫，音許尾反。”2551

鮔，鮔鱏漸離，顏師古：“鮔，音工鄧反。”2551

鱏，鮔鱏漸離，顏師古：“鱏，音莫鄧反。”2551

鰅，鰅鰫鰬魠，引如淳：“鰅，音顒。”2552

鰬，鰅鰫鰬魠，引如淳：“鰬，音乾。”2552

魠，鰅鰫鰬魠，引如淳：“魠，音託。”2552

鰫，鰅鰫鰬魠，引郭璞：“鰫，音常容反。”2552

鱓，鰅鰫鰬魠，引郭璞：“鰬似鱓。”顏師古：“鱓，音善。”2552

鹹，鰅鰫鰬魠，引郭璞：“魠，鹹也。”顏師古：“鹹，音感也。”2552

魼，禺禺鮻鰨，引如淳：“魼，音去魚反。”2552

鰨，禺禺鮻鰨，引晉灼：“鰨，音奴搨反。”2552

禺，禺禺鮻鰨，顏師古：“禺，音隅，又音顒。”2552

鮸，禺禺鮻鰨，引郭璞：“鰨，鮸魚也。”顏師古：“鮸，音五奚反。”2552

鮎，禺禺鮻鰨，引郭璞：“鰨，鮸魚也，似鮎。”顏師古：“鮎，音乃兼反。”2552

捷，捷鳍掉尾，顔師古："捷，音鉅言反。"2552

掉，捷鳍掉尾，顔師古："掉，音徒釣反。"2552

讙，魚鼈讙聲，顔師古："讙，音許元反。"2552

夥，萬物衆夥，顔師古："夥，音下果反。"2552

礫，的礫江靡，顔師古："礫，音歷。"2552

迆，的礫江靡，顔師古："江靡，江邊靡迆之處也。迆，音弋爾反。"2552

硪，蜀石黃硪，顔師古："硪，音如兗反。"2552

磊，水玉磊砢，顔師古："磊，音洛賄反。"2552

砢，水玉磊砢，顔師古："砢，音洛可反，又音可。"2552

磷，磷磷爛爛，顔師古："磷，音丟。"2552

澔，采色澔汗，顔師古："澔，音浩。"2552

鴻，鴻鷫鵠鴇，顔師古："鴻，古鴻字。"2552

鷫，鴻鷫鵠鴇，引郭璞："鷫，音肅。"2552

鴇，鴻鷫鵠鴇，引郭璞："鴇，音保。"2552

鵝，鴻鷫鵠鴇，引郭璞："鷫，鷫鵝也。"顔師古："鵝，音霜。"2552

駕，駕鵞屬玉，顔師古："駕，音加。"2552

屬，駕鵞屬玉，顔師古："屬，音之欲反。"2552

鵞，煩（鵞）[鵞]庸渠，引郭璞："鵞，音木。"2553

箴，箴疵鵁盧，引郭璞："箴，音針。"2553

疵，箴疵鵁盧，顔師古："疵，音貲。"2553

鵁，箴疵鵁盧，顔師古："鵁，音火交反。"2553

鴢，箴疵鵁盧，引張揖："鴢，鴢頭鳥也。"顔師古："鴢，音鳥了反。"2553

鸕，箴疵鵁盧，引郭璞："盧，盧鸕也。"顔師古："鸕，音慈也。"2553

汎，汎淫氾濫，顔師古："汎，音馮。"2553

氾，汎淫氾濫，顔師古："氾，音敷劍反。"2553

澹，隨風澹淡，顔師古："澹，音大覽反。"2553

淡，隨風澹淡，顔師古："淡，音琰。"2553

唼，唼喋菁藻，顔師古："唼，音所甲反。"2553

喋，唼喋菁藻，顔師古："喋，音丈甲反。"2553

咀，咀嚼菱藕，顔師古："咀，音才汝反。"2553

嚼，咀嚼菱藕，顔師古："嚼，音才削反。"2553

巃，巃嵸崔巍，引郭璞：“巃，音籠。”2553

嵸，巃嵸崔巍，引郭璞：“嵸，音才總反。”顏師古：“嵸，音總。”2553

崔，巃嵸崔巍，引郭璞：“崔，音摧。”2553

巍，巃嵸崔巍，引郭璞：“巍，音五回反。”2553

嶃，嶃巖參差，顏師古：“嶃，音士銜反。”2553

參，嶃巖參差，顏師古：“參，音楚林反。”2553

差，嶃巖參差，顏師古：“差，音楚宜反。”2553

嶔，九嶔巀嶭，顏師古：“嶔，音子公反，又音總。”2554

巀，九嶔巀嶭，顏師古：“巀，音戳，又音在割反。”2554

嶭，九嶔巀嶭，顏師古：“嶭，音齧，又音五割反。”2554

峨，南山峨峨，顏師古：“峨，音娥。”2554

阤，嚴阤甗錡，引郭璞：“阤，音豸。”2554

甗，嚴阤甗錡，引郭璞：“甗，音魚晚反。”2554

錡，嚴阤甗錡，引郭璞：“錡，音蟻。”2554

摧，（㩲）〔摧〕崣崛崎，引蘇林：“摧，音頳水反。”引郭璞：“摧，音作罪反。”顏
　　師古：“摧，郭音作罪反，又音將水反。”2554

崣，（㩲）〔摧〕崣崛崎，引蘇林：“崣，音卒鄙反。”引郭璞：“崣，字作委。”2554

崛，（㩲）〔摧〕崣崛崎，引郭璞：“崛，音掘。”2554

崎，（㩲）〔摧〕崣崛崎，引郭璞：“崎，音倚。”2554

谽，谽呀豁閜，引郭璞：“谽，音呼含反。”2554

呀，谽呀豁閜，引郭璞：“呀，音呼加反。”2554

豁，谽呀豁閜，顏師古：“豁，音呼活反。”2554

閜，谽呀豁閜，引郭璞：“閜，音呼下反。”2554

隝，阜陵別隝，引郭璞：“隝，音擣。”2554

崴，崴磈崫魁，引郭璞：“崴，音於鬼反。”2554

磈，崴磈崫魁，引郭璞：“磈，音魚鬼反。”顏師古：“磈，又音於虺反。”2554

崫，崴磈崫魁，引郭璞：“崫，音惡罪反。”2554

魁，崴磈崫魁，引郭璞：“魁，音瘣。”顏師古：“魁，音胡賄反。”2554

虛，丘虛堀礨，引郭璞：“虛，音墟。”2554

堀，丘虛堀礨，引郭璞：“堀，音窟。”2554

礨，丘虛堀礨，引郭璞：“礨，音磊。”顏師古：“礨，音律。”2554

轥,隱轥鬱嶚,引郭璞:"轥,音洛盡反。"2554

施,登降施靡,顏師古:"施,音弋爾反。"2554

陂,陂池貏豸,引郭璞:"陂,音皮。"顏師古:"陂,又音彼奇反。"2554

貏,陂池貏豸,引郭璞:"貏,音衣被之被。"顏師古:"貏,又音彼。"2554

溶,允溶淫鬻,顏師古:"溶,音容。"2554

鬻,允溶淫鬻,顏師古:"鬻,音育。"2554

被,靡不被築,顏師古:"被,音皮義反。"2554

攢,攢戾莎,顏師古:"攢,音材官反。"2555

揭,揭車衡蘭,顏師古:"揭,音巨列反。"2555

芞,揭車衡蘭,引應劭:"揭車一名芞輿。"顏師古:"芞,音乞。"2555

射,稾本射干,顏師古:"射,音弋舍反。"2555

茈,茈薑襄荷,顏師古:"茈,音紫。"2555

襄,茈薑襄荷,顏師古:"襄,音人羊反。"2555

葴,葴持若蓀,引如淳:"葴,音鍼。"顏師古:"葴,音之林反。"2555

蓀,葴持若蓀,顏師古:"蓀,音孫。"2555

蔣,蔣芧青薠,顏師古:"蔣,音將。"2555

芧,蔣芧青薠,引郭璞:"芧,音杼。"顏師古:"芧,音丈與反。"2555

薆,布薆閎澤,顏師古:"薆,音護。"2555

延,延曼太原,顏師古:"延,音弋戰反。"2555

離,離靡廣衍,顏師古:"離,音力爾反。"2555

披,應風披靡,顏師古:"披,音丕蟻反。"2555

菲,郁郁菲菲,引郭璞:"菲,音妃。"2555

肸,肸蠁布寫,顏師古:"肸,音許乙反。"2555

蠁,肸蠁布寫,顏師古:"蠁,音響。"2555

晻,晻薆咇茀,顏師古:"晻,音奄,又音烏感反。"2555

薆,晻薆咇茀,顏師古:"薆,音愛。字或作隱也。"2555

咇,晻薆咇茀,顏師古:"咇,音步必反。"2555

茀,晻薆咇茀,顏師古:"茀,音勃。"2555

氾,周覽氾觀,顏師古:"氾,音敷劍反。"2556

繽,繽紛軋芴,顏師古:"繽,音丑人反。"2556

軋,繽紛軋芴,顏師古:"軋,音於黠反。"2556

芴，繽紛軋芴，顏師古："芴，音勿。"2556

芒，芒芒怳忽，顏師古："芒，音莫郎反。"2556

涯，察之無涯，顏師古："涯，音儀。"2556

貘，庸旄貘犛，引郭璞："貘，音貊。"2556

犛，庸旄貘犛，引郭璞："犛，音貍。"顏師古："犛，字又音茅。"2556

麈，沈牛麈麋，顏師古："麈，音主。"2556

揭，涉冰揭河，顏師古："揭，音丘例反。"2557

驒，蚩蚩驒騱，引郭璞："驒，音顛。"2557

騱，蚩蚩驒騱，引郭璞："騱，音奚。"2557

駃，駃騠驢驘，引郭璞："駃，音決。"2557

騠，駃騠驢驘，引郭璞："騠，音提。"2557

纚，辇道纚屬，顏師古："纚，音力爾反。"2557

屬，辇道纚屬，顏師古："屬，音之欲反。"2557

嵏，夷嵏築堂，顏師古："嵏，音子公反。"2558

絫，絫臺增成，顏師古："絫，古累字。"2558

頫，頫杳眇而無見，顏師古："頫，古俯字也。"2558

扟，仰扟橑而捫天，顏師古："扟，古攀字也。"2558

橑，仰扟橑而捫天，顏師古："橑，音老。"2558

捫，仰扟橑而捫天，顏師古："捫，音門。"2558

更，奔星更於閨闥，顏師古："更，音工衡反。"2558

虹，宛虹拖於楯軒，顏師古："虹，音紅。"2558

拖，宛虹拖於楯軒，顏師古："拖，音吐賀反，又（言）[音]徒可反。"2558

蚴，青龍蚴蟉於東箱，顏師古："蚴，音一糾反。"2558

蟉，青龍蚴蟉於東箱，顏師古："蟉，音力糾反。"2558

僤，象輿婉僤於西清，顏師古："僤，音善。"2558

閒，靈圉燕於閒館，顏師古："閒，讀曰閑。"2558

偓，偓佺之倫暴於南榮，引郭璞："偓，音握。"2558

佺，偓佺之倫暴於南榮，引郭璞："佺，音銓。"2558

裖，磐石裖崖，顏師古："裖，音之忍反。"2558

砥，磐石裖崖，引孟康："裖，砥致也。"顏師古："砥，音之忍反。"2558

致，磐石裖崖，引孟康："裖，砥致也。"顏師古："致，音直二反。"2558

嶔，嶔巖倚傾，顏師古："嶔，音口銜反。"2558

倚，嶔巖倚傾，顏師古："倚，音於綺反。"2558

嶻，嵯峨嶻嶭，引郭璞："嶻，音昨盍反。"顏師古："嶻，音捷。"2558

嶭，嵯峨嶻嶭，引郭璞："嶭，音五盍反。"顏師古："嶭，音業。"2558

削，刻削崢嶸，引蘇林："削，音陟峻之陟。"2558

崢，刻削崢嶸，引蘇林："崢，音儕爭反。"2558

嶸，刻削崢嶸，引蘇林："嶸，音户抨反。"2558

唐，珉玉旁唐，顏師古："唐，字本作碭。"2559

玢，玢豳文磷，引蘇林："玢，音分。"顏師古："玢，音彼旻反。"2559

豳，玢豳文磷，顏師古："豳，又音彼閑反。"2559

犖，赤瑕駁犖，引郭璞："犖，音洛角反。"2559

鼂，鼂采琬琰，顏師古："鼂，古朝字也。"2559

榛，黄甘橙榛，引郭璞："榛，音湊。"2559

橙，黄甘橙榛，顏師古："橙，音丈耕反。"2559

橪，枇杷橪柿，顏師古："橪，音煙。"2560

朴，亭柰厚朴，顏師古："朴，音匹角反。"2560

櫻，櫻桃蒲陶，顏師古："櫻，音於耕反。"2560

奠，隱夫奠棣，顏師古："奠，音於六反。"2560

棣，隱夫奠棣，顏師古："棣，音（徙）[徒]計反。"2560

荅，荅遝離支，顏師古："遝，音沓。"2560

離，荅遝離支，顏師古："離，音力智反。"2560

虵，虵丘陵，顏師古："虵，音弋豉反。"2560

扤，扤紫莖，顏師古："扤，音兀。"2560

煌，煌煌扈扈，顏師古："煌，音皇。"2560

櫟，沙棠櫟櫧，顏師古："櫟，音歷。"2560

櫧，沙棠櫟櫧，顏師古："櫧，音諸。"2560

柃，沙棠櫟櫧，引張揖："櫧似柃。"顏師古："柃，音零。"2560

采，沙棠櫟櫧，引郭璞："櫧似采（柔）[柔]。"顏師古："采，音菜。"2560

柔，沙棠櫟櫧，引郭璞："櫧似采柔。"顏師古："柔，音食諸反。"2560

華，華楓枰櫨，顏師古："華，音胡化反。"2560

楓，華楓枰櫨，顏師古："楓，音風。"2560

枰，華楓枰櫨，顔師古："枰，音平。"2560

櫨，華楓枰櫨，顔師古："櫨，音盧。"2560

胥，留落胥邪，顔師古："胥，音先余反。"2561

邪，留落胥邪，顔師古："邪，音弋奢反。"2561

樕，留落胥邪，引郭璞："落，樕也。"顔師古："樕，音鑊。"2561

頻，仁頻并閭，顔師古："頻，字或作賓。"2561

欃，欃檀木蘭，引郭璞："欃，音讒。"2561

莜，實葉莜楸，顔師古："莜，音峻。"2561

楸，實葉莜楸，顔師古："楸，古茂字也。"2561

甬，實葉莜楸，引張揖："莜，甬也。"顔師古："甬，音踊。"2561

倚，攢立叢倚，顔師古："倚，音於綺反。"2561

卷，連卷欐佹，顔師古："卷，音丘專反，又音巨專反。"2561

欐，連卷欐佹，顔師古："欐，音力爾反。"2561

佹，連卷欐佹，顔師古："佹，音詭。"2561

崔，崔錯發骫，顔師古："崔，音千賄反。"2561

發，崔錯發骫，顔師古："發，音步葛反。"2561

骫，崔錯發骫，顔師古："骫，古委字。"2561

坑，坑衡閜砢，顔師古："坑，音口庚反，字或作抗。"2561

閜，坑衡閜砢，顔師古："閜，音烏可反。"2561

砢，坑衡閜砢，顔師古："砢，音來可反。"2561

纚，落英幡纚，顔師古："纚，音山爾反。"2561

葰，紛溶葰蓼，引郭璞："葰，音蕭。"顔師古："葰，亦音山交反。"2561

蓼，紛溶葰蓼，引郭璞："蓼，音森。"2561

溶，紛溶葰蓼，顔師古："溶，音容。"2561

猗，猗柅從風，引郭璞："猗，音於氏反。"2561

柅，猗柅從風，引郭璞："柅，音諾氏反。"2561

蔱，蔱菆萉歙，顔師古："蔱，音劉。"2561

菆，蔱菆萉歙，顔師古："菆，音利。"2561

萉，蔱菆萉歙，顔師古："萉，古卉字也，音諱。"2561

歙，蔱菆萉歙，顔師古："歙，音翕。"2561

茈，柴池茈虒，引如淳："茈，音此。"2562

虒,柴池虒虒,引如淳:"虒,音豸。"2562

柴,柴池虒虒,引郭璞:"柴,音差。"2562

還,旋還乎後宮,引郭璞:"還,音宦。"2562

絫,雜襲絫輯,顏師古:"絫,古累字。"2562

輯,雜襲絫輯,顏師古:"輯,與集同。"2562

蜼,蜼玃飛蠝,引郭璞:"蜼,音贈遺之遺。"2562

蠝,蜼玃飛蠝,引郭璞:"蠝,音誄。"2562

玃,蜼玃飛蠝,顏師古:"玃,音钁。"2562

鼯,蜼玃飛蠝,引郭璞:"蠝,鼯鼠也。"顏師古:"鼯,音吾。"2562

蛭,蛭蜩玃蟎,引如淳:"蛭,音質。"2562

蟎,蛭蜩玃蟎,顏師古:"蟎,音乃高反,又音柔。"2562

戎,蛭蜩玃蟎,顏師古:"即今所謂戎皮爲窜褥者也。戎,音柔,聲之轉耳。"2562

獑,獑胡穀蛫,引郭璞:"獑,音讒。"2562

穀,獑胡穀蛫,引郭璞:"穀,音呼穀反。"2562

蛫,獑胡穀蛫,引郭璞:"蛫,音詭。"2562

蟜,夭蟜枝格,顏師古:"蟜,音矯。"2562

杪,偃蹇杪顚,顏師古:"杪,音眇。"2562

踰,踰絕梁,顏師古:"踰,字與踰同。"2563

榛,騰殊榛,顏師古:"榛,音仕人反。"2563

枿,騰殊榛,顏師古:"殊榛,特立株枿也。枿,音五曷反。"2563

掉,掉希間,顏師古:"掉,音徒釣反。"2563

戲,娛游往來,顏師古:"娛,戲也。戲,音許其反。"2563

拖,拖蜺旌,顏師古:"拖,音土賀反,又音徒可反。"2564

道,後道游,顏師古:"道,讀曰導。"2564

簿,鼓嚴簿,顏師古:"簿,音步戶反。"2564

阹,江河爲阹,顏師古:"阹,音(怯)〔祛〕。"2564

靁,車騎靁起,顏師古:"靁,古雷字也。"2564

殷,殷天動地,顏師古:"殷,音隱。"2564

追,離散別追,顏師古:"追,合韻音竹遂反。"2564

貔,生貔豹,引郭璞:"貔,音毗。"2565

鶡,蒙鶡蘇,引郭璞:"鶡,音曷。"2565

綺，綺白虎，顏師古：“綺，古袴字。”2565

被，被斑文，顏師古：“被，音皮義反。”2565

磧，下磧歷之坻，顏師古：“磧，音千狄反。”2565

坻，下磧歷之坻，顏師古：“坻，音遲。”2565

推，推蜚廉，顏師古：“推，今流俗讀作椎擊之椎，失其義矣。”2565

解，弄解廌，顏師古：“解，音蟹。”2565

廌，弄解廌，顏師古：“廌，音丈介反。”2565

蝦，格蝦蛤，顏師古：“蝦，音遐。”2565

蛤，格蝦蛤，顏師古：“蛤，音閤。”2565

鋋，鋋猛氏，顏師古：“鋋，音蟬。”2565

要褭，羂要褭，引郭璞：“要褭，音窈嫋。”2565

羂，羂要褭，顏師古：“羂，音工犬反。”2565

胆，解胆陷腦，顏師古：“胆，音豆。”2565

睨，睨部曲之進退，顏師古：“睨，音五計反。”2566

彎，彎蕃弱，顏師古：“彎，音烏還反。”2566

蕃，彎蕃弱，顏師古：“蕃，音扶元反。”2566

櫟，櫟蜚遽，顏師古：“櫟，音洛。”2566

遽，櫟蜚遽，顏師古：“遽，音鉅。”2566

殪，藙殪仆，引郭璞：“殪，音翳。”2567

仆，藙殪仆，引郭璞：“仆，音赴。”2567

藙，藙殪仆，顏師古：“藙，讀與藝同。字亦作臬，音魚列反。”2567

猋，歷駮猋，顏師古：“猋，音必遙反。”2567

遒，遒孔鸞，顏師古：“遒，音材由反。”2567

捎，捎鳳凰，顏師古：“捎，音山交反。”2567

紘，降集乎北紘，顏師古：“紘，音宏。”2568

臲，臲石關，顏師古：“臲，音鉅月反。”2568

巒，歷封巒，顏師古：“巒，音鸞。”2568

雄，過雄鵲，顏師古：“雄，音支。”2568

濯，濯鷁牛首，顏師古：“濯，音直孝反。”2568

轢，徒車之所闐轢，引郭璞：“轢，音來各反。”2568

輾，徒車之所闐轢，引郭璞：“轢，輾也。”顏師古：“輾，音女展反。”2568

蹂，騎之所蹂若，顏師古："蹂，音人九反。"2569

劇，與其窮極倦劇，顏師古："劇，音劇。"2569

憚，驚憚讋伏，顏師古："憚，音丁曷反。"2569

讋，驚憚讋伏，顏師古："讋，音之涉反。"2569

它，它它藉藉，顏師古："它，音徒何反。"2569

顥，置酒乎顥天之臺，顏師古："顥，音胡考反。"2569

鼉，樹靈鼉之鼓，顏師古："鼉，音徒河反，又音徒丹反。"2569

倡，千人倡，顏師古："倡，讀曰唱。"2570

顛，文成顛歌，顏師古："顛，即滇字也，其音則同耳。"2570

迭，金鼓迭起，顏師古："迭，音徒結反。"2570

鏗，鏗鎗闛鞈，顏師古："鏗，音口耕反。"2570

鎗，鏗鎗闛鞈，顏師古："鎗，音切衡反。"2570

闛，鏗鎗闛鞈，顏師古："闛，音託郎反。"2570

鞈，鏗鎗闛鞈，顏師古："鞈，音榻。"2570

衍，陰淫案衍之音，顏師古："衍，音弋戰反。"2571

繽，鄢郢繽紛，顏師古："繽，音匹人反。"2571

鞮，狄鞮之倡，顏師古："鞮，音丁奚反。"2571

虙，青琴虙妃之徒，顏師古："虙，讀與伏字同，字本作虙也。"2571

嫚，便嬛綽約，引郭璞："嫚，音翾。"2571

靚，靚莊刻飾，引郭璞："靚，音淨。"2571

綽，便嬛綽約，顏師古："綽，音綽。"2571

橈，柔橈嬽嬽，顏師古："橈，音女教反。"2572

嬽，柔橈嬽嬽，顏師古："嬽，音於圓反。"2572

嫵，嫵媚孅弱，顏師古："嫵，音武。"2572

孅，嫵媚孅弱，顏師古："孅，即纖字耳。"2572

褕，曳獨繭之褕袣，顏師古："褕，音踰。"2572

袣，曳獨繭之褕袣，顏師古："袣，音曳。"2572

易，眇閻易以恤削，顏師古："易，[音]弋示反。"2572

便，便姍嫳屑，顏師古："便，音步千反。"2572

姍，便姍嫳屑，顏師古："姍，音先。"2572

嫳，便姍嫳屑，顏師古："嫳，音步結反。"2572

漚,芬芳漚鬱,顏師古:"漚,音一候反。"2572

皪,宜笑的皪,顏師古:"皪,音礫。"2572

藐,微睇緜藐,引郭璞:"藐,音邈。"2572

娟,長眉連娟,顏師古:"娟,音一全反。"2572

睇,微睇緜藐,顏師古:"睇,音大計反。"2572

愉,心愉於側,顏師古:"愉,音踰。"2572

中,酒中樂酣,顏師古:"中,音竹仲反。"2573

芒,芒然而思,顏師古:"芒,音莫郎反。"2573

閒,覽聽餘閒,顏師古:"閒,讀曰閑。"2573

爲,非所以爲繼嗣創業垂統也,顏師古:"爲,音于僞反。"2573

辟,地可墾辟,顏師古:"辟,讀曰闢。"2573

隤,隤牆填壍,顏師古:"隤,音徒回反。"2573

胥,樂樂胥,顏師古:"胥,音先呂反。"2574

説,天子大説,顏師古:"説,讀曰悦。"2574

鄉,鄉風而聽,顏師古:"鄉,讀曰嚮。"2574

恑,恑然興道而遷義,顏師古:"恑,音許貴反。"2575

錯,刑錯而不用,顏師古:"錯,音千故反。"2575

羨,功羨於五帝,顏師古:"羨,音弋戰反。"2575

罷,罷車馬之用,顏師古:"罷,讀曰疲。"2575

抏,抏士卒之精,顏師古:"抏,挫也,音五官反。"2575

繇,則仁者不繇也,顏師古:"繇,讀與由同。"2575

辟,是草木不得墾辟,顏師古:"辟,讀曰闢。"2575

被,僕恐百姓被其尤也,顏師古:"被,音皮義反。"2575

愀,於是二子愀然改容,顏師古:"愀,音材小反,又音秋誘反。"2575

　　《司馬相如傳下》

僰,會唐蒙使略通夜郎、僰中,顏師古:"僰,音蒲北反。"2577

喁,喁喁然,顏師古:"喁,音魚龍反。"2578

鄉,皆鄉風慕義,顏師古:"鄉,讀曰嚮。"2578

攝,皆攝弓而馳,顏師古:"攝,音女涉反。"2579

屬,流汗相屬,顏師古:"屬,音之欲反。"2579

編,非編列之民,顏師古:"編,音布先反。"2579

佚，居位甚安佚，顏師古：“佚，讀與逸同。”2579

垫，膏液潤垫屮而不辭也，顏師古：“垫，與壄同，古野字也。”2579

屮，膏液潤垫屮而不辭也，顏師古：“屮，古草字。”2579

鮮，寡廉鮮恥，顏師古：“鮮，音息淺反。”2580

數，因數之以不忠死亡之罪，顏師古：“數，音所具反。”2580

莋，邛、莋之君長，顏師古：“莋，[音]才各反。”2581

駹，邛、莋、冉、駹，顏師古：“駹，音厖。”2581

傳，馳四乘之傳，顏師古：“傳，音張戀反。”2581

沫，西至沫、若水，顏師古：“沫，音妹。”2582

徼，南至牂柯爲徼，顏師古：“徼，音工釣反。”2582

説，天子大説，顏師古：“説，讀曰悦。”2582

風，以風天子，顏師古：“風，讀曰諷。”2582

湛，湛恩汪濊，顏師古：“湛，讀曰沈。”2583

汪，湛恩汪濊，顏師古：“汪，音烏皇反。”2583

濊，湛恩汪濊，顏師古：“濊，音於噦反。”2583

洋，洋溢乎方外，顏師古：“洋，音羊。”2583

攘，隨流而攘，顏師古：“攘，音人羊反。”2583

被，風之所被，顏師古：“被，音丕靡反。”2583

鄉，東鄉將報，顏師古：“鄉，讀曰嚮。”2583

造，儵然造焉，顏師古：“造，音千到反。”2583

罷，今罷三郡之士，顏師古：“罷，讀曰疲。”2584

屈，百姓力屈，顏師古：“屈，音其勿反。”2584

累，此亦使者之累也，顏師古：“累，音力瑞反。”2584

惡，僕尚惡聞若説，顏師古：“惡，音一故反。”2584

覵，固非覵著之所覵也，顏師古：“覵，音搆。”2584

粗，請爲大夫粗陳其略，顏師古：“粗，猶麤也，音千户反。”2584

堙，乃堙洪原，顏師古：“堙，音因。”2585

灑，灑沈澹災，顏師古：“灑，音所宜反。”2585

澹，灑沈澹災，顏師古：“澹，音徒濫反。”2585

骿，躬傶骿胝無胈，顏師古：“骿，音步千反。”2585

胝，躬傶骿胝無胈，顏師古：“胝，音竹尸反。”2585

肶，躬俴骿胅無肶，顏師古：“肶，音步曷反。”2585

浹，聲稱浹乎于兹，顏師古：“浹，音子牒反。”2585

齺，豈特委瑣握齺，顏師古：“齺，音初角反。”2586

説，當世取説云爾哉，顏師古：“説，讀曰悦。”2586

竑，必將崇論竑議，顏師古：“竑，深也，音宏。”2586

横，外之則邪行横作，顏師古：“横，音胡孟反。”2587

殺，放殺其上，顏師古：“殺，讀曰（試）［弒］。”2587

縲，係縲號泣，顏師古：“縲，［音］力追（切）［反］。”2587

鄉，內鄉而怨，顏師古：“鄉，讀曰嚮。”2587

盭，盭夫爲之垂涕，顏師古：“盭，古戾字。”2587

誚，南馳使以誚勁越，顏師古：“誚，音材笑反。”2587

曶，曶爽闇昧得燿乎光明，顏師古：“曶，音忽。”2588

禔，中外禔福，顏師古：“禔，音土支反。”2588

惡，又惡可以已哉，顏師古：“惡，讀與烏同。”2588

佚，而終於佚樂者也，顏師古：“佚，字與逸同。”2588

寥，猶焦朋已翔乎寥廓，顏師古：“寥，音聊。”2588

茫，於是諸大夫茫然，顏師古：“茫，音莫郎反。”2589

與，未嘗肯與公卿國家之事，顏師古：“與，讀曰豫。”2589

閒，常稱疾閒居，顏師古：“閒，讀曰閑也。”2589

卒，卒然遇逸材之獸，顏師古：“卒，讀曰猝，音千忽反。”2590

屬，犯屬車之清塵，顏師古：“屬，音之欲反。”2590

綮，猶時有銜綮之變，顏師古：“綮，音鉅月反。”2590

虛，騁丘虛，顏師古：“虛，讀曰墟。”2590

陂，登陂陁之長阪兮，顏師古：“陂，音普何反。”2591

陁，登陂陁之長阪兮，顏師古：“陁，音徒何反。”2591

坌，坌入曾宫之嵯峩，引蘇林：“坌，音馬坌叱之坌。”顏師古：“坌，音普頓反，又音步頓反。”2591

隑，臨曲江之隑州兮，顏師古：“隑，即碕字耳，音鉅依反。”2591

篢，巖巖深山之篢篢兮，引晉灼：“篢，音籠，古礱字也。”2591

豁，通谷豁乎谽谺，顏師古：“豁，音呼活反。”2591

谽，通谷豁乎谽谺，顏師古：“谽，音呼含反。”2591

谽,通谷嗛乎谽谺,顏師古:"谽,音呼加反。"2591

汩,汩㴌靸以永逝兮,顏師古:"汩,音于筆反。"2591

㴌,汩㴌靸以永逝兮,顏師古:"㴌,音域。"2591

靸,汩㴌靸以永逝兮,顏師古:"靸,音先合反。"2591

蓊,觀衆樹之蓊薆兮,顏師古:"蓊,音烏孔反。"2592

薆,觀衆樹之蓊薆兮,顏師古:"薆,音愛。"2592

榛,覽竹林之榛榛,顏師古:"榛,音側巾反。"2592

瀨,北揭石瀨,顏師古:"瀨,音賴。"2592

揭,北揭石瀨,顏師古:"揭,音丘例反。"2592

操,操行之不得,顏師古:"操,音千到反。"2592

臞,形容甚臞,顏師古:"臞,音鉅句反,又音衢。"2592

朅,朅輕舉而遠游,顏師古:"朅,去意也,音丘例反。"2593

上,載雲氣而上浮,顏師古:"上,音時掌反。"2593

格,建格澤之修竿兮,顏師古:"格,音胡各反。"2593

澤,建格澤之修竿兮,顏師古:"澤,音大各反。"2593

總,總光燿之采旄,顏師古:"總,音揔。"2593

幓,垂旬始以爲幓兮,顏師古:"幓,音所銜反。"2593

掉,掉指橋以偃蹇兮,顏師古:"掉,音徒釣反。"2593

蹇,掉指橋以偃蹇兮,顏師古:"蹇,音居偃反。"2593

猗,又猗抳以招搖,引晉灼:"猗,音依倚反。"2593

抳,又猗抳以招搖,引晉灼:"抳,音年纚反。"2593

招,又猗抳以招搖,顏師古:"招,音韶。"2593

踃,又猗抳以招搖,引張揖:"招搖,跳踃也。"顏師古:"踃,音蕭。"2593

攙,攙擔搶以爲旌兮,顏師古:"攙,音初咸反。"2594

搶,攙擔搶以爲旌兮,顏師古:"搶,音初衡反。"2594

屈,靡屈虹而爲綢,顏師古:"屈,音其勿反。"2594

綢,靡屈虹而爲綢,顏師古:"綢,音直流反。"2594

玄,紅杳眇以玄潗兮,引蘇林:"玄,音炫。"2594

潗,紅杳眇以玄潗兮,引蘇林:"潗,音麵。"2594

猋,猋風涌而雲浮,顏師古:"猋,音必遥反。"2594

蠼,駕應龍象輿之蠼略委麗兮,顏師古:"蠼,音於縛反。"2594

麗，駕應龍象輿之蠨略委麗兮，顏師古："麗，音力爾反。"2594

蚴，驂赤螭青虬之蚴蟉宛蜒，顏師古："蚴，音一糾反。"2594

蟉，驂赤螭青虬之蚴蟉宛蜒，顏師古："蟉，音力糾反。"2594

宛，驂赤螭青虬之蚴蟉宛蜒，顏師古："宛，音於元反。"2594

蜒，驂赤螭青虬之蚴蟉宛蜒，顏師古："蜒，音延。"2594

裾，低卬夭蟜裾以驕驁兮，顏師古："裾，音倨。"2594

驕，低卬夭蟜裾以驕驁兮，顏師古："驕，音居召反。"2594

驁，低卬夭蟜裾以驕驁兮，顏師古："驁，音五到反。"2594

躩，詘折隆窮躩以連卷，顏師古："躩，音鉅縛反。"2594

卷，詘折隆窮躩以連卷，顏師古："卷，音鉅圓反。"2594

沛，沛艾赳螑仡以佁儗兮，顏師古："沛，音普蓋反。"2594

赳，沛艾赳螑仡以佁儗兮，顏師古："赳，音古幼反。"2594

螑，沛艾赳螑仡以佁儗兮，顏師古："螑，音火幼反。"2594

仡，沛艾赳螑仡以佁儗兮，顏師古："仡，音魚乞反。"2594

佁，沛艾赳螑仡以佁儗兮，顏師古："佁，音丑吏反。"2594

儗，沛艾赳螑仡以佁儗兮，顏師古："儗，音魚吏反。佁儗，又音態礙。"2594

孱，放散畔岸驤以孱顏，顏師古："孱，音士顏反。"2594

踤，踤踱輵螛容以骪麗兮，顏師古："踤，音丑日反。"2594

踱，踤踱輵螛容以骪麗兮，顏師古："踱，音丑略反。"2594

輵，踤踱輵螛容以骪麗兮，顏師古："輵，音遏。"2594

螛，踤踱輵螛容以骪麗兮，顏師古："螛，音曷。"2594

骪，踤踱輵螛容以骪麗兮，顏師古："骪，古委字也。"2594

麗，踤踱輵螛容以骪麗兮，顏師古："麗，音力爾反。"2594

蜩，蜩蟉偃蹇怵臭以梁倚，顏師古："蜩，音徒釣反。"2594

蟉，蜩蟉偃蹇怵臭以梁倚，顏師古："蟉，音盧釣反。"2594

怵，蜩蟉偃蹇怵臭以梁倚，顏師古："怵，音黜。"2594

臭，蜩蟉偃蹇怵臭以梁倚，顏師古："臭，音丑若反。"2594

倚，蜩蟉偃蹇怵臭以梁倚，顏師古："倚，音於綺反。"2594

蓼，糾蓼叫奡踏以朡路兮，顏師古："蓼，音力糾反。"2594

奡，糾蓼叫奡踏以朡路兮，顏師古："奡，音五到反。"2594

踏，糾蓼叫奡踏以朡路兮，顏師古："踏，音沓。"2594

腏,紃蓼叫裛踏以腏路兮,顏師古:"腏,音屈。"2594

蒙,蔑蒙踊躍騰而狂趡,顏師古:"蒙,音莫孔反。"2595

趡,蔑蒙踊躍騰而狂趡,顏師古:"趡,音醮。"2595

荔,荔颯屮歆焱至電過兮,顏師古:"荔,音利。"2595

颯,荔颯屮歆焱至電過兮,顏師古:"颯,音立。"2595

屮,荔颯屮歆焱至電過兮,顏師古:"屮,音諱。"2595

歆,荔颯屮歆焱至電過兮,顏師古:"歆,音翕。"2595

喬,前長離而後喬皇,顏師古:"喬,音以出反。"2595

征,廝征伯僑而役羨門兮,顏師古:"征,《郊祀志》征字作正,其音同耳。"2595

綷,綷雲蓋而樹華旗,顏師古:"綷,音子内反。"2596

媙,吾欲往乎南媙,顏師古:"媙,音許其反。"2596

湛,紛湛湛其差錯兮,顏師古:"湛,音徒感反。"2597

遝,雜遝膠輵以方馳,顏師古:"遝,音大合反。"2597

輵,雜遝膠輵以方馳,顏師古:"輵,音葛。"2597

衝,騷擾衝蓯其(相)紛挐兮,顏師古:"衝,音尺勇反。"2597

蓯,騷擾衝蓯其(相)紛挐兮,顏師古:"蓯,音相勇反。"2597

挐,騷擾衝蓯其(相)紛挐兮,顏師古:"挐,音女居反。"2597

滂,滂濞泱軋麗以林離,顏師古:"滂,音普郎反。"2597

濞,滂濞泱軋麗以林離,顏師古:"濞,音普備反。"2597

泱,滂濞泱軋麗以林離,顏師古:"泱,音烏朗反。"2597

軋,滂濞泱軋麗以林離,顏師古:"軋,音於黠反。"2597

椮,滂濞泱軋麗以林離,引張揖:"林離,椮欐也。"顏師古:"椮,音所林反。"2597

欐,滂濞泱軋麗以林離,引張揖:"林離,椮欐也。"顏師古:"欐,音所宜反。"2597

蘢,攢羅列聚叢以蘢茸兮,顏師古:"蘢,音來孔反。"2597

茸,攢羅列聚叢以蘢茸兮,顏師古:"茸,音而孔反。"2597

衍,衍曼流爛疼以陸離,顏師古:"衍,音弋扇反。"2597

疼,衍曼流爛疼以陸離,顏師古:"疼,音式爾反。"2597

砰,徑入雷室之砰磷鬱律兮,顏師古:"砰,音普萌反。"2597

磷,徑入雷室之砰磷鬱律兮,顏師古:"磷,音力耕反。"2597

堀,洞出鬼谷之堀礨崴魁,顏師古:"堀,音口骨反。"2597

礨,洞出鬼谷之堀礨崴魁,顏師古:"礨,音洛賄反。"2597

崴，洞出鬼谷之堀礨崴魁，顏師古："崴，音一迴反。"2597

杭，杭絕浮渚涉流沙，顏師古："杭，音下郎反。"2597

媧，使靈媧鼓琴而舞馮夷，顏師古："媧，音瓜，又工蛙反。"2597

屏，召屏翳誅風伯，顏師古："屏，音步丁反。"2598

泬，西望崑崙之軋沕荒忽兮，顏師古："沕，音勿。"2598

荒，西望崑崙之軋沕荒忽兮，顏師古："荒，音呼廣反。"2598

閬，登閬風而遥集兮，顏師古："閬，音浪。"2598

亢，亢鳥騰而壹止，顏師古："亢，音抗。"2598

鵲，鵲然白首戴勝而穴處兮，顏師古："鵲，音工老反。字或作鷽，音學。"2598

沆，呼吸沆瀣兮餐朝霞，顏師古："沆，音胡朗反。"2599

瀣，呼吸沆瀣兮餐朝霞，顏師古："瀣，音鏖。"2599

咀，咀噍芝英兮嘰瓊華，顏師古："咀，音才汝反。"2599

噍，咀噍芝英兮嘰瓊華，顏師古："噍，音才笑反，又音才弱反。"2599

嘰，咀噍芝英兮嘰瓊華，顏師古："嘰，音機，又音祈。"2599

傑，傑褸尋而高縱兮，顏師古："傑，音角甚反。"2599

褸，傑褸尋而高縱兮，顏師古："褸，音子禁反。"2599

鴻，紛鴻溶而上厲，顏師古："鴻，音胡孔反。"2599

溶，紛鴻溶而上厲，顏師古："溶，音弋孔反。"2599

滂，涉豐隆之滂濞，顏師古："滂，音普郎反。"2599

濞，涉豐隆之滂濞，顏師古："濞，音匹備反。"2599

道，騁游道而脩降兮，顏師古："道，讀曰導。"2599

垠，舒節出乎北垠，顏師古："垠，音銀。"2599

軼，軼先驅於寒門，顏師古："軼，音逸。"2599

崝，下崝嶸而無地兮，顏師古："崝，音仕耕反。"2599

嶸，下崝嶸而無地兮，顏師古："嶸，音宏。"2599

嵺，上嵺廓而無天，顏師古："嵺，音遼。"2599

眩，視眩泯而亡見兮，顏師古："眩，音州縣之縣。"2600

泯，視眩泯而亡見兮，顏師古："泯，音昒。"2600

上，乘虛亡而上遐兮，顏師古："上，音時掌反。"2600

説，天子大説，顏師古："説，讀曰悦。"2600

顥，自顥穹生民，顏師古："顥，音胡老反。"2600

辟，歷選列辟，顔師古："辟，音璧。"2601

郅，爰周郅隆，顔師古："郅，音質。"2602

易，故軌迹夷易，顔師古："易，音弋豉反。"2602

湛，湛恩庬洪，顔師古："湛，讀曰沈。"2602

庬，湛恩庬洪，顔師古："庬，音尨。"2602

逢，逢涌原泉，顔師古："逢，讀曰夆。"2603

沕，沕潏曼羨，顔師古："沕，音勿。"2603

潏，沕潏曼羨，顔師古："潏，音聿。"2603

羨，沕潏曼羨，顔師古："羨，音（戈）〔弋〕扇反。"2603

魄，旁魄四塞，顔師古："魄，音步各反。"2603

埏，下泝八埏，顔師古："埏，本音延，合韻音弋戰反。"2603

晰，闇昧昭晰，顔師古："晰，音之舌反。"2603

闓，昆蟲闓懌，顔師古："闓，讀曰凱。"2603

徼，徼麋鹿之怪獸，顔師古："徼，音工釣反。"2603

乘，招翠黃乘龍於沼，顔師古："乘，音食證反。"2603

閒，賓於閒館，顔師古："閒，讀曰閑。"2604

俶，俶儻窮變，顔師古："俶，音吐歷反。"2604

攘，進攘之道，顔師古："攘，古讓字也。"2604

嗛，陛下嗛讓而弗發也，顔師古："嗛，古謙字。"2605

挈，挈三神之歡，顔師古："挈，音口計反。"2605

恧，群臣恧焉，顔師古："恧，愧也，音女六反。"2605

屈，咸濟厥世而屈，顔師古："屈，音其勿反。"2606

炎，日月之末光絶炎，引李奇："炎，音火之光炎。"顔師古："炎，音弋贍反。"2606

錯，以展采錯事，顔師古："錯，音千故反。"2606

袚，袚飾厥文，顔師古："袚，音敷勿反。"2606

攎，攎之無窮，顔師古："攎，音丑居反。"2606

蜚，蜚英聲，顔師古："蜚，古飛字。"2606

稱，永保鴻名而常爲稱首者，顔師古："稱，音尺孕反。"2606

沛，沛然改容，顔師古："沛，音普大反。"2607

俞，俞乎，顔師古："俞，音踰。"2607

油，雲之油油，引蘇林："油，音油麻之油。"2607

渗，滋液渗漉，顏師古："渗，音山禁反。"2607

漉，滋液渗漉，顏師古："漉，音鹿。"2607

氾，氾布濩之，顏師古："氾，音敷劍反。"2607

般，般般之獸，顏師古："般，字與斑同耳。"2607

喜，其儀可喜，顏師古："喜，音許記反。"2607

旼，旼旼穆穆，引張揖："旼，音旻。"2608

來，今視其來，顏師古："來，合韻音郎代反。"2608

濯，濯濯之麟，顏師古："濯，音直角反。"2608

玄，采色玄耀，顏師古："玄，讀曰炫。"2608

煇，炳炳煇煌，顏師古："煇，音下本反。"2608

諄，不必諄諄，顏師古："諄，音之純反。"2608

風，此亦《詩》之風諫何異，顏師古："風，讀曰諷。"2610

《公孫弘卜式兒寬傳》

蕃，六畜蕃，顏師古："蕃，音扶元反。"2614

屮，朱屮生，顏師古："屮，古草字。"2614

涸，澤不涸，顏師古："涸，音胡各反。"2614

跂，跂行喙息，顏師古："跂，音岐。"2614

喙，跂行喙息，顏師古："喙，音許穢反。"2614

屬，屬統垂業，顏師古："屬，音之欲反。"2614

分，則分職治，顏師古："分，音扶問反。"2615

逡，則群臣逡，顏師古："逡，音七旬反。"2615

遠，和不遠禮，顏師古："遠，音于萬反。"2616

去，義之所去也，顏師古："去，音丘呂反。"2616

比，聲比則應，顏師古："比，音頻寐反。"2616

說，遠方之君莫不說義，顏師古："說，讀曰悅。"2616

分，尊卑有分，顏師古："分，音扶問反。"2617

馴，及其教馴服習之，顏師古："馴，音巡。"2618

揉，揉曲木者不累日，顏師古："揉，音人九反。"2618

好，利害好惡，顏師古："好，音呼到反。"2618

惡，利害好惡，顏師古："惡，音一故反。"2618

說，上說之，顏師古："說，讀曰悅。"2619

説，上常説，顏師古："説，讀曰悦。"2619

詙，弘爲人談笑多聞，顏師古："談，字或作詙，音恢。"2619

罷，以爲罷弊中國以奉無用之地，顏師古："罷，讀曰疲。"2620

奉，奉禄甚多，顏師古："奉，音扶用反。"2620

比，亦下比於民，顏師古："比，音頻寐反。"2620

婁，婁舉賢良，顏師古："婁，古屢字。"2621

脱，脱粟飯，顏師古："脱，音他活反。"2621

仰，故人賓客仰衣食，顏師古："仰，音牛向反。"2621

填，宜佐明主填撫國家，顏師古："填，音竹刃反。"2622

閒，今事少閒，顏師古："閒，讀曰閑。"2623

屈，劉屈氂，顏師古："屈，音丘勿反，又鉅勿反。"2623

氂，劉屈氂，顏師古："氂，音力之反。"2623

虚，丞相府客館丘虚而已，顏師古："虚，讀曰墟。"2623

惇，唯慶以惇謹，顏師古："惇，音敦。"2623

見，其賜弘後子孫之次見爲適者，顏師古："見，音胡電反。"2624

適，其賜弘後子孫之次見爲適者，顏師古："適，讀曰嫡。"2624

脱，式脱身出，顏師古："脱，音他活反。"2624

數，輒復分與弟者數矣，顏師古："數，音所角反。"2624

貸，邑人貧者貸之，顏師古："貸，音土戴反。"2625

印，皆印給縣官，顏師古："印，音牛向反。"2626

風，尊顯以風百姓，顏師古："風，讀曰諷。"2626

蹻，布衣中蹻而牧羊，顏師古："蹻，字本作屩，並音居略反。"2626

去，惡者輒去，顏師古："去，音丘巨反。"2626

繇，郡縣諸侯未有奮繇直道者也，顏師古："繇，讀與由同。"2627

番，隨牧蓄番，顏師古："番，音扶元反。"2627

説，上由是不説式，顏師古："説，讀曰悦。"2628

兒，兒寬，顏師古："兒，音五奚反。"2628

養，嘗爲弟子都養，顏師古："養，音弋向反。"2628

屬，善屬文，顏師古："屬，音之欲反。"2629

懦，然懦於武，顏師古："懦，音乃唤反，又音儒。"2629

鄉，湯由是鄉學，顏師古："鄉，讀曰嚮。"2629

説，上説之，顏師古："説，讀曰悦。"2629

下，卑體下士，顏師古："下，音胡稼反。"2630

貸，與民相假貸，顏師古："貸，音土代反。"2630

屬，輸租緩屬不絶，顏師古："屬，音之欲反。"2630

放，及議欲放古巡狩封禪之事，顏師古："放，音甫往反。"2631

楫，統楫群元，引臣瓚："楫，當作輯。"顏師古："輯、楫與集，三字並同。"2631

鄉，精神所鄉，顏師古："鄉，讀曰嚮。"2631

著，不著于經，顏師古："著，音竹箸反。"2631

屬，屬象相因，顏師古："屬，音之欲反。"2632

闓，發祉闓門，顏師古："闓，讀與開同。"2632

易，官屬易之，顏師古："易，音弋（鼓）[豉]反。"2633

艾，海内艾安，顏師古："艾，讀曰乂。"2634

飯，版築飯牛，顏師古："飯，音扶晚反。"2635

滑，滑稽則東方朔，顏師古："滑，音骨。"2635

稽，滑稽則東方朔，顏師古："稽，音工奚反。"2635

召，召信臣，顏師古："召，讀曰邵。"2635

《張湯傳》

訊，訊鞫論報，顏師古："訊，音信。"2637

調，調茂陵尉，顏師古："調，音徒釣反。"2638

乾，始爲小吏，乾没，顏師古："乾，音干。"2639

鄉，上方鄉文學，顏師古："鄉，讀曰嚮。"2639

傅，欲傅古義，顏師古："傅，讀曰附。"2639

挈，受而著讞法廷尉挈令，顏師古："挈，音口計反。"2639

鄉，鄉上意所便，顏師古："鄉，讀曰嚮。"2640

詆，必舞文巧詆，顏師古："詆，音丁禮反。"2640

造，其造請諸公，顏師古："造，音七到反。"2640

繇，繇是益尊任，顏師古："繇，讀與由同。"2641

卬，皆卬給縣官，顏師古："卬，音牛向反。"2641

旰，日旰，顏師古："旰，音幹。"2641

鄇，居一鄇間，顏師古："鄇，音之向反。"2642

讋，是後群臣震讋，顏師古："讋，音之涉反。"2643

操，有賢操，顏師古：“操，音千到反。”2643

薦，薦數從中文事有可以傷湯者，顏師古：“薦，音在見反。”2644

數，薦數從中文事有可以傷湯者，顏師古：“數，音所角反。”2644

從，變事從迹安起，顏師古：“從，讀曰蹤。”2644

行，湯念獨丞相以四時行園，顏師古：“行，音下更反。”2644

與，湯無與也，顏師古：“與，讀曰豫。”2644

簿，使使八輩簿責湯，引蘇林：“簿，音主簿之簿。”2646

分，君何不知分也，顏師古：“分，音扶問反。”2646

幾，夷滅者幾何人矣，顏師古：“幾，音居起反。”2646

奉，皆所得奉賜，顏師古：“奉，音扶用反。”2646

被，被惡言而死，顏師古：“被，加也，音皮義反。”2647

識，唯安世識之，顏師古：“識，記也，音式志反。”2647

鄉，天下鄉風，顏師古：“鄉，讀曰嚮。”2648

填，顯明功臣以填藩國，顏師古：“填，音竹刃反。”2648

財，唯天子財哀，顏師古：“財，與裁同。”2649

與，自朝廷大臣莫知其與議也，顏師古：“與，讀曰豫。”2650

調，有郎功高不調，顏師古：“調，音徒釣反。”2650

遠，其欲匿名迹遠權勢如此，顏師古：“遠，音于萬反。”2650

反，何以知其不反水漿邪，顏師古：“反，讀曰翻。”2651

適，（自）[告]署適奴，顏師古：“適，讀曰謫。”2651

蚤，賀有一子蚤死，顏師古：“蚤，古早字。”2652

處，上自處置其里，顏師古：“處，安也，音昌汝反。”2652

道，輔道朕躬，顏師古：“道，讀曰導。”2652

感，何感而上書歸衛將軍富平侯印，顏師古：“感，音胡闇反。”2653

𥔲，輕車介士，引《續漢書》：“𥔲矛戟幢。”顏師古：“𥔲，音側事反。”2653

𤫧，輕車介士，引《續漢書》：“𤫧弩。”顏師古：“𤫧，音服。”2653

供，上爲放供張，顏師古：“供，音居用反。”2655

張，上爲放供張，顏師古：“張，音竹亮反。”2655

莋，南至長楊、五莋，顏師古：“莋，與柞同。”2655

犇，宮中皆犇走伏匿，顏師古：“犇，古奔字。”2656

悖，驕逸悖理，顏師古：“悖，音布内反。”2656

厭,厭海内之心,顔師古:"厭,音一豔反。"2656

《杜周傳》

中,奏事中意,顔師古:"中,音竹仲反。"2659

更,與減宣更爲中丞者十餘歲,顔師古:"更,音工衡反。"2659

放,其治大抵放張湯,顔師古:"放,音甫往反。"2660

擠,上所欲擠者,引孟康:"擠,音躋。"2660

更,獄久者至更數赦十餘歲,顔師古:"更,音工衡反。"2661

氐,大氐盡詆以不道,顔師古:"氐,讀與抵同。抵,歸也;詆,誣也,並音丁禮反。"2661

詆,大氐盡詆以不道,顔師古:"詆,音丁禮反。"2661

訾,家訾累巨萬矣,顔師古:"訾,與貲同。"2661

説,説民意,顔師古:"説,讀曰悦。"2664

處,輒下延年平處復奏,顔師古:"處,音昌汝反。"2664

史,少府史樂成,顔師古:"史,或作使字。"2665

詆,惡以疾見詆,顔師古:"詆,音丁禮反。"2667

財,高廣財二寸,顔師古:"財,與纔同,古通用字。"2667

閒,職閒無事,顔師古:"閒,讀曰閑。"2667

窈,必鄉舉求窈宨,顔師古:"窈,音一了反。"2668

宨,必鄉舉求窈宨,顔師古:"宨,音徒了反。"2668

失,言失欲之生害也,顔師古:"失,讀曰佚,佚與逸同。"2669

間,支庶有間適之心,顔師古:"間,音居莧反。"2669

適,支庶有間適之心,顔師古:"適,讀曰嫡。"2669

鄉,方鄉術入學,顔師古:"鄉,讀曰嚮。"2669

卞,《小卞》之作,顔師古:"卞,音盤。"2669

重,欽復重言,顔師古:"重,音直用反。"2670

屬,察近屬之符驗,顔師古:"屬,音之欲反。"2670

幾,幾以配上,顔師古:"幾,讀曰冀。"2670

卒,卒摇易之則民心惑,顔師古:"卒,音千忽反。"2670

蚤,將軍輔政而不蚤定,顔師古:"蚤,古早字。"2671

信,唯將軍信臣子之願,顔師古:"信,讀曰申。"2671

遴,不可以遴,顔師古:"遴,與吝同。"2671

剌,無乖剌之心,顔師古:"剌,音來曷反。"2672

適，此必適妾將有爭寵相害而爲患者，顔師古："適，讀曰嫡。"2672

從，匱萬姓之力以從耳目，顔師古："從，讀曰縱。"2673

拂，言之則拂心逆指，顔師古："拂，音佛。"2675

從，無欲是從，顔師古："從，讀曰縱。"2675

説，此則衆庶咸説，顔師古："説，讀曰悦。"2675

填，填撫四夷，顔師古："填，音竹刃反。"2676

間，毋使范雎之徒得間其説，顔師古："間，音居莧反。"2676

倚，上少而親倚鳳，顔師古："倚，音於綺反。"2677

分，執進退之分，顔師古："分，音扶問反，字或作介。介，隔也，其義兩通。"2677

援，故攀援不遺，顔師古："援，音爰。"2678

更，更相稱薦，顔師古："更，音工衡反。"2680

信，反因時信其邪辟，顔師古："信，讀曰伸。"2680

辟，反因時信其邪辟，顔師古："辟，讀曰僻。"2680

睚，報睚眦怨，顔師古："睚，音厓，一説睚音五懈反。"2680

眦，報睚眦怨，顔師古："眦，音仕懈反。"2680

謾，宏奏隆前奉使欺謾，顔師古："謾，音慢，又音莫連反。"2680

幾，幾獲大利，顔師古："幾，讀曰冀。"2681

擠，排擠英俊，顔師古："擠，音子詣反。"2681

轑，欲以熏轑天下，顔師古："轑，讀曰燎，假借用字。"2681

卒，今聞方進卒病死，顔師古："卒，讀曰猝。"2681

骾，朝無骨骾之臣，顔師古："骾，亦鯁字。"2682

比，反與趙氏比周，顔師古："比，音頻寐反。"2682

被，被加以非罪，顔師古："被，音皮義反。"2682

填，以填天下，顔師古："填，音竹刃反。"2682

幾，幾爲姦臣笑，顔師古："幾，音鉅依反。"2682

抵，業因勢而抵陒，引服虔："抵，音紙。"2684

陒，業因勢而抵陒，引服虔："陒，音羲。"顔師古："陒，音詭。一説陒讀與戲同，音許宜反。"2684

《張騫李廣利傳》

氏，月氏王，顔師古："氏，音支。"2687

椑，以其頭爲飲器，引韋昭："椑，飲器，椑榼也。"顔師古："椑，音鼙。"2687

更，道必更匈奴中，顏師古："更，音工衡反。"2688

鄉，騫因與其屬亡鄉月氏，顏師古："鄉，讀曰嚮。"2688

走，西走數十日，顏師古："走，趨也，音奏。一曰走謂奔走也，讀如本字。"2688

道，唯王使人道送我，顏師古："道，讀曰導。"2688

道，爲發譯道，顏師古："道，讀曰導。"2688

遠，又自以遠遠漢，顏師古："下遠，音于萬反。"2688

要，竟不能得月氏要領，顏師古："要，音一遙反。"2689

並，並南山，顏師古："並，音步浪反。"2689

毒，身毒國，引鄧展："毒，音篤。"2690

著，其俗土著，顏師古："著，音直略反。"2690

驨，出驨，顏師古："驨，音龙。"2691

莋，出莋，顏師古："莋，音材各反。"2691

徙，出徙，顏師古："徙，音斯。"2691

僰，出僰，顏師古："僰，音蒲（此）［北］反。"2691

嶲，南方閉嶲，顏師古："嶲，音先榮反。"2691

滇，名滇越，引服虔："滇，音顚。"2691

並，並南山至鹽澤，顏師古："並，音步浪反。"2691

翎，傅父布就（翎）［翎］侯抱亡置草中，顏師古："翎，與翁同。"2692

塞，西擊塞王，顏師古："塞，音先得反。"2693

遠，益以爲神而遠之，顏師古："遠，音于萬反。"2693

道，烏孫發譯道送騫，顏師古："道，讀曰導。"2693

令，而漢始築令居以西，顏師古："令，音零。"2694

軒，犛軒，引李奇："軒，音劇。"顏師古："軒，讀與軒同。李奇音是也。"2694

放，大放博望侯時，顏師古："放，音甫往反。"2694

眩，以大鳥卵及犛軒眩人獻於漢，顏師古："眩，讀與幻同。"2696

礨，以大鳥卵及犛軒眩人獻於漢，顏師古："鳥卵如汲水之礨耳。礨，音瓮。"2696

説，天子大説，顏師古："説，讀曰悦。"2696

視，以覽視漢富厚焉，顏師古："視，讀曰示。"2697

氐，大角氐，顏師古："氐，音丁禮反。"2697

觀，多聚觀者，顏師古："觀，音工喚反。"2697

更，外國使更來更去，顏師古："更，音工衡反。"2697

從，其少從率進孰於天子，顏師古："從，音材用反。"2698

椎，椎金馬而去，顏師古："椎，音直追反。"2698

比，比至郁成，顏師古："比，音必寐反。"2699

財，士財有數千，顏師古："財，與才同。"2699

罷，皆飢罷，顏師古："罷，讀曰疲。"2699

淜，淜野之兵，顏師古："淜，音士角反。"2700

與，負私從者不與，顏師古："與，讀曰豫。"2700

適，而發天下七科適，顏師古："適，讀曰謫。"2701

糒，及載糒給貳師，顏師古："糒，音備。"2701

屬，轉車人徒相連屬至敦煌，顏師古："屬，音之欲反。"2701

煎，虜宛貴人勇將煎靡，顏師古："煎，音子延反。"2702

罷，而康居候漢兵罷來救宛，顏師古："罷，讀曰疲。"2702

食，而多出食食漢軍，顏師古："下食，讀曰飤。"2702

蔡，遇漢善者名昧蔡，引服虔："蔡，音楚言蔡。"顏師古："蔡，音千曷反。"2702

昧，遇漢善者名昧蔡，顏師古："昧，音本末之末。"2702

食，道上國不能食，顏師古："食，讀曰飤。"2703

走，走貳師，顏師古："走，音奏。"2703

卒，卒失大事，顏師古："卒，讀曰猝。"2703

適，莫適先擊，顏師古："適，音丁歷反。"2703

泝，從泝河山，顏師古："泝，音素。"2704

哆，李哆有計謀，顏師古："哆，音昌野反。"2704

適，以適過行者皆黜其勞，顏師古："適，讀曰謫。"2704

郅，度郅居水，顏師古："郅，音質。"2705

惡，惡睹所謂昆侖者乎，顏師古："惡，音烏。"2705

《司馬遷傳》

犇，晉中軍隨會犇魏，顏師古："犇，古奔字也。"2708

論，以傳劍論顯，顏師古："論，音來頓反。"2708

蒯，蒯聵其後也，顏師古："蒯，音苦怪反。"2708

聵，蒯聵其後也，顏師古："聵，音五怪反。"2708

錯，在秦者錯，顏師古："錯，音千(古)[各]反。"2708

蘄，錯孫蘄，顏師古："蘄，音祈。"2709

郵,俱賜死杜郵,顏師古:"郵,音尤。"2709

懌,昌生毋懌,顏師古:"懌,[音]弋赤反。"2709

誖,不達其意而師誖,顏師古:"誖,音布内反。"2710

澹,澹足萬物,顏師古:"澹,古贍字。"2711

撮,撮名法之要,顏師古:"撮,音千活反。"2711

操,指約而易操,顏師古:"操,音千高反。"2711

佚,則主勞而臣佚,顏師古:"佚,字與逸同。"2711

楗,去健羨,引晉灼:"善閉者無關楗。"顏師古:"楗,其偃反,然今書本字皆
　　作健字也。"2711

蚤,神形蚤衰,顏師古:"蚤,古早字。"2711

茨,茅茨不翦,顏師古:"茨,音疾茲反。"2712

棌,棌椽不斲,顏師古:"棌,音采,又音菜。"2712

飯,飯土簋,顏師古:"飯,扶晚反。"2712

簋,飯土簋,顏師古:"簋,音軌。"2712

歠,歠土刑,顏師古:"歠,[音]尺悦反。"2712

糲,糲粱之食,引張晏:"糲,音賴。"2712

分,明分職不得相踰越,顏師古:"分,[音]扶問反。"2713

徼,名家苛察徼繞,顏師古:"徼,[音]公鳥反。"2713

剸,剸決於名,顏師古:"剸,讀與專同,又音章免反。"2713

中,實不中其聲者謂之款,顏師古:"中,音竹仲反。"2714

混,混混冥冥,顏師古:"混,音胡本反。"2714

汶,北涉汶泗,顏師古:"汶,音問。"2715

嶧,鄉射鄒嶧,顏師古:"嶧,音懌。"2715

陂,陂困蕃,顏師古:"蕃,音皮。"2715

筰,略邛、筰,顏師古:"筰,[音]才各反。"2715

與,不得與從事,顏師古:"與,讀曰豫。"2716

召,宣周召之風,顏師古:"召,讀曰邵。"2716

紬,紬史記石室金鐀之書,顏師古:"紬,音冑。"2716

鐀,紬史記石室金鐀之書,顏師古:"鐀,與匱同。"2716

攘,小子何敢攘焉,顏師古:"攘,古讓字。"2717

與,定猶與,顏師古:"與,讀曰豫。"2718

長,故長於變,顏師古:"長,讀如本字。一曰謂崇長之也,音竹兩反。"2718

唯,唯唯,顏師古:"唯,[音]弋癸反。"2720

虙,虙戲至純厚,顏師古:"虙,讀與伏同。"2720

於,受命於穆清,顏師古:"於,讀曰烏。"2720

墮,墮先人所言,顏師古:"墮,音火規反。"2720

纍,幽於纍紲,顏師古:"纍,音力追反。"2722

紲,幽於纍紲,顏師古:"紲,音先列反。"2722

喟,乃喟然而歎,顏師古:"喟,音邱位反。"2722

召,《燕召公世家》,顏師古:"召,讀曰邵。"2723

苴,《司馬穰苴列傳》,顏師古:"苴,音子閭反。"2723

郟,《傅靳郟成侯列傳》,顏師古:"郟,音普肯反,又音陪。"2723

彬,則文學彬彬稍進,顏師古:"彬,音邠。"2724

間,《詩》《書》往往間出,顏師古:"間,音居莧反。"2724

籑,父子相繼籑其職,顏師古:"籑,讀與撰同。"2724

於,於戲,顏師古:"於,讀曰烏。"2724

戲,於戲,顏師古:"戲,讀曰呼。"2724

於戲,於戲,顏師古:"於戲,古字或作烏虖,今字或作烏呼,音義皆同耳。"2724

俶,扶義俶儻,顏師古:"俶,[音]吐歷反。"2724

蓺,以拾遺補蓺,引孟康:"蓺,音裸。"顏師古:"蓺,古藝字。"2724

竢,以竢後聖君子,顏師古:"竢,古俟字。"2724

懇,意氣勤勤懇懇,顏師古:"懇,音墾。"2725

罷,雖罷駑,顏師古:"罷,讀曰疲。"2725

爲,誰爲爲之,顏師古:"上爲,音于僞反。"2726

說,女爲說己容,顏師古:"說,讀曰悅。"2726

卒,卒卒無須臾之間,顏師古:"卒,音千忽反。"2726

卒,恐卒然不可諱,顏師古:"卒,讀曰猝。"2727

懣,不得舒憤懣,顏師古:"懣,音滿。"2727

憯,禍莫憯於欲利,顏師古:"憯,亦痛也,音千敢反。"2728

詬,詬莫大於宮刑,顏師古:"詬,恥也,音垢。"2728

忼,況忼慨之士乎,顏師古:"忼,音口朗反。"2728

搴,有斬將搴旗之功,顏師古:"搴,音蹇。"2728

鄉，鄉者，顏師古：“鄉，讀曰饗。”2728

闒，在闒茸之中，顏師古：“闒，［音］吐合反。”2728

茸，在闒茸之中，顏師古：“茸，［音］人勇反。”2728

卬，乃欲卬首信眉，顏師古：“卬，讀曰仰。”2729

信，乃欲卬首信眉，顏師古：“信，讀曰伸。”2729

下，恭儉下人，顏師古：“下，音胡亞反。”2730

畜，其素所畜積也，顏師古：“畜，讀曰蓄。”2730

挑，橫挑彊胡，引李奇：“挑，音（銚）［誂］。”顏師古：“挑，音徒了反。”2731

卬，卬億萬之師，顏師古：“卬，讀曰仰。”2731

呼，然李陵一呼勞軍，顏師古：“呼，音火故反。”2731

沬，沬血飲泣，引孟康：“沬，音頮。”顏師古：“沬，古頮字，音呼內反。”2731

弮，張空弮，顏師古：“弮，音丘權反，又音眷。”2731

冒，冒白刃，顏師古：“冒，音莫克反。”2731

首，北首爭死敵，顏師古：“首，音式救反。”2731

料，僕竊不自料其卑賤，顏師古：“料，量也，音聊。”2731

眭，塞眭眦之辭，顏師古：“眭，音匡。”2731

眦，塞眭眦之辭，顏師古：“眦，音才賜反。”2731

沮，以爲僕沮貳師，顏師古：“沮，音才汝反。”2732

拳，拳拳之忠，顏師古：“拳拳，《劉向傳》作惓惓字，音義同耳。”2732

隤，隤其家聲，顏師古：“隤，音頹。”2732

茸，而僕又茸以蠶室，顏師古：“茸，音人勇反。”2732

螻，與螻蟻何異，顏師古：“螻，音樓。”2733

趨，用之所趨異也，顏師古：“趨，讀曰趣。”2734

箠，其次關木索被箠楚受辱，顏師古：“箠，音止橤反。”2734

髡，其次髡毛髮嬰金鐵受辱，顏師古：“髡，音吐計反。”2734

穽，及其在穽檻之中，顏師古：“穽，音才性反。”2734

榜，受榜箠，顏師古：“榜，音彭。”2734

槍，見獄吏則頭槍地，顏師古：“槍，［音］千羊反。”2734

强，所謂彊顔耳，顏師古：“强，音其兩反。”2734

鄉，南鄉稱孤，顏師古：“鄉，讀曰饗。”2734

伯，權傾五伯，顏師古：“伯，讀曰霸。”2734

財，不能引決自財，顏師古：“財，與裁同，古通用字。”2734

奭，僕雖怯奭欲苟活，顏師古：“奭，柔弱也，音人阮反。”2735

湛，何至自湛溺累紲之辱哉，顏師古：“湛，讀曰沈。”2735

累，何至自湛溺累紲之辱哉，顏師古：“累，音力追反。”2735

髕，孫子髕脚，顏師古：“髕，音頻忍反。”2736

氐，大氐賢聖發憤之所爲作也，顏師古：“氐，歸也，音丁禮反。”2736

見，思垂空文以自見，顏師古：“見，胡電反。”2736

湛，故且從俗浮湛，顏師古：“湛，讀曰沉。”2736

瑑，今雖欲自彫瑑，顏師古：“瑑，刻也，音篆。”2737

曼，曼辭以自解，顏師古：“曼，音萬。”2737

饌，至孔氏饌之，顏師古：“饌，與撰同。”2738

輯，論輯其本事以爲之傳，顏師古：“輯，與集同。”2738

摭，采經摭傳，顏師古：“摭，音之亦反。”2738

梧，或有抵梧，引如淳：“梧，讀曰迕。”顏師古：“梧，音悟。”2738

頗，是非頗繆於聖人，顏師古：“頗，[音]普我反。”2738

俚，質而不俚，顏師古：“俚，音里。”2738

　　《武五子傳》

閎，王夫人生齊懷王閎，顏師古：“閎，音宏。”2741

剌，燕剌王旦，顏師古：“剌，音來葛反。”2741

髆，昌邑哀王髆，顏師古：“髆，音博。”2741

少，少壯，顏師古：“少，讀如本字。”2742

娣，納史良娣，顏師古：“娣，音弟。”2742

伉，長平侯衛伉，顏師古：“伉，音抗，又音剛。”2742

說，按道侯韓說，顏師古：“說，讀曰悅。”2743

贛，御史章贛，顏師古：“贛，音貢。”2743

辟，辟暑甘泉宮，顏師古：“辟，讀曰避。”2743

且，舍人無且，顏師古：“且，音子閭反。”2744

長，長御倚華，引鄭氏：“長，音長者。”2744

倚，長御倚華，顏師古：“倚，音於綺反。”2744

中，而不中於瞽叟，顏師古：“中，音竹仲反。”2745

適，皇太子爲漢適嗣，顏師古：“適，讀曰嫡。”2745

甦,迫甦皇太子,顏師古:"甦,音千六反。"2745

鬲,鬲塞而不通,顏師古:"鬲,與隔同。"2746

釱,忠臣竭誠不顧釱鈇之誅,顏師古:"釱,音膚。"2746

畀,投畀豺虎,顏師古:"畀,音必寐反。"2746

亟,亟罷甲兵,顏師古:"亟,音居力反。"2746

惓,臣不勝惓惓,顏師古:"惓,讀曰拳。"2746

度,太子自度不得脱,顏師古:"度,音大各反。"2747

邘,其封李壽爲邘侯,顏師古:"邘,音于。"2747

横,焚蘇文於横橋上,引孟康:"横,音光。"2747

行,謹行視孝昭帝所爲故皇太子起位在湖,顏師古:"行,音下更反。"2748

旻,閺鄉邪里聚,引孟康:"閺,古閵字,從門中旻。"顏師古:"旻,音許密反。"2748

閺,閺鄉邪里聚,顏師古:"閺,字本從旻,其後轉訛誤。而郭璞乃音汝授反,
　　蓋失理遠耳。"2748

共,共朕之詔,顏師古:"共,讀曰恭。"2749

與,可不敬與,顏師古:"與,讀曰歟。"2750

薰,薰鬻氏,顏師古:"薰,音勳。"2750

鬻,薰鬻氏,顏師古:"鬻,音育。"2750

甿,以姦巧邊甿,引孟康:"甿,音萌。"2750

妥,北州以妥,引孟康:"妥,古綏字也。"顏師古:"妥,音他果反。"2751

棐,毋作棐德,顏師古:"棐,古匪字也。"2751

柞,待詔五柞宫,顏師古:"柞,讀與昨同。"2752

臨,葬時不出臨,顏師古:"臨,音力禁反。"2752

洋,威武洋溢,顏師古:"洋,音羊。"2752

飭,飭武備,顏師古:"飭,讀與勅同。"2753

召,上自召公,顏師古:"召,讀曰邵。"2753

與,寡人之不及與,顏師古:"與,讀曰歟。"2753

撟,撟邪防非,顏師古:"撟,與矯同。"2753

歐,旄頭先歐,顏師古:"歐,與驅同。"2754

鉼,鉼侯劉成,顏師古:"鉼,音步丁反。"2754

下,桀欲從中下其章,顏師古:"下,音胡稼反。"2755

呼,陳涉呼楚澤,顏師古:"呼,音火故反。"2755

間,異姓不得間也,顏師古:"間,音工莧反。"2755

亶,還亶爲典屬國,顏師古:"亶,音但。"2756

鄉,又恐中民趣鄉之,顏師古:"鄉,讀曰嚮。"2756

屬,虹下屬宮中飲井水,顏師古:"屬,音之欲反。"2757

圂,廁中豕群出,顏師古:"廁,養豕圂也。圂,音胡困反。"2757

葭,使人祠葭水、台水,顏師古:"葭,音家。"2757

台,使人祠葭水、台水,顏師古:"台,音怡。"2757

懣,王憂懣,顏師古:"懣,音滿,又音悶。"2758

廣,橫術何廣廣兮,引蘇林:"廣,音曠。"顏師古:"廣,讀如本字。"2758

寊,髮紛紛兮寊渠,引孟康:"寊,音羃。"顏師古:"寊,音徒(一)[千]反。"2758

黨,黨得削國,顏師古:"黨,音他朗反。"2758

甾,從高[皇]帝墾甾除害,顏師古:"甾,古災字。"2759

葆,頭如蓬葆,顏師古:"葆,音保。"2759

屬,以符璽屬醫工長,顏師古:"屬,音之欲反。"2759

要,三代要服,顏師古:"要,音一遙反。"2760

桐,毋桐好逸,引張晏:"桐,音同。"顏師古:"桐,音通。"2760

扛,力扛鼎,顏師古:"扛,音江。"2760

覬,有覬欲心,顏師古:"覬,音冀。"2761

塞,殺牛塞禱,顏師古:"塞,音先代反。"2761

寖,胥寖信女須等,顏師古:"寖,古浸字也。"2761

餽,數相餽遺,顏師古:"餽,亦饋字。"2761

悰,出入無悰爲樂亟,引韋昭:"悰,亦樂也,音裁宗反。"2763

喜,出入無悰爲樂亟,引韋昭:"但以心志所喜好耳。喜,音許吏反。"2763

亟,出入無悰爲樂亟,引韋昭:"亟,音邱吏反。"2763

逝,身自逝,顏師古:"逝,合韻音上列反。"2763

更,左右悉更涕泣奏酒,顏師古:"更,音工衡反。"2763

共,子共王意嗣,顏師古:"共,讀曰恭。"2763

屬,請收屬吏,顏師古:"屬,音之欲反。"2765

湔,以湔洒大王,顏師古:"湔,音子顛反。"2765

洒,以湔洒大王,顏師古:"洒,音先禮反。"2765

捽,即捽善,顏師古:"捽,音材兀反。"2765

嗌,我嗌痛,顏師古:"嗌,喉咽也,音益。"2765

鄉，鄉闕西面伏，顏師古："鄉，讀曰嚮。"2765

卬，王卬天歎曰，顏師古："卬，讀曰仰。"2766

説，大王不説，顏師古："説，讀曰悦。"2766

度，願王内自揆度，顏師古："度，音徒各反。"2766

浹，人事浹，顏師古："浹，音子牒反。"2766

中，王之所行中《詩》一篇何等也，顏師古："中，音竹仲反。"2767

行，臣敞數遣丞吏行察，顏師古："行，音下更反。"2768

痿，疾痿，顏師古："痿，音人隹反。"2768

絍，女羅絍，顏師古："絍，音敷。"2769

亟，欲令亟死，顏師古："亟，音居力反。"2769

喜，其天資喜由亂亡，顏師古："喜，音許吏反。"2769

廖，豫章太守廖奏言，顏師古："廖，音聊。"2770

僵，僵尸數萬，顏師古："僵，音居羊反。"2771

屬，頭盧相屬於道，顏師古："屬，音之欲反。"2771

遏，遏亂原，顏師古："遏，音一曷反。"2771

道，道迎善氣，顏師古："道，讀曰導。"2771

《嚴朱吾丘主父徐嚴終王賈傳上》

婁，婁舉賢良文學之士，顏師古："婁，古屢字。"2776

詘，大臣數詘，顏師古："詘，音丘勿反。"2776

攝，天下攝然，引孟康："攝，安也，音奴協反。"2777

劗，劗髮文身，引晉灼："劗，張揖以爲古翦字也。"顏師古："劗，與翦同。"2777

與，胡越不與受正朔，顏師古："與，讀曰豫。"2777

要，蠻夷要服，顏師古："要，音一遥反。"2778

篁，篁竹之中，引服虔："篁，音皇。"2778

著，阻險林叢弗能盡著，顏師古："著，音竹助反。"2779

復，民生未復，顏師古："復，音(拱)〔扶〕目反。"2780

轎，輿轎而隃領，引服虔："轎，音橋梁。"引項昭："轎，音旗廟反。"顏師古："服音是也。"2780

隃，輿轎而隃領，顏師古："隃，與踰同。"2780

扡，扡舟而入水，顏師古："扡，曳也，音它。"2780

蝮，林中多蝮蛇猛獸，顏師古："蝮，音敷福反。"2780

泄，歐泄霍亂之病相隨屬也，顏師古："泄，音弋制反。"2780

屬，歐泄霍亂之病相隨屬也，顏師古：“屬，音之欲反。”2780

間，間忌將兵擊之，顏師古：“間，《淮南王傳》作簡，此本作間，轉寫字誤省
　　耳。”2780

淦，處之上淦，引蘇林：“淦，音耿弇之弇。”顏師古：“淦，音工含反。”2780

櫂，樓舩卒水居擊櫂，顏師古：“櫂，音直孝反。”2780

諦，孤子諦號，顏師古：“諦，古啼字。”2780

鼂，鼂不及夕，顏師古：“鼂，古朝字也。”2781

漂，漂石破舟，顏師古：“漂，音匹遥反。”2782

絫，且越人絫力薄材，引孟康：“絫，音滅。”顏師古：“絫，讀如本字。孟説非
　　也。”2782

輓，輓車奉饟者，顏師古：“輓，音晚。”2782

饟，輓車奉饟者，顏師古：“饟，亦餉字。”2782

癉，近夏癉熱，顏師古：“癉，音丁幹反。”2782

蠚，蝮蛇蠚生，顏師古：“蠚，音壑。”2782

共，世共貢職，顏師古：“共，讀曰供。”2783

頓，不頓一戟，顏師古：“一曰頓，讀曰鈍。”2783

罷，則士卒罷勌，顏師古：“罷，讀曰疲。”2783

勌，則士卒罷勌，顏師古：“勌，亦倦字。”2783

紝，婦人不得紡績織紝，顏師古：“紝，音人禁反。”2783

餉，老弱轉餉，顏師古：“餉，亦饟字。”2783

適，乃發適戍以備之，顏師古：“適，讀曰讁。”2784

靡，百姓靡敝，顏師古：“靡，散也，音縻。”2784

行，以逆執事之顏行，顏師古：“行，音胡郎反。”2785

共，人徒之衆足以奉千官之共，顏師古：“共，讀曰供。”2785

依，負黼依，顏師古：“依，讀曰扆。”2785

馮，馮玉几，顏師古：“馮，讀曰凭。”2785

嚮，四海之内莫不嚮應，顏師古：“嚮，讀曰響。”2785

風，乃令嚴助諭意風指於南越，顏師古：“風，讀曰諷。”2786

重，重以不德，顏師古：“重，音直用反。”2787

菑，是以比年凶菑害衆，顏師古：“菑，古災字。”2787

攘，南夷相攘，顏師古：“攘，音人羊反。”2787

貌，貌然甚媿，顏師古：“貌，音武卓反。”2787

遽,事薄遽,顔師古:"遽,速也,音其据反。"2788

操,操殺生之柄,顔師古:"操,音千高反。"2788

卬,亂者卬治,顔師古:"卬,讀曰仰。"2788

句,以踐句踐之迹,顔師古:"句,音工侯反。"2788

鄉,揚聲鄉,顔師古:"鄉,讀曰響。"2789

罷,士卒罷倦,顔師古:"罷,讀曰疲。"2789

説,上大説,顔師古:"説,讀曰悦。"2789

從,侍燕從容,顔師古:"從,音千容反。"2790

從,毋以蘇秦從横,顔師古:"從,音子容反。"2790

艾,常艾薪樵,顔師古:"艾,讀曰刈。"2791

謳,歌謳道中,顔師古:"謳,讀曰謳,音一侯反。"2791

女,女苦日久,待我富貴報女功,顔師古:"女,皆讀曰汝。"2791

飯,呼飯飲之,顔師古:"飯,音扶晚反。"2791

飲,呼飯飲之,顔師古:"飲,音於禁反。"2791

重,將重車至長安,顔師古:"重,音直用反。"2792

更,上計吏卒更乞匄之,顔師古:"更,音工衡反。"2792

乞,上計吏卒更乞匄之,顔師古:"乞,音氣。"2792

匄,上計吏卒更乞匄之,顔師古:"匄,音工大反。"2792

説,帝甚説之,顔師古:"説,讀曰悦。"2792

罷,以爲罷敝中國,顔師古:"罷,讀曰疲。"2792

飯,寄居飯食,顔師古:"飯,音扶晚反。"2793

直,直上計時,顔師古:"直,讀曰值。"2793

呼,大呼曰,顔師古:"呼,音火故反。"2793

守,白守丞,顔師古:"守,音式授反。"2793

傳,買臣遂乘傳去,顔師古:"傳,音張戀反。"2793

食,給食之,顔師古:"食,讀曰飤。"2793

乞,買臣乞其夫錢,顔師古:"乞,音氣。"2793

復,皆報復焉,顔師古:"復,音扶目反。"2793

説,横海將軍韓説,顔師古:"説,讀曰悦。"2794

爲,坐牀上弗爲禮,顔師古:"爲,音于僞反。"2794

拊,買臣子山拊,引如淳:"拊,音夫。"2794

格,善格五,引孟康:“格,音各。”顏師古:“格,即今戲之簺也,音先代反。”2794

簺,善格五,顏師古:“即今戲之簺也,簺,音先代反。”2794

從,盜賊從橫,顏師古:“從,音子庸反。”2795

彍,十賊彍弩,引張晏:“彍,音郭。”2795

蕃,此盜賊所以蕃也,顏師古:“蕃,音扶元反。”2795

抏,海內抏敝,顏師古:“抏,音五官反。”2796

墮,墮名城,顏師古:“墮,音火規反。”2796

櫌,櫌鉏筡梃,顏師古:“櫌,音憂。”2796

筡,櫌鉏筡梃,顏師古:“筡,音之累反。”2796

梃,櫌鉏筡梃,顏師古:“梃,音大鼎反。”2796

鄉,方外鄉風,顏師古:“鄉,讀曰嚮。”2797

中,言貴中也,顏師古:“中,音竹仲反。”2797

貣,假貣無所得,顏師古:“貣,音土得反。”2799

獮,春蒐秋獮,顏師古:“獮,音先淺反。”2799

靡,靡敝中國,顏師古:“靡,音縻。”2800

輓,又使天下飛芻輓粟,顏師古:“輓,音晚。”2800

腄,起於黃、腄、琅邪負海之郡,顏師古:“腄,音直瑞反,又音誰。”2800

餉,男子疾耕不足於糧餉,顏師古:“餉,亦饟字。”2800

覆,雖有覆軍殺將,顏師古:“覆,音芳目反。”2801

敺,夫匈奴行盜侵敺,顏師古:“敺,與驅同。”2801

攴,夫匈奴行盜侵敺,顏師古:“敺,與驅同,其字從攴。攴,音普木反。”2801

佗,尉佗,顏師古:“佗,音徒何反。”2802

從,彊而合從,顏師古:“從,音子容反。”2802

適,適嗣代立,顏師古:“適,讀曰嫡。”2802

橫,大橫,顏師古:“橫,音胡孟反。”2803

失,內有淫失之行,顏師古:“失,讀曰佚,音尹一反。”2804

數,數日,顏師古:“數,音所具反。”2804

衣,昆弟不我衣食,顏師古:“衣,音於既反。”2804

食,昆弟不我衣食,顏師古:“食,讀曰飤。”2804

矜,奮棘矜,顏師古:“矜,音巨巾反。”2805

呼,偏袒大呼,顏師古:“呼,音火故反。”2805

竟,竟外之助,顏師古:"竟,讀曰境。"2805

還,不得還踵而身爲禽,顏師古:"還,讀曰旋。"2806

復,年歲未復,顏師古:"復,音扶目反。"2806

重,重之以邊境之事,顏師古:"重,音直用反。"2806

從,淫從恣之觀,顏師古:"從,讀曰縱。"2806

依,南面背依攝袂而揖王公,顏師古:"依,讀曰扆。"2807

《嚴朱吾丘主父徐嚴終王賈傳下》

族,調五聲使有節族,引蘇林:"族,音奏。"2810

徼,民離本而徼末矣,顏師古:"徼,音工堯反。"2810

蕃,五穀蕃孰,顏師古:"蕃,音扶元反。"2810

伯,故五伯更起,顏師古:"伯,讀曰霸。"2811

更,故五伯更起,顏師古:"更,音工衡反。"2811

從,合從連衡,顏師古:"從,音子容反。"2811

鄉,鄉使秦緩刑罰,顏師古:"鄉,讀曰嚮。"2812

讕,讕諛者衆,顏師古:"讕,古諂字。"2812

辟,辟地進境,顏師古:"辟,讀曰闢。"2812

長,壤長地進,顏師古:"長,音竹兩反。"2812

伯,至乎伯王,顏師古:"伯,讀曰霸。"2812

薉,略薉州,顏師古:"薉,與穢同。"2813

燔,燔其龍城,顏師古:"燔,音扶元反。"2813

累,外累於遠方之備,顏師古:"累,音力瑞反。"2813

挐,禍挐而不解,顏師古:"挐,音女居反。"2813

幾,今外郡之地或幾千里,顏師古:"幾,音鉅依反。"2813

騎,後以安爲騎馬令,顏師古:"騎,音其寄反。"2814

屬,以辯博能屬文聞於郡中,顏師古:"屬,音之欲反。"2814

葭,南越竄屏葭葦,顏師古:"葭,音加。"2815

薦,北胡隨畜薦居,顏師古:"薦,讀曰荐。"2815

犇,單于犇幕,顏師古:"犇,古奔字。"2815

昆,昆邪右衽,顏師古:"昆,音下門反。"2815

竢,設官竢賢,顏師古:"竢,古俟字。"2815

罷,罷者退而勞力,顏師古:"罷,讀曰疲。"2815

苴,苴(以)白茅於江淮,顏師古:"苴,音祖,又音子豫反。非苞苴之苴也。"2816

編,殆將有解編髮,顏師古:"編,讀曰辮。"2817

要,要衣裳,顏師古:"要,音一遥反。"2817

中,時皆以軍言爲中,顏師古:"中,音竹仲反。"2817

行,博士徐偃使行風俗,顏師古:"行,音下更反。"2818

顓,顓之可也,顏師古:"顓,與專同。"2819

度,偃度四郡口數田地,顏師古:"度,音大各反。"2819

繻,關吏予軍繻,引張晏:"繻,音須。"2820

復,爲復傳,顏師古:"復,音扶福反。"2820

傳,爲復傳,顏師古:"傳,音張戀反。"2820

行,使行郡國,顏師古:"行,音下更反。"2820

説,上甚説,顏師古:"説,讀曰悦。"2820

行,啓前行,顏師古:"行,音下郎反。"2820

亢,不足以亢一方之任,顏師古:"亢,當也,音抗。"2821

説,天子大説,顏師古:"説,讀曰悦。"2821

填,令使者留填撫之,顏師古:"填,音竹刃反。"2821

被,九江被公,顏師古:"被,音皮義反。"2822

華,華龍,顏師古:"華,音户化反。"2822

氾,氾鄉侯何武,顏師古:"氾,音凡。"2822

軼,益州刺史因奏襃有軼材,顏師古:"軼,與逸同。"2822

唅,唅糗者,引服虔:"唅,音含。"2822

糗,唅糗者,顏師古:"糗,音丘九反,又音昌少反。"2822

辟,今臣辟在西蜀,顏師古:"辟,讀曰僻。"2822

茨,長於蓬茨之下,顏師古:"茨,音才私反。"2823

累,顧有至愚極陋之累,顏師古:"累,音力瑞反。"2823

抒,敢不略陳愚而抒情素,顏師古:"抒,音食汝反。"2823

共,共惟《春秋》法五始之要,顏師古:"共,讀曰恭。"2824

趣,則趣舍省而功施普,顏師古:"趣,讀曰趣。"2824

矻,終日矻矻,顏師古:"矻,音口骨反。"2824

焠,清水焠其鋒,顏師古:"焠,音千内反。"2824

咢,砥斂其咢,顏師古:"咢,刃旁也,音五各反。"2824

劃,陸劃犀革,顔師古:"劃,截也,音之兗反,又音徒官反。"2824

溷,不溷,顔師古:"溷,亂也,音胡頓反。"2824

乘,驂乘旦,顔師古:"乘,音食證反。"2824

靶,王良執靶,引晉灼:"靶,音霸。"2824

塊,蹶如歷塊,顔師古:"塊,音口内反。"2825

燠,不苦盛暑之鬱燠,顔師古:"燠,音於六反。"2825

煗,襲貂狐之煗者,顔師古:"煗,音乃短反。"2825

嘔,是以嘔喻受之,顔師古:"嘔,音於付反。"2825

伯,必樹伯迹,顔師古:"伯,讀曰霸。"2825

悃,陳見悃誠,顔師古:"悃,至也,音口本反。"2826

鬻,百里自鬻,顔師古:"鬻,音弋六反。"2826

渫,去卑辱奥渫而升本朝,顔師古:"渫,音先列反。"2826

蹻,離疏釋蹻而享膏粱,顔師古:"蹻,音居略反。"2826

冽,故虎嘯而(冽風)[風冽],顔師古:"冽,音列。"2827

蝣,蜉蝣出以陰,顔師古:"蝣,音由,字亦作蝤,其音同也。"2827

艾,俊艾將自至,顔師古:"艾,讀曰乂。"2827

契,契、皋陶,顔師古:"契,讀與卨同,字本作偰,後從省耳。"2827

遞,雖伯牙操遞鍾,引晉灼:"遞,音遞迭之遞。"2827

沛,沛乎如巨魚縱大壑,顔師古:"沛,音普大反。"2828

溱,萬祥畢溱,顔師古:"溱,字與臻同。"2828

頃,頃耳而聽,顔師古:"頃,讀曰傾。"2828

呴,呴噓呼吸,顔師古:"呴,音許于反。"2828

噓,呴噓呼吸,顔師古:"噓,音虛。"2828

喜,小者辯麗可喜,顔師古:"喜,音許吏反。"2829

辟,辟如女工有綺縠,顔師古:"辟,讀曰譬。"2829

虞,以此虞説耳目,顔師古:"虞,與娱同。"2829

説,以此虞説耳目,顔師古:"説,讀曰悦。"2829

風,尚有仁義風諭,顔師古:"風,讀曰諷。"2829

復,疾平復,顔師古:"復,音扶目反。"2829

喜,太子喜襃所爲《甘泉》,顔師古:"喜,音許吏反。"2829

更,諸縣更叛,顔師古:"更,音工衡反。"2830

卷，敢昧死竭卷卷，顏師古：“卷，讀與拳同。”2831

間，無間，顏師古：“間，音工莧反。”2831

與，欲與聲教則治之，不欲與者不彊治也，顏師古：“與，讀曰豫。”2831

屬，屬車在後，顏師古：“屬，音之欲反。”2833

樂，樂浪，顏師古：“樂，音洛。”2833

浪，樂浪，顏師古：“浪，音郎。”2833

席，相枕席於道路，引如淳：“席，音藉。”顏師古：“席即藉也，不勞借音。”2834

擠，欲驅士衆擠之大海之中，顏師古：“擠，墜也，音子詣反，又子奚反。”2834

顓，顓顓獨居一海之中，顏師古：“顓，與專同。”2834

瑇，珠犀瑇瑁，顏師古：“瑇，音代。”2834

瑁，珠犀瑇瑁，顏師古：“瑁，音妹。”2834

辟，狐疑辟難，顏師古：“辟，讀曰避。”2835

瘉，縣官嘗言興瘉薛大夫，顏師古：“瘉，與愈同。”2836

鼎，顯鼎貴，引如淳：“鼎，音釘。”顏師古：“鼎，讀如（今）[本]字。”2836

鄉，吏民敬鄉，顏師古：“鄉，讀曰嚮。”2837

風，以上語相風，顏師古：“風，讀曰諷。”2837

更，更相薦譽，顏師古：“更，音工衡反。”2837

《東方朔傳》

倩，東方朔字曼倩，顏師古：“倩，音千見反。”2841

厭，平原厭次人也，顏師古：“厭，音一涉反，又音一琰反。”2841

衒，自衒鬻者以千數，顏師古：“衒，音州縣之縣，又音工縣反。”2842

鉦，鉦鼓之教，顏師古：“鉦，音正。”2842

編，齒若編貝，顏師古：“編，音鞭。”2842

奉，奉祿薄，顏師古：“奉，音扶用反。”2842

索，徒索衣食，顏師古：“索，音先各反。”2843

數，上嘗使諸數家射覆，顏師古：“數，音所具反。”2843

覆，上嘗使諸數家射覆，顏師古：“覆，音芳目反。”2843

盆，置守宮盂下，顏師古：“盂，食器也，若盆而大。盆，音撥。”2843

別，乃別蓍布卦而對，顏師古：“別，音彼列反。”2844

蜥，是非守宮即蜥蜴，顏師古：“蜥，音先歷反。”2844

蜴，是非守宮即蜥蜴，顏師古：“蜴，音余赤反。”2844

蠑,是非守宮即蜥蜴,引《爾雅》:“蠑螈。”顏師古:“蠑,音榮。”2844

螈,是非守宮即蜥蜴,引《爾雅》:“蠑螈。”顏師古:“螈,音原。”2844

蝘,是非守宮即蜥蜴,引《爾雅》:“蝘蜓。”顏師古:“蝘,音烏典反。”2844

蜓,是非守宮即蜥蜴,引《爾雅》:“蝘蜓。”顏師古:“蜓,音殄。”2844

中,復使射他物,連中,顏師古:“中,音竹仲反。”2844

滑,滑稽不窮,顏師古:“滑,音骨。”2845

榜,臣榜百,顏師古:“榜,音步行反。”2845

宴,是宴藪也,引蘇林:“宴,音貧宴之宴。”2845

藪,是宴藪也,引蘇林:“藪,音數錢之數。”2845

曓,呼曓,引服虔:“曓,音暴。”引鄧展:“曓,音瓜瓟之瓟。”顏師古:“曓,音步
　　高反。”2845

呼,呼曓,引鄧展:“呼,音髐箭之髐。”顏師古:“鄧音是也。”2845

呭,呭！口無毛,引鄧展:“呭,音豻裘之豻。”顏師古:“呭,音丁骨反。”2845

謷,聲謷謷,顏師古:“謷,音敖。”2845

詆,擅詆欺天子從官,顏師古:“詆,音丁禮反。”2845

㲉,鳥哺㲉也,顏師古:“(雛)[㲉],音口豆反。”2846

俛,鶴俛啄也,顏師古:“俛,即俯字也。俛,又音免。”2846

啄,鶴俛啄也,顏師古:“啄,音竹救反。”2846

齟,令壺齟,引張晏:“齟,音櫨梨之櫨。”顏師古:“齟,音側加反,又壯加
　　反。”2846

塗,老柏塗,顏師古:“塗,音丈加反。”2846

優,伊優亞,顏師古:“優,音一侯反。”2846

亞,伊優亞,顏師古:“亞,音烏加反。”2846

犾,犾吽牙,引應劭:“犾,音銀。”顏師古:“犾,音五伊反。”2846

吽,犾吽牙,顏師古:“吽,音五侯反。”2846

盛,所以盛也,顏師古:“盛,受物也,音時政反。”2846

漸,漸洳徑也,顏師古:“漸,音子廉反。”2846

洳,漸洳徑也,顏師古:“洳,音人庶反。”2846

蚤,伏日當蚤歸,顏師古:“蚤,古早字。”2847

酎,微行常用飲酎已,顏師古:“酎,音紂。”2848

杭,馳騖禾稼稻杭之地,顏師古:“杭,音庚。”2848

呼，民皆號呼罵詈，顏師古："呼，音火故反。"2848

徼，乃使右輔都尉徼循長楊以東，顏師古："徼，音工釣反。"2848

共，右內史發小民共待會所，顏師古："共，讀曰供。"2848

倍，倍陽，顏師古："倍陽，即蒷陽也，其音同耳。"2848

賈，及其賈直，顏師古："賈，讀曰價。"2848

屬，屬之南山，顏師古："屬，音之欲反。"2848

說，上大說稱善，顏師古："說，讀曰悅。"2849

愨，臣聞謙遜靜愨，顏師古："愨，音口角反。"2849

卬，萬民所卬足也，顏師古："卬，音牛向反。"2850

䘆，水多䘆魚，顏師古："䘆，即蛙字也。"2850

賈，其賈畝一金，顏師古："賈，讀曰價。"2850

耗，損耗五穀，顏師古："耗，音呼到反。"2850

虛，大虎狼之虛，顏師古："虛，讀曰墟。"2850

隄，無隄之輿，顏師古："隄，音丁奚反。"2850

慮，隆慮公主，顏師古："慮，音廬。"2852

屬，死以屬我，顏師古："屬，音之欲反。"2852

姣，左右言其姣好，顏師古："姣，美麗也，音狡。"2854

萩，又有萩竹籍田，顏師古："萩，即楸字也。"2854

說，上大說，顏師古："說，讀曰悅。"2854

請，奉朝請之禮，顏師古："請，音才姓反。"2855

卒，一旦卒有不勝洒掃之職，顏師古："卒，讀曰猝。"2855

洒，一旦卒有不勝洒掃之職，顏師古："洒，音信，又音山豉反。"2855

珥，去簪珥，顏師古："珥，音餌。"2855

傅，綠幘傅韝，顏師古："傅，讀曰附。"2856

韝，綠幘傅韝，顏師古："韝，音工侯反。"2856

胞，館陶公主胞人臣偃，顏師古："胞，與庖同。"2856

蹴，郡國狗馬蹴鞠劍客輻湊，顏師古："蹴，音千六反。"2856

鞠，郡國狗馬蹴鞠劍客輻湊，顏師古："鞠，音鉅六反。"2856

辟，辟戟而前曰，顏師古："辟，音頻亦反。"2857

辟，徑淫辟之路，顏師古："辟，讀曰僻。"2857

蛾，人主之大蛾，顏師古："蛾，音或。"2857

趨,時天下侈靡趨末,顏師古:"趨,讀曰趣。"2858

從,上從容問朔,顏師古:"從,音千容反。"2858

綈,身衣弋綈,顏師古:"綈,音徒奚反。"2858

莞,莞蒲爲席,顏師古:"莞,音完,又音官。"2859

緼,衣緼無文,顏師古:"緼,音於粉反。"2859

瑇,宮人簪瑇瑁,顏師古:"瑇,音代。"2859

瑁,宮人簪瑇瑁,顏師古:"瑁,音昧。"2859

璣,垂珠璣,顏師古:"璣,音居依反,又音鉅依反。"2859

蘽,蘽珍怪,顏師古:"蘽,古蕖字。"2859

詼,朔雖詼笑,顏師古:"詼,音恢。"2860

敖,朔皆敖弄,顏師古:"敖,讀曰傲。"2860

爲,無所爲屈,顏師古:"爲,音于僞反。"2860

契,契爲鴻臚,顏師古:"契,讀與卨同,字本作偰。"2861

般,魯般爲將作,顏師古:"般,與班同。"2862

蘧,蘧伯玉爲太傅,顏師古:"蘧,音渠。"2862

父,孔父爲詹事,顏師古:"父,讀曰甫。"2862

羿,羿爲旄頭,顏師古:"羿,音詣。"2862

兒,兒大夫,顏師古:"兒,音五奚反。"2863

胲,樹頰胲,顏師古:"胲,音改。"2863

頤,擢項頤,顏師古:"頤,音怡。"2863

脽,連脽尻,顏師古:"脽,音誰。"2863

蛇,遺蛇其迹,顏師古:"遺蛇,猶逶迤也。蛇,音移。"2863

偊,行步偊旅,顏師古:"偊,音禹。"2863

澹,朔之進對澹辭,顏師古:"澹,古贍字也。"2863

啁,詼啁而已,顏師古:"啁,與嘲同,音竹交反。"2864

胞,同胞之徒無所容居,引蘇林:"胞,音胞胎之胞也。"2864

懾,天下震懾,顏師古:"懾,恐也,音之涉反。"2865

信,得信厥説,顏師古:"信,讀曰伸。"2866

孳,日夜孳孳,顏師古:"孳,與孜同。"2866

辟,辟若鵰鴞,顏師古:"辟,讀曰譬。"2866

鵰,辟若鵰鴞,顏師古:"鵰,音脊。"2866

鴒,辟若鵾鴒,顏師古:"鴒,音零。"2866

豓,豓纊充耳,引如淳:"豓,音工苟反。"2867

度,揆而度之,顏師古:"度,音徒各反。"2867

魁,魁然無徒,顏師古:"魁,讀曰塊。"2867

筦,以筦闚天,引服虔:"筦,音管。"顏師古:"筦,古管字。"2868

蠡,以蠡測海,顏師古:"蠡,音來奚反。"2868

瓢,以蠡測海,引張晏:"蠡,瓠瓢也。"顏師古:"瓢,音平搖反。"2868

莛,以莛撞鐘,顏師古:"莛,音唐丁反。"2868

鷫鷞,鷫鷞之襲狗,引服虔:"鷫鷞,音縱欶。"引如淳:"鷫鷞,音精欶。"2868

咋,孤豚之咋虎,顏師古:"咋,嚙也,音仕客反。"2868

唯,伏而唯唯,顏師古:"唯,音弋癸反。"2869

於,於戲,顏師古:"於,讀曰烏。"2869

戲,於戲,顏師古:"戲,讀曰呼。"2869

易,談何容易,顏師古:"易,[音]弋豉反。"2869

悖,有悖於目,顏師古:"悖,音布內反。"2869

拂,拂於耳,顏師古:"拂,音佛。"2869

說,說於目,顏師古:"說,讀曰悅。"2869

蜚,蜚廉,顏師古:"蜚,古飛字。"2870

琱,琱瑑刻鏤,顏師古:"琱,與彫同。"2870

瑑,琱瑑刻鏤,顏師古:"瑑,音篆。"2870

阤,宗廟崩阤,顏師古:"阤,積也,音直氏反。"2870

虛,國家爲虛,顏師古:"虛,讀曰墟。"2870

說,說色微辭,顏師古:"說,讀曰悅。"2871

呴,愉愉(呴呴)[呴呴],顏師古:"呴,音許于反。"2871

拂,上以拂主之邪,顏師古:"拂,與弼同。"2871

懼,吳王懼然易容,顏師古:"懼,音居具反。"2871

閒,得清燕之閒,顏師古:"閒,讀曰閑。"2872

默,吳王默然,引張晏:"默,音默。"2873

遠,遠佞人,顏師古:"遠,音于萬反。"2873

畜,畜積有餘,顏師古:"畜,讀曰蓄。"2873

鄉,鄉風慕義,顏師古:"鄉,讀曰嚮。"2873

喜,喜爲庸人誦説,顏師古:"喜,音許吏反。"2874

爲,喜爲庸人誦説,顏師古:"爲,音于僞反。"2874

著,取奇言怪語附著之朔,顏師古:"著,音直略反。"2874

《公孫劉田王楊蔡陳鄭傳》

昆,祖父昆邪,顏師古:"昆,音户門反。"2877

窳,封南窳侯,引臣瓚:"《茂陵中書》云封南奅侯,表亦作奅。"顏師古:"窳、
　　奅二字同耳,音普教反。"2878

沮,復以浮沮將軍出五原二千餘里,顏師古:"沮,音子閭反。"2878

斜,斜谷之木不足爲我械,顏師古:"斜,音弋奢反。"2878

屈,劉屈氂,顏師古:"屈,音丘勿反,又音其勿反。"2879

省,使内郡自省作車,顏師古:"省,音所領反。"2880

秏,重馬傷秏,顏師古:"秏,音呼到反。"2880

澎,以澎户二千二百封左丞相爲澎侯,引服虔:"澎,音彭。"2880

撟,太子亦遣使者撟制,顏師古:"撟,與矯同。"2882

輯,又發輯濯士,顏師古:"輯,音集,字本從木,其音同耳。"2882

濯,又發輯濯士,顏師古:"濯,字本亦作櫂,並音直孝反。"2882

歐,歐四市人,顏師古:"歐,與驅同。"2882

秅,成爲秅侯,引孟康:"秅,音妒。"2882

説,武帝見而説之,顏師古:"説,讀曰悦。"2884

虞,爲天下自虞樂,顏師古:"虞,與娱同。"2885

道,輔道少主,顏師古:"道,讀曰導。"2886

筦,國家興榷筦之利,顏師古:"筦,即管字也。"2887

訢,王訢,顏師古:"訢,字與欣同。"2887

被,稍遷爲被陽令,引孟康:"被,音罷。"顏師古:"被,音皮彼反。"2887

鑕,解衣伏鑕,顏師古:"鑕,鍖也。鍖,音竹林反。"2887

使,使君顓殺生之柄,顏師古:"使,音所吏反。"2887

顓,使君顓殺生之柄,顏師古:"顓,與專同。"2887

貸,以明恩貸,顏師古:"貸,音土戴反。"2887

供,供張辦,顏師古:"供,音居用反。"2888

張,供張辦,顏師古:"張,音竹亮反。"2888

與,以列侯與謀廢昌邑王立宣帝,顏師古:"與,讀曰豫。"2888

唯,徒唯唯而已,顏師古:"唯,音弋癸反。"2889

與,猶與無決,顏師古:"與,讀曰豫。"2889

惲,忠弟惲,顏師古:"惲,音於粉反。"2890

放,傳相放效,顏師古:"放,音斧往反。"2890

肄,長樂嘗使行事(隸)〔肄〕宗廟,顏師古:"肄,音弋二反。"2892

秺,秺侯御,顏師古:"秺,音丁故反。"2892

犇,高昌侯車犇入北掖門,顏師古:"犇,古奔字也。"2892

抵,聞前曾有犇車抵殿門,顏師古:"抵,音丁禮反。"2892

寋,鼠不容穴銜寋數者也,顏師古:"寋,音其羽反。"2892

數,鼠不容穴銜寋數者也,顏師古:"數,音山羽反。"2892

視,視諸將軍、中朝二千石,顏師古:"視,讀曰示。"2892

貉,古與今如一丘之貉,顏師古:"貉,音胡各反。"2892

飭,欲令戒飭富平侯延壽,顏師古:"飭,與敕同。"2893

與,與聞政事,顏師古:"與,讀曰豫。"2893

訞,稱引爲訞惡言,顏師古:"訞,與妖同。"2894

晻,一朝〔以〕晻眛語言見廢,顏師古:"晻,與暗同。2894

底,文質無所底,顏師古:"底,音之履反。"2894

與,與聞政事,顏師古:"與,讀曰豫。"2895

橫,橫被口語,顏師古:"橫,音胡孟反。"2895

説,説以忘罪,顏師古:"説,讀曰悦。"2895

臽,亨羊臽羔,顏師古:"臽,音步交反。"2896

燺,亨羊臽羔,師古曰"臽,即今所謂燺也。燺,音一高反。"2896

勞,斗酒自勞,顏師古:"勞,音來到反。"2896

萁,落而爲萁,顏師古:"萁,音基。"2896

褏,奮褏低卬,顏師古:"褏,古衣袖字。"2896

爲,不相爲謀,顏師古:"爲,音于僞反。"2897

漂,漂然皆有節槩,顏師古:"漂,音匹遥反。"2897

槩,漂然皆有節槩,顏師古:"槩,音工代反。"2897

分,知去就之分,顏師古:"分,音扶問反。"2897

閒,願賜清閒之燕,顏師古:"閒,讀曰閑。"2899

説,甚説之,顏師古:"説,讀曰悦。"2899

俛，行步俛僂，顏師古："俛，即俯字也。"2899

僂，行步俛僂，顏師古："僂，音力主反。"2899

顓，苟用可顓制者，顏師古："顓，與專同。"2899

諂，大要教咸諂也，顏師古："諂，古詔字也。"2900

掠，下獄掠治，顏師古："掠，音力向反。"2900

鉗，或私解脫鉗釱，顏師古："鉗，音其炎反。"2901

釱，或私解脫鉗釱，顏師古："釱，音弟。"2901

調，所居調發屬縣所出食物以自奉養，顏師古："調，[音]徒釣反。"2901

操，然操持掾史，顏師古："操，音（于向）[千高]反。"2901

執，豪彊執服，顏師古："執，讀曰蟄，音之涉反。"2902

鉤，屬官咸皆鉤校，顏師古："鉤，音工侯反。"2902

稺，鄭弘字稺卿，顏師古："稺，古稚字。"2903

竟，所以安邊竟，顏師古："竟，讀曰境。"2904

斷，勇者見其斷，顏師古："斷，音丁喚反。"2904

齗，齗齗焉，顏師古："齗，音牛斤反。"2904

行，行行焉，顏師古："行，音胡浪反。"2904

撟，撟當世，顏師古："撟，讀（曰）[與]矯同。"2904

彬，彬彬然弘博君子也，顏師古："彬，音彼旻反。"2904

懣，發憤懣，顏師古："懣，音滿，又莫本反。"2904

撓，介然直而不撓，顏師古："撓，音女教反。"2904

放，放於末利，顏師古："放，音方往反。"2905

說，以說其上，顏師古："說，讀曰悅。"2905

筲，斗筲之徒，顏師古："筲，音所交反。"2905

噫，斗筲之徒，引孔子："噫。"顏師古："噫，音於其反。"2905

選，何足選也，顏師古："選，音先阮反。"2905

《楊胡朱梅云傳》

贏，吾欲贏葬，顏師古："贏，音郎果反。"2907

鬲，厚葬以鬲真，顏師古："鬲，與隔同。"2909

塊，其尸塊然獨處，顏師古："塊，音口對反。"2909

繇，繇是言之，顏師古："繇，讀與由同。"2909

斲，斲木爲匵，引服虔："斲，音款。"2909

匱,斲木爲匱,顏師古:"匱,即櫃字也。"2909

藟,葛藟爲緘,顏師古:"藟,音力水反。"2909

緘,葛藟爲緘,顏師古:"緘,音工咸反。"2909

於,於戲,顏師古:"於,讀曰烏。"2909

戲,於戲,顏師古:"戲,讀曰呼。"2909

賈,穿北軍壘垣以爲賈區,顏師古:"賈,音古。"2911

窬,穿窬不繇路,顏師古:"窬,音踰。"2911

繇,穿窬不繇路,顏師古:"繇,讀與由同。"2911

諉,執事不諉上,顏師古:"諉,累也,音女瑞反。"2911

累,執事不諉上,顏師古:"諉,累也。累,音力瑞反。"2911

犇,犇射追吏,顏師古:"犇,古奔字也。"2912

辟,辟報故不窮審,顏師古:"辟,讀曰避。"2912

借,借客報仇,顏師古:"借,音子夜反。"2912

倜,好倜儻大節,顏師古:"倜,音吐歷反。"2912

齎,攝齎登堂,顏師古:"齎,音子私反。"2914

拄,連拄五鹿君,顏師古:"拄,音竹庚反。"2914

風,疑風吏殺人,顏師古:"風,讀曰諷。"2915

訕,小臣居下訕上,顏師古:"訕,音所諫反,又音刪。"2916

呼,雲呼曰,顏師古:"呼,音火故反。"2916

輯,因而輯之,顏師古:"輯,與集同。"2916

從,從容謂雲曰,顏師古:"從,音七庸反。"2916

軺,求假軺傳,顏師古:"軺,音遙。"2917

傳,求假軺傳,顏師古:"傳,音張戀反。"2917

亡,亡敵於天下,顏師古:"亡,讀曰無。"2919

召,非有周召之師,顏師古:"召,讀曰邵。"2919

幾,天下幾平,顏師古:"幾,音距依反。"2919

說,說至言,顏師古:"說,讀曰悅。"2919

伯,繆公行伯,顏師古:"伯,讀曰霸。"2921

繇,繇余歸德,顏師古:"繇,讀曰由。"2921

懣,則天下之士發憤懣,顏師古:"懣,音滿。"2921

幾,亦亡幾人,顏師古:"幾,音居豈反。"2921

厎，天下之厎石，顏師古：“厎，細石也，音之履反，又音祇。”2921

辟，辟地建功，顏師古：“辟，讀曰闢。”2921

伯，今不循伯者之道，顏師古：“伯，讀曰霸。”2921

䡙，夫䡙鵲遭害，顏師古：“䡙，音緣。”2922

坐，當戶牖之法坐，顏師古：“坐，音才臥反。”2924

佚，佚民不舉，顏師古：“佚，與逸同。”2925

適，聖庶奪適，顏師古：“適，讀曰嫡。”2926

顓，王莽顓政，顏師古：“顓，讀與專同。”2927

鬲，非莽鬲絕衛氏，顏師古：“鬲，讀與隔同。”2928

棺，棺斂葬之，顏師古：“棺，音工喚反。”2928

斂，棺斂葬之，顏師古：“斂，音力贍反。”2928

狷，則思狂狷，顏師古：“狷，音子掾反。”2928

《霍光金日磾傳》

中，父中孺，顏師古：“中，讀曰仲。”2931

服，中孺扶服叩頭，顏師古：“服，音蒲北反。”2932

任，察群臣唯光任大重，顏師古：“任，音壬。”2932

屬，可屬社稷，顏師古：“屬，音之欲反。”2932

莽，侍中僕射莽何羅，顏師古：“莽，音莫戶反。”2933

財，長財七尺三寸，顏師古：“財，與纔同。”2934

皙，白皙，顏師古：“皙，音先歷反。”2933

顣，美須當爲顣，顏師古：“顣，音人占反。”2934

識，郎僕射竊識視之，顏師古：“識，音式志反。”2934

繇，繇是與光爭權，顏師古：“繇，讀與由同。”2935

調，又擅調益莫府校尉，顏師古：“調，音徒釣反。”2936

下，桀欲從中下其事，顏師古：“下，音胡稼反。”2936

屬，都郎屬耳，顏師古：“屬，音之欲反。”2936

屬，先帝所屬以輔朕身，顏師古：“屬，音之欲反。”2937

視，光以其書視丞相敞等，顏師古：“視，讀曰示。”2937

懣，光憂懣，顏師古：“懣，音滿，又音悶。”2938

鄂，群臣皆驚鄂失色，顏師古：“鄂，後字作愕，其義亦同。”2938

卒，卒有物故自裁，顏師古：“卒，讀曰猝。”2939

纏，服斬縗，顏師古："斬縗，謂縗裳下不纏。纏，音步千反。"2942

更，從官更持節，顏師古："更，音工衡反。"2943

臨，朝暮臨，顏師古："臨，音力禁反。"2943

俳，擊鼓歌吹作俳倡，顏師古："俳，音排。"2943

下，會下還，顏師古："下，音胡稼反。"2943

啗，與從官飲啗，顏師古："啗，音徒敢反。"2944

悖，爲人臣子當悖亂如是邪，顏師古："悖，音布内反。"2944

湛，湛沔於酒，顏師古："湛，讀曰沈，又讀曰耽。"2945

趣，復詔太官趣具，顏師古："趣，讀曰促。"2945

簿，使人簿責勝，顏師古："簿，音步户反。"2945

雋，臣雋舍，顏師古："雋，音辭阮反，又音字阮反。"2946

辟，行淫辟不軌，顏師古："辟，讀曰僻。"2946

辟，五辟之屬，顏師古："辟，音頻亦反。"2946

蕕，蕕不孝出之，顏師古："蕕，讀與由同。"2946

呼，號呼市中，顏師古："呼，音火故反。"2947

軨，軨獵車，顏師古："軨，音零。"2948

下，禮下之已甚，顏師古："下，音胡稼反。"2948

樅，樅木外臧椁，顏師古："樅，音七庸反。"2949

檜，樅木外臧椁，顏師古："《爾雅》及《毛詩傳》並云樅木松葉柏身，檜木乃柏
　　葉松身耳。檜，音工闊反，字亦作栝。"2949

倅，載光尸柩以輼輬車，引臣瓚："以輼車駕大廄白鹿駟爲倅。"顏師古："倅，
　　副也，音千内反。"2949

復，復其後世，顏師古："復，音方目反。"2950

與，世世無有所與，顏師古："與，讀曰豫。"2950

塋，太夫人顯改光時所自造塋制而侈大之，顏師古："塋，音營。"2950

著，韋絮薦輪，顏師古："御輂以韋緣輪，著之以絮。著，音張吕反。"2951

輓，侍婢以五采絲輓顯，顏師古："輓，音晚。"2951

請，雲當朝請，顏師古："請，音才姓反。"2951

女，女曹不務奉大將軍餘業，顏師古："女，音汝。"2952

間，他人壹間，顏師古："間，音居莧反。"2952

乳，乳醫淳于衍，顏師古："乳，音而樹反。"2953

簿,吏簿問急,顏師古:"簿,音步户反。"2953

與,猶與,顏師古:"與,讀曰豫。"2953

种,廷尉李种,顏師古:"种,音沖。"2954

使,使樂成小家子得幸將軍,顏師古:"使者,其姓也,字或作史。"2954

宴,又諸儒生多宴人子,顏師古:"宴,音其羽反。"2954

喜,喜妄説狂言,顏師古:"喜,音許吏反。"2955

讙,聞民間讙言霍氏毒殺許皇后,顏師古:"讙,音(計)[許]爰反。"2955

卒,雲舅李竟所善張赦見雲家卒卒,顏師古:"卒,讀曰猝。"2955

亟,亟下捕之,顏師古:"亟,音居力反。"2956

鴞,鴞數鳴殿前樹上,顏師古:"鴞,音羽驕反。"2956

行,灼爛者在於上行,顏師古:"行,音胡(浪)[郎]反。"2958

鄉,鄉使聽客之言,顏師古:"鄉,讀曰嚮。"2958

近,甚安近焉,顏師古:"近,音鉅靳反。"2959

磾,金日磾字翁叔,顏師古:"磾,音丁奚反。"2959

休,本匈奴休屠王太子也,顏師古:"休,音許(蚪)[虯]反。"2959

屠,本匈奴休屠王太子也,顏師古:"屠,音儲。"2959

昆,單于怨昆邪,顏師古:"昆,音下門反。"2959

鄉,鄉之涕泣,顏師古:"鄉,讀曰嚮。"2960

褏,褏白刃,顏師古:"褏,古袖字。"2961

趨,走趨臥内欲入,顏師古:"趨,讀曰趣。"2961

中,上恐并中日磾,顏師古:"中,音竹仲反。"2962

胡,捽胡投何羅殿下,引孟康:"胡,音互。"2962

捽,捽胡投何羅殿下,顏師古:"捽,音才乞反。"2962

繇,繇是著忠孝節,顏師古:"繇,讀與由同。"2962

屬,屬霍光以輔少主,顏師古:"屬,音之欲反。"2962

秺,封日磾爲秺侯,顏師古:"秺,音丁故反。"2962

與,頗與發舉楚王延壽反謀,顏師古:"與,讀曰豫。"2963

重,重蒙厚恩,顏師古:"重,音直用反。"2966

艾,太皇太后懲艾悼懼,顏師古:"艾,讀曰乂。"2966

仆,仆上官,顏師古:"仆,音赴。"2967

湛,湛溺盈溢之欲,顏師古:"湛,讀曰沈。"2967

財，死財三年，顏師古：“財，與纔同。”2967

《趙充國辛慶忌傳》

邽，隴西上邽人也，顏師古：“邽，音圭。”2971

令，後徙金城令居，顏師古：“令，音零。”2971

氐，武都氐人反，顏師古：“氐，音丁奚反。”2972

將，將屯上谷，顏師古：“將，音子亮反。”2972

旁，南旁塞，顏師古：“旁，音步浪反。”2972

行，光禄大夫義渠安國使行諸羌，顏師古：“行，音下更反。”2973

零，先零豪言願時渡湟水北，引鄭氏：“零，音憐。”2973

湟，先零豪言願時渡湟水北，顏師古：“湟，音皇。”2973

旁，羌人旁緣前言，顏師古：“旁，音步浪反。”2974

冒，抵冒渡湟水，顏師古：“冒，音莫北反。”2974

煎，先零豪封煎等通使匈奴，顏師古：“煎，讀曰翦。”2974

氐，匈奴使人至小月氐，顏師古：“氐，音支。”2974

沮，欲沮解之，顏師古：“沮，音才汝反。”2974

鄯，欲擊鄯善，顏師古：“鄯，音善。”2974

开，先零、罕、开乃解仇作約，顏師古：“开，音口堅反。”2974

行，宜遣使者行邊兵豫爲備，顏師古：“行，音下更反。”2975

視，敕視諸羌，顏師古：“視，讀曰示。”2975

鄉，亡所信鄉，顏師古：“鄉，讀曰嚮。”2975

浩，至浩亹，顏師古：“浩，音誥。”2975

亹，至浩亹，顏師古：“亹，音門。”2975

重，失亡車重兵器甚衆，顏師古：“重，音直用反。”2975

度，將軍度羌虜何如，顏師古：“度，音大各反。”2975

陯，兵難陯度，顏師古：“陯，讀曰遥。”2975

屬，願陛下以屬老臣，顏師古：“屬，音之欲反。”2975

陜，遣騎候四望陜中，顏師古：“陜，音狹。”2976

並，虜並出絶轉道，顏師古：“並，讀如字，又音步朗反。”2976

徼，徼極乃擊之，顏師古：“徼，音工堯反。”2977

弛，時上已發三輔、太常徒弛刑，顏師古：“弛，音式爾反。”2977

竟，此虜在竟外之冊，顏師古：“竟，讀曰境。”2978

能，漢馬不能冬，顏師古："能，讀曰耐。"2978

亶，亶奪其畜産，顏師古："亶，讀曰但。"2978

回，回遠千里，顏師古："回，音胡悔反。"2978

佗，以一馬自佗負三十日食，顏師古："佗，音徒何反。"2979

屮，逐水屮，顏師古："屮，古草字。"2979

復，千載不可復，顏師古："復，音扶目反。"2979

捬，捬循和輯，顏師古："捬，古撫字。"2979

輯，捬循和輯，顏師古："輯，與集同。"2979

畜，虜皆當畜食，顏師古："畜，讀曰蓄。"2980

皸，手足皸瘃，顏師古："皸，音軍。"2980

瘃，手足皸瘃，顏師古："瘃，音竹足反。"2980

數，欲以歲數而勝微，顏師古："數，音所具反。"2980

婼，將婼、月氏兵四千人，引服虔："婼，音兒。"引蘇林："婼，音兒遮反。"顏師
　　古："蘇音是也。"2980

句，入鮮水北句廉上，引服虔："句，音鉤。"2981

飭，飭兵馬，顏師古："飭，與勅同也。"2982

累，臣恐國家憂累緐十年數，顏師古："累，音力瑞反。"2982

緐，臣恐國家憂累緐十年數，顏師古："緐，與由同。"2982

解，解弛，顏師古："解，讀曰懈。"2983

重，棄車重，顏師古："重，音直用反。"2983

便，諸君但欲便文自營，顏師古："便，音頻面反。"2984

爲，非爲公家忠計也，顏師古："爲，音于僞反。"2984

脛，聞苦脚脛、寒泄，顏師古："脛，音下定反。"2984

泄，聞苦脚脛、寒泄，顏師古："泄，音息列反。"2984

行，往者舉可先行羌者，顏師古："行，音下更反。"2985

沮，竟沮敗羌，顏師古："沮，音才汝反。"2985

卒，四夷卒有動揺，顏師古："卒，讀曰猝。"2985

稈，茭藳二十五萬二百八十六石，顏師古："(彙)〔藳〕，禾稈也。稈，音工旱反。"2985

卒，又恐它夷卒有不虞之變，顏師古："卒，讀曰猝。"2985

度，計度臨羌東至浩亹，顏師古："度，音大各反。"2986

晦，賦人二十晦，顏師古："晦，古畝字。"2986

伉，發郡騎及屬國胡騎伉健各千，顏師古："伉，音口浪反。"2986

畜，益積畜，顏師古："畜，讀曰蓄。"2986

簿，謹上田處及器用簿，顏師古："簿，音步户反。"2986

般，而明主般師罷兵，顏師古："般，音班。"2987

墬，令不得歸肥饒之墬，顏師古："墬，古地字。"2988

並，居民得並田作，顏師古："並，且也，讀如本字，又音步浪反。"2988

度，度支田士一歲，顏師古："度，音大各反。"2988

眂，以眂羌虜，顏師古："眂，亦示字。"2988

閒，以閒暇時下所伐材，顏師古："閒，讀曰閑。"2988

信，信威千里，顏師古："信，讀曰申。"2989

樵，爲塹壘木樵，顏師古："樵，與譙同，音才消反。"2990

累，終不敢復將其累重還歸故地，顏師古："累，音力瑞反。"2991

重，終不敢復將其累重還歸故地，顏師古："重，音直用反。"2991

卒，其原未可卒禁，顏師古："卒，讀曰猝。"2991

亶，亶能令虜絶不爲小寇，顏師古："亶，讀曰但。"2991

罷，空內自罷敝，顏師古："罷，讀曰疲。"2991

視，非所以視蠻夷也，顏師古："視，讀曰示。"2991

澹，傾我不虞之用以澹一隅，顏師古："澹，古贍字。"2991

鄉，宜皆鄉風，顏師古："鄉，讀曰嚮。"2991

慊，婾得避慊之便，顏師古："慊，亦嫌字。"2991

數，數得執計，顏師古："數，音所角反。"2991

卒，卒死，顏師古："卒，讀曰猝。"2993

且，且種、兒庫，顏師古："且，[音]子閭反。"2993

酗，湯數醉酗羌人，顏師古："酗，音況務反，即酌字也。"2993

櫜，持櫜簪筆，顏師古："櫜，音丁各反，又音託。"2994

與，常與參兵謀，顏師古："與，讀曰豫。"2994

伋，復封充國曾孫伋爲營平侯，顏師古："伋，音汲。"2994

震，是討是震，顏師古："震，合韻音真。"2995

婁，婁奏封章，顏師古："婁，古屢字。"2995

亢，威謀靡亢，顏師古："亢，合韻音康。"2995

歙，與歙侯戰，顏師古："歙，即翕字也。"2996

鄉，莫不信鄉，顏師古："鄉，讀曰嚮。"2996

厭，折衝厭難，顏師古："厭，音一葉反。"2997

卒，則亡以應卒，顏師古："卒，讀曰猝。"2997

兄，長子次兄素與帝從舅衛子伯相善，顏師古："兄，讀如本字，亦讀曰況。"2998

說，有背恩不說安漢公之謀，顏師古："說，讀曰悅。"2998

繇，辛氏繇是廢，顏師古："繇，讀與由同。"2998

郿，秦將軍白起，郿人，顏師古："郿，音媚。"2999

郁，郁郅王圍，顏師古："郁，音於六反。"2999

郅，郁郅王圍，顏師古："郅，音質。"2999

《傅常鄭甘陳段傳》

龜茲，龜茲、樓蘭，引服虔："龜茲，音丘慈。"3001

屬，匈奴使屬過，顏師古："屬，音之欲反。"3001

艾，無所懲艾，顏師古："艾，讀曰乂。"3002

栘，隨栘中監蘇武使匈奴，顏師古："栘，音移。"3003

翖，昆彌自將翖侯以下五萬餘騎，顏師古："翖，即翕字也。"3004

谷，從西方入至右谷蠡庭，顏師古："谷，音鹿。"3004

蠡，從西方入至右谷蠡庭，顏師古："蠡，音黎。"3004

行，獲單于父行及嫂居次，顏師古："行，音胡浪反。"3005

風，大將軍霍光風惠以便宜從事，顏師古："風，讀曰諷。"3005

鄯，使護鄯善以西南道，顏師古："鄯，音善。"3005

撣，日逐王先賢撣欲降漢，顏師古："撣，音纏。"3006

訾，擊破車師兜訾城，顏師古："訾，音子移反。"3006

中，吉於是中西域而立莫府，顏師古："中，音竹仲反。"3006

屬，博達善屬文，顏師古："屬，音之欲反。"3008

貣，家貧匄貣無節，顏師古："貣，音吐得反。"3008

犇，父死不犇喪，顏師古："犇，古奔字。"3008

偈，呼偈、堅昆、丁令，顏師古："偈，音起厲反。"3009

令，呼偈、堅昆、丁令，顏師古："令，與零同。"3009

鄉，鄉化未（湻）〔醇〕，顏師古："鄉，讀曰嚮。"3009

鄉，使無鄉從之心，顏師古："鄉，讀曰嚮。"3009

倚，欲倚其威以脅諸國，顏師古："倚，音於綺反。"3010

歐，（歐）〔毆〕畜產，顏師古："歐，與驅同。"3010

遺,遣使責闟蘇、大宛諸國歲遺,顏師古:"遺,音弋季反。"3010

喜,喜奇功,顏師古:"喜,音許吏反。"3011

勡,且其人勡悍,顏師古:"勡,音頻妙反,又音匹妙反。"3011

悍,且其人勡悍,顏師古:"悍,音胡幹反。"3011

與,延壽猶與不聽,顏師古:"與,讀曰豫。"3011

沮,豎子欲沮衆邪,顏師古:"沮,音才汝反。"3011

闟,抱闟將數千騎,引文穎:"闟,音填。"3012

重,頗寇盜後重,顏師古:"重,音直用反。"3012

罷,人畜罷極,顏師古:"罷,讀曰疲。"3013

度,食度且盡,顏師古:"度,音大各反。"3013

傅,止營傅陳,顏師古:"傅,讀曰敷。"3013

幟,城上立五采幡幟,顏師古:"幟,讀曰熾,音式志反。"3013

更,城上人更招漢軍曰,顏師古:"更,音工行反。"3013

卬,卬射城中樓上人,顏師古:"卬,讀曰仰。"3014

呼,乘城呼,顏師古:"呼,音火故反。"3014

環,四面環城,顏師古:"環,音患。"3014

和,亦與相應和,顏師古:"和,音胡臥反。"3014

犇,數犇營,顏師古:"犇,古奔字也。"3014

畀,諸鹵獲以畀得者,顏師古:"畀,音必寐反。"3015

混,當混爲一,顏師古:"混,音胡本反。"3015

繁,御史大夫繁延壽,顏師古:"繁,音蒲何反。"3015

更,郅支及名王首更歷諸國,顏師古:"更,音工衡反。"3015

骼,掩骼埋胔,顏師古:"骼,音工客反。"3016

胔,掩骼埋胔,顏師古:"胔,音才賜反。"3016

夾,春秋夾谷之會,顏師古:"夾,音頰。"3016

勞,宜有使者迎勞道路,顏師古:"勞,音力到反。"3016

搴,搴歙侯之旗,顏師古:"搴,音騫。"3018

慴,萬夷慴伏,顏師古:"慴,恐也,音之涉反。"3018

鄉,鄉風馳義,顏師古:"鄉,讀曰嚮。"3018

嘽,嘽嘽焞焞,顏師古:"嘽,音他丹反。"3018

焞,嘽嘽焞焞,顏師古:"焞,音他回反。"3018

靡，靡億萬之費，顏師古："靡，音縻。"3019

廑，而廑獲駿馬三十匹，顏師古："廑，與僅同。"3019

復，猶不足以復費，顏師古："復，音扶目反。"3019

竟，邊竟得以安，顏師古："竟，讀曰境。"3020

顓，顓命蠻夷中，顏師古："顓，與專同。"3020

仄，仄席而坐，顏師古："仄，古側字也。"3021

鄉，匈奴不敢南鄉沙幕，顏師古："鄉，讀曰嚮。"3021

愊，策慮愊億，顏師古："愊，音皮逼反。"3022

卒，卒興師奔逝，顏師古："卒，讀曰猝。"3022

蹞，蹞集都賴，顏師古："蹞，讀曰遙。"3022

罷，小臣罷癃，顏師古："罷，讀曰疲。"3023

度，度何時解，顏師古："度，音徒各反。"3023

乘，乘馬延年以勞苦秩中二千石，顏師古："乘，音食孕反。"3024

度，度便房猶在平地上，顏師古："度，音徒各反。"3025

然，至然脂火夜作，顏師古："然，古然字也。"3025

賈，且與穀同賈，顏師古："賈，讀曰價。"3025

罷，國家罷敝，顏師古："罷，讀曰疲。"3025

伋，子伋為侍中，顏師古："伋，音汲。"3026

比，許為求比上奏，顏師古："比，音必寐反。"3026

易，以所犯劇易為罪，顏師古："易，音弋豉反。"3026

卒，興卒暴之作，顏師古："卒，讀曰猝。"3027

屬，死者連屬，顏師古："屬，音之欲反。"3027

趣，趣立其功，顏師古："趣，讀曰促。"3028

塊，使湯塊然，顏師古："塊，音口內反。"3028

援，夫援人之功以懼敵，顏師古："援，音爰。"3028

畜，累年節儉富饒之畜，顏師古："畜，讀曰蓄。"3028

度，莫不計度，顏師古："度，音大各反。"3028

更，更盡還，顏師古："更，[音]工衡反。"3029

亟，終更亟還，顏師古："亟，音居力反。"3030

踦，亦足以復雁門之踦，顏師古："踦，音居宜反。"3030

輯，使安輯烏孫，顏師古："輯，與集同。"3030

番，誅末振將太子番丘，顏師古：“番，音步安反。”3031

墊，墊婁地，引服虔：“墊，音墊陷之墊。”顏師古：“墊，音丁念反。”3031

婁，墊婁地，引鄭氏：“婁，音嬴。”顏師古：“婁，音樓。”3031

飲，令飲食之邪，顏師古：“飲，音於禁反。”3031

食，令飲食之邪，顏師古：“食，讀曰飤。”3031

亹，小昆彌季父卑爰亹擁衆欲害昆彌，顏師古：“亹，音竹二反。”3032

蕩，陳湯儻蕩，顏師古：“蕩，音蕩。”3032

《雋疏于薛平彭傳》

雋，雋不疑字曼倩，顏師古：“雋，音字兗反，又辭兗反。”3035

櫑，帶櫑具劍，顏師古：“櫑，音磊。”3036

摽，帶櫑具劍，引應劭：“櫑具，木摽首之劍。”顏師古：“摽，音匹遥反。”3036

躧，勝之躧履起迎，引文穎：“躧，音纚。”顏師古：“躧，音山爾反。”3036

瀕，竊伏海瀕，顏師古：“瀕，音頻，又音賓。”3036

慮，行縣録囚徒還，顏師古：“今云慮囚，本録聲之去者耳。慮，音力具反。”3037

行，每行縣録囚徒還，顏師古：“行，音下更反。”3037

反，有所平反，引如淳：“反，音幡。”3037

幾，活幾何人，顏師古：“幾，音居起反。”3037

襜，衣黄襜褕，顏師古：“襜，音昌瞻反。”3037

褕，衣黄襜褕，顏師古：“褕，音踰。”3037

繇，繇是名聲重於朝廷，顏師古：“繇，讀與由同。”3038

幾，幾得以富貴，顏師古：“幾，讀曰冀。”3038

説，上甚讙説，顏師古：“説，讀曰悦。”3039

視，視陋，顏師古：“視，讀曰示。”3039

繇，繇是見器重，顏師古：“繇，讀與由同。”3039

供，供張東都門外，顏師古：“供，音居共反。”3040

張，供張東都門外，顏師古：“張，音竹亮反。”3040

共，日令家共具設酒食，顏師古：“共，讀曰供。”3041

趣，趣賣以共具，顏師古：“趣，讀曰促。”3041

幾，子孫幾及君時頗立産業基阯，顏師古：“幾，讀曰冀。”3041

閒，老人即以閒暇時爲廣言此計，顏師古：“閒，即閑字也。”3041

誖，吾豈老誖不念子孫哉，顏師古：“誖，音布内反。”3041

説，於是族人説服，顔師古："説，讀曰悦。"3041

郯，東海郯人也，顔師古："郯，音談。"3041

纍，久纍丁壯，顔師古："纍，古累字也，音力瑞反。"3042

上，具獄上府，顔師古："上，音時掌反。"3042

黨，咎黨在是乎，顔師古："黨，音他朗反。"3042

繇，繇是爲光禄大夫，顔師古："繇，與由同。"3042

食，食酒至數石不亂，引如淳："食酒猶言喜酒也。"顔師古："若依如氏之説，
　　食字當音嗜，此説非也。"3043

讞，冬月請治讞，顔師古："讞，平議也，音魚列反。"3043

拂，論議無所拂，顔師古："拂，音佛。"3044

趣，收趣其租，顔師古："趣，讀曰促。"3044

重，以故重困，顔師古："重，音直用反。"3044

顓，何必顓焉，顔師古："顓，與專同。"3046

耆，耆酒多過失，顔師古："耆，讀曰嗜。"3046

醖，爲人温雅有醖藉，顔師古："醖，音於問反。"3047

藉，爲人温雅有醖藉，顔師古："藉，[音]才夜反。"3047

撞，陛下日撞亡秦之鐘，顔師古："撞，音丈江反。"3047

説，上不説，顔師古："説，讀曰悦。"3048

歐，先歐光禄大夫張猛進曰，顔師古："歐，與驅同。"3048

枸，枸邑令，顔師古："枸，音詢。"3048

傅，當輒傅經術，顔師古："傅，讀曰附。"3048

與，意者大本有不立與，顔師古："與，讀曰歟。"3049

行，使行流民幽州，顔師古："行，音下更反。"3050

勞，舉奏刺史二千石勞倈有意者，顔師古："勞，音盧到反。"3050

倈，舉奏刺史二千石勞倈有意者，顔師古："倈，音盧代反。"3050

纍，纍遷長信少府、大鴻臚、光禄勳，顔師古："纍，古累字。"3050

行，使行河，顔師古："行，音下更反。"3050

夏，淮陽陽夏人也，顔師古："夏，音假。"3052

繇，繇是入爲右扶風，顔師古："繇，讀與由同。"3052

覆，則覆亂美實，顔師古："覆，音芳目反。"3052

眊，年齒老眊，顔師古："眊，與耄同。"3053

竢，竢實溝壑，顏師古：“竢，古俟字。”3053

絫，免辱殆之絫，顏師古：“絫，音力瑞反。”3053

遁，平當逡遁有恥，顏師古：“遁，讀與巡同。”3053

《王貢兩龔鮑傳》

懦，懦夫有立志，顏師古：“懦，音乃唤反，又音儒。”3056

裁，裁日閱數人，顏師古：“裁，與才同。”3057

惡，惡虖成其名，顏師古：“惡，音烏。”3057

湛，蜀嚴湛冥，顏師古：“湛，讀曰沈。”3058

揭，匪車揭兮，顏師古：“揭，音丘列反。”3058

愒，中心愒兮，顏師古：“愒，古怛字。”3058

方與，大王幸方與，顏師古：“方與，音房預。”3059

數，民不可數變也，顏師古：“數，音所角反。”3059

召，昔召公述職，顏師古：“召，讀曰邵。”3059

蔽，《甘棠》之詩，引《詩》：“蔽茀甘棠。”顏師古：“蔽，音必二反。”3059

茀，《甘棠》之詩，引《詩》：“蔽茀甘棠。”顏師古：“茀，音方未反。”3059

茇，《甘棠》之詩，引《詩》：“邵伯所茇。”顏師古：“茇，音步末反。”3059

撙，馮式撙銜，顏師古：“撙，音子本反。”3059

吒，口倦乎叱吒，顏師古：“吒，亦吒字也，音竹駕反。”3059

箠，手苦於箠轡，顏師古：“箠，音止蘂反。”3059

冒，朝則冒霧露，顏師古：“冒，音莫克反。”3059

偃，冬則爲風寒之所偃薄，顏師古：“偃，與偓同。”3060

臒，臒脆之玉體，顏師古：“臒，音而兖反。”3060

旃，細旃之上，顏師古：“旃，與氈同。”3060

訢，訢訢焉發憤忘食，顏師古：“訢，古欣字。”3060

橛，其樂豈徒銜橛之間哉，顏師古：“橛，音其月反。”3060

信，俛仰詘信以利形，顏師古：“信，讀曰伸。”3060

臻，福禄其臻，顏師古：“臻，與臻同。”3061

從，其後復放從自若，顏師古：“從，音子用反。”3061

屬，屬以天下，顏師古：“屬，音之欲反。”3062

援，攀援而立大王，顏師古：“援，音爰。”3062

量，其仁厚豈有量哉，顏師古：“量，音力向反。”3062

道，又不能輔道，顏師古："道，讀曰導。"3062

繇，不知所繇，顏師古："繇，與由同。"3064

趨，趨務不合於道者，顏師古："趨，讀曰趣。"3064

財，唯陛下財擇焉，顏師古："財，與裁同。"3064

驁，率多驕驁，顏師古："驁，與傲同。"3065

視，明視天下以儉，顏師古："視，讀曰示。"3066

璪，古者工不造琱璪，顏師古："璪，音篆。"3066

迂，上以其言迂闊，顏師古："迂，遠也，音于。"3066

啖，吉婦取棗以啖吉，顏師古："啖，音徒濫反，啖亦啗字耳。"3066

共，共養長信宮，顏師古："共，音居用反。"3068

養，共養長信宮，顏師古："養，音弋亮反。"3068

繇，忠誠匡國未聞所繇，顏師古："繇，與由同。"3068

諼，反懷詐諼之辭，顏師古："諼，詐言也，音虛袁反。"3068

傅，爲傅婢所毒，顏師古："一説傅，[讀]曰附，謂近幸也。"3068

畜，不畜積餘財，顏師古："畜，讀曰蓄。"3068

琱，牆塗而不琱，顏師古："琱，字與彫同。"3069

綈，衣綈履革，顏師古："綈，厚繒，音徒奚反。"3070

放，臣下亦相放效，顏師古："放，音甫往反。"3070

絝，衣服履絝刀劍亂於主上，顏師古："絝，古袴字。"3070

復，矯復古化，顏師古："復，音方目反。"3071

笥，三服官輸物不過十笥，顏師古："笥，音先嗣反。"3071

食，非當所以賜食臣下也，顏師古："食，讀曰飤。"3071

填，以填後宮，顏師古："此填字，讀與實同。"3071

取，取女皆大過度，顏師古："取，讀曰娶。"3072

復，皆復其田，顏師古："復，音方目反。"3072

上，隨君上下，顏師古："上，音時掌反。"3073

裋，裋褐不完，顏師古："裋，音豎。"3073

奉，奉錢月九千二百，顏師古："奉，音扶用反。"3074

屮，誠非屮茅愚臣所當蒙也，顏師古："屮，古草字。"3074

洿，素餐尸禄洿朝之臣，顏師古："洿，與污同，音一故反。"3074

躓，誠恐一旦躓仆氣竭，顏師古："躓，音顛。"3074

仆，誠恐一旦躓仆氣竭，顏師古："仆，音赴。"3074

還，不復自還，顏師古："還，讀曰旋。"3074

孳，孳孳於民，顏師古："孳，與孜同。"3074

幾，幾參國政，顏師古："幾，讀曰冀。"3074

與，意豈有所恨與，顏師古："與，讀曰歟。"3075

重，故民重困，顏師古："重，音直用反。"3075

繇，水旱之災未必不繇此也，顏師古："繇，讀與由同。"3076

屮，捽屮杷土，顏師古："屮，古草字也。"3076

捽，捽屮杷土，顏師古："捽，音才兀反。"3076

杷，捽屮杷土，顏師古："杷，音蒲巴反。"3076

掊，捽屮杷土，顏師古："杷，手掊之也。掊，音蒲交反。"3076

胼，手足胼胝，顏師古："胼，音步千反。"3076

胝，手足胼胝，顏師古："胝，音竹尸反。"3076

復，復古道便，顏師古："復，音扶目反。"3076

繇，以寬繇役，顏師古："繇，讀曰傜。"3076

從，遂從耆欲，顏師古："從，讀曰縱。"3078

耆，遂從耆欲，顏師古："耆，讀曰嗜。"3078

操，勇猛能操切百姓者，顏師古："操，音千高反。"3078

謾，欺謾而善書者，顏師古："謾，音慢，又音武連反。"3078

誖，誖逆而勇猛者，顏師古："誖，音布內反。"3078

解，以樂道正身不解之故，顏師古："解，讀曰懈。"3079

中，亡所折中，顏師古："中，音竹仲反。"3079

斷，亡所折中，顏師古："折，斷也。斷，音丁煥反。"3079

幾，幾且千歲，顏師古："幾，音鉅依反。"3079

遠，遠放讇佞，顏師古："遠，音于萬反。"3079

讇，遠放讇佞，顏師古："讇，古諂字。"3079

解，如此不解，顏師古："解，讀曰懈。"3079

迭，定漢宗廟迭毀之禮，顏師古："迭，音大結反。"3079

倩，舍字君倩，顏師古："倩，音千見反。"3080

亢，亢父甯壽，顏師古："亢，音抗。"3080

父，亢父甯壽，顏師古："父，音甫。"3080

唯，唯唯，顏師古："唯，音(戈)[弋]癸反。"3080

繇，繇是逆上指，顏師古："繇，讀與由同。"3081

繇，咎皆繇嘉，顏師古："繇，讀與由同。"3081

與，與論議，顏師古："與，讀曰豫。"3083

婿，婿謾亡狀，顏師古："婿，古惰字。"3083

謾，婿謾亡狀，顏師古："謾，讀與慢同。"3083

食，食從者及馬，顏師古："食，讀曰飤。"3084

行，三老官屬、行義諸生千人以上，顏師古："行，音下更反。"3086

扡，束首加朝服扡紳，顏師古："扡，音土賀反。"3086

要，使者要説，顏師古："要，音一遙反。"3086

説，使者要説，顏師古："説，音式鋭反。"3086

棺，因敕以棺斂喪事，顏師古："棺，音工焕反。"3086

斂，因敕以棺斂喪事，顏師古："斂，音力贍反。"3086

行，行部乘傳去法駕，顏師古："行，音下更反。"3087

傳，行部乘傳去法駕，顏師古："傳，音張戀反。"3087

魁，魁壘之士，顏師古："魁，音口賄反。"3087

壘，魁壘之士，顏師古："壘，音磊。"3087

喟，喟然動衆心，顏師古："喟，音丘位反。"3088

共，陛下欲與此共承天地，顏師古："共，讀曰恭。"3088

更，縣官重責更賦租税，顏師古："更，音工行反。"3089

並，貪吏並公，顏師古："並，音步浪反。"3089

迣，男女遮迣，顏師古："迣，古列字也。"3089

毆，酷吏毆殺，顏師古："毆，音一口反。"3089

横，盜賊横發，顏師古："横，音胡孟反。"3089

稱，稱賓客，顏師古："稱，音尺孕反。"3089

拮，合《尸鳩》之詩，顏師古："尸鳩，拮掬也。拮，音居黠反。"3090

説，而望天説民服，顏師古："説，讀曰悦。"3090

更，經皆更博士，顏師古："更，音工衡反。"3091

委，三輔委輸官不敢爲姦，顏師古："委，音迂僞反。"3091

輸，三輔委輸官不敢爲姦，顏師古："輸，音式喻反。"3091

吶，臣宣吶鈍於辭，顏師古："吶，亦訥字也。"3091

仄，罷退外親及旁仄素餐之人，顏師古："仄，古側字也。"3092

歉，衆庶歉然，顏師古：“歉，音翕。”3092

説，莫不説喜，顏師古：“説，音悦。”3092

矸，白虹矸日，顏師古：“矸，音干。”3092

葭，葭莩之親，顏師古：“葭，音工遐反。”3092

莩，葭莩之親，顏師古：“莩，音孚。”3092

行，行夜吏卒皆得賞賜，顏師古：“行，音下更反。”3092

視，可皆免以視天下，顏師古：“視，讀曰示。”3093

瀕，欲使海瀕仄陋自通，顏師古：“瀕，音頻，又音賓。”3093

沐，極竭沐沐之思，顏師古：“沐，音沐。”3093

行，丞相孔光四時行園陵，顏師古：“行，音下更反。”3094

長，遂家于長子，顏師古：“長，讀如本字。”3094

風，乃風州郡以皋法案誅諸豪桀，顏師古：“風，讀曰諷。”3094

飯，一飯去，顏師古：“飯，音扶晚反。”3094

逡，琅邪又有紀逡王思，顏師古：“逡，音千旬反。”3095

郇，郇越臣仲、郇相稚賓，顏師古：“郇，音荀，又音胡頑反。”3095

飭，以明經飭行顯名於世，顏師古：“飭，讀與敕同。”3095

衣，衣敝履空，顏師古：“衣，音於既反。”3095

被，被虛僞名，顏師古：“被，音皮義反。”3095

祝，莽太子遣使祝以衣衾，顏師古：“祝，音式芮反。”3095

説，莽説其言，顏師古：“説，讀曰悦。”3096

喜，喜屬文，顏師古：“喜，音許吏反。”3096

屬，喜屬文，顏師古：“屬，音之欲反。”3096

隃，始隃麋郭欽，顏師古：“隃，音踰。”3096

視，欲視致賢人，顏師古：“視，讀曰示。”3096

　　《韋賢傳》

亞，黼衣朱綬，顏師古：“朱綬爲朱裳畫爲亞文也。亞，古弗字也。”3101

綬，黼衣朱綬，顏師古：“綬，字又作黻，其音同聲。”3101

迭，迭彼大彭，顏師古：“迭，音徒結反。”3102

繇，非繇王室，顏師古：“繇，與由同也。”3102

隊，宗周以隊，顏師古：“隊，音直類反。”3102

䢴，䢴于彭城，顏師古：“䢴，古遷字。”3102

誒，勤誒厥生，顏師古：“誒，歎聲，音許其反。”3102

於，於赫有漢，顏師古：“於，讀曰烏。”3103

逌，萬國逌平，顏師古：“逌，古攸字。”3103

繇，犬馬繇繇，顏師古：“繇，與悠同。”3103

婾，我王以婾，顏師古：“婾，與愉同。”3103

瑜，瑜瑜諂夫，顏師古：“瑜，音踰。”3103

咢，咢咢黃髮，顏師古：“咢，音五各反。”3103

藐，既藐下臣，顏師古：“藐，與邈同。”3104

從，追欲從逸，顏師古：“從，讀曰縱。”3104

顧，執憲靡顧，顏師古：“顧，讀如古，協韻。”3104

繇，正遐繇近，顏師古：“繇，讀與由同。”3104

岌，岌岌其國，顏師古：“岌岌，危動貌，音五合反。”3104

員，秦繆以霸，引《秦誓》：“雖則員然。”顏師古：“員，與云同。”3104

覽，曾不斯覽，顏師古：“覽，叶韻音濫。”3105

近，黃髮不近，顏師古：“近，音其靳反。”3105

洎，以洎小臣，顏師古：“洎，音鉅異反。”3105

禰，既去禰祖，顏師古：“禰，音乃禮反。”3106

鬋，鬋茅作堂，顏師古：“鬋，字與剪同。”3106

喟，歎其喟然，顏師古：“喟，音丘位反。”3106

覺，寤其外邦，顏師古：“寤，覺也。覺，音工效反。”3106

漣，泣涕其漣，顏師古：“漣，音連。”3106

洋，洋洋仲尼，顏師古：“洋，音祥，又音羊。”3106

視，視我遺烈，顏師古：“視，讀曰示。”3106

侃，我徒侃爾，顏師古：“侃，和樂貌，音口旦反。”3107

與，賢以與謀議，顏師古：“與，讀曰豫。”3107

籯，遺子黃金滿籯，顏師古：“籯，今書本字或作盈，又是盈滿之義，蓋兩通也。”3107

下，尤謙遜下士，顏師古：“下，音胡亞反。”3108

繇，繇是名譽日廣，顏師古：“繇，與由同。”3108

倩，門下生博士義倩等，顏師古：“倩，音千見反。”3109

辟，其欲讓爵辟兄者，顏師古：“辟，讀曰避。”3109

晻，光曜晻而不宣，顏師古：“晻，讀與暗同。”3109

淖,天雨淖,顏師古:"淖,音女教反。"3110

佚,嗣王孔佚,顏師古:"佚,與逸同。"3111

聞,顯德遐聞,顏師古:"聞,合韻音問。"3111

左,左右昭、宣,顏師古:"左,讀曰佐。"3111

右,左右昭、宣,顏師古:"右,讀曰佑。"3111

婧,婧彼車服,顏師古:"婧,古惰字也。"3112

度,終焉其度,顏師古:"度,音大各反。"3112

風,上欲感風憲王,顏師古:"風,讀曰諷。"3113

復,自著復玷缺之蠽難,顏師古:"復,音房目反。"3113

蠽,自著復玷缺之蠽難,顏師古:"蠽,古艱字。"3113

玷,自著復玷缺之蠽難,顏師古:"玷,音丁念反。"3113

棣,棣棣其則,顏師古:"(逮逮)[棣棣],閑習之貌,音徒繼反。"3113

憜,供事靡憜,顏師古:"憜,古惰字。"3114

居,畏不此居,顏師古:"居,合韻音基庶反。"3114

婧,無婧爾儀,顏師古:"婧,亦古惰字也。"3115

於戲,於戲後人,顏師古:"於戲,讀曰嗚乎。"3115

共,令疏遠卑賤共承尊祀,顏師古:"共,讀曰恭。"3117

與,吾不與祭,顏師古:"與,讀曰預。"3117

繇,繇中出,顏師古:"繇,讀與由同。"3117

顓,不敢自顓,顏師古:"顓,與專同。"3119

迭,五廟而迭毀,顏師古:"迭,音大結反。"3119

禘,言壹禘壹祫也,顏師古:"禘,音大系反。"3119

祫,言壹禘壹祫也,顏師古:"祫,音洽。"3119

殺,親疏之殺,顏師古:"殺,漸降也,音所例反。"3119

遠,不敢遠親也,顏師古:"遠,音于萬反。"3119

帑,罪人不帑,顏師古:"帑,讀與孥同。"3119

數,祭不欲數,數則瀆,顏師古:"數,音所角反。"3121

間,諸寢園日月間祀皆可勿復修,顏師古:"間,音工莧反。"3121

適,國君之母非適不得配食,顏師古:"適,讀曰嫡也。"3121

復,是以不敢復,顏師古:"復,音房目反。"3122

中,如誠非禮義之中,顏師古:"中,音竹仲反。"3122

右，右饗皇帝之孝，顏師古："右，讀曰祐。"3122

墮，萬世不墮，顏師古："墮，音火規反。"3123

信，公子不得爲母信，顏師古："信，讀曰伸。"3123

間，園廟間祠，顏師古："間，音工莧反。"3124

共，乃有不能共職之疾，顏師古："共，讀曰恭。"3124

與，不敢有與焉，顏師古："與，讀曰預。"3124

復，復擅議宗廟之命，顏師古："復，音方目反。"3125

嘽，嘽嘽推推，顏師古："嘽，音他丹反。"3128

推，嘽嘽推推，顏師古："推，音他回反。"3128

綫，不絕如綫，顏師古："綫，縷也，音思薦反。"3128

伯，以爲伯首，顏師古："伯，讀曰霸。"3128

氏，禽月氏，顏師古："氏，讀曰支。"3128

罷，罷勞無安寧之時，顏師古："罷，讀曰疲。"3128

昆，降昆邪十萬之衆，顏師古："昆，音下門反。"3128

樂，樂浪，顏師古："樂，音來各反。"3128

浪，樂浪，顏師古："浪，音郎。"3128

媼，以鬲媼羌，顏師古："媼，音而遮反。"3128

橅，其規橅可見，顏師古："橅，讀曰摹。"3128

殺，降殺以兩，顏師古："殺，音所例反。"3128

繇，繇是言之，顏師古："繇，與由同也。"3129

鬄，勿鬄勿伐，顏師古："鬄，字與翦同。"3129

茇，邵伯所茇，顏師古："茇，音步葛反。"3129

去，去事有殺，顏師古："去，音丘呂反。"3129

殺，去事有殺，顏師古："殺，音所例反。"3129

祧，二祧則時享，顏師古："祧，音他堯反。"3129

墠，壇墠則歲貢，顏師古："墠，音善。"3129

虛，寢園廢而爲虛，顏師古："虛，讀曰墟。"3129

蕃，學者（番）[蕃]滋，顏師古："蕃，音扶元反。"3131

數，後皆數復，顏師古："數，音所角反。"3131

復，後皆數復，顏師古："復，音扶目反。"3131

《魏相丙吉傳》

霽，爲霽威嚴，引蘇林："霽，音限齊之齊。"顏師古："霽，音才詣反，又音子詣反。"3134

繇，政繇冢宰，顏師古："繇，與由同。"3135

雍，去副封以防雍蔽，顏師古："雍，讀曰壅。"3135

虞，君安虞而民和睦，顏師古："虞，與娱同。"3138

趨，民多背本趨末，顏師古："趨，讀曰趣。"3138

繇，未得所繇，顏師古："繇，讀與由同。"3138

餒，賑乏餒，顏師古："餒，餓也，音乃賄反。"3138

行，巡行天下，顏師古："行，音下更反。"3138

波，弛山澤波池，顏師古："波，音陂。"3138

畜，亡六年之畜，顏師古："畜，讀曰蓄。"3138

溥，溥被災害，顏師古："溥，與普同。"3138

捄，賴明詔振捄，顏師古："捄，古救字。"3138

蚤，宜蚤圖其備，顏師古："蚤，古早字也。"3139

繇，帥繇先帝盛德以撫海内，顏師古："繇，與由同。"3139

繇，天地變化，必繇陰陽，顏師古："繇，與由同。"3140

屮，屮木茂，顏師古："屮，古草字。"3141

蕃，鳥獸蕃，顏師古："蕃，音扶元反。"3141

説，君尊民説，顏師古："説，讀曰悦。"3141

繇，寇賊姦宄所繇生也，顏師古："繇，與由同。"3141

兒，兒湯舉秋，顏師古："兒，音五奚反。"3141

罷，賜孝弟力田及罷軍卒，顏師古："罷，音疲。一曰新從軍而休罷者也，音薄蟹反。"3141

重，重哀曾孫無辜，顏師古："重，音直用反。"3142

閒，置閒燥處，顏師古："閒，讀曰閑。"3142

幾，幾不全者數焉，顏師古："幾，音鉅依反。"3143

數，幾不全者數焉，顏師古："數，音所角反。"3143

屬，受福祿之屬，顏師古："屬，音之欲反。"3143

亟，欲亟聞嗣主，顏師古："亟，音居力反。"3143

視，詣御史府以視吉，顏師古："視，讀曰示。"3145

共,共養勞苦狀,顏師古:"共,音居用反。"3145

養,共養勞苦狀,顏師古:"養,音弋亮反。"3145

緋,上將使人加緋而封之,顏師古:"緋,音弗也。"3145

瘉,後病果瘉,顏師古:"瘉,與愈同。"3145

艾,然無所懲艾,顏師古:"艾,讀曰乂。"3146

耆,吉馭吏耆酒,顏師古:"耆,讀曰嗜。"3146

歐,醉歐丞相車上,顏師古:"歐,音一口反。"3146

茵,此不過汙丞相車茵耳,顏師古:"茵,音因。"3146

犇,習知邊塞發犇命警備事,顏師古:"犇,古奔字也。"3146

卒,御史大夫卒遽不能詳知,顏師古:"卒,讀曰猝。"3147

繇,掾史繇是益賢吉,顏師古:"繇,與由同。"3147

喘,牛喘吐舌,顏師古:"喘,急息,音昌兗反。"3147

少,方春少陽用事,顏師古:"少,音式邵反。"3147

食,食皇孫亡詔令,顏師古:"食,讀曰飤。"3150

盪,不得令晨夜去皇孫敖盪,顏師古:"盪,讀與蕩同。"3150

毳,數奏甘毳食物,顏師古:"毳,讀與脆同。"3150

徼,而徼其報哉,顏師古:"(繳)〔徼〕,音工堯反。"3150

復,臣愚以爲宜復其爵邑,顏師古:"復,音防目反。"3150

繇,必繇象類,顏師古:"繇,與由同。"3151

《眭兩夏侯京翼李傳》

眭,眭弘字孟,顏師古:"眭,音息隨反。而應劭、韋昭並云音桂,非也。"3153

蕃,魯國蕃人也,顏師古:"蕃,音皮。"3153

僵,僵柳復起,顏師古:"僵,音居羊反。"3154

禪,禪以帝位,顏師古:"禪,古禪字也。"3154

共,魯共王,顏師古:"共,讀如恭。"3155

萌,後事萌卿,顏師古:"萌,音姦。"3155

屬,縛以屬吏,顏師古:"屬,音之欲反。"3156

與,以與謀廢立,顏師古:"與,讀曰豫。"3156

薉,薉、貉,顏師古:"薉,字與穢字同。"3157

貉,薉、貉,顏師古:"貉,音莫客反。"3157

耗,天下虛耗,顏師古:"耗,音呼到反。"3157

畜，畜積至今未復，顏師古：“畜，讀曰蓄。”3157

更，繫再更冬，顏師古：“更，音工衡反。”3158

俛，其取青紫如俛拾地芥耳，顏師古：“俛，即俯字也。”3159

顓，建卒自顓門名經，顏師古：“顓，與專同。”3159

贛，延壽字贛，顏師古：“贛，音貢。”3160

共，王共其資用，顏師古：“共，讀曰恭。”3160

更，更直日用事，顏師古：“更，音工衡反。”3160

說，天子說之，顏師古：“說，讀曰悅。”3161

鄉，上意鄉之，顏師古：“鄉，讀曰嚮。”3161

顓，石顯顓權，顏師古：“顓，與專同。”3162

視，以視萬世之君，顏師古：“視，讀曰示。”3162

靁，夏霜冬靁，顏師古：“靁，古雷字。”3162

與，今所任用者誰與，顏師古：“與，讀曰歟。”3163

瘉，然幸其瘉於彼，顏師古：“瘉，與愈同。”3163

雍，以防雍塞，顏師古：“雍，讀曰壅。”3163

傳，歲竟乘傳奏事，顏師古：“傳，音張戀反。”3163

郵，因郵上封事，顏師古：“郵，音尤。”3165

趣，正先趣之，顏師古：“趣，讀曰促。”3165

陝，房至陝，顏師古：“陝，音式冉反。”3166

易，唯陛下毋難還臣而易逆天意，顏師古：“易，音弋豉反。”3166

爲，欲爲國忠，顏師古：“爲，音于僞反。”3167

鄉，人誠鄉正，顏師古：“鄉，讀曰嚮。”3168

繇，察其所繇，省其進退，顏師古：“繇，與由同。”3171

更，六情更興廢，顏師古：“更，音工衡反。”3171

獂，壞敗獂編注：獂，同“貆”道縣，顏師古：“獂，音（完）〔桓〕。”3172

憯，憯怛於心，顏師古：“憯，音千感反。”3172

捄，振捄貧民，顏師古：“捄，古救字。”3172

視，以視聖人，顏師古：“視，讀曰示。”3173

說，至秦乃不說，顏師古：“說，音悅。”3173

中，性中仁義，顏師古：“中，音竹仲反。”3174

復，猶不能復，顏師古：“復，音扶目反。”3174

財，唯陛下財察，顏師古：“財，與裁同。”3175

畜，亡累年之畜，顏師古：“畜，讀曰蓄。”3175

繇，所繇來久，顏師古：“繇，與由同。”3175

度，度用百金，顏師古：“度，音大各反。”3176

鄉，前鄉崧高，顏師古：“鄉，讀曰嚮。”3176

厭，東厭諸侯之權，顏師古：“厭，音一葉反。”3176

遠，西遠羌胡之難，顏師古：“遠，音于萬反。”3176

共，陛下共己亡爲，顏師古：“共，讀曰恭。”3176

亶，誠難亶居而改作，顏師古：“亶，讀曰但。”3176

畜，歲可餘一年之畜，顏師古：“畜，讀曰蓄。”3176

召，以周召爲輔，顏師古：“召，讀曰邵。”3177

召，然亡周召之佐，顏師古：“召，讀曰邵。”3178

涸，天氣涸濁，顏師古：“涸，音下頓反。”3178

繇，繇此言之，顏師古：“繇，與由同。”3178

易，賢賢易色，顏師古：“易，音弋二反。”3180

諓，秦穆公說諓諓之言，顏師古：“諓，音踐。”3180

仡，任仡仡之勇，顏師古：“仡，音巨乙反，又音牛乞反。”3180

繇，參人民繇俗，顏師古：“繇，讀與謠同。”3181

誖，舉錯誖逆，顏師古：“誖，音布内反。”3181

重，間者重以水泉涌溢，顏師古：“重，音直用反。”3181

旁，旁宮闕仍出，顏師古：“旁，音薄郎反。”3181

背，日蝕有背鄉，顏師古：“背，音步内反。”3182

鄉，日蝕有背鄉，顏師古：“鄉，讀曰嚮。”3182

屬，故屬者頗有變改，顏師古：“屬，音之欲反。”3182

右，此皇天右漢亡已也，顏師古：“右，讀曰祐。”3182

闒，諸闒茸佞諂，顏師古：“闒，音吐臘反。”3183

茸，諸闒茸佞諂，顏師古：“茸，音人勇反。”3183

諂，諸闒茸佞諂，顏師古：“諂，古謟字。”3183

趯，涌趯邪陰，顏師古：“趯，字與躍同。”3183

湛，湛溺太陽，顏師古：“湛，讀曰沈。”3183

爲，爲主結怨於民，顏師古：“爲，音于僞反。”3183

重，災異仍重，顏師古：“重，音直用反。”3183

宿，宿留瞽言，顏師古：“宿，音先就反。”3184

留，宿留瞽言，顏師古：“留，音力救反。”3184

晻，晻昧亡光，顏師古：“晻，與暗同，又音烏感反。”3185

瘉，其日出後至日中間差瘉，顏師古：“瘉，與愈同。”3185

厭，厭厭如滅，引鄭氏：“厭，音屢桑之屢。”顏師古：“厭，音烏點反。”3186

與，母后與政亂朝，顏師古：“與，讀曰豫。”3186

濊，以盪滌濁濊，顏師古：“濊，與穢同也。”3187

芴，政絕不行則伏不見而爲彗芴，顏師古：“芴，與孛同。”3188

右，蓋皇天所以篤右陛下也，顏師古：“右，與祐同。”3188

奧，其月土濕奧，顏師古：“奧，音於六反。”3188

枹，猶枹鼓之相應也，顏師古：“枹，音孚。”3189

狊，汝、潁狊澮，顏師古：“狊，音工犬反。”3189

澮，汝、潁狊澮，顏師古：“澮，音工外反。”3189

趨，不可以趨道，顏師古：“趨，讀曰趣。”3191

顓，外戚顓命，顏師古：“顓，與專同。”3191

視，以視天下，顏師古：“視，讀曰示。”3191

財，唯財留神，顏師古：“財，與裁同。”3191

數，變異屢數，顏師古：“數，音所角反。”3192

幾，幾其有益，顏師古：“幾，讀曰冀。”3194

右，皇天降非材之右，顏師古：“右，讀曰祐。”3194

繇，未知所繇，顏師古：“繇，讀與由同。”3194

幾，幾爲百姓獲福，顏師古：“幾，讀曰冀。”3194

仿，仿佛一端，顏師古：“仿，讀曰髣。”3195

佛，仿佛一端，顏師古：“佛，與髴同。”3195

億，或不免乎“億則屢中”，顏師古：“億，音於力反。”3195

《趙尹韓張兩王傳》

蠡，涿郡蠡吾人也，顏師古：“蠡，音禮。”3199

下，以廉絜通敏下士爲名，顏師古：“下，音胡嫁反。”3199

風，先風告，顏師古：“風，讀曰諷。”3200

與，廣漢以與議定策，顏師古：“與，讀曰豫。”3200

原，郡大姓原、褚宗族橫恣，引李奇：“原，音元。”顏師古：“原，讀如本字。”3200

橫，郡大姓原、褚宗族橫恣，顏師古：“橫，音胡孟反。”3200

鉝，教吏爲鉝篃，引蘇林：“鉝，音項。”3201

篃，教吏爲鉝篃，顏師古：“篃，音同。”3201

訐，吏民相告訐，顏師古：“訐，音居乂反，又音居謁反。”3201

治，壹切治理，顏師古：“治，音直吏反。”3201

僵，僵仆無所避，顏師古：“僵，音薑。”3201

仆，僵仆無所避，顏師古：“仆，音赴。”3201

風，風諭不改，顏師古：“風，讀曰諷。”3201

賈，設欲知馬賈，顏師古：“賈，讀曰價。”3202

脫，或時解脫，顏師古：“脫，音吐活反。”3202

調，豫爲調棺，顏師古：“調，音徒釣反。”3203

棺，豫爲調棺，顏師古：“棺，音工喚反。”3203

斂，給斂葬具，顏師古：“斂，音力贍反。”3203

擿，其發姦擿伏如神，顏師古：“擿，音它狄反。”3203

治，治長安中，顏師古：“治，音直吏反。”3203

從，犯法者從迹喜過京兆界，顏師古：“從，讀曰縱。”3204

喜，犯法者從迹喜過京兆界，顏師古：“喜，音許吏反。”3204

廀，廀索私屠酤，顏師古：“廀，讀與搜同。”3204

罌，椎破盧罌，顏師古：“罌，音於耕反。”3204

鋩，專厲彊壯鋩氣，顏師古：“鋩，與鋒同。”3204

令，疑其邑子榮畜教令，顏師古：“令，音力成反。”3205

風，使中郎趙奉壽風曉丞相，顏師古：“風，讀曰諷。”3206

兄，尹翁歸字子兄，顏師古：“兄，讀曰況。”3206

喜，喜擊劍，顏師古：“喜，音許吏反。”3206

餽，公廉不受餽，顏師古：“餽，亦饋字也。”3206

敖，倨敖不遜，顏師古：“敖，讀曰傲。”3207

閎，閎孺部汾北，顏師古：“閎，音宏。”3207

屬，欲屬託邑子兩人，顏師古：“屬，音之欲反。”3207

解，吏民小解，顏師古：“解，讀曰懈。”3208

行，及出行縣，顏師古：“行，音下更反。”3208

比，盜賊發其比伍中，顏師古：“比，音頻寐反。”3208

畜，輸掌畜官，顏師古：“畜，音許救反。”3209

莝，使斫莝，顏師古：“莝，音千臥反。”3209

鈇，極者至以鈇自剄而死，顏師古：“鈇，音大夫之夫。”3209

嗛，然溫良嗛退，顏師古：“嗛，古以爲謙字。”3209

鄉，扶風翁歸廉平鄉正，顏師古：“鄉，讀曰嚮。”3209

校，令文學校官諸生皮弁執俎豆，顏師古：“校，亦學也，音效。”3211

趨，吏民敬畏趨鄉之，顏師古：“趨，讀曰趣。”3211

鄉，吏民敬畏趨鄉之，顏師古：“鄉，讀曰嚮。”3211

箠，民無箠楚之憂，顏師古：“箠，音止藥反。”3212

瘖，因瘖不能言，顏師古：“瘖，音於今反。”3212

復，厚復其家，顏師古：“復，音方目反。”3212

行，不肯出行縣，顏師古：“行，音下更反。”3213

重，重爲煩擾，顏師古：“重，音直用反。”3213

重，重使賢長吏嗇夫、三老、孝弟受其恥，顏師古：“重，音直用反。”3213

更，吉以爲更大赦，顏師古：“更，音工衡反。”3214

衣，衣黃紈方領，顏師古：“衣，音於既反。”3215

幢，建幢棨，顏師古：“幢，音大江反。”3215

棨，建幢棨，顏師古：“棨，音啓。”3215

植，植羽葆，顏師古：“植，音常職反。”3215

旁，持幢旁轂，顏師古：“旁，音步浪反。”3215

噭，噭咷楚歌，引服虔：“噭，音叫呼之叫。”3215

咷，噭咷楚歌，引服虔：“咷，音滌濯之滌。”顏師古：“咷，音它釣反。”3215

鞬，帶弓鞬羅後，顏師古：“鞬，音居言反。”3215

鞮，被甲鞮鍪，顏師古：“鞮，音丁奚反。”3215

鍪，被甲鞮鍪，顏師古：“鍪，音莫侯反。”3215

鐔，鑄作刀劍鈎鐔，顏師古：“鐔，音淫，又音尋。”3215

繇，私假繇使吏，顏師古：“繇，讀與徭同。”3215

屬，屬其子勿爲吏，顏師古：“屬，音之欲反。”3216

蚤，孝昭皇帝蚤崩無嗣，顏師古：“蚤，古早字。”3217

屬，唯恐屬車之行遲，顏師古：“屬，音之欲反。”3217

拭,天下莫不拭目傾耳,顏師古:"拭,音式。"3217

衰,大夫趙衰有功於晉,顏師古:"衰,音初爲反。"3218

顓,季氏顓魯,顏師古:"顓,與專同。"3218

朓,月朓日蝕,顏師古:"朓,音它了反。"3218

直,直守遠郡,顏師古:"直,讀曰值。"3218

亹,亹亹不舍晝夜,顏師古:"亹,音尾。"3219

閒,久處閒郡,顏師古:"閒,讀曰閑。"3219

調,上名尚書調補縣令者數十人,顏師古:"調,音徒釣反。"3220

歙,吏民歙然,顏師古:"歙,音翕。"3220

葉,葉陽后爲不聽鄭衛之樂,顏師古:"葉,(陽)[音]式涉反。"3220

耆,絶耆欲者,顏師古:"耆,讀曰嗜。"3220

輜,出門則乘輜軿,顏師古:"輜,音甾,又音楚疑反。"3221

軿,出門則乘輜軿,顏師古:"軿,音步千反,又音步丁反。"3221

綢,内飾則結綢繆,顏師古:"綢,音直留反。"3221

繆,内飾則結綢繆,顏師古:"繆,音一虯反。"3221

從,不從恣之義也,顏師古:"從,讀曰縱。"3221

更,比更守尹,顏師古:"更,音工衡反。"3221

酋,偷盜酋長數人,顏師古:"酋,音才由反。"3221

把,把其宿負,顏師古:"把,音步馬反。"3222

枹,由是枹鼓稀鳴,顏師古:"枹,音桴。"3222

穰,長安中浩穰,顏師古:"穰,音人掌反。"3223

便,自以便面拊馬,顏師古:"便,音頻面反。"3223

憮,張京兆眉憮,引孟康:"憮,音詡。"引蘇林:"憮,音嫵。"顏師古:"蘇音是。"3223

比,等比皆免,顏師古:"比,音必寐反。"3224

絮,絮舜,引李奇:"絮,音挐。"顏師古:"絮,姓也,音女居反,又音人餘反。"3224

行,行冤獄使者出,顏師古:"行,音下更反。"3224

便,欲令敝得自便利,顏師古:"便,音頻面反。"3224

弛,京師吏民解弛,顏師古:"弛,音式爾反。"3225

貸,數蒙恩貸,顏師古:"貸,音土帶反。"3225

轑,得之殿屋重轑中,顏師古:"轑,音老。"3225

棼,得之殿屋重轑中,引蘇林:"重轑,重棼中。"顏師古:"棼,音扶分反。"3225

傅，敞傅吏皆捕格斷頭，顏師古："傅，讀曰附。"3225

纚，以柱後惠文彈治之，引晉灼："以纚裹鐵柱卷。"顏師古："纚，音山爾反。"3226

卷，以柱後惠文彈治之，引晉灼："以纚裹鐵柱卷。"顏師古："卷，音去權反。"3226

贛，王尊字子贛，顏師古："贛，音貢。"3227

監，署守屬監獄，顏師古："監，音工銜反。"3227

供，尊供張如法而辦，顏師古："供，音居用反。"3228

張，尊供張如法而辦，顏師古："張，音竹亮反。"3228

趣，趣自避退，顏師古："趣，讀曰促。"3228

闑，闑內不理，無以整外，顏師古："闑，門橜也，音魚烈反。"3228

郿，上以尊爲郿令，顏師古："郿，音媚。"3229

郲，行部至邛郲九折阪，顏師古："郲，音來。"3229

行，博士鄭寬中使行風俗，顏師古："行，音下更反。"3229

視，前引佩刀視王，顏師古："視，讀曰示。"3231

鄉，衡更爲賞布束鄉席，顏師古："鄉，讀曰嚮也。"3232

共，百官共職，顏師古："共，讀曰供。"3232

比，相比爲小惠於公門之下，顏師古："比，音頻寐反。"3232

中，動不中禮，顏師古："中，音竹仲反。"3232

詆，妄詆欺非謗赦前事，顏師古："詆，音丁禮反。"3232

非，妄詆欺非謗赦前事，顏師古："非，讀曰誹也。"3232

倗，南山群盜倗宗等數百人，引蘇林："倗，音朋。"引晉灼："倗，音倍。"顏師古："晉音是也。"3233

射，將迹射士千人逐捕，顏師古："射，音食亦反。"3233

視，難以視四夷，顏師古："視，讀曰示。"3233

治，治所公正，顏師古："治，音直吏反。"3234

姍，倨嫚姍（嫌）[上]，顏師古："姍，古訕字也，訕，誹也，音所諫反，又音刪。"3234

沮，吏氣傷沮，顏師古："沮，音才汝反。"3236

下，卑體下士，顏師古："下，音胡嫁反。"3236

萭，城西萭章，引蘇林："萭，音矩。"3236

更，更數二千石，顏師古："更，音工衡反。"3236

釋，姦邪銷釋，顏師古："釋，音懌。"3236

説，吏民説服，顏師古："説，讀曰悦。"3236

漫，象龔滔天，顏師古："滔，漫也。漫，音莫干反。"3236

捽，利家捽搏其煩，顏師古："捽，音才兀反。"3236

傅，傅致奏文，顏師古："傅，讀曰附。"3236

間，讒人間焉，顏師古："間，音工莧反。"3237

砥，砥節首公，顏師古："砥，音指。"3237

首，砥節首公，顏師古："首，音式救反。"3237

期，三期之間，顏師古："期，年也，音基。"3237

殛，放殛之刑也，顏師古："殛，誅也，音居力反。"3237

填，請以身填金隄，顏師古："填，音大賢反。"3238

卬，不自激卬，顏師古："卬，讀曰仰。"3239

墮，以失身墮功，顏師古："墮，音火規反。"3240

衍，張敞衍衍，顏師古："衍，音口翰反。"3240

婧，然被輕婧之名，顏師古："婧，古惰字也。"3240

《蓋諸葛劉鄭孫毋將何傳》

蓋，蓋寬饒字次公，顏師古："蓋，音公盍反。"3243

繇，常爲衛官繇使市買，顏師古："繇，讀與徭同。"3244

行，遂揖官屬以下行衛者，顏師古："行，音下更反。"3244

襌，斷其襌衣，顏師古："襌，音單。"3244

更，願復留共更一年，顏師古："更，音工衡反。"3244

行，使行風俗，顏師古："行，音下更反。"3244

繇，公卿貴戚及郡國吏繇使至長安，顏師古："繇，讀與徭同。"3245

鄉，東鄉特坐，顏師古："鄉，讀曰嚮。"3245

屬，坐者皆屬目卑下之，顏師古："屬，音之欲反。"3245

下，坐者皆屬目卑下之，顏師古："下，音胡稼反。"3245

說，寬饒不說，顏師古："說，讀曰悅。"3245

卬，卬視屋而歎，顏師古："卬，讀曰仰。"3245

奉，奉錢月數千，顏師古："奉，音扶用反。"3246

喜，然深刻喜陷害人，顏師古："喜，音許吏反。"3246

奸，奸犯上意，顏師古："奸，音干。"3246

拂，匡拂天子，顏師古："拂，讀曰弼。"3247

訾，用不訾之軀，顏師古："訾，與貲同。"3247

挺，君子直而不挺，顏師古："挺，音吐鼎反。"3247

召，以刑餘爲周召，顏師古："召，讀曰邵。"3248

襢，以爲寬饒指意欲求襢，顏師古："襢，古禪字。"3248

屬，上無許、史之屬，顏師古："屬，讀如本字也。"3248

卒，常恐卒填溝渠，顏師古："卒，讀曰猝。"3249

刎，刎頸之交，顏師古："刎，斷也，音吻。"3250

溷，邪穢濁溷之氣，顏師古："溷，音下頓反。"3250

顓，非得顓之也，顏師古："顓，與專同。"3250

懣，臣竊不勝憤懣，顏師古："懣，音滿。"3250

弟，叔武弟而殺於兄，顏師古："弟，音大計反。"3250

雍，正直之路雍塞，顏師古："雍，讀曰壅。"3251

沮，忠臣沮心，顏師古："沮，音才汝反。"3251

賁，爲襄賁令，引蘇林："賁，音肥。"3252

狷，不罪狂狷之言，顏師古："狷，急也，音絹。"3253

譎，朝廷無譎諛之士，顏師古："譎，古詭字也。"3253

迭，水旱迭臻，顏師古："迭，音徒結反。"3254

奰，精銳銷奰，顏師古："奰，音乃喚反。"3254

共，上乃徙繫輔共工獄，顏師古："共，讀與龔同。"3254

蚤，夭折蚤没，顏師古："蚤，古(旱)[早]字也。"3256

顓，何有爲天子乃反爲一臣所顓制邪，顏師古："顓，與專同也。"3256

道，教道以禮，顏師古："道，讀曰導。"3256

皥，皥天罔極，顏師古："皥，字與昊同。"3256

恧，朕甚恧焉，顏師古："恧，音女六反。"3256

重，由是重得罪，顏師古："重，音直用反。"3257

鄢，潁川鄢陵人也，顏師古："鄢，音偃。"3257

偫，設儲偫，顏師古："偫，音丈紀反。"3257

説，徙舍甚説，顏師古："説，讀曰悦。"3258

占，占墾草田數百頃，顏師古："占，音之贍反。"3259

輯，蠻夷安輯，顏師古："輯，與集同。"3259

渠，掾部渠有其人乎，顏師古："渠，讀曰詎。"3260

印，文卬曰，顏師古："卬，讀曰仰。"3260

卻，與紅陽侯有卻，顏師古："卻，與隙同。"3260

索，文怪寶氣索，顏師古：“索，音先各反。”3261

墮，終身自墮，顏師古：“墮，音火規反。”3261

睚，素無睚眥，顏師古：“睚，音涯，又音五懈反。”3261

眥，素無睚眥，顏師古：“眥，音才賜反，又音仕懈反。”3261

分，分當相直，顏師古：“分，音胡問反。”3261

直，分當相直，顏師古：“直，讀曰值也。”3261

趣，適趣禍耳，顏師古：“趣，讀曰促。”3261

摘，摘抉以揚我惡，顏師古：“摘，音它歷反。”3262

抉，摘抉以揚我惡，顏師古：“抉，音決。”3262

挑，摘抉以揚我惡，顏師古：“摘抉謂挑發之也。挑，音它聊反。”3262

比，朋黨比周，顏師古：“比，音頻寐反。”3262

榜，榜掠將死，顏師古：“榜，音彭。”3262

說，天子不說，顏師古：“說，讀曰悅。”3262

召，召公大賢，顏師古：“召，讀曰邵。”3263

說，尚猶有不相說，顏師古：“說，讀曰悅。”3263

眊，年七十誖眊，顏師古：“眊，與耄同。”3263

誖，年七十誖眊，顏師古：“誖，音布內反。”3263

共，恩衰共養，顏師古：“共，讀曰供，音居用反。”3263

伉，以寶孫伉爲諸長，顏師古：“伉，音抗。”3263

填，以填萬方，顏師古：“填，音竹刃反。”3264

共，大司農錢自乘輿不以給共養，顏師古：“共，音居用反。”3264

養，大司農錢自乘輿不以給共養，顏師古：“養，音弋向反。”3264

共，不以民力共俘費，顏師古：“共，讀曰供。”3264

顓，諸侯方伯得顓征伐，顏師古：“顓，與專同也。”3265

共，契國威器共其家備，顏師古：“共，讀曰供。”3265

說，上不說，顏師古：“說，讀曰悅。”3265

賈，奏言賈賤，顏師古：“賈，讀曰價。”3265

錯，舉錯不由誼理，顏師古：“錯，音千故反。”3265

造，自造門上謁，顏師古：“造，音千到反。”3267

度，度其爲變，顏師古：“度，音徒各反。”3267

讙，衆庶讙譁，顏師古：“讙，音許元反。”3267

僵,將有僵仆者,顏師古:"僵,音薑。"3268

仆,將有僵仆者,顏師古:"仆,音赴。"3268

從,從橫郡中,顏師古:"從,音子用反。"3269

橫,從橫郡中,顏師古:"橫,音胡孟反。"3269

好,表善好士,顏師古:"好,音呼到反。"3269

賕,死雖當得法賕,顏師古:"賕,音附。"3269

窀,窀穸下棺,顏師古:"窀,讀曰但。"3269

汙,然毋將汙於冀州,顏師古:"汙,音一胡反。"3269

橈,孫寶橈於定陵,顏師古:"橈,音女教反。"3269

《蕭望之傳》

索,露索去刀兵,顏師古:"索,音山客反。"3272

蓋,致白屋之意,顏師古:"白屋,謂白蓋之屋以茅覆之。蓋,音合。"3272

趨,下車趨門,顏師古:"趨,讀曰趣。"3272

閒,願賜清閒之宴,顏師古:"閒,讀曰閑。"3273

畸,下少府宋畸問狀,顏師古:"畸,音居宜反。"3274

鄉,鄉使魯君察於天變,顏師古:"鄉,讀曰嚮。"3274

亡,宜亡此害,顏師古:"亡,讀曰無。"3274

更,所用皆更治民以考功,顏師古:"更,音工衡反。"3275

辟,窮辟之處,顏師古:"辟,讀曰僻也。"3276

度,縣官穀度不足以振之,顏師古:"度,音徒各反。"3276

函,民函陰陽之氣,顏師古:"函,與含同也。"3276

道,道民不可不慎也,顏師古:"道,讀曰導。"3276

召,雖有周召之佐,恐不能復,顏師古:"召,讀曰邵。"3276

復,雖有周召之佐,恐不能復,顏師古:"復,音扶目反。"3276

雨,雨我公田,顏師古:"雨,音于具反。"3276

橫,煩擾良民橫興賦斂,顏師古:"橫,音胡孟反。"3277

選,有金選之品,引應劭:"選,音刷。"顏師古:"選,音刷是也,字本作鋝。"3277

竟,永惟邊竟之不贍,顏師古:"竟,讀曰境。"3278

卒,固爲軍旅卒暴之事也,顏師古:"卒,讀曰猝。"3278

貸,豪彊吏民請奪假貸,顏師古:"貸,音土得反。"3278

橫,其後姦邪橫暴,顏師古:"橫,音胡孟反。"3278

鄉,前單于慕化鄉善稱弟,顏師古:"鄉,讀曰嚮。"3280

弟,前單于慕化鄉善稱弟,顏師古:"弟,音悌。"3280

繇,天子繇是不説,顏師古:"繇,讀與由同。"3280

説,天子繇是不説,顏師古:"説,讀曰悦。"3280

絲,後丞相司直絲延壽,顏師古:"絲,音婆。"3281

攘,踞慢不遜攘,顏師古:"攘,古讓字。"3282

敖,敖慢不遜,顏師古:"敖,讀曰傲。"3282

譻,帥意亡譻,顏師古:"譻,古愆字。"3282

鄉,匈奴單于鄉風慕化,顏師古:"鄉,讀曰嚮。"3283

亨,謙亨之福也,顏師古:"亨,音火庚反。"3283

屬,選大臣可屬者,顏師古:"屬,音之欲反。"3283

道,勸道上以古制,顏師古:"道,讀曰導。"3284

鄉,上甚鄉納之,顏師古:"鄉,讀曰嚮。"3284

仄,又時傾仄見詘,顏師古:"仄,古側字。"3284

繇,繇是大與高、恭、顯忤,顏師古:"繇,讀與由同。"3284

視,章視周堪,顏師古:"視,讀曰示。"3285

召,體周召之德,顏師古:"召,讀曰邵。"3285

橅,今將軍規橅云若管晏而休,顏師古:"橅,讀曰模。"3285

竢,竢見二子,顏師古:"竢,古俟字也。"3285

蓧,竢見二子,顏師古:"《論語》云:'遇丈人以杖荷蓧。'蓧,音徒釣反。"3285

蹊,塞邪枉之險蹊,顏師古:"蹊,音奚。"3286

鍔,底厲鋒鍔,顏師古:"鍔,音五各反。"3286

華,即挾朋及待詔華龍,顏師古:"華,音胡化反。"3287

蟜,張子蟜,顏師古:"蟜,音巨遥反,字或作僑。"3287

濊,以行汙濊不進,顏師古:"濊,與穢同。"3287

道,道以經術,顏師古:"道,讀曰導。"3288

倚,天子方倚欲以爲丞相,顏師古:"倚,音於綺反。"3288

伋,子散騎中郎伋,顏師古:"伋,音級。"3288

與,與聞政事,顏師古:"與,讀曰豫。"3288

卬,卬天歎曰,顏師古:"卬,讀曰仰。"3288

趣,趣和藥來,顏師古:"趣,讀曰促。"3289

殿，而漆令郭舜殿，顏師古：“殿，音丁見反。”3290

脱，裁自脱，顏師古：“脱，音吐活反。”3290

援，爲咸、育所攀援，顏師古：“援，音爰。”3291

橈，折而不橈，顏師古：“橈，音女教反。”3292

　　《馮奉世傳》

潞，上黨潞人也，顏師古：“潞，音路。”3293

行，絶太行道，顏師古：“行，音胡郎反。”3293

繇，宗族繇是分散，顏師古：“繇，讀與由同。”3293

帥，在趙者爲官帥將，顏師古：“帥，音所類反，字或作師，其義兩通。”3293

輯，而西域諸國新輯，顏師古：“輯，與集同。”3295

莎，莎車，顏師古：“莎，音素和反。”3295

鄯，鄯善，顏師古：“鄯，音善。”3295

亟，以爲不亟擊之則莎車日彊，顏師古：“亟，音居力反。”3295

説，上甚説，顏師古：“説，讀曰悦。”3295

顓，則顓之可也，顏師古：“顓，與專同。”3295

比，以奉世爲比，顏師古：“比，音必寐反。”3295

酋，伊酋若王，顏師古：“酋，音才由反。”3296

彡，彡姐旁種反，顏師古：“彡，音所廉反，又音先廉反。”3297

姐，彡姐旁種反，顏師古：“姐，音紫。（彡姐），今西羌尚有此姓，而彡音先冉
　　反。”3297

漠，漠然莫有對者，顏師古：“漠，音莫。”3297

竟，羌虜近在竟内背畔，顏師古：“竟，讀曰境。”3297

亟，故師不久暴而天誅亟決，顏師古：“亟，音居力反。”3297

料，往者數不料敵，顏師古：“料，音聊。”3297

輀，再三發輀，引如淳：“輀，推也，音而隴反。”3297

秏，士馬羸秏，顏師古：“秏，音呼到反。”3297

和，諸種並和，顏師古：“和，音胡臥反。”3297

阪，降同阪，顏師古：“阪，音府板反。”3298

降，降同阪，顏師古：“降，音下江反。”3298

陂，降同阪，顏師古：“阪，平陂也。陂，音普何反。”3298

彀，彀者、羽林弧兒及呼速絫、嗕種，引劉德：“彀，音工豆反。”3299

絫，穀者、羽林弧兒及呼速絫、嗕種，引劉德：“絫，力追反。”3299

嗕，穀者、羽林弧兒及呼速絫、嗕種，引劉德：“嗕，音辱；音乃穀反。”3299

創，羌虜破散創艾，顏師古：“創，音初向反。”3300

艾，羌虜破散創艾，顏師古：“艾，讀曰乂。”3300

趨，亡常則節趨不立，顏師古：“趨，讀曰趣。”3301

錯，無所（措）［錯］手足，顏師古：“錯，音千故反。”3301

信，信命殊俗，顏師古：“信，讀曰伸。”3301

厭，獨抑厭而不揚，顏師古：“厭，音一涉反。”3301

逡，野王、逡、立，顏師古：“逡，音千旬反。”3302

役，役褶趙都，顏師古：“役，音丁活反，又音丁外反。”3302

褶，役褶趙都，顏師古：“褶，音許羽反。”3302

比，以野王爲比，顏師古：“比，音必寐反。”3303

繇，上繇下第而用譚，顏師古：“繇，讀與由同。”3303

風，風御史中丞劾奏野王，顏師古：“風，讀曰諷。”3304

便，賜告養病而私自便，顏師古：“便，音頻面反。”3304

省，失省刑之意，顏師古：“省，音所領反。”3304

座，子座嗣爵，顏師古：“座，音才戈反。”3305

貸，而多知有恩貸，顏師古：“貸，音吐戴反。”3306

痺，下溼病痺，顏師古：“痺，音必寐反。”3306

更，更歷五郡，顏師古：“更，音工衡反。”3306

恂，進退恂恂，顏師古：“恂，音荀。”3307

視，視有所宗，顏師古：“視，讀曰示。”3307

下，此非所以下五侯而自益者也，顏師古：“下，音胡亞反。”3307

鞠，宜鄉侯參鞠躬履方，顏師古：“鞠，音居六反。”3308

弁，《小弁》之詩作，顏師古：“弁，音盤。”3308

《宣元六王傳》

囂，衛婕伃生楚孝王囂，顏師古：“囂，音敖。”3311

艾，懲艾霍氏欲害皇太子，顏師古：“艾，讀曰乂。”3312

喜，喜儒術，顏師古：“喜，音許吏反。”3312

倚，上少依倚許氏，顏師古：“倚，音於起反。”3312

蚤，太子蚤失母，顏師古：“蚤，古早字也。”3312

責，負責數百萬，顏師古：“責，音側懈反。”3312

解，王遇大人益解，顏師古：“解，讀曰懈。”3312

恬，大王奈何恬然，顏師古：“恬，音大兼反。”3313

瀕，北海之瀕有賢人焉，顏師古：“瀕，音頻，又音賓。”3314

勞，持牛酒，黃金三十斤勞博，顏師古：“勞，音來到反。”3314

罷，百姓罷勞，顏師古：“罷，讀曰疲。”3315

説，上必大説，顏師古：“説，讀曰悦。”3315

説，王喜説，顏師古：“説，讀曰悦。”3315

憯，寡人憯然不知所出，顏師古：“憯，音才感反。”3315

鮮，世之所鮮，顏師古：“鮮，音先踐反。”3316

譋，以譋惑王，顏師古：“譋，古諂字也。”3316

竟，知諸侯名譽不當出竟，顏師古：“竟，讀曰境。”3317

累，毋復以博等累心，顏師古：“累，音力瑞反。”3318

繽，子繽嗣，引孟康：“繽，音引。”顏師古：“繽，音弋善反。”3319

蟜，太中大夫張子蟜，顏師古：“蟜，字或作僑，並音鉅昭反。”3321

憯，朕甚憯焉，顏師古：“憯，音千感反。”3321

鶩，鶩忽臣下，顏師古：“鶩，讀（曰）［與］傲同。”3322

洒，願洒心自改，顏師古：“洒，音先弟反。”3323

耆，耳目牽於耆欲，顏師古：“耆，讀曰嗜。”3323

道，敢以游獵非禮道王者，顏師古：“道，讀曰導。”3323

比，比至下，顏師古：“比，音必寐反。”3324

下，比至下，顏師古：“下，音胡稼反。”3324

胸，姬胸臑故親幸，引服虔：“胸，音劬。”3324

臑，姬胸臑故親幸，引服虔：“臑，音奴溝反，又音奴皋反。”3324

亢父，有詔削樊、亢父二縣，顏師古：“亢父，音抗甫。”3324

奸，不以奸吏，顏師古：“奸，音干。”3324

復，其復前所削縣如故，顏師古：“復，音扶目反。”3324

虞，足以正身虞意，顏師古：“虞，與娱同也。”3325

泥，致遠恐泥，顏師古：“泥，音乃細反。”3325

瓠，又瓠山石轉立，引晉灼：“瓠山，《漢注》作報山。”顏師古：“古作瓠字，爲
　　其形似瓠耳。晉説是也。”3326

倍，束倍草，顏師古：“倍，音步賄反。”3326

共，傅昭儀生定陶共王康，顏師古："共，讀曰恭。"3327

幾，幾代皇后太子，顏師古："幾，音鉅衣反。"3327

徧，徧有天下，顏師古："徧，即古遍字。"3328

幾，幾陷無道，顏師古："幾，音鉅依反。"3328

《匡張孔馬傳》

承，東海承人也，顏師古："承，音證。"3331

調，調補平原文學，顏師古："調，選也，音徒釣反。"3332

卬，海內莫不卬望，顏師古："卬，讀曰仰。"3333

衣，有狐白之裘而反衣之，顏師古："衣，音於既反。"3333

歙，學士歙然歸仁，顏師古："歙，音翕。"3333

辟，淫辟之意縱，顏師古："辟，讀曰僻。"3334

錯，刑猶難使錯而不用也，顏師古："錯，音千故反。"3334

忮，或忮害好陷人於罪，顏師古："忮，音之豉反。"3335

襢，國人暴虎，引《詩》："襢裼暴虎。"顏師古："襢，音袒。"3336

裼，國人暴虎，引《詩》："襢裼暴虎。"顏師古："裼，音錫。"3336

將，國人暴虎，引《詩》："將叔無狃。"顏師古："將，音千羊反。"3336

狃，國人暴虎，引《詩》："將叔無狃。"顏師古："狃，音女九反。"3336

畜，而民畜聚，顏師古："畜，讀曰蓄。"3336

放，見侈靡而放效之，顏師古："放，音甫往反。"3337

祲，精祲有以相盪，顏師古："祲，音子鴆反。"3337

晻，陽蔽則明者晻，顏師古："晻，與暗同。"3337

共，民所共者大，顏師古："共，讀曰供。"3337

說，上說其言，顏師古："說，讀曰悅。"3338

丕，丕揚先帝之盛功，顏師古："丕，字或作本，言修其本業而顯揚也。"3339

復，而復復之，顏師古："下復，音扶目反。"3339

更，是以群下更相是非，顏師古："更，音工衡反。"3339

強，而強其所不足，顏師古："強，勉也，音其兩反。"3339

雍，寡聞少見者戒於雍蔽，顏師古："雍，讀曰壅。"3340

湛，湛靜安舒者戒於後時，顏師古："湛，讀曰沈。"3340

比，比周而望進，顏師古："比，音頻寐反。"3340

梱，莫不始乎梱內，顏師古："梱，與閫同，謂門橜也，音苦本反。"3340

適,別適長之位,顏師古:“適,讀曰嫡。”3340

隃,卑不隃尊,顏師古:“隃,與踰同。”3341

傅,傅經以對,顏師古:“傅,讀曰附。”3341

虞,未有游虞弋射之宴,顏師古:“虞,與娛同。”3341

樂,好樂無厭,顏師古:“樂,音五教反。”3343

分,明吉凶之分,顏師古:“分,音扶問反。”3343

悖,使不悖於其本性者也,顏師古:“悖,音布内反。”3343

嚴,正躬嚴恪,顏師古:“嚴,讀曰儼。”3344

説,嘉惠和説,顏師古:“説,讀曰悦。”3344

視,昭穆穆以視之,顏師古:“視,讀曰示。”3344

詆,今司隸校尉尊妄詆欺,顏師古:“詆,音丁禮反。”3345

佰,南以閭佰爲界,顏師古:“佰,音莫客反。”3347

蓮勺,至禹父徙家蓮(白)[勺],顏師古:“蓮勺,左馮翊縣名也,音輦酌。”3348

喜,喜觀於卜相者前,顏師古:“喜,音許吏反。”3348

別,頗曉其別蓍布卦意,顏師古:“別,音彼列反。”3348

鄉,方鄉經學,顏師古:“鄉,讀曰嚮。”3348

賈,極膏腴上賈,顏師古:“賈,讀曰價。”3349

筦,後堂理絲竹筦弦,顏師古:“筦,亦管字。”3349

坐,禹見之於便坐,顏師古:“坐,音才臥反。”3350

重,重非所宜,顏師古:“重,音直用反。”3350

與,必與定議,顏師古:“與,讀曰豫。”3351

辟,辟左右,顏師古:“辟,讀曰闢。”3351

説,皆喜説,顏師古:“説,讀曰悦。”3351

蓍,擇日絜齋露蓍,顏師古:“蓍,音式夷反。”3351

伋,鯉生子思伋,顏師古:“伋,音級。”3352

虹,左遷虹長,顏師古:“虹,沛之縣也,音貢。”3354

行,行風俗,顏師古:“行,音下更反。”3354

奸,以奸忠直,顏師古:“奸,音干。”3354

蚤,進官蚤成,顏師古:“蚤,古早字。”3354

行,於帝子行,顏師古:“行,音胡浪反。”3355

比,以《尚書·盤庚》殷之及王爲比,顏師古:“比,音必寐反。”3355

與，光心恐傅太后與政事，顏師古：“與，讀曰豫。”3357

復，北宮有紫房復道通未央宮，顏師古：“復，讀曰複。”3357

猗，猗違者連歲，顏師古：“猗，音於奇反。”3358

重，重忤傅太后指，顏師古：“重，音直用反。”3358

共，所與共承宗廟，顏師古：“共，讀曰恭。”3358

重，災異重仍，顏師古：“重，音直用反。”3358

於，於虖，顏師古：“於，讀曰烏。”3359

虖，於虖，顏師古：“虖，讀曰呼。”3359

胅，謂胅、側匿，顏師古：“胅，音吐了反。”3360

沴，六沴之作，顏師古：“沴，惡氣也，音戾。”3360

左，天（右）［左］與王者，顏師古：“（右）［左］，讀曰（佑）［佐］。”3360

援，援納斷斷之介，顏師古：“援，音爰。”3361

棐，天棐諶辭，顏師古：“棐，音匪。”3361

諶，天棐諶辭，顏師古：“諶，音上林反。”3361

孳，孳孳而已，顏師古：“孳，音茲。”3361

較，較然甚明，顏師古：“較，明貌也，音角。”3361

説，上説，顏師古：“説，讀曰悦。”3361

與，與聞政事，顏師古：“與，讀曰豫。”3361

戴，犬馬齒戴，顏師古：“戴，讀與臺同，今書本有作截字者，俗寫誤也。”3362

踔，非有踔絶之能，顏師古：“踔，高遠也，音竹角反。”3362

艾，令俊艾者久失其位，顏師古：“艾，讀曰乂。”3362

風，以太后指風光令上之，顏師古：“風，讀曰諷。”3363

厓，厓眥莫不誅傷，顏師古：“厓，音崖，又音五懈反”。3363

眥，厓眥莫不誅傷，顏師古：“眥，音漬，又音仕懈反。”3363

道，輔道于帝，顏師古：“道，讀曰導。”3363

艾，俊艾大臣，顏師古：“艾，讀曰乂。”3363

幾，幾得其助力，顏師古：“幾，讀曰冀。”3364

辟，詭經辟説，顏師古：“辟，讀曰僻。”3366

洒，幸蒙洒心自新，顏師古：“洒，音先禮反。”3366

醖，其醖藉可也，顏師古：“醖，音於問反。”3366

藉，其醖藉可也，顏師古：“藉，音才夜反。”3366

抨，彼以古人之迹見繩，引如淳："繩謂抨彈之也。"顏師古："抨，音普耕反。"3366

《王商史丹傅喜傳》

蠡，涿郡蠡吾人也，顏師古："蠡，音禮。"3369

繇，繇是擢爲諸曹侍中中郎將，顏師古："繇，讀與由同。"3369

共，定陶共王愛幸，顏師古："共，讀曰供。"3369

幾，幾代太子，顏師古："幾，音鉅依反。"3369

蹂，百姓奔走相蹂躪，顏師古："蹂，音人九反。"3370

躪，百姓奔走相蹂躪，顏師古："躪，音藺。"3370

呼，老弱號呼，顏師古："呼，音火故反。"3370

重，重驚百姓，顏師古："重，音直用反。"3370

重，重以是怨商，顏師古："重，音直用反。"3371

中，自知爲鳳所中，顏師古："中，音竹仲反。"3371

下，下朝者，顏師古："下，音胡稼反。"3373

票，遣票輕吏微求人罪，顏師古："票，音頻妙反，又音匹妙反。"3373

懟，私怨懟，顏師古："懟，音直類反。"3373

誖，誣罔誖大臣節，顏師古："誖，音布內反。"3373

愗，卒無怵愗憂，顏師古："愗，古惕字。"3374

幾，幾遭呂、霍之患，顏師古："幾，音鉅依反。"3374

訐，父子相訐，顏師古："訐，音居謁反。"3374

辟，回辟下媚以進其私，顏師古："辟，讀曰僻。"3375

被，見被以罪，顏師古："被，音皮義反。"3375

倚，依倚史氏，顏師古："倚，音於綺反。"3376

鞏，置鞏鼓殿下，顏師古："鞏，本騎上之鼓，音步迷反。"3376

隤，隤銅丸以摘鼓，顏師古："隤，音頹。"3377

摘，隤銅丸以摘鼓，顏師古："摘，音持益反。一曰：摘，磓也，音丁歷反。"3377

磓，隤銅丸以摘鼓，顏師古："摘，磓也。磓，音丁回反。"3377

咲，嘿然而咲，顏師古："咲，古笑字。"3377

屬，臣竊戒屬毋涕泣，顏師古："屬，音之欲反。"3377

適，皇太子以適長立，顏師古："適，讀曰嫡。"3378

還，恐不能自還，顏師古："還，讀曰旋。"3378

道，善輔道太子，顏師古："道，讀曰導。"3378

噓，噓唏而起，顏師古：“噓，音虛。”3378

唏，噓唏而起，顏師古：“唏，音許既反。”3378

聚，國東海郯之武彊聚，引如淳：“聚，[音]字喻反。”3379

重，重以舊恩，顏師古：“重，音直用反。”3379

與，傅太后始與政事，顏師古：“與，讀曰豫。”3380

愨，高武侯喜姿性端愨，顏師古：“愨，謹也，音口角反。”3382

道，丹之輔道副主，顏師古：“道，讀曰導。”3383

傅，傅會善意，顏師古：“傅，讀曰附。”3383

《薛宣朱博傳》

贛，薛宣字贛君，顏師古：“贛，音貢。”3385

郯，東海郯人也，顏師古：“郯，音談。”3385

其，補不其丞，顏師古：“其，音基。”3385

行，琅邪太守趙貢行縣，顏師古：“行，音下更反。”3385

說，甚說其能，顏師古：“說，讀曰悅。”3385

樂，遷樂浪都尉丞，顏師古：“樂，音洛。”3385

浪，遷樂浪都尉丞，顏師古：“浪，音郎。”3385

宛，爲宛句令，顏師古：“宛，音於元反。”3386

句，爲宛句令，顏師古：“句，音劬。”3386

仄，躬有日仄之勞，顏師古：“仄，古側字也。”3386

佚，亡佚豫之樂，顏師古：“佚，與逸同。”3386

中，刑罰惟中，顏師古：“中，音竹仲反。”3386

錯，舉錯各以其意，顏師古：“錯，音千故反。”3386

與，多與郡縣事，顏師古：“與，讀曰豫。”3386

勞，送往勞來，顏師古：“勞，音郎到反。”3387

來，送往勞來，顏師古：“來，音郎代反。”3387

否，陰陽否鬲，顏師古：“否，閉也，音皮鄙反。”3387

鬲，陰陽否鬲，顏師古：“鬲，與隔同。”3387

餱，乾餱以愆，顏師古：“餱，音侯。”3387

繇，繇是知名，顏師古：“繇，讀與由同。”3387

適，適罰作使千人以上，顏師古：“適，讀曰謫。”3388

賈，賈數不可知，顏師古：“賈，讀曰價。”3388

鐫，故使掾平鐫令，顏師古：“鐫，音子全反。”3388

辟，辟在山中，顏師古：“辟，讀曰僻。”3389

憮，焉可憮也，引晉灼：“憮，音誣。”3389

繇，所繇來久，顏師古：“繇，讀與由同。”3390

关，壹关相樂，顏師古：“关，古笑字也。”3390

思，性密靜有思，顏師古：“思，音先寺反。”3391

省，利用而省費，顏師古：“省，音所領反。”3391

共，共張職辦，顏師古：“共，讀曰供，音居用反。”3391

張，共張職辦，顏師古：“張，音竹亮反。”3391

說，百僚說服，顏師古：“說，讀曰悦。”3392

墮，不得其人則大職墮斁，顏師古：“墮，音火規反。”3392

斁，不得其人則大職墮斁，顏師古：“斁，壞也，音丁固反。”3392

茹，不吐剛茹柔，顏師古：“茹，音人庶反。”3392

當，舉錯時當，顏師古：“當，音丁浪反。”3392

奸，不敢過稱以奸欺誣之罪，顏師古：“奸，犯也，音干。”3392

趨，吏賦斂以趨辦，顏師古：“趨，讀曰趣。”3393

鬲，西州鬲絶，顏師古：“鬲，與隔同。”3394

幾，幾不爲郡，顏師古：“幾，音鉅依反。”3394

並，酷吏並緣爲姦，顏師古：“並，音步浪反。”3394

謾，同時陷于謾欺之辜，顏師古：“謾，音慢，又音莫干反。”3394

繇，咎繇君焉，顏師古：“繇，讀與由同。”3394

解，有司法君領職解嫚，顏師古：“解，讀曰懈。”3394

嫚，有司法君領職解嫚，顏師古：“嫚，與慢同。”3394

繇，繇是兄弟不和，顏師古：“繇，讀與由同。”3394

創，欲令創咸面目，顏師古：“創，謂傷之也，音初良反。”3395

鬲，欲以鬲塞聰明，顏師古：“鬲，與隔同。”3396

浸，上浸之源不可長也，顏師古：“浸，字或作侵。其義兩通。”3396

長，上浸之源不可長也，顏師古：“長，音竹兩反。”3396

詆，詔書無以詆欺成罪，顏師古：“詆，音丁禮反。”3396

痥，遇人不以義而見痥者，顏師古：“痥，音侈。”3396

疻，與疻人之罪鈞，顏師古：“疻，音鮨。”3396

趣,因前謀而趣明,顏師古:"趣,讀曰促。"3396

錯,而民無所錯手足,顏師古:"錯,音千故反。"3396

輯,輯小過成大辟,顏師古:"輯,與集同。"3397

郵,橋梁郵亭不修,顏師古:"郵,音尤。"3397

擠,排擠宗室,顏師古:"擠,音子詣反。"3398

與,嫂何與取妹披抉其闡門而殺之,顏師古:"與,讀曰豫。"3398

抉,嫂何與取妹披抉其闡門而殺之,顏師古:"抉,挑也,音一穴反。"3398

挑,嫂何與取妹披抉其闡門而殺之,顏師古:"抉,挑也。挑,音它凋反。"3398

伉,伉俠好交,顏師古:"伉,音口浪反。"3398

更,不更文法,顏師古:"更,音工衡反。"3399

行,及爲刺史行部,顏師古:"行,音下更反。"3399

趣,告外趣駕,顏師古:"趣,讀曰促。"3399

屬,各使屬其部從事,顏師古:"屬,音之欲反。"3399

抵,奮髯抵几,顏師古:"抵,擊也,音紙。"3400

袑,褒衣大袑,顏師古:"袑,音紹,謂袴也。"3400

慹,豪强慹服,顏師古:"慹,音之涉反。"3401

與,府未嘗與也,丞掾謂府當與之邪,顏師古:"與,讀皆曰豫。"3401

占,口占檄文曰,顏師古:"占,音之贍反。"3401

貸,時有大貸,顏師古:"貸,音吐戴反。"3402

瘢,果有瘢,顏師古:"瘢,創痕也,音盤。"3403

痕,果有瘢,顏師古:"瘢,創痕也。痕,音胡恩反。"3403

辟,辟左右問禁,顏師古:"辟,讀曰闢。"3403

洒,馮翊欲洒卿恥,顏師古:"洒,音先禮反。"3403

抆,抆拭用禁,顏師古:"抆,音文粉反。"3403

謾,欺謾半言,顏師古:"謾,音慢,又音莫連反。"3403

蹉,不敢蹉跌,顏師古:"蹉,音千何反。"3403

跌,不敢蹉跌,顏師古:"跌,音徒結反。"3403

間,使爲反間,顏師古:"間,音居莧反。"3403

勦,亦獨耳勦日久,顏師古:"勦,音頻妙反。"3404

覆,得[爲]諸君覆意之,顏師古:"覆,音芳目反。"3404

中,十中八九,顏師古:"中,音竹仲反。"3404

分，各有分職，顏師古："分，音扶問反。"3405

奉，皆增奉如丞相，顏師古："奉，音扶用反。"3406

緐，各緐時務，顏師古："緐，讀與由同。"3406

更，今中二千石未更御史大夫而爲丞相，顏師古："更，音工衡反。"3406

溥，漢家至德溥大，顏師古："溥，與普同。"3406

緐，緐是師丹先免，顏師古："緐，讀與由同。"3408

風，使孔鄉侯晏風丞相，顏師古："風，讀曰諷。"3408

氾，氾鄉侯，顏師古："氾，音凡。"3408

更，事更三赦，顏師古："更，音工衡反。"3408

鄉，背君鄉臣，顏師古："鄉，讀曰嚮。"3408

蟜，右將軍蟜望，顏師古："蟜，音矯。"3408

假，假借用權，引鄧展："假，音休假。"3409

借，假借用權，引鄧展："借，音以物借人。"3409

稱，稱順孔鄉，顏師古："稱，音尺孕反。"3409

　　《翟方進傳》

頓，虓遲頓不及事，顏師古："頓，讀曰鈍。"3411

解，明主躬親不解，顏師古："解，讀曰懈。"3413

比，豫自設不坐之比，顏師古："比，音必寐反。"3413

豭，與豭豬連繫都亭下，顏師古："豭，牡豕也，音家。"3413

誖，甚誖逆順之理，顏師古："誖，音布內反。"3414

趣，丞相掾不宜移書督趣司隸，顏師古："趣，讀曰促。"3414

視，以視四方，顏師古："視，讀曰示。"3415

謾，輕謾宰相，顏師古："謾，讀與慢同。"3415

易，賤易上卿，顏師古："易，音弋豉反。"3415

譎，邪譎無常，顏師古："譎，古詭字也。"3415

墮，墮國體，顏師古："墮，毀也，音火規反。"3415

從，伺記慶之從容語言，顏師古："從，音七容反。"3415

詆，以詆欺成罪，顏師古："詆，音丁禮反。"3415

並，太皇太后喪時三輔吏並徵發爲姦，顏師古："並，音步浪反。"3417

詆，峻文深詆，顏師古："詆，音丁禮反。"3417

簿，官簿皆在方進之右，顏師古："簿，音主簿之簿。"3418

揣,揣知其指,顏師古:"揣,謂探求之,音初委反。"3418

辟,內自知行辟亡功效,顏師古:"辟,讀曰僻。"3418

與,鄙夫可與事君也與哉,顏師古:"與哉,與,讀曰歟。"3419

與,庶幾立與政事,顏師古:"與,讀曰豫。"3420

援,欲相攀援,顏師古:"援,音爰。"3420

鸇,若鷹鸇之逐鳥爵也,顏師古:"鸇,音之然反。"3420

視,反理視患,顏師古:"視,讀曰示。"3422

湛,輔湛没,顏師古:"湛,讀曰沈。"3422

賁,會郎賁麗善爲星,顏師古:"賁,音肥。"3423

毆,毆殺良民,顏師古:"毆,音一口反。"3423

更,更相嫉妒,顏師古:"更,音工衡反。"3423

堧,税城郭堧及園田,顏師古:"堧,音人緣反。"3424

行,行縣至宛,顏師古:"行,音下更反。"3425

環,載環宛市乃送,顏師古:"環,音下串反。"3425

觀,斬觀令,顏師古:"觀,音工唤反。"3427

共,共行天罰,顏師古:"共,讀曰恭。"3427

比,比至山陽,顏師古:"比,音必寐反。"3427

兄,震羌侯寶兄,顏師古:"兄,讀曰況。"3427

逯,蒙鄉侯逯並,顏師古:"逯,音禄,又音鹿,今東郡有逯姓,二音並行。書本禄字或作逯。今河朔有逮姓,自呼音徒戴反,其義兩通。"3427

丞,丞陽侯,顏師古:"丞,音烝。"3428

父,管蔡挾禄父以畔,顏師古:"父,讀曰甫。"3428

道,予未遭其明悊能道民於安,顏師古:"道,讀曰導。"3429

傅,以傅近奉承高皇帝所受命,顏師古:"傅,讀曰附。"3429

近,以傅近奉承高皇帝所受命,顏師古:"近,音其靳反。"3429

遺,遺我居攝寶龜,顏師古:"遺,音弋季反。"3429

眚,固知我國有眚災,顏師古:"眚,讀與疵同。"3430

復,是天反復右我漢國也,顏師古:"復,音扶目反。"3430

右,是天反復右我漢國也,顏師古:"右,讀曰祐。"3430

適,變剥適庶,顏師古:"適,讀曰嫡。"3431

戹,以成三戹,引晉灼:"戹,古厄字。"3431

害,害其可不旅力同心戒之哉,顏師古:"害,讀曰曷。"3431

右，太皇太后肇有元城沙鹿之右，顏師古："右，讀曰祐。"3432

適，厥害適統不宗元緒者，顏師古："適，讀曰嫡。"3433

混，混壹風俗，顏師古："混，音胡本反。"3433

壄，出於重壄，顏師古："壄，古野字。"3433

累，天其累我以民，顏師古："累，音力瑞反。"3434

害，予害敢不於祖宗安人圖功所終，顏師古："害，讀曰曷。"3434

勞，天亦惟勞我民，顏師古："勞，[音]來到反。"3434

囏，大囏人翟義，顏師古："囏，古艱字。"3435

蚤，孝平皇帝短命蚤崩，顏師古："蚤，古早字。"3437

詖，險詖陰賊，顏師古："詖，音彼義反。"3437

被，先自相被以反逆大惡，顏師古："被，音皮義反。"3437

共，命遣大將軍共行皇天之罰，顏師古："共，讀曰恭。"3437

韍，赤韍縌，顏師古："韍，音弗。"3437

縌，赤韍縌，顏師古："縌，音逆。"3437

酇，殺右輔都尉及酇令，顏師古："酇，讀曰郇。"3438

棽，中郎將李棽，顏師古："棽，音所林反。"3438

比，比驚救之，顏師古："比，音必寐反。"3439

俶，東郡太守文仲素俶儻，顏師古："俶，音土歷反。"3439

汙，汙池之，顏師古："汙，停水也，音烏。"3439

鱷，取其鱷鯢築武軍，顏師古："鱷，古鯨字，音其京反。"3439

鯢，取其鱷鯢築武軍，顏師古："鯢，音五奚反。"3439

觀，於是乎有京觀以懲淫慝，顏師古："觀，音工喚反。"3439

芒，芒竹群盜趙明、霍鴻，顏師古："芒，音亡。"3440

倚，負倚荌屋芒竹，顏師古："倚，音於綺反。"3440

薦，薦樹之棘，顏師古："薦，讀曰荐。"3440

行，在所長吏常以秋循行，顏師古："行，音下更反。"3440

行，與御史大夫孔光共遣掾行(事)[視]，顏師古："行，音下更反。"3440

飯，飯我豆食羹芋魁，顏師古："飯，音扶晚反。"3440

食，飯我豆食羹芋魁，顏師古："食，音飤。"3440

賁，雖有賁育，顏師古："賁，音奔。"3441

《谷永杜鄴傳》

郅，使送郅支單于侍子，顏師古："郅，音質。"3443

繁，御史大夫繁延壽，顏師古："繁，音蒲何反。"3443

飭，飭身修政，顏師古："飭，與敕同。"3444

帥，帥舉直言，顏師古："帥，字或作師。"3444

紬，燕見紬繹，顏師古："紬，讀曰抽。"3444

造，使臣等得造明朝，顏師古："造，音千到反。"3444

般，般樂游田，顏師古："般，讀與盤同。"3444

錯，不慎舉錯，顏師古："錯，音千故反。"3445

婁，婁失中與，顏師古："婁，古屢字也。"3445

與，婁失中與，顏師古："與，讀曰歟。"3445

間，損燕私之間以勞天下，顏師古："間，讀曰閑。"3445

关，罷歸倡優之关，顏師古："关，古笑字。"3446

虞，慎節游田之虞，顏師古："虞，與娛同。"3446

共，惟正之共，顏師古："共，讀曰恭。"3446

飭，昔舜飭正二女，顏師古："飭，與敕同。"3446

伯，以成伯功，顏師古："伯，讀曰霸。"3446

與，勿與政事，顏師古："與，讀曰豫。"3447

遠，以遠皇父之類，顏師古："遠，音于萬反。"3447

父，以遠皇父之類，顏師古："父，讀曰甫。"3447

筦，昔龍筦納言，顏師古："筦，字與管同。"3447

艾，則左右肅艾，顏師古："艾，讀曰乂。"3447

比，無用比周之虛譽，顏師古："比，音頻寐反。"3448

艾，俊艾日隆，顏師古："艾，讀曰乂。"3448

呼，一夫大呼而海内崩析者，顏師古："呼，音火故反。"3449

殫，毋殫民財，顏師古："殫，音單。"3449

共，若不共御，顏師古："共，讀曰恭。"3450

御，若不共御，顏師古："御，讀曰禦。"3450

殺，欲末殺災異，滿讕誣天，顏師古："殺，音先曷反。"3451

讕，欲末殺災異，滿讕誣天，顏師古："讕，音來亶反。"3451

溱，甲己之間暴風三溱，顏師古："溱，與臻同。"3451

粥，北無薰粥冒頓之患，顏師古：“粥，音（戈）[弋]六反。”3451

互，百官盤互，顏師古：“互，字或作牙。”3452

洞，洞洞屬屬，顏師古：“洞，音動。”3452

屬，洞洞屬屬，顏師古：“屬，音之欲反。”3452

唵，聽唵昧之瞽説，顏師古：“唵，字與暗同，又音一感反。”3452

倚，倚異乎政事，顏師古：“倚，音於綺反。”3452

重，重失天心，顏師古：“重，音直用反。”3452

倚，百官庶事無所歸倚，顏師古：“倚，音於綺反。”3453

與，陛下獨不怪與，顏師古：“與，讀曰歟。”3453

湛，抗湛溺之意，顏師古：“湛，讀曰沈。”3453

更，使列妾得人人更進，顏師古：“更，音工衡反。”3453

令，後宮女史使令有直意者，顏師古：“令，音力成反。”3453

右，以遇天所開右，顏師古：“右，讀曰佑。”3453

蕃，則繼嗣蕃滋，顏師古：“蕃，音扶元反。”3454

間，欲間離貴后盛妾，顏師古：“間，音居莧反。”3454

右，此天保右漢家，顏師古：“右，讀曰佑。”3454

從，背天意而從欲，顏師古：“從，讀曰縱。”3454

筲，斗筲之材，顏師古：“筲，音所交反。”3455

説，將軍説其狂言，顏師古：“説，讀曰悦。”3455

召，君侯躬周召之德，顏師古：“召，讀曰邵。”3456

下，敬賢下士，顏師古：“下，音胡亞反。”3456

蚤，大將軍不幸蚤薨，顏師古：“蚤，古早字。”3456

絫，絫親疏，顏師古：“絫，古累字。”3456

屬，屬聞以特進領城門兵，顏師古：“屬，音之欲反。”3456

孳，宜夙夜孳孳，顏師古：“孳，與孜同。”3457

湛，豈將軍忘湛漸之義，顏師古：“湛，讀曰沈。”3457

漸，豈將軍忘湛漸之義，顏師古：“漸，讀曰潛。”3457

迭，商周不易姓而迭興，顏師古：“迭，音徒結反。”3458

更，三正不變改而更用，顏師古：“更，音工衡反。”3458

威，裹姒威之，顏師古：“威，音呼悦反。”3459

餽，在中餽，顏師古：“餽，與饋同。”3460

與，婦人不得與事也，顏師古："與，讀曰豫。"3460

從，從橫亂政，顏師古："從，音子用反。"3461

橫，從橫亂政，顏師古："橫，音胡孟反。"3461

阱，又以掖庭獄大爲亂阱，顏師古："阱，音材性反。"3461

瘠，榜箠瘠於炮格，顏師古："瘠，音千感反。"3461

復，報德復怨，顏師古："復，音扶福反。"3461

反，反除白罪，顏師古："反，讀曰幡。"3461

僄，僄輕無義小人，顏師古："僄，音頻妙反，又音匹妙反。"3462

挺，挺身晨夜，顏師古："挺，引也，音大鼎反。"3462

疑，費疑驪山，顏師古："疑，讀曰儗。"3463

靡，靡敝天下，顏師古："靡，音(式)[武]皮反。"3463

旴，又廣旴營表，引晉灼："旴，音吁。"3463

婁，災異婁降，顏師古："婁，古屢字也。"3463

冗，流散冗食，顏師古："冗，音人勇反。"3463

餒，餒死於道，顏師古："餒，音乃賄反。"3463

畜，公家無一年之畜，顏師古："畜，讀曰蓄。"3463

辟，蕩滌邪辟之惡志，顏師古："辟，讀曰僻。"3464

婿，悉罷北宮私奴車馬婿出之具，顏師古："婿，亦壻字耳。"3464

更，闕更減賦，顏師古："更，音工衡反。"3464

捄，存卹振捄困乏之人，顏師古："捄，古救字也。"3464

貫，以次貫行，顏師古："貫，音工端反。"3464

婁，婁省無怠，顏師古："婁，古屢字也。"3464

擿，衛將軍商密擿永令發去，顏師古："擿，音它歷反。"3465

中，庶中蕃滋，顏師古："中，古草字也。"3467

蕃，庶中蕃滋，顏師古："蕃，音扶元反。"3467

右，以昭保右，顏師古："右，讀曰佑。"3467

湛，湛湎荒淫，顏師古："湛，讀曰沈。"3467

悖，卦氣悖亂，顏師古："悖，音布內反。"3467

郵，咎徵著郵，顏師古："郵，字與尤同。"3467

茀，茀星耀光，顏師古："茀，與孛同，音步內反。"3467

中，時世有中季，顏師古："中，讀曰仲。"3468

標，當陽數之標季，顏師古：“標，音必遥反。”3468

雜，雜焉同會，顏師古：“雜，謂相參也。一曰雜音先合反。雜焉，總萃
　　貌。”3469

重，重以今年正月己亥朔日有食之，顏師古：“重，音直用反。”3469

畜，畜衆多之災異，顏師古：“畜，讀曰蓄。”3469

卒，卒起之敗，顏師古：“卒，讀曰猝。”3469

閒，幽閒之處，顏師古：“閒，讀曰閑。”3469

分，安危之分界，顏師古：“分，音扶問反。”3469

易，姦生所易，顏師古：“易，音弋豉反。”3470

訞，《訞辭》曰，顏師古：“訞，即妖字耳。”3471

共，百姓困貧無以共求，顏師古：“共，讀曰供。”3471

墍，凶年不墍塗，顏師古：“墍，音許既反。”3472

服，扶服捄之，顏師古：“服，音蒲北反。”3472

捄，扶服捄之，顏師古：“捄，古救字。”3472

行，循行風俗，顏師古：“行，音下更反。”3472

勞，勞二千石，顏師古：“勞，音來到反。”3472

汎，汎爲疏達，顏師古：“汎，普也，音敷劍反。”3473

陝，分職於陝，顏師古：“陝，音式冉反。”3474

感，無感恨之隙，顏師古：“感，音胡闇反。”3474

說，孰敢不說諭，顏師古：“說，讀曰悅。”3475

共，陳平共壹飯之籑，顏師古：“共，讀曰供。”3475

厭，爲國折衝厭難，顏師古：“厭，音一葉反。”3475

與，傅太后尤與政專權，顏師古：“與，讀曰豫。”3475

殺，陰義殺也，顏師古：“殺，音所例反。”3476

晻，凡事多晻，顏師古：“晻，與暗同。”3476

與，是何言與，顏師古：“與，讀曰歟。”3477

間，故無可間也，顏師古：“間，音居莧反。”3477

晻，晻然日食，顏師古：“晻，音烏感反。”3478

右，保右世主如此之至，引應劭：“右，讀曰佑。”3478

厭，以厭下心，顏師古：“厭，音一贍反。”3479

說，黎庶群生無不說喜，顏師古：“說，讀曰悅。”3479

《何武王嘉師丹傳》

郫,蜀郡郫縣人也,顏師古:"郫,音疲。"3481

婁,婁蒙瑞應,顏師古:"婁,古屢字也。"3481

中,欲以吏事中商,顏師古:"中,中傷之也,又音竹仲反。"3482

屬,有所舉以屬郡,顏師古:"屬,音之欲反。"3483

造,未嘗不造門謝恩,顏師古:"造,音千到反。"3483

辟,槃辟雅拜,顏師古:"辟,音闢。"3485

氾,氾鄉在琅邪不其,顏師古:"氾,音凡。"3485

其,氾鄉在琅邪不其,顏師古:"其,音基。"3485

犨,南陽犨之博望鄉,顏師古:"犨,音昌牛反。"3485

與,斷獄與政,顏師古:"與,讀曰豫。"3486

復,後皆復復故,顏師古:"下復,音扶目反。"3486

錯,君舉錯煩苛,顏師古:"錯,音千故反。"3486

復,哀帝復請之,顏師古:"復,音扶目反。"3487

辟,辭位辟丁、傅,顏師古:"辟,讀曰避。"3487

幾,幾危社稷,顏師古:"幾,音鉅依反。"3487

風,莽風有司劾奏武、公孫禄互相稱舉,顏師古:"風,讀曰諷。"3487

傳,遣使者乘傳案治黨與,顏師古:"傳,音張戀反。"3488

厭,莽欲厭衆意,顏師古:"厭,音一贍反。"3488

剌,諡武曰剌侯,顏師古:"剌,音來曷反。"3488

與,不其然與,顏師古:"與,讀曰歟。"3489

覆,使者覆獄,顏師古:"覆,音芳目反。"3489

下,上逮捕不下,顏師古:"下,音胡稼反。"3489

易,吏民慢易之,顏師古:"易,音弋豉反。"3490

從,蘇令等從橫,顏師古:"從,音子用反。"3490

橫,蘇令等從橫,顏師古:"橫,音胡孟反。"3490

掇,掇去宋弘,顏師古:"掇,讀曰剟。"3493

剟,掇去宋弘,顏師古:"掇,讀曰剟。剟,音竹劣反。"3493

視,持詔書視丞相御史,顏師古:"視,讀曰示。"3493

説,天下雖不説,顏師古:"説,讀曰悦。"3493

瘳,寢疾未瘳,顏師古:"瘳,音丑留反。"3493

幾，幾危社稷，顏師古："幾，音鉅依反。"3493

厭，是公卿股肱莫能悉心務聰明以銷厭未萌之故，顏師古："厭，音一涉反。"3493

敖，亡敖佚欲有國，顏師古："敖，讀曰傲。"3495

屬，屬其人勿衆謝，顏師古："屬，音之欲反。"3495

榜，長榜死於獄，顏師古："榜，笞擊也，音彭。"3495

綈，乘輿席緣綈繒而已，顏師古："綈，音徒奚反。"3496

共，共皇寢廟比比當作，顏師古："共，讀曰恭。"3496

鄉，開門鄉北闕，顏師古："鄉，讀曰嚮。"3496

共，諸官並共，顏師古："共，讀曰供。"3497

賈，百賈震動，顏師古："賈，音古。"3497

菀，詔書罷菀，顏師古："菀，古苑字。"3497

墮，均田之制從此墮壞，顏師古："墮，音火規反。"3497

鄉，唯陛下慎己之所獨鄉，顏師古："鄉，讀曰嚮。"3497

嫣，寵臣鄧通、韓嫣，顏師古："嫣，音偃。"3497

說，於是上寖不說，顏師古："說，讀曰悦。"3498

橫，業緣私橫求，顏師古："橫，音胡孟反。"3499

鞠，尚書令鞠譚，顏師古："鞠，音居六反。"3500

操，操持兩心，顏師古："操，音千高反。"3500

咀，何謂咀藥而死，顏師古："咀，音才汝反。"3502

卬，喟然卬天歎曰，顏師古："卬，讀曰仰。"3503

卒，卒暴無漸，顏師古："卒，讀曰猝。"3504

溷，陰陽溷濁，顏師古："溷，音胡頓反。"3504

取，博取而廣求，顏師古："取，讀曰娶。"3504

左，職在左右，顏師古："左，讀曰佐。"3505

右，職在左右，顏師古："右，讀曰佑。"3505

泠，郎中令泠褒，顏師古："泠，音零。"3506

稱，車馬衣服宜皆稱皇之意，顏師古："稱，音尺孕反。"3506

墮，空去一國太祖不墮之祀，顏師古："墮，音火規反。"3506

卒，難卒變易，顏師古："卒，讀曰猝。"3508

炔，給事中博士申咸、炔欽，引蘇林："炔，音桂。"3508

比，丹經行無比，顏師古："比，音必寐反。"3508

厭,恐不厭衆心,顏師古:"厭,音一贍反。"3508

傅,傅經義以爲當治,顏師古:"傅,讀曰附。"3508

屢,變異屢臻,顏師古:"屢,古屢字。"3508

挺,乃者以挺力田議改幣章示君,顏師古:"挺,音徒鼎反。"3508

比,朕疾夫比周之徒,顏師古:"比,音頻寐反。"3508

飭,故屢以書飭君,顏師古:"飭,與敕同。"3508

幾,幾君省過求己,顏師古:"幾,音冀。"3508

諼,懷諼迷國,顏師古:"諼,音虛袁反。"3508

共,非所以共承天地,顏師古:"共,讀曰恭。"3508

請,使奉朝請,顏師古:"請,音材性反。"3509

卬,四方所瞻卬也,顏師古:"卬,讀曰仰。"3509

財,惟陛下財覽衆心,顏師古:"財,與裁同。"3509

復,有以尉復師傅之臣,顏師古:"復,音扶目反。"3509

隳,定陶隳廢共皇廟,顏師古:"隳,音火規反。"3510

悖,甚悖義理,顏師古:"悖,音布内反。"3510

疑,疑於親戚,顏師古:"疑,讀曰擬。"3511

賫,以一賫障江河,顏師古:"賫,音匱。"3511

更,丹與董宏更受賞罰,顏師古:"更,音工衡反。"3511

《揚雄傳上》

偪,偪揚侯,顏師古:"偪,古逼(也)[字]。"3514

遡,揚氏遡江上,顏師古:"遡,謂逆流而上也,音素。"3514

崏,處崏山之陽曰郫,顏師古:"崏,音旻。"3514

郫,處崏山之陽曰郫,顏師古:"郫,音疲。"3514

佚,爲人簡易佚蕩,引張晏:"佚,音鐵。"3514

蕩,爲人簡易佚蕩,引張晏:"蕩,音讜。"3514

劇,口吃不能劇談,引晉灼:"劇,或作遽。"顏師古:"劇亦疾也,無煩作遽也。"3514

湛,默而好深湛之思,顏師古:"湛,讀曰沈。"3514

耆,少耆欲,顏師古:"耆,讀曰嗜。"3515

徼,不修廉隅以徼名當世,顏師古:"徼,音工堯反。"3515

激,不修廉隅以徼名當世,顏師古:"徼,字或作激。激,發也,音工歷反。"3515

湛,何必湛身哉,顏師古:"湛,讀曰沈。"3515

摅,摅《離騷》文而反之,顏師古:"摅,音之亦反。"3515

旁,旁《離騷》作重一篇,顏師古:"旁,音步浪反。"3515

重,旁《離騷》作重一篇,顏師古:"重,音直用反。"3515

嫣,有周氏之蟬嫣兮,顏師古:"嫣,音於連反。"3516

虖,超既離虖皇波,顏師古:"虖,古乎字。"3516

潭,因江潭而洼記兮,顏師古:"潭,音尋。"3516

洼,因江潭而洼記兮,顏師古:"洼,音于放反。"3516

纍,欽弔楚之湘纍,顏師古:"纍,音力追反。"3516

辟,惟天軌之不辟兮,顏師古:"辟,讀曰闢。"3516

渜,紛纍以其渜涊兮,顏師古:"渜,音吐典反。"3516

涊,紛纍以其渜涊兮,顏師古:"涊,音乃典反。"3516

繽,暗纍以其繽紛,顏師古:"繽,音匹人反。"3516

槍,履欃槍以爲綦,顏師古:"欃,音初咸反。"3517

槍,履欃槍以爲綦,顏師古:"槍,音初行反。"3517

綦,履欃槍以爲綦,顏師古:"綦,音其。"3517

齘,何文肆而質齘,顏師古:"齘,音械。"3517

姁,資姁娃之珍髢兮,顏師古:"姁,音子踰反。"3517

娃,資姁娃之珍髢兮,顏師古:"娃,音烏佳反。"3517

髢,資姁娃之珍髢兮,顏師古:"髢,音徒計反。"3517

駕,豈駕鵝之能捷,顏師古:"駕,音加。"3518

驊,騁驊騮以曲囏兮,顏師古:"驊,音華。"3518

囏,騁驊騮以曲囏兮,顏師古:"囏,古艱字。"3518

連,驪騄連蹇而齊足,顏師古:"連,音力展反。"3518

榛,枳棘之榛榛兮,顏師古:"榛,音臻,又士臻反。"3518

狄,蝯狄擬而不敢下,顏師古:"狄,音弋授反。"3518

唉,信椒、蘭之唉佞兮,顏師古:"唉,音妾。"3518

蚤,吾纍忽焉而不蚤睹,顏師古:"蚤,古早字也。"3518

衿,衿芰茄之綠衣兮,引應劭:"衿,音衿系之衿。"顏師古:"衿,音其禁反。"3518

茄,衿芰茄之綠衣兮,顏師古:"茄,亦荷字也。"3518

被,被夫容之朱裳,顏師古:"被,音披,又音皮義反。"3518

襞,不如襞而幽之離房,顏師古:"襞,音壁。"3518

淖,閨中容競淖約兮,顏師古:"淖,音綽。"3518

颺,何必颺纍之蛾眉,顏師古:"颺,古揚字也。"3518

嬃,知衆嬃之嫉妒兮,顏師古:"嬃,音胡故反。"3518

眉,何必颺纍之蛾眉,顏師古:"眉,古眉字。"3518

被,亡春風之被離兮,顏師古:"被,讀曰披。"3519

苓,颺爆爆之芳苓,顏師古:"苓,音零。"3519

慶,慶夭頷而喪榮,顏師古:"慶,讀與羌同。"3519

頷,慶夭頷而喪榮,顏師古:"頷,古悴字。"3519

泭,横江、湘以南泭兮,顏師古:"泭,音于放反。"3519

走,云走乎彼蒼吾,顏師古:"走,音奏。"3519

潭,馳江潭之汎溢兮,顏師古:"潭,音尋。"3519

衷,將折衷虖重華,顏師古:"衷,音竹仲反。"3519

棍,棍申椒與菌桂兮,顏師古:"棍,音下本反。"3520

漚,赴江湖而漚之,顏師古:"漚,音一搆反,又音一侯反。"3520

稰,費椒稰以要神兮,顏師古:"稰,音所,又音思吕反。"3520

筵,費椒稰以要神兮,引晉灼:"索瓊茅以筵篿。"顏師古:"筵,音廷。"3520

篿,費椒稰以要神兮,引晉灼:"索瓊茅以筵篿。"顏師古:"篿,音專。"3520

湛,反湛身於江皋,顏師古:"湛,讀曰沈。"3520

扡,纍既扡夫傅説兮,顏師古:"扡,古攀字。"3520

鶝,恐鶝鳺之將鳴兮,顏師古:"鶝,音大系反,字或作鷈,亦音題。"3521

鳺,恐鶝鳺之將鳴兮,顏師古:"鳺,鳺字也。鳺,音桂,又音決。"3521

鈗,恐鶝鳺之將鳴兮,顏師古:"鶝鳺鳥一名買鈗。鈗,音詭。"3521

慮,初纍棄彼慮妃兮,顏師古:"慮,讀曰伏。"3521

抨,抨雄鴆以作媒兮,顏師古:"抨,音普耕反。"3521

旖,乘雲蜺之旖柅兮,顏師古:"旖,音於綺反。"3521

柅,乘雲蜺之旖柅兮,顏師古:"柅,音女綺反。"3521

樛,望昆侖以樛流,顏師古:"樛,音居虬反。"3521

女,奚必云女彼高丘,顏師古:"女,音尼據反。"3521

蛇,駕八龍之委蛇,顏師古:"蛇,音移。"3522

招,何有《九招》與《九歌》,顏師古:"招,讀曰韶。"3522

於，雖增欷以於邑兮，顏師古：“於，音烏。”3522

邑，雖增欷以於邑兮，顏師古：“邑，音烏合反。於邑，亦讀如本字。”3522

斐，斐斐遲遲而周邁，顏師古：“斐，音芳非反。”3522

濤，何必湘淵與濤瀨，顏師古：“濤，音大高反。”3522

鋪，溷漁父之鋪歠兮，顏師古：“鋪，音必胡反。”3522

歠，溷漁父之鋪歠兮，顏師古：“歠，音昌悅反。”3522

蹠，蹠彭咸之所遺，顏師古：“蹠，蹈也，（亦）[音]之亦反。”3522

風，還奏《甘泉賦》以風，顏師古：“風，讀曰諷。”3522

雍，雍神休，顏師古：“雍，讀曰擁。”3523

羨，屾胤錫羨，顏師古：“羨，音弋戰反。”3523

拓，拓迹開統，顏師古：“拓，音託。”3523

梢，梢夔魖而抶獝狂，顏師古：“梢，音山交反。”3523

魖，梢夔魖而抶獝狂，顏師古：“魖，音虛。”3523

屬，屬堪輿以壁壘兮，顏師古：“屬，音之欲反。”3523

抶，梢夔魖而抶獝狂，顏師古：“抶，音丑乙反。”3523

獝，梢夔魖而抶獝狂，顏師古：“獝，音撍聿反。”3523

轔，振殷轔而軍裝，顏師古：“轔，音來忍反。”3524

柲，帶干將而秉玉戚，引張晏：“玉戚，以玉爲戚柲也。”顏師古：“柲，音祕。”3524

茸，飛蒙茸而走陸梁，顏師古：“茸，音人蒙反。”3524

撙，齊總總撙撙，顏師古：“撙，音子本反。”3524

訊，焱駭雲訊，顏師古：“訊，音信。”3524

攘，奮以方攘，顏師古：“攘，音人羊反。”3524

柴，柴虒參差，顏師古：“柴，音初蟻反。”3524

虒，柴虒參差，顏師古：“虒，音豸。”3524

參，柴虒參差，顏師古：“參，音初林反。”3524

頡，魚頡而鳥胻，顏師古：“頡，音胡結反。”3524

胻，魚頡而鳥胻，顏師古：“胻，音胡剛反。”3524

曶，翕赫曶霍，顏師古：“曶，讀與忽同。”3524

蠖，蠖略蕤綏，顏師古：“蠖，音於鑊反。”3525

灕，灕虖慘纚，顏師古：“灕，音離。”3525

慘，灕虖慘纚，顏師古：“慘，音森。”3525

纚,灕虖幓纚,顔師古:"纚,音所宜反。"3525
霅,霅然陽開,顔師古:"霅,音所甲反,又音先合反。"3525
郅,夫何旟旐郅偈之旖梍也,顔師古:"郅,音吉,又音質。"3525
偈,夫何旟旐郅偈之旖梍也,顔師古:"偈,音居桀反。"3525
旖,夫何旟旐郅偈之旖梍也,顔師古:"旖,音猗。"3525
梍,夫何旟旐郅偈之旖梍也,顔師古:"梍,音女支反。"3525
敦,敦萬騎於中營兮,顔師古:"敦,讀曰屯。"3525
駍,聲駍隱以陸離兮,顔師古:"駍,音普萌反。"3525
馺,輕先疾雷而馺遺風,顔師古:"馺,音先合反。"3525
峪,陵高衍之峪嵷兮,引李奇:"峪,音踊。"3525
嵷,陵高衍之峪嵷兮,引李奇:"嵷,音竦。"3525
玒,登椽欒而玒天門兮,引李奇:"玒,音貢。"3525
兢,馳閶闔而入凌兢,顔師古:"兢,音鉅陵反。"3525
轃,是時未轃夫甘泉也,顔師古:"轃,與臻同。"3525
廩,下陰潛以慘廩兮,顔師古:"廩,讀如本字,又音來感反。"3526
嶢,直嶢嶢以造天兮,顔師古:"嶢,音堯。"3526
造,直嶢嶢以造天兮,顔師古:"造,音千到反。"3526
慶,厥高慶而不可虖疆度,顔師古:"慶,讀曰羌。"3526
度,厥高慶而不可虖疆度,顔師古:"度,音大各反。"3526
壇,平原唐其壇曼兮,顔師古:"壇,音徒旦反。"3526
曼,平原唐其壇曼兮,顔師古:"曼,音莫旦反。"3526
茇,攢并閭與茇苦兮,顔師古:"茇,音步末反。"3526
苦,攢并閭與茇苦兮,顔師古:"苦,音括。"3526
被,紛被麗其亡鄂,顔師古:"被,[音]皮義反。"3526
麗,紛被麗其亡鄂,顔師古:"麗,讀如本字。被麗,又音披離。"3526
駊騀,崇丘陵之駊騀兮,引蘇林:"駊騀,音叵我。"3526
嵌,深溝嵌巖而爲谷,顔師古:"嵌,音口銜反。"3526
迬,迬迬離宫般以相燭兮,顔師古:"迬,古往字。"3526
般,迬迬離宫般以相燭兮,顔師古:"般,音盤。"3526
施,封巒石關施靡虖延屬,顔師古:"施,音弋爾反。"3526
屬,封巒石關施靡虖延屬,顔師古:"屬,音之欲反。"3526

摧，摧嶉而成觀，引晉灼：“摧，音輕水反。”3527

輕，摧嶉而成觀，引晉灼：“摧，音輕水反。”顏師古：“輕，音丑成反”3527

嶉，摧嶉而成觀，顏師古：“嶉，音子水反。”3527

觀，摧嶉而成觀，顏師古：“觀，音工喚反。”3527

撟，仰撟首以高視兮，顏師古：“撟，與矯同。”3527

冥，目冥眴而亡見，顏師古：“冥，音莫見反。”3527

眴，目冥眴而亡見，顏師古：“眴，音州縣之縣。”3527

悄，正瀏濫以弘惝兮，引服虔：“惝，音敞。”3527

瀏，正瀏濫以弘惝兮，顏師古：“瀏，音劉。”3527

軨，據軨軒而周流兮，顏師古：“軨，字與櫺同。軨，音零。”3527

軮，忽軮軋而亡垠，顏師古：“軮，音烏朗反。”3527

軋，忽軮軋而亡垠，顏師古：“軋，音於黠反。”3527

璘，壁馬犀之璘瑠，引應劭：“璘，音鄰。”3527

瑠，壁馬犀之璘瑠，引晉灼：“瑠，音㊣。”3527

仡，金人仡仡其承鍾虡兮，顏師古：“仡，音魚乙反，又音其乞反。”3527

嵌，嵌巖巖其龍鱗，顏師古：“嵌，音火敢反。”3527

炎，乘景炎之炘炘，顏師古：“炎，音弋贍反。”3527

炘，乘景炎之炘炘，顏師古：“炘，音欣。”3527

掘，洪臺掘其獨出兮，顏師古：“掘，音其勿反。”3527

揫，揫北極之嶟嶟，顏師古：“揫，音竹指反。”3527

嶟，揫北極之嶟嶟，顏師古：“嶟，音千旬反，又音遵。”3527

施，列宿乃施於上榮兮，顏師古：“施，音弋豉反……一曰施，讀如本字。”3527

柍，日月纏經於柍桭，顏師古：“柍，音央。”3527

桭，日月纏經於柍桭，顏師古：“桭，音辰。”3527

倏，電倏忽於牆藩，顏師古：“倏，音式六反。”3528

藩，電倏忽於牆藩，顏師古：“藩，音甫元反。”3528

還，鬼魅不能自還兮，顏師古：“還，讀曰旋，或作逯。”3528

蠓，浮蔑蠓而撇天，顏師古：“蠓，音莫孔反。”3528

撇，浮蔑蠓而撇天，顏師古：“撇，音匹列反，又音普結反。”3528

熛，前熛闕後應門，顏師古：“熛，音匹遙反。”3528

汨，涌醴汨以生川，顏師古：“汨，音于筆反。”3528

蜷，蛟龍連蜷於東厓兮，顏師古：“蜷，音拳。”3528

敦,白虎敦圉虖昆侖,顔師古:"敦,音屯。"3528

溶,溶方皇於西清,顔師古:"溶,音容。"3528

崔,前殿崔巍兮,顔師古:"崔,音才回反。"3529

巍,前殿崔巍兮,顔師古:"巍,音五回反。"3529

瓏,和氏瓏玲,顔師古:"瓏,音聾。"3529

玲,和氏瓏玲,顔師古:"玲,音零。"3529

炕,炕浮柱之飛榱兮,顔師古:"炕,與抗同。"3529

閌,閌閬閬其寥廓兮,顔師古:"閌,音抗。"3529

閬,閌閬閬其寥廓兮,顔師古:"閬,音浪。"3529

寥,閌閬閬其寥廓兮,顔師古:"寥,音僚。"3529

崝,似紫宮之崝嶸,顔師古:"崝,音仕耕反。"3529

嶸,似紫宮之崝嶸,顔師古:"嶸,音宏。"3529

衍,駢交錯而曼衍兮,顔師古:"衍,(赤)[音]亦戰反。"3529

崺,崺嶹隗虖其相嬰,顔師古:"崺,音它賄反。"3529

嶹,崺嶹隗虖其相嬰,顔師古:"嶹,音皐。"3529

隗,崺嶹隗虖其相嬰,顔師古:"隗,音五賄反。"3529

捆,紛蒙籠以捆成,顔師古:"捆,音胡本反。"3529

碭,回猋肆其碭駭兮,顔師古:"碭,音徒浪反。"3529

袚,袚桂椒,顔師古:"袚,古披字。"3529

杝,鬱杝楊,顔師古:"杝,音移。"3529

櫨,擊薄櫨而將榮,顔師古:"櫨,音廬。"3530

薌,薌呹肸以捆根兮,顔師古:"薌,讀與響同。"3530

呹,薌呹肸以捆根兮,顔師古:"呹,音丑乙反。"3530

肸,薌呹肸以捆根兮,顔師古:"肸,音許乙反。"3530

捆,薌呹肸以捆根兮,顔師古:"捆,音下本反。"3530

軯,聲軯隱而歷鍾,顔師古:"軯,音普耕反。"3530

弸,弸彋其拂汨,引蘇林:"弸,音石墮井弸爾之弸。"顔師古:"弸,音普萌反。"3530

彋,惟弸彋其拂汨兮,引蘇林:"彋,音宏。"3530

拂,惟弸彋其拂汨兮,顔師古:"拂,音普密反。"3530

汨,惟弸彋其拂汨兮,顔師古:"汨,音于密反。"3530

暗,稍暗暗而靚深,顔師古:"暗,音烏感反。"3530

靚，稍暗暗而靚深，顔師古："靚，即靜字耳。"3530

般，般、倕棄其剞劂兮，顔師古："般，讀與班同。"3530

倕，般、倕棄其剞劂兮，顔師古："倕，音垂。"3530

剞，般、倕棄其剞劂兮，顔師古："剞，音居爾反。"3530

劂，般、倕棄其剞劂兮，顔師古："劂，音居衛反。"3530

偓，雖方征僑與偓佺兮，顔師古："偓，音屋。"3530

佺，雖方征僑與偓佺兮，顔師古："佺，音詮。"3530

征，雖方征僑與偓佺兮，顔師古："征，《郊祀志》作正字，其音同。"3530

仿佛，猶仿佛其若夢，顔師古："仿佛，即髣髴字也。"3530

閒，珍臺閒館琁題玉英蝹蜎蠼濩，顔師古："閒，讀曰閑。"3531

蝹，珍臺閒館琁題玉英蝹蜎蠼濩，顔師古："蝹，音一竞反。"3531

蜎，珍臺閒館琁題玉英蝹蜎蠼濩，顔師古："蜎，音下竞反。"3531

蠼，珍臺閒館琁題玉英蝹蜎蠼濩，顔師古："蠼，音烏郭反。"3531

濩，珍臺閒館琁題玉英蝹蜎蠼濩，顔師古："濩，音胡郭反。"3531

釐，逆釐三神者，顔師古："釐，讀曰禧。"3531

旚，建光燿之長旚兮，顔師古："旚，音所交反。"3532

阬，陳衆車（所）〔於〕東阬兮，顔師古："阬，大阜也，讀與岡同。"3532

鈢，肆玉鈢而下馳，顔師古："鈢，音大，又音弟。"3532

還，漂龍淵而還九垠兮，顔師古："還，讀曰旋。"3532

倏，風倏倏而扶轄兮，顔師古："倏，音竦。"3532

淲，梁弱水之淲瀯兮，顔師古："淲，音吐定反。"3532

瀯，梁弱水之淲瀯兮，顔師古："瀯，音熒，又音胡鎣反。"3532

蛇，蹑不周之逶蛇，顔師古："蛇，音移。"3532

慮，屏玉女而卻慮妃，顔師古："慮，讀曰伏。"3532

𢤝，方𢤝道德之精剛兮，顔師古："𢤝，音覽。"3532

爌，北爌幽都，顔師古："爌，古晃字。"3533

煬，南煬丹厓，顔師古："煬，音弋向反。"3533

𧑟，玄瓚𧑟膠，顔師古："𧑟，音蚓。"3533

膠，玄瓚𧑟膠，顔師古："膠，音力幽反。"3533

泔，秬鬯泔淡，顔師古："泔，音胡感反。"3533

淡，秬鬯泔淡，顔師古："淡，音大敢反。"3533

熛,熛訛碩麟,顏師古:"熛,音必遥反。"3533

暗,儵暗藹兮降清壇,顏師古:"暗,音烏感反。"3533

偈,度三巒兮偈棠棃,顏師古:"偈,讀曰憩。"3533

沛,雲飛揚兮雨滂沛,顏師古:"沛,音普大反。"3533

剺,登降剺崺,顏師古:"剺,音力爾反。"3534

崺,登降剺崺,顏師古:"崺,音弋爾反。"3534

單,單埢垣兮,顏師古:"單,音蟬。"3534

埢,單埢垣兮,顏師古:"埢,音拳。"3534

嵾,增宮嵾差,顏師古:"嵾,音初林反。"3534

駢,駢嵯峨兮,顏師古:"駢,音步千反。"3534

嵯,駢嵯峨兮,顏師古:"嵯,音材何反。"3534

峨,駢嵯峨兮,顏師古:"峨,音娥。"3534

岭,岭嶒嶙峋,顏師古:"岭,音零。"3534

嶒,岭嶒嶙峋,顏師古:"嶒,音嶜。"3534

嶙,岭嶒嶙峋,顏師古:"嶙,音隣。"3534

峋,岭嶒嶙峋,顏師古:"峋,音荀。"3534

縡,上天之縡,顏師古:"縡,讀與載同。"3534

招,俳佪招摇,顏師古:"招,音上遥反。"3534

遟,靈遟迡兮,顏師古:"遟,音栖。"3534

迡,靈遟迡兮,顏師古:"迡,音(又)[丈]夷反。"3534

眩,煇光眩燿,顏師古:"眩,音州縣之縣。"3534

陆,弩陆,顏師古:"陆,音袪。"3535

棌,棌椽三等之制,顏師古:"棌,音采,又音菜。"3535

黨,黨鬼神可也,顏師古:"黨,音它莽反。"3535

虛,迹殷周之虛,顏師古:"虛,讀曰墟。"3536

瘞,將瘞后土,顏師古:"瘞,音乙例反。"3536

彄,彄天狼之威弧,顏師古:"彄,急張也,音钁。"3537

被,被雲梢,顏師古:"被,音皮義反。"3537

梢,被雲梢,顏師古:"梢,與旓同。"3537

飆,風發飆拂,顏師古:"飆,音必遥反。"3537

趑,神騰鬼趑,顏師古:"趑,音子笑反,又音才笑反。"3537

屈,萬騎屈橋,顔師古:“屈,音其勿反。”3537

橋,萬騎屈橋,顔師古:“橋,音其召反。”3537

嘻,嘻嘻旭旭,顔師古:“嘻,音許其反。”3537

稠,天地稠嶅,顔師古:“稠,音徒弔反。”3537

嶅,天地稠嶅,顔師古:“嶅,音五到反。”3537

跖,跖魂負沴,顔師古:“跖,音之亦反。”3537

坻,跖魂負沴,引服虔:“沴,河岸之坻也。”顔師古:“坻,音直尸反。”3537

踼,河靈矍踼,引蘇林:“踼,音試郎反。”引服虔:“踼,音石臭反。”顔師古:“踼,音惕。”3537

矍,河靈矍踼,顔師古:“矍,音钁。”3538

爪,爪華蹈衰,顔師古:“爪,古掌字。”3538

蹲,蹲蹲如也,顔師古:“蹲,音千旬反。”3538

鄉,靈祇既鄉,顔師古:“鄉,讀曰嚮。”3538

絪,絪縕玄黄,顔師古:“絪,音因。”3538

縕,絪縕玄黄,顔師古:“縕,音於云反。”3538

與,周流容與,顔師古:“與,讀曰豫。”3538

灑,灑沈菑於豁瀆兮,顔師古:“灑,音所宜反。”3538

菑,灑沈菑於豁瀆兮,顔師古:“菑,古災字也。”3538

瀕,播九河於東瀕,顔師古:“瀕,音頻,又音賓。”3538

瞰,瞰帝唐之嵩高兮,顔師古:“瞰,音苦濫反。”3539

脈,脈隆周之大寧,顔師古:“脈,即覓字。”3539

汩,汩低回而不能去兮,顔師古:“汩,音于筆反。”3539

睨,行睨陔下與彭城,顔師古:“睨,音五系反。”3539

濊,濊南巢之坎坷兮,顔師古:“濊,與穢同。”3539

坎,濊南巢之坎坷兮,顔師古:“坎,音口紺反。”3539

坷,濊南巢之坎坷兮,顔師古:“坷,音口賀反。”3539

易,易豳岐之夷平,顔師古:“易,音弋豉反。”3539

嶢,陟西岳之嶢崝,顔師古:“嶢,音堯。”3539

崝,陟西岳之嶢崝,顔師古:“崝,音士耕反。”3539

霏,雲霏霏而來迎兮,顔師古:“霏,古霏字。”3539

滲,澤滲灕而下降,顔師古:“滲,音淋。”3539

灘,澤滲灘而下降,顏師古:"灘,音離。"3539

降,澤滲灘而下降,顏師古:"降,音湖江反。"3539

滃,滃汎沛以豐隆,顏師古:"滃,音烏孔反。"3539

汎,滃汎沛以豐隆,顏師古:"汎,音敷劍反。"3539

沛,滃汎沛以豐隆,顏師古:"沛,音普蓋反。"3539

函,以函夏之大漢兮,顏師古:"函,讀與含同。"3540

攄,奮《六經》以攄頌,顏師古:"攄,音丑於反。"3540

頌,奮《六經》以攄頌,顏師古:"頌,讀曰容。"3540

隃,隃於穆之緝熙兮,顏師古:"隃,讀與踰同。"3540

於,隃於穆之緝熙兮,顏師古:"於,讀曰烏。"3540

軼,軼五帝之遐迹兮,顏師古:"軼,音逸。"3540

軔,發軔於平盈兮,顏師古:"軔,音刃。"3540

財,財足以奉郊廟,顏師古:"財,讀與纔同。"3541

屮,屮木茂,顏師古:"屮,古草字。"3541

旁,旁南山而西,顏師古:"旁,音步浪反。"3541

瀕,瀕渭而東,顏師古:"瀕,音頻,又音賓。"3541

袤,周袤數百里,顏師古:"袤,音茂。"3541

滇,穿昆明池象滇河,顏師古:"滇,音丁賢反。"3542

馺,馺娑,顏師古:"馺,音先合反。"3542

娑,馺娑,顏師古:"娑,音先河反。"3542

詡,尚泰奢麗誇詡,顏師古:"詡,大也,音許羽反。"3542

風,聊因《校獵賦》以風,顏師古:"風,讀曰諷。"3542

訾,富既與地虖侔訾,顏師古:"訾,與貲同。"3543

薜,陋三王之阤薜,顏師古:"薜,亦僻字也。"3543

嶠,嶠高舉而大興,顏師古:"嶠,音去昭反。"3543

寥,歷五帝之寥廓,顏師古:"寥,音聊。"3543

垠,開北垠,顏師古:"垠,音銀。"3544

闔,西馳闔閭,顏師古:"闔,讀與閶同也,又音吐郎反。"3544

共,儲積共偫,顏師古:"共,讀曰供。"3544

偫,儲積共偫,顏師古:"偫,音丈紀反。"3544

路,虎路三嵏,引晉灼:"路,音落。"3544

嵏,虎路三嵏,顏師古:"嵏,音子公反。"3544

鴻,鴻濛沆茫,顏師古:"鴻,音胡孔反。"3545

濛,鴻濛沆茫,顏師古:"濛,音莫孔反。"3545

沆,鴻濛沆茫,顏師古:"沆,音胡浪反。"3545

茫,鴻濛沆茫,顏師古:"茫,音莽。"3545

碣,碣以崇山,顏師古:"碣,音竭。"3545

鏌,杖鏌邪,顏師古:"鏌,音莫。"3545

邪,杖鏌邪,顏師古:"邪,音弋奢反。"3545

綟,紅蜺爲綟,顏師古:"綟,音下犬反。"3545

屬,屬之虖昆侖之虚,顏師古:"屬,音之欲反。"3545

虚,屬之虖昆侖之虚,顏師古:"虚,讀曰墟。"3545

扁,鮮扁陸離,顏師古:"扁,音篇。"3545

駢,駢衍佖路,顏師古:"駢,音步千反。"3545

佖,駢衍佖路,顏師古:"佖,音頻一反,又音步結反。"3545

鴻,鴻絧緁獵,顏師古:"鴻,音胡孔反。"3545

絧,鴻絧緁獵,顏師古:"絧,音徒孔反。"3545

緁,鴻絧緁獵,顏師古:"緁,音捷。"3545

殷,殷殷軫軫,顏師古:"殷,讀曰隱。"3545

旷,旷分殊事,顏師古:"旷,音户。"3545

繽,繽紛往來,顏師古:"繽,音匹人反。"3545

轠,轠轤不絕,引如淳:"轠,音雷。"3545

轤,轠轤不絕,引如淳:"轤,音盧。"3545

並,蚩尤並轂,顏師古:"並,音步浪反。"3546

捎,曳捎星之旃,顏師古:"捎,音所交反。"3546

傱,萃傱允溶,顏師古:"傱,音先勇反,又音叢。"3546

溶,萃傱允溶,顏師古:"溶,音容。"3546

戲,戲八鎮而開關,顏師古:"戲,讀曰麾。"3546

嘽,吸嘽潚率,顏師古:"嘽,音許冀反。"3546

潚,吸嘽潚率,顏師古:"潚,音肅。"3546

翰,攢以龍翰,顏師古:"翰,合韻音韓。"3546

蹌,秋秋蹌蹌,顏師古:"蹌,音千羊反。"3546

虓，虓虎之陳，引服虔：“虓，音哮。”3547

哮，虓虎之陳，引服虔：“虓，音哮。”顏師古：“哮，音火交反。”3547

轕，從横膠轕，顏師古：“轕，音葛。”3547

泣，猋泣雷厲，引鄧展：“泣，音粒。”3547

驥，驥騄駖磕，顏師古：“驥，音匹人反。”3547

騥，驥騄駖磕，顏師古：“騥，音普萌反。”3547

駖，驥騄駖磕，顏師古：“駖，音力莖反。”3547

磕，驥騄駖磕，顏師古：“磕，音口盍反。”3547

洶，洶洶旭旭，顏師古：“洶，音匈。”3547

岋，天動地岋，引蘇林：“岋，音岋岋動摇之岋。”顏師古：“岋，音五合反。”3547

羨，羨漫半散，顏師古：“羨，音弋戰反。”3547

鄉，殊鄉别趣，顏師古：“鄉，讀曰嚮。”3547

耆，騁耆奔欲，顏師古：“耆，讀曰嗜。”3547

欲，騁耆奔欲，顏師古：“欲，合韻音弋樹反。”3547

扡，扡蒼猻，顏師古：“扡，音佗。”3547

跋，跋犀犛，顏師古：“跋，音步末反。”3547

蹶，蹶浮麇，引鄭氏：“蹶，音馬蹄蹶之蹶。”3547

斮，斮巨狿，顏師古：“斮，音側略反。”3547

岠，岠連卷，顏師古：“岠，即距字也。”3548

卷，岠連卷，顏師古：“卷，音拳。”3548

踔，踔夭蟜，顏師古：“踔，音丑孝反，又音徒釣反。”3548

蟜，踔夭蟜，顏師古：“蟜，音矯。”3548

娭，娭澗門，顏師古：“娭，音許其反。”3548

轔，轔輕飛，顏師古：“轔，音吝。”3548

般，履般首，引如淳：“般，音班。”3548

摼，摼象犀，顏師古：“摼，古牽字。”3548

阬，跐蠻阬，顏師古：“阬，音剛。”3548

跐，跐蠻阬，顏師古：“跐，音弋制反。”3548

闇，登降闇藹，顏師古：“闇，音烏感反。”3548

還，木仆山還，引如淳：“還，音旋。”3548

與，儲與虖大溥，顏師古：“與，音餘。”3548

溥,儲與虖大溥,顏師古:"溥,音普。"3548

浪,聊浪虖宇内,顏師古:"浪,音琅。"3548

輵,皇車幽輵,顏師古:"輵,音一轄反。"3549

純,光純天地,顏師古:"純,音之允反。"3549

彌,望舒彌轡,顏師古:"彌,音莫爾反。"3549

虪,浸淫虪部,顏師古:"虪,音千欲反。"3549

隊,曲隊堅重,顏師古:"隊,音徒内反。"3549

行,各按行伍,顏師古:"行,音胡郎反。"3549

抶,神抶電擊,顏師古:"抶,音丑乙反。"3549

掃,刮野埽地,顏師古:"掃,音先早反。"3549

絹,絹嗃陽,顏師古:"絹,音工犬反。"3549

嗃,絹嗃陽,顏師古:"嗃,音工聊反。"3549

費,絹嗃陽,顏師古:"嗃陽,費費也。 費,音扶味反。"3549

駍,應駍聲,顏師古:"駍,音普萌反。"3549

噱,遥噱虖紭中,顏師古:"噱,音其略反。"3550

紭,遥噱虖紭中,顏師古:"紭,古紘字。"3550

芒,三軍芒然,顏師古:"芒,音莫郎反。"3550

尢,窮尢閼與,顏師古:"尢,音淫。"3550

閼,窮尢閼與,顏師古:"閼,音於庶反。"3550

與,窮尢閼與,顏師古:"與,音豫。"3550

亶,亶觀夫票禽之絏隃,顏師古:"亶,讀曰但。"3550

票,亶觀夫票禽之絏隃,顏師古:"票,音頻妙反。"3550

絏,亶觀夫票禽之絏隃,顏師古:"絏,與跇同……音弋制反。"3550

隃,亶觀夫票禽之絏隃,顏師古:"隃,與踰同。"3550

觸,犀兕之抵觸,顏師古:"觸,合韻音昌樹反。"3550

挐,熊羆之挐攫,顏師古:"挐,音女居反。"3550

攫,熊羆之挐攫,顏師古:"攫,音钁。"3550

遽,虎豹之凌遽,顏師古:"遽,音詎。"3550

搶,徒角搶題注,顏師古:"搶,音千羊反。"3550

蹴,蹴竦讋怖,顏師古:"蹴,音子育反。"3550

脰,觸輻關脰,顏師古:"脰,音豆。"3550

中,於是禽殫中衰,顏師古:"中,音竹仲反。"3551

焯,焯爍其陂,顏師古:"焯,古灼字也。"3551

爍,焯爍其陂,顏師古:"爍,音式藥反。"3551

礜,玉石礜崟,顏師古:"礜,音仕金反。"3551

崟,玉石礜崟,顏師古:"崟,音牛林反。"3551

嚶,鴻鴈嚶嚶,顏師古:"嚶,音於行反。"3551

娭,群娭虜其中,顏師古:"娭,音許其反。"3551

噍,噍噍昆鳴,顏師古:"噍,音子由反。"3551

鷖,梟鷖振鷺,顏師古:"鷖,音烏奚反。"3551

砰,上下砰磕,顏師古:"砰,音普萌反。"3551

碕,探巖排碕,顏師古:"碕,音鉅依反。"3551

嶔,探巖排碕,顏師古:"巖,水岸嶔巖之處也。嶔,音口銜反。"3551

獱,蹈獱獺,引蘇林:"獱,音賓。"3551

獺,蹈獱獺,顏師古:"獺,音它曷反。"3551

抾,抾靈蠵,引鄭氏:"抾,音怯。"顏師古:"抾,又音祛。"3552

蠵,抾靈蠵,顏師古:"蠵,音弋隨反,又音攜。"3552

京,騎京魚,顏師古:"京,大也。或讀爲鯨。"3552

椎,方椎夜光之流離,顏師古:"椎,音直佳反。"3552

虙,鞭洛水之虙妃,顏師古:"虙,讀曰伏。"3552

蠁,蠁曶如神,顏師古:"蠁,與嚮同。"3552

曶,蠁曶如神,顏師古:"曶,與忽同。"3552

貉,胡貉之長,顏師古:"貉,音莫百反。"3553

喟,喟然稱曰,顏師古:"喟,音丘位反。"3553

俞,上猶謙讓而未俞也,顏師古:"俞,音踰。"3553

儕,儕男女使莫違,顏師古:"儕,音仕皆反。"3554

虞,弘仁惠之虞,顏師古:"虞,與娛同。"3554

邑,於是醇洪邑之德,顏師古:"邑,與暢同。"3554

《揚雄傳下》

斜,西自褒斜,顏師古:"斜,音弋奢反。"3557

狄,虎豹狄玃,顏師古:"狄,音弋授反。"3557

玃,虎豹狄玃,顏師古:"玃,音钁。"3557

陈,以罔爲周陈,顏師古:"陈,音袪。"3557

風,子墨爲客卿以風,顏師古:"風,讀曰諷。"3557

嶃嶻,椓(截)[嶃]嶻而爲弌,顏師古:"嶃嶻,音截齧。"3558

嶃,椓(截)[嶃]嶻而爲弌,顏師古:"嶃,又音材葛反。"3558

嶻,椓(截)[嶃]嶻而爲弌,顏師古:"嶻,又音五葛反。"3558

踤,帥軍踤阹,顏師古:"踤,音才恤反。"3558

搤,搤熊羆,顏師古:"搤,音戹。"3558

拕,拕豪豬,顏師古:"拕,音佗。"3558

豩,拕豪豬,顏師古:"豪豬亦名帚豩也。豩,音(完)[桓]。"3558

槍,木雍槍纍,顏師古:"槍,音千羊反。"3558

纍,木雍槍纍,顏師古:"纍,音力佳反。"3558

廑,其廑至矣,顏師古:"廑,古勤字。"3559

澹,澹泊爲德,顏師古:"澹,音徒濫反。"3559

泊,澹泊爲德,顏師古:"泊,音步各反,又音魄。"3559

罷,數搖動以罷車甲,顏師古:"罷,讀曰疲。"3559

吁,吁,謂之茲邪,顏師古:"吁,音于。"3559

窔,窔窳其民,顏師古:"窔,音於黠反。"3560

窳,窔窳其民,顏師古:"窳,音愈。"3560

票,票昆侖,顏師古:"票,猶言搖動也,音匹昭反。"3560

撕,所麾城(撕)[撕]邑,引李奇:"撕,音車幰之幰。"3560

鞮,鞮鍪生蟣蝨,顏師古:"鞮,音丁奚反。"3560

鍪,鞮鍪生蟣蝨,顏師古:"鍪,音牟。"3560

蟣,鞮鍪生蟣蝨,顏師古:"蟣,音居豈反。"3560

韜,革韜不穿,顏師古:"韜,革履,音踏。"3561

璖,除彫琢之巧,顏師古:"璖,音篆。"3561

衍,抑止絲竹晏衍之樂,顏師古:"衍,音弋戰反。"3561

幼,憎聞鄭衛幼眇之聲,顏師古:"幼,音一笑反。"3561

眇,憎聞鄭衛幼眇之聲,顏師古:"眇,音妙。"3561

鬻,熏鬻作虐,顏師古:"鬻,音弋六反。"3561

橫,東夷橫畔,顏師古:"橫,音胡孟反。"3561

睚,羌戎睚眦,顏師古:"睚,音五懈反。"3561

矔，羌戎矔眦，顏師古：“睻，字或作矔。矔，音工唤反。”3561

眦，羌戎矔眦，顏師古：“眦，音仕懈反。”3561

汾，汾沄沸渭，顏師古：“汾，音紛。”3562

沄，汾沄沸渭，顏師古：“沄，音雲。”3562

鏠，機駭鏠軼，顏師古：“鏠，與鋒同。”3562

軼，機駭鏠軼，顏師古：“軼，與逸同。”3562

霆，擊如震霆，顏師古：“霆，音廷。”3562

磌，砰磌輼，顏師古：“磌，音扶云反。”3562

輼，砰磌輼，顏師古：“輼，音於云反。”3562

髊，髊余吾，顏師古：“髊，古髓字。”3562

爤，燒爤蠡，顏師古：“爤，音覓。”3562

蠡，燒爤蠡，顏師古：“蠡，音黎，又音來戈反。”3562

劦，分梨單于，顏師古：“梨，與劦同。劦，音力私反。”3562

阬，夷阬谷，顏師古：“阬，音口衡反。”3562

莽，拔鹵莽，顏師古：“莽，音莫户反。”3562

廝，蹂屍輿廝，顏師古：“廝，音斯。”3562

累，係累老弱，顏師古：“累，音力追反。”3562

鋋，尭鋋瘢耆，顏師古：“鋋，音蟬，又音延。”3562

著，瘢耆，引蘇林：“以耆字爲著字，著音債之著。”顏師古：“著，音竹略反。”3562

矜，尭鋋瘢耆，顏師古：“鋋，鐵矜小矛也。矜，音巨巾反。”3562

頷，皆稽顙樹頷，顏師古：“頷，音胡感反。”3562

服，扶服蛾伏，顏師古：“服，音蒲北反。”3562

蛾，扶服蛾伏，顏師古：“蛾，與蟻同。”3562

蹻，莫不蹻足抗手，顏師古：“蹻，音矯。”3563

澹，使海内澹然，顏師古：“澹，安也，音徒濫反。”3563

靡，聖風雲靡，顏師古：“靡，合韻音武義反。”3564

殺，事罔隆而不殺，顏師古：“殺，音所例反。”3564

柞，振師五柞，顏師古：“柞，與柞同。”3564

票，校武票禽，顏師古：“票，音頻妙反，又音匹妙反。”3564

敯，敯烏弋，顏師古：“敯，音口濫反。”3564

嶰，西厭月嶰，引服虔：“嶰，音窟，穴。”3564

厭,西厭月㟪,顏師古:"厭,音一涉反。"3564

仿佛,從者仿佛,顏師古:"仿佛,讀曰髣髴。"3564

觖,觖屬而還,顏師古:"觖,古委字也。"3564

屬,觖屬而還,顏師古:"屬,音之欲反。"3564

還,觖屬而還,顏師古:"還,讀曰旋也。"3564

虞,反五帝之虞,顏師古:"虞,與娛同,合韻音牛具反。"3565

櫌,使農不輟櫌,顏師古:"櫌,音憂。"3565

易,行簡易,顏師古:"易,合韻音弋赤反。"3565

韜,鳴韜磬之和,顏師古:"韜,古鼗字。"3565

碣,建碣礚之虡,顏師古:"碣,音一轄反。"3565

礚,建碣礚之虡,顏師古:"礚,音轄。"3565

拮,拮隔鳴球,顏師古:"拮,音居黠反。"3565

球,拮隔鳴球,顏師古:"球,音求,又音虯。"3565

掉,掉八列之舞,顏師古:"掉,音徒釣反。"3565

胥,肴樂胥,顏師古:"胥,音先呂反。"3565

祜,受神人之福祜,顏師古:"祜,福也,音户。"3565

勞,故真神之所勞也,顏師古:"勞,音郎到反。"3565

離,諸附離之者,顏師古:"離,音麗。"3566

泊,泊如也,顏師古:"泊,音步各反。"3566

挖,紆青拕紫,顏師古:"拕,音吐賀反,又音徒可反。"3566

從,壹從壹衡,顏師古:"從,音子容反。"3567

纔,擢纔給事黃門,顏師古:"纔,音才。"3567

拓,何爲官之拓落也,顏師古:"拓,音託。"3567

跌,不知一跌將赤吾之族也,顏師古:"跌,音徒結反。"3567

坏,或鑿坏以遁,引蘇林:"坏,音陪。"顏師古:"坏,又音普回反。"3568

頡,驕衍以頡亢而取世資,顏師古:"頡,音下結反。"3568

亢,驕衍以頡亢而取世資,顏師古:"亢,音湖浪反。"3568

連,孟軻雖連蹇,顏師古:"連,音輦。"3568

陶,後陶塗,顏師古:"陶,今書本陶字有作椒者,流俗所改。"3568

鈇,製以質鈇,顏師古:"鈇,音膚。"3569

鑕,製以質鈇,顏師古:"質,鑕也。鑕,音竹林反。"3569

倚,結以倚盧,顏師古:"倚,音於綺反。"3569

縰,戴縰垂纓而談者,顏師古:"縰,音山爾反。"3569

雀,譬若江湖之雀,顏師古:"雀,字或作隺。"3569

鳥,勃解之鳥,顏師古:"鳥,字或作島。"3569

乘,乘雁集不爲之多,顏師古:"乘,音食證反。"3569

虛,昔三仁去而殷虛,顏師古:"虛,空也。一曰虛讀曰墟。"3569

伯,種、蠡存而粵伯,顏師古:"伯,讀曰霸。"3569

摺,范睢以折摺而危穰侯,引晉灼:"摺,古拉字也。"3569

嚛,蔡澤雖嚛吟而笑唐舉,顏師古:"嚛,音鉅錦反。"3570

吟,蔡澤雖嚛吟而笑唐舉,顏師古:"吟,音魚錦反。"3570

舉,蔡澤雖嚛吟而笑唐舉,顏師古:"舉,合韻音居御反。"3570

患,亦亡所患,顏師古:"患,合韻音胡關反。"3570

潭,橫江潭而漁,顏師古:"潭,音尋。"3570

漁,橫江潭而漁,顏師古:"漁,合韻音牛助反。"3570

篲,擁帚篲而先驅,顏師古:"篲,音似歲反。"3571

信,士頗得信其舌而奮其筆,顏師古:"信,讀曰申。"3571

罅,室隙蹈瑕而無所詘也,顏師古:"罅,音呼駕反。"3571

鄉,鄉使上世之士處虖今,顏師古:"鄉,讀曰嚮。"3571

疏,獨可抗疏,顏師古:"疏,音所據反。"3571

瞰,鬼瞰其室,顏師古:"瞰,視也,音口濫反。"3572

挐,攫挐者亡,顏師古:"挐,音女居反。"3572

靜,爰清爰靜,顏師古:"靜,合韻音才性反。"3572

蝘,執蝘蜓而嘲龜龍,顏師古:"蝘,音烏典反。"3572

蜓,執蝘蜓而嘲龜龍,顏師古:"蜓,音殄。"3572

跗,不遭俞跗、扁鵲,顏師古:"跗,音甫無反。"3572

髂,折脅拉髂,顏師古:"髂,音格。"3573

服,扶服入橐,顏師古:"服,音蒲北反。"3573

印,激卬萬乘之主,顏師古:"卬,讀曰仰。"3573

抵,抵穰侯而代之,引蘇林:"抵,音紙。"3573

頷,頷頤折頞,顏師古:"頷,曲頤也,音欽。"3573

咽,搤其咽,顏師古:"咽,音一千反。"3573

炕,炕其氣,顏師古:“炕,音抗。”3573

輅,婁敬委輅脱輓,顏師古:“輅,音胡格反。”3573

輓,婁敬委輅脱輓,顏師古:“輓,音晚。”3573

掉,掉三寸之舌,顏師古:“掉,音徒釣反。”3573

枹,起於枹鼓之間,顏師古:“枹,音孚。”3574

靡,《甫刑》靡敝,顏師古:“靡,音縻。”3574

誖,則誖矣,顏師古:“誖,音布内反。”3574

阺,嚮若阺隤,顏師古:“阺,音氐。”3574

氐,嚮若阺隤,顏師古:“阺,音氐。氐,音丁禮反。”3574

祁,發迹於祁連,顏師古:“祁,音止夷反。”3574

風,將以風也,顏師古:“風,讀曰諷。”3575

風,欲以風,顏師古:“風,讀曰諷。”3576

縹,縹縹有陵雲之志,顏師古:“縹,音匹昭反。”3576

繇,繇是言之,顏師古:“繇,讀與由同。”3576

渾,而大潭思渾天,顏師古:“渾,音胡昆反。”3576

据,旁則三摹九据,引晉灼:“据,今據字也。”3576

揲,揲之以三策,顏師古:“揲,音食列反。”3576

絣,絣之以象類,顏師古:“絣,併也,音并。”3576

曼,曼漶而不可知,引張晏:“曼,音滿。”顏師古:“曼,音莫幹反。”3576

漶,曼漶而不可知,引張晏:“漶,音緩。”顏師古:“漶,音奂。”3576

攡,《攡》《瑩》《數》,引晉灼:“攡,音離。”顏師古:“攡,音摛。”3576

捖,《文》《捖》《圖》,引服虔:“捖,音睆。”3576

比,工聲調於比耳,顏師古:“比,音頻二反。”3577

眇,閎意眇指,顏師古:“眇,讀曰妙。”3577

亶,亶費精神於此,顏師古:“亶,讀曰但。”3577

放,弦者放於無聲,顏師古:“放,音甫往反。”3577

俞,曰:“俞。”顏師古:“俞,然也。音踰。”3578

戟,則不能戟膠葛,顏師古:“戟,音戟。”3578

挶,則不能戟膠葛,顏師古:“戟,挶也。挶,音居足反。”3578

紘,燿八紘,顏師古:“紘,音宏。”3578

嶣嶢,泰山之高不嶣嶢,顏師古:“嶣嶢,音樵堯。”3578

浡,不能浡潏雲而散歊烝,顏師古:"浡,音勃。"3578

潏,不能浡潏雲而散歊烝,顏師古:"潏,音一孔反。"3578

歊,不能浡潏雲而散歊烝,顏師古:"歊,音許昭反。"3578

宓,是以宓犧氏之作《易》也,顏師古:"宓,音伏。"3578

淡,大味必淡,顏師古:"淡,音徒濫反。"3579

眇,聲之眇者,顏師古:"眇,讀曰妙。"3579

棍,不可棍於世俗之目,顏師古:"棍,音胡本反。"3579

趨,追趨逐耆,顏師古:"趨,讀曰趣。"3579

耆,追趨逐耆,顏師古:"耆,讀曰嗜。"3579

揄,揄《六莖》,顏師古:"揄,音踰。"3579

和,則莫有和也,顏師古:"和,音胡臥反。"3579

玃,玃人亡,顏師古:"玃,音乃高反,又音乃回反。今書本玃字有作郳者,流俗改之。"3579

墍,玃人亡,引服虔:"玃,古之善塗墍者也。"顏師古:"墍,音許既反。"3579

幾,幾君子之前睹也,顏師古:"幾,讀曰冀。"3580

與,此非其操與,顏師古:"與,讀曰歟。"3580

訾,大氐詆訾聖人,顏師古:"訾,音紫。"3580

迂,即爲怪迂,顏師古:"迂,音于。"3580

撓,以撓世事,顏師古:"撓,音火高反。"3580

頗,是非頗謬於經,顏師古:"頗,音普我反。"3580

譔,譔以爲十三卷,顏師古:"譔,與撰同。"3580

倥,倥侗顓蒙,顏師古:"倥,音空。"3580

侗,倥侗顓蒙,顏師古:"侗,音同。"3580

顓,倥侗顓蒙,顏師古:"顓,與專同。"3580

曶,神心曶怳,顏師古:"曶,讀與忽同。"3581

參,參差不齊,顏師古:"參,音初林反。"3582

槩,壹槩諸聖,顏師古:"槩,音工代反。"3582

押,蠢迪檢押,顏師古:"押,音狎。"3582

放,相與放依而馳騁云,顏師古:"放,音甫往反。"3583

曶,於時人皆曶之,顏師古:"曶,與忽同。"3584

逡,唯劉歆及范逡敬焉,顏師古:"逡,音千旬反。"3584

粢,歆子粢,顏師古:“粢,亦枌字也,音扶云反。”3584

幾,幾死,顏師古:“幾,音鉅依反。”3584

與,雄素不與事,顏師古:“與,讀曰豫。”3584

耆,耆酒,顏師古:“耆,讀曰嗜。”3585

芭,鉅鹿侯芭,引服虔:“芭,音葩。”3585

瓿,吾恐後人用覆醬瓿也,顏師古:“瓿,音部。”3585

更,更閱賢知,顏師古:“更,音工衡反。”3586

《儒林傳》

奸,奸七十餘君,顏師古:“奸,音干。”3590

澹,澹臺子羽居楚,顏師古:“澹,音徒甘反。”3591

滑,禽滑氂之屬,顏師古:“滑,音于拔反。”3591

氂,禽滑氂之屬,顏師古:“氂,音離。”3591

燔,燔《詩》《書》,顏師古:“燔,音扶元反。”3592

毆,毆適戍以立號,顏師古:“毆,與驅同。”3592

適,毆適戍以立號,顏師古:“適,讀曰謫。”3592

喟,喟然興於學,顏師古:“喟,音丘位反。”3593

培,於魯則申培公,顏師古:“培,音陪。”3593

鄉,靡然鄉風矣,顏師古:“鄉,讀曰嚮。”3593

繇,繇內及外,顏師古:“繇,音由。”3595

復,復其身,顏師古:“復,音方目反。”3595

悖,出入不悖,顏師古:“悖,音布內反。”3595

分,明天人分際,顏師古:“分,音扶問反。”3595

彬,彬彬多文學之士矣,顏師古:“彬,音斌。”3596

復,能通一經者皆復,顏師古:“復,音方目反。”3596

瞿,自魯商瞿、子木受《易》孔子,顏師古:“瞿,音衢。”3597

庇,以授魯橋庇子庸,顏師古:“庇,音必寐反。”3597

馯,子庸授江東馯臂子弓,顏師古:“馯,姓也,音韓。”3597

中,授東武王同子中,顏師古:“中,讀曰仲。”3597

碭,寬授同郡碭田王孫,顏師古:“碭,音唐,又音宕。”3598

繇,繇是《易》有施、孟、梁丘之學,顏師古:“繇,與由同。”3598

荄,萬物方荄茲也,顏師古:“荄,音該,又音皆。”3599

刉，喜因不肯刉，顏師古："刉，音刃。"3600

兄，沛翟牧子兄，顏師古："兄，讀曰況。"3600

墜，先毆旄頭劍挺墮墜，顏師古："墜，古地字。"3601

鄉，刄鄉乘輿車，顏師古："鄉，讀曰嚮。"3601

黨，黨焦延壽獨得隱士之説，顏師古："黨，讀曰儻。"3602

乘，河南乘弘，顏師古："乘，姓也，音食證反。"3602

費，費直字長翁，顏師古："費，音扶味反。"3602

單，至單父令，顏師古："單，音善。"3602

父，至單父令，顏師古："父，音甫。"3602

中，琅邪王璜平中能傳之，顏師古："中，讀曰仲。"3602

䓲，同郡䓲卿，顏師古："䓲，音姦。"3604

炔，齊炔欽，顏師古："炔，音桂。"3605

拊，張山拊字長賓，顏師古："拊，音膚。"3606

嚴，嚴然總《五經》之眇論，顏師古："嚴，與儼同。"3606

眇，嚴然總《五經》之眇論，顏師古："眇，讀曰妙。"3606

鄉，入則鄉唐虞之閎道，顏師古："鄉，讀曰嚮。"3606

卒，卒然早終，顏師古："卒，讀曰猝。"3606

傳，弟子二人乘軺傳從，顏師古："傳，音張戀反。"3609

喜，太皇竇太后喜《老子》言，顏師古："喜，音許既反。"3609

説，不説儒術，顏師古："説，讀曰悦。"3609

復，反復誦之，顏師古："復，音方目反。"3611

摳，摳衣登堂，顏師古："摳，音口侯反。"3611

頌，頌禮甚嚴，顏師古："頌，讀曰容。"3611

下，詔除下爲博士，顏師古："下，音胡稼反。"3611

勞，共持酒肉勞式，顏師古："勞，音來到反。"3611

墜，陽醉逿墜，顏師古："墜，古地字。"3612

逿，陽醉逿墜，顏師古："逿，音徒浪反。"3612

分，上下之分也，顏師古："分，音扶問反。"3613

賁，淮南賁生受之，顏師古："賁，音肥。"3614

頌，而魯徐生善爲頌，顏師古："頌，讀與容同。"3615

單，單次，顏師古："單，音善。"3615

顓,顓門教授,顏師古:"顓,與專同。"3616

中,授琅邪王中,顏師古:"中,讀曰仲。"3616

泠,淮陽泠豐次君,顏師古:"泠,音零。"3617

筦,琅邪筦路,顏師古:"筦,亦管字也。"3617

冥,泰山冥都,顏師古:"冥,音莫零反。"3617

屬,善屬文,顏師古:"屬,音之欲反。"3618

吶,江公吶於口,顏師古:"吶,古訥字。"3618

比,比輯其議,顏師古:"比,音頻寐反。"3619

輯,比輯其議,顏師古:"輯,與集同。"3619

輓,侍郎申輓,顏師古:"輓,音晚。"3619

其,不其人也,顏師古:"其,音基。"3620

蕩,子長卿爲蕩陰令,顏師古:"蕩,音湯。"3620

《循吏傳》

鄉,匈奴鄉化,顏師古:"鄉,讀曰嚮。"3624

繇,繇仄陋而登至尊,顏師古:"繇,與由同。"3625

仄,繇仄陋而登至尊,顏師古:"仄,古側字。"3625

抵,或抵罪誅,顏師古:"抵,至也,音丁禮反。"3625

召,召信臣,顏師古:"召,讀曰邵。"3625

辟,蜀地辟陋,顏師古:"辟,讀曰僻。"3625

飭,親自飭厲,顏師古:"飭,與敕同。"3625

更,爲除更繇,顏師古:"更,音工衡反。"3626

繇,爲除更繇,顏師古:"繇,讀曰徭。"3626

坐,使在便坐受事,顏師古:"坐,音財臥反。"3626

飭,益從學官諸生明經飭行者與俱,顏師古:"飭,讀與敕同。"3626

繇,繇是大化,顏師古:"繇,讀曰由。"3627

勞,勞來不怠,顏師古:"勞,音郎到反。"3627

來,勞來不怠,顏師古:"來,音郎代反。"3627

占,流民自占八萬餘口,顏師古:"占,音之贍反。"3627

夏,淮陽陽夏人也,顏師古:"夏,音工雅反。"3628

喜,喜爲吏,顏師古:"喜,音許吏反。"3628

繇,繇是俗吏上嚴酷以爲能,顏師古:"繇,讀與由同。"3629

隃,再隃冬,顏師古:"隃,與踰同。"3629

分,分部宣布詔令,顏師古:"分,音扶問反。"3630

屬,屬令周密,顏師古:"屬,音之欲反。"3630

擽,烏擽其肉,顏師古:"擽,音钁。"3630

處,霸具爲區處,顏師古:"處,音昌汝反。"3630

識,其識事聰明如此,顏師古:"識,音式二反。"3630

鄉,百姓鄉化,顏師古:"鄉,讀曰嚮。"3632

鶡,鶡雀飛集丞相府,顏師古:"此鶡音芬,字本作鳻,此通用耳。今時俗人
　　所謂鶡雞者也,音曷,非此鳻雀也。"3633

解,傾搖解怠,顏師古:"解,讀曰懈。"3633

軼,偽聲軼於京師,顏師古:"軼,音逸。"3634

飭,宜令貴臣明飭長吏守丞,顏師古:"飭,讀與勑同。"3634

撿,郡事皆以義法令撿式,顏師古:"撿,音居儉反。"3634

奸,敢挾詐偽以奸名譽者,顏師古:"奸,音干。"3634

直,直敵遠守劇郡,顏師古:"直,讀曰值。"3636

穰,穰歲餘粱肉,顏師古:"穰,音攘。"3636

信,賴蕭公而後信,顏師古:"信,謂爲君上所信任也。一説信,讀曰伸。"3636

共,禄賜以共九族鄉黨,顏師古:"共,讀曰供。"3636

餽,束脩之餽,顏師古:"餽,與饋同。"3637

屬,屬其子曰,顏師古:"屬,音之欲反。"3637

媿,郎中令善媿人,顏師古:"媿,古愧字。"3638

閒,願賜清閒竭愚,顏師古:"閒,讀曰閑。"3638

辟,王辟左右,顏師古:"辟,音闢。"3638

説,王説其諂諛,顏師古:"説,讀曰悦。"3638

誖,所爲誖道,顏師古:"誖,音布内反。"3639

瀕,海瀕遐遠,顏師古:"瀕,涯也,音頻,又音賓。"3639

潢,潢池,顏師古:"潢,(曰)[音]黄。"3639

説,甚説,顏師古:"説,讀曰悦。"3640

傳,贈遺乘傳,顏師古:"傳,音張戀反。"3640

罷,盗賊亦皆罷,顏師古:"罷,讀曰疲。"3640

趨,春夏不得不趨田畝,顏師古:"趨,讀曰趣。"3640

芡,益蓄果寶菱芡,顏師古:"芡,音儉。"3640

勞,勞來循行,顏師古:"勞,音盧到反。"3640

來,勞來循行,顏師古:"來,音盧代反。"3640

畜,郡中皆有畜積,顏師古:"畜,讀(皆)曰蓄。"3640

耆,功曹以爲王生素耆酒,顏師古:"耆,讀曰嗜。"3641

呼,從後呼,顏師古:"呼,音火故反。"3641

說,天子說其有讓,顏師古:"說,讀曰悅。"3641

共,共張宮館,顏師古:"共,音居用反。"3641

張,共張宮館,顏師古:"張,音知亮反。"3641

召,召信臣字翁卿,顏師古:"召,讀曰(劭)[邵]。"3642

行,行視郡中水泉,顏師古:"行,音下更反。"3642

閼,起水門提閼凡數十處,顏師古:"閼,音一曷反。"3642

畜,畜積有餘,顏師古:"畜,讀曰蓄。"3642

視,以視好惡,顏師古:"視,讀曰示。"3642

茹,種冬生葱韭菜茹,顏師古:"茹,音人庶反。"3643

廡,覆以屋廡,顏師古:"廡,音舞。"3643

燃,晝夜燃蕴火,顏師古:"燃,古然字。"3643

蕴,晝夜燃蕴火,顏師古:"蕴,音於云反。"3643

《酷吏傳》

惡,惡能勝其任,顏師古:"惡,讀曰烏。"3646

琱,斲琱而爲樸,顏師古:"琱,字與彫同。"3646

艾,黎民艾安,顏師古:"艾,讀曰义。"3646

轢,刻轢宗室,顏師古:"轢,謂陵踐也,音來的反。"3647

郅,郅都、甯成之倫,顏師古:"郅,音之日反。"3647

瞷,濟南瞷氏,引應劭:"瞷,音馬瞷眼之瞷。"顏師古:"瞷,音閑。"3647

倨,丞相條侯至貴倨也,顏師古:"倨,怠傲,讀與倨同。"3648

簿,臨江王徵詣中尉府對簿,顏師古:"簿,音步戶反。"3648

中,以危法中都,顏師古:"中,音竹仲反。"3649

操,操下急如束溼,顏師古:"操,音千高反。"3649

惴,人皆惴恐,顏師古:"惴,音之瑞反。"3649

傳,詐刻傳出關歸家,顏師古:"傳,音張戀反。"3650

貰,乃貰貣陂田千餘頃,顏師古:"貣,音吐得反。"3650

撓,撓法活之,顏師古:"撓,音女教反。"3651

忮,汲黯爲忮,顏師古:"忮,音章豉反。"3651

馮,同車未嘗敢均茵馮,顏師古:"馮,讀曰凭。"3651

抵,大抵吏治類多成、由等矣,顏師古:"抵,音丁禮反。"3651

漦,(斄)[漦]人也,顏師古:"(斄)[漦],讀曰邰,扶風縣也,音胎。"3651

裾,爲人廉裾,顏師古:"裾,讀與倨同。"3652

造,公卿相造請,顏師古:"造,音千到反。"3652

誖,誖亂有罪,顏師古:"誖,音布内反。"3652

勡,嘗與張次公俱攻勡,顏師古:"勡,音頻妙反。"3653

姁,義姁弟縱,顏師古:"姁,音許于反。"3653

温,少温籍,顏師古:"温,音於問反。"3653

籍,少温籍,顏師古:"籍,音才夜反。"3653

逋,縣無逋事,顏師古:"逋,音必胡反。"3653

中,脩成子中,顏師古:"中,讀曰仲。"3653

悍,以勇悍從軍,顏師古:"悍,音胡旦反。"3653

肄,關吏税肄郡國出入關者,顏師古:"肄,音弋二反。"3654

直,無直甯成之怒,顏師古:"直,讀曰值。"3653

取,然取爲小治,引晉灼:"取,音趣。"3655

卒,已而卒起幸甘泉,顏師古:"卒,讀曰猝。"3655

沮,以爲廢格沮事,顏師古:"沮,音材汝反。"3655

格,以爲廢格沮事,顏師古:"格,讀曰閣。"3655

椎,少時椎埋爲姦,顏師古:"椎,音直追反。"3656

把,皆把其陰重罪,顏師古:"把,音布馬反。"3656

回,即有避回,顏師古:"回,音胡内反。"3656

放,其治復放河内,顏師古:"放,音甫往反。"3657

惛,居它惛惛不辯,顏師古:"惛,音昏。"3657

缿,投缿購告言姦,顏師古:"缿,所以受投書也,音項。"3657

氏,大氏盡靡爛獄中,顏師古:"氏,音丁禮反。"3658

靡,大氏盡靡爛獄中,顏師古:"靡,音武皮反。"3658

中,議有不中意,顏師古:"中,音竹仲反。"3658

脱，溫舒請覆中尉脫卒，顏師古："脫，音它活反。"3658

説，上説，顏師古："説，讀曰悦。"3658

絫，家絫千金，顏師古："絫，古累字。"3659

茬，東郡茬平人也，顏師古："茬，音仕疑反。"3659

放，治放尹齊，顏師古："放，音甫往反。"3660

騫，非有斬將騫旗之實也，顏師古："騫，與搴同。"3660

傳，請乘傳行塞，顏師古："傳，音張戀反。"3661

行，請乘傳行塞，顏師古："行，音下更反。"3661

賈，問君賈幾何，顏師古："賈，讀曰價。"3661

咸，咸宣，楊人也，顏師古："咸，音減省之減。"3662

幾，爲御史及中丞者幾二十歲，顏師古："幾，音鉅依反。"3662

郿，宣使郿令將吏卒，顏師古："郿，音媚。"3662

中，射中苑門，顏師古："中，音竹仲反。"3662

中，楚有段中、杜少，顏師古："中，讀曰仲。"3663

趣，爲檄告縣趣具食，顏師古："趣，讀曰促。"3663

禁，猶弗能禁，顏師古："禁，音居禽反。"3663

累，坐課累府，顏師古："累，音力瑞反。"3663

倩，胡倩等謀反，顏師古："倩，音千見反。"3664

轑，德轑陽侯，顏師古："轑，音遼。"3664

遺，用遺汝矣，顏師古："遺，音弋季反。"3664

與，以前爲馮翊與議定策，顏師古："與，讀曰豫。"3665

簿，下太守杜延年簿責，顏師古："簿，音步户反。"3665

僦，大司農取民牛車三萬兩爲僦，顏師古："僦，音子就反。"3666

抵，延年抵曰，顏師古："抵，音丁禮反。"3666

乞，今縣官出三千萬自乞之何哉，顏師古："乞，音氣。"3667

悸，使我至今病悸，顏師古："悸，心動也，音揆。"3667

齊，即閉閤獨居齊舍，顏師古："齊，讀曰齋。"3667

屬，持兵干屬車，顏師古："屬，音之欲反。"3667

覆，於是覆劾延年闌内罪人，顏師古："覆，音芳目反。"3667

牾，莫敢與牾，顏師古："牾，音悟。"3668

索，延年索懷中，顏師古："索，音山客反。"3669

反，皆文致不可得反，顏師古：“反，音幡。”3669

鄉，皆親鄉之，顏師古：“鄉，讀曰嚮。”3670

咽，河南天下喉咽，顏師古：“咽，音一千反。”3671

莠，莠（甚）〔盛〕苗穢，顏師古：“莠，音誘。”3671

屢，屢蒙豐年，顏師古：“屢，古屢字。”3671

比，及比郡爲守，顏師古：“比，音頻二反。”3671

悖，丞義年老頗悖，顏師古：“悖，音布内反。”3671

數，因數責延年，顏師古：“數，音所具反。”3672

重，重頓首謝，顏師古：“重，音直用反。”3672

正，母畢正臘，顏師古：“正，音之盈反。”3672

彈，相與探丸爲彈，顏師古：“彈，音徒旦反。”3674

枹，枹鼓不絕，顏師古：“枹，音孚。”3674

致，致令辟爲郭，顏師古：“致，讀如本字，又音綴。”3674

令，致令辟爲郭，顏師古：“令，音零。”3674

辟，致令辟爲郭，顏師古：“辟，音避歷反。”3674

飲，皆劾以爲通行飲食群盜，顏師古：“飲，音於禁反。”3674

食，皆劾以爲通行飲食群盜，顏師古：“食，讀曰飤。”3674

楬，楬著其姓名，顏師古：“楬，音竭。”3675

杙，楬著其姓名，顏師古：“楬，杙也。杙，音弋。”3675

葬，枯骨後何葬，顏師古：“葬字，合韻音子郎反。”3675

財，財數十百人，顏師古：“財，與纔同。”3675

耆，甘耆姦惡，顏師古：“耆，讀曰嗜。”3675

邑，張湯以知阿邑人主，引蘇林：“邑，音人相悒納之悒。”顏師古：“如蘇氏之
　　説，邑字音烏合反。然今之書本或作色字，此言阿諛，觀人主顏色而上下
　　也。其義兩通。”3676

据，趙禹据法守正，顏師古：“据，音據。”3676

耗，以廩耗廢，顏師古：“耗，音莫報反。”3676

道，其汙者方略教道，顏師古：“道，讀曰導。”3676

稱，稱其位矣，顏師古：“稱，音尺孕反。”3676

　　《貨殖傳》

梂，皁隸抱關擊梂者，顏師古：“梂，音土各反。”3680

萑，萑蒲材幹器械，顏師古：“萑，音桓。”3680

蘿，萑蒲材幹器械，顏師古：“萑，蘿也，即今之荻也。蘿，音五宦反。”3680

荻，萑蒲材幹器械，顏師古：“萑，蘿也，即今之荻也。荻，音敵。”3680

罜，罜網不布於壄澤，顏師古：“罜，音嗟。”3680

鶻，鷹隼未擊，顏師古：“隼，亦鷙鳥，即今所呼爲鶻者也。鶻，音胡骨反。”3680

矰，矰弋不施於徯隧，顏師古：“矰，音曾。”3680

徯，矰弋不施於徯隧，顏師古：“徯，音奚。”3680

隧，矰弋不施於徯隧，顏師古：“隧，音遂。”3680

岝，然猶山不岝嶭，顏師古：“岝，古槎字也。”3680

槎，然猶山不岝嶭，顏師古：“岝，古槎字也。槎，音士牙反。”3680

嶭，然猶山不岝嶭，顏師古：“嶭，音五葛反。”3680

殀，澤不伐殀，顏師古：“殀，音烏老反。”3680

蚨，蚨魚麛卵，顏師古：“蚨，音弋全反。”3680

麛，蚨魚麛卵，顏師古：“麛，音莫奚反。”3680

蕃，蕃阜庶物，顏師古：“蕃，音扶元反。”3681

稸，稸足功用，顏師古：“稸，即蓄字。”3681

左右，以左右民，顏師古：“左右，讀曰佐佑。”3681

閒，士相與言仁誼於閒宴，顏師古：“閒，讀曰閑。”3681

辟，辟猶戎翟之與于越，顏師古：“辟，讀曰譬。”3681

道，道之以德，顏師古：“道，讀曰導。”3681

墮，禮法墮，顏師古：“墮，音火規反。”3681

耆，耆欲不制，顏師古：“耆，讀曰嗜。”3682

裋，而貧者裋褐不完，顏師古：“裋，音豎。”3682

唅，唅菽飲水，顏師古：“唅，亦含字也。”3682

繇，繇法度之無限也，顏師古：“繇，讀與由同。”3682

刷，刷會稽之恥，顏師古：“刷，音所劣反。”3684

扁，乃乘扁舟，顏師古：“扁，音匹延反。”3684

鬻，發貯鬻財，顏師古：“鬻，音弋六反。”3684

簞，簞食瓢飲，顏師古：“簞，音丁安反。”3684

食，簞食瓢飲，顏師古：“食，音似。”3684

瓢，簞食瓢飲，顏師古：“瓢，音頻遥反。”3684

意，意則屢中，顏師古：“意，讀曰億。”3684

中，意則屢中，顏師古："中，音竹仲反。"3684

鹽，猗頓用鹽鹽起，顏師古："鹽，音古。"3685

氏，烏氏嬴畜牧，顏師古："氏，音支。"3685

與，以時與列臣朝請，顏師古："與，讀曰豫。"3685

請，以時與列臣朝請，顏師古："請，音才性反。"3685

訾，家亦不訾，顏師古："訾，音子移反。"3686

更，而更縣租賦出其中，顏師古："更，音工衡反。"3686

縣，而更縣租賦出其中，顏師古："縣，讀曰徭。"3686

蹏，陸地牧馬二百蹏，顏師古："蹏，古蹄字。"3686

波，水居千石魚波，顏師古："波，讀曰陂。説者不曉，乃改其波字爲皮，又讀
　　爲披，皆失之矣。"3687

萩，山居千章之萩，顏師古："萩，即楸樹字也。"3687

夏，陳、夏千畝桼，顏師古："夏，音嘏。"3687

茜，若千畝巵茜，顏師古："茜，音千見反。"3687

畦，千畦薑韭，顏師古："畦，音攜。"3687

瓨，醯醬千瓨，顏師古："瓨，音胡雙反。"3688

儋，漿千儋，顏師古："儋，音丁濫反。"3688

个，竹竿萬个，顏師古："个，讀曰箇。"3688

軺，軺車百乘，顏師古："軺，音弋昭反。"3688

噭，馬蹏噭千，顏師古："噭，音江釣反，又音口釣反。"3688

荅，荅布皮革千石，顏師古："荅者，厚重之貌，而讀者妄爲榻音，非也。"3688

合，蘗麴鹽豉千合，顏師古："合者，相配偶之言耳。説者不曉，乃讀爲升合
　　之合，又改作台，競爲解説，失之遠矣。"3688

鮐，鮐鮆千斤，顏師古："鮐，音胎，又音落。而説者妄讀鮐爲夷，非唯失於訓
　　物，亦不知音矣。"3689

鮆，鮐鮆千斤，顏師古："鮆，音薺，又音才爾反。"3689

鯫，鯫鮑千鈞，顏師古："鯫，音輒。"3689

膊，鯫鮑千鈞，顏師古："鯫，膊魚也。膊，音普各反。"3689

鮿，鯫鮑千鈞，顏師古："鮑，今之鮌魚也。鮌，音於業反。"3689

鮑，鯫鮑千鈞，顏師古："鮑，今之鮌魚也。而説者乃讀鮑爲鮑魚之鮑，音五
　　回反，失義遠矣。"3689

鰎，鮿鮑千鈞，顏師古：“蓋今巴荆人所呼鰎魚者是也。鰎，音居偃反。”3689

煏，鮿鮑千鈞，顏師古：“鄭康成以爲鮿於煏室乾之。煏，音蒲北反。”3689

駔，節駔儈，顏師古：“駔，音子朗反。”3689

儈，節駔儈，顏師古：“儈，音工外反。”3689

葭，處葭萌，顏師古：“葭，音家。”3690

踆，下有踆鴟，引孟康：“踆，音蹲。”3690

滇，賈滇、蜀民，顏師古：“滇，音丁賢反。”3690

僰，賈僰結民，顏師古：“僰，音直追反。”3690

結，賈僰結民，顏師古：“結，讀曰髻。”3690

苴，石氏訾次如、苴，顏師古：“苴，音側于反。”3691

貸，賒貸郡國，顏師古：“貸，音吐戴反。”3691

期，期年所得自倍，顏師古：“期，音基。”3691

閒，有游閒公子之名，顏師古：“閒，讀曰閑。”3691

瘉，瘉於孅嗇，顏師古：“瘉，讀爲愈。”3691

孅，瘉於孅嗇，顏師古：“孅，與纖同。”3691

頫，頫有拾，卬有取，顏師古：“頫，古俯字也。”3691

刀，而刀閒獨愛貴之，顏師古：“刀，音貂。”3692

中，雒陽街居在齊秦楚趙之中，顏師古：“中，音竹仲反。”3692

窖，任氏獨窖倉粟，顏師古：“窖，音工孝反。”3693

賈，人爭取賤賈，顏師古：“賈，讀曰價。”3693

貣，齎貣子錢家，顏師古：“貣，音吐得反。”3693

貸，出捐千金貸，顏師古：“貸，音吐戴反。”3693

氏，大氏盡諸田，顏師古：“氏，讀曰抵。”3694

訾，爲天下高訾，顏師古：“訾，讀與貲同。”3694

顓，其餘郡國富民兼業顓利，顏師古：“顓，與專同。”3694

洒，質氏以洒削而鼎食，顏師古：“洒，音先禮反。”3694

削，質氏以洒削而鼎食，顏師古：“削，音先召反。”3694

燖，濁氏以（冒）〔胃〕脯而連騎，引晉灼：“今太官常以十月作沸湯燖羊胃，以末椒薑坋之。”顏師古：“燖，音似兼反。”3695

坋，濁氏以胃（冒）脯而連騎，引晉灼：“今太官常以十月作沸湯燖羊胃，以末椒薑坋之。”顏師古：“坋，音蒲頓反。”3695

搏，又況掘冢搏掩，顏師古：“搏，字或作博。”3695

稽，稽發，顏師古：“稽，音工奚反。”3695

《游俠傳》

覞,下無覞覢,顏師古:"覞,音冀。"3697

覢,下無覞覢,顏師古:"覢,音踰,又音諭。"3697

從,合從連衡,顏師古:"從,音子容反。"3698

繇,繇是列國公子,顏師古:"繇,讀與由同。"3698

搤,搤掔而游談者,顏師古:"搤,音厄。"3698

掔,搤掔而游談者,顏師古:"掔,古手腕字也。"3698

視,視之以好惡,顏師古:"視,讀曰示。"3699

繇,民曷繇知禁而反正乎,顏師古:"繇,讀曰由。"3699

伯,五伯,顏師古:"伯,讀曰霸。"3699

輈,乘不過輈牛,顏師古:"輈,重挽也,音工豆反。"3700

趨,專趨人之急,顏師古:"趨,讀曰趣。"3700

傳,乘傳東,顏師古:"傳,音張戀反。"3700

瞯,濟南瞯氏,顏師古:"瞯,音閑。"3700

辟,梁韓毋辟,顏師古:"辟,讀曰避。"3700

軹,河內軹人也,顏師古:"軹,音只。"3701

耤,以軀耤友報仇,顏師古:"耤,古藉字也。"3701

剽,臧命作姦剽攻,顏師古:"剽,音匹妙反。"3701

喜,然其自喜爲俠益甚,顏師古:"喜,音許吏反。"3701

著,陰賊著於心本發於睚眦,顏師古:"著,音直略反。"3702

睚,陰賊著於心本發於睚眦,顏師古:"睚,音崖,又音五懈反。"3702

眦,陰賊著於心本發於睚眦,顏師古:"眦,音漬,又音士懈反。"3702

釂,使之釂,顏師古:"釂,音子笑反。"3702

彊,彊灌之,顏師古:"彊,音其兩反。"3702

去,遂去其賊,顏師古:"去,音丘呂反。"3702

更,至踐更時脫之,顏師古:"更,音工衡反。"3703

脫,至踐更時脫之,顏師古:"脫,音它活反。"3703

數,數過,顏師古:"數,音所角反。"3703

厭,各令厭其意,顏師古:"厭,音一贍反。"3703

中,不中訾,顏師古:"中,音竹仲反。"3704

鬲,鬲之,顏師古:"鬲,與隔同。"3704

中，長安樊中子、西河郭翁中，顏師古：“中，讀皆曰仲。”3705

兒，臨淮兒長卿，顏師古：“兒，音五奚反。”3705

恂，恂恂有退讓君子之風，顏師古：“恂，音荀。”3705

佗，東道佗羽公子，顏師古：“佗，古他字。”3705

鄉，此乃鄉者朱家所羞也，顏師古：“鄉，讀曰嚮。”3705

萬，萬章字子夏，顏師古：“萬，音拒。”3705

繇，繇是辭其父，顏師古：“繇，讀與由同。”3707

貸，護假貸，顏師古：“貸，音吐戴反。”3707

煇，入爲前煇光，顏師古：“煇，音暉。”3708

鄉，獨東鄉正坐，顏師古：“鄉，讀曰嚮。”3708

適，西曹以故事適之，顏師古：“適，讀曰謫。”3710

耆，遵耆酒，顏師古：“耆，讀曰嗜。”3710

霑，候遵霑醉時，顏師古：“霑，音竹占反。”3711

去，主皆藏去以爲榮，顏師古：“去，亦藏也，音丘呂反，又音舉。”3711

繇，繇是起爲河南太守，顏師古：“繇，讀與由同。”3711

馮，遵馮几，顏師古：“馮，讀曰憑。”3711

占，口占書吏，顏師古：“占，音之贍反。”3711

飫，飲酒飫宴有節，顏師古：“飫，音於庶反。”3712

湛，湛酒溷肴，顏師古：“湛，讀曰沈，又音耽。”3712

呼，晝夜呼號，顏師古：“呼，音火故反。”3712

屬，酒肉相屬，顏師古：“屬，音之欲反。”3712

更，一旦更礙，顏師古：“更，音上絹反。或以更爲憲，或音衛，又以甓爲甓，皆失之。”3713

甓，爲甓所輣，顏師古：“甓，音丁浪反。”3713

輣，爲甓所輣，顏師古：“輣，音雷。”3713

甓，爲甓所輣，顏師古：“甓，并以瓴爲甓者也。甓，音側救反。”3713

提，身提黃泉，顏師古：“提，音徒計反。”3713

滑，鴟夷滑稽，顏師古：“滑，音骨。”3713

稽，鴟夷滑稽，顏師古：“稽，音雞。”3713

屬，託於屬車，顏師古：“屬，音之欲反。”3713

繇，繇是言之，顏師古：“繇，讀與由同。”3713

喜,遵大喜之,顏師古:"喜,音許吏反。"3713

趹,不敢差趹,顏師古:"趹,音徒結反。"3714

湛,浮湛俗間,顏師古:"湛,讀曰沈。"3714

颯,歸德侯劉颯,引鄧展:"颯,音立。"3714

闐,人無賢不肖闐門,顏師古:"闐,字與寘同,音大千反。"3715

失,遂行淫失,顏師古:"失,讀曰泆。"3716

還,然不能自還,顏師古:"還,讀曰旋。"3716

卬,費用皆卬富人長者,顏師古:"卬,音牛向反。"3716

鄉,涉何心鄉此,顏師古:"鄉,讀曰向。"3716

疏,削牘爲疏,顏師古:"疏,音所慮反。"3717

飯,飯含之物,顏師古:"飯,音扶晚反。"3717

含,飯含之物,顏師古:"含,音胡紺反。"3717

昳,至日昳皆會,顏師古:"昳,音徒結反。"3717

棺,爲棺斂勞俅畢葬,顏師古:"棺,音工唤反。"3717

斂,爲棺斂勞俅畢葬,顏師古:"斂,音力贍反。"3717

勞,爲棺斂勞俅畢葬,顏師古:"勞,音郎到反。"3717

俅,爲棺斂勞俅畢葬,顏師古:"俅,音郎代反。"3717

毆,涉單車毆上茂陵,顏師古:"毆,與驅同。"3717

復,復服遣去,顏師古:"復,音扶目反。"3717

墮,莫若墮壞涉冢舍,顏師古:"墮,音火規反。"3718

幾,涉至官無幾,顏師古:"幾,音居豈反。"3719

徼,遣兵道徼取涉於車上,顏師古:"徼,音工堯反。"3719

漕,西河漕中叔,顏師古:"漕,音才到反。"3719

中,西河漕中叔,顏師古:"中,讀曰仲。"3719

泛,泛以問建,顏師古:"泛,音敷劍反。"3719

　　《佞幸傳》

駿,郎侍中皆冠駿蟻,顏師古:"駿,音峻。"3722

蟻,郎侍中皆冠駿蟻,顏師古:"蟻,音儀。"3722

嫣,孝武時士人則韓嫣,顏師古:"嫣,音偃。"3722

秺,駙馬都尉秺侯金賞,顏師古:"秺,音丁護反。"3722

濯,以濯舩爲黃頭郎,顏師古:"濯,讀曰擢,音直孝反。"3722

覺，覺而之漸臺，顏師古："覺，音工孝反。"3722

説，文帝甚説，顏師古："説，讀曰悦。"3723

愿，通亦愿謹，不好外交，顏師古："專謹曰愿，音願，又音原。"3723

嗽，鄧通常爲上嗽吮之，顏師古："嗽，音山角反。"3723

吮，鄧通常爲上嗽吮之，顏師古："吮，音自兗反。"3723

齰，上使太子齰癰，顏師古："齰，音仕客反。"3723

繇，繇是心恨通，顏師古："繇，讀與由同。"3723

徼，盜出徼外鑄錢，顏師古："徼，音工釣反。"3724

辟，辟從者，顏師古："辟，音闢。"3725

説，嫣弟説，顏師古："説，讀曰悦。"3725

雒，龍雒侯，顏師古："雒，字或作頟。"3725

弛，其愛弛，顏師古："弛，解也，音式爾反。"3726

氐，大氐外戚之家也，顏師古："氐，歸也，音丁禮反。"3726

被，輒被以危法，顏師古："被，音皮義反。"3727

辟，知顯專權邪辟，顏師古："辟，讀曰僻。"3727

倚，諸附倚者皆得寵位，顏師古："倚，音於綺反。"3727

纍，印何纍纍，顏師古："纍，音力追反。"3728

逡，薦言昭儀兄謁者逡，顏師古："逡，音千旬反。"3728

顓，顯顓權，顏師古："顓，與專同。"3728

間，有以間己，顏師古："間，音工莧反。"3729

屬，屬任以事，顏師古："屬，音之欲反。"3729

稱，誠不能以一軀稱快萬衆，顏師古："稱，音尺孕反。"3729

財，唯陛下哀憐財幸，顏師古："財，與裁同。"3729

訾，賞賜及賂遺訾一萬萬，顏師古："訾，讀與貲同。"3729

姍，恐天下學士姍己，顏師古："姍，古訕字。"3729

訕，恐天下學士姍己，顏師古："姍，古訕字。訕，謗也，音所諫反。"3729

懣，憂懣不食，顏師古："懣，讀曰憑，音悶。"3730

賈，去牢與陳實無賈，顏師古："賈，讀曰價。"3730

屬，以長屬託太后及帝，顏師古："屬，音之欲反。"3730

罷，罷弊海內，顏師古："罷，讀曰疲。"3731

絫，賂遺賞賜亦絫鉅萬，顏師古："絫，古累字也。"3731

嬸,姊嬸爲龍頟思侯夫人,引晉灼:"嬸,音靡。"3732

易,嫚易無不言,顏師古:"易,音弋豉反。"3732

趣,趣白東宫,顏師古:"趣,讀曰促。"3732

佚,具言長驕佚,顏師古:"佚,讀與逸同。"3732

侮,具服戲侮長定宫,顏師古:"侮,古侮字。"3732

酺,還長母及子酺於長安,顏師古:"酺,音蒲。"3733

近,以外親親近,顏師古:"近,音其靳反。"3733

喜,爲人美麗自喜,顏師古:"喜,音許吏反。"3734

説,説其儀貌,顏師古:"説,讀曰悦。"3734

襃,偏藉上襃,顏師古:"襃,古袖字。"3734

覺,賢未覺,顏師古:"覺,音工效反。"3734

綈,柱檻衣以綈錦,顏師古:"綈,厚繒也,音徒奚反。"3734

栩,皆知宏及栩丹諸侯王后親,顏師古:"栩,姓也,音許羽反。"3736

幾,幾危社稷,顏師古:"幾,音鉅依反。"3736

於,於戲傷哉,顏師古:"於,讀曰烏。"3736

戲,於戲傷哉,顏師古:"戲,讀曰呼。"3736

飭,故以書飭,顏師古:"飭,與敕同。"3737

比,復與丞相嘉相比,顏師古:"比,音頻寐反。"3737

辟,統辟元戎,顏師古:"辟,音必亦反。"3737

與,可不慎與,顏師古:"與,讀曰歟。"3737

説,意不説,顏師古:"説,讀曰悦。"3739

從,從容視賢笑,顏師古:"從,音千容反。"3739

説,上默然不説,顏師古:"説,讀曰悦。"3739

功,第新成,功堅,顏師古:"功,字或作攻。"3740

菑,菑害並臻,顏師古:"菑,古災字。"3740

更,高安侯賢未更事理,顏師古:"更,音工衡反。"3740

診,至獄診視,顏師古:"診,驗也,音軫。"3740

風,莽復風大司徒光,顏師古:"風,讀曰諷。"3740

放,放效無極,顏師古:"放,音甫往反。"3740

棺,玉衣珠璧以棺,顏師古:"棺,音工唤反。"3740

鄉,鄉其弟哭,顏師古:"鄉,讀曰嚮。"3741

幾，幾獲盜之，顏師古：“幾，讀曰冀。”3741

贏，贏診其戶，顏師古：“贏，音郎果反。”3741

繇，然進不繇道，顏師古：“繇，讀與由同。”3742

撓，棟幹微撓，顏師古：“撓，音女教反。”3742

《匈奴傳上》

獫，獫允、薰粥，顏師古：“獫，音險。”3743

粥，獫允、薰粥，顏師古：“粥，音（戈）［弋］六反。”3743

佗，橐佗，顏師古：“佗，音徒何反。”3744

駃，駃騠，顏師古：“駃，音決。”3744

騠，駃騠，顏師古：“騠，音提。”3744

騊，騊駼，顏師古：“騊，音桃。”3744

駼，騊駼，顏師古：“駼，音塗。”3744

驒，驒奚，顏師古：“驒，音顛。”3744

分，然亦各有分地，顏師古：“分，音扶問反。”3744

鋋，短兵則刀鋋，顏師古：“鋋，音蟬。”37434

父，太王亶父，顏師古：“父，讀曰甫。”3745

畎，畎夷，顏師古：“畎，音工犬反。”3745

昆，畎夷，顏師古：“畎夷即畎戎也，又曰昆夷。昆，字或作混，又作緄，二字並音工本反。”3745

辟，於是作《呂刑》之辟，顏師古：“辟，法也，音闢。”3745

麗，攻殺幽王于麗山之下，顏師古：“麗，讀曰驪。”3746

郊，秦襄公伐戎至郊，顏師古：“郊，古岐字。”3746

釐，齊釐公與戰于齊郊，顏師古：“釐，讀曰僖。”3746

氾，襄王出奔于鄭之氾邑，引蘇林：“氾，音凡。”3746

圁，圁、洛之間，引晉灼：“圁，音嚚，《三倉》作圖。”顏師古：“圁，書本作圖。”3747

豲，隴以西有緜諸、畎戎、狄豲之戎，顏師古：“豲，音（完）［桓］。”3747

荔，大荔、烏氏、朐衍之戎，顏師古：“荔，音隸。”3747

氏，大荔、烏氏、朐衍之戎，顏師古：“氏，音支。”3747

朐，大荔、烏氏、朐衍之戎，顏師古：“朐，音許于反。”3747

貉，并代以臨胡貉，顏師古：“貉，音莫伯反。”3748

並，自代並陰山下至高闕爲塞，顏師古：“並，音步浪反。”3748

卻，東胡卻千餘里，顏師古："卻，音丘略反。"3748

適，徙適戍以充之，顏師古："適，讀曰謫。"3748

氏，東胡强而月氏盛，顏師古："氏，音支。"3749

曼，匈奴單于曰頭曼，顏師古："曼，音莫安反。"3749

適，諸秦所徙適邊者皆復去，顏師古："適，音謫。"3749

閼，後有愛閼氏，顏師古："閼，音於連反。"3749

氏，後有愛閼氏，顏師古："氏，音支。"3749

鏑，冒頓乃作鳴鏑，顏師古："鏑，音嫡。"3749

髇，冒頓乃作鳴鏑，引應劭："髇箭也。"顏師古："髇，音呼交反。"3749

甌，各居其邊爲甌脱，顏師古："甌，音一侯反。"3750

脱，各居其邊爲甌脱，顏師古："脱，音土活反。"3750

罷，中國罷於兵革，顏師古："罷，讀曰疲。"3751

攣，單于姓攣鞮氏，顏師古："攣，音力全反。"3751

鞮，單于姓攣鞮氏，顏師古："鞮，音丁奚反。"3751

撐，撐犁孤塗單于，引蘇林："撐，音掌距之掌。"顏師古："撐，音丈庚反。"3752

谷，左右谷蠡，顏師古："谷，音鹿。"3752

蠡，左右谷蠡，顏師古："蠡，音盧奚反。"3752

裨，裨小王，顏師古："裨，音頻移反。"3752

且，且渠，顏師古："且，音子餘反。"3752

蹛，大會蹛林，引服虔："蹛，音帶。"3752

軋，小者軋，顏師古："軋，音於黠反。"3752

輾，小者軋，顏師古："軋謂輾轢其骨節……輾，音女展反。"3752

趨，人人自爲趨利，顏師古："趨，讀曰趣。"3753

渾，渾窳，顏師古："渾，音胡昆反。"3753

窳，渾窳，顏師古："窳，音（戈）[弋]主反。"3753

犁，新犁，顏師古："犁，音犁。"3753

雨，會冬大寒雨雪，顏師古："雨，音于具反。"3754

駹，東方盡駹，顏師古："駹，音龙。"3754

騂，南方盡騂馬，顏師古："騂，音先營反。"3754

傅，士皆持滿傅矢外鄉，顏師古："傅，讀曰附。"3754

鄉，士皆持滿傅矢外鄉，顏師古："鄉，讀曰嚮。"3754

幾,居無幾何,顏師古:"幾,音居豈反。"3754

償,孤償之君,顏師古:"償,音方問反。"3755

沮,生於沮澤之中,顏師古:"沮,音子豫反。"3755

虞,無以自虞,顏師古:"虞,與娛同。"3755

彀,不能彀弩,顏師古:"彀,張也,音工豆反。"3755

唅,今歌唅之聲未絶,顏師古:"唅,古吟字。"3756

痍,傷痍者甫起,顏師古:"痍,音夷。"3756

謾,是面謾也,顏師古:"謾,音慢,又音莫連反。"3756

敺,敺侵上郡保塞蠻夷,顏師古:"敺,與驅同。"3756

轢,陵轢邊吏,顏師古:"轢,音來各反。"3756

驁,甚驁無道,顏師古:"驁,與傲同。"3756

揭,烏孫、呼揭,顏師古:"揭,音丘列反。"3757

復,除前事,復故約,顏師古:"復,音扶目反。"3757

虖,故使郎中係虖淺奉書請,顏師古:"虖,音火姑反。"3757

袷,繡袷綺衣,顏師古:"袷,音工洽反。"3758

比,比疏一,顏師古:"比,音頻寐反。"3758

綈,赤綈、緑繒各四十匹,顏師古:"綈,音徒奚反。"3758

稽,子稽粥立,顏師古:"稽,音雞。"3758

粥,子稽粥立,顏師古:"粥,音育。"3758

行,燕人中行説,顏師古:"行,音胡郎反。"3759

説,燕人中行説,顏師古:"説,讀曰悦。"3759

卬,無卬於漢,顏師古:"卬,音牛向反。"3759

視,以視不如旃裘堅善也,顏師古:"視,讀曰示。"3759

去,得漢食物皆去之,顏師古:"去,音丘呂反。"3759

重,以視不如重酪之便美也,顏師古:"重,音竹用反,字本作湩,其音則同。"3759

識,以計識其人衆畜牧.顏師古:"識,亦記,音式志反。"3759

驁,倨驁其辭,顏師古:"驁,與傲同。"3760

飲,豈不自奪溫厚肥美齎送飲食行者乎,顏師古:"飲,音於禁反。"3761

食,豈不自奪溫厚肥美齎送飲食行者乎,顏師古:"食,音似。"3761

屈,生力屈焉,顏師古:"屈,音其勿反。"3761

罷,緩則罷於作業,顏師古:"罷,讀曰疲。"3761

喋，顧無喋喋佔佔，顏師古：“喋，音牒。”3761

佔，顧無喋喋佔佔，顏師古：“佔，音昌占反。”3761

中，令其量中，顏師古：“中，音竹仲反。”3761

蹂，以騎馳蹂乃稼穡也，顏師古：“蹂，音人九反。”3761

遬，甯侯魏遬爲北地將軍，顏師古：“遬，古速字。”3762

慮，隆慮侯周竈，顏師古：“慮，音盧。”3762

渫，渫惡民貪降其趨，引晉灼：“渫，音渫水之渫。”顏師古：“渫，音先列反。”3763

趨，今聞渫惡民貪降其趨，顏師古：“趨，讀曰趣。”3763

説，兩主驩説，顏師古：“説，讀曰悦。”3763

頗，天不頗覆，地不偏載，顏師古：“頗，音普何反。”3763

墮，墮壞前惡，顏師古：“墮，音火規反。”3763

跂，跂行喙息蟜動之類，顏師古：“跂，音岐。”3764

喙，跂行喙息蟜動之類，顏師古：“喙，音許穢反。”3764

蟜，跂行喙息蟜動之類，顏師古：“蟜，音人兖反。”3764

去，俱去前事，顏師古：“去，音丘呂反。”3764

遠，匈奴亦遠塞，顏師古：“遠，音于萬反。”3765

行，時雁門尉史行徼，顏師古：“行，音下孟反。”3766

重，擊胡輜重，顏師古：“重，音直用反。”3766

耆，耆漢財物，顏師古：“耆，讀曰嗜。”3766

中，漢亦通關市不絶以中之，顏師古：“中，音竹仲反。”3766

辟，上谷之斗辟縣造陽，顏師古：“辟，讀曰僻。”3767

共，殺太守共友，顏師古：“共，讀曰龔。”3767

介，介獨遇單于兵，引晉灼：“介，音夏。”顏師古：“介，讀如本字。”3768

罷，以誘罷漢兵，顏師古：“罷，讀曰疲。”3768

徼，徼極而取之，顏師古：“徼，音工堯反。”3768

重，糧重不與焉，顏師古：“重，音直用反。”3770

與，糧重不與焉，顏師古：“與，讀曰豫。”3770

度，單于自度戰不能與漢兵，顏師古：“度，音徒各反。”3770

寘，寘顏山趙信城，顏師古：“寘，音徒千反。”3770

令，自朔方以西至令居，顏師古：“令，音零。”3770

請，朝請於邊，顏師古：“請，音材性反。”3771

苴,至浮苴井,顏師古:"苴,音子餘反,《武紀》苴字作沮,其音同。"3771

風,使郭吉風告單于,顏師古:"風,讀曰諷。"3772

亟,亟南面而臣於漢,顏師古:"亟,音居力反。"3772

濊,東拔濊貉,顏師古:"濊,與穢同,亦或作薉。"3773

眩,眩雷,引服虔:"眩,音州縣之縣。"3773

屈,剛直屈强,顏師古:"屈,音其勿反。"3773

强,剛直屈强,顏師古:"强,音其兩反。"3773

幾,無幾矣,顏師古:"幾,音居豈反。"3773

謂,謂以甘言,顏師古:"謂,古詔字。"3774

淜,淜野侯,顏師古:"淜,音仕角反。"3774

杅,令因杅將軍築受降城,顏師古:"杅,音于。"3775

雨,大雨雪,顏師古:"雨,音于具反。"3775

浚,至浚稽山而還,顏師古:"浚,音俊。"3775

稽,至浚稽山而還,顏師古:"稽,音雞。"3775

句,右賢王句黎湖,顏師古:"句,音鉤。"3776

朐,築城障列亭至盧朐,顏師古:"朐,音劬。"3776

説,游擊將軍韓説,顏師古:"説,讀曰悦。"3776

伉,長平侯衛伉,顏師古:"伉,音抗。"3776

且,且鞮侯,顏師古:"且,音子余反。"3776

鞮,且鞮侯,顏師古:"鞮,音丁奚反。"3776

行,我丈人行,顏師古:"行,音胡浪反。"3777

幾,幾不得脱,顏師古:"幾,音鉅依反。"3777

累,遠其累重於余吾水北,顏師古:"累,音力瑞反。"3778

重,遠其累重於余吾水北,顏師古:"重,音直用反。"3778

撢,先賢撢,顏師古:"撢,音纏。"3778

邸,徙趙信城北邸郅居水,顏師古:"邸,至也,音丁禮反。"3779

郅,徙趙信城北邸郅居水,顏師古:"郅,音之日反。"3779

且,姑且水,顏師古:"且,音子余反。"3779

邪,追(斜)[邪]徑,顏師古:"邪,音似嗟反。"3779

闓,闓陵侯,顏師古:"闓,讀與開同。"3779

句,夫羊句山,顏師古:"句,音鉤。"3780

眭,軍長史與決眭都尉煇渠侯謀,顏師古:"眭,音息隨反。"3780

煇,軍長史與決眭都尉煇渠侯謀,顏師古:"煇,音輝。"3780

僕,軍長史與決眭都尉煇渠侯謀,引晉灼:"《功臣表》歸義侯僕多子雷後以
屬國都尉擊匈奴。"顏師古:"僕多者,字當爲朋。"3780

燕,燕然山,顏師古:"燕,(一音)[音一]千反。"3780

闓,今欲與漢闓大關,顏師古:"闓,讀與開同。"3780

飭,律飭胡巫,顏師古:"飭,與敕同。"3781

殰,匈奴孕重墮殰,顏師古:"殰,敗也,音讀。"3781

罷,罷極苦之,顏師古:"罷,讀曰疲。"3781

鄉,國人鄉之,顏師古:"鄉,讀曰嚮。"3782

撟,詐撟單于令,顏師古:"撟,與矯同。"3782

風,風謂漢使者,顏師古:"風,讀曰諷。"3782

遺,是遺漢糧也,顏師古:"遺,音弋季反。"3783

隊,爲四隊,顏師古:"隊,音徒内反。"3783

道,恐以爲道擊之,顏師古:"道,讀曰導。3783

風,常使左右風漢使者,顏師古:"風,讀曰諷。"3784

幾,後無幾,顏師古:"幾,音居豈反。"3784

番,屋蘭、番和,顏師古:"番,音盤。"3784

旁,數萬騎南旁塞獵,顏師古:"旁,音步浪反。"3784

邀,發兵(要)[邀]擊之,顏師古:"邀,音工堯反。"3784

繇,匈奴繇是恐,顏師古:"繇,讀與由同。"3785

伉,選郡國吏三百石伉健習騎射者,顏師古:"伉,音古浪反。"3785

犇,老弱犇走,顏師古:"犇,古奔字。"3785

敺,敺畜産遠遁逃,顏師古:"敺,與驅同。"3785

員,至烏員,顏師古:"烏員,地名也,音云。"3786

逗,逗遛不進,顏師古:"逗,讀與住同,又音豆。"3786

行,獲單于父行,顏師古:"行,音胡浪反。"3786

耗,於是匈奴遂衰耗,顏師古:"耗,音呼到反。"3787

雨,會天大雨雪,顏師古:"雨,音于具反。"3787

令,於是丁令乘弱攻其北,顏師古:"令,音零。"3787

重,又重以餓死,顏師古:"重,音直用反。"3787

鄉,茲欲鄉和親,顏師古:"鄉,讀曰嚮。"3787

訾,呼盧訾王,顏師古:"訾,音子移反。"3788

旁,將萬騎南旁塞獵,顏師古:"旁,音步浪反。"3788

隊,分三隊,顏師古:"隊,音徒内反。"3788

嗕,西嗕居左地者,引孟康:"嗕,音辱。"顏師古:"嗕,音奴獨反。"3788

奧,左右奧鞬,顏師古:"奧,音郁。"3789

鞬,左右奧鞬,顏師古:"鞬,音居言反。"3789

旁,將十萬餘騎旁塞獵,顏師古:"旁,音步浪反。"3789

郝,郝宿王刑未央,顏師古:"郝,音呼各反。"3789

胸,握衍胸鞮單于,顏師古:"胸,音劬。"3789

酋,伊酋若王勝之,顏師古:"酋,音材由反。"3790

姍,稽侯姍,顏師古:"姍,音先安反,又音所姦反。"3790

禪,亡歸妻父烏禪幕,顏師古:"禪,音蟬。"3790

胥,薄胥堂,顏師古:"胥,音先余反。"3790

且,至姑且水北,顏師古:"且,音子余反。"3791

　　《匈奴傳下》

督,少子姑督樓頭,顏師古:"督,音莫搆反。"3795

撣,先賢撣,顏師古:"撣,音纏。"3796

奧,右奧鞬王,顏師古:"奧,音郁。"3796

鞬,右奧鞬王,顏師古:"鞬,音居言反。"3796

揭,呼揭王,顏師古:"揭,音丘例反。"3796

唯,唯犁當户,顏師古:"唯,音弋癸反。"3796

闟,留闟敦地,顏師古:"闟,音躡。"3796

敦,留闟敦地,顏師古:"敦,音頓,又音對。"3796

嗕,未至嗕姑地,顏師古:"嗕,音乃穀反。"3797

遬,呼遬累,顏師古:"遬,古速字也。"3797

累,呼遬累,顏師古:"累,音力追反。"3797

且,且鞮侯,顏師古:"且,音子餘反。"3798

復,不能取復,顏師古:"復,音扶目反。"3798

屈,雖屈彊於此,顏師古:"屈,音其勿反。"3798

婁,鉄婁渠堂,顏師古:"婁,音力于反。"3798

鏊,黄金璽鏊綬,顏師古:"鏊,古戾字。"3799

鐔,玉具劍,引孟康:"摽首鐔衛盡用玉爲之也。"顏師古:"鐔,音淫。"3799

衛,玉具劍,引孟康:"摽首鐔衛盡用玉爲之也。"顏師古:"衛,字本作㙍,其
　　音同耳。"3799

棨,棨戟十,顏師古:"棨,音啓。"3799

道,使使者道單于先行,顏師古:"道,讀曰導。"3799

糒,又轉邊穀米糒,顏師古:"糒,乾飯也,音備。"3800

度,自度力不能定匈奴,顏師古:"度,音徒各反。"3800

稱,欲攻之以稱漢,顏師古:"稱,音尺孕反。"3800

揭,因北擊烏揭,顏師古:"揭,音丘例反。"3800

令,北降丁令,顏師古:"令,音零。"3800

簿,漢輒簿責之甚急,顏師古:"簿,音步户反。"3801

撓,以徑路刀金留犁撓酒,顏師古:"撓,攪也,音呼高反。"3802

説,大説,顏師古:"説,讀曰悦。"3803

財,餘財三千人到康居,顏師古:"財,與纔同。"3803

攘,攘之於幕北,顏師古:"攘,卻也,音人羊反。"3805

隧,起亭隧,顏師古:"隧,音遂。"3805

覬,所以絕臣下之覬欲也,顏師古:"覬,音冀。"3805

易,生嫚易分爭之漸,顏師古:"易,音弋豉反。"3805

僵,木柴僵落,顏師古:"僵,音薑。"3805

繇,欲以壹切省繇戍,顏師古:"繇,讀曰徭。"3805

卒,卒有它變,累世之功不可卒復,顏師古:"卒,讀皆曰猝。"3805

鄉,鄉慕禮義,顏師古:"鄉,讀曰嚮。"3806

且,且莫車,顏師古:"且,音子餘反。"3807

且,且麋胥,顏師古:"且,音子餘反。"3807

胥,且麋胥,顏師古:"胥,音先於反。"3807

創,人民創艾戰鬭,顏師古:"創,音初亮反。"3807

艾,人民創艾戰鬭,顏師古:"艾,讀曰乂。"3807

復,復株絫若鞮單于,顏師古:"復,音服。"3807

絫,復株絫若鞮單于,顏師古:"絫,音力追反。"3807

演,伊邪莫演,顏師古:"演,音衍。"3808

沮,受之虧德沮善,顏師古:"沮,壞也,音材汝反。"3809

間,設爲反間,顏師古:"間,音居莧反。"3809

竟,邊竟安危,顏師古:"竟,讀曰境。"3809

諼,詐諼之謀,顏師古:"諼,詐辭也,音許遠反。"3809

胸,胸留斯侯,顏師古:"胸,音許于反。"3809

涂,右於涂仇撣王,顏師古:"涂,音徒。"3809

撣,右於涂仇撣王,顏師古:"撣,音纏。"3809

竿,箭竿就羽,顏師古:"竿,音工旱反。"3811

偶,溫偶駼王,顏師古:"偶,音五口反。"3811

駼,溫偶駼王,顏師古:"駼,音塗。"3811

仰,皆仰此山材木,顏師古:"仰,音牛向反。"3811

更,更大赦二,顏師古:"更,經也,音功衡反。"3811

撣,左於駼仇撣王,顏師古:"撣,音纏。"3811

稽,稽留昆,顏師古:"稽,音雞。"3811

爰,卑爰疐,顏師古:"爰,音爰。"3812

疐,卑爰疐,顏師古:"疐,音竹二反。"3812

泠,烏夷泠,顏師古:"泠,音零。"3812

歐,歐牛畜去,顏師古:"歐,與驅同。"3812

逯,遣子趨逯爲質匈奴,顏師古:"逯,音録。"3812

厭,匈奴從上游來厭人,顏師古:"厭,音一涉反。"3812

帑,亦以爲虛費府帑,顏師古:"帑,音它莽反,又音奴。"3812

畫,時奇譎之士石畫之臣甚衆,顏師古:"畫,計策也,音獲。"3813

徼,徼於便墜,顏師古:"徼,音工堯反。"3814

墜,徼於便墜,顏師古:"墜,古地字。"3814

操,使衛青、霍去病操兵,顏師古:"操,音千高反。"3814

佚,以爲不壹勞者不久佚,顏師古:"佚,與逸同。"3815

喙,餓虎之喙,顏師古:"喙,音許穢反。"3815

鮮,時鮮有所獲,顏師古:"鮮,音先踐反。"3815

伏,扶伏稱臣,顏師古:"伏,音蒲北反。"3815

顓,計不顓制,顏師古:"顓,與專同。"3815

彊,不欲者不彊,顏師古:"彊,音其兩反。"3815

鵞,天性忿鵞,顏師古:"鵞,佷也,音竹二反。"3815

姐,籍蕩姐之場,顏師古:"姐,音紫。"3815

艾,艾朝鮮之旐,顏師古:"艾,讀曰刈。"3816

菑,後無餘菑,顏師古:"菑,古災字也。"3816

厭,太歲厭勝所在,顏師古:"厭,音一涉反。"3817

回,道里回遠,顏師古:"回,音胡内反。"3817

且,遣稽留昆同母兄右大且方與婦入侍,顏師古:"且,音子閭反。"3818

説,欲説太后以威德至盛異於前,顏師古:"説,讀曰悦。"3818

風,乃風單于,顏師古:"風,讀曰諷。"3818

句,車師後王句姑,顏師古:"句,音鉤。"3819

歙,長水校尉王歙,顏師古:"歙,音翕。"3819

幾,國幾絶,顏師古:"幾,音鉅依反。"3819

風,使使者以風單于,顏師古:"風,讀曰諷。"3820

説,莽大説,顏師古:"説,讀曰悦。"3820

敺,敺婦女弱小且千人去,顏師古:"敺,與驅同。"3820

颯,王颯,顏師古:"颯,音立。"3821

紱,授單于印紱,顏師古:"紱者,印之組也,音弗。"3821

鄉,鄉者姑夕侯疑印文,顏師古:"鄉,讀曰嚮。"3821

幾,幾令單于不與人,顏師古:"幾,音鉅依反。"3821

與,將率猶與,顏師古:"與,讀曰豫。"3822

悍,果悍,顏師古:"悍,音胡幹反。"3822

亟,亟還之,顏師古:"亟,音居力反。"3822

重,重以印文改易,顏師古:"重,音直用反。"3822

敺,敺畜産,顏師古:"敺,與驅同。"3823

刀,共殺戊己校尉刀護,顏師古:"刀,音貂。"3823

戲,戲戟十,顏師古:"戲,音許宜反,又音麾。"3823

令,内之于丁令,顏師古:"令,音零。"3824

蟁,蟁䖟之螫,顏師古:"蟁,古蚊字也。"3825

䖟,蟁䖟之螫,顏師古:"䖟,音盲。"3825

螫,蟁䖟之螫,顏師古:"螫,音式亦反。"3825

敺,敺之而已,顏師古:"敺,與驅同。"3825

罷，中國罷耗，顏師古："罷，讀曰疲。"3825

創，匈奴亦創艾，顏師古："創，音初向反。"3825

艾，匈奴亦創艾，顏師古："艾，讀曰乂。"3825

袤，延袤萬里，顏師古："袤，長也，音茂。"3825

援，東援海代，顏師古："援，引也，音爰。"3825

調，內調郡國，顏師古："調，發也，音徒釣反。"3825

屬，不相及屬，顏師古："屬，音之欲反。"3825

鬴，多齎鬴鍑薪炭，顏師古："鬴，古釜字也。"3825

鍑，多齎鬴鍑薪炭，顏師古："鍑，音富。"3825

重，輜重自隨，顏師古："重，音直用反。"3825

累，又累輜重，顏師古："累，音力瑞反。"3825

厭，厭難將軍陳欽，顏師古："厭，音一涉反。"3826

敺，敺畜產去甚衆，顏師古："敺，與驅同。"3826

撓，及莽撓亂匈奴，顏師古："撓，攪也，音火高反。"3826

罷，吏士罷弊，顏師古："罷，讀曰疲。"3826

累，烏累若鞮單于，顏師古："累，音力追反。"3827

渾，盧渾爲右賢王，顏師古："渾，音胡昆反。"3827

歙，和親侯王歙者，顏師古："歙，音翕。"3828

颯，展德侯颯，顏師古："颯，音立。"3828

櫝，醯櫝王，顏師古："櫝，音讀。"3829

逯，庶女陸逯任，顏師古："逯，音錄。"3829

任，庶女陸逯任，顏師古："任，音壬。"3829

中，匈奴中亂，顏師古："中，讀如本字，又音竹仲反。"3829

掁，遵與相掁距，顏師古："掁，謂支柱也，音丈庚反，又丑庚反。"3830

下，有卑下而承事之矣，顏師古："下，音胡亞反。"3830

説，獨可説以厚利，顏師古："説，讀曰悅。"3832

累，質其愛子以累其心，顏師古："累，音力瑞反。"3832

咽，稚子咽哺，顏師古："咽，音宴。"3832

哺，稚子咽哺，顏師古："哺，音捕。"3832

復，以相報復，顏師古："復，音扶目反。"3832

驁，其桀驁尚如斯，顏師古："驁，與傲同。"3832

幾,而幾胡馬之不窺,顏師古:“幾,讀曰冀。”3832

幾,因其壞亂幾亡之陁,顏師古:“幾,近也,音鉅依反。”3833

莉,莉庶亡干戈之役,顏師古:“莉,古黎字。”3833

逯,如其後嗣逯逃竄伏,顏師古:“逯,古遁字。”3833

昧,昧利不顧,顏師古:“昧,貪也,音妹。”3833

媮,而媮恃一時之事者,顏師古:“媮,與偷同。”3834

度,故先王度土,顏師古:“度,音大各反。”3834

中,中立封畿,顏師古:“中,音竹仲反。”3834

辟,辟居北垂寒露之野,顏師古:“辟,讀曰僻。”3834

雍,隔以山谷,雍以沙幕,顏師古:“雍,讀曰壅。”3834

《西南夷兩粤朝鮮傳》

滇,滇最大,顏師古:“滇,音顛。”3837

椎,此皆椎結,顏師古:“椎,音直追反……作魋字,音義同耳。”3837

結,此皆椎結,顏師古:“結,讀曰髻。”3837

巂,名爲巂,顏師古:“巂,音髓。”3838

編,編髮,顏師古:“編,音步典反。”3838

徙,徙、莋都最大,顏師古:“徙,音斯。”3838

莋,徙、莋都最大,顏師古:“莋,音材各反。”3838

駹,冄駹最大,顏師古:“駹,音尨。”3838

著,或土著,或移徙,顏師古:“著,音直略反。”3838

蹻,將軍莊蹻,顏師古:“蹻,音居略反。”3838

徼,皆棄此國而關蜀故徼,顏師古:“徼,音工釣反。”3839

番,番陽令唐蒙風曉南粤,顏師古:“番,音蒲何反。”3839

風,番陽令唐蒙風曉南粤,顏師古:“風,讀曰諷。”3839

枸,南粤食蒙蜀枸醬,引晉灼:“枸,音矩。”3839

食,南粤食蒙蜀枸醬,顏師古:“食,讀曰飤。”3839

番,出番禺城下,顏師古:“番,音普安反。”3840

禺,出番禺城下,顏師古:“禺,音隅。”3840

重,食重萬餘人,顏師古:“重,音直用反。”3840

餉,載轉相餉,顏師古:“餉,古餉字。”3840

罷,士罷餓餒,顏師古:“罷,讀曰疲。”3840

餧，士罷餓餧，顔師古：“餧，音能賄反。”3840

耗，耗費亡功，顔師古：“耗，音呼到反。”3840

且，且蘭君恐遠行，顔師古：“且，音子餘反。”3842

風，風諭滇王入朝，顔師古：“風，讀曰諷。”3842

杖，同姓相杖，顔師古：“杖，音直亮反。”3842

並，牂柯、談指、同並等二十四邑，顔師古：“並，音伴。”3843

犇，犇命萬餘人，顔師古：“犇，古奔字。”3843

辟，水衡都尉呂辟胡，顔師古：“辟，音璧。”3843

鉤，鉤町侯，顔師古：“鉤，音鉅于反。”3843

町，鉤町侯，顔師古：“町，音大鼎反。”3843

俞，漏臥侯俞，顔師古：“俞，音踰。”3844

更，更舉兵相攻，顔師古：“更，音工衡反。”3844

選，恐議者選奡，顔師古：“選，音息兗反。”3844

奡，恐議者選奡，顔師古：“奡，音人兗反。”3844

調，大司農豫調穀積要害處，顔師古：“調，音徒釣反。”3844

墮，不可墮壞，顔師古：“墮，音火規反。”3845

行，乃從吏數十人出行縣，顔師古：“行，音下更反。”3845

且，至興國且同亭，顔師古：“且，音子餘反。”3846

數，立數責，顔師古：“數，音所具反。”3846

間，縱反間以誘其衆，顔師古：“間，音居莧反。”3846

共，費不可共，顔師古：“共，讀曰供。”3846

趨，趨立營，顔師古：“趨，讀曰趣。”3846

戲，叱戲下令格之，顔師古：“戲，音許宜反，又音麾。”3846

郢，王郢怨恨，顔師古：“郢，音酲。”3846

佗，南粵王趙佗，顔師古：“佗，音徒何反。”3847

適，以適徙民與粵雜處，顔師古：“適，讀曰謫。”3847

囂，南海尉任囂病且死，顔師古：“囂，音敖。”3847

辟，南海辟遠，顔師古：“辟，讀曰僻。”3848

被，即被佗書，顔師古：“被，加也，音皮義反。”3848

湟，湟谿關，顔師古：“湟，音皇。”3848

輯，使和輯百粵，顔師古：“輯，與集同也。”3848

鬲，鬲絶器物，顔師古："鬲，與隔同。"3848

倚，欲倚中國，顔師古："倚，音於綺反。"3849

廬，隆慮侯竈，顔師古："慮，音廬。"3849

隃，兵不能隃領，顔師古："隃，與踰同。"3849

誖，以故誖暴乎治，顔師古："誖，音布内反。"3850

褚，上褚五十衣，顔師古："褚，音竹吕反。"3851

辟，老夫處辟，顔師古："辟，讀曰僻。"3852

復，復故號，顔師古："復，音扶目反。"3852

蠹，桂蠹一器，顔師古："蠹，音丁故反。"3853

説，文帝大説，顔師古："説，讀曰悦。"3853

請，稱臣遣使入朝請，顔師古："請，音才性反。"3853

怵，要之不可以怵好語入見，顔師古："怵，誘也，音先聿反。"3854

摎，取邯鄲摎氏女，顔師古："摎，音居虬反。"3854

風，漢數使使者風諭，顔師古："風，讀曰諷。"3854

倚，亦欲倚漢威，顔師古："倚，音於綺反。"3855

填，諸使者皆留填撫之，顔師古："填，音竹刃反。"3855

杖，使者狐疑相杖，顔師古："杖，音直亮反。"3856

鏦，欲鏦嘉以矛，顔師古："鏦，謂撞刺之也，音窓。"3856

郟，郟壯士，顔師古："郟，音夾。"3857

謾，好爲謾辭謝罪，顔師古："謾，音慢，又音莫連反。"3857

龒，封其子廣德爲龒侯，引晉灼："龒，古龍字。"3857

湟，下湟水，顔師古："湟，音皇。"3857

莫，莫，不知其兵多少，顔師古："莫，讀曰暮。"3858

敺，反敺而入伏波營中，顔師古："敺，與驅同。"3858

遲，遲旦，顔師古："遲，音丈二反。"3858

稽，粵郎都稽得嘉，顔師古："稽，音雞。"3858

揭，揭陽令史定，引蘇林："揭，音羯。"3859

膫，爲膫侯，顔師古："膫，音來彫反。"3859

番，所謂番君者也，顔師古："番，音蒲河反。"3859

冶，都冶，顔師古："冶，音弋者反。"3860

后，后數世，顔師古："后，與後同，古通用字。"3860

鏦，即鏦殺王，顔師古："鏦，音初江反。"3861

繇，繇君丑，顔師古："繇，音摇。"3861

與，不與謀，顔師古："與，讀曰豫。"3861

卻，卻就便處，顔師古："卻，音丘略反。"3862

説，横海將軍韓説，顔師古："説，讀曰悦。"3862

榬，榬終古，顔師古："榬，音袁。"3862

語，爲語兒侯，顔師古："語，字或作禦，或作籞，其音同。"3862

繚，繚嫈侯，顔師古："繚，音遼。"3863

嫈，繚嫈侯，顔師古："嫈，音於耕反。"3863

鄜，封爲下鄜侯，顔師古："鄜，音孚。"3863

障，爲置吏築障，顔師古："障，音之亮反。"3864

浿，至浿水爲界，顔師古："浿，音普蓋反。"3864

雍，又雍閼弗通，顔師古："雍，讀曰壅。"3865

譙，漢使涉何譙諭右渠，顔師古："譙，音才笑反。"3865

魄，及魄軍糧，顔師古："魄，亦饋字。"3865

顓，不能顓決，顔師古："顓，與專同。"3866

戲，左將軍戲下，顔師古："戲，讀與麾同。"3867

唊，將軍王唊，顔師古："唊，音頰。"3867

澅，澅清侯，顔師古："澅，音獲。"3867

苴，秋苴侯，顔師古："苴，音千餘反。"3867

伯，而句踐亦以粤伯，顔師古："伯，讀曰霸。"3868

填，追觀太宗填撫尉佗，顔師古："填，音竹刃反。"3868

《西域傳上》

屬，與漢南山屬焉，顔師古："屬，音之欲反。"3872

闐，一出于闐，顔師古："闐，字與寘同，音徒賢反，又音徒見反。"3872

袤，廣袤三百里，顔師古："袤，音茂。"3872

鄯，鄯善，顔師古："鄯，音上扇反。"3872

傍，傍南山北，顔師古："傍，音步浪反。"3872

波，波河西行至莎車，顔師古："波，音彼義反。"3872

氐，大月氐，顔師古："氐，音支。"3872

著，大率土著，顔師古："著，音直略反。"3872

洮,西不過臨洮,顏師古:"洮,音土高反。"3873

屠,休屠王,顏師古:"屠,音除。"3873

令,始築令居以西,顏師古:"令,音鈴。"3873

敦,張掖、敦煌,顏師古:"敦,音徒門反。"3873

胥,田於北胥鞬,顏師古:"胥,音先餘反。"3874

鞬,田於北胥鞬,顏師古:"鞬,音居言反。"3874

輯,可安輯,顏師古:"輯,與集同。"3874

翔,土地山川王侯户數道里遠近翔實,顏師古:"翔,與詳同,假借用耳。"3874

嬃,曰嬃羌,引孟康:"嬃,音兒。"顏師古:"嬃,音而遮反。"3875

辟,辟在西南,顏師古:"辟,讀曰僻。"3875

且,西與且末接,顏師古:"且,音子餘反。"3875

仰,仰鄯善、且末穀,顏師古:"仰,音牛向反。"3875

拍,服刀,引劉德:"服刀,拍髀也。"顏師古:"拍,音貊。"3875

髀,服刀,引劉德:"服刀,拍髀也。"顏師古:"髀,音俾,又音陛。"3875

扜,王治扜泥城,顏師古:"扜,音一胡反。"3876

卻,卻胡侯,顏師古:"卻,音丘略反。"3876

卩,卻胡侯,顏師古:"卻,其字從卩。卩,音節。"3876

仰,寄田仰穀旁國,顏師古:"仰,音牛向反。"3876

檉,檉柳,顏師古:"檉,音丑成反。"3876

它,多橐它,顏師古:"它,古他字也,音徒何反。"3876

浩,恢爲浩侯,引蘇林:"浩,音昊。"3877

簿,簿責王,顏師古:"簿,音(簿)[步]户反。"3877

艾,懲艾不便與漢通,顏師古:"艾,讀曰乂。"3878

間,後復爲匈奴反間,顏師古:"間,音居莧反。"3878

傳,馳傳詣闕,顏師古:"傳,音張戀反。"3878

重,備車騎輜重,顏師古:"重,音直用反。"3878

橫,送至橫門外,引孟康:"橫,音光。"3878

填,田伊循以填撫之,顏師古:"填,音竹刃反。"3878

扜,王治扜零城,顏師古:"扜,音烏。"3880

辟,辟南不當道,顏師古:"辟,讀曰僻。"3880

扜,西通扜彌四百六十里,顏師古:"扜,音烏。"3880

龜，龜茲，顏師古：“龜，音丘。”3881

茲，龜茲，顏師古：“茲，音慈。”3881

鞬，王治鞬都城，顏師古：“鞬，音居言反。”3881

烏秅，烏秅國，引鄭氏：“烏秅，音鷃拏。”顏師古：“急言之聲如鷃拏耳，非正
　　音也。”3882

烏，烏秅國，顏師古：“烏，音一加反。”3882

秅，烏秅國，顏師古：“秅，音直加反。”3882

縣，其西則有縣度，顏師古：“縣，古懸字耳。”3882

揵，治呼揵谷，顏師古：“揵，音鉅言反。”3883

耏，依耏、無雷國，顏師古：“耏，音奴代反。”3883

塞，而塞王南君罽賓，顏師古：“塞，音先得反。”3885

櫰，檀、櫰、梓，顏師古：“櫰，音懷。即槐之類也。”3885

幕，幕爲人面，引如淳：“幕，音漫。”顏師古：“幕即漫耳，無勞借音。”3885

剽，數剽殺漢使，顏師古：“剽，音頻妙反。”3886

琅，陰末赴鎖琅當德，顏師古：“琅，音郎。”3886

愜，愜快其求者，顏師古：“愜，音苦頰反。”3887

比，爲壞比而爲寇也，顏師古：“比，音頻寐反。”3887

鄉，其鄉慕，顏師古：“鄉，讀曰嚮。”3887

更，更不屬漢之國四五，顏師古：“更，音工衡反。”3887

食，須諸國稟食，顏師古：“食，讀曰飤。”3887

餧，餧山谷之間，顏師古：“餧，音能賄反。”3887

匃，乞匃無所得，顏師古：“匃，亦乞也，音工大反。”3887

嘔，頭痛嘔吐，顏師古：“嘔，音一口反。”3888

崢，臨崢嶸不測之深，顏師古：“崢，音仕耕反。”3888

嶸，臨崢嶸不測之深，顏師古：“嶸，音宏。”3888

隊，畜隊，未半阬谷盡靡碎，顏師古：“隊，亦墮也，音直類反。”3888

靡，畜隊，未半阬谷盡靡碎，顏師古：“靡，音糜。”3888

罷，罷弊所恃以事無用，顏師古：“罷，讀曰疲。”3888

撲，北與撲挑，顏師古：“撲，音布木反。”3888

犂，西與犂軒，顏師古：“犂，讀與驪同。”3888

軒，西與犂軒，顏師古：“軒，音鉅連反，又鉅言反。”3888

甕，卵如甕，顏師古：“甕，音於龍反。”3888

眩,善眩,顏師古:"眩,讀與幻同。"3889

拔,而有桃拔,顏師古:"拔,音步葛反。"3889

狻,師子,顏師古:"師子即《爾雅》所謂狻猊也。狻,音酸。"3889

猊,師子,顏師古:"師子即《爾雅》所謂狻猊也。猊,音倪。"3889

肵,師子,引孟康:"獅子似虎,正黃有肵肵。"顏師古:"肵,音而。"3889

茸,師子,引孟康:"尾端茸毛大如斗。"顏師古:"茸,音人庸反。"3889

杖,以金銀飾杖,顏師古:"杖,音直亮反。"3889

番,王治番兜城,引蘇林:"番,音盤。"3890

屬,人民相屬,顏師古:"屬,音之欲反。"3890

説,天子大説,顏師古:"説,讀曰悦。"3890

封,出一封橐駝,顏師古:"封,音峯。"3890

翎,有五翎侯,顏師古:"翎,即翕字。"3891

澡,治護澡城,顏師古:"澡,音藻。"3891

胘,四曰胘頓翎侯,顏師古:"胘,音許乙反。"3891

樂,王冬治樂越匿地,顏師古:"樂,音來各反。"3892

闐,到卑闐城,顏師古:"闐,音徒千反。"3892

飲,乃飲啗都護吏,顏師古:"飲,音於禁反。"3893

啗,乃飲啗都護吏,顏師古:"啗,音徒濫反。"3893

罷,空罷耗所過,顏師古:"罷,讀曰疲。"3893

耗,空罷耗所過,顏師古:"耗,音呼到反。"3893

齰,一曰蘇齰王,顏師古:"齰,音下戒反。"3894

窳,三曰窳匿王,顏師古:"窳,音庚。"3894

奥,五曰奥鞬王,顏師古:"奥,音於六反。"3894

鞬,五曰奥鞬王,顏師古:"鞬,音居言反。"3894

耆,俗耆酒,馬耆目宿,顏師古:"耆,讀曰嗜。"3894

昧,昧蔡,顏師古:"昧,音秣。"3895

蔡,昧蔡,顏師古:"蔡,音千曷反。"3895

謵,宛貴人以爲昧蔡謵,顏師古:"謵,古諂字。"3895

風,因風諭,顏師古:"風,讀曰諷。"3895

食,國傳送食,顏師古:"食,讀曰飤。"3896

遠,以遠漢,顏師古:"遠,音于萬反。"3896

槐，桃槐國，顏師古：“槐，音回。”3896

屬，南與葱領屬，顏師古：“屬，音之欲反。”3897

説，國人不説，顏師古：“説，讀曰悦。”3898

《西域傳下》

橢，山多松橢，顏師古：“橢，音武元反。”3901

岑，太子有子曰岑陬，顏師古：“岑，音仕林反。”3903

陬，太子有子曰岑陬，顏師古：“陬，音子侯反。”3903

蚤，太子蚤死，顏師古：“蚤，古早字。”3903

遠，烏孫遠漢，顏師古：“遠，音于萬反。”3903

屬，相屬不絶，顏師古：“屬，音之欲反。”3903

食，以肉爲食兮酪爲漿，顏師古：“食，音飤。”3904

鵠，願爲黃鵠兮歸故鄉，顏師古：“鵠，音下督反。”3904

趣，使使謂烏孫趣持公主來，顏師古：“趣，讀曰促。”3905

竟，邊竟未得安，顏師古：“竟，讀曰境。”3906

瘦，其子細沈瘦，顏師古：“瘦，音搜。”3907

捽，張翁捽主頭罵詈，顏師古：“捽，持其頭，音材兀反。”3907

嫽，楚主侍者馮嫽，顏師古：“嫽，音了。”3907

拊，子拊離代立，顏師古：“拊，讀與撫同。”3908

番，太子番丘，顏師古：“番，音盤。”3909

寘，卑爰寘，顏師古：“寘，音竹二反。”3909

倚，親倚都護，顏師古：“倚，音於綺反。”3910

扜，西南與扜彌，顏師古：“扜，音烏。”3911

累，民壯健有累重敢徙者，顏師古：“累，音力瑞反。”3912

重，民壯健有累重敢徙者，顏師古：“重，音直用反。”3912

畜，就畜積爲本業，顏師古：“畜，讀曰蓄。”3912

分，分部行邊，顏師古：“分，音扶問反。”3912

行，分部行邊，顏師古：“行，音下更反。”3912

重，是重困老弱孤獨也，顏師古：“重，音直用反。”3914

食，力不能復至道上食漢軍，顏師古：“食，讀曰飤。”3914

廝，然尚廝留甚衆，顏師古：“廝，音斯。”3914

乞，我匄若馬，顏師古：“匄，乞與也。乞，音氣。”3914

與，古者卿大夫與謀，顏師古："與，讀曰豫。"3914

視，以縛馬書徧視丞相御史二千石諸大夫郎，顏師古："視，讀曰示。"3915

視，夫不足者視人有餘，顏師古："視，亦讀曰示。"3915

䰜，於䰜山必克，顏師古："䰜，古釜字。"3915

能，然不能飢渴，顏師古："能，音耐。"3915

伯，五伯所弗能爲也，顏師古："伯，讀曰霸。"3915

復，脩馬復令，顏師古："復，音方目反。"3916

琦，綺繡雜繒琦珍，顏師古："琦，音奇。"3917

員，王治員渠城，顏師古："員，音于權反。"3918

且，南與且彌，顏師古："且，音子余反。"3918

乾，乾當國，顏師古："乾，音干。"3918

番，番渠類谷，顏師古："番，音盤。"3919

呾，内呾谷，顏師古："呾，音丁忽反。"3919

且，西且彌國，顏師古："且，音子余反。"3920

鄉，通善君、鄉善君各一人，顏師古："鄉，讀曰嚮。"3921

道，道民君，顏師古："道，讀曰導。"3921

憙，校尉司馬憙，顏師古："憙，音許吏反。"3923

間，間以河山，顏師古："間，音居莧反。"3924

句，車師後王姑句，顏師古："句，音鉤。"3924

拄，以道當爲拄置，顏師古："拄，音竹羽反，又音竹具反。"3924

陬，股紫陬，顏師古："陬，音子侯反。"3925

比，國比大種赤水羌，顏師古："比，音頻寐反。"3925

鞮，右將股鞮，顏師古："鞮，音丁奚反。"3926

刀，戊己校尉刀護，顏師古："刀，音彫。"3926

埒，埒婁城，顏師古："埒，音劣。"3926

婁，埒婁城，顏師古："婁，音樓。"3926

且，桓且谷，顏師古："且，音子余反。"3926

要，匈奴欲大侵，要死，顏師古："要，音一妙反。"3927

難，晨火難，顏師古："難，古然字。"3927

賁，烏賁都尉，顏師古："賁，音奔。"3927

絫，烏絫單于，顏師古："絫，音力追反。"3927

劋,劋胡子,引鄧展:"劋,音杉。"顏師古:"劋,絕也,音子小反。字本作剿,
　轉寫誤耳。"3928

從,患其兼從西國,顏師古:"從,音子容反。"3928

瑇,瑇瑁,顏師古:"瑇,音代。"3929

瑁,瑇瑁,顏師古:"瑁,音妹。"3929

枸,枸醬,顏師古:"枸,音矩。"3929

梢,蒲梢、龍文、魚目、汗血之馬,顏師古:"梢馬,音所交反。"3929

落,落以隨珠和璧,顏師古:"落,與絡同。"3929

依,天子負黼依,顏師古:"依,讀曰扆。"3929

被,襲翠被,顏師古:"被,音皮義反。"3929

俞,作《巴俞》都盧,顏師古:"俞,音踰。"3929

碭,海中《碭極》,顏師古:碭,音大浪反。"3929

衍,漫衍魚龍,顏師古:"衍,音弋戰反。"3929

視,以觀視之,顏師古:"視,讀曰示。"3929

屈,民力屈,財用竭,顏師古:"屈,音其勿反。"3930

《外戚傳上》

娀,有娀,顏師古:"娀,音嵩。"3934

娎,有娎,顏師古:"娎,音詵。"3934

嫄,姜嫄,顏師古:"嫄,音原。"3934

與,可不慎與,顏師古:"與,讀曰歟。"3934

惡,惡能識乎性命,顏師古:"惡,音烏。"3935

適,適稱皇后,顏師古:"適,讀曰嫡。"3935

倢,倢伃,顏師古:"倢,音接。"3935

伃,倢伃,顏師古:"伃,音予,字或從女,其音同耳。"3935

婥,婥娥,顏師古:"婥,音五經反。"3935

傛,傛華,顏師古:"傛,音容。"3935

更,比中更,顏師古:"更,[音]公衡反。"3936

共,共和、娛靈,顏師古:"共,讀曰恭。"3936

令,保林、良使,顏師古:"良使,使令之善者也。令,音力成反。"3936

單,單父人也,顏師古:"單,音善。"3937

父,單父人也,顏師古:"父,音甫。"3937

幾，幾代太子者數，顔師古："幾，音鉅依反。"3937

數，幾代太子者數，顔師古："數，音所角反。"3937

女，當誰使告女，顔師古："女，讀曰汝。"3938

遲，遲帝還，顔師古："遲，音直二反。"3938

飲，飲瘖藥，顔師古："飲，音於禁反。"3938

瘖，飲瘖藥，顔師古："瘖，音於今反。"3938

鞠，使居鞠域中，顔師古："鞠，音巨六反。"3938

説，太后説，顔師古："説，讀曰悦。"3939

共，共王恢，顔師古："共，讀曰恭。"3939

台，周吕侯子台，顔師古："台，音土來反。"3939

爲，我壯即爲所爲，顔師古："爲，並音于僞反。"3940

軹，封弟昭爲軹侯，顔師古："軹，音只。"3942

復，乃召復魏氏，顔師古："復，音方目反。"3942

與，竇姬與在行中，顔師古："與，讀曰豫。"3943

嫖，生女嫖，顔師古："嫖，音匹昭反。"3943

更，所生四男更病死，顔師古："更，音公衡反。"3943

觀，葬觀津，顔師古："觀，音工唤反。"3943

厭，盡厭殺臥者，顔師古："厭，音一甲反。"3944

識，復問其所識，顔師古："識，記也，音式志反。"3944

飯，飯我，顔師古："飯，音扶晚反。"3944

放，復放吕氏大事也，顔師古："放，音甫往反。"3944

喜，喜士，顔師古："喜，音許吏反。"3945

倚，欲倚兩女，顔師古："倚，音於綺反。"3946

屬，景帝嘗屬諸姬子，顔師古："屬，音之欲反。"3946

趣，陰使人趣大臣立栗姬爲皇后，顔師古："趣，音曰促。"3947

姁，女弟兒姁，顔師古："姁，音許于反。"3947

廬，隆慮公主，顔師古："慮，音盧。"3947

共，追尊王仲爲共侯，顔師古："共，讀曰恭。"3947

嫣，韓嫣白之，顔師古："嫣，音偃。"3948

横，横於京師，顔師古："横，音胡孟反。"3948

幾，幾死者數焉，顔師古："幾，音鉅依反。"3949

數,幾死者數焉,顔師古:"數,音所角反。"3949

謳,子夫爲平陽主謳者,顔師古:"齊歌曰謳,音一侯反。"3949

祓,帝祓霸上,顔師古:"祓,音廢。"3949

禊,帝祓霸上,引孟康:"今三月上巳祓禊也。"顔師古:"禊,音系。"3949

侍,主見所侍美人,顔師古:"侍,音丈紀反。"3949

説,帝不説,帝獨説子夫,顔師古:"説,皆讀曰悦。"3950

强,强飯勉之,顔師古:"强,音其兩反。"3950

飯,强飯勉之,顔師古:"飯,音扶晚反。"3950

更,尹倢伃、鉤弋夫人更幸,顔師古:"更,音工衡反。"3950

瘞,瘞之城南桐柏,顔師古:"瘞,音於例反。"3950

倡,本以倡進,顔師古:"倡,音昌。"3951

嬩,妾不敢以燕嬩見帝,顔師古:"嬩,與惰同。"3952

鄉,遂轉鄉歔欷,顔師古:"鄉,讀曰嚮。"3952

歔,遂轉鄉歔欷,顔師古:"歔,音虚。"3952

欷,遂轉鄉歔欷,顔師古:"欷,音許既反。"3952

説,上不説而起,顔師古:"説,讀曰悦。"3952

弛,色衰而愛弛,顔師古:"弛,音式爾反。"3952

攣,攣攣顧念我,顔師古:"攣,音力全反,又讀曰戀。"3952

姍,偏何姍姍其來遲,顔師古:"姍,音先安反。"3953

嫭,美連娟以脩嫭兮,顔師古:"嫭,音互。"3953

娟,美連娟以脩嫭兮,顔師古:"娟,音一全反。"3953

櫟,命櫟絶而不長,顔師古:"櫟,音子小反。"3953

貯,飾新宮以延貯兮,顔師古:"貯,與佇同。"3953

憯,秋氣(潛)〔憯〕以淒淚兮,顔師古:"憯,音千感反。"3954

淚,秋氣(潛)〔憯〕以淒淚兮,顔師古:"淚,音戾。"3954

壙,託沈陰以壙久兮,顔師古:"壙,與曠同。"3954

蕃,惜蕃華之未央,顔師古:"蕃,音扶元反。"3954

幼,惟幼眇之相羊,顔師古:"幼,音一小反。"3954

相,惟幼眇之相羊,顔師古:"相,音襄。"3954

荴,函菱荴以俟風兮,引李奇:"荴,音敷。"3954

菱,函菱荴以俟風兮,引孟康:"菱,音綏。"3954

縹,縹飄姚虖愈莊,顏師古:"縹,音匹妙反。"3954

芒,宵寤夢之芒芒,顏師古:"芒,音莫郎反。"3954

躊,哀裴回以躊躇,顏師古:"躊,音疇。"3954

躇,哀裴回以躊躇,顏師古:"躇,合韻音丈預反。"3954

荒,遂荒忽而辭去,顏師古:"荒,音呼廣反。"3954

兊,寔淫敞兊,顏師古:"兊,古悅字。"3954

怛,怛兮在心,顏師古:"怛,音丁曷反。"3954

闒,嫉妒闒(茸)[茸],顏師古:"闒,音吐獵反。"3955

茸,嫉妒闒(茸)[茸],顏師古:"茸,音人勇反。"3955

傷,年夭傷兮,顏師古:"傷,合韻音式向反。"3955

沬,洿沬悵兮,引晉灼:"沬,音水沬面之沬。"顏師古:"沬,音呼内反。"3955

洿,洿沬悵兮,顏師古:"洿,音烏。"3955

喧,喧不可止兮,顏師古:"喧,音許遠反。"3955

嚮,嚮不虛應,顏師古:"嚮,讀曰響。"3955

嶕,嶕妍太息,顏師古:"嶕,音在消反。"3955

懰,懰慄不言,顏師古:"懰,音劉。"3955

慄,懰慄不言,顏師古:"慄,音栗。"3955

信,申以信兮,顏師古:"信,合韻音新。"3956

復,不復故庭兮,顏師古:"復,音扶目反。"3956

與,猶與久之,顏師古:"與,讀曰豫。"3957

譴,有過見譴,顏師古:"譴,責也。音口羨反。"3957

屬,雖風常屬車,顏師古:"屬,音之欲反。"3958

見,見馬,顏師古:"見,音胡電反。"3958

共,共養帝,顏師古:"共,音居用反。"3958

養,共養帝,顏師古:"養,音弋亮反。"3958

與,皇后以年少不與謀,顏師古:"與,讀曰豫。"3960

綺,使令皆爲窮綺,顏師古:"綺,古袴字也。"3960

令,使令皆爲窮綺,顏師古:"令,音力征反。"3960

緄,使令皆爲窮綺,顏師古:"窮綺即今之緄襠袴也。緄,音下昆反。"3960

蠡,涿郡蠡吾平鄉,顏師古:"蠡,音禮。"3963

縑,媼爲翁須作縑單衣,顏師古:"縑,即今之絹也,音兼。"3963

呼,呼曰,顏師古:"呼,音火故反。"3963

比,見翁須與歌舞等比五人同處,顏師古:"比,音必寐反。"3963

索,廣漢部索,顏師古:"索,音山客反。"3965

緘,滿一篋緘封,顏師古:"緘,束篋也,音工咸反。"3965

歐,歐侯氏,顏師古:"歐,音烏溝反。"3965

重,廣漢重令爲介,顏師古:"重,音直用反。"3965

儀,心儀霍將軍女,引服虔:"儀,音螘。"顏師古:"晉説是也,謂附向之。"3965

辟,辟左右,顏師古:"辟,音闢。"3966

累,願以累少夫,顏師古:"累,託也,音力瑞反。"3967

乳,婦人免乳大故,顏師古:"乳,音人喻反。"3967

去,可因投毒藥去也,顏師古:"去,音丘吕反。"3967

懣,遂加煩懣,顏師古:"懣,音滿,又音悶。"3967

勞,相勞問,顏師古:"勞,音來到反。"3967

爲,因爲成君衣補,顏師古:"爲,音于僞反。"3968

顓,顓房燕,顏師古:"顓,與專同。"3969

華,華偍伃,顏師古:"華,音户花反。"3969

幾,幾爲霍氏所害,顏師古:"幾,音巨依反。"3970

質,深念奉質共脩之義,顏師古:"質,讀曰贄。"3970

《外戚傳下》

説,還白太子懂説狀,顏師古:"説,讀曰悦。"3973

纍,不宜以吏職自纍,顏師古:"纍,古累字也,音力瑞反。"3974

誇,妾誇布服糲食,顏師古:"誇,音夸。"3975

糲,妾誇布服糲食,顏師古:"糲,音刺。"3975

洿,洿穢不修,顏師古:"洿,與汙同。"3975

上,每輒決上,顏師古:"上,音時掌反。"3975

覆,可覆問也,顏師古:"覆,音芳目反。"3975

放,豈相放哉,顏師古:"放,音甫往反。"3975

被,即且令妾被服所爲不得不如前,顏師古:"被,音皮義反。"3976

忮,(官)[宦]吏忮很,顏師古:"忮,音之豉反。"3976

操,猶以不急事操人,顏師古:"操,音千高反。"3976

仰,將安所仰乎,顏師古:"仰,音牛向反。"3976

見，俟自見，顏師古：“見，音胡電反。”3977

索，索言之，顏師古：“索，音先各反。”3977

與，賤踰貴之變與，顏師古：“與，讀曰歟。”3978

與，豈有此等之效與，顏師古：“與，讀曰歟。”3978

裏，裏誠秉忠，顏師古：“裏，古懷字。”3978

惡，又惡有上官、博陸、宣成之謀，顏師古：“惡，音烏。”3978

鄉，方外內鄉，顏師古：“鄉，讀曰嚮。”3978

視，視后妾無能懷任保全者，顏師古：“視，讀曰示。”3979

咲，先咲後號咷，顏師古：“咲，古笑字也。”3980

咷，先咲後號咷，顏師古：“咷，音桃。”3980

説，雖先快意説咲，顏師古：“説，讀曰悦。”3980

索，轉旋且索，顏師古：“索，音先各反。”3980

婁，不救之患日寖婁深，顏師古：“婁，古屢字。”3980

肜，高宗肜日，顏師古：“肜，音弋中反。”3981

飭，即飭椒房及掖庭耳，顏師古：“飭，與敕同。”3981

刺，其條刺，顏師古：“刺，音千賜反。”3981

鮮，以約失之者鮮，顏師古：“鮮，音先踐反。”3981

與，審皇后欲從其奢與，顏師古：“與，讀曰歟。”3981

放，何可放焉，顏師古：“放，音甫往反。”3981

惡，又惡可以踰乎，顏師古：“惡，音烏。”3982

讙，以息衆讙，顏師古：“讙，音許元反。”3982

譴，爲媚道祝譴後宮有身者，顏師古：“譴，古詛字。”3983

嬤，廢后姊嬤，顏師古：“嬤，音靡。”3983

詩，長書有詩謾，顏師古：“詩，音布內反。”3983

謾，長書有詩謾，顏師古：“謾，與慢同。”3983

蛾，蛾而大幸，顏師古：“蛾，與俄同，古字通用。”3984

嬖，三代末主乃有嬖女，顏師古：“嬖，愛也，音必計反。”3984

近，得無近似之乎，顏師古：“近，音鉅靳反。”3984

踰，踰越禮制，顏師古：“踰，與踰同。”3985

共，求共養太后，顏師古：“共，音居用反。”3985

養，求共養太后，顏師古：“養，音弋向反。”3985

纍，每瘣瘶而纍息兮，顏師古：“纍，古累字。”3986

女，美皇、英之女虞兮，顏師古：“女，音尼據反。”3986

蕃，閔蕃華之不滋，顏師古：“蕃，音扶元反。”3986

晻，遂晻莫而昧幽，顏師古：“晻，與暗同，又音烏感反。”3986

莫，遂晻莫而昧幽，顏師古：“莫，讀曰暮。一曰莫，靜也，讀如本字。”3986

被，猶被覆載之厚德兮，顏師古：“被，音皮義反。”3986

共，奉共養于東宮兮，顏師古：“共，音居用反。”3987

養，奉共養于東宮兮，顏師古：“養，音弋向反。”3987

共，共洒埽於帷幄兮，顏師古：“共，音居容反。”3987

洒，共洒埽於帷幄兮，顏師古：“洒，音灑，又音所寄反。”3987

埽，共洒埽於帷幄兮，顏師古：“埽，音先到反。”3987

重，重曰，顏師古：“重，音直用反。”3987

扃，應門閉兮禁闥扃，顏師古：“扃，音工熒反。”3987

蕐，華殿塵兮玉階蕐，顏師古：“蕐，音臺。”3987

萋，中庭萋兮綠草生，顏師古：“萋，音妻。”3987

櫳，房櫳虛兮風泠泠，顏師古：“櫳，音來東反。”3987

泠，房櫳虛兮風泠泠，顏師古：“泠，音零。”3987

綷，紛綷縩兮紈素聲，顏師古：“綷，音千賄反。”3987

縩，紛綷縩兮紈素聲，顏師古：“縩，音蔡。”3987

靚，神眇眇兮密靚處，顏師古：“靚，字與靜同。”3987

綦，思君兮履綦，顏師古：“綦，音其。”3987

黮，仰視兮雲屋，顏師古：“雲屋，言其黮黢。黮，音徒感反。”3988

黢，仰視兮雲屋，顏師古：“雲屋，言其黮黢。黢，音徒對反。”3988

虞，勉虞精兮極樂，顏師古：“此虞，與娛同。”3988

阿，陽阿主，顏師古：“阿，今俗書阿字作河。又或爲河陽，皆後人所妄改耳。”3988

説，上見飛燕而説之，顏師古：“説，讀曰悦。”3988

髹，殿上髹漆，顏師古：“髹，音許求反，又許昭反。今關東俗，器物一再著漆者謂之捎漆，捎即髹聲之轉重耳。髹，字或作髤，音義亦與髹同。”3989

切，切皆銅沓黃金塗，顏師古：“切，門限也，音千結反。”3989

沓，切皆銅沓黃金塗，顏師古：“沓，冒其頭也，音它合反。”3989

釭，壁帶往往爲黃金釭，顏師古：“釭，音工，流俗讀之音江，非也。”3989

顓,姊弟顓寵十餘年,顏師古:"顓,與專同。"3989

供,上宿供張白虎殿,顏師古:"供,音居用反。"3990

張,上宿供張白虎殿,顏師古:"張,音竹亮反。"3990

鄉,鄉晨,顏師古:"鄉,讀曰嚮。"3990

傅,傅絝韤欲起,顏師古:"傅,讀曰附。"3990

絝,傅絝韤欲起,顏師古:"絝,古袴字也。"3990

韤,傅絝韤欲起,顏師古:"韤,音武伐反。"3990

乳,宮乳掖庭牛官令舍,顏師古:"乳,產也,音而具反。"3992

綈,盛緑綈方底,顏師古:"綈,音大奚反。"3992

胞,善臧我兒胞,顏師古:"胞,音苞。"3992

恇,恇也,顏師古:"恇,音丑庚反,字本作瞠,其音同耳。"3992

飲,武自臨飲之,顏師古:"飲,音於禁反。"3992

赫,赫蹄書,引鄧展:"赫,音兄弟鬩牆之鬩。"顏師古:"赫,今書本赫字或作擊。"3992

女,女自知之,顏師古:"女,讀曰汝。"3992

女,女無過,顏師古:"女,讀曰汝。"3992

繆,即自繆死,引晉灼:"繆,音繆縛之繆。"顏師古:"繆,絞也,音居虯反。"3993

褱,褱子,顏師古:"褱,本懷字。"3994

乳,十一月乳,顏師古:"乳,謂産子也,音而樹反。"3994

懟,懟,以手自擣,顏師古:"懟,音直類反。"3994

女,約不負女,顏師古:"女,讀曰汝。"3994

簾,置飾室中簾南,顏師古:"簾,音廉。"3994

緘,使客子解篋緘,顏師古:"緘,音居咸反。"3994

孋,任孋,顏師古:"孋,音麗。"3995

屬,屬無道我家過失,顏師古:"屬,音之欲反。"3995

耆,票騎將軍貪耆錢,顏師古:"耆,讀曰嗜。"3995

更,事更大赦,顏師古:"更,音工衡反。"3996

近,迫近幃幄,顏師古:"近,音鉅靳反。"3996

適,廢適立庶,顏師古:"適,讀曰嫡。"3997

耆,耆欲無極,顏師古:"耆,讀曰嗜。"3997

援,不能深援安危,顏師古:"援,音爰。"3997

演,推演聖德,顏師古:"演,廣也,音弋善反。"3997

覆，反覆校省内，顏師古：“覆，音芳目反。”3998

捄，匡捄銷滅既往之過，顏師古：“捄，古救字。”3998

訐，訐揚幽昧之過，顏師古：“訐，音居謁反。”3998

共，無共養之禮，顏師古：“共，讀曰供，音居用反。”3999

養，無共養之禮，顏師古：“養，音弋向反。”3999

涏，尾涏涏，顏師古：“涏，音徒見反。”3999

鍰，宮門銅鍰也，顏師古：“鍰，讀與環同。”3999

酹，飲酒酹地，顏師古：“酹，音來外反。”4000

祝，皆祝延之，顏師古：“祝，音之受反。”4000

更，更稱譽定陶王，顏師古：“更，音工衡反。”4001

中，子孟、中叔，顏師古：“中，讀曰仲。”4002

復，葬丁姬復其故，顏師古：“復，音扶目反。”4003

炎，火出炎四五丈，顏師古：“炎，音弋贍反。”4004

坐，配食於左坐，顏師古：“坐，音材臥反。”4005

佚，熊佚出圈，顏師古：“佚，字與逸同。”4006

眚，有眚病，顏師古：“眚，音所領反。”4006

解，數禱祠解，顏師古：“解，音懈。”4006

幾，幾得封侯，顏師古：“幾，讀曰冀。”4007

鬲，鬲子爲尊德君，顏師古：“鬲，音歷。”4009

幾，幾得至京師，顏師古：“幾，讀曰冀。”4009

侮，侮聖人言，顏師古：“侮，古侮字。”4009

重，禍殃仍重，顏師古：“重，音直用反。”4009

續，皮弁素績，顏師古：“素績謂素裳也。績，字或作積，謂襞積之。”4010

紱，皇后璽紱，顏師古：“紱，音弗。”4010

便，便時上林延壽門，顏師古：“便，音頻面反。”4010

瘱，爲人婉瘱有節操，顏師古：“瘱，靜也，音烏計反。”4011

襐，襐飾將醫往問疾，顏師古：“襐，盛飾也，音丈，又音象。”4011

繇，繇至微而體至尊，顏師古：“繇，與由同。”4011

《元后傳》

沑，舜起嬀沑，顏師古：“沑，音而銳反。”4013

犇，犇齊，顏師古：“犇，古奔字。”4013

懦，畏懦逗遛，顏師古：“懦，音乃喚反。”4014

逗，畏懦逗遛，顏師古：“逗，音住，又音豆。”4014

虛，五鹿之虛，顏師古：“虛，讀曰墟。”4014

適，適妻，顏師古：“適，讀曰嫡。”4015

數，使卜數者相政君，顏師古：“數，音所具反。”4015

更，諸娣妾良人更祝詛殺我，顏師古：“更，音工衡反。”4016

虞，可以虞侍太子，顏師古：“此虞，與娛同。”4016

與，政君與在其中，顏師古：“與，讀曰豫。”4016

適，爲世適皇孫，顏師古：“適，讀曰嫡。”4016

右，擁右太子，顏師古：“右，讀曰佑。”4017

茀，今有茀星天地赤黃之異，顏師古：“茀，與孛同。”4018

比，欲以田蚡爲比而封之，顏師古：“比，例也，音必寐反。”4018

顓，上遂謙讓無所顓，顏師古：“顓，與專同。”4019

説，甚説之，顏師古：“説，讀曰悦。”4019

近，引近定陶王，顏師古：“近，音巨靳反。”4021

遠，推遠定陶王，顏師古：“遠，音于萬反。”4021

辟，上輒辟左右，顏師古：“辟，讀曰闢。”4022

重，又重自念，顏師古：“重，音直用反。”4022

靡，當殺身靡骨死輦轂下，顏師古：“靡，碎也，音武皮反。”4023

重，重巍巍也，顏師古：“重，音直用反。”4023

婁，故天變（屢）［婁］臻，顏師古：“婁，古屢字。”4023

屬，連屬彌望，顏師古：“屬，音之欲反。”4024

倨，譚倨，顏師古：“倨，慢也，音據。”4025

輯，輯濯越歌，顏師古：“輯，與楫同。”4026

濯，輯濯越歌，顏師古：“濯，與櫂同。”4026

橈，輯濯越歌，顏師古：“今吳越之人呼爲橈……音饒。”4026

比，幼孤不及等比，顏師古：“比，音必寐反。”4026

橫，縱橫恣意，顏師古：“橫，音胡孟反。”4029

共，水衡共張，顏師古：“共，音居用反。”4029

張，水衡共張，顏師古：“張，音竹亮反。”4029

筦，欲筦朝政，顏師古：“筦，與管同。”4029

更，數更憂傷，顏師古：“更，音工衡反。”4029

風，莽風群臣奏立莽女爲皇后，顏師古：“風，讀曰諷。”4030

虞，莽欲虞樂以市其權，顏師古：“此虞，與娛同。”4031

羽，冬饗飲飛羽，顏師古：“羽，字或作雨。”4031

從，太后從容言曰，顏師古：“從，音千容反。”4031

識，至今五六十歲尚頗識之，顏師古：“識，記也，音式志反。”4031

説，甚説，顏師古：“説，讀曰悦。”4031

風，乃風公卿奏請立嬰爲孺子，顏師古：“風，讀曰諷。”4032

更，更舉兵欲誅莽，顏師古：“更，音工衡反。”4032

説，莽大説，顏師古：“説，讀曰悦。”4033

誖，此誖德之臣也，顏師古：“誖，音布内反。”4034

視，予視群公，顏師古：“視，讀曰示。”4034

共，爲西王母共具之祥，顏師古：“共，音居用反。”4034

墮，墮壞孝元廟，顏師古：“墮，毀也，音火規反。”4034

籑，以爲文母籑食堂，引孟康：“籑，音撰。”4034

與，與何治而壞之，顏師古：“與，音預。”4035

説，然愈不説，顏師古：“説，讀曰悦。”4035

泓，封丹子泓爲武桓侯，顏師古：“泓，音於宏反。”4035

幾，幾危國者數矣，顏師古：“幾，音臣依反。”4036

數，幾危國者數矣，顏師古：“數，音所角反。”4036

更，更持國柄，顏師古：“更，音工衡反。”4036

卷，而元后卷卷猶握一璽，顏師古：“卷，音其圓反。”4036

　　《王莽傳上》

蚤，蚤死，顏師古：“蚤，古早字。”4039

佚，以輿馬聲色佚游相高，顏師古：“佚，字與逸同。”4039

被，被服如儒生，顏師古：“被，音皮義反。”4040

更，故在位更推薦之，顏師古：“更，音工衡反。”4040

激，敢爲激發之行，顏師古：“激，音工歷反。”4040

恧，處之不恧恧，顏師古：“恧，音女六反。”4040

比，比客罷者數起焉，顏師古：“比，音必寐反。”4041

數，比客罷者數起焉，顏師古：“數，音所角反。”4041

坐，坐於太皇太后坐旁，顏師古：“坐，並音材臥反。”4043

重，重怨恚莽，顏師古：“重，音直用反。”4043

見，朝朔望見禮如三公，顏師古：“見，音胡電反。”4043

好，欲以爲好，顏師古：“好，音呼到反。”4043

痕，誠見君面有瘢，顏師古：“瘢，創痕也。痕，音下恩反。”4044

璲，即解其璲，引服虔：“璲，音衞。”顏師古：“璲，字本作璲，從王彗聲，後轉寫者訛也。璲自雕璲字耳，音（彖）[篆]也。”4044

賈，君嫌其賈邪，顏師古：“賈，讀曰價。”4044

椎，遂椎碎之，顏師古：“椎，音直追反。”4044

飭，其人修飭，顏師古：“飭，讀與敕同。”4044

説，素所不説，顏師古：“説，讀曰悦。”4045

傅，傅致其罪，顏師古：“傅，讀曰附。”4045

茶，歆子茶，顏師古：“茶，或作㨤字，音扶云反。”4046

見，微見風采，顏師古：“見，音胡電反。”4046

風，風益州令塞外蠻夷獻白雉，顏師古：“風，讀曰諷。”4046

亟，以時亟起，顏師古：“亟，音居力反。”4048

與，與四輔之政，顏師古：“與，讀曰豫。”4048

共，輔導共養，顏師古：“共，音居用反。”4048

養，輔導共養，顏師古：“養，音弋亮反。”4048

承，封邯爲承陽侯，顏師古：“承，音蒸。”4048

復，復其後嗣，顏師古：“復，音方目反。”4048

奉，其令公奉、舍人、賞賜皆倍故，顏師古：“奉，音扶用反。”4049

説，莽既説衆庶，顏師古：“説，讀曰悦。”4049

風，乃風公卿奏言，顏師古：“風，讀曰諷。”4049

比，比加元服，顏師古：“比，音必寐反。”4049

與，舜禹之有天下而不與焉，顏師古：“與，讀曰豫。”4049

説，莽欲以虚名説太后，顏師古：“説，讀曰悦。”4050

視，以視天下，顏師古：“視，讀曰示。”4050

閾，思不出乎門閾，顏師古：“閾，門橛也，音域。”4051

視，故國奢則視之以儉，顏師古：“視，讀曰示。”4051

比，比皇帝加元服，顏師古：“比，音必寐反。”4051

液,液廷朕未充,顏師古:“液,與掖同音通用。”4052

取,配取不正,定取禮,顏師古:“取,皆讀曰娶。”4053

適,適子女,顏師古:“適,讀曰嫡。”4053

分,遣長史以下分部曉止公卿及諸生,顏師古:“分,音扶問反。”4053

王,兆遇金水王相,顏師古:“王,音于放反。”4053

佟,信鄉侯佟上言,顏師古:“佟,音(從)[徒]冬反。”4053

稱,未稱古制,顏師古:“稱,音尺孕反。”4053

共,足以共朝貢,顏師古:“共,讀曰供。”4053

亡,踰群妾亡幾,顏師古:“亡,讀曰無。”4053

幾,踰群妾亡幾,顏師古:“幾,音居豈反。”4053

被,被諸父赫赫之光,顏師古:“被,音皮義反。”4054

悟,亡所悟意,顏師古:“悟,音五故反。”4054

拂,拂世矯俗,顏師古:“拂,音佛。”4054

下,溫良下士,顏師古:“下,音胡嫁反。”4054

坐,不宜在乘輿幄坐,顏師古:“坐,音才臥反。”4055

辟,詭辟制度,顏師古:“辟,讀曰僻。”4055

弛,網紀廢弛,顏師古:“弛,解也,音式爾反。”4055

隧,不隧如髮,顏師古:“隧,音直類反。”4055

領,邦國珍領,顏師古:“領,與(萃)[悴]同,音才醉反。”4055

盱,盱衡厲色,顏師古:“盱,音許于反。”4056

厭,厭其未發,顏師古:“厭,音一涉反。”4056

還,人不還踵,顏師古:“還,讀曰旋。”4057

酇,泗水相豐、酇令邯,顏師古:“酇,讀曰郃。”4057

比,皆以周公爲比,顏師古:“比,音必寐反。”4057

亹,亹亹翼翼,顏師古:“亹,音武匪反。”4058

後,後儉隆約以矯世俗,顏師古:“後,音千旬反。”4058

彌,彌躬執平以逮公卿,顏師古:“彌,讀與弭同。”4058

卬,物物卬市,顏師古:“卬,音牛向反。”4059

闃,日闃亡儲,顏師古:“闃,音空穴反。”4059

倡,爲衆倡始,顏師古:“倡,音尺尚反。”4059

鄉,小大鄉和,顏師古:“鄉,讀曰嚮。”4059

茹,不茹園葵,顔師古:"食菜曰茹,音人諸反。"4059

娄,娄省朝政,顔師古:"娄,古屢字。"4059

解,夙夜匪解,顔師古:"解,讀曰懈。"4059

填,填安國家,顔師古:"填,音竹刃反。"4060

鮮,此皆上世之所鮮,顔師古:"鮮,音先踐反。"4060

遴,班賞亡遴,顔師古:"遴,與吝同。"4061

繇,選繇旄頭,顔師古:"繇,讀與由同。"4061

遰,依諸將之遰,顔師古:"遰,音帶。"4062

累,猶有計策不審過徵之累,顔師古:"累,音力瑞反。"4062

摽,摽末之功,引服虔:"摽,音刀末之摽。"顔師古:"摽,音匹遥反。"4062

父,封父之繁弱,顔師古:"父,讀曰甫。"4063

番,然而番君得王長沙,顔師古:"番,音蒲河反。"4064

遴,無遴周公之報,顔師古:"遴,與吝同。"4064

視,太后以視群公,顔師古:"視,讀曰示。"4065

撓,撓亂國家,顔師古:"撓,音火高反。"4066

幾,幾危社稷,顔師古:"幾,音巨依反。"4066

行,八人分行天下,顔師古:"行,音下更反。"4066

眂,令眂事邪,顔師古:"眂,古視字。"4067

召,召陵、新野,顔師古:"召,讀邵。"4067

信,而信主上之義,顔師古:"信,讀曰申。"4068

亟,詔公亟入眂事,顔師古:"亟,音居力反。"4068

復,天下歲已復,顔師古:"復,音扶目反。"4068

共,遣與長樂長御奉共養者,顔師古:"共,音居用反。"4069

養,遣與長樂長御奉共養者,顔師古:"養,音弋亮反。"4069

鄉,莫不鄉化,顔師古:"鄉,讀曰嚮。"4069

籀,《史篇》,引孟康:"《史籀》所作十五篇古文書也。"顔師古:"籀,音直救反。"4070

墮,墮廢千載莫能興,顔師古:"墮,音火規反。"4070

平,平作二句,顔師古:"平,字或作丕。丕亦大也。"4070

稱,未能奉稱,顔師古:"稱,音尺證反。"4072

臻,百蠻並臻,顔師古:"臻,即臻字也。"4072

葭,有葭莩之故,顔師古:"葭,音加。"4072

荹，有葭荹之故，顏師古：“荹，音孚。”4072

間，即有所間非，顏師古：“間，音居莧反。”4072

財，惟陛下哀憐財幸，顏師古：“此財，與裁同，通用。”4072

重，復見前重陳，顏師古：“重，音直用反。”4072

溱，聖瑞畢溱，顏師古：“溱，亦與臻同。”4073

彌，以彌亂發姦，顏師古：“彌，讀曰弭。”4074

輯，大衆方輯，顏師古：“輯，與集字同。”4074

共，共文武之職，顏師古：“共，讀曰供。”4074

於戲，於戲，豈不休哉，顏師古：“於戲，讀曰嗚呼。”4075

韍，受緑韍袞冕衣裳，顏師古：“韍，音弗。”4075

韠，受緑韍袞冕衣裳，顏師古：“或謂韍韠。韠，音畢。”4075

瑒，瑒琫瑒珌，顏師古：“瑒，音蕩。”4075

琫，瑒琫瑒珌，顏師古：“琫，音布孔反。”4075

珌，瑒琫瑒珌，顏師古：“珌，音必。”4075

句，句履，顏師古：“句，音巨俱反。”4075

乘，鸞路乘馬，顏師古：“乘，音食證反。”4075

卣，秬鬯二卣，顏師古：“卣，中樽也，音攸，又音羊九反。”4076

傅，當出入者傅籍，顏師古：“傅，音附。”4076

傳，皆用傳，顏師古：“傳，音張戀反。”4076

賈，市無二賈，顏師古：“賈，音價。”4077

囂，前煇光謝囂，顏師古：“囂，音許驕反。”4079

浚，浚井得白石，顏師古：“浚，抒治之也，音峻。”4079

抒，浚井得白石，顏師古：“浚，抒治之也。抒，音直呂反。”4079

著，有丹書著石，顏師古：“著，音直略反。”4079

沮，沮之力不能止，顏師古：“沮，壞也，音才汝反。”4079

填，填服天下耳，顏師古：“填，音竹刃反。”4079

幾，幾加元服，顏師古：“幾，音曰冀。”4080

屬，委政而屬之，顏師古：“屬，音之欲反。”4080

度，差度宜者，顏師古：“度，音大各反。”4080

共，共事天地，顏師古：“共，讀曰恭。”4081

隊，恐周隊失天命，顏師古：“隊，音直類反。”4081

共，大不克共上下，顏師古："共，音恭。"4081

棐，天應棐諶，顏師古："棐，音匪。"4081

召，召公賢人，顏師古："召，讀曰邵。"4081

説，故不説也，顏師古："説，讀曰悦。"4081

依，負斧依南面而立，顏師古："依，讀曰扆。"4081

縗，縗麤未除，顏師古："縗，音千回反。"4081

復，朕復子明辟，顏師古："復，音扶目反。"4081

共，共祀宗廟，顏師古："共，音恭。"4082

更，養三老五更，顏師古："更，音工衡反。"4082

拂，甄豐爲太阿右拂，顏師古："拂，讀曰弼。"4082

幾，大統幾絶，宗室幾棄，顏師古："幾，音巨依反。"4083

服，扶服振救，顏師古："服，音蒲北反。"4083

復，收復絶屬，顏師古："復，音扶目反。"4083

嬪，嬪然成行，顏師古："嬪，音匹人反。"4083

行，嬪然成行，顏師古："行，音下郎反。"4083

喁，天下喁喁，顏師古："喁，音顒。"4083

洋，頌聲洋洋，顏師古："洋，音羊，又音翔。"4083

孳，孳孳不已者，顏師古："孳，音與孜同。"4083

爲，凡以爲天下，顏師古："爲，音于僞反。"4084

跬，進不跬步，顏師古："跬，音（宗）[空]桼反。"4084

杪，懸頭竿杪，顏師古："杪，末也，音莫小反。"4084

誖，豈不誖哉，顏師古："誖，惑也，音布内反。"4084

汙，豬其宫室以爲汙池，顏師古："汙，音烏。"4085

虚，名曰凶虚，顏師古："虚，讀曰墟。"4085

茹，雛生菜茹，顏師古："茹，音人庶反。"4085

辨，辨社諸侯，顏師古："辨，讀曰班。"4085

拂，則拂其頸，顏師古："拂，戾也，音佛。"4085

創，則時成創，顏師古："創，傷也，音初良反。"4085

倡，願爲宗室倡始，顏師古："倡，音（先）[昌]向反。"4085

視，視四方，顏師古："視，讀曰示。"4085

説，於是莽大説，顏師古："説，讀曰悦。"4086

填，宜尊重以填海内，顏師古：“填，音竹刃反。”4086

説，與宰衡同心説德，顏師古：“説，音悦。”4087

幡，西羌龐恬、傅幡等，顏師古：“幡，音敷元反。”4087

共，今共行天罰誅莽，顏師古：“共，讀作（供）［恭］。”4088

放，放《大誥》作策，顏師古：“放，音甫往反。”4088

和，以和翟義，顏師古：“和，音胡臥反。”4088

行，循行殿中，顏師古：“行，音下更反。”4088

説，莽大説，顏師古：“説，讀曰悦。”4088

輯，安輯海内也，顏師古：“輯，字與集同。”4091

共，未能共上下，顏師古：“共，讀曰恭。”4092

中，女自眠孰與長孫、中孫，顏師古：“中，讀曰仲。”4093

眠，騎都尉崔發等眠説，顏師古：“眠，古視字也。”4094

共，臣請共事神祇宗廟，顏師古：“共，音曰恭。”4095

視，以視即真之漸矣，顏師古：“視，讀曰示。”4095

潼，梓潼人哀章，顏師古：“潼，音童。”4096

嬗，拜受金匱神嬗，顏師古：“嬗，古禪字。”4096

屬，屬予以天下兆民，顏師古：“屬，音之欲反。”4096

幟，殊徽幟，異器制，顏師古：“幟，音式志反。”4096

《王莽傳中》

戟，奉皇太后璽戟，顏師古：“戟，音弗。”4099

荒，安頗荒忽，顏師古：“荒，音呼廣反。”4099

辟，安爲新嘉辟，顏師古：“辟，君也，音壁。”4099

右，昔皇天右乃太祖，顏師古：“右，讀曰佑。”4100

於戲，於戲，顏師古：“於戲，音曰嗚呼。”4100

潹，潹陰、鬲，顏師古：“潹，音它合反。”4100

鬲，潹陰、鬲，顏師古：“鬲，音與隔同。”4100

歔，流涕歔欷，顏師古：“歔，音虚。”4100

欷，流涕歔欷，顏師古：“欷，音許氣反。”4100

承陽，承陽侯甄邯，顏師古：“承陽，音烝陽。”4101

拂，大阿、右拂、大司空，顏師古：“拂，讀曰弼。”4101

視，以視神焉，顏師古：“視，讀曰示。”4101

煒，青煒登平，引服虔：“煒，音暉。”4102

奧，南嶽太傅典致時奧，顏師古：“奧，音於六反。”4102

頌，赤煒頌平，顏師古：“頌，讀曰容。”4102

艾，太白司艾，顏師古：“艾，讀曰乂。”4102

來，力來農事，顏師古：“來，音郎代反。”4103

厷，日德元厷右，顏師古：“厷，古肱字。”4103

共，少府曰共工，顏師古：“共，音曰龔。”4104

贅，又置大贅官，顏師古：“贅，聚也，音之鋭反。”4104

於戲，於戲，朂哉，顏師古：“於戲，讀曰嗚呼。”4104

非，非謗之木，顏師古：“非，音曰誹。”4104

任，其女皆爲任，顏師古：“任，音壬。”4104

假，咸有聖德，假于皇天，顏師古：“假，至也，升也，音工雅反。”4105

祧，定祧廟，立社稷，顏師古：“遠祖曰祧，音吐堯反。”4106

復，或光自上復于下，顏師古：“復，音扶目反。”4107

復，世世復，顏師古：“復，音方目反。”4107

與，無有所與，顏師古：“與，讀曰預。”4107

嚻，遣騎都尉嚻等，顏師古：“嚻，音許驕反。”4108

嬗，受嬗于唐，顏師古：“嬗，古禪字。”4108

復，勿解其復，顏師古：“復，音方目反。”4108

索，思索廣求，顏師古：“索，音山客反。”4109

幾，幾以濟之，顏師古：“幾，讀曰冀。”4109

屬，屬予以天下，顏師古：“屬，音之欲反。”4109

快，徐鄉侯劉快，顏師古：“快，《王子侯表》作炔，字從火，與此不同，疑表誤。”4110

罷，罷民力以極欲，顏師古：“罷，讀曰疲。”4111

誖，逆天心誖人倫，顏師古：“誖，音布内反。”4111

女，予則奴戮女，顏師古：“女，讀曰汝。”4111

更，常有更賦，顏師古：“更，音工衡反。”4111

罷，罷癃咸出，顏師古：“罷，音疲。”4111

癃，罷癃咸出，顏師古：“癃，音隆。”4111

芸，終年耕芸，顏師古：“芸，字與耘同。”4112

錯，刑用不錯，顏師古：“錯，置也，音千故反。”4112

魖,以禦魖魅,顏師古:"魖,音螭。"4112

魅,以禦魖魅,顏師古:"魅,音媚。"4112

能,天重以三能文馬,顏師古:"能,音台。"4114

重,非皇天所以鄭重降符命之意,顏師古:"重,音直用反。"4114

勉,天復決以勉書,引孟康:"勸勉令爲真也。"引晉灼:"勉,字當爲龜。"顏師
　　古:"孟説是。"4114

盱,侍郎王盱,顏師古:"盱,音許于反。"4114

繢,赤繢方領,顏師古:"繢,音胡内反。"4114

屬,以天下人民屬皇帝,顏師古:"屬,音之欲反。"4115

趣,趣新皇帝之高廟受命,顏師古:"趣,讀曰促。"4115

懼,懼然祗畏,顏師古:"懼,音瞿。"4115

瞿,懼然祗畏,顏師古:"懼,音瞿。瞿,音居具反。"4115

左右,蠢蠢在左右之不得從意,顏師古:"左右,音曰佐佑也。"4115

右,保右命之,顏師古:"右,讀曰佑。"4115

鷺,背負鷺鳥之毛,顏師古:"鷺,音鼇。"4116

樂,樂浪,顏師古:"樂,音洛。"4116

浪,樂浪,顏師古:"浪,音郎。"4116

夫,夫餘,顏師古:"夫,音扶。"4116

隃,隃徼外,顏師古:"隃,字與踰同。"4116

靁,冬,靁,顏師古:"靁,古雷字。"4116

繇,帝命帥繇,顏師古:"繇,讀與由同。"4117

㯺,重門擊㯺,顏師古:"㯺,音他各反。"4117

女,女作五威中城將軍,顏師古:"女,讀曰汝。"4117

説,天下説符,顏師古:"説,音悦。"4117

靁,繞靁之固,顏師古:"靁,音力救反。"4117

捶,壺口捶挩,顏師古:"捶,音之藥反。"4117

黽,肴黽之險,顏師古:"黽,音莫善反。"4117

批,函谷批難,顏師古:"批,音步結反。"4117

汧,汧隴之阻,顏師古:"汧,音苦堅反。"4117

陇,汧隴之阻,顏師古:"隴,謂隴陇也。陇,音丁禮反。"4117

呼,狂女子碧呼道中曰,顏師古:"呼,音火故反。"4118

趣,趣歸我國,顏師古:"趣,讀曰促。"4118

雨,大雨雹,顏師古:"雨,音于具反。"4118

筦,初設六筦之令,顏師古:"筦,亦管字也。"4119

貸,賒貸予民,顏師古:"貸,音吐戴反。"4119

傳,乘傳督酒利,顏師古:"傳,音張戀反。"4119

刁,校尉刁護,顏師古:"刁,音貂。"4120

復,劉氏當復,顏師古:"復,音扶福反。"4120

趣,趣空宮,顏師古:"趣,讀曰促。"4120

更,更聚衆謀反,顏師古:"更,音工衡反。"4120

稱,稱高皇帝神靈,顏師古:"稱,音尺孕反。"4120

共,共行皇天之威,顏師古:"共,讀曰恭。"4121

姗,稽侯姗累世忠孝,顏師古:"姗,音删,又音先安反。"4122

厭,厭難將軍陳欽,顏師古:"厭,音一涉反。"4122

棽,相威將軍李棽,顏師古:"棽,音所林反。"4122

傳,使者馳傳督趣,顏師古:"傳,音張戀反。"4122

趣,使者馳傳督趣,顏師古:"趣,音促。"4122

僦,輕則僦載煩費,顏師古:"僦,音子就反。"4122

傳,持布錢以副符傳,顏師古:"傳,音張戀反。"4122

苛,關津苛留,顏師古:"苛,問也,音何。"4122

倡,倡導在位,顏師古:"倡,音赤上反。"4124

説,莽覺其不説,顏師古:"説,讀曰悦。"4124

拂,大阿、右拂、大司空,顏師古:"拂,讀曰弼。"4124

陝,言新室當分陝,顏師古:"陝,音式冉反。"4124

殛,殛隆于羽山,顏師古:"殛,音居力反。"4124

鬣,侈口鬣頤,顏師古:"鬣,音其月反。"4124

頤,侈口鬣頤,顏師古:"頤,音胡感反。"4124

嘶,大聲而嘶,顏師古:"嘶,音先奚反。"4124

氂,以氂裝衣,顏師古:"氂,音力之反。"4124

氂,以氂裝衣,顏師古:"氂,字或作氄,音義同。"4124

瞰,瞰臨左右,顏師古:"瞰,音口濫反。"4124

逯,著武將軍逯並,顏師古:"逯,音録。"4126

填,填名都,顏師古:"填,音竹刃反。"4126

撓，撓亂州郡，顏師古："撓，音火高反。"4126

猲，恐猲良民，顏師古："猲，音呼葛反。"4126

蠚，毒蠚並作，顏師古："蠚，音呼各反。"4126

稱，可謂稱不，顏師古："稱，音尺孕反。"4126

悸，病悸，顏師古："悸，音葵季反。"4126

拂，京兆尹王嘉爲保拂，顏師古："拂，讀曰弼。"4127

犇，博士李充爲犇走，顏師古："犇，古奔字。"4127

瀕，瀕河郡蝗生，顏師古："瀕，音頻，又音賓。"4127

視，以視諸蠻夷，顏師古："視，音曰示。"4128

索，輒先挍索城中，顏師古："索，音山各反。"4128

橫，名曰橫挍，顏師古："橫，音胡孟反。"4128

㧗，㧗徧九州，顏師古："㧗，音普胡反。"4129

殺，降殺以兩，顏師古："殺，音所例反。"4129

解，予永惟匪解，顏師古："解，音曰懈。"4129

奉，且令受奉都內，顏師古："奉，音扶用反。"4129

區，中郎區博，顏師古："區，姓也，音一侯反。"4130

復，追復千載絕迹，顏師古："復，音扶目反。"4130

邯，王邯怨怒不附，顏師古："邯，音下甘反。"4130

被，今猥被以大罪，顏師古："被，加也，音皮義反。"4131

和，夫餘之屬必有和者，顏師古："和，音胡臥反。"4131

共，共行天罰，顏師古："共，讀曰恭。"4131

紬，或紬其兩脅，顏師古："紬，音與抽同。"4131

虓，同心將率虓虎之力，顏師古："虓，音火交反。"4131

調，具禮儀調度，顏師古："調，音徒釣反。"4132

躔，歲躔星紀，顏師古："躔，踐歷也，音直連反。"4133

糒，太官齎糒乾肉，顏師古："糒，音備。"4134

耒，必躬載耒，顏師古："耒，音力對反。"4134

耨，必躬載耨，顏師古："耨，音奴豆反。"4134

薅，每縣則薅，顏師古："薅，音火高反。"4134

僞，以勸南僞，顏師古："僞，讀曰訛。"4134

拂，必躬載拂，顏師古："拂，音佛。"4134

闋,須闋大服,顏師古:"闋,盡音口決反。"4134

繇,繇此敬聽,顏師古:"繇,讀與由同。"4134

費,費興等,顏師古:"費,音扶味反。"4135

傳,寧有符傳邪,顏師古:"傳,音張戀反。"4135

箠,以馬箠擊亭長,顏師古:"箠,策也,音止蘂反。"4135

屮,殺屮木,顏師古:"屮,古草字。"4136

瀕,海瀕尤甚,顏師古:"瀕,音頻,又音賓。"4136

隊,六隊郡,顏師古:"隊,音遂。"4136

竟,緣邊又置竟尉,顏師古:"竟,音曰境。"4136

閒,諸侯國閒田,顏師古:"閒,音閑。"4136

冠,冠以戊子爲元日,顏師古:"冠,音工喚反。"4138

行,諫大夫如普行邊兵,顏師古:"行,音下更反。"4139

顓,選儒生能顓對者,顏師古:"顓,與專同。"4140

擥,故務自擥衆事,顏師古:"擥,與攬同。"4141

帑,帑藏,顏師古:"帑,音他莽反,又音奴。"4141

憒,憒眊不溑,顏師古:"憒,音工内反。"4141

眊,憒眊不溑,顏師古:"眊,音莫報反。"4141

仰,邊兵二十餘萬人仰衣食,顏師古:"仰,音牛向反。"4141

雨,大雨雪,顏師古:"雨,音于具反。"4142

辟,動靜辟脅,顏師古:"辟,音闢。"4142

緵,一月之禄十緵布二匹,顏師古:"緵,音子公反。"4143

辟,辟、任、附城食其邑,顏師古:"辟,君也,音璧。"4143

任,辟、任、附城食其邑,顏師古:"任,公主也,音壬。"4143

穰,歲豐穰則充其禮,顏師古:"穰,音人掌反。"4143

隊,兆隊、右隊,顏師古:"隊,音遂。"4143

洎,中部左洎前七部,顏師古:"洎,亦臮字也。 臮,及也。"4143

共,共卿、工卿,顏師古:"共,讀曰龔。"4143

幾,幾上下同心,顏師古:"幾,音曰冀。"4144

共,受取賕賂以自共給,顏師古:"共,讀曰供。"4144

邕,邕涇水不流,顏師古:"邕,讀曰壅。"4144

行,遣大司空王邑行視,顏師古:"行,音下更反。"4144

填,以土填水,顏師古:"填,讀與鎮同。"4144

歐,歐衆遠居,顏師古:"歐,讀與驅同。"4145

刌,刌剝,顏師古:"刌,音口胡反。"4146

度,量度五藏,顏師古:"度,音徒各反。"4146

筵,以竹筵導其脈,顏師古:"筵,音庭。"4146

將,戊己校尉郭欽別將,顏師古:"將,音子亮反。"4146

填,拜欽爲填外將軍,顏師古:"填,音竹刃反。"4146

剿,封剿胡子,顏師古:"剿,音子小反。"4146

《王莽傳下》

逡,琅邪紀逡,顏師古:"逡,音千旬反。字或從彳,其音同耳。"4149

菁,陳菁茅四色之土,顏師古:"菁,音精。"4150

調,納言掌貨大夫且調都内故錢,顏師古:"調,謂發取之,音徒釣反。"4150

遴,性實遴嗇,顏師古:"遴,讀與吝同。"4150

隊,六尉、六隊,顏師古:"隊,音遂。"4150

酤,以酤酒買兵弩,顏師古:"酤,音姑。"4151

説,莽説,顏師古:"説,讀曰悦。"4151

厭,欲以厭勝衆兵,顏師古:"厭,音一葉反。"4151

貸,假貸犁牛種食,顏師古:"貸,音土戴反。"4152

幾,幾可以解釋安集,顏師古:"幾,讀曰冀。"4152

傳,公府士馳傳天下,顏師古:"傳,音張戀反。"4152

饕,考覆貪饕,顏師古:"饕,音吐高反。"4152

幾,幾以禁姦,顏師古:"幾,讀曰冀。"4152

疊,中常侍疊惲,顏師古:"疊,音帶,又音徒蓋反。"4153

僊,太一、黄帝皆僊上天,顏師古:"僊,古仙字。"4154

楫,能度水不用舟楫,顏師古:"楫,音集。"4155

翮,取大鳥翮爲兩翼,顏師古:"羽本曰翮,音胡隔反。"4155

橐,置長安橐街,顏師古:"橐,音工早反。"4156

風,奏以風諫莽,顏師古:"風,讀曰諷。"4156

皃,皃佷自臧,顏師古:"皃,古貌字也。"4156

沮,非沮軍議,顏師古:"沮,壞也,音材汝反。"4156

瀕,五城西北昭如海瀕,顏師古:"瀕,音頻,又音賓。"4157

視,以視百蠻,顏師古:"視,音曰示。"4157

適,是以適見于天,顏師古:"適,音讁。讁,責也,音徒厄反。"4158

見,是以適見于天,顏師古:"見,音胡電反。"4158

厭,復欲厭之,顏師古:"厭,音一葉反。"4159

獻,立斗獻,顏師古:"獻,音犧。"4159

傳,乘傳使者經歷郡國,顏師古:"傳,音張戀反。"4159

遷,新遷王,引服虔:"遷,音仙。"顏師古:"遷猶僊耳,不勞假借音。"4160

錯,民無錯手足,顏師古:"錯,安置也,音千故反。"4161

鮮,穀稼鮮耗,顏師古:"鮮,音先踐反。"4161

耗,穀稼鮮耗,顏師古:"耗,音火到反。"4161

正,人民正營,顏師古:"正,音征。"4161

幾,幾以保全二子,顏師古:"幾,讀曰冀。"4161

匣,乘輿虎文衣廢臧在室匣中者,顏師古:"匣,音狎。"4161

視,欲視爲自安能建萬世之基者,顏師古:"視,音示。"4162

波,予乃卜波水之北,顏師古:"波,音(波)[彼]皮反。"4162

行,莽立載行視,顏師古:"行,音下更反。"4162

縟,德盛者文縟,顏師古:"縟,繁也,音辱。"4162

視,宣視海内,顏師古:"視,讀曰示。"4162

墮,凡五廟不墮,顏師古:"墮,毁也,音火規反。"4163

櫨,爲銅薄櫨,顏師古:"櫨,音盧。"4163

瑂,飾以金銀瑂文,顏師古:"瑂,字與彫同。"4163

枹,枹鼓稀鳴,顏師古:"枹,所以擊鼓者也,音孚。"4163

説,莽聞而説之,顏師古:"説,讀曰悦。"4164

墊,民三舍墊爲池,顏師古:"墊,陷也,音丁念反。"4164

解,刺舉怠解,顏師古:"解,讀曰懈。"4165

愔,臨妻愔,顏師古:"愔,音一尋反。"4165

中,長孫、中孫,顏師古:"中,讀曰仲。"4166

説,同説侯林,顏師古:"説,讀曰悦。"4166

視,章視群公,顏師古:"視,讀曰示。"4166

徵,徵火也,顏師古:"徵,音竹里反。"4167

趣,居地下趣軍,顏師古:"趣,讀曰促。"4167

行,萬人成行,顏師古:"行,音胡郎反。"4167

重,百姓重困,顏師古:"重,音直用反。"4168

厭,欲厭之,顏師古:"厭,音一葉反。"4168

棽,李棽,顏師古:"棽,音所林反。"4168

幾,幾以招來其餘,顏師古:"幾,讀曰冀。"4168

行,分行天下,顏師古:"行,音下更反。"4169

鐫,使尚方工鐫滅所夢銅人膺文,顏師古:"鐫,鑿也,音子全反。"4169

提,拔劍四面提擊,顏師古:"提,擲也,音徒計反。"4169

瑤,金瑤羽葆,顏師古:"瑤,讀曰爪。"4169

輀,此似輀車,顏師古:"輀車,載喪車,音而。"4170

與,公孫祿徵來與議,顏師古:"與,讀曰豫。"4170

厭,厭衆意而出之,顏師古:"厭,音一豔反。"4170

宣,宣稱巨人、從事,顏師古:"宣,讀曰但。"4171

闃,日闃而已,顏師古:"闃,音空穴反。"4171

傳,遮略乘傳宰士,顏師古:"傳,音張戀反。"4172

數,我責數賊,顏師古:"數,音所具反。"4172

麋,赤麋聞之,顏師古:"麋,眉也。古字通用。"4173

延,遂至延曼連州,顏師古:"延,音弋戰反。"4173

曼,遂至延曼連州,顏師古:"曼,與蔓同。"4173

趣,傳相監趣,顏師古:"趣,讀曰促。"4173

共,共酒食,具資用,顏師古:"共,讀曰供。"4173

視,以威視遠方,顏師古:"視,讀曰示。"4173

邯,邯淡里,顏師古:"邯,音胡敢反。"4174

淡,邯淡里,顏師古:"淡,音大敢反。"4174

伯,五伯象冬,伯者,顏師古:"伯,皆讀曰霸。"4174

行,大司空行視考問,顏師古:"行,音下更反。"4174

亟,東岳太師亟科條,顏師古:"亟,音己力反。"4175

薦,飢饉薦臻,顏師古:"薦,讀曰荐。"4175

填,填撫所掌,顏師古:"填,音竹刃反。"4175

重,重爲煩費,顏師古:"重,音直用反。"4176

溥,溥開諸倉以賑贍之,顏師古:"溥,與普同。"4176

艾,言之不從,是謂不艾,顏師古:"艾,讀曰乂。乂,治也。"4176

蜚，蜚蔽天，顏師古："蜚，古飛字也。"4177

厭，欲厭之，顏師古："厭，音一葉反。"4177

食，置養贍官稟食之，顏師古："食，讀曰飤。"4177

視，持入視莽，顏師古："視，讀曰示。"4177

索，索盧恢，顏師古："索，音先各反。"4177

反，舉兵反城，顏師古："據城以反也。一曰反，音幡。"4177

罷，廉丹以爲新拔城罷勞，顏師古："罷，讀曰疲。"4178

犇，馳犇賊，顏師古："犇，古奔字也。"4178

調，衆郡駿馬倉穀帑藏皆得自調，顏師古："調，音徒釣反。"4178

譟，騎馬呵譟，顏師古："譟，音先到反。"4178

填，屯雒陽填南宮，顏師古："填，音竹刃反。"4178

行，分行天下，顏師古："行，音下更反。"4179

識，訖無文號旌旗表識，顏師古："識，讀與幟同，音（弐）[式]志反。"4180

説，莽大説，顏師古："説，讀曰悦。"4180

視，欲外視自安，顏師古："視，讀曰示。"4181

韣，執弓韣，顏師古："韣，音獨。"4181

靚，清靚無塵，顏師古："靚，即靜字也。"4181

措，迫措青、徐盜賊，顏師古："措，讀與笮同，音莊客反。"4182

靡，西擊則逆賊靡碎，顏師古："靡，音武皮反。"4182

剿，征伐剿絶之，顏師古："剿，截也，音（予）[子]小反。"4182

郾，下昆陽、郾，顏師古："郾，音一扇反。"4182

傳，馳傳之雒陽，顏師古："傳，音張戀反。"4182

視，欲視饒富，顏師古："視，讀曰示。"4182

喋，喋血而進，顏師古："喋，音牒。"4183

易，尋、邑易之，顏師古："易，音亦豉反。"4183

行，自將萬餘人行陳，顏師古："行，音下更反。"4183

蜚，（天）[大]風蜚瓦，顏師古："蜚，古飛字。"4183

謼，崩壞號謼，顏師古："謼，音火故反。"4183

視，泣以視群臣，顏師古："視，讀曰示。"4184

耆，素耆酒，顏師古："耆，讀曰嗜。"4185

肄，講兵都肄，顏師古："肄，音亦二反。"4186

行，更始將軍史諶行諸署，顔師古："行，音下更反。"4186
厭，莽欲以厭凶，顔師古："厭，當也，音一葉反。"4186
挫，以斬馬劍挫忠，顔師古："挫，讀曰剉，音千臥反。"4186
謼，欲謼邑與計議，顔師古："謼，音呼。"4187
傳，遣發馳傳論邑，顔師古："傳，音張戀反。"4187
適，我年老毋適子，顔師古："適，讀曰嫡。"4187
懣，憂懣不能食，顔師古："懣，音滿，又音悶。"4187
亶，亶飲酒，顔師古："亶，音但。"4187
鰒，啗鰒魚，顔師古："鰒，海魚也，音雹。"4187
馮，因馮几寐，顔師古："馮，讀曰憑。"4187
洿，以墨洿色其周垣，顔師古："洿，音一故反。"4187
析，析人鄧曄，顔師古："析，音先歷反。"4188
鄡，鄡亭，顔師古："鄡，音口堯反。"4188
厭，哭以厭之，顔師古："厭，音一葉反。"4188
咷，先號咷而後笑，顔師古："咷，音逃。"4188
飡，爲設飡粥，顔師古："飡，古湌字，音千安反。"4188
重，衆重怨，顔師古："重，音直用反。"4189
閿，閿鄉，顔師古："閿，讀與閳同。"4189
翬，陳翬，顔師古："翬，音暉。"4189
蘩，屬縣蘩，顔師古："蘩，讀與部同。"4189
行，張邯行城門，顔師古："行，音下更反。"4190
和，趨讙並和，顔師古："和，音呼臥反。"4191
謼，謼曰，顔師古："謼，音火故反。"4191
謕，宫人婦女謕謼，顔師古："謕，古啼字也。"4191
袀，時莽紺袀服，顔師古："袀，音均，又弋旬反。"4191
栻，天文郎桉栻於前，顔師古："栻，音式。"4191
罷，罷極，顔師古："罷，讀曰疲。"4192
陬，室中西北陬間，顔師古："陬，隅也，音子侯反，又音鄒。"4192
提，百姓共提擊之，顔師古："提，擲也，音徒計反。"4192
虚，長安爲虚，顔師古："虚，讀曰墟。"4193
艾，天下艾安，顔師古："艾，讀曰乂。"4193

睢，乃始恣睢，顏師古：“睢，音呼季反。”4194

嚻，嚻然喪其樂生之心，顏師古：“嚻然，衆口愁貌也，音五高反。”4195

虚，遂令天下城邑爲虚，顏師古：“虚，讀曰墟。”4195

《敍傳上》

薎，棄於薎中，顏師古：“薎，與夢同，並音莫風反，又音莫鳳反。”4197

穀，謂乳“穀”，引如淳：“穀，音構。”顏師古：“穀，讀如本字，又音乃苟反。”4197

於，謂虎“於檡”，顏師古：“於，音烏。”4197

檡，謂虎“於檡”，顏師古：“檡，字或作菟，並音塗。”4197

墬，避墬於樓煩，顏師古：“墬，古地字。”4198

壹，多以“壹”爲字，顏師古：“壹，今流俗書本多改此傳壹字爲懿，非也。”4198

長，以茂材爲長子令，顏師古：“長，讀如本字。”4198

占，大臣名家皆占數于長安，顏師古：“占，度也，音之贍反。”4198

鄉，時上方鄉學，顏師古：“鄉，讀曰嚮。”4198

期，自請願試守期月，顏師古：“期，音基。”4199

傳，馳傳代伯護單于，顏師古：“傳，音張戀反。”4199

供，日爲供具，顏師古：“供，音居用反。”4200

分，分部收捕，顏師古：“分，音扶問反。”4200

桌，郡中震桌，顏師古：“桌，古栗字。”4200

眎，起眎事，顏師古：“眎，古視字。”4200

关，談关大噱，顏師古：“关，古笑字也。”4201

噱，談关大噱，顏師古：“噱噱，笑聲也，音其略反。”4201

坐，乘輿幄坐張畫屏風，顏師古：“坐，音材臥反。”4201

諱，式號式諱，顏師古：“諱，音火故反。”4202

讜，復聞讜言，顏師古：“讜言，善言也，音黨。”4202

懌，放等不懌，顏師古：“懌，悦也，音亦。”4202

比，益求其比，顏師古：“比，音必寐反。”4203

風，以風丞相御史，顏師古：“風，讀曰諷。”4203

盾，數遣中盾請問近臣，顏師古：“盾，讀曰允。”4203

賻，賻賵甚厚，顏師古：“賻，音附。”4204

賵，賻賵甚厚，顏師古：“賵，音芳鳳反。”4204

行，使使者分行風俗，顏師古：“行，音下更反。”4204

詆,莫不被文傷詆,顏師古:"詆,音丁禮反。"4205

間,亦無間云,顏師古:"間,音居莧反。"4205

造,莫不造門,顏師古:"造,音千到反。"4205

澹,清虛澹泊,顏師古:"澹,音徒濫反。"4206

泊,清虛澹泊,顏師古:"泊,音步各反,又音魄。"4206

奸,萬物不奸其志,顏師古:"奸,犯也,音干。"4206

絓,不絓聖人之罔,顏師古:"絓,讀與挂同。"4206

齅,不齅驕君之餌,引應劭:"齅,音六畜之畜。"顏師古:"齅,古嗅字也。"4206

韁,繫名聲之韁鎖,顏師古:"韁,音薑。"4206

躅,伏周、孔之軌躅,顏師古:"躅,音丈欲反。"4206

眩,何用大道爲自眩曜,顏師古:"眩,音州縣之縣。"4206

匍,遂匍匐而歸耳,顏師古:"匍,音扶。"4206

匐,遂匍匐而歸耳,顏師古:"匐,音蒲北反。"4206

輯,招輯英俊,顏師古:"輯,與集同。"4207

迭,將承運迭興在於一人也,顏師古:"迭,互也,音大結反。"4208

假,假借外家,顏師古:"假,音工暇反。"4208

借,假借外家,顏師古:"借,音子夜反。"4208

鄉,鄉仰劉氏,顏師古:"鄉,讀曰嚮。"4208

掎,逐而掎之,顏師古:"掎,音居蟻反。"4208

猰,臬于稷猰,顏師古:"猰,讀與臯同,字本作猰。"4209

絫,豐功厚利積絫之業,顏師古:"絫,古累字。"4209

屈,而得屈起在此位者也,顏師古:"屈,音其勿反。"4209

褻,思有褞褐之褻,顏師古:"褻,音先列反。"4210

儋,儋石之畜,顏師古:"儋,音丁濫反。"4210

畜,儋石之畜,顏師古:"畜,讀曰蓄。"4210

罹,遭罹阨會,顏師古:"罹,亦遭也,音離。"4210

鑕,潤鑊伏鑕,顏師古:"鑕,鍖也。鍖,音竹林反。"4210

幺,又況幺麿,顏師古:"幺,音一堯反。"4210

麿,又況幺麿,引鄭氏:"麿,音麽。"4210

麽,又況幺麿,引鄭氏:"麿,音麽。"顏師古:"麽,音莫可反。"4210

奸,而欲闇奸天位者虖,顏師古:"奸,音干。"4210

篸,篸桄之材,顏師古:"篸,音節,字亦或作節。"4210

桄,篸桄之材,顏師古:"桄,音之説反。"4210

筲,斗筲之子,顏師古:"筲,音山交反。"4210

餗,覆公餗,顏師古:"餗,食也,音速。"4210

屬,不如以兵屬人,顏師古:"屬,音之欲反。"4211

分,帝王之分決矣,顏師古:"分,音扶問反。"4211

嚮,趣時如嚮赴,顏師古:"嚮,讀曰響。"4212

斷,斷懷土之情,顏師古:"斷,音丁唤反。"4212

厭,秦皇東游以厭其氣,顏師古:"厭,音一葉反。"4212

厭,取舍不厭斯位,引劉德:"厭,當也。"顏師古:"厭,音一涉反。"4212

鈇,伏鈇鉞之誅,顏師古:"鈇,音方于反。"4212

分,收陵、嬰之明分,顏師古:"分,音扶問反。"4213

覬,絶信、布之覬覦,顏師古:"覬,音冀。"4213

覦,絶信、布之覬覦,顏師古:"覦,音踰。"4213

幾,毋貪不可幾,顏師古:"幾,讀曰冀。"4213

墜,避墜於河西,顏師古:"墜,古地字。"4213

繇,繇凱風而蟬蜕兮,顏師古:"繇,讀與由同。"4214

蜕,繇凱風而蟬蜕兮,顏師古:"蜕,音税。"4214

颺,雄朔野以颺聲,顏師古:"颺,讀與揚同。"4214

濟,窮與達其必濟,顏師古:"濟,合韻音子齊反。"4214

惲,惲世業之可懷,顏師古:"惲,字與韙同,音于匪反。"4214

靖,靖潛處以永思兮,顏師古:"靖,古静字也。"4215

拾,匪黨人之敢拾兮,引蘇林:"拾,音負拾之拾。"顏師古:"拾,音其業反。"4215

更,匪黨人之敢拾兮,引應劭:"拾,更也。"顏師古:"更,音工衡反。"4215

覿,覿幽人之髣髴,顏師古:"覿,見也,音迪。"4215

擥,擥葛藟而授余兮,顏師古:"擥,音攬。"4215

藟,擥葛藟而授余兮,顏師古:"藟,音力水反。"4215

吻,吻昕窹而仰思兮,顏師古:"吻,音忽。"4215

昕,吻昕窹而仰思兮,顏師古:"昕,音欣。"4215

對,儀遺讖以臆對,顏師古:"對,合韻音丁忽反。"4215

逜,曰乘高而逜神兮,顏師古:"逜,遇也,音五故反,又音五各反。"4215

樛，葛繇繇於樛木兮，顏師古："樛，音居虬反。"4215

纍，詠《南風》以爲綏，引應劭："葛藟纍之。"顏師古："纍，音力追反。"4215

惴，蓋惴惴之臨深兮，顏師古："惴，音之瑞反。"4215

誶，既誶爾以吉象兮，顏師古："誶，音碎。"4216

熲，又申之以熲戒，顏師古："熲，音公迥反。"4216

倏，辰倏忽其不再，顏師古："倏，音式六反。"4216

墬，惟天墬之無窮兮，顏師古："墬，古地字也。"4216

尠，尠生民之晦在，引晉灼："尠，古鮮字也。"顏師古："尠，音先踐反。"4216

亶，紛屯亶與蹇連兮，顏師古："亶，音竹延反。"4216

連，紛屯亶與蹇連兮，顏師古："連，音力善反。"4216

御，昔衛叔之御昆兮，顏師古："御，音五駕反。"4217

繇，丁繇惠而被戮，顏師古："繇，讀與由同。"4217

逌，橐取弔于逌吉兮，顏師古："逌，古攸字也。攸亦所也。"4217

倚，北叟頗識其倚伏，顏師古："倚，音於綺反。"4217

單，單治裏而外凋兮，顏師古："單，音善。"4217

襮，張修襮而内逼，顏師古："襮，音布谷反。"4217

吙，吙中龢爲庶幾兮，顏師古："吙，古聿字也。"4217

龢，吙中龢爲庶幾兮，顏師古："龢，古和字也。"4217

慆，安慆慆而不葩兮，顏師古："慆，音土高反。"4218

葩，安慆慆而不葩兮，顏師古："葩，音扶味反，字本作胇，其音同。"4218

行，固行行其必凶兮，顏師古："行，音胡浪反。"4218

柢，形氣發于根柢兮，顏師古："柢，音丁計反。"4218

茂，柯葉彙而靈茂，顏師古："茂，合韻音莫口反。"4218

慶，慶未得其云已，顏師古："慶，讀與羌同。"4218

汜，芈彊大於南汜，顏師古："汜，音祀。"4219

芈，芈彊大於南汜，顏師古："芈，音弭。"4219

卬，卬天路而同軌，顏師古："卬，讀曰仰。"4219

厸，東厸虐而殲仁兮，顏師古："厸，古鄰字也。"4219

伯，伯祖歸於龍虎，顏師古："伯，讀曰霸。"4219

漦，《震》鱗漦于夏庭兮，顏師古："漦，音丑之反。"4220

正，帀三正而滅(周)[姬]，顏師古："正，音之盈反。"4220

挈，且算祀于挈龜，顏師古："挈，音口計反。"4220

斷，順天性而斷誼，顏師古："斷，音丁喚反。"4222

輶，乃輶德而無累，顏師古："輶，音弋九反，又音猶。"4222

棐，實棐諶而相順，顏師古："棐，讀與匪同。"4223

諶，實棐諶而相順，顏師古："諶，音上林反。"4223

厸，亦厸惪而助信，顏師古："厸，古鄰字。"4223

謨，謨先聖之大繇兮，顏師古："謨，音摹，又音莫。"4223

信，苟無實其孰信，顏師古："信，合韻音新。"4224

湛，矧湛躬於道真，顏師古："湛，讀曰眈。"4224

顥，登孔、顥而上下兮，顏師古："顥，音胡老反。"4224

誼，猶誼己而遺形，顏師古："誼，音許元反，又音許遠反。"4224

復，復心弘道，顏師古："復，音扶目反。"4225

渾，渾元運物，顏師古："渾，音胡昆反。"4225

渝，曷渝色兮，顏師古："渝，音踰。"4225

湛，湛道德，顏師古："湛，讀曰沈。"4226

彎，彎龍虎之文，顏師古："彎，音莫限反。"4226

涊，振拔涊塗，顏師古："涊，音一故反，又音烏。"4226

嚮，聞之者嚮震，顏師古："嚮，讀曰響。"4226

震，聞之者嚮震，顏師古："震，合韻音之人反。"4226

恒，恒以年歲，引如淳："恒，音亘竟之亘。"顏師古："恒，音工贈反。"4227

賈，器不賈於當己，顏師古："賈，音古，又音工暇反。"4227

讎，器不賈於當己，引劉德："賈，讎也。"顏師古："讎，音上究反。"4227

殿，猶無益於殿最，顏師古："殿，音丁見反。"4227

逌，主人逌爾而咲，顏師古："逌，古攸字也。"4228

卬，未卬天庭而覿白日也，顏師古："卬，讀曰仰。"4228

突，守突奧之熒燭，顏師古："突，音烏了反。"4228

虓，七雄虓闞，顏師古："虓，音呼交反。"4228

闞，七雄虓闞，顏師古："闞，音呼敢反。"4228

颺，風颺電激，顏師古："颺，讀與揚同。"4228

煜，煜霅其間者，顏師古："煜，音于及反，又音育。"4228

霅，煜霅其間者，顏師古："霅，音下甲反。"4228

搦，搦朽摩鈍，顏師古："搦，音女角反。"4228

斷，鈆刀皆能壹斷，顏師古："斷，音丁煥反。"4228

蹶，飛一矢而蹶千金，顏師古："蹶，音厥，又音其月反。"4228

啾，夫啾發投曲，顏師古："啾，音子由反。"4229

從，及至從人合之，顏師古："從，音子庸反。"4229

漂，亡命漂説，顏師古："漂，音匹遥反。"4229

徼，據徼乘邪以求一日之富貴，顏師古："徼，音工堯反。徼字或作激。"4229

焦，夕而焦瘁，顏師古："焦，音在消反。"4229

瘁，夕而焦瘁，顏師古："瘁，與悴同。"4229

賈，呂行詐以賈國，顏師古："賈，市賈也，音古。"4229

酋，《説難》既酋，引應劭："酋，音酋豪之酋。"4229

迂，彼豈樂爲迂闊哉，顏師古："迂，遠也，音于。"4230

洒，方今大漢洒埽群穢，顏師古："洒，音所蟹反。"4230

汛，方今大漢洒埽群穢，顏師古："洒，汛也。汛，音信。"4230

函，函之如海，顏師古："函，讀與含同。"4230

卬，稟卬太和，顏師古："卬，讀曰仰。"4230

著，枝附葉著，顏師古："著，音直略反。"4230

毓，鳥魚之毓川澤，顏師古："毓，與育同。"4230

苓，失時者苓落，顏師古："苓，與零同。"4230

墬，參天墬而施化，顏師古："墬，古地字。"4230

覿，耀所聞而疑所覿，顏師古："覿，音徒歷反。"4230

敦，欲從旄敦而度高虖泰山，顏師古："敦，音丁回反。"4230

度，欲從旄敦而度高虖泰山，顏師古："度，音徒各反。"4230

氿，懷氿濫而測深虖重淵，顏師古："氿，音軌。"4230

沂，漢良受書於邳沂，顏師古："沂，音牛斤反。"4232

信，匪詞言之所信，顏師古："信，合韻音新。"4232

繇，近者陸子優繇，顏師古："繇，讀與由同。"4232

壼，究先聖之壼奥，顏師古："壼，音苦本反。"4232

與，斯非其亞與，顏師古："與，讀曰歟。"4232

狩，孔終篇於西狩，顏師古："狩，合韻音守。"4232

墬，天墬之方，顏師古："墬，古地字。"4232

共，委命共己，顏師古：“共，讀曰恭。”4232

龢，龢氏之璧韞於荆石，顏師古：“龢，古和字也。”4232

韞，龢氏之璧韞於荆石，顏師古：“韞，亦藏也，音於粉反。”4232

蜯，隨侯之珠藏於蜯蛤，顏師古：“蜯，即蚌字也，音平項反。”4232

蛤，隨侯之珠藏於蜯蛤，顏師古：“蛤，音工合反。”4232

潢，應龍潛於潢汙，顏師古：“潢，音黃。”4232

汙，應龍潛於潢汙，顏師古：“汙，音烏。”4232

躩，而躩顯蒼也，顏師古：“躩，音戟。”4232

榷，班輸榷巧於斧斤，顏師古：“榷，音角。”4233

軼，良、樂軼能於相馭，顏師古：“軼，與逸同。”4233

　　《敘傳下》

篹，探篹前記，顏師古：“篹，與撰同。”4235

輯，綴輯所聞，顏師古：“輯，與集同。”4235

墓，陵不崇墓，顏師古：“墓，合韻音謨。”4237

燾，燕、蓋燾張，引如淳：“燾，音幬。”4238

傅，時舉傅納，顏師古：“傅，讀曰敷。”4238

煇，煇燿威靈，顏師古：“煇，熾也，音充善反。”4238

繇，優繇亮直，顏師古：“繇，讀與由同。”4239

啙，閣尹之啙，顏師古：“啙，與疵同。”4239

劇，底劇鼎臣，顏師古：“劇，音握。”4240

橈，實橈實凶，顏師古：“橈，曲也，音女教反。”4240

茂，支葉碩茂，顏師古：“茂，合韻音莫口反。”4240

犉，犉舉僚職，引晉灼：“犉，音龐犉之犉。”顏師古：“犉，音才户反。”4241

秒，造計秒忽，顏師古：“秒，音眇。”4241

迶，曆算迶出，顏師古：“迶，古攸字也。”4241

湎，湎湎紛紛，顏師古：“湎，音莫踐反。”4242

狙，孫狙詐，顏師古：“狙，音千豫反。”4242

摧，揚摧古今，顏師古：“摧，音居學反。”4242

臚，大夫臚岱，顏師古：“臚、旅聲相近，其義一耳。”4243

炫，炫炫上天，顏師古：“炫，音胡晅反。”4243

縣，縣象著明，顏師古：“縣，古懸字。”4243

逌,九疇逌敍,顏師古:"逌,古攸字。"4243

墬,《坤》作墬勢,顏師古:"墬,古地字。"4244

剗,革剗五等,引晉灼:"剗,音剗削之剗。"顏師古:"剗,音初限反。"4244

陻,文陻棗野,引服虔:"陻,音因。"4244

虙,虙羲畫卦,顏師古:"虙,讀與伏同。"4245

籑,籑《書》删《詩》,顏師古:"籑,與撰同。"4245

熛,勝、廣熛起,顏師古:"熛,音必遥反。"4245

逯,攜手逯秦,顏師古:"逯,古逯字也。"4245

枿,三枿之起,顏師古:"枿,音五葛反。"4246

舊,曷惟其舊,顏師古:"舊,合韻音臼。"4246

閈,縮自同閈,引應劭:"閈,音扞。"4246

廑,賈廑從旅,顏師古:"廑,古以爲勤字。"4247

正,奕世宗正,顏師古:"正,合韻音征。"4247

信,信于上將,顏師古:"信,讀曰申。"4247

適,適齊亡祀,顏師古:"適,讀曰嫡。"4248

赳,赳赳景王,顏師古:"赳赳,武貌,音糾。"4248

信,包漢舉信,顏師古:"信,合韻音新。"4248

敺,敺致越、信,顏師古:"敺,與驅同。"4248

信,敺致越、信,顏師古:"信,合韻音新。"4248

攘,陳公攙攘,顏師古:"攘,音人養反。"4249

廑,廣阿之廑,顏師古:"廑,亦勤字也。"4249

從,從容風議,顏師古:"從,音千容反。"4250

風,從容風議,顏師古:"風,讀曰諷。"4250

繇,敬繇役夫,顏師古:"繇,讀與由同。"4250

創,禮義是創,顏師古:"創,合韻音初良反。"4250

薦,窘世薦亡,顏師古:"薦,讀曰荐。"4250

夭,夭夭伸伸,顏師古:"夭,音於驕反。"4251

霧,思心既霧,顏師古:"霧,音莫候反。"4251

矯,賈生矯矯,顏師古:"矯,合韻音驕。"4252

圉,以强守圉,顏師古:"圉,合韻音御。"4252

從,吳楚合從,顏師古:"從,音子庸反。"4252

攬，攬彎正席，顏師古："攬，執取也，其字從手，亦或作擥。"4252

挻，凶德相挻，顏師古："挻，音式延反。"4253

慶，承文之慶，顏師古："慶，合韻音卿。"4254

訬，江都訬輕，顏師古："訬，音初教反。"4254

醟，中山淫醟，顏師古："醟，酗酒也，音詠，合韻音榮。"4254

信，蘇武信節，顏師古："信，讀曰申。"4254

輣，衝輣閑閑，顏師古："輣，音彭。"4255

震，電擊雷震，顏師古："震，合韻音之人反。"4255

屬，論道屬書，顏師古："屬，音之欲反。"4255

讜，讜言訪對，顏師古："讜，音黨。"4255

風，託風終始，顏師古："風，讀曰諷。"4255

蔚，蔚爲辭宗，顏師古："蔚，文綵盛也，音鬱。"4255

飭，用儉飭身，顏師古："飭，讀與敕同。"4256

嗣，昭、齊亡嗣，顏師古："嗣，合韻音祚。"4257

序，宣承天序，顏師古："序，合韻音似豫反。"4257

耽，六世耽耽，顏師古："耽，音丁含反。"4257

㴠，其欲㴠㴠，顏師古："㴠，音滌，今《易》㴠字作逐。"4257

詼，詼諧倡優，顏師古："詼，音恢。"4258

郵，正諫舉郵，顏師古："郵，與尤同。"4258

衷，敵近其衷，顏師古："衷，音竹仲反。"4258

秙，秙侯狄挐，顏師古："秙，音姤。"4259

信，虔恭忠信，顏師古："信，合韻音新。"4259

貤，貤于子孫，顏師古："貤，延也，音弋豉反。"4259

嶓，營平嶓嶓，顏師古："嶓，音蒲何反。"4259

遁，逡遁致仕，顏師古："遁，讀與巡同。"4260

緇，涅而不緇，顏師古："緇，合韻音側仕反。"4260

謨，叔孫是謨，顏師古："謨，謀也，合韻音慕。"4261

平，敵亦平平，顏師古："平，讀曰便。便，辯也。"4262

赳，尊實赳赳，顏師古："赳，音糾。"4262

緊，豐緊好剛，顏師古："緊，是也，音烏奚反。"4262

懊，長倩懊懊，顏師古："懊，音弋於反。"4263

躓，見躓石、許，顏師古：“躓，音竹二反。”4263

敏，淮陽聰敏，顏師古：“敏，疾也，合韻音美。”4263

蕖，舅氏蕖蒢，顏師古：“蕖，音渠。”4263

蒢，舅氏蕖蒢，顏師古：“蒢，音除。”4263

幾，幾陷大理，顏師古：“幾，音鉅依反。”4263

更，大命更登，顏師古：“更，音工衡反。”4263

褏，樂安褏褏，顏師古：“褏，音弋（敍）［救］反。”4263

學，古之文學，顏師古：“學，合韻音下教反。”4263

司，困于二司，顏師古：“司，合韻音先寺反。”4264

娸，朱雲作娸，顏師古：“娸，音欹，合韻音丘吏反。”4264

鮮，鮮終其禄，顏師古：“鮮，音先踐反。”4264

跬，進不跬步，顏師古：“半步曰跬，音空縈反。”4265

譔，草《法》譔《玄》，顏師古：“譔，與撰同。”4265

放，放《易》象《論》，顏師古：“放，音甫往反。”4265

獷，獷獷亡秦，顏師古：“獷，音穬，又音九永反。”4265

掊，掊克爲雄，顏師古：“掊，音平侯反。”4266

殺，國不專殺，顏師古：“殺，合韻音所例反。”4267

台，如台不匡，顏師古：“台，音怡。”4267

於，於惟帝典，顏師古：“於，讀曰烏。”4267

境，寇侵邊境，顏師古：“境，合韻音竟。”4268

霆，霆擊朔野，顏師古：“霆，疾雷也，音廷。”4268

驒，王師驒驒，顏師古：“驒，音它丹反。”4268

媞，媞媞公主，引孟康：“媞，音題。”顏師古：“此説非也。媞，音上支反。”4269

女，乃女烏孫，顏師古：“女，妻也，音乃據反。”4269

瀕，條支之瀕，顏師古：“瀕，音頻，又音賓。”4269

磹，薄姬磹魏，顏師古：“磹，古墜字。”4269

禡，類禡厥宗，顏師古：“禡，音莫暇反。”4269

度，非天所度，顏師古：“度，音徒各反。”4270

娠，元后娠母，顏師古：“娠，音身。”4270

歕，曲陽（敵敵）［歕歕］，顏師古：“歕，氣盛也，音許驕反。”4270

復，惡復誅臻，顏師古：“復，音扶目反。”4271

蕭該《漢書音義》

清 臧庸 輯

　　蕭該《漢書音義》三卷，清臧庸（鏞堂）所輯，清嘉慶二年（1797）刊行。清代翻刻本多種，今據北京圖書館 2004 年《兩漢書訂補文獻彙編》影印光緒十四年（1888）木犀軒刻本排印。首列音注字頭，次列《漢書》篇名至每條引文前，語境加引號，臧庸輯録內容不加引號，其轉唐顏師古、宋宋祁者加“（師古）、（宋祁）”於後。條末補加中華書局《漢書》標點本語境所在頁碼，便於查對使用。

　　幟，《高帝紀》“旗幟上赤”。幟，音熾。《史記索隱·高祖本紀》。案《索隱》曰：幟，或作識，或作志。嵇康音試。疑蕭本《漢書》作旗識。82（宋祁）

　　埶，《王子侯表》“宛朐侯埶”。《史記索隱》宛作冤。埶音藝。《史記索隱·惠景間侯者年表》。434

　　被，《王子侯表》“被陽敬侯燕”。音皮，劉氏音皮彼反。《史記索隱·建元已來王子侯者年表》。案《索隱》作披陽。464

　　壿，《食貨志》“或壿財役貧”。《史記集解》引《漢書音義》曰：蹲，停也。一曰貯也。案《字林》云：貯，塵也，音佇。此謂居積停滯塵久也。《史記索隱·平準書》。1162

　　汙，《張耳陳餘傳》“何乃汙王為”。汙音一故反。《說文》云：汙，穢也。《史記索隱·張耳列傳》。1840

　　亢，《張耳陳餘傳》“乃仰絕亢而死”。《史記索隱》亢作肮。肮音下郎反；或音下浪反。《史記索隱·張耳列傳》。1842

　　提，《張陳王周傳》“太后以冒絮提文帝”。提音底。《史記索隱·絳侯周勃世家》。2056

　　梧，《張陳王周傳》“魁梧奇偉”。《史記索隱》引蘇林云：梧音忤。今讀為吾，非也。《史記索隱·留侯世家》。2063

奇，《李廣蘇建傳》"李廣數奇"。奇音居宜反。《史記索隱·李將軍列傳》。2448

承，《匡張孔馬傳》"東海承人也"。《集解》音證。宋祁曰《集解》蓋臣瓚書也。3331

忮，《匡張孔馬傳》"忮害"。韋昭曰：忮音洎。如淳曰：《詩》云不忮不求，忮，弊也。該案：《字書》忮，恨也，之豉反。3334

祲，《匡張孔馬傳》"精祲有以相盪"。《字林》云：祲，精氣成祥也，音字鴆反。（宋祁）。3337

晻，《匡張孔馬傳》"陽蔽則明者晻"。案《字林》曰：晻，不明也。應劭曰：晻音闇。3337

朓，《匡張孔馬傳》"謂朓、側匿"。案《書》曰：朓晦而日見西方也。該音丑召反。3359

沴，《匡張孔馬傳》"六沴之作"。韋昭云：沴，謂皇極五行之氣相沴戾不和，音持軫反。服虔曰：沴音戾。（宋祁）。3359

抨，《匡張孔馬傳》"彼以古人之迹見繩"。如淳曰：繩，謂抨彈之也。《字書》曰：抨，彈也，抨音连董反。（宋祁）。3366

懟，《王商史丹傅喜傳》"怨懟"。懟音治遂反。3372

訐，《王商史丹傅喜傳》"父子相訐"。訐音九列反。《字林》面相斥罪也。3373

贛，《薛宣朱博傳》"字贛君"。贛，如淳音鉗。（宋祁）。3385

鐫，《薛宣朱博傳》"故使掾平鐫令"。晉灼曰：王常爲光武鐫說其將帥，此謂徐以微言鐫鑿遣之也。案晉灼之意：引鐫與之言，能無説乎。出《論語》巽與之言。蓋依鄭展鐫音子緣反。案此條疑中間宋語。3388

憮，《薛宣朱博傳》"焉可憮也"。晉灼曰：憮音誣。3389

賕，《薛宣朱博傳》"賕客楊明"。韋昭曰：行貨財以有求於人曰賕。《字林》以財枉法相謝曰賕，音巨又反。該案：今人亦爲求音。3395

痏，《薛宣朱博傳》"見痏者"。案晉灼曰：痏音侈，侈，裂也。韋昭曰：痏謂毀傷也，痏音胥地反。《說文》曰：痏，毆傷也。手支反，又思詣反。3395

痏，《薛宣朱博傳》"痏人之罪"。《說文》曰：痏，病也。該案：《三倉》云：痏，瘡也。音如鮪魚之鮪。3395

擠，《薛宣朱博傳》"排擠宗室"。擠，《玉篇》云：子詣、子稽二切。（宋祁）。3398

抉，《薛宣朱博傳》"披抉其閨門"。《字林》曰：抉，挑也，音一穴反。該案：《左傳》云鄹人紇抉之以出門者；又曰以杙抉其傷。3398

裯，《薛宣朱博傳》"褒衣大裯"。案韋昭曰：袴上曰裯，音黍矯反。鄧展音紹。3400

螭，《薛宣朱博傳》"右將軍螭望等"。案呂靖曰：螭，毒蟲也，巳兆反。今藉以爲矯字，此蓋古字無定耳。3408

揣，《翟方進傳》"揣知其指"。案《集解音》曰：揣音喘。《説文》曰：喘，疾息也，尺兌反。《説文》：揣，量也，初委反；又丁果反。《方言》曰：揣，試也。郭璞曰：揣，度試之也。該謂今讀揣音初委反。3418

呰，《翟方進傳》"我國有呰災"。呰，韋昭音疵。3429

棽，《翟方進傳》"中郎將李棽"。服虔棽音禁。如淳音琴。《説文》丑心反。晉灼音參，參音森。（宋祁）。3438

薦，《翟方進傳》"薦樹之棘"。《字林》作栫，柴木擁也，在見反。該案：今作薦字者藉以爲栫字。3439

閻，《谷永杜鄴傳》"褒、閻之亂"。劉氏曰：閻音淫。該案：《毛詩》作艷。3446

滿，《谷永杜鄴傳》"滿讕誣天"。滿或音漫。3450

檻，《谷永杜鄴傳》"中尚書宦官，檻塞大異"。蘇林曰：濫，氾也。淳音作檻閉也。晉灼曰：於義蘇音是。該案：蘇濫氾者，《字林》曰：濫，氾濫也，濫音力暫反。如淳曰檻閉者，《字林》曰：檻，櫳也；一曰圈也，丁斬反，又力甘反。宦官，或無宦字。3451

烕，《谷永杜鄴傳》"褒姒烕之"。《説文》曰：烕，滅也，從火戌聲，火死乃戌，陽氣至戌而盡，音許滅反。（宋祁）。3459

榜，《谷永杜鄴傳》"榜箠瘝於炮格"。榜音彭。3460

媔，《谷永杜鄴傳》"媔出"。宋祁曰：蕭該音義媔作娍。娍音侑。3463

蕩，《揚雄傳》"佚蕩"。蕩亦作傷，韋佚爲替，傷爲党，晉音鐵僲。3514

牢，《揚雄傳》"畔牢愁"。該案：泙字旁著水，晉直作牢，韋昭曰：泙，騷也。鄭氏愁音曹。3515

洰，《揚雄傳》"因江潭而洰記兮"。宋祁曰：蕭該洰作洭。洭音誆，韋音同。潭音淫。3516

澳，《揚雄傳》"澳忍"。晉灼云：俗謂水漿不寒而温爲澳忍。《字林》曰：

渶涩,垢濁也,音他木反。（宋祁）。3516

駒,《揚雄傳》"駕鵝"。案駕字亦作駒,音加。《字林》云:駒鵞,鳥似鴈,駒音柯。3517

騮,《揚雄傳》"驊騮"。騮音留,俗作騳。3517

唼,《揚雄傳》"唼佞"。韋昭曰:唼音祖臘反。鄭音接。蘇音《詩》唼唼幡幡之唼。該案:《詩》作捷。3517

嫭,《揚雄傳》"衆嫭"。韋昭曰:嫭音呼,言其目如茱萸之拆也,音下故反。宋祁曰:淳化本火故反。3518

被,《揚雄傳》"春風之被離"。韋昭曰:被讀如光被之被。（宋祁）。3518

慶,《揚雄傳》"慶夭頞"。慶音羌,今《漢書》亦有作羌字者。3519

靡,《揚雄傳》"精瓊靡與秋菊"。如淳音河水浼浼之浼。案《詩》浼音莫罪反,《楚詞》曰:精瓊靡以爲粻,讀《楚詞》者依字不借音也。3520

魖,《揚雄傳》"梢夔魖而抶獝狂"。韋昭曰:魖音昌慮反,一作熙慮反。該案:獝狂,無頭鬼也,見《字林》。3523

殷,《揚雄傳》"振殷轔"。殷音隱。（宋祁）。3523

攘,《揚雄傳》"奮以方攘"。宋祁曰:蕭該音義依韋昭音相。韋昭曰:方攘,《周禮》方相氏。3523

柴,《揚雄傳》"柴虒參差"。柴一本作傺。諸詮賦傺音初綺反。3523

偈,《揚雄傳》"夫何旟旐郊偈之旖柅"。韋昭曰:偈音桀。（師古）。3524

駛,《揚雄傳》"駛遺風"。韋昭:駛,蘇及反。（師古）。3524

繹,《揚雄傳》"繹繹"。晉灼曰:繹音夕。諸詮賦音亦。（宋祁）。3525

瀏灠,《揚雄傳》"瀏灠"。韋昭:瀏,劉又反;灠音灠。（師古）。3526

嵌,《揚雄傳》"嵌巖巖其龍鱗"。宋祁曰:蕭該改篏從山。諸詮賦音苦卿反。3526

摮,《揚雄傳》"摮北極之嶟嶟"。摮,《字書》竹幾反,韋昭知己反。嶟嶟,《字林》曰山貌。（宋祁）。3526

纔,《揚雄傳》"日月纔經於佒桭"。纔,韋昭仕兼反。該音佒於兩反,又于郎反。桭之人反。35626

溶,《揚雄傳》"覽樛流於高光兮,溶方皇於西清"。諸詮賦音株溶。《字林》弋塚反。（宋祁）。3528

瓏,《揚雄傳》"和氏瓏玲"。《字林》曰:瓏,禱旱玉爲瓏,又音龍。《呂氏春秋》曰：大旱用瓏玲。（宋祁）。3528

岋嶫，《揚雄傳》"岋嶫隗虛"，案《字書》勑果反，嶫音罪。3528

冤，《揚雄傳》"飀翠氣之冤延"。冤，於元反。3528

呋胙，《揚雄傳》"蠥呋胙以捆根"。呋，別本丑乙反，《文選》余日反。胙，別本作肝靈乞反。案今《漢書》本肝或作胙者，傳寫之誤。3529

弸彋拂，《揚雄傳》"惟弸彋其拂汩兮"。弸，文萌反；彋音宏；拂，芳勿反。3529

蝒蛈，《揚雄傳》"蝒蛈"。案《字書》蝒蛈好印也。上一甸反，下一軟反。3530

齊，《揚雄傳》"相與齊虛"。諸詮云：齊，沮諧反。（宋祁）。3530

阬，《揚雄傳》"東阬"。晉灼曰：阬古坑字也。《字書》曰：阬，閬也，口益反。（宋祁）。3531

傱，《揚雄傳》"風傱傱"。鄭氏音揔。（宋祁）。3531

焜，《揚雄傳》"樵蒸焜上"。焜音昆，火貌也。3532

儐，《揚雄傳》"儐暗藹"。儐，甫刃反。3532

磕，《揚雄傳》"雷鼓磕"。磕，口蓋反，又口艾反。3533

縡，《揚雄傳》"上天之縡"。縡，財代反。（宋祁）。3534

禋，《揚雄傳》"郊禋"。《字林》曰：禋，潔禮也，音一人反。3534

阹，《揚雄傳》"弩阹"。《三蒼》因山谷爲牛馬圍謂之阹，音祛。3534

趡，《揚雄傳》"神騰鬼趡"。今《漢書》鬼趡或作蹠字，韋昭慈昭反，云趨超也；《字林》音才召反。3536

橋，《揚雄傳》"萬騎屈橋"。橋音嶺嶠之嶠。3536

呀灑，《揚雄傳》"灑沈菑於豁瀆兮"。宋祁曰：蕭該音義曰灑沈菑而呀壑瀆兮。該案：呀或以爲呵呵叱問四讀也。灑，韋昭音義作西旁麗疑水，云音疏佳反。3538

喜，《揚雄傳》"喜虞氏之所耕"。宋祁曰：喜古本作娭。韋昭音熙。3538

滲漓，《揚雄傳》"澤滲灕而下降"。滲，韋昭史禁反；漓，蘇林曰：漓音薄酒之漓。（宋祁）。3538

靭，《揚雄傳》"既發靭於平盈"。靭，如戰反。3540

御，《揚雄傳》"御賓客"。御，五舉反。3540

御，《揚雄傳》"御宿"。案《說文》曰：蘌，禁苑也，牛呂反。3541

俙，《揚雄傳》"富既與地虖俙訾"。俙，《字林》亡又反。3542

陜薛，《揚雄傳》"陜三王之阤薛"。陜音洽，諸詮音烏隔反，一音於賣反；薛音辟，韋昭曰：薛，平狄反。3542

嶠，《揚雄傳》"嶠高舉而大興"。嶠音矯。3542

登，《揚雄傳》"涉三皇之登閎"。韋昭曰：高大也，諸詮登張萌反。3542

置，《揚雄傳》"先置虖白楊之南"。諸詮音置。3543

紛，《揚雄傳》"青雲爲紛"。張晏曰：紛，燕尾也。韋昭曰：紛，旗旒也，音邠。3543

纚，《揚雄傳》"紅蜺爲纚"。該案《説文》《字林》《三蒼》並於善反，云纚絡也。陳武音環。《通俗文》曰：《揚雄傳》所以懸繩，楚曰纚。纚，胡犬反。3543

扁，《揚雄傳》"鮮扁陸離"。服虔曰：扁音篇，戰鬥車陳貌也。該案：服云以《春秋傳》曰高渠彌奉公爲魚麗之陳，先偏後伍，伍承彌縫。杜預曰：《司馬法》曰車二十五乘爲偏，以車居前，以伍次之，承偏之隙而彌縫闕漏，五人爲伍，此蓋魚麗法也。3544

鴻絧，《揚雄傳》"鴻絧緁獵"。鴻，諸詮胡棟反；絧音慟。3544

夐，《揚雄傳》"相與迥虖高原之上"。諸詮作夐迥，夐，呼盛反。3544

輼轆，《揚雄傳》"輼轆不絶"。韋昭音壘落。3544

施，《揚雄傳》"吐火施鞭"。施，如淳音貤。3546

允溶，《揚雄傳》"萃傱允溶"。允，諸詮音余永反；溶音勇。3546

戲，《揚雄傳》"戲八鎮而開關"。戲，陳武去危反。3546

嗔，《揚雄傳》"吸嗔瀟率"。嗔，張晏音彭濞之濞。3546

愀，《揚雄傳》"愀愀蹌蹌"。宋祁曰：淳化本作啾啾。愀舊作愁，韋昭音裁梟反，今書或作口旁秋。該案：《埤蒼》啾啾，衆聲也。《楚詞》鳴玉鸞之啾啾，猿啾啾兮又夜鳴，諸詮愀作口旁秋。3546

校，《揚雄傳》"校騎萬師"。校，張晏音効。3546

磕，《揚雄傳》"驔駍礚磕"。驔，諸詮作石旁賓；磕，諸詮苦蓋反。3546

岋，《揚雄傳》"天動地岋"。韋昭曰：岋，擬及反。3546

半，《揚雄傳》"羨漫半散"。半，諸詮音叛。3546

耆欲，《揚雄傳》"騁耆奔欲"。耆，諸詮音市至反。欲，《字書》瑜注反。3547

狶，《揚雄傳》"拕蒼狶"。《字林》曰：東方名豕曰狶，語豈反。3547

蹶,《揚雄傳》"蹶浮麋"。蹶,諸詮居衛反,鄭氏居月反。3547

㹰,《揚雄傳》"斬巨㹰"。㹰,音延。3547

踔,《揚雄傳》"踔夭蟜"。踔,韋音卓。晉灼曰:踔音魚罩之罩。今依晉灼音。3547

跐,《揚雄傳》"跐巒阬"。鄧展曰:跐音屬,屬,度也。該案:《字林》曰:跐,述也,弋世反。3547

仆,《揚雄傳》"木仆山還"。仆,《字林》疋豆反,又疋住反。3547

眥,《揚雄傳》"逢蒙列眥"。《字林》曰:眥,目崖也,音漬。該案:《淮南》曰瞋目裂眥,靜計反。莊周曰:多言而不眥,司馬彪曰:眥,視也。3548

重,《揚雄傳》"曲隊堅重"。重,直龍反。3548

絹,《揚雄傳》"絹嘄陽"。絹,蘇林曰:絹音絹鹿之絹。3548

沈,《揚雄傳》"沈沈"。宋祁曰:沈,蕭該本作沇,沇,音餘水反。3549

紘,《揚雄傳》"遙噱虖紘中"。紘,服虔音宏。3549

窮尤,《揚雄傳》"窮尤閴輿"。窮,如淳音穹;尤,諸詮餘腫反。3549

亶,《揚雄傳》"亶觀夫票禽之絀隃"。亶,丁但反。3549

挐,《揚雄傳》"熊羆之挐攫"。挐,諸詮奴加反。3549

薄索,《揚雄傳》"薄索蛟螭"。諸詮上音博,下音桑各反。3550

射,《揚雄傳》"射熊館"。射,諸詮音食射反。(宋祁)。3557

陛,《揚雄傳》"以岡爲周陛"。陛,陳武音古業反。(宋祁)。3557

挓,《揚雄傳》"挓豪豬"。挓,諸詮音他。(宋祁)。3558

票,《揚雄傳》"票昆侖"。票,諸詮音匹妙反。(宋祁)。3559

撕,《揚雄傳》"撕邑"。韋昭曰:撕,并也,音芟。(宋祁)。3559

眹,《揚雄傳》"眹眦"。案晉灼音義眹作矘,蘇林音貫習之貫,晉灼曰揚雄《方言》瞋目曰矘。該案:《方言》曰矘,瞋目也,梁益之間瞋目曰矘,音光旦反。3561

服,《揚雄傳》"扶服蛾伏"。服,諸詮音扶北反。3561

隔,《揚雄傳》"拮隔鳴球"。韋昭云:古文隔爲擊,該音擊。3563

挓,《揚雄傳》"紆青挓紫"。挓,徒何反,又音他。3566

剖,《揚雄傳》"四分五剖"。剖,韋本作牔,疋力反。《字林》牔,判也。3567

頡,《揚雄傳》"頡亢"。宋祁曰:晉本頡旁從手,音擊,今不用。3567

番,《揚雄傳》"番禺"。番,蘇林音藩。3568

徽，《揚雄傳》"徽以糾墨"。徽，舊作微。應劭曰：徽音以繩徽弩之徽。該案：音揮。3568

骼，《揚雄傳》"折脅拉骼"。骼，口亞反。《字林》腰骨也。3572

頷，《揚雄傳》"鎮頤折頷"。宋祁曰：蕭該音義頷作顉。韋昭曰：曲上曰頷，音欺甚反。該案：《字林》曰：顉，醜也，丘飲反，與韋昭音同。《字林》顉，狹面銳頤之貌也。《倉頡篇》亦云：顉，丘飲反，又吾檢反。頯，《字林》曰鼻莖也，一曷反。3572

湤，《揚雄傳》"涕湤流沫"。湤，唾也，才臥反。3572

阺，《揚雄傳》"嚮若阺隤"。蘇林阺音邏之迤，弋爾反。何承天亦云：巴蜀謂山岸傍欲墜者爲阺，阺崩，聲聞數百里。（宋祁）。3573

摹，《揚雄傳》"參摹而四分之"。摹，蘇林音模。《字林》曰：摹，廣求也，亡具反。（宋祁）。3575

絣，《揚雄傳》"絣之以象類"。《説文》方並反；《字林》布莖反，縷布也。（宋祁）。3575

攡，《揚雄傳》"《攡》《瑩》"。今《漢書》及韋昭、晉灼音義並作攡字，今字書無手傍離字。今人讀《漢書》相承以攡字，音力支反。案劉向《別録》、楊雄《經目》有《玄首》《玄衝》《玄錯》《玄測》《玄舒》，不作攡字。然《字林》云：攡，舒也，攡音刃支反。《太玄經》曰：玄者幽攡萬物而不見其形，宋忠曰：攡者，張也，與晉灼同。3575

掜，《揚雄傳》"《掜》《圖》"。服虔音兒。晉灼曰：掜，擬也。《字林》五弟反。莊子曰：終日握之而手不掜，司馬彪曰：但抱而握之，手不捉也。《太玄經》曰別一以掜於左手之小指。又今人不見《太玄經》及《別録》以《玄衝》《玄攡》下有《玄瑩》《玄數》《玄文》《玄掜》《玄圖》《玄告》《玄問》合十二篇，今《漢書》祇有《首》《衝》《錯》《測》《攡》《瑩》《數》《文》《掜》《圖》《告》十一篇，皆以解剥《玄問》一篇，故云十一。該所未詳，是故述之。3575

搋，《揚雄傳》"搋膠葛"。如淳曰：搋，著也；膠葛，大也。韋昭曰：搋音據略反。《字林》搋，捐也；捐，戟持也，戟音搋。3577

譔，《揚雄傳》"譔以爲十三卷"。《字林》譔，專教也，音詮。惟《禮記》音撰。《字書》並音詮。3580

倥侗，《揚雄傳》"倥侗顓蒙"。案《字林》及《埤蒼》倥音日弄反，侗音敕動反。3580

迄，《揚雄傳》"降周迄孔"。宋咸《法言》本迄作訖，《字林》曰：迄，至也，火乞反。（宋祁）。3581

怳，《揚雄傳》"曶怳"。怳音況，韋昭熙放反，該案：今音況爲是。3581

橋，《儒林傳》"橋庇"。該案：《史記》橋音矯。3597

毛，《儒林傳》"毛莫如"。案《漢書》衆本悉作毛字，《風俗通·姓氏篇》渾屯氏太昊之良佐，漢有屯莫如爲常山太守，又有毛姓云毛伯，文王之子也，見《左傳》。漢有毛樗之爲壽張令。案此莫如非姓毛，乃應作屯字，音徒本反，今人相承呼爲毛，忽聞爲屯，驚怪者多。毛屯相似，容是傳寫誤矣。應劭解《漢書》世人皆用，何爲在《風俗通》而不信。3598

炔，《儒林傳》"炔欽"。炔，《字詁》曰：今炅姓也。韋昭音翁決反，非。（宋祁）。3605

邊，《儒林傳》"陽醉邊隆"。邊，古作踢。服虔音湯，湯去豆皮之湯，該音勑宕反。3610

食，《儒林傳》"食子公"。案《風俗通》曰：食我韓公子也，見《戰國策》。漢有食子公爲博士，食音飼。3614

筦，《儒林傳》"琅邪筦路"。案草下完音丸，又音官。今《漢書》本却作草下完，《風俗通·姓氏篇》有管、莞二姓，云莞蘇楚大夫，見《呂氏春秋》。漢有莞路爲御史中丞，即是此也。又有管姓，云管夷吾，齊桓佐也，見《論語》。漢有管號爲西河太守。今管路是草下完非竹下完及竹下官。由來讀者多惑，檢《風俗通》乃知。3617

冥，《儒林傳》"冥都"。案《周禮》冥氏鄭司農讀如冥氏，《春秋》之冥劉昌宗莫歷反。案都治公羊《春秋》當是有所注述解釋公羊，故司農云冥氏《春秋》之冥，《風俗通·姓氏篇》冥，侯國，妱姓，禹後，見《史記》，《漢書》有冥都爲丞相。盧補史字。3617

擭，《循吏傳》"烏擭其肉"。擭，《說文》曰捽也，音九縛反。（宋祁）。3630

偠，《循吏傳》"偠士"。偠，足也，偠音相代反，韋昭音詩歷反。案今《漢書》偠字作適字，注云適始歷反，予謂與韋昭音同。3631

睏，《酷吏傳》"睏氏"。應劭曰：睏音馬睏眼之睏。案《爾雅》馬一目白曰睏，音閑。3647

忮，《酷吏傳》"爲忮"。韋昭曰：忮音洎，《字書》之跂反。（宋祁）。3650

茵，《酷吏傳》"茵馮"。茵亦作鞇，《霍光傳》作絪，晉灼音義作鞇字，亦音因。（宋祁）。3650

姁，《酷吏傳》“義姁”。姁音熙主反，韋昭音同，李奇音呼。3652

茌，《酷吏傳》“東郡茌平人也”。韋昭音鯔，《字林》曰：茌，草亦盛也。（宋祁）。3659

質，《酷吏傳》“既出不至質”。韋昭曰：所期約誓地。該：質音贅。3664

俶，《酷吏傳》“爲俶”。服虔曰：雇載曰俶，音將秀反。（宋祁）。3665

枹，《酷吏傳》“枹鼓不絶”。《字林》曰：枹，擊鼓柄，音浮。3673

阿，《酷吏傳》“阿邑人主”。李奇阿音烏。該案：《漢書》作阿媚人主者，傳寫誤。3676

摽，《王莽傳》“摽末之功”。服虔曰：摽音刀末之摽。案《字林》摽，刀削末銅也，音匹幺反。（宋祁）。4061

句，《王莽傳》“句履”。韋昭曰：句履，頭飾，形如刀鼻，音劬。《禮記》作絇亦是。（宋祁）。4075

刉，《王莽傳》“刉其軀”。舊作刌其體，鄧展刌音近跣，晉灼音刉，《字林》曰：刉，切也。（宋祁）。4084

鍤，《王莽傳》“荷鍤”。倚當作荷，鍤或作臿，音丈涉反。（宋祁）。4085

圉，《王莽傳》“破翟義於圉”。韋昭曰：圉故屬淮陽，後屬陳留。吕靜曰：圉音語。（師古）。4088

阿，《王莽傳》“少阿”。晉灼音義作少踦，阿訓踦，取阿衡一字也，音依倚之倚。李奇音奇。（宋祁）。4090

恂，《王莽傳》“姚恂”。《字書》恂，信也，音詢。（宋祁）。4105

批，《王莽傳》“批難”。案晉灼音義作批難，《字林》云：批，擊也，父迷反。《廣雅》曰：批，擊也。《釋名》曰：批兩指裨助其擊也。4117

棽，《王莽傳》“李棽”。韋昭曰：棽音疏禁反。《字林》曰：棽，支條棽麗也。（師古）。4121

班，《王莽傳》“非五威將率所班”。舊作所辨。案韋昭曰：辨，布也，音班，或作班。4122

戊，《王莽傳》“戊曹士”。戊子，案《春秋説》曰：土，戊也。《五行書》曰：戊己，屬土，王莽自以土行，音懋。4135

筳，《王莽傳》“以竹筳導其脈”。鄭氏曰：筳音平訂之訂，筳，草也。予案《字書》曰：訂，評議也，音亭。《字林》曰：筳，羅絲管也，大丁反。4145

剝，《王莽傳》“剝胡子”。韋昭曰：又作劋，音芰。（師古）。4146

眛，《王莽傳》“乃者日中見眛”。眛，《字林》云：日旁作未，言眛爽旦明也。日闇眛云眛升，匃後星也，音芒太反。予案：《易》曰日中見沫，非音眛也，當音芒太反。4158

昵，《敍傳》“宴昵殿”。張晏曰：親戚宴飲會同之殿。《字林》昵，近也，乃吉反。（宋祁）。4198

盾，《敍傳》“中盾”。韋昭曰：太子宮中盾長也。該案：盾音允。4203

觓，《敍傳》“不觓驕君之餌”。《字書》火又反。（宋祁）。4205

絆，《敍傳》“仁誼之羈絆”。絆，《字書》音半。（宋祁）。4205

躅，《敍傳》“軌躅”。鄭云躅音拘捐之捐。（宋祁）。4206

息，《敍傳》“又愍狂狡之不息”。韋昭音義作火旁息，音熹既反。《字林》音息，是以今《漢書》止作息字。4207

臬，《敍傳》“臬于稷契”。《尚書》音目泣反。（宋祁）。4208

褻，《敍傳》“思有褈褐之褻”。《字林》曰：褻，衷衣也，丈篋反。4209

窡，《敍傳》“窡梲之材”。韋昭窡音節，一名梲，即柱上方木也。鄭氏窡音贅。應劭曰：《爾雅》曰梲，朱儒也，音之劣反。4210

筲，《敍傳》“斗筲之子”。《字林》曰：飯筥也，受五升，秦云山交反。該案：箾或作筲，《論語》曰斗筲之人，何足算也。4210

餗，《敍傳》“覆公餗”。《字林》曰：餗，鼎實也。韋昭音義餗字作鬻，曰菜羹曰鬻，音速。該案：《字林》餗或作鬻，字異音訓則一。4210

隗囂，《敍傳》“隗囂”。諸詮上五罪反，下許妖反。4213

圮，《敍傳》“圮絕”。韋昭曰：圮，毀也，音敷委反。《字書》父已反。4213

昒，《敍傳》“昒昕寤而仰思”。鄧展昒音昧。該案：《字書》昒，尚冥也，音勿。諸詮方昧反。4214

讖，《敍傳》“儀遺讖以臆對”。《蒼頡篇》曰：讖書，河洛書也。該案：諸詮音楚鳩反。4214

樛，《敍傳》“樛木”。樛，亦作朻，韋昭曰：朻，下曲也，居驕反。4215

誶，《敍傳》“既誶爾以吉象兮”。《説文》曰：誶，讓也，息悴反。4215

脢，《敍傳》“蠢生民之脢在”。韋昭音謀鬼反，又音梅。《字林》曰：脢，微視美目貌。4216

襮,《敘傳》"修襮而内逼"。晉灼曰:襮音素衣朱襮。該案:《詩》音博。《字林》曰:襮,黼衿也,方沃反。4216

葩,《敘傳》"不葩"。鄧展曰:葩,避也。葩,牛羊腓字之腓,葩假借腓避也。韋昭曰:葩,避也,音肥。晉灼音義作遾,云遾避也。曹大家注《幽通賦》云:葩,避也。4216

行,《敘傳》"固行行"。諸詮音胡浪反。4216

彙,《敘傳》"柯葉彙"。服虔曰:彙,類也,音近卉。服虔音卉,應劭音謂。該案:《字書》音謂。4216

敻,《敘傳》"敻冥默"。晉灼曰:敻音目敻敻而喪精,呵懸反。該案:目敻敻而喪精,出王延壽《靈光殿賦》。諸詮音呼政反,韋昭曰:敻,遠也,呼迥反。4220

諏,《敘傳》"胥仍物而鬼諏兮"。《字林》曰:諏,聚謀也,子于反。諸詮祖侯反。4220

舛,《敘傳》"舛而齊聲"。舛,《字林》充絹反,錯也。4222

煗,《敘傳》"席不煗"。吕靜曰:煗,温也,乃卵反。4225

黔,《敘傳》"突不黔"。《字林》曰:黳黑也,音荅,又音匚炎反。4225

攄,《敘傳》"攄首尾"。《字林》曰:攄,舒也,尹於反,又擬也。4226

籍,《敘傳》"徒樂枕經籍書"。籍,才亦反。韋昭音義作葙字,慈固反。《説文》曰:葙,茅籍也,從草租。若如韋昭音,則《漢書》本作葙字。4226

賈,《敘傳》"器不賈"。《詩》曰:賈用不售,賈音古。(宋祁)。4226

突,《敘傳》"守突奥之熒燭"。郭璞曰:突音突。該謂依《儀禮》宜音徒骨反。4227

虓,《敘傳》"七雄虓闞"。虓,案《字林》音孝。4227

飍,《敘傳》"風飍電激"。該案:韋昭音義作風飍,云飍風之聚隤者也,音庖。今《漢書》並作風飍而電激也。《説文》曰:飆或作飍,飍音甫堯反。4227

煜雪,《敘傳》"煜雪其間"。韋昭煜音呼夾反,雪音于俠反。服虔曰:煜音近霍,叔音爲育,雪音罩遍之罩。《字林》曰:雪,震電也,一曰衆言也,於甲反。煜音弋叔反,又于立反。4227

搦,《敘傳》"搦朽摩鈍"。韋昭曰:搦,女擢反。《説文》曰:搦,按也。《史記》曰:搦髓腦,湔浣腸胃。4227

眥,《敘傳》"福不盈眥"。《字林》曰:眥,目匡也,才賜反。4227

旄，《敘傳》"旄敦"。《爾雅》曰：前高後下曰旄丘。《詩》有《旄丘》篇。《字林》曰：前高後下曰堥，音此，與《爾雅》同。堥音毛，又亡周反，今人呼爲務音，乖僻多矣。4228

氿濫，《敘傳》"懷氿濫"。舊作氾檻，韋昭曰：水側出曰氿泉，音軌；湧出曰濫泉，音檻。4228

康，《敘傳》"激聲於康衢"。韋昭曰：五達爲康，呼坑反。該案：事出《爾雅》。該讀康如字，未詳韋氏音。4230

垠，《敘傳》"邧沂"。沂，韋昭作垠，曰：垠，限也，謂橋也，吾恩反。4230

簞瓢，《敘傳》"耽樂於簞瓢"。《字書》曰：簞，笥也；一曰小筐，丁安反。瓢，蠡也，父幺反。4231

蜂，《敘傳》"隨侯之珠藏於蜂蛤"。《字書》蜂，蜃屬也，步頂反。蛤，燕雀化所作也，秦曰牡厲。4231

踞顥，《敘傳》"躆顥蒼"。案《字書》無足旁豦字，猶應是踞字。《字書》：踞，蹲也，己恕反。顥，《字林》曰：顥，白貌也，音昊，《楚辭》：天白顥顥。該案：《爾雅》曰：春曰蒼天，夏曰昊天。今作顥者，此古書假借用耳。4231

榷，《敘傳》"班輸榷巧"。韋昭曰：榷猶專也。該案：音較。晉灼音義作推字，云劉氏云：推，效也，或言極也。晉灼曰：推，見也，盡也。4231

鍼，《敘傳》"精於鍼石"。《字林》曰：鍼，所以縫也，之心反。4231

啙，《敘傳》"閻尹之啙"。韋昭啙作推字，云子爾反。劉氏云：推，效也，或言極也。晉灼曰：推，見也，盡也，使爲政以病其治也。今《漢書》本或誤作疵，或作啙字。4239

劂，《敘傳》"革劂五等"。服虔曰：劂音剪。韋昭曰：劂音鏟，劂削也。（師古）。4244

玅，《敘傳》"江都玅輕"。蘇林曰：玅音少，年輕薄毀鈔息熹之鈔。如淳音樵。4253

耽，《敘傳》"六世耽耽，其欲汹汹"。耽，蘇林音潭。晉灼音義及今《漢書》本作悠悠。應劭曰：《易》曰：虎視眈眈。《字林》曰：耽，視近而忘遠也，音大含反。應劭曰：耽，近也；悠，遠也，言武帝內興文學，外耀神武，耽耽悠悠而盛也。余謂耽當音當含反。4257

筆畫索引

十一畫

十七畫

十八畫